우리나라 선비들의 中國 시 이야기

제3권

원편자_

광건행(鄺健行, Guang Jian Xing)
홍콩 신아학원 중문계 졸업, 그리스 아테네대학 철학박사, 홍콩중문대학 및 홍콩침례대학 중문학과에서 강의, 현재 침례대학 영예교수. 저서 : 『시부와 율조』 『杜甫新議集』 등. 역서 : 플라톤의 『波羅塔哥拉』 등. 홍콩을 대표하는 중국문학자의 하나로, 서양 고전에도 정통하며, 근년에는 한 중 양국의 문화교류에 관련된 한국의 여러 고서에 관한 논문을 많이 발표하고 있음.

진영명(陳永明, Chan Wing Ming)
홍콩중문대학 중문과 졸, 미국 예일대학 철학석사, 위스콘신대학 동아시아계 박사, 현재 침례대학 영예교수. 저서 『중국문학산론』 『원래공자』 등. 홍콩 T.V.에서 문학, 철학, 음악 등에 관한 해설자로 명성을 날렸으며, 여러 책의 베스트 셀러 작가이기도 함.

오숙전(吳淑鈿, Ng Suk Tin)
대만사범대학 국문계 졸업, 홍콩대학 중문계 박사, 현 침례대학 교수. 저서 : 『陳與義詩歌硏究』

역주자_

이장우(李章佑)
서울대학교 중문과 졸업, 대만대학 중국문학연구소, 석사, 서울대학교 문학박사. 현 영남대학교 명예교수. 역서 : 『퇴계시풀이』(6책), 『고문진보』(상,하) 등. 중국과 한국의 한자로 된 책을 쉬운 현대한국어로 옮기는 일에 많은 관심을 가지고 있음.

박한규(朴漢圭)
영남대학교 중문과 졸업, 동 대학원 석 · 박사과정 졸업 및 수료. 현재 영남대학교 강사. 저서 : 『이퇴계의 고문진보 강해 연구』

최계량(崔繼良)
한국방송통신대학교 중어과 졸업, 영남대학교 중문과 석 · 박사과정 졸업 및 수료. 현재 영남대학교 강사. 역서 : 『우리가 알아야할 삼국지 상식 100가지』

우리나라 선비들의 중국시 이야기 제3권

초판 인쇄 2011년 12월 22일 | **초판 발행** 2012년 1월 10일

편자 광건행(鄺健行) · 진영명(陳永明) · 오숙전(吳淑鈿) | **역자** 이장우(李章佑) · 박한규(朴韓圭) · 최계량(崔繼良)
펴낸이 이효수 | **펴낸곳** 영남대학교출판부

출판등록 1975년 9월 5일 경산 제16-1호 | **주소** 경북 경산시 대동 214-1
전화 053) 810-1801~3 | **FAX** 053) 810-4722 | **홈페이지** book.yu.ac.kr

ISBN 978-89-7581-432-7 94810

값은 표지 뒷면에 있습니다.
잘못 만들어진 책은 바꾸어 드립니다.

천마총서 04

우리나라 선비들의 中國시 이야기

제3권

광건행鄺健行 · 진영명陳永明 · 오숙전吳淑鈿 뽑음

이장우李章佑 · 박한규朴韓圭 · 최계량崔繼良 역주

영남대학교출판부

[1]

우리나라의 선비들은 한문으로 된 중국시의 내용에 대하여 얼마나 깊이 알고 있었으며, 그러한 작품들을 대할 때 어떠한 생각을 지니고 있었을까?

지금 21세기에 사는 우리들이 아무리 열심히 한문을 공부하고 고전을 연구한다고 해도, 한문 문장을 처음부터 통째로 외우기 시작하여 그것을 바탕으로 평생 동안 한자로 문자생활을 하고 지냈던 우리 선조들에게는 도저히 따라갈 수가 없을 게 아닌가?

그러나 그러한 업적들을 어떻게 손쉽게 입수하여 정확하게 파악하여, 지금 우리들이 연구하는 데에도 활용할 수 있을 것인가?

또 지금의 한문학과나 국문과에서는 이와 관련된 공부를 얼마나 하고 있을까?

중국 고전 문학을 전공하면서, 나는 항상 이런저런 점들이 매우 궁금하였다.

그래서 틈나는 대로 우리나라에서 간행된 문집들도 사모아 보았고, 관련된 저술들도 구입해보기는 하였으나, 직접 그러한 내용으로 강의를 하거나, 또 그러한 학회에 참석한 일은 거의 없었기 때문에, 이러한 자료들은 다만 나의 장서를 늘리는 데는 일조를 하였지만, 나의 지식, 나의 작업과는 별 연관이 없었다.

[2]

그런데, 한국에서 한시를 연구하는 시화학회가 생기고, 그러한 연구를 한국, 중국, 일본 학자들이 공동으로 추진한다는 이야기도 들었으나, 나는 그때나 지금이나 별로 대외 활동을 하지 않고, 또 이 분야에 대하여 아는 것도 별로 없기 때문에 그런 모임에 직접 참석하여 본 적은 거의 없었다. 그러나 이러한 모임을 계기로 해서 한국의 시화에도 관심을 가지는 외국, 특히 중국학자들이 더러 있다는 이야기는 가끔 듣게 되었다.

그 중에 한 분이 이 책을 편집한 광건행 교수다. 그가 홍콩에서 이미 풍부한 연구비를 확보하여 한국에서 나온 한문 시화를 모조리 컴퓨터에 입력하고, 그 가운데서 중국 시에 관련된 자료를 모두 뽑아내고 있다는 이야기를 들었을 때, 한편으로는 매우 놀랍고 고맙기도 하면서도, 한편으로는 이러한 일이라면 한국에 있는 중국문학도나 한문학도가 먼저 착수해야 하였을 일이 아니었나 싶은 부끄러운 생각도 들었다.

2002년 11월에 그가 영남대학교 국제관에서 열린 동아인문학회에 참석하였을 때, 나는 초면인 그에게 이 분야의 연구에 착수한 것을 자주 들어 알고 있다고 치하하였더니, 그는 이 책이 마침 홍콩의 중화서국에서 나왔다고 하면서, 새 책을 한권 꺼내어 서명하여 주었다. 금방 나온 책을 편자에게 직접 받고 보니 얼마나 즐거웠는지! 더구나 평소에 알고 싶었던 내용을 요령있게 간추려놓은 책이고 보니 말이다. 또 이분의 장인되는 반중규 潘重圭 교수는 유명한 돈황학자로서, 영남대학교에서 명예문학박사를 받은 분이고 보니, 이 교수와는 본래 가까운 사이였던 것 같이 느껴졌다.

[3]

몇 년 전에 영남대학교에서 퇴직을 하면서, 그 동안 사모았던 책도 모두 영남대학교 중앙도서관에 기증하였다. 그러나 그 도서관 4층에 퇴직 교수들이 공동으로 이용할 수 있는 공간이 하나 생기고, 중문과에서는 대학원 강의를 한 과목 마련해 주었다.

그 때부터 나는 이미 기증한 책 중에서 필요한 것은 다시 대출하여, 광교수의 이 책을 교재로 삼아서 몇 학기동안 학생들에게 강독하였다. 그리고 이 책의 내용을 한글로 번역하고, 관련된 내용 중 스스로 몰라서 사전을 찾아본 것은 가능한 모두 주석을 달아보라고 하였다.

이렇게 초벌 번역된 내용을 강의시간에 내가 보완 수정하여 가며 설명하고, 그것을 다시 정리하여 본과에서 내는 번역전문 반년간 《역총》에 연재하게 하였다. 이렇게 하여 지금까지 모인 것을 우선 한차례 묶은 것이 바로 이 책이다.

[4]

광교수의 이 책은 《한국시화 중 중국관련 자료 가려뽑음韓國詩話中論中國詩資料選粹》이라는 긴 제목을 지니고 있는데, 나는 좀 쉬운 말로 《우리나라 선비들의 중국시 이야기》라고 바꾸어 보았다.

원본은 고려의 《파한집》부터 근세의 이가원 교수의 《옥류산장시화》까지 56편이 초록되어 있으나, 지금까지 읽은 것은 34번째 정재륜의 《한거잡록》

까지인데, 그 전체의 절반 정도의 분량이다.

이러한 한국 시화의 가치에 대하여서는, 이 책 앞머리에 번역 소개하는 광교수의 해설이 있는데, 거기에서는

1. 논시論詩 상의 가치 ; 총설의 예, 주석의 예,
   변증의 예, 논석의 예, 평상評賞의 예.
2. 집일輯佚 상의 가치
3. 교감校勘 상의 가치

로 나누어 상세하게 설명하고 있기 때문에 여기서 다시 언급하지는 않으려 한다.

여기서는 다만 이 책을 가지고 강의하여 보고 역주하여 내는 과정에서 느낀 점만 몇 마디 더 적어 보고자한다. 여기 역주한 시화들의 태반은 한국에서도 이미 어떠한 형태로든 번역이 나와 있다. 그렇기 때문에 이런 분야의 책을 처음 읽어보는 대학원 학생들도 우선 그러한 번역과 주석을 보고서, 이러한 어려운 시화의 내용에 겁 없이 접근하여 다시 개역을 시도해볼 수 있었다. 그러한 점에 있어서는 국내의 선행 역주자들에게 깊은 사의를 표하고자 한다.

그러나 그러한 역주를 보면 무엇보다가도 우선 언급되고 있는 중국의 원시들에 대한 이해가 그렇게 철저하지 못하여, 독자들이 읽어도 무슨 내용인지 이해하기가 쉽지 않으리라 생각되었다. 그래서 이 작업에서는 인용되고 있는 모든 중국 원시를 모두 조사하여, 주석에서 그 내용을 몇 줄씩이라도 번역 소개하고, 번역만으로는 그 뜻이 쉽게 전달이 되지 않을 만한 것은 ※표를

하여 가며 그 주석에 또 주석을 첨가하였다. 이렇게 철저하게 검토를 하다가 보니 저절로 시화 원문에 대한 일부 잘못된 번역도 더러 찾아내게 되었다.

수많은 시의 원문을 찾아보는 데나, 방대한 이 작업을 이 정도나마 일관성 있게 진행하는 데는, 최근에 나오는 여러 가지 편리한 기본 전적들과, 공구서들, 그러한 것들을 컴퓨터를 이용하여 검색하고 작업할 수 있도록 만드는 여러 가지 신비한 문명의 혜택들이 모두 동원되었다.

가장 자주 이용한 것만 몇 가지 들자면, 《사고전서》(전자판), 《한국고전DB》(한국고전번역원), 《전송시全宋詩》, 《송시화전편》, 《명시화전편》, 《한어대사전》(전자판), 《한한대사전》(단국대) 같은 것들이다.

이러한 편리한 이기利器들이 없던 시대에 나온 책들을 보면, 힘은 힘대로 기울렸을 것이나, 아무래도 검색에 한계가 많았음을 자주 발견하게 되었다.

[5]

그 다음에 이야기하고 싶은 것은 번역문이나 주석문의 수준에 관한 것이다. 나는 여기서도 모든 말은 한글 전용을 원칙으로 하고, 필요한 경우에는 괄호 속에 한자를 넣도록 하였다. 또 시의 제목이나, 글의 편명 같은 것 까지도 일반 독자들이 무슨 말인지 잘 이해하지 못할 것 같이 생각되면 모두 한글로 그 뜻을 풀어 보게 하였다. 제목부터 무슨 말인지도 모르겠는데, 어떻게 그 뒤에 나오는 내용을 이해할 수 있겠는가? 이러한 점은 내가 하는 다른 역주 작업에서도 고수하고 있다.

흔히 듣는 이야기 중에,

"이러한 정도의 책을 보는 사람은 이미 상당한 수준에 있는 사람들일 것이니, 좀 어려운 말이라도 그들 스스로 알든가, 모르면 사전을 찾을 수도 있지 않겠나?"

하는 것인데, 나는 그렇게 생각하지는 않는다. 우선 "이러한 정도의 책을 보는 사람"을 어느 정도로 잡을 것인가?

나는 인문계통의 책은 평이하고 친절하게만 만들어 놓으면 그래도 상당한 독자층이 있으리라고 기대하여 본다. 그러나 지금 한글세대들은 이전 세대들이 생각하는 것과는 판이하게 한자말을 잘 모른다는 것이 사실이다. 이러한 사람들에게도 옛날이야기 책을 쉽게 접근할 수 있도록 만드는 것은, 우리 같은 기성세대 연구자들이 반드시 시도하여 보아야할 자못 성가시기는 하지만, 꼭 해두어야 할 과업이라고 생각한다. 사실 책을 쉽게 만들자니 번거롭고 귀찮은 일이 점점 더 불어나지만 말이다.

[6]

이렇게 주석이 늘어나고, 말이 길어지다가 보니, 이 책이 이렇게 두터워지고 말았으나, 그래도 약간의 "성취감-이 작업에 참여하였던 한 여학생의 말" 같은 것은 느끼기도 한다. 그 동안 초벌 역주를 하고 여러 가지 잔소리와 수많은 질책을 들어준 영남대학교 중문과 대학원의 여러 동학들에게, 책을 마무리하면서 한없는 사제간의 온정을 느낀다. 일단 퇴직을 한 뒤에 다시 만난 사람들이니 그 사람들은 나에게 더욱 소중하게 생각된다.

이 중에는 한국 학생들 말고도 중국에서 온 동포 학생, 중국인 유학생들도 있고, 나이로 보아서도, 20대에서부터 50대까지 다양한데, 나는 이 사람들에게 모두 많은 역주과제를 부과하였다. 그 중에는 이미 상당한 수준에 도달한 사람들도 몇몇 있기는 하였지만, 나는 늘 그들에게 칭찬보다는, 한글 표현력에서부터 전공에 대한 지식, 자료를 검색하는 능력 등... 많은 것이 모자란다고 나무라기만 하였다. 이렇게 하는 동안 나도 사실은 현직에 있을 때보다도, 이 한 과제에 좀 더 집중할 수 있구나 하는 생각이 들었다. 한 때 이들의 노력과 나의 소망이 합하여진 것이 바로 이 책이다.

그러나 이 책 표지에서는 그 여러 사람들의 이름을 다 밝힐 수 없어, 그 중에서도 대표격인 박한규, 최계량 두 사람 이름만 적었고, 매 시화가 끝날 때 마다 그 시화를 책임지고 정리한 사람들의 이름을 밝혀 두었다.

최계량 선생은 이 책을 읽는 동안, 이미 학점을 모두 이수한 뒤였으나 그것과는 관계없이, 처음부터 계속하여 이 시화 강의를 들어가면서 초벌 번역을 가장 많이 하였고, 박한규 군은《역총》에다가 이 여러 편의 시화 번역을 일일이 체제를 다시 통일하여가면서 연재할 수 있도록 하였다. 이 두 사람은 모두 시가 전공이고, 또 컴퓨터도 나보다 몇 배나 더 잘 다룰 수 있기 때문에, 내가 놓친 것도 많이 찾아 주었다.

마지막에《역총》에 연재한 것을 모두 수합하여 최종정리를 하는 데는, 내가 한 두 차례 처음부터 끝까지 다시 훑어보면서 수정하였고, 박한규 군은 광교수의 해설 부분을 힘들여 번역하였다. 무엇보다도 특히 최계량 선생은 지난 겨울 방학 벽두부터 지금까지, 원문 글자를 일일이 찾아가며 대조하고, 전체의 체제를 다시 통일하며, 내가 다시 수없이 뜯어고쳐놓은 내용을 불평 없이 추가하여 입력하는 등 …… 몇 달 동안이나 문자 그대로

"불철주야不撤晝夜" 헌신하였다. 삼가 고마움을 표한다.

[7]

끝으로 이 책의 한국 출판을 선선히 허락하여 준 광건행 교수, 그에게 그런 호의를 베풀도록 도와준 홍우흠 교수에게 감사하며, 나에게 이 일을 하는 동안 편안하게 공부할 수 있도록 도와준 중문과의 여러 후배교수들과 영남대 중앙도서관, 특히 그 고서실의 여러 사서들에게도 사례의 인사를 드린다.

무엇보다도 이렇게 매수만 많고, 잘 나갈지도 모르는 이 책을 내도록 하여준 영남대학교 출판부에 사의를 표한다.

2011년 12월 초순

영남대학교 중앙도서관
명예교수열람실에서

이장우李章佑

章佑教授道席：

接本月十六日華翰, 敬悉一切. 拙編《韓國詩話中論中國詩資料選粹》蒙 先生採爲教學課本, 至感榮幸. 大函中提及此書之韓文譯註及出版事, 謹奉覆如下：

一, 本人同意 先生譯註及出版拙編《韓國詩話中論中國詩資料選粹》.

二, 本人不收取著作版權費.

三, 是書封面編者請保留本人姓名, 至譯註者姓名自是先生.

譯註本出版後, 甚盼能賜寄三數册, 俾作紀念. 如有其他問題, 仍請先生賜告. 耑此謹頌

教安

鄺健行拜啓

二零零九年 十月二十七日

이장우 교수님께

이번 달 16일에 보내주신 편지를 받고 두루 잘 알았습니다. 제가 엮은《한국시화중논중국시자료선수》를 선생께서 수업 교재로 채택하셨다니 대단한 영광으로 생각합니다. 편지에서 언급하신 이 책의 한국어 역주 및 출판에 관한 일은 삼가 다음과 같이 답장을 올립니다.

1. 본인은 선생께서 본인이 엮은 《한국시화중논중국시자료선수》를 역주하고 출판하는 것에 동의합니다.

2. 본인은 저작판권비를 받지 않겠습니다.

3. 이 책의 표지에 적는 편자에는 본인의 이름을 보류하여 주시고, 역주자의 성명은 선생님의 성함부터 시작하시기 바랍니다.

역주본이 출판된 후, 서너 권 정도 보내주시어 기념으로 삼을 수 있기를 바랍니다. 만약 다른 문제가 있다면 선생께서 알려주십시오.

이에 삼가 교수 생활에 편안하심을 빕니다.

광건행 올림

2009년 10월 27일

목차

[39] 가생賈生을 읊은 유장경劉長卿의 시

제4부

조선 중기 이야기

《수은시화(睡隱詩話)》
《제호시화(霽湖詩話)》
《어우야담(於于野談)》
《효빈잡기(效顰雜記)》
《청창연담(晴窓軟談)》
《계곡만필(谿谷漫筆)》
《학시준적(學詩準的)》
《동명시설(東溟詩說)》
《국당배어(菊堂排語)》
《소화시평(小華詩評)》
《순오지(旬五志)》
《호곡시평(壺谷詩評)》
《시평보유(詩評補遺)》
《서포만필(西浦漫筆)》
《현호쇄담(玄湖瑣談)》
《농암잡지(農巖雜識)》
《한거만록(閑居漫錄)》

18. 《수은시화睡隱詩話》

강항(姜沆 : 1567~1618년)[1]은 자는 태초太初이고 호는 수은睡隱이며 관향은 진주晉州다. 중국 명 목종穆宗 신종神宗 세대이다.

《수은시화睡隱詩話》는 강씨 문집《수은집睡隱集》에 있는 문장이다. 문장에서 『시를 쓰는 것은 어렵지 않고 주석하기가 어렵다. 문장쓰기는 어렵지 않고 평론하기가 어렵다』라고 말하였으며, 또한《삼체시주三體詩注》[2]를 예를 들어 뚜렷하게 견해를 말했다.

1 | 강항(姜沆) : 자는 태초(太初), 호는 수은(睡隱). 성혼(成渾)의 문인. 영광(靈光)에 살았으며 글재주가 있어서 어려서 과거에 급제하였다. 정유년에 형조 좌랑으로서 재신(宰臣) 이광정(李光庭)의 종사관이 되어 바닷가 고을에서 군량미를 모으다가 온 집안이 왜적에게 잡혔는데, 여러 차례 죽고자 하였으나 뜻을 이루지 못하였다. 일본으로 잡혀가서는 의관을 바꾸지 않은 채 지내었는데, 4년이 지난 경자년에 왜인들이 비로소 귀국하는 것을 허락하였다. 선조가 불러서 서울에 도착하자, 왜적의 정세에 대해 두루 물어보았으며, 이어서 술을 하사하고 말을 지급하여 고향으로 돌아가게 하라고 명하였다. 《수은집(睡隱集)》·《간양록(看羊錄)》·《운제록(雲堤錄)》·《건거록(巾車錄)》·《강감회요(綱鑑會要)》·《좌씨정화(左氏精華)》·《문선찬주(文選纂註)》등 저서가 있고, 또 성리학(性理學)에 밝아서 일본(日本) 성리학의 원조가 되었다. – 한국고전번역원(www.itkc.or.kr)

2 | 삼체시 [三體詩] : 송(宋)나라 주필(周弼)이 엮은 것이며, 당시3체가법(唐詩三體家法)·당현3체시법(唐賢三體詩法)·당3체시(唐三體詩)라고도 한다. 7언절구(七言絶句)·7언율시(七言律詩)·5언율시(五言律詩)의 3체시 494수를 수록하였다. 수록된 시인 167명의 대다수가 중만당(中晩唐) 시인인 점이 특색이다.
1250년에 완성되었는데, 주필이 90세에 가까웠을 때 편집한 것이라 한다. 그 당시는 남송(南宋)도 후반이어서 시를 좋아하는 계층이 일반 서민에까지 확대되고 있었으며, 북송(北宋) 이래의 이지적인 시풍이 일변하여, 평이한 서정 위주의 당시, 특히 중만당의 시를 좋아하는 풍조가 있었다. 주필은 이러한 서민층 시인들에게 작시의 표준을 제시해 주기 위해 이 책을 엮었다고 한다. 두보(杜甫)와 이백(李白)의 시를 전혀 싣지 않은 것이라든지 고시(古詩)를 모두 제외한 것도 일반 작시자(作詩者)가 접근하기 쉽도록 하려는 편집목적 때문이었을 것이다. 시의 분류도 허(虛:서정)와 실(實:서경)을 중

[1] 문장평론과 시해석의 어려움

作詩非難, 注詩爲難, 作文非難, 評文爲難. 評文有三病：可言而不言, 謂之吶口. 可止而不止, 謂之添足. 面貌形容, 有目者俱見；而吾復爲之點額, 謂之贅疣. 外皮相而得神情者, 自古爲難矣. 註詩有三難：世之相後, 地之相距, 當時事迹後人難悉, 故得其事爲難. 箏郭師[3]已與不可傳者死矣, 今之所存惟紙墨之糟粕, 故得其情爲難. 古人於詩文, 遣言下字, 各有其體, 故得其體爲難. 『遙知叔孫子, 已致魯諸生.』[4] 『廟堂新掃舊巢痕.』[5]

심으로 한 허접(虛接) · 실접(實接) · 전허후실(前虛後實) · 전실후허(前實後虛) 등 시의 구성요소에 따르고 있으며, 입문서의 성격이 강하다.

3 | 곽사(郭師)는 이름도 모르고 자도 모른다. 부(父)는 상(爽)이고 운중(雲中)대장군이라고만 전함. 선천적으로 음악에 재주가 있어서 13줄 쟁 악기를 연주할 줄 알았다고함. — 百度(www.baidu.com)

4 | 요지숙손자(遙知叔孫子) : 《소식(蘇軾)시집》 권25 : 〈옛날에 산을 넘어 남쪽으로 용천종을 보고 시를 지었는데, 오늘 다시 북쪽으로 올라가면서 또다시 앞에 썼던 시의 각 운자를 사용하여 한 수를 읊네(予昔過嶺而南, 題詩龍泉鐘上, 今復過而北, 次前韻)〉

秋風卷黃落, 가을바람은 노란 낙엽을 휘감고,
朝雨洗綠淨. 아침 비는 푸른 잎을 깨끗이 씻었네.
人貪歸路好, 사람은 귀로가 편안하기를 바라는데,
節近中原正. 좋은 절후는 중원 땅에 바로 찾아드네.
下嶺獨徐行, 산을 넘어 홀로 서서히 걸어가는데,
艱嶮未敢忘. [옛날] 어렵고 험난함을 감히 잊을 수 없네.
遙知叔孫子, 멀리서 알겠구나, 숙손자가,
已致魯諸生. 이미 노나라의 여러 유생들을 불러 모았음을.

※용천(龍泉) : 대유령(大庾嶺)의 유산원(庾山院)에 있는 탁석천(卓錫泉)을 말하는 것 같음. — 《소시보주(蘇詩補註)》 권44

※숙손자(叔孫子) : 전한 초기에 박사인 숙손통(通)이 제나라의 선비 30명을 불러다 조정의 의례를 실연하려고 하였으나 그 중 2명은 불참하였음.

5 | 묘당신소구소흔(廟堂新掃舊巢痕) : 소식(蘇軾) 시집 권13 〈6년 정월 20일 동쪽문을 돌아가며 나서며 전에 사용한 각운자를 그대로 사용하다(六年正月二十日, 復東門,仍用前韻)〉 아래는 시의 일부이다.

亂山環合水侵門, 어지러운 산들 둘러싸고 있는데 물은 문까지 들어왔는데,
身在淮南盡處村. 몸은 회남 땅 끝나는 마을에 있구나.
五畝漸成終老計, 다섯 무의 땅으로 차츰 나의 마지막 생계대책 마련하였는데,
九重新掃舊巢痕. 구중궁궐에서는 옛날 보금자리를 새로 쓸어버렸다네.

範石湖[6]猶不能知, 而放翁之所以不敢注坡也[7].

豈惟見慣沙鷗熟,	어찌 오직 모래사장의 백구를 익숙하게 바라보는 것만 습관이 되었다하겠는가?
已覺來多釣石溫.	이미 자주 오다가보니 낚시자리 돌조차 따뜻해졌음 깨닫겠네.
長與東風約今日,	오랫동안 동쪽 바람과 더불어 오늘을 약속하였으니,
暗香先返玉梅魂.	은은한 향기 먼저 옥매의 혼을 돌려보내었구나.

※구중(九重) : 이 시화에는 『묘당(廟堂)』으로 되어있으나, 중국에서 나온 《동파집》에는 모두 『구중』으로 되어 있음. 이 구절의 뜻은 자기가 중앙정부에서 근무하던 사관(史館)이 최근 직제 개편에 의하여 없어졌다는 말로 육유(陸游)는 《주동파선생시》의 〈서문(序)〉에서 풀이하였음.

6 | 범석호(范石湖) : 남송 범성대(范成大, 1126~1193)의 호. 금(金) 나라에 사신으로 가서 목숨을 걸고 절개를 지킨 것으로 유명하며, 최고직인 참지정사(參知政事)까지 역임. 시인으로서도 육유(陸游), 양만리(楊萬里)와 이름이 나란하였음. 문집: 《석호집》(136권).

7 | 방옹불감주파(放翁不敢注坡) : 방옹은 육유의 호. 그의 《위남문집(渭南文集)》(권15), 〈시원지(施元之) 사간이 주석한 소동파 시집 서문(施司諫註東坡詩序)〉에 다음과 같은 내용이 보임:……근세에 촉(蜀) 사람 임연(任淵)은 일찍이 송자경(宋子京 : 宋祁), 황노직(黃魯直 : 庭堅), 진무기(陳無已 : 師道) 세 사람의 시에 대하여 자못 상세한 주석을 단 것으로 이름이 있다. 그러나 동파선생의 시에 대해서는 출전[援據] 이 너무 넓고, 뜻[指趣] 이 너무 깊어 임연 혼자서는 감당할 수가 없다는 말이 있다.

내가 조금 전에 범공 지능(至能 : 범성대의 자)과 촉 땅에서 만난 일이 있었는데, 그 때 서로 어울려 동파시를 논하다가 강개하게 나에게 『족하께서 마땅히 책 한 권을 지어 동파선생의 뜻을 밝혀내어, 뒤에 나올 학자들에게 물려주어야 하겠습니다』라고 하였다. 나는 그렇게 할 수가 없다고 하였다. 딴 날 또 그런 말을 하기에, 그 때 두세 가지를 들어 그에게 질문을 하였다. 『「다섯 무의 땅으로……」와 「멀리서 알겠구나.……」라고 한 시구를 마땅히 어떻게 해석해야 합니까?』 지능이 『동파가 황주에 좌천되어 스스로 헤아리기를 다시는 중앙정부에 수용될 수가 없다고 보았기 때문에 「옛 보금자리가 새롭게 쓸렸다[新掃舊巢痕]」고 하였을 것이고, 건중(建中) 초년에 구법당에 속한 여러 사람들[元祐詩人]을 다시 불러들였기 때문에 「이미 노나라의 여러 유생들을 불러 모았음을[已致魯諸生]」이라고 아마도 하였을 듯 한데요』라고 하였다. 나는 『이러한 견해를 저는 감히 동조할 수 없습니다. 옛날……동파가 일찍이 직사관(直史館 : 궁중에 교대로 숙직하면서 역사를 기록하는 요직)이었으나, 좌천된 뒤로는 산관(散官 : 별 볼일 없는 관리)가 되어 「내가 사관의 직책을 버린지 오래 되었구나, 그런데 지금 사관(史館)이라는 부서조차도 없어졌구나」라는 뜻으로 옛날 보금자리를 새로 쓸어버렸다네[新掃舊巢痕] 라고 한 것이니, 그가 문자를 사용함[用字] 의 엄격함이 이 정도지요.……건중 초년에 한(韓)·증(曾) 두 재상이 정권을 잡고 원우당인들을 모두 수용하였으나, ……오직 동파 형제는 오히려 아무 실권도 없는 궁사(宮祠)의 책임만 맡았으니, 이 구

余見唐劉言史[8]〈過春秋峽〉詩：『不知何樹幽崖裏, 臘月開花似北人.』[9]《三體詩注》以『似』爲『送』. 春秋峽邈在嶺外, 北人過之, 其零丁牢落之狀, 正似臘月之花, 訓『送』則全無意味矣.

國朝占畢齋彙集《青丘風雅》[10], 而間間自注, 崔猊山瀣[11]謫長沙詩：『三年竄逐病相仍, 一室生涯轉似僧. 雪滿四山人不到, 海濤聲裏坐挑燈.』[12]占畢訓『海濤』爲『松濤』. 餘見長沙古縣正在西海上, 潮水出入於蕪城之下, 所謂『海濤』, 正是『海潮』也. 詩家之注, 莫深於《三體》; 國朝文章, 莫高於占畢, 而猶不免三難之病, 詩文果可易言乎哉?

절[已致魯諸生] 은 대개 이른바 「2인은 초치(招致)할 수 없었다」 뜻을 숨기고 있으니, 뜻은 깊으면서도 말은 완곡한 것이라 더욱 쉽게 추측할 수 없는 것이지요.……』 지능이 크게 한숨 쉬며 『이러니 정말 어렵겠군요』라 하였다.

8 | 유언사(劉言史) : 중당 시대의 시인으로 이하(李賀)와 비견되기도 하였음. 조강현령(棗强令)으로 추천되었으나 병을 핑계삼아서 사퇴하고 사람들을 만나지 않았기 때문에, 사람들이 『유조강(劉棗强 : 강한 대추)』라고 불렀다고 함. 《전당시》(권468)에 시 1권이 수록됨.

9 | 〈춘추협에 들러서(過春秋峽)〉

峭壁蒼蒼苔色新, 　가파른 절벽에 이끼가 새롭게 반짝이고,
無風晴景自勝春. 　바람도 없고 햇살이 저절로 봄이 낫구나
不知何樹幽崖裏, 　이름 모를 나무 그윽한 벼랑에 자랐는데,
臘月開花似北人. 　동지선달에 꽃이 피니 북방사람 같아 보이네.

10 | 점필재(占畢齋 : 김종직)와 《청구풍아(靑丘風雅)》 : 앞의 조선전기 선비들의 이야기 처음을 보라.

11 | 최해(崔瀣 : 1287~1340) : 고려의 문인. 본관은 경주(慶州). 자는 언명보(彦明父) 또는 수옹(壽翁), 호는 졸옹(拙翁) 또는 예산농은(猊山農隱). 문과에 급제하여 성균학관을 거쳐서 예문춘추검열(藝文春秋檢閱)이 되었고, 원나라의 과거에 급제하여 1321년 요양로개주판관(遼陽路蓋州判官)이 되었다가, 5개월 만에 병을 핑계하고 귀국하여 예문응교(藝文應敎) · 검교(檢校) · 성균관대사성이 되었다. 말년에는 사자갑사(子岬寺)의 밭을 빌려서 농사를 지으며 저술에 힘썼다. 노년에 지은 〈예산은자전(猊山隱者傳)〉은 자서전으로, 책 속에서 『구차하게 편함을 추구하지 않고 떳떳이 졸(愚拙)로 살아가겠노라.』라고 한 것은 『졸옹』이라고 자호(自號)한 동기와 같다. 말년에는 저술에 힘써 고려 명현의 명시문을 뽑아 《동인지문 東人之文》 25권을 편찬하였다. 그가 남긴 문집은 《졸고천백(拙藁千百)》 2책으로 일본에 있으며 1930년에 영인되었다.

12 | 삼년찬축(三年竄逐) : 〈현의 집무실에서 눈 오는 밤에(縣齋雪夜)〉라는 7언절구로 국역 《동문선》(권20)에 수록되어 있음. — 여기서 몇 자 수정하여 인용함.

시를 쓰는 것은 어렵지 않고 주석하기가 어렵다. 문장 쓰기는 어렵지 않고 평론하기가 어렵다. 문장을 평론함에 있어서 세 가지 결함을 알아야 한다. 말해야 할 것을 말하지 않으면 더듬는다[吶口] 하고, 그쳐야 할 것을 그치지 않으면 첨족添足이라 하며, 용모를 형용함에 있어서 눈이 있으면 다 볼 수 있는데 내가 반복해서 머리를 끄덕끄덕한다면 그것은 군더더기[贅疣] 라고 한다. 외모를 보고 마음을 알려면 자고로 어려운 일이다.

시를 해석함에는 세 가지 어려운 점이 있다. 시간이 흐르고 지역도 멀어져 있어서 그때의 사적들을 후세 사람들이 알기 어렵기 때문에 그 일을 터득하기 어렵다. 쟁곽사는 이미 전할 수가 없으니, 전할 사람이 사라졌고, 지금은 단지 지묵(紙墨 : 종이, 적힌 글자)의 술지게미만 남아있기 때문에 그때의 정황을 알 수 없다. 고인들은 말을 배치하고 글자를 놓을 때, 작자에게는 자신의 체가 있었기 때문에 그 체를 알기 어렵다.

遙知叔孫子, 　멀리서 알겠구나, 숙손통 선생이,
已致魯諸生. 　이미 노나라 땅의 여러 유생들을 불러 모았음을.

廟堂新掃舊巢痕. 　궁궐에서는 옛날 보금자리를 새로 쓸어버렸다네.

범석호도 그 뜻 을 알 수 없었고 육방옹이라도 감히 주석본을 낼 수가 없었다.

나는 당나라 유언사 〈춘추협에 들러서過春秋峽〉 시에서

不知何樹幽崖裏, 　알지 못하겠구나! 이름 모를 나무 그윽한 벼랑에 자랐는데,
臘月開花似北人. 　동지섣달에 꽃이 피니[썰렁한] 북쪽 사람 같이 보이네.

라고 하였다.

《삼체시주》에서는 《似》자를 《送》자로 설명했다. 춘추협은 멀리 영외(嶺外 : 광동 · 광서)에 있어 북방인이 지나가는 모습이 고독하고 쓸쓸하게 보

여 마치 섣달에 핀 꽃과 같다는 뜻인데 여기서 『送』 자로 해석함은 아무런 의미도 없다.

국조(國朝)의 점필재가 모은 《청구풍아》에서 간간이 해석을 달았고 최해가 예산(猊山)에 귀양 갔을 때 장사에서 시를 섰다. 시는

三年竄逐病相仍,	3년을 쫓겨 다니면서 병이 서로 겹쳤는데,
一室生涯轉似僧.	한 방의 생애는 마치 중과 같구나.
雪滿四山人不到,	온 산에 눈은 가득하고 사람은 오지 않는데,
海濤聲裏坐挑燈.	바다 물결 소리 속에 갑자기 등불을 돋운다.

점필재는 『海濤』를 『海潮』로 해석했다. 내가 보기에 장사 고현은 바로 서해 곁에 있고 조수가 황폐한 성 기슭에 오르내리고 있으니 『海濤』가 바로 『海潮』이다. 시인들의 주석은 《삼체》보다 깊은 것이 없고 국조의 문장은 점필보다 높은 것이 없는데도 오히려 이 세 가지 어려움을 벗어나지 못하였으니, 시와 문장을 쉽게 이야기 할 수 있겠는가?

【참고자료】

清 馮應榴 輯注, 黃任軻, 朱懷春 校點, 《蘇詩合注》, 上海古籍出版社, 2001.

《문연각 사고전서 전자판》 p.750 참고.

한국고전번역원(www.itkc.or.kr)

(박애화)

19. 《제호시화霽湖詩話》[1]

양경우(梁慶遇, 1568~?)[2]가 편찬했다. 양경우의 자는 자점子漸이고, 호는 제호霽湖와 점역재點易齋이다. 본관은 남원南原이다. 중국 명나라 신종神宗 시대에 해당한다. 이 책의 권수에 대해서는 잘 알려져 있지 않으며, 홍만종洪萬宗[3]의 《시화총림詩話叢林》 권3에 그가 시문을 논한 짧은 글 25편을 수록하고 있는데, 당송시를 아울러 논하고 있지만 당시를 받드는 경향이 있다.

[1] 당시唐詩의 용사用事 사용

世之論詩者曰唐體, 曰宋體. 近世學唐者, 出於晚唐. 盛唐與晚唐逈然不侔, 取盛唐諸詩熟翫, 則可知已. 學晚唐者指用事[4]曰：『非唐也.』盛唐

1 | 제호시화(霽湖詩話)：《제호집(霽湖集)》 9권에 실려있다. 《제호집(霽湖集)》은 양경우의 손자 양도(梁燾)가 1647년(인조25)에 간행하였는데, 목활자본으로 만들어졌으며, 안에 《제호집(霽湖集)》 11권과 《제호속집(霽湖續集)》 2권 및 양경우(梁慶遇)의 아들 양진핵(梁晨翮)의 문집 《이촌집(伊村集)》이 실려 있다. 내용으로는 양경우 자신의 견문을 기초로 중국시인 및 시인 주변의 일화 및 시평(詩評), 시(詩) 속의 자의(字意)의 특수한 용법을 구체적 작품 해석을 통해 판단 확정하고 있다. 홍만종은 역대 시화집을 모아 편찬한 《시화총림(詩話叢林)》에서 제호(霽湖)의 시를 극찬하고 있다. －《제호시화》 이월영 역. 한국문화사. 1995년

2 | 양경우(梁慶遇)：1597년(선조 30) 참봉(參奉)으로 문과별시(文科別試)에 급제하였고, 1616년(광해군8) 문과중시(文科重試)에 급제하여 교리(校理)를 거쳐 봉상시첨정(奉常寺僉正)에 이르렀다. 저서로는 《제호집》·《제호설화(霽湖說話)》가 있다.

3 | 홍만종(洪萬宗, 1643~1725)：《백운소설(白雲小說)》 주 2) 참조.

4 | 용사(用事)：한시를 지을 때 옛날의 뛰어난 일이나 글들에서 표현을 이끌어 쓰는 일. 전고(典故)나 사실을 인용하는 한시의 작법. 경서(經書)나 사서(史書) 또는 여러 사람의 시문에서 특징적인 관념이나 사적(事跡)을 2~3자의 어휘에 집약시켜 시의(詩意)를 배가시키는 방법이다. －《한국고전시학사》, 전형대 등, 서울, 홍성사, 1981, p.78 참조.

用事處亦多, 時時有類宋詩, 然句法[5]自別, 世人鮮能知之. 駱賓王[6]詩曰 : 『有蝶堪成夢, 無羊可觸蕃.』[7] 白樂天[8]詩曰 : 『但識臧生能詐聖, 可知甯子解佯狂.』[9] 此等句何限, 非用事而何? 唐宋之辨, 在於格律[10]音響間, 惟知者知之.

5 | 구법(句法) : 시구를 만드는 법, 흔히 한 시구 안에서 놓인 글자들이 뜻으로 보아서 어떻게 서로 붙고 떨어지면서 어떤 자수율(字數律)을 유지하는가 하는 것을 논한다.

6 | 낙빈왕(駱賓王, 640?~684?) : 초당(初唐) 시인. 절강성(浙江省) 의오(義烏) 출생. 왕발(王勃) · 양형(楊炯) · 노조린(盧照鄰) 등과 함께 『초당사걸(初唐四傑)』로 일컬어진다. 주요작품으로는 〈제경편(帝京篇)〉이 《당시선(唐詩選)》에 수록되어 있고, 시문집으로는 《낙빈왕문집(駱賓王文集)》과 《낙임해집(駱臨海集)》 등이 있다.

7 | 유접감성몽(有蝶堪成夢) 두 구 : 〈신간 주부(主簿)님과 함께 사현스님의 『임천』 시를 우러러 화답함 4수 (同辛簿簡, 仰酬思玄上人林泉, 四首)〉 중 제 2수.

芳晨臨上月, 아름다운 새벽에 달뜨는 걸 내려다보니,
幽賞狎中園. 그윽한 감상하면서 가운데 정원을 좋아하게 되었네.
有蝶堪成夢, 나비 있으니 꿈을 이룰 수 있으시겠지만,
無羊可觸藩. 숫양 없으니 울타리 받을 일 있겠는가?
忘懷南澗藻, 근심 잊고 남쪽 골짜기에서 마름 뜯고,
蠲思北堂萱. 생각 털고 북쪽 마루에서 훤초를 얻으시리.
坐歎華滋歇, 저희들 갑자기 훌륭한 재미 끝났음을 한탄하노니,
思君誰爲言. 스님을 생각한 들 누가 무슨 말을 할 수 있겠나이까?

— 원문 참조 : 사고전서 전자판 《낙승집(駱丞集)》

※접몽(蝶夢) : 《장자 · 제물론(齊物論)》에 나오는 장주(莊周)의 호접몽(胡蝶夢)을 용사(用事)함. 『예전에 나는 나비가 된 꿈을 꾼 적이 있다. 그때 나는 기꺼이 날아다니는 나비였다. 아주 즐거울 뿐이었다. 그리고 자기가 장주임을 조금도 지각하지 못하였다. 그러나 갑자기 꿈에서 깬 순간 분명히 나는 장주가 되었다. 대체 장주가 나비 된 꿈을 꾸었던 것일까, 아니면 나비가 장주가 된 꿈을 꾸고 있는 것일까? 장주와 나비는 별개의 것이건만 그 구별의 애매함은 무엇 때문일까? 이는 사물이 변화하기 때문이다.』

※촉번(觸藩) : 《주역》의 대장(大壯)괘의 구삼(九三)에 『소인은 씩씩함을 사용하지만 군자는 아무 것도 쓰지 않는다. 그러니 곧기는 하지만 사납다. 숫양이 울타리를 받으니 그 뿔이 아프다(小人用壯, 君子用罔. 貞厲. 羝羊觸藩, 羸其角.)』고 되어 있다. 무엇이나 뿔로 받고 앞으로 나아가기만을 좋아하는 숫양이 울타리에 부딪쳐 앞으로 나아가지 못한다는 뜻이다.

8 | 백낙천(白樂天, 772~846) : 《지봉유설(芝峰類說)》 주 144) 참조.

9 | 단식장생능사성(但識臧生能詐聖) 두 구 : 시제는 〈거리낌 없이 말함(放言)〉이며, 아래는 전문이다. 원화(元化) 10년(815년)에 강주(江州)로 강등되어 가던 중 지은 작품으

세상에서 시를 논하는 자들은 당체다 송체다 말한다. 근세에 당체를 배우는 자들은 만당에서 나왔다. 성당과 만당은 매우 다르므로, 성당의 시들을 택하여 충분히 감상해본다면, 곧 이러한 사실을 알 수 있을 것이다. 만당의 시를 배운 자들은 용사를 가리켜 "당의 시법이 아니다"고 하지만, 성당의 시에도 용사한 곳이 많은데 때때로 송시와 비슷한 것도 있다. 그러나 당시와 송시는 구를 만드는 법은 서로 다른데, 세상 사람들 중에는 이러한 사실을 아는 이가 드물다. 낙빈왕 시에 이르기를,

有蝶堪成夢,　　나비 있으니 꿈을 이룰 수 있으시겠지만,

로 철리(哲理)가 담긴 서정시이다.

朝眞暮僞何人辨,　　아침에는 진실 되고 저녁에는 거짓되니 어느 누가 분별하겠는가,
古往今來底事無.　　예부터 지금까지 무슨 일인들 없었겠는가?
但識臧生能詐聖,　　하지만 세상 사람들은 장무중이 가짜성인 노릇한 것만 알 뿐이고,
可知甯子解佯愚.　　무자처럼 바보인체 어리석은 체한 사람도 있다는 걸 어찌 알리오.
草螢有耀終非火,　　풀밭의 반딧불이 빛날지라도 끝내 불이 되지 못하고,
荷露雖團豈是珠.　　연꽃의 이슬은 비록 둥글지라도 어찌 진주일수 있겠는가.
不取燔柴兼照乘,　　제사불꽃을 취하더라도 수레를 밝힐만하지 않다면,
可憐光彩亦何殊.　　가련하게도 그 광채 정말 다른 구슬과 다름이 있으리오.

※장생(臧生) : 춘추시대 노(魯)나라 대부(大夫)인 장무중(臧武仲). 단점은 별로 없고 지식이 많아 『성인(聖人)』이라고 불렸다. 노나라 양공(襄公) 21년(기원전 552년)에 노나라에 도적이 많아서 계무자(季武子)가 그를 사구(司寇)에 임명하고 자문을 구했다. 23년에 이로 인해 맹손씨(孟孫氏)와 원수가 되어 장차 반란을 일으킬 거라고 고발당해, 계손씨(季孫氏)에 의해 토벌되었으며, 그는 주(邾)나라로 도망쳤다.

※영자(甯子) : 춘추시대 위(衛)나라 대부(大夫) 영유(甯兪)이며 시호는 무자(武子)이다. 《논어 · 공야장(公冶長)》에 『공자님이 말씀하시기를 「영무자는 나라에 도가 있으면 지혜로웠고, 도가 없으면 어리석었다. 그 지혜로움은 따를 수 있었지만, 그 어리석음은 감히 따를 수 없다」고 하셨다(子曰 : 寧武子, 邦有道則知, 邦無道則愚, 其知可及也, 其愚不可及也)』라고 되어있다. 이후로 영무자는 나라에 도가 있으면 나아가 그 지혜와 능력을 사용하고 도가 없으면 몸을 숨기고 어리석은 체 하는 정치가의 전형이 되었다.

※번시(燔柴) : 원래는 섶 위에 옥과 희생물을 올려놓고 태우면서 하늘에 제사를 지내는 일이다. 여기에서는 그 불꽃을 말한다.

10 | 격률(格律) : 격은 체제(體制)를, 율(律)은 법도(法度)를 일컫는다. 문장가들은 이를 시사(詩詞)를 짓는 법으로 삼았는데, 시문(詩文)의 평측(平仄) · 음운(音韻) · 자수(字數) · 구수(句數)등의 형식이 그것이다.

無羊可觸藩. 숫양 없으니 울타리 받을 일 있겠는가?

라 했다. 백낙천 시에 이르기를,

但愛臧生能詐聖,	하지만 세상 사람들은 장무중이 가짜 성인 노릇한 것만 알고,
可知甯子解佯愚.	영무자처럼 바보인체 어리석은 체한 사람도 있는 걸 어찌 알리오.

라고 했으니 이와 같은 부류의 구절이 어찌 한정이 있겠으며, 용사가 아니고 무엇이겠는가? 당시와 송시의 변별성은 격률과 음향사이에 있을 뿐이니, 오직 아는 자만이 그것을 알 것이다.

[2] 격률格律의 다양성과 변율체變律體

詩多格律, 有吳體[11], 有虛實體[12], 此尋常也. 至如回鸞舞鳳格者, 何耶? 曰 : 以我況彼, 以彼況我之謂也. 如韓詩 : 『旗穿曉日雲霞動, 山倚秋空劍

11 | 오체(吳體) : 위진남북조 이래로 오지방 여염에서 사용하는 속된 말을 이끌어다 시에 비유로 사용하는 시체. 두보, 피일휴(皮日休), 육구몽(陸龜蒙)이나 소식의 시에도 보이는데, 성조도 율시의 규칙에서 많이 변화시켜 사용하였다.

12 | 허실체(虛實體) : 송 · 원대 시인들이 사용한 허실상생법(虛實相生法)으로서, 율시에서 일반적으로 중간의 두 연 중 한 연에서는 경치를 묘사하고 한 연에서는 감정을 서술하는 방법을 말한다. 경치를 묘사한 부분은 실구(實句)이며 감정을 서술한 부분은 허구(虛句)이다. 남송의 시인 주백필(周伯弼)이 당나라의 7언절구, 7언율시, 5언율시를 골라 《삼체당시(三體唐詩)》를 편찬하면서 자신의 허실론을 적용시켰다. 절구에 있어서는 『허기실접(虛起實接)』과 『실기허접(實起虛接)』의 2가지 형식으로 나누었고, 율시에 있어서는 『사허(四虛)』, 『사실(四實)』, 『전허후실(前虛後實)』 및 『전실후허(前實後虛)』의 네가지 형식으로 나누었다. 『사실』과 『사허』는 율시의 중간 두 연(4구)를 말한다. 그는 율시에 있어서 『사실』을 상품, 『사허』를 중품, 『전허후실』과 『전실후허』를 하품으로 보았다. 이 책은 당시 강호시파 시인들의 공허한 작시풍토에 견

戟明.』[13] 以我之旗況彼雲霞, 以彼之山況我劍戟者是也. 有扇對格, 或曰隔句對格, 以下二句對上二句之謂也. 少陵[14]〈哭蘇鄭〉詩曰 :『得罪台州去, 時危棄碩儒. 移官蓬島後, 穀貴歿潛夫.』[15] 是也. 又唐人絶句曰 :『去年花下留連飮, 暖日夭桃鶯亂啼. 今夕江邊容易別, 淡煙衰草馬頻嘶.』[16] 又韓昌黎[17]詩曰 :『去年秋露下, 羈旅逐東征. 今歲春光動, 驅馳別上京.』[18]

주어 지어졌는데, 당시에는 상당한 영향력을 미쳤으며 후세에는 많은 이견이 제기되기도 하였다.

13 | 기천효일운하잡(旗穿曉日雲霞雜) 두 구 : 시제는 〈배도승상님께서 동쪽을 정벌하러 가시다가 여기산 아래를 경유하시면서 지은 작품에 삼가 화답하여(奉和裴相公東征途經女幾山下作)〉이며, 전문은 다음과 같다.

旗穿曉日雲霞雜, 깃발은 새벽 해를 꿰뚫으니 노을이 뒤섞인 것 같고,
山倚秋空劍戟明. 산은 가을 창공에 기대니 검과 창이 빛나는 것 같네.
敢請相公平賊後, 청컨대 상공께서 도적을 진압하신 후에,
暫攜諸吏上峥嵘. 한번이라도 여러 관리들을 이끌고 산세 높은 이 산에 올라보소서.

14 | 소릉(少陵) : 《파한집(破閑集)》 주 7) 참조.

15 | 득죄태주거(得罪台州去) 네 구 : 시제는 〈정태주사호와 소소감님의 죽음을 통곡함(哭台州鄭司戶 · 蘇少監)〉인데, 여기 인용된 것은 일부분이다. 정씨는 저작랑(著作郎)이라는 벼슬을 하다가 태주의 사호로 귀양갔던 정건(鄭虔)이며, 소씨는 비서소감이라는 고관직에 있었지만 안록산의 난 뒤에 장안의 곡가가 올라서 굶어죽은 소원명(蘇源明)이다.

※봉도(蓬島) : 봉관(蓬觀)이나 봉각(蓬閣)이라고도 하는데, 노자(老子)가 주나라 때 국립도서관장[守藏室史] 를 지냈기 때문에 도가의 신선이 산다는 봉래산(蓬萊山)에 비유하여 당나라 때의 도서관인 비서성(秘書省)을 이렇게 불렀다. 소감은 비서성의 부책임자이다.

※잠부(潛夫) : 자취를 감추어 세상을 등지고 사는 남자. 후한시대 왕부(王符)라는 학자가 숨어살면서 《잠부론》이라는 저술을 남긴 것에서 유래하였다.

16 | 거년화하류련음(去年花下留連飮) 네 구 : 《전당시》 권796에는 송나라 매요신이 지은 《속금침시격(續金針詩格)》에서 인용하면서 작자는 알 수 없다고 하였다.

17 | 한창려(韓昌黎, 768~824) : 중국 당나라 문인 한유(韓愈)의 적관(籍貫 : 본관). 당송팔대가(唐宋八大家) 중 한사람. 《지봉유설(芝峰類說)》 주 692) 참조.

18 | 거년추로하(去年秋露下) 네 구 : 시제는 〈이정봉(李正封) 원외낭중님이 낙양정부로 전근 가는 것을 환송하며(送李員外院長, 分司東都)〉이며, 아래는 전문이다.

去年秋露下, 작년 가을 이슬 내릴 때[그대와 나는],
羈旅逐東征. 객지에서 동쪽 정벌에 종군하였지.
今歲春光動, 올해 봄빛이 움직이려 할 때,

此類甚多. 又有變律體[19], 蓋二聯起頭[20]沓用側聲, 如韋蘇州[21]詩 :『峽東蒼江路向東, 東南山豁大河通. 春水蒼茫遠天外, 夕陽明滅亂流中.』[22] 此乃律詩之第一第二韻[23]也. 又杜詩曰 :『搖落深知宋玉悲, 風流儒雅亦吾師. 悵望千秋一灑淚, 蕭條異代不同時.』[24] 此類甚多. 又有一種變律[25], 杜

驅馳別上京.　말 달려 장안을 떠나네.
飮中相顧色,　술 마시면서 그대 얼굴 돌아다보니,
送後獨歸情.　이별 한 후 유독 다시 돌아올 생각뿐이네.
兩地無千裏,　두 곳이 천리 거리는 되지 않으니,
因風數寄聲.　바람결에 자주 기별이나 전해주게나.

19 | 우유변율체(又有變律體) : 여기서 말하는 변율은 실점(失黏)을 말한다. 실점이란 측기식(側起式)에서 함련의 두번째 글자가 평성이어야 하는데, 측성을 사용하는 것을 말한다. 그래서 함련을 포함한 아랫부분이 모두 평기식으로 바뀌게 된다.

20 | 기두(起頭) : 시구절의 앞부분을 말하며, 여기서는 제 2연의 두 번째 자의 평측을 가리킨다.

21 | 위소주(韋蘇州) : 중당(中唐) 시인 위응물(韋應物, 737?~792?)을 말함. 《지봉유설(芝峰類說)》 주 89) 참조.

22 | 협속창산로향동(峽東蒼山路向東) 네 구 : 시제는 〈공락으로부터 배로 가서 황하로 들어가며 본 일을 즉흥시로 읊어 부과 현의 동료들에게 띄우다(自鞏洛, 舟行入黃河, 卽事, 寄府縣僚友)〉이며, 아래는 전문이다. 《어선당시(御選唐詩)》 권21에는 『협속(峽東)』이 『협수(夾水)』로, 『춘수창망(春水蒼茫)』이 『한수의미寒樹依微)』로 되어 있다. 이 시는 측기식 7언율시인데 제 3구의 두 번째 자가 평성이어야 하는데 측성인 『수(樹)』가 사용되어 실점이 되었다.

夾水蒼山路向東,	측측평평측측평	협곡의 푸른 강 동쪽으로 흐르고,
東南山豁大河通.	평평평측측평평	동남산 골짜기는 큰 강으로 흐르네.
寒樹依微遠天外,	평측평평측평측	차가운 나무는 아득히 하늘너머로 먼데,
夕陽明滅亂流中.	측평평측측평평	석양은 어지러운 물 가운데 명멸하는구나.
孤村幾歲臨伊岸,	평평측측평평측	외로운 마을 몇 년이나 저 언덕 내려다보고 있었나?
一鴈初晴下朔風.	측측평평측측평	한 마리 기러기 해 처음 나자 북풍에 내려앉네.
爲報洛橋遊宦侶,	평측측평평측측	낙교에서 벼슬하는 친구들에게 알리려고 하다,
扁舟不繫與心同.	평평측측측평평	일편 고주가 마음같이 멈추어 주질 않네.

23 | 제일제이운(第一第二韻) : 율시에서 제1연(수련)과 제2연(함련)을 말한다.

24 | 요락심지송옥비(搖落深知宋玉悲) 네 구 : 시제는 〈옛 자취를 생각하며 읊음 다섯 수

詩曰 :『早泊雲物晦, 逆風波浪慳.』26『雲』與『波』皆平聲, 則不害『物』

(詠懷古跡 5首)〉 중 제 2수이다. 다음은 전문이다. 이 시는 측기식 7언율시인데 제 3구의 두 번째 자가 평성이어야 하는데 측성인 『망(望)』이 사용되어 실점이 되었다.

搖落深知宋玉悲,	평측평평측측평	〈흔들려 떨어졌네〉라는 시에서 송옥의 슬픔 깊이 알겠으니,
風流儒雅亦吾師.	평평평측측평평	그의 풍류와 유아함은 또한 나의 스승이 되네.
悵望千秋一灑淚,	측측평평측측측	천년 세월 슬프게 쳐다보면서 한차례 눈물 뿌리나니,
蕭條異代不同時.	평평측측측평평	쓸쓸하구나! 시대 달라서 때를 함께 하지 못함이.
江山故宅空文藻,	평평측측평평측	이 강산의 고택은 없어지고 오직 글만 남았으니,
雲雨荒臺豈夢思.	평측평평측측평	구름끼고 비오는 황량한 누대 어찌 꿈엔들 생각했으리오.
最是楚宮俱泯滅,	측측측평평측측	무엇보다도 초나라 궁궐까지도 모두 사라져 없어졌는데도,
舟人指點到今疑.	평평측측측평평	뱃사공 점찍어 가리키면서 이제까지도 의심스러워 하네.

이 시는 상반(上半)은 측기식이나, 하반(下半)은 평기식으로 바뀌었음.

※송옥(宋玉, ?~?) : 초(楚)나라의 사부작가(辭賦作家). 가난한 선비 출신이며 경양왕(頃襄王)을 섬겨 소관을 지냈으나, 곧 당륵(唐勒) · 경차(景差)와 함께 궁정문단에 참가해 그윽한 정취를 풍기는 아름다운 작풍으로 두각을 나타냈다.

25 | 우유일종변율(又有一種變律) : 여기서 말하는 변율은 『축류특수형식(丑類特殊形式)』을 말한다. 오언율시에서 『측측평평측, 평평측측평』이 『측측평측측, 평평평측평』으로, 7언율시에서 『평평측측평평측, 측측평평측측평』이 『평평측측평측측, 측측평평평측평』으로 바뀌는 현상을 말한다. 《중국시율학1》 왕력 저, 송용준 역, 소명출판사, 2007, 254쪽 참조.

26 | 조박운물회(早泊雲物晦) 두 구 : 시제는 〈동관저에서 바람을 피하며(銅官渚守風)〉이며, 아래는 전문이다. 이 시에서는 제 5구의 네 번째 자가 평성대신 측성이 사용되었고, 제 6구의 세 번째 자가 측성대신 평성이 사용되어 변율이 되었다.

不夜楚帆落,	측측측평측	밤도 아닌데 초나라 땅에서 돛을 내리고,
避風湘渚間.	평평평측평	상강 물가에서 바람을 피하네.
水耕先浸草,	측평평측측	물을 대 농사지으니 먼저 잡초가 잠기고,
春火更燒山.	평측측평평	봄에 불 놓아 다시 한 번 산을 태우네.
早泊雲物晦,	측측평측측	구름이 어두워 일찌감치 정박하고,

之爲仄聲. 又曰 : 『生理飄蕩拙, 有心遲暮違.』[27] 劉夢得[28]詩曰 : 『髮短梳未足, 枕涼閒且欹.』[29] 詩人喜用此律. 七言亦有此體, 李商隱[30]詩曰 : 『卷簾飛燕還拂水, 閉戶暗蟲猶打窗.』[31] 是也.

逆行波浪慳. 측평평측평 거꾸로 치는 파도에 길이 막혔네.
飛來雙白鶴, 평평평측측 날아온 한 쌍의 흰 학이
過去杳難攀. 측측측평평 지나가 버리니 아득하여 잡기 어렵네.

27 | 생리표탕졸(生理飄蕩拙) 두 구 : 시제는 〈배를 타고 장차 한양으로 가면서(登舟將適漢陽)〉이며, 아래는 전문이다. 이 시에서는 제 5구의 네 번째 자가 평성대신 측성이 사용되었고, 제 6구의 세 번째 자가 측성대신 평성이 사용되어 변율이 되었다.

春宅棄汝去, 봄 집은 그대 떠나도록 내버려두고,
秋帆催客歸. 가을 돛은 나그네 돌아가기를 재촉하네.
庭蔬尙在眼, 정원의 채소는 오히려 눈에 선한데,
浦浪已吹衣. 포구의 파도는 이미 옷에 불어오네.
生理飄蕩拙, 평측평측측 생리는 표탕하여 무디어지고,
有心遲暮違. 측평평측평 마음 씀도 노쇠하여 어겨지도다.
中原戎馬盛, 평평평측측 중원에는 오랑캐 말이 왕성하니,
遠道素書稀. 측측측평평 길도 멀고 비단에 쓴 편지도 드무네.
塞雁與時集, 변방의 기러기는 때를 만나 모여들고,
檣烏終歲飛. 돛대의 까마귀는 해가 다하도록 날아다니네.
鹿門自此往, 여기에서 녹문산으로 가서
永息漢陰機. 한음에서 영원토록 기심을 잊고 살리라.

28 | 유몽득(劉夢得) : 유우석(劉禹錫), 《역옹패설(櫟翁稗說)》 주 50) 참조.

29 | 발단소미족(髮短梳未足) 두 구 : 이 시는 유몽득이 지은 것이 아니라 두목(杜牧)이 지은 〈가을 심사(秋思)〉이며, 아래는 전문이다. 《전당시》 권523. 이 시에서는 제 5구의 네 번째 자가 평성대신 측성이 사용되었고, 제 6구의 세 번째 자가 측성대신 평성이 사용되어 변율이 되었다.

熱去解鉗釱, 열기가 가시니 머리에 쓴 칼이 풀린 듯하고,
飄蕭秋半時. 바람이 불어오니 가을이 절반이나 온 듯하네.
微雨池塘見, 가랑비가 연못에 내리니
好風襟袖知. 기분좋은 바람은 옷섶이 알아 보네.
髮短梳未足, 측측평측측 머리털 짧아 빗질 족하지 않고,
枕涼閒且欹. 측평평측평 베개 서늘한지라 한가롭게 기대도다.
平生分過此, 평평측측측 평생 본분이 이를 넘어버리면
何事不參差. 평측측평평 어떤 일인들 들쑥날쑥하지 않으리.

30 | 이상은(李商隱, 812?~858) : 《오산설림(五山說林)》 주 122) 참조.

시에는 많은 격률이 있어 오체, 허실체등이 있는데, 이는 대수롭지 않고 예사로운 것들이다. 회란무봉격이라는 것은 무엇인가? 나를 저것에 비유하고 저것을 나에 비유하는 것을 일컫는다. 예를 들면 한유의 시,

旗穿曉日雲霞雜,　　깃발은 새벽 해를 꿰뚫으니 노을이 뒤섞인 것 같고,
山倚秋空劍戟明.　　산은 가을 창공에 기대니 검과 창이 빛나는 것 같네.

에서, 나의 깃발로 저 노을을 비유하고, 저 산으로 나의 검창을 비유한 것이 그런 것이다. 선대격이 있는데, 혹자는 이를 격구대격이라고도 말한다. 이는 아래 두 개의 구로 위 두 개의 구를 대우하는 것을 일컫는다. 두보의 시 〈곡소정〉에서 이르기를,

得罪台州去,　　죄를 얻어 태주台州로 좌천되니,

31 | 권렴비연환불수(卷簾飛燕還拂水) 두 구 : 시제는 〈수재(水齋)〉이고 전문은 다음과 같다. 《전당시》 권541에는 『폐호(閉戶)』가 『개호(開戶)』로 되어 있다. 이 시에서는 제 3구의 여섯 번째 자가 평성대신 측성이 사용되었고, 제 4구의 다섯 번째 자가 측성대신 평성이 사용되어 변율이 되었다.

多病欣依有道邦,	평측평평측측평	병이 많아도 도가 있는 나라에 의지하게 되니,
南塘晏起想秋江.	평평측측측평평	남당에서 느지막이 일어나 가을 강을 생각하네.
卷簾飛燕還拂水,	측평평측평측측	발 걷어도 나는 제비는 여전히 물을 차고,
開戶暗蟲猶打窗.	평측측평평측평	문 열어도 밤벌레 그래도 창을 두드리네.
更閱前題已披卷,	측측평평측평측	전에 읽었던 부분 이미 펴 놨다가 다시 읽어보고,
仍斟昨夜未開缸.	평평측측측평평	어제저녁 아직 열지 않은 술 항아리 다시 따르네.
誰人爲報故交道,	평평평측측평측	누구라도 옛날 교제하였던 도리에 보답하려면,
莫惜鯉魚時一雙.	측측측평평측평	때때로 편지 한 장 보내는 것 아까워하지 말게나.

時危棄碩儒. 시대가 위태로워 큰 선비 버리었도다.
移官蓬島後, 관직을 바꾸어 봉래로 온 후론,
穀貴歿潛夫. 곡식이 귀해져 잠부潛夫가 죽었도다.

라고 했으니, 이것이 바로 선대격이다. 아래와 같은 당나라 사람의 절구도 마찬가지이다.

去年花下留連飮, 지난해 꽃 아래서 머물며 연이어 술 마셨는데,
暖日夭桃鶯亂啼. 따뜻한 볕 요염한 도화에 앵무새 어지러이 울었지.
今夕江邊容易別, 오늘 저녁 강변에서 쉽사리 이별하게 되니,
淡煙衰草馬頻嘶. 옅은 연기 퇴색한 풀밭에서는 말만 빈번히 우네.

또 아래의 한유韓愈의 시도 이에 해당한다.

去年秋露下, 작년 가을 이슬 내릴 때,
羈旅逐東征. 객지에서 동쪽 정벌에 종군하였지.
今歲春光動, 올해 봄빛이 움직이려 할 때,
驅馳別上京. 말 달려 장안을 떠나게 되었네.

이와 같은 유의 시들은 매우 많다. 또 변율체라는 것이 있으니, 대개 두 연의 첫머리에 측성을 거듭 사용하는 것이다. 다음과 같은 위소주韋蘇州의 시가 그에 해당된다.

夾水蒼山路向東, 협곡의 푸른 강 동쪽으로 흐르고,
東南山豁大河通. 동남산 골짜기는 큰 강으로 흐르네.
寒樹依微遠天外, 봄의 찾아옴은 아득히 하늘너머로 먼데,
夕陽明滅亂流中. 석양은 어지러운 물 가운데 명멸하는구나.

이는 율시의 첫번째와 두번째 연이다. 또 아래와 같은 두보의 시에서도

그러한 예를 찾아볼 수 있다.

搖落深知宋玉悲, "흔들려 떨어졌네"라고 한 시에서 깊이 송옥의 슬픔 알겠으니
風流儒雅亦吾師. 그의 풍류와 유아함은 또한 나의 스승이 되네.
悵望千秋一灑淚, 천년 세월 슬프게 쳐다보면서 한차례 눈물 뿌리나니,
蕭條異代不同時. 쓸쓸하구나! 시대 달라서 때를 함께 하지 못함이.

이러한 부류 또한 대단히 많다. 또 일종의 변율이 있는데, 다음과 같은 두보의 시가 그 예이다.

早泊雲物晦, 구름이 어두워 일찌감치 정박하고,
逆風波浪慳. 거꾸로 치는 파도에 길이 막혔네.

운雲과 파波 모두 평성이니, 물物이 측성인 데에 방해가 되지 않는다. 또 다음과 같이 읊었다.

生理飄蕩拙, 생리는 표탕하여 무디어지고,
有心遲暮違. 마음 씀도 노쇠하여 어겨지도다.

유우석劉禹錫의 시는 다음과 같다.

髮短梳未足, 머리털 짧아 빗질 족하지 않고,
枕涼閒且欹. 베개 서늘한지라 한가롭게 기대도다.

시인들은 이러한 율을 쓰기 좋아하였다. 칠언시에도 이와 같은 체가 있다. 이상은李商隱의 다음과 같은 시가 그것이다.

卷簾飛燕還拂水, 발 걷어도 나는 제비 여전히 물을 차고,

開戶暗蟲猶打窗.　　문 열어도 밤벌레 그래도 창을 두드리네.

[3] 반율체격半律體格

五言律詩有半律體, 頷聯[32]做句不用對偶, 只頸聯[33]作對做句是已. 李白〈聽胡人吹笛〉律詩曰 : 『胡人吹玉笛, 一半是秦聲. 十月吳山曉, 梅花落敬亭. 愁聞出塞曲, 淚滿逐臣纓. 卻望長安道, 空懷戀主情.』[34] 老杜[35]〈百五日夜對月〉詩曰 : 『無家對寒食, 有淚如金波. 斫卻月中桂, 淸光應更多. 仳離放紅蕊, 想像嚬靑蛾. 牛女漫愁思, 秋期猶渡河.』[36] 詩人多用此法. 至於長律[37]之用此體者絶少, 唯李商隱〈白石蓮花〉詩曰 : 『白石蓮花誰所共, 六時長捧佛前燈. 空庭苔蘚饒霜雪, 時夢西山老病僧. 大海龍宮無限地, 諸天雁塔幾多層. 漫誇鶖子眞羅漢, 不會牛車是上乘.』[38] 此亦半律體也.

32 | 함련(頷聯) : 한시 율시에서, 셋째 구(句)와 넷째 구를 이르는 말.

33 | 경련(頸聯) : 한시 율시에서, 다섯째 구(句)와 여섯째 구를 아울러 이르는 말.

34 | 호인취옥적(胡人吹玉笛) 8구 : 이백이 지은 〈서역사람이 피리 부는 것을 보며(觀胡人吹笛)〉이다. 《전당시》 권184.
※출새곡(出塞曲) : 요새를 나가서 부르는 군가란 뜻인데, 한(漢)나라 때의 악부(樂府)의 분류로는 횡취곡(橫吹曲 : 말 위에서 부는 노래들)에 속함.

35 | 노두(老杜) : 당나라 말기의 시인 두목(杜牧)을 소두(小杜)라 부르는 데에 상대하여 두보(杜甫)를 이르는 말. 《오산설림(五山說林)》 주 80) 참조.

36 | 무가대한식(無家對寒食) 여덟 구 : 두보가 지은 〈한식 밤에 달을 대하며(一百五日夜, 對月)〉이다.

37 | 장율(長律) : 본래는 배율시(排律詩)를 칭하는 용어인데, 저자는 7언 율시를 지칭하고 있다.

38 | 백석련화수소공(白石蓮花誰所共) 여덟 구 : 시제는 〈『흰 돌로 만든 연화대』를 제목삼아 시를 지어 초나라 스님께 보냄(題白石蓮花, 寄楚公)〉이다. 이상은이 절도사의 속관으로 있을 때 자신을 빗대어 쓴 시.
※육시(六時) : 하루를 여섯으로 나눈 염불 독경의 시간. 곧 아침, 낮, 해질녘, 초저녁, 밤중, 새벽.
※제천(諸天) : 불교에서 말하는 여러 천상계. 마음을 수양하는 경계에 따라 하늘을 여덟 가지로 나눔.

오언율시에는 반율체라는 것이 있는데, 함련을 지음에 있어서는 대우를 사용하지 않고 경련에서만 대우법을 써 짓는 것이 그것이다. 이백李白의 율시 〈서역 사람이 피리 부는 것을 들으며〉에서

胡人吹玉笛，　호나라 사람이 옥피리를 부니,
一半是秦聲．　절반은 진나라 소리로다.
十月吳山曉，　시월의 오산은 밝고,
梅花落敬亭．　매화는 정자에 떨어지는구나.
愁聞出塞曲，　근심스레 출새곡 들으니,
淚滿逐臣纓．　쫓겨난 신하의 갓끈에 눈물이 가득하네.
卻望長安道，　도리어 장안 길 바라보며,
空懷戀主情．　헛되이 임금 그리는 정 품도다.

라고 하였고, 두보의 시 〈한식날 밤에 달을 대하며〉에서는

無家對寒食，　집 없이 한식 대하니,
有淚如金波．　흐르는 눈물 금물결 같아라.

※안탑(雁塔) : 《대당서역기(大唐西域記)》에 다음과 같은 일화가 전한다. 옛날에 한 비구가 있었는데, 한 쌍의 기러기가 날아가는 것을 보고 생각하여 말하기를, 『만약 저 기러기를 얻을 수만 있다면 배고픔을 견딜 수 있었을 텐데.』라고 했다. 그러자 문득 한 마리의 기러기가 저절로 떨어져 죽었다. 이에 그 기러기를 묻고 탑을 세웠다.

※추자(鶖子) : 사리(舍利佛)라는 여자가 눈이 추로(鶖鷺 : 무수리)같이 생겨, 그 아들을 『추자』라고 부르기도 하고 『사리자(舍利子)』라고 부르기도 하였다고 함. 석가 10대 제자 중 지혜가 가장 뛰어난 사람.

※나한(羅漢) : 아라한(阿羅漢)이라고도 한다. 아라한은 본래 부처를 가리키는 명칭이었는데, 후에 불제자들이 도달하는 최고의 계위(階位)로 바뀌었다. 수행결과에 따라서 범부(凡夫) · 현인(賢人) · 성인(聖人)의 구별이 있는데, 잘 정비된 교학(敎學)에서는 성인을 예류(預流) · 일래(一來) · 불환(不還) · 아라한(阿羅漢)의 사위(四位)로 나누어 아라한을 최고의 자리에 놓고 있다.

※상승(上乘) : 가장 뛰어난 최고의 교법. 여기에서는 『으뜸수레』라는 뜻으로 보인다.

斫卻月中桂, 달 속 계수나무 찍어내면,
淸光應更多. 환한 빛 분명 더 많아지리라.
仳離放紅蕊, 헤어졌는데 꽃봉오리 피어나니,
想像嚬靑蛾. 상상하건대 눈썹 찌푸려지리라.
牛女漫愁思, 직녀 괜스레 근심에 잠기나,
秋期猶渡河. 가을이면 다시 은하수 건널 것을.

라고 하였는데, 여러 시인들이 이러한 반율체법을 많이 사용하였다. 그러나 7언율시에서는 이 체법을 쓰는 자는 절대적으로 적다. 그런데 유독 이상은李商隱의 시 〈백석연화〉에서

白石蓮花誰所共, 백석의 연화대 누가 바친 것인가.
六時長捧佛前燈. 육시六時에 부처 앞 등불을 길이 받드네.
空庭苔蘚饒霜露, 빈 뜰의 이끼에 서리와 눈 풍요로운데,
時夢西山老病僧. 때때로 꿈꾸네. 서산의 늙고 병든 스님을,
大海龍宮無限地, 큰 바다 용궁 무한한 땅에.
諸天雁塔幾多層. 제천의 안탑 그 몇 층인고.
漫誇鶖子眞羅漢, 무수리새끼는 진정 아라한이라고 함부로 자랑마라,
不會牛車是上乘. 우거조차 상승임을 알지 못하면서.

라고 했는데, 이 시 또한 반율체이다.

[4] 배율排律의 운韻

凡律詩以四韻爲一篇, 演而爲排律[39], 故排律押韻, 必偶而無奇 ; 卽六

39 | 배율(排律) : 근체시의 운자는 짝수구의 끝에 맞춘다. 4구나 8구로 된 절구(絶句)와 율시(律詩)라서, 8구에 4구씩 더하여 12구(6운), 16구(8운), 20구(10운)으로 시행을 늘리는 것을 배율이라고 함.

韻·八韻·十韻·二十韻者是已. 唐初諸詩中, 或有五韻排律, 此必古詩類也. 如韓翃[40] 〈昔昔鹽〉[41], 是乃古詩, 而句句用對偶, 一如排律. 當時古詩亦有此體, 而後來抄選之人, 置之排律中, 似不深思矣. 排律之體, 至於老杜極精無雜. 杜詩排律何限, 無一首奇韻, 可爲法矣.

대개 율시는 사운四韻으로 한 편을 이루며, 이를 늘리면 배율排律이 되므로, 배율의 압운은 반드시 짝수이지 홀수가 아니니, 즉 육운·팔운·십운·이십운이 그것이다. 당唐초기의 시들 중에 혹 오운배율이 있는데, 이는 반드시 고시의 부류들이다. 한굉韓翃의 〈석석염〉은 고시인데도 구절구절마다 대우를 사용하였는데 배율과 동일하다. 당시에는 고시에도 또한 이러한 체가 있었는데, 후대의 작품을 베껴 쓰는 사람들이 그 작품을 배율 가운데 두었으니, 아마도 이는 깊이 생각하지 않은 탓일 것이다. 배율의 체는 두보

40 | 한굉(韓翃) : 자는 군평(君平). 대력십재자(大曆十才子 : 中唐 초기 명시인 10명에 대한 문학사적 호칭) 중 한사람. 그의 생몰연대는 자세하지 않으며. 대략 당 대종(大宗) 대력(大曆)전후로 활동 추정.

41 | 석석염(昔昔鹽) : 악부시 제목의 하나로 『밤마다 부르는 노래』이다. 이 시는 한굉의 작품이 아닌 설도형(薛道衡)의 작품으로 5언 10운 20구로 이루어진 악부시이다. 아래는 앞부분 여덟구이다. 전자판 사고전서, 《한위육조백삼가집(漢魏六朝百三家集)》 권118 참조.

垂柳覆金堤, 늘어진 버들은 금빛 제방 덮었는데,
蘼蕪葉復齊. 천궁 잎은 다시 가지런하네.
水溢芙蓉沼, 물은 연못에 넘치고,
花飛桃李蹊. 꽃은 복숭아 자두 길에 흩날리네.
採桑秦氏女, 진씨 댁 따님 나부(羅敷)
織錦竇家妻. 직금도(織錦圖)를 그려 보낸 두도(竇滔)의 아내 소혜(蘇惠) 같은 이들,
關山別蕩子, 먼 국경지대로 떠나간 이를 이별하고서,
風月守空閨. 풍월 아름다운 밤에 빈 안방만 지키네.

※설도형(540~609) : 자는 현경(玄卿). 하동(河東) 분음(汾陰) 사람. 북제(北齊)·북주(北周)와 수나라(隋)에서 관직을 임명받았으며, 후에 수 양제(煬帝)가 이 시에 나오는 『빈 들보에 제비 똥만 떨어진다(空梁落燕泥)』는 구절을 트집잡아 죽음에 이르게 되었다. 저서에는 《설사예집(薛司隸集)》이 있다. －《中國歷代人名大辭典》, 上海古籍出版社 참조.

에 이르러 최고로 정교해져 잡된 것이 없었다. 두보의 배율시에 무슨 제한이 있었겠는가만, 한 수에도 홀수 운이 없으니 가히 법이라고 할만하다.

[5] 『空』의 음높이와 『醒』자의 평측성平仄聲

『空』[42] 字本平聲, 而唐律詩中有『潭影空人心』[43] 之句, 蓋潭水澄淸, 能使人心空虛如水之謂也. 此『空』字處『人心』之上, 故音高[44]. 如酒醒之醒, 醒酒之醒[45], 音有平仄之不同. 酒醒之醒平聲, 醒酒之醒仄聲；是乃常用之例. 只杜詩『湍駛風醒酒, 船行霧起堤』[46]者, 平聲用也；李昌符[47]

42 | 공(空) : 왕력(王力)의 《고한어자전(古漢語字典)》(p.855)에 의하면, 『공허함, 공허하게 하다』는 kōng, 『구멍(孔)』일 때는 kǒng, 『씻어내다』일 때는 kòng으로 발음한다. 마지막 발음의 사용 예로 바로 이 시구를 인용하고 있다. 일반《당시삼백수(唐詩三百首)》의 성조에는 대개 이 시의 이 글자를 평성(kōng)으로 표시하고 있는데, 이렇게 되면 이 구절은 하삼평(下三平)이 된다.

43 | 담영공인심(潭影空人心) : 상건(常建)이 지은 〈파산사 뒤의 선원에서(題破山寺後禪院)〉이며, 아래는 전문이다.

淸晨入古寺,	평평측측측	맑은 새벽 옛 절을 찾아드니,
初日照高林.	평측측평평	떠오르는 해 높은 숲을 비추네.
曲徑通幽處,	측측평평측	구불한 길은 깊숙한 곳으로 통하고,
禪房花木深.	평평평측평	선방엔 꽃과 나무들 무성하네.
山光悅鳥性,	평평측측측	산빛을 새는 기뻐하고,
潭影空人心.	평측측평평	못에 비친 그림자 사람의 마음을 비워준다.
萬籟此俱寂,	측측측평측	삼라만상이 다 고요한 지금,
惟餘鐘磬音.	평평평측평	오직 풍경소리만 희미하네.

44 | 음고(音高) : 평성을 낮은 음, 측성을 높은 음으로 구분하였음. 『당대의 음조가 지닌 조치(調値)는 다음과 같이 추정된다. 평성은 약간 낮고 평평한 조, 상성은 그보다 높은 조, 거성은 저음에서 고음으로 상승하는 조였으리라.』 심경호 역, 《당시개설(唐詩槪說)》, 98쪽.

45 | 성(醒) : 《중국시율학》 p.313 에서는 이 글자가 평성이든 상성이든 거성이든 간에, 『술에 깬다』는 의미는 똑같다고 보았는데, 여기서는 이 자가 놓이는 위치에 따라서 성조가 달라지는 경우가 있는 것으로 보았음.

46 | 단결풍성주(湍駛風醒酒)두 구 : 시제는 〈늦가을 엄정공을 모시고 마가지에서 배를 띄우며(晚秋, 陪嚴鄭公, 摩訶池泛舟)〉이며, 아래는 전문이다.

〈旅遊〉詩曰『酒醒鄕關遠, 超超聽漏終』[48]者, 仄聲用 ; 與常用之例反不同. 然此絶無而僅有矣.

『공』자는 본래 평성인데, 당唐의 율시 가운데

潭影空人心. 못의 그림자가 사람 마음을 공허하게 한다.

라는 구절이 있으니, 이는 대개 못의 물이 맑고 깨끗하여 능히 사람 마음으

湍駃風醒酒,	평측평측측	여울 빠르니 바람은 술기운 깨우고,
船回霧起隄.	평평측측평	배 지나가는데 안개는 둑에 일도다.
高城秋自落,	평평평측측	높은 성은 가을되니 절로 낮아 보이고,
雜樹晩相迷.	측측측평평	잡목은 저녁 되니 서로 희미해 보이네.
座觸鴛鴦起,	측측평평측	자리 건드리니 원앙이 일어나고,
巢傾翡翠低.	평평측측평	둥지 기울이니 비취새가 낮게 나네.
莫須驚白鷺,	측평평측측	백로를 놀라게 할 필요는 없으리,
爲伴宿清溪.	평측측평평	나와 더불어 푸른 시내에서 밤 지샐 테니.

※단쾌(湍駃) : 《두보율시》에는 『단사(湍駛)』로 되어있음. 어찌되었든 간에 이 한 연은 평측평평측, 평평측측평으로 시작되는 것으로 보았음.

47 | 이창부(李昌符) : 당 말기에 진사, 관리를 지냄. 《전당시(全唐詩)》 권601에 시 1권이 수록됨.

48 | 주성향관원(酒醒鄕關遠) 두 구 : 시제는 〈여행하며 봄날이 흘러감을 아파하며(旅遊傷春)〉이며, 아래는 전문이다.

酒醒鄕關遠,	측측평평측	술 깨니 고향은 멀기만 한데,
迢迢聽漏終.	평평평측평	멀리서 물시계 소리 끝남 들리도다.
曙分林影外,	측평평측측	새벽이 수풀 그림자 밖을 분별케 하고,
春盡雨聲中.	평측측평평	봄은 빗소리 가운데서 다 끝나네.
鳥思江村路,	측평평평측	새는 강변 마을길을 그리워하며,
花殘野岸風.	평평측측평	꽃은 들판 언덕 바람에 지는구나.
十年成底事,	평평평측측	무슨 일로 십년이나 걸렸는지,
羸馬倦西東.	평측측평평	동서쪽 달리느라 지친 말은 피곤하네.

※주성(酒醒) : 여기 인용된 구절은 측측평평측, 평평측측평으로 되는 것이 정칙이라고 보았음.

※본문의 超超聽漏終에서 超超는 《전당시》에서 迢迢로 되어있다.

로 하여금 물처럼 공허하게 만들 수 있다는 뜻이다. 이 『공』자가 『인심』 앞에 있어서 음이 높다. 『주성』의 『성』과 『성주』의 『성』에서 음의 평측은 같지 않다. 『주성』의 『성』은 평성이고 『성주』의 『성』은 측성인데, 이것이 자주 사용되어지는 예이다. 다만 두보의 시에

湍駛風醒酒, 여울 빠르니 바람은 술기운 깨우고,
船行霧起隄. 배 지나가는데 안개는 둑에 일도다.

에서 성醒은 평성으로 쓰이고, 이창부李昌符의 시 〈여행〉의

酒醒鄉關遠, 술 깨니 고향은 멀기만 한데,
超超聽漏終. 멀리서 물시계 소리 끝남 들리도다.

에서는 측성으로 쓰였으니, 자주 사용되는 예와는 반대로 되어 같지 않다. 그러나 이러한 경우는 거의 없는 가운데 몇몇 있는 것이다.

[6] 같은 글자 중복 압운[疊押]

凡押韻一字有二義, 則疊押[49]無妨. 杜詩 〈園人送瓜〉[50] 詩, 既曰 : 『愛惜

49 | 첩압(疊押) : 시를 지을 때 전에 쓴 운자를 거듭 사용하는 것이다.
50 | 〈원인송과(園人送瓜 : 정원사가 외를 보내어 줌에)〉 : 전문 20구 중 8구는 다음과 같다.

……
浮沉亂水玉, 평평측측측 수옥처럼 뜨고 가라앉음이 일정치 않으나,
愛惜如芝草. 측측평평측 지초처럼 아깝고 사랑스럽네.
……
東陵跡蕪絶, 평평측평측 동릉후(東陵侯)의 자취 황폐하게 사라졌고,
楚漢休征討. 측측평평측 초나라 한나라 전쟁도 끝났네.
園人非故侯, 평평평측측 정원사는 옛날의 동릉후가 아니니,
種此何草草. 측측평측측 재배하는데 얼마나 고생스러웠을까?
—《문연각 사고전서 전자판》,《두시상주(杜詩詳註)》 권19 참조.

如芝草』, 終句又曰『種此何草草』. 韓詩則縱筆大篇, 疊押甚多, 亦不擇字義同異, 此則不可爲法. 凡七言多散押諸韻(今之所謂散韻[51]也). 其改韻之際, 一聯[52]上下句皆押一聲之韻, 然後其下諸聯, 只押下句, 每改韻每如是. 五言古詩則雖改韻, 只押下句, 間或一聯皆押, 依七言體者, 亦有之. 杜詩〈送王評事〉[53] 五言詩, 自初句至『盛事垂不朽』, 皆用『有』字韻. 其下改韻『豪』字曰 :『鳳雛無凡毛, 五色[54]非汝曹.』此則『毛』與『曹』皆韻也, 與七言同. 以此論之, 七言則必守法, 五言則不必爲例.

대개 압운하는데 있어 한 글자가 두 가지 뜻을 가지면 첩압을 해도 무방

※동릉후 : 진(秦)나라 동릉(東陵)의 제후 소평(邵平). 진 나라가 망하자 포의(布衣)가 되어 장안성(長安城) 동쪽에 외를 심고 생활하였음. – 한국고전번역원(www.itkc.or.kr),《다산시 문집(詩文集)》4권 참조.

51 | 산운(散韻) : 조선인들이 중국 운서체계와는 관계없이 발음하는 한자음대로 각운을 다는 것을 말한다. –《청장관전서(青莊館全書)》권24,《규장전운(奎章全韻)》범례(凡例) 참조.

52 | 일련(一聯) : 율시(律詩)의 한 대구. 또는 한 연구(聯句).

53 |〈송왕평사(送王評事 : 증고모가의 재종질 왕례 평사가 남해 땅의 사절로 나감에 송별하며)〉: 전문 76구 중 일부는 다음과 같다.

我之曾姑母,	측평평측측	나의 증고모님께서는,
爾之高祖母.	측평평측측	너의 고조모가 되셨네.
……		
至尊均嫂叔,	측평평측측	지극히 높은 자리에 있는 분과도 형수 시동생간처럼 되었으니,
盛事垂不朽.	측측평측측	훌륭한 일은 드리워져 영구히 전함이라.
鳳雛無凡毛,	측평평평측	훌륭한 집의 자식은 평범한 털이 없으니,
五色非爾曹.	측측평측평	다섯 색 찬란함 모두 너희 형제들 아니겠는가?
往者胡作逆,	측측평측측	지난 날 오랑캐 반란 일으켜,
乾坤沸嗷嗷.	평평측평평	천지가 시끄럽게 들끓었지.
吾客左馮翊,	측측측평측	나는 서울 왼쪽 풍익땅으로 피난갔는데,
爾家同遁逃.	측평평측평	너의 집도 함께 달아났지.
……		

– 전자판 사고전서,《두시상주(杜詩詳註)》권23 참조.

54 | 오색(五色) : 청, 황, 적, 백, 흑.

하다. 두보는 〈정원사가 외를 보내어 줌에〉라는 시에서 이미

愛惜如芝草.　　지초처럼 아깝고 사랑스럽네.

라고 하고서 마지막 구에서 또다시

種此何草草.　　재배하는데 얼마나 고생스러웠을까.

라고 했.다. 한유의 시는 길고 웅대한 시문을 짓는데 있어서, 첩압한 곳이 매우 많은데, 글자 뜻의 같고 다름은 가리지 않았으니, 이는 법이 될 수 없다. 7언七言에서는 많은 경우 산발적으로 압운을 하니(지금 말하는 산운), 운韻을 바꿀 적에 일련의 상하上下구를 모두 같은 소리로 압운하고, 그런 후 그 아래의 연에서는 하구下句만 압운하는 것이니, 운을 바꿀 때마다 매번 이와 같이 한다. 5언고시에서는 비록 운을 바꾼다 할지라도 다만 하구에만 압운하는데, 간혹 일련을 모두 압운하여 7언체를 모방하는 시 또한 존재한다. 두보의 시 〈송왕평사〉 5언시는 첫 구에서

盛事垂不朽.　　훌륭한 일은 드리워져 영구히 전함이라.

까지 모두 『유』자 운을 사용하였는데, 그 아래에는 『호』자로 운을 바꾸어,

鳳雛無凡毛,　　훌륭한 집의 자식은 평범한 털이 없으니,
五色非汝曹.　　다섯 색 찬란함 모두 너희 형제들 아니겠는가?

라 했으니, 『모』와 『조』가 모두 운으로 7언과 동일하다. 이로 미루어 논하건대, 7언은 반드시 법을 지키나, 5언은 예로 삼을 필요는 없다.

[7] '연권聯拳' 의 의미

杜詩曰：『沙頭宿鷺聯拳靜.』[55] 唐人詩中用『聯拳』處甚多,『聯拳』者, 群鷺離立[56]之貌, 非謂聯其拳也, 以故杜詩與『撥剌』[57] 爲對. 今之詩人[58], 或以『接翅』[59] 作對用, 誤甚矣.

두보의 시에,

沙頭宿鷺聯拳靜.　　모래사장 끝 머무는 백로 나란히 서 조용하네.

이라는 대목이 있다. 당나라 사람들의 시 가운데에는『연권』을 사용한 곳이 매우 많다. 연권이라는 것은 백로 무리가 나란히 서있는 모양이지, 그 주먹을 나란히 한다는 의미가 아니다. 그런 까닭에 두보의 시에서『발랄』과 더불어 대를 이룬다. 요즈음의 시인들은『접시』로 대對를 지어 사용하는데, 이는 몹시 잘못된 것이다.

55 | 사두숙로련권정(沙頭宿鷺聯拳靜) : 시제는 〈엉성하게 지은 한 수(漫成一首)〉이며, 두보가 55세 때 배를 타고 운안(雲安)에서 기주(夔州)로 가면서 즉흥적으로 지은 시이다.

江月去人只數尺,　　강물 속의 달과 사람이 다만 지척의 거리에 있고
風燈照夜欲三更.　　바람 앞의 등불은 삼경을 재촉하는 밤을 비추네.
沙頭宿鷺聯拳靜,　　모래사장 끝 머무는 백로 나란히 조용한데.
船尾跳魚撥剌鳴.　　배 뒤쪽에서는 물고기 팔짝팔짝 뛰는 소리 들린다.

— 오세주 한시감상실 사이트 참조.

56 | 이립(離立) : 병립(並立)과 같음.

57 | 발랄(撥剌) : 펄떡, 팔짝, 첨벙과 같은 물고기가 뛰는 소리 등을 나타내는 의성어이다.

58 | 금지시인(今之詩人) : 조선왕조 중기 유근(柳根)을 말함. 그가 지은 시에 저녁 까마귀 날개를 접고 강가의 숲으로 내려가고, 밤 해오리 다리 연하여 물 밭에 서 있네.(昏鴉接翅投江樹. 宿鷺聯拳立渚田.) — 《서경황화시집(西坰皇華詩集)》 권4, 〈저녁 때 임진강을 건너다(晩渡臨津)〉라고 한 구절이 있음.

59 | 접시(接翅) : 날개를 나란히 한다.

[8] 평측平仄 사용용례 :『교膠』·『경檠』·『롱籠』·『창蒼』

詩人或未盡曉字音高低, 壬辰之『壬』字, 或作去聲用[60]; 丈人行之『行』, 或作平聲用[61]; 是甚不知者也. 至如『膠』字, 則折膠[62]·鳳膠[63], 及膠漆[64]之『膠』, 皆平聲也. 若膠合之『膠』, 蓋仄聲也. 坡翁詩曰:『童子愁酒, 佳人苦膠盃』[65] 者是也. 燈檠之『檠』字, 則古詩有『燈檠混魚目』之

60 | 임(壬) : 한자사전《광운(廣韻)》 등에는 모두 평성[낮은 자, 하평성(下平聲) 12, 침운(侵韻)으로 되어 있으나 《표준국어대사전》에서는 장음(長音)표시를 하여 측성으로 다루었다. 조선 시에서 이 임(壬)자를 측성으로 다룬 예로는 남효온(南孝溫)의 〈자영 11수(自詠十一首)〉 중에 『신임년 주리다가 을사년을 또 만나서, 일만 집 흩어지고 우리 집만 남아있네.(辛壬强飢逢乙巳, 萬家散盡我家存.) — 《속동문선(續東文選)》제10권)』와 같은 구절이 있음. — 한국고전번역원(www.itkc.or.kr) 참조.

61 | 항(行) : 일반 한자 사전에는 이 경우[장인과 같은 항렬이란 뜻]에는 평성(下平聲 7, 陽韻)으로 읽고 있으나, 여기서는 틀리는 것으로 보았음. 조선 시대 시에서 『항(行)』자를 평성으로 사용한 예는 김종직(金宗直)의 〈본관 서쪽 담장 밑에서 매화 한 그루가 있는데 삼월에야 비로소 피었다(本館西墻下, 有梅一株, 三月始開)〉에서 『서글픈 것은 끝내 강인함이 아니라서, 분분한 벌나비가 몹시 서로 산란케 하누나(惆悵終非丈人行, 紛紛蜂蝶若相掩).』 같은 구절이 있음.

62 | 절교(折膠) : 가을이 되면 공기가 건조해져서 아교로 단단하게 붙여놓은 무기들이 꺾어지므로, 이 때를 틈타서 적이 공격하기 쉽다고 함.

63 | 봉교(鳳膠) : 끊어진 활의 현을 붙일 수 있고 끊어진 칼과 같은 철도 붙일 수 있다는 전설 속에 나오는 신비한 아교로서, 속굉교(續紘膠) 혹은 연금니(連金泥)라고도 한다.

64 | 교칠(膠漆) : 아교와 옻칠이라는 뜻으로, 사귀는 사이가 매우 친밀하여 서로 떨어질 수 없는 관계를 이르는 말.

65 | 동자수빙주(童子愁冰酒) 두 구 : 소식이 지은 이 시의 제목은 〈유경문의 〈눈〉 시에 화답하여(和劉景文雪)〉이며, 전문은 다음과 같다.

占雨又得雪,	평측측측측	비올까 하였더니 또 눈까지 오니,
龜寧欺我哉.	평평평측평	거북이 어찌 나를 속였겠는가?
似知吾輩喜,	측평평측측	알게 되면 우리 친구들 즐거워 할 것 같아서,
故及醉中來.	측측측평평	술 취한 가운데 달려와서 말하네.
童子愁冰硯,	평측평평측	어린놈은 벼루 얼까 근심하고,
佳人苦膠杯.	평평측측평	아름다운 사람은 술이 얼까 걱정하네.
那堪李常侍,	평평측평측	어찌 이소(李愬) 상시님같이,
入蔡夜銜枚.	측측측평평	밤에 막대 물리어 채 땅으로 들어가게 할 수 있으리.

※구녕기아(龜寧欺我) : 《좌전 · 소공 25년》에 나오는 이야기. 노나라의 장(臧)씨 가문의 종장(宗長)인 소백(昭伯)이 진(晉)나라로 간 사이에 그의 사촌아우인 장회(臧

句. 李義山[66]詩『九枝燈檠夜珠圓』[67] 者, 仄聲也 ; 坡詩曰 :『夢斷酒醒山雨絶, 臥看饑鼠上燈檠』[68] 者, 平聲也 ; 蓋通用矣.『籠』字, 則杜詩曰 :

會)가 그의 집에서 보물로 여기는 누구(僂勾)라는 거북이를 훔쳐서 점을 쳐보았는데,『신의를 지키는 것보다는 참담한 짓을 하는 게 신상에 좋다』고 나왔다. 그래서 장회는 장소백과는 다르게 노나라 임금인 소공(召公)을 반대하는 계씨(季氏)들 편에 서서, 소공과 소백을 국외로 내어쫓고 장씨의 종장 자리를 차지하면서 이렇게 말하였다고 함.

※함매(銜枚) : 매는 야경을 돌 때 치는 나무막대기인데, 밤에 적진을 기습할 때 군사들의 입에 물림. 이소가 오원재를 토벌할 때의 이야기는 한유 명문 〈평회서비(平淮西碑)〉를 참조할 것.

66 | 이의산(李義山) :《오산설림(五山說林)》 주 122) 참조.

67 | 구지등경야주원(九枝燈檠夜珠圓) : 시제는 〈금우역에 이르러 홍원절도사이신 발해고씨(원유)상서님께 띄움(行至金牛驛, 寄興元渤海尙書)〉이다.

樓上春雲水底天,	평측평평측측평	누각 위에는 봄 구름, 물 밑에는 하늘 비치는데,
五雲章色破巴箋.	측평평측측평평	다섯 구름무늬 감도는 문장 파촉 종이에 넘치네.
諸生個個王恭柳,	평평측측평평측	여러 제자들 면면 모두 왕공(王恭)처럼 버들 같고,
從事人人庾杲蓮.	측측평평측측평	모든 종사관들 사람마다 유고(庾杲)처럼 연꽃 같으리.
六曲屛風江雨急,	측측평평평측측	여섯 폭 병풍에는 강 비 급히 뿌리고,
九枝燈檠夜珠圓.	측평평측측평평	아홉 가지 등잔에는 야광주 둥글게 빛나리.
深慚走馬金牛路,	평평측측평평측	매우 부끄럽구나! 금우 길에서 말 달리면서,
驟和陳王白玉篇.	측측평평측측평	갑자기 진사왕(陳思王)의 〈백옥편〉같은 좋은 글에 화답하려니.

※유고련(庾杲蓮) :《남제서(南齊書)》유고지전(庾杲之傳)에, 유고지가 왕검의 위군장사(衛軍長史)가 되자, 소면(簫沔)이 편지하여 이르기를 유경행이 푸른 물의 연꽃처럼 빛난다고 했다. 이 고사에서 유래되어진 말로 자기를 알아주는 사람을 만남에 비유하는 말이다.

— 전자판 사고전서,《이의산시집주(李義山詩集注)》 권2 下 참조.

68 | 몽단주성산우절(夢斷酒醒山雨絶) 두 구 : 시의 제목은 〈조카 안절이 멀리서 와서 밤에 같이 앉아서, 3수(姪安節, 遠來夜坐, 三首)〉 중 제2수이다.

… …

心衰面改瘦崢嶸,	평평측측측평평	마음 쇠약해지고 얼굴 바뀌어 몰라보게 말랐으니,

『野人相贈滿筠籠.』[69] 此平聲用也；退之[70]詩曰：『香隨翠籠擎初到.』[71]

相見惟應識舊聲.	평측평측평측평	너를 보아도 다만 옛날 목소리만 듣고서 맞이하겠구나.
永夜思家在何處,	측측측평측평측	기나긴 밤 집 생각하나 어디쯤에나 있는지?
殘年知汝遠來情.	평평평측측평평	얼마 남지 않은 내 목숨 거두러 온 네 마음 알겠구나.
畏人默坐成癡鈍,	측평측측평평측	남들 눈 무서워 묵묵히 앉았으니 천치가 된 듯 한 데,
問舊驚呼半死生.	측측평평측측평	옛 친구들 물으니 절반이나 죽은 것 놀라워 탄식하네.
夢斷酒醒山雨絕,	측측측측평측측	꿈도 끊어지고 술도 깨니 산의 비도 멈추었는데,
笑看饑鼠上燈檠.	측측평측측평평	웃으며 바라보네, 굶주린 쥐 등경으로 올라감을.

… …

69 | 야인상증만균롱(野人相贈滿筠籠) : 시제는 〈시골 사람이 붉은 앵두를 보내주다(野人送朱櫻)〉이다. 전문은 다음과 같다.

西蜀櫻桃也自紅,	평측평평측측평	서촉 지방 앵두는 유난히 붉으니,
野人相贈滿筠籠.	측평평측측평평	시골사람들이 서로 가득한 대광주리 주는도다.
數迴細寫愁仍破,	측평측측평평측	몇 번을 조심스레 쏟으니 으깨지는 것이 근심되나,
萬顆勻圓訝許同.	측측평평측측평	앵두마다 균일하게 둥글어 이처럼 똑같으니 놀랍도다.
憶昨賜沾門下省,	측측측평평측측	지난날 생각하니 문하성에서 임금님께서 내리신 앵두,
退朝擎出大明宮.	측평평측측평평	조회에서 물러나 대명궁으로 받들어 가지고 나왔었네.
金盤玉箸無消息,	평평측측평평측	임금님이 쓰신 금 쟁반 옥 젓가락의 좋은 소식 없으니,
此日嘗新任轉蓬.	측측평평측측평	오늘 햇 앵두를 맛보며 쑥대처럼 떠돌아다님을 팔자에 맡기노라.

70 | 퇴지(退之) : 한유(韓愈, 768~824)의 자. 《지봉유설(芝峰類說)》 주 692) 참조.

71 | 향수취롱경초도(香隨翠籠擎初到) : 시제는 〈수부 장적(張籍)원외랑이 지은 〈선정전(宣政殿)의 전전(前殿)에서 정부 관리들에게 앵두를 하사하심에〉라는 시에 화답하여(和水部張員外, 宣政衙, 賜百官櫻桃詩)〉이다. 전문은 다음과 같다.

此仄聲用也；皆櫻桃詩也. 莽蒼[72]之『蒼』, 上聲也, 古詩皆以上聲用. 梅聖俞[73]律詩曰 :『寒日悄淸迥, 群山分莽蒼.』則蓋古人或作平聲用矣.

시인들은 간혹 글자 음의 고저에 대하여 완전하게 깨우치지 못한 나머지,『임진』의『임』자를 혹 거성으로 사용하고,『장인행』의『행』자를 혹 평성으로 사용하는데 이들은 진실로 알지 못하는 자들이다.『교』자의 경우『절교』『봉교』및『교칠』의『교』자는 모두 평성이요,『교합』의『교』자 같은 것은 대개 측성이다. 소동파 시의

童子愁冰酒, 어린 놈은 벼루 얼까 근심하고,
佳人苦膠盃. 아름다운 사람은 술이 얼까 걱정하네.

가 바로 그 예이다.『등경』의『경』자 경우, 고시古詩에

燈檠混魚目. 등잔걸이가 내 눈을 흐리게 하니

漢家舊種明光殿,	측평측측평평측	한실에서 옛적부터 갖가지를 심어 궁궐 환하게 했고,
炎帝還書本草經.	평측평평측측평	신농씨는 또 본초경을 썼네.
豈似滿朝承雨露,	측측측평평측측	어찌 아침의 비 이슬같은 은혜가 아니겠는가,
共看傳賜出靑冥.	측측평측측평평	푸른 하늘아래 하사되어져 온 것을 함께 보나니,
香隨翠籠擎初到,	평평측측평평측	향기로운 푸른 바구니에 싸여 받들어져 방금 도착하니,
色映銀盤寫未停.	측측평평측측평	빛나는 은쟁반에 쏟아내는 것이 끝도 없네.
食罷自知無所報,	측측측평평측측	다 먹고 은혜에 보답할 길 없음을 아니,
空然慚汗仰皇扃.	평평평측측평평	공연히 부끄러워 땀 흘리며 궁궐을 향해 우러러보누나.

－《어선당시(御選唐詩)》권21 참조.

72 | 망창(莽蒼) : 넓고 넓은 들판, 풀이 무성하여 퍼렇게 보이는 근교.

73 | 매성유(梅聖俞) :《백운소설(白雲小說)》주 14) 참조.

라는 구가 있고, 이의산李義山 시에

九枝燈檠夜珠圓.　　아홉 가지 등경에는 야광주 둥글게 빛나리.

가 있는데, 이들은 측성이요, 동파의 시

夢斷酒醒山雨絶,　　꿈도 끊어지고 술도 깨니 산의 비도 멈추었는데,
臥看饑鼠上燈檠.　　웃으며 바라보네, 굶주린 쥐 등경으로 올라감을.

의 것은 평성이니, 대개 통용한다. 『롱』자의 경우, 두보의 시에서

野人相贈滿筠籠.　　시골사람들이 서로 가득한 대광주리 주는 도다.

라고 말했는데, 이 때의 『롱』자는 평성으로 쓰였다. 퇴지退之의 시

香隨翠籠擎初到,　　향기로운 푸른 바구니에 싸여 받들어져 방금 도착하니,

에서는 측성의 용법이다. 이들은 모두 앵도를 읊은 시이다. 『망창』의 『창』자는 상성이다. 고시古詩에서는 모두 상성으로 사용하였다. 매성유梅聖兪 율시에서

寒日惝淸迥,　　차가운 날 쓸쓸히 맑고 아득하며,
群山分莽蒼.　　여러 산들은 각각 푸릇푸릇하구나.

이라고 하였는데, 이는 대개 옛사람들이 혹 평성으로도 사용했던 까닭이다.

[9]『업공業工』의 의미

杜詩〈杜鵑行〉[74] 曰 :『業工竄伏深樹裏.』『業工』二字, 世皆不識. 車天輅[75]曰 :『少年時閱書, 見巴俗指杜鵑雛爲業工之語, 而今忘其爲何書也』云. 餘亦未曾見了, 遍問博覽人, 皆不能知. 豈車君閱曆頗多, 容或誤見之耶? 李東岳[76]安訥曰 :『唐本書册中, 有文字間一字疊下, 如「漠漠」「蕭蕭」之類, 則厭於再書, 或以小「又」字繼之, 如我國人以兩點繼之者. 剞劂氏[77]誤以「又」作「工」, 比比有之.「業工」必「業業」[78] 之誤傳也. 杜鵑以蜀帝之魂, 失國, 業業潛身山藪中, 呼號四五月之間者, 不亦理通乎?』此言甚暢快矣.

74 | 〈두견행(杜鵑行)〉: 전문 중 8구는 다음과 같다.

君不見昔日蜀天子,	그대는 옛날 촉나라 천자를 알지 못하는가?
化作杜鵑似老烏.	죽어 두견새 되니 늙은 까마귀 인 듯하네.
寄巢生子不自啄,	새끼를 낳아 둥지에 의탁할 뿐 스스로 먹이지는 않으니,
群鳥至今與哺雛.	한 무리의 새들이 지금까지 갓난 두견 새끼 먹여준다네.
雖同君臣有舊禮,	비록 군신의 예로 마주 대한다 할지라도,
骨肉滿眼身羈孤.	골육지친 눈에 차고 몸은 타향이라 외로워라.
業工竄伏深樹裏,	위태롭게 달아나서 무성한 나무속에 숨어서,
四月五月偏號呼.	4월 5월 되면 기어코 울부짖는구나.

… …

75 | 차천로(車天輅, 1556~1615) :《오산설림(五山說林)》 주 2) 참조.

76 | 이동악(李東嶽) : 이안눌(李安訥, 1571~1637)의 호. 조선 선조 때부터 인조 때까지의 문신 시인. 자는 자민(子敏). 시호는 문혜(文惠). 본관은 덕수(德水). 선조 32년(1599년) 정시문과에 급제하여 이후 예조좌랑이 되어 서장관(書狀官)으로 명나라에 다녀왔다. 인조 10년(1632년) 주청부사(奏請副使)로 명나라에 가서 인조의 아버지인 정원군(定遠君)의 추존을 허락받아 받아왔다. 예조·이조정랑·성균관직강 등을 거치고 여러 중요한 지방의 수령을 역임하고 예조판서에까지 올랐다. 선조 때의 시인 권필과 쌍벽을 이루며 이태백(李太白)에 비유된다. 시작(詩作)이 4,379수에 이르고, 저서에는《동악집(東嶽集)》이 있다.

77 | 기궐씨(剞劂氏) : 기(剞)는 굽은 칼, 궐(劂)은 굽은 끌, 다 같이 조각용의 조그마한 연장이다. 그러므로 기궐씨는 조각가(雕刻家), 판본상(版本商)을 일컫는다. -《제호시화》, 이월영 역, 한국문화사, 1995, p.29 참조.

78 | 업업(業業) : 위태로운 모양.

두보의 시 〈두견행〉에 이르기를

業工竄伏深樹裏.　　업공이 달아나서 무성한 나무속에 숨네.

라고 했는데, 여기 『업공』두 글자에 대해 아무도 그 뜻을 알지 못했다. 차천로車天輅가 말하였다. 『내가 어렸을 적 책을 열람하다가 「파(巴, 지금의 사천성 중경지방)의 풍속에 두견새끼를 가리켜 업공이라고 한다」는 말을 보았는데 지금은 그 책이 무슨 책이었던지는 잊어버렸다.』나 또한 예전에 그것을 본 적이 없는지라, 책을 많이 읽어 사물을 잘 아는 사람에게 두루 탐문하여 물어 보았으나, 모두 알지 못했다. 차군車君이 읽은 것이 자못 많지만, 혹 잘못 본 것은 아닌가? 동악 이안눌李安訥이 말하였다. 『당나라 서책 가운데에는 문자 사이에 한 글자를 거듭 쓴 경우가 많은데, 예를 들면 「막막」「소소」같은 경우 두 번 거듭 쓰는 것을 싫어하여, 아래 글자는 혹 작은 「又」자로 대신 쓰기도 했으니, 우리나라에서는 양점兩點으로 대신하는 것과 마찬가지이다. 판본하는 사람이 「又」자를 「工」자로 잘못 만드는 일이 비일비재하게 있었으니, 「업공」도 필시 「업업」이 그릇되게 전해진 것일 것이다. 두견은 촉나라 황제의 혼으로서 나라를 잃어 위태롭게도 산 수풀 속에 몸을 숨겼던 것이다. 아 ! 사오월간이라는 것 또한 이치에 통하지 아니한가?』 이 말은 참으로 속이 후련하다.

[10] 시詩는 정묘해야 함

杜詩『四更山吐月, 殘夜水明樓』[79], 古人以爲警句. 東坡以『初更山吐

79 | 사경산토월(四更山吐月) 두 구 : 시제는 〈달(月)〉. 두보의 시. 전문은 다음과 같다.

四更山吐月,　　사경에 산은 달을 토해내고,
殘夜水明樓.　　여명에 물은 누대를 비추네.
塵匣元開鏡,　　먼지 묻은 화장함을 막 열고 나온 듯,
風簾自上鉤.　　창문 주렴의 고리처럼 떠있는 조각달.

月, 二更山吐月, 三更 · 四更 · 五更山吐月』[80] 爲首句, 衍爲五首, 似支離. 又杜詩 〈北征〉[81] 詩曰 : 『或紅如丹砂, 或黑如點漆, 雨露之所濡, 甘苦齊結實.』 兩 『或』 字令人詠賞, 有三嘆之音, 而韓公 〈南山〉 詩衍爲五十一 『或』 字, 亦似支離. 詩欲精妙, 不要鬪富.

두보 시의

四更山吐月,　　사경에 산은 달을 토하고,
殘夜水明樓.　　여명에 물은 누대를 비추네.

는 옛사람들이 놀랄 만큼 잘 지은 시구로 여겼다. 동파東坡는 『초경에 산은

兎應疑鶴髮,　　토끼는 제 머리 학처럼 희다 걱정하고,
蟾亦戀貂衣.　　두꺼비는 담비 털의 따스함을 그리워하네.
斟酌姮娥寡,　　장생약 훔친 달나라 항아는 고독할 것 같은데,
天寒奈九秋.　　찬 기운 쓸쓸한 이 가을을 어찌 보낼는지.

※사경(四更) : 하룻밤을 오경(五更)으로 나눈 넷째 부분. 새벽 1시에서 3시 사이이다.

80 | 초경산토월(初更山吐月) 다섯 구 : 시제는 〈강월오수(江月五首)〉로 『과체시(科體詩)』에 해당된다. '殘夜水明樓' 의 다섯 자가 시의 운이 되도록 지었다. – 《소식시집합주(蘇軾詩集合注)》

81 | 〈북정(北征)〉 : 두보(杜甫)가 안록산의 난을 당해 피난가면서 지은 시로, 전문 중 여덟 구는 다음과 같다.

……

或紅如丹砂,　　단사처럼 붉은 것도 있고,
或黑如點漆　　옻칠처럼 까만 것도 있구나.
雨露之所濡,　　그것은 비와 이슬에 젖어서,
甘苦齊結實.　　달게도 익었고 쓰게도 익었도다.
緬思桃源內,　　멀리 복사꽃 피는 고을을 생각하니,
益歎身世拙.　　더욱 한탄스럽구나. 어설픈 내 신세가,
陂陀望鄜畤,　　높고 낮은 부주의 산들,
巖穀互出沒.　　바위와 골짜기 서로 나타났다 사라졌다 하는구나.

……

※단사(丹砂) : 주사(朱砂)를 말함으로 색이 붉기 때문에 단사라고도 함. 오세주 〈한시감상실〉 사이트

달을 토하고, 이경에 산은 달을 토하고, 삼경 · 사경 · 오경에 산이 달을 토해낸다(初更山吐月, 二更山吐月, 三更 · 四更 · 五更山吐月)』를 각각 첫 구로 삼아 다섯 수의 시를 지었으니, 지루하게 여겨진다. 또 두보의 〈북쪽으로 피난가며〉 시에서

或紅如丹砂, 　단사처럼 붉은 것도 있고,
或黑如點漆, 　옻칠처럼 까만 것도 있구나.
雨露之所濡, 　그것은 비와 이슬에 젖어서,
甘苦齊結實. 　달게도 익었고 쓰게도 익었도다.

에서 쓰인 두 개의 『혹』자는 이 시를 읊조리는 사람으로 하여금 거듭 감탄하게 한다. 그런데 한유韓愈의 〈남산〉 시에서는 이를 부연해 51번이나 『혹』자를 썼으니, 이 또한 지루하다. 시는 정묘해야 할 것이지, 애써 풍부해지려고 할 필요는 없다.

[11] 동파 시詩의 실수한 곳

東坡[82] 〈金山寺〉 曰 : 『是時江月初生魄, 二更月落天深黑.』[83] 二更而落則生命, 非生魄也, 蓋率爾誤矣. 杜陵無此等失處.

82 | 소동파(蘇東坡, 1036~1101) : 북송(北宋) 때 소식(蘇軾)의 호. 자는 자첨(子瞻). 사천성(四川省) 미산현(眉山縣) 사람. 소순(蘇洵, 1009~1066)의 아들이며, 21세에 동생 철(轍)과 함께 문과에 급제, 후에 예부상서(禮部尙書)까지 지냈다. 대표작으로는 〈적벽부(赤壁賦)〉 등이 있다.

83 | 시시강월초생백(是時江月初生魄) 두 구 : 원 시제는 〈금산사를 노닐며(遊金山寺)〉. 전문 중 여덟 구는 다음과 같다.

……

微風萬頃鞾文細, 　가는 바람에 온 물에 잔잔한 물결일고
斷霞半空魚尾赤. 　하늘에 걸린 단층 노을에 물고기 꼬리가 붉다.
是時江月初生魄, 　이때에 강 위로 달은 열엿새인데,

소동파蘇東坡의 시 〈금산사〉에,

是時江月初生魄, 이때에 강 위로 달은 열엿새인데,
二更月落天深黑. 이경에 달이 지니 하늘은 짙은 흑색이로다.

라는 구절이 있는데, 이경에 달이 졌다면 음력 초사흘이지, 음력 열엿새는 아니니, 아마 경솔하게 하다가 잘못한 것이다. 두보의 시에는 이러한 유의 실수를 저지른 곳이 없다.

[12] 『여餘』와 『잔殘』의 호용互用

唐人爲詩, 以『餘』爲『殘』, 每當用『餘』字, 必代用『殘』. 如〈洗兵馬行〉[84] 曰 : 『祗殘鄴城不日得』者, 其時賊所據城邑, 皆已復舊, 只餘鄴城, 而當不日可復矣. 又如『猶殘數行涙』·『南紀殘銅柱』等語何限.

二更月落天深黑. 이경에 달이 지니 하늘은 어둡구나.
江心似有炬火明, 강 한가운데에는 횃불이 있는 듯 밝고,
飛焰照山棲烏驚. 나는 듯한 불빛이 산을 비추니 산새들 놀란다.
悵然歸臥心莫識, 창연히 돌아와 누우니 내 마음 알지 못하나니,
非鬼非人意何物. 귀신인지 사람인지 무엇인지 모르겠다.
… …

※생백(生魄) : 달이 처음 기우는 음력 16일을 일컬으며, 기망(旣望)이라고도 한다. 이와 반대로 달이 처음 보이는 때, 음력 초사흘을 생명(生明)이라 한다.
※이경(二更) : 하룻밤을 오경(五更)으로 나눈 둘째 부분. 밤 아홉 시부터 열한 시 사이이다. — 오세주 〈한시감상실〉 참조.

84 | 〈세병마행(洗兵馬行)〉 : 시 전문 중 여덟 구는 다음과 같다. 두보(杜甫) 지음.
中興諸將收山東, 중흥의 여러 장수들 산동을 수복하고,
捷書夜報淸晝同. 승전보가 밤에 알려져도 낮처럼 밝다.
河廣傳聞一葦過, 황하의 강 넓어도 갈대배처럼 건너가니,
胡兒命在破竹中. 오랑캐의 운명도 파죽의 처지에 있다네.
祗殘鄴城不日得, 다만 남아있는 위나라 수도도 하루면 얻게 되리,
獨任朔方無限功. 오직 삭방 절도사 곽자의 공이라네.

당나라 사람들은 시를 지을 때 『여』자로서 『잔』자 대신 쓰고, 마땅히 『여』자를 사용해야 할 곳에는 꼭 『잔』자를 대신 쓴다. 이를테면, 〈병기와 군마를 씻으며〉 시의

祇殘鄴城不日得.　　다만 남아있는 위나라 수도도 하루면 얻게 되리.

에는, 그 당시 적들이 점거했던 성읍이 모두 회복되었고 나머지 업성도 하루면 가히 회복할 수 있다는 뜻이다. 또

猶殘數行淚.　　아직도 남아있는 몇 줄기 눈물.
南紀殘銅柱.　　남기(南紀 : 남방의 땅)에 남아있는 구리기둥.

같은 것도 같은 예이니, 이 같은 경우는 한정이 없다.

[13] 『칭稱』자의 평측성平仄聲

衣服稱身之『稱』字, 仄聲也. 卽《詩》之『不稱其服』者是也. 然以平聲用無妨, 杜詩『細草稱偏坐, 香醪懶再沽』[85]. 又曰 :『意內稱長短, 終身

京師皆騎汗血馬,　　울 병사들 모두 천리마를 타고 싸우나니,
回紇餧肉葡萄宮.　　회흘 원병(援兵)들 포도궁에서 내린 고기를 먹네.

85 | 세초칭편좌(細草稱偏坐) 두 구 : 시제는 〈이금오를 모시고 꽃 아래서 마시다(陪李金吾, 花下飮)〉. 두보 지음.

勝地初相引,	측측평평측	경치 빼어난 곳으로 당초 나를 이끌었지만,
徐行得自娛.	평평측측평	천천히 거닐다보니 스스로 즐길 수 있게 되었네.
見輕吹鳥毳,	측평평측측	가벼운 것을 보니 새털을 부는 것이오,
隨意數花鬚.	평측측평평	마음 내키니 꽃술을 헤아리기도 하네.
細草稱偏坐,	측측평평측	부드러운 풀은 특히 앉기에 적당하여,
香醪懶再沽.	평평측측평	향기로운 막걸리 다시 사오기 게을러지누나.
醉歸應犯夜,	측평평측측	취하여 돌아가면 통행금지를 어기고 말 것이니,
可怕執金吾.	측측측평평	참으로 집금오가 두려운 것을.

荷聖情.』[86] 皆平聲也.

衣服稱身. 의복이 몸에 꼭 맞는다.

의『칭』자는 측성이니, 즉《시경》에서

不稱其服. 그 의복에 맞지 않는다.

라고 한 것이 그것이다. 그러나 평성으로 사용해도 무방하다. 두보의 시

細草稱偏坐, 부드러운 풀은 특히 앉아있기 적당하여,
香醪懶再沽. 향기로운 막걸리 다시 사오기 게을러지누나.

및

意內稱長短, 마음으로는 잘함과 잘못함을 헤아렸는데,
終身荷聖情. 종신토록 임금의 은혜를 입도다.

※집금오(執金吾) : 벼슬이름. 진나라(秦, 기원전 221~기원전 206)에서는 중위(中尉)를 두어서 수도를 순찰하게 했는데, 한 무제(漢武帝) 때 집금오로 이름을 바꾸었다. 금오봉(金吾棒)을 잡고서 비상사태를 제어한다. —《두보초기시역해》, 솔출판사 참조.

86 | 의내칭장단(意內稱長短) 두 구 : 시제는 〈단옷날 옷을 하사하시다(端午日賜衣)〉이다. 두보 지음.

宮衣亦有名,	평평측측평	궁중의 옷 또한 유명한데,
端午被恩榮.	평측측평평	단오일 임금님 은혜 입는 영광 받았구나.
細葛含風軟,	측측평평측	섬세한 갈포는 바람을 머금어 유연하고,
香羅疊雪輕.	평평측측평	향기로운 명주는 눈이 포개어진 듯 가볍네.
自天題處濕,	측평평측측	하늘로부터 받은 묵적 여전히 촉촉하니,
當暑著來淸.	평측측평평	이 여름 당하여 흠뻑 청량감 느낄 수 있으리.
意內稱長短,	측측평평측	내 마음 속 어림잡아 크기가 맞으니,
終身荷聖情.	평평평측평	이 몸 죽도록 성스러운 은정 입게 되었네.

등에서 쓰인 『칭』자는 모두 평성이다.

[14] 『령鈴』자의 의미

〈長恨歌〉[87] 有 『夜雨聞鈴斷腸聲』 之句, 吾東人遂以簷溜爲鈴, 卽出於諺言. 明皇之入蜀, 到斜谷, 夜雨中聞鈴, 作 〈雨淋鈴曲〉. 蓋中華人懸鈴於馬若騾之頸下, 行則有聲. 韓偓[88] 〈早發藍田〉 詩曰 : 『棧轉時聞驛使鈴.』[89]

87 | 〈장한가(長恨歌)〉 : 백거이 지음. 당 현종(玄宗)과 양귀비(楊貴妃)의 비련을 읊은 서사시. 안록산의 난을 피해 촉(蜀)으로 피난을 가던 도중 마외파(馬嵬坡)에 이르자, 현종의 근위병들이 양국충(楊國忠)을 죽이고 양귀비마저 처벌할 것을 강력히 요구했다. 안록산에게 쫓기는 몸인 현종은 눈물을 머금고 이를 허락했으며, 마침내 양귀비는 병사들의 무참한 창칼아래 죽게 되었다. 다음은 전문 중 여덟 구이다.

……

蜀江水碧蜀山青, 촉의 강물 푸르고 촉의 산 푸르지만,
聖主朝朝暮暮情. 황제는 아침마다 밤마다 슬픈 생각뿐
行宮見月傷心色, 행궁에서 달을 보면 빛은 마음 상하게 하고,
夜雨聞鈴斷腸聲. 밤비 속 듣는 풍경소리 간장을 도려내는 듯.
天旋地轉廻龍馭, 이슥고 반란이 평정되어 천지 돌려 환궁할 새,
到此躊躇不能去. 양귀비 죽은 곳 다다르자 주저앉아 떠나지 못하는데
馬嵬坡下泥土中, 마외파 진흙 속에는,
不見玉顔空死處. 꽃다운 얼굴 안보이고 허무한 무덤뿐이네

……

– 《백락천시선집(白樂天詩選集)》, 권영한 譯, 전원문화사, 2004년 참조.

88 | 한악(韓偓, 844~923) : 《지봉유설(芝峰類說)》 주 843) 참조.

89 | 잔전시문역령사(棧轉時聞驛鈴使) : 〈아침에 남전을 떠나며(早發藍田)〉 전문.

關門愁立候雞鳴, 관문 앞에 서서 근심스레 닭 울음만 기다리네,
搜景馳魂入杳冥. 상황 살펴 컴컴한 속으로 혼신 다해 질주하네.
雲外日隨千裏雁, 구름 너머 천리 길 가는 기러기 따라 떠나는데,
山根霜共一潭星. 산기슭에 내린 서리는 깊은 못에 어리는 별과도 같구나.
路盤暫見樵人火, 노반에서 나무꾼이 불붙이는 것 잠시 보고,
棧轉時聞驛使鈴. 잔도를 돌때 가끔 역사(驛使)의 방울 소리 듣도다.
自問辛勤緣底事, 무엇 때문에 이렇게 괴롭게 사는지 물어보노니,
半年驅馬傍長亭. 반년이나 긴 역로를 말 타고 달리고 있었구나.

又杜荀鶴[90] 〈臨江驛〉[91] 詩第六曰：『驛路鈴聲夜過山.』; 見此可知矣. 昔天兵之來我國也, 將官[92]之行, 多以騾載裝, 而編鈴於騾子頸下, 行則衆鈴皆鳴, 見此益可驗矣.

〈긴 한탄의 노래〉에

夜雨聞鈴斷腸聲.　　밤비 속 듣는 풍경소리 간장을 도려내는 듯.

이라는 구가 있다. 우리 동국 사람들은 처마의 낙숫물 소리를 령이라 했으니, 이는 곧 언문에서 나온 것이다. 명나라 황제가 촉나라에 들어가 사곡斜穀에 이르렀을 때 밤중에 령 소리를 듣고, 〈우림령곡〉을 지었는데, 대개 중화인들은 말과 당나귀의 턱 아래에 방울을 달고 길을 가면 곧 소리가 났기 때문이었다. 한악韓偓의 〈조발남전〉 시에,

棧轉時聞鈴.　　잔도를 돌때 가끔 역사驛使의 방울 소리 듣도다.

고 했고, 또 두순학杜荀鶴의 〈임강역〉 시 제6구에

90 | 두순학(杜荀鶴, 846~904) : 자는 언지(彦之). 호는 구화산인(九華山人). 당(唐) 안휘성(安徽省) 석태(石埭) 사람. 한림학사(翰林學士)에 제수되고, 주객원외랑(主客員外郎)을 지냈다. 저서에는《당풍집(唐風集)》이 있다.

91 | 〈임강역(臨江驛 : 가을 임강역에 멈추어)〉: 다음은 전문이다.

南來北去二三年,　　남쪽 북쪽 오고 간 지 이삼년,
年去年來兩鬢斑.　　해마다 오고가니 귀밑머리 드문드문 세었구나.
擧世盡從愁裏老,　　힘을 다해 일을 하다 세월따라 늙었으니,
誰人肯向死前閒.　　어느 누가 기꺼이 죽음 앞에서 한가로이 쉴 수 있겠나.
漁舟火影寒歸浦,　　어선의 불빛 쓸쓸히 물가로 돌아가는데,
驛路鈴聲夜過山.　　역로의 방울소리가 밤중의 산을 지나네.
身事未成歸未得,　　하는 일 이루지 못했으니 아직 돌아갈 수 없음이라,
聽猿鞭馬入長關.　　원숭이 소리 들으며 말 채찍질하면서 큰 관문 들어서네.

92 | 장관(將官) : 대장 부장 참장의 총칭. 각 군영(軍營)의 종 9품 초관 이상의 무관.

驛路鈴聲夜過山.　역로의 방울소리가 밤중의 산을 지나네.

라고 했으니, 이들을 보면 알 수 있다. 지난 날 명나라 군사들이 우리나라에 와 장관들이 행차할 때에 수많은 나귀에 행장을 싣고 방울을 나귀 턱에 달아, 길을 가면 수많은 방울들이 모두 울렸으니, 이를 보면 더욱 잘 체험할 수 있겠다.

[15] 중국시인 등달滕達

壬申年迎詔, 時中朝詩人滕達號北海, 從詔使而來. 時先君在儐相[93]幕下, 與北海歡甚, 多酬唱之作. 北海警句佳什皆遺失不記, 獨過薊時絶句曰 : 『千裏胡塵[94]白雁[95]稀, 陰山雪色照征衣. 穹廬[96]一夜吹茄急, 滿地關雲凍不飛.』 及還中朝, 賦〈藩京七子〉詩, 分寄儐相及幕府諸員各一首, 其寄先君詩曰 : 『昔聞荊山璞[97], 三獻斯成章. 一朝旣用世, 釆釆登明堂[98]. 神句失其勢, 隨珠掩其光. 歲月旣雲徂, 寧爲刖者傷. 所以君子德, 潤澤比珪璋.[99]』 蓋歎先君不得於世. 詩格甚不俗, 未知北海竟能有立於時與否也? 趙素翁[100]曰 : 『《王弇州集》中有滕北海往朝鮮, 多得本國人律詩絶句

93 | 빈상(儐相) : 중국 사신을 맞이하는 재상급의 접반사(接伴使).
94 | 호진(胡塵) : 오랑캐의 병마로 말미암아 일어나는 먼지.
95 | 백안(白雁) : 기러기 비슷한 흰색의 새. 늦가을에 북방지방에서 오는 철새의 한 가지.
96 | 궁려(穹廬) : 모양이 활처럼 굽은 천막의 주거.
97 | 형산박(荊山璞) : 춘추(春秋)시대의 초(楚)나라 사람 변화(卞和)가 형산(荊山)에서 박옥(璞玉)을 얻어 그것을 갈고 다듬어 보옥(寶玉)을 만들었다. 이로 인해 후대에서 형박(荊璞)은 우수한 인재를 비유하게 되었다. －《제호시화》, 이월영 역, 한국문화사, p.76 참조.
98 | 명당(明堂) : 임금이 정치에 대해 묻고 혹은 나라의 제사를 지내던 집.
99 | 규장(珪璋) : 옥으로 만든 귀중한 그릇, 또는 훌륭한 인품을 이름.
100 | 조소옹(趙素翁) : 조선 중기 조위한(趙緯韓, 1567 1649)의 호. 자는 지세(持世). 호는 현곡(玄穀) · 소옹(素翁). 본관은 한양(漢陽). 동부승지(同副承旨) · 직제학(直提學) · 공조참판(工曹參判)을 지냈다. 글과 글씨에 뛰어났으며 민생고를 그린 〈유민탄(流民嘆)〉을 지었다고 하나 전하지 않는다.

以還, 其詩俱佳等語』. 然則北海從遊於王・李間[101], 見重於一時, 明矣.

임신년 조사를 맞이할 때 중국 시인 등달, 호 북해北海인 자가 소사詔使를 따라서 왔다. 그때 선군께서 빈상儐相의 막하에 계시면서 북해와 더불어 친하게 지내며, 서로 다른 사람의 시에 운을 맞추어 시를 주고받은 작품이 많았다. 북해의 경구警句와 가집佳集을 모두 유실하여 기억하지 못하고, 오직 계薊땅을 지날 때 지은 절구의

千裏胡塵白雁稀,	천리 호진胡塵에 백안 드문데,
陰山雪色照征衣.	어두운 산의 눈 색깔이 나그네 옷을 비추는 도다.
穹廬一夜吹笳急,	궁려에서 갈잎피리 부나니,
滿地關雲凍不飛.	가득한 땅 구름조차 얼어 날지 못하네.

만 기억할 수 있다. 그가 중국 조정으로 돌아갈 때 이르러 〈번경칠자〉 시를 지어 빈상 및 군막부의 여러 사람들에게 각각 한 수씩을 나누어 주었는데, 선친에게 부친 편지는 다음과 같다.

昔聞荊山璞,	옛날 들으니 형산박은,
三獻斯成章.	세 번 바쳐 이에 빛남 이루었네.
一朝旣用世,	하루아침에 곧 세상에 쓰이자,
釆釆登明堂.	번쩍이며 명당에 올랐었네.
神句失其勢,	훌륭한 구절 그 세력을 잃고,
隨珠掩其光.	떨어진 구슬 그 광채 가리도다.

101 | 왕이간(王李間) : 명(明) 왕세정(王世貞)과 이반룡(李攀龍)을 일컫는다. 그들의 시문은 하경명(何景明)과 이몽양(李夢陽)을 종(宗)으로 삼고 성조(聲調)를 중시해, 王 李와 何 李에게 사대가(四大家)라는 칭호가 생겨졌다.
※왕세정(王世貞, 1526~1590) : 《학산초담(鶴山樵談)》 주 10) 참조.
※이반룡(李攀龍, 1514~1570) : 《학산초담(鶴山樵談)》 주 9) 참조.

歲月既雲徂, 세월이 이미 하염없이 흘러갔다고 이르니,
寧爲刖者傷. 어찌 다리 잘린 자의 상처를 슬퍼한들 뭐하겠는가.
所以君子德, 군자의 덕은,
潤澤比珪璋. 윤택함을 규장에 비유할 뿐이지.

대개 선군께서 세상에서 뜻을 얻지 못한 것을 탄식한 것이다. 시격이 속된 유파와는 매우 다른데, 북해가 당대에서 출세했는지의 여부는 알지 못하겠다. 소옹素翁 조위한趙緯韓이 말하였다. 『《왕엄주집》 중에 등북해滕北海가 조선에 가서 본국인들의 율시 및 절구를 많이 얻어가지고 돌아왔는데, 그 시들은 모두 아름다웠다』는 말이 있다. 북해는 왕세정 이반룡 사이를 쫓아 노닐었으니, 한때 귀중히 여겨졌다는 것은 분명하다.

[16] 『행行』자의 의미

杜詩 『塹北行椒卻背村』[102], 世多誤解 『行椒』 之 『行』 音 『杭』 者, 非也. 凡樹之沿途列立望之如人之行者, 謂之行樹. 張說[103]之 〈入秦川路〉[104] 詩

102 | 참북행초각배촌(塹北行椒卻背村) : 이 시의 제목은 〈절구 4수(絶句四首)〉 중 제1수(其一)이며, 시의 일부분은 다음과 같다.
堂西長筍別開門, 별채 서쪽에 자라는 죽순은 문을 따로 열도록 만들고,
塹北行椒卻背村. 도랑 북쪽에 줄지은 산초나무는 촌락을 반대로 등지고 있네.
梅熟許同朱老吃, 매화가 익어서 주(朱)씨노인 같은 이를 늘 먹게끔 하고,
松高擬對阮生論. 소나무는 높아서 원(阮)선생 같은 이를 마주 대한 듯 하네.
– 四庫全書電子版, 《두시상주(杜詩詳註)》 13권 참조.

103 | 장열(張說, 667~730) : 당(唐)나라 재상, 시인. 자는 열지(說之) · 도제(道濟). 낙양(洛陽)출신. 시호는 문정(文貞). 예종(睿宗)때 재상을 지냈고 현종(玄宗)때 연국공(燕國公)에 봉해졌으며 후에 좌승상(左丞相)까지 이르렀다. 저서에는 《장열지문집(張說之文集)》이 있다. – 네이버 백과사전(http://100.naver.com).

104 | 〈한식날 진나라 처음 들어가면서 천자님께 시문 바치며(奉和聖制, 初入秦川路, 寒食, 應制)〉 : 당(唐)나라 장열(張說)지음. 전문 중 여덟 구는 다음과 같다.
……

曰 :『漢家行樹直新豐.』杜詩五律又曰 :『塞柳行疏翠.』[105] 言行其疏翠也.

두보의 시

塹北行椒卻背村.	도랑북쪽에 줄지은 산초나무는 촌락을 반대로 등지고 있네.

를 많은 사람들은 그릇되게 해석한다. 『행초』의 『행』자를 『항』으로 발음하는 것은 잘못이다. 무릇 길가에 심어진 나무들이 줄지어 서있는 것을 바라보면 마치 사람이 행렬하는 것 같은 것을 일컬어 『행초』라 한다. 장열張說의 〈입진천로〉 시에

渭橋南渡花如撲,	위수의 다리 건너 남쪽으로 가니 꽃이 향기 찌르는 듯 하고,
麥隴青青斷人目.	보리밭 푸르고 푸르러 사람 눈을 멀게 하네.
漢家行樹直新豐,	한나라 제실의 줄지은 나무는 곧장 신풍으로 향하고,
秦地驪山抱溫穀.	옛 진나라 땅의 여산은 따사로운 곡식을 감싸고 있네.
香池春溜水初平,	봄 못 봄 웅덩이 물 처음 찼으니,
預歡浴日照京城.	햇볕 다시 깨끗해져 서울을 비침을 미리 즐거워하네.
今歲隨宜過寒食,	이 해에는 마땅한 행차 따라서 한식을 지내게 되었는데,
明年陪宴作清明.	내년에는 천자님 모시고서 청명날 연회를 열게 되리.

— 四庫全書電子版,《장연공집(張燕公集)》3권 참조.

105 | 새류행소취(塞柳行疏翠) : 원 시제는 〈비 개이고(雨晴)〉이다. 두보(杜甫) 지음. 전문은 다음이다.

天水秋雲薄,	천수 고을 가을 구름 옅은데,
從西萬裏風.	서쪽으로부터 만리 밖에서 바람 불어오네.
今朝好晴景,	오늘 아침 비 개인 경치 좋아하노니,
久雨不妨農.	오랜 비 농사에 무방하리.
塞柳行疏翠,	변방의 버드나무 줄지어 우거지며 푸르도다.
山梨結小紅.	산배는 조금 불그레 열매 맺었네
胡笳樓上發,	오랑캐 피리소리는 망루 위로 퍼져 가는데,
一雁入高空.	기러기 한 마리는 하늘 높이 나는구나.

漢家行樹直新豐.　　한나라 제실에 줄지은 나무는 곧장 신풍으로 향하네.

이라고 일컬었다. 두보의 오언율시에도

塞柳行疏翠.　　변방의 버드나무 줄지어 우거지며 푸르도다.

라고 했으니, 버드나무의 행렬이 우거져 푸른 것을 말한다.

【참고문헌】
《漢韓大詞典》, 민중서림, 2005년.
《古代漢語詞典》, 商務印書館. 1991년.
劉德重 主編,《中國歷代人名大辭典》, 上海古籍出版社.
허경진 · 윤호진 譯,《譯註詩話叢林上 · 下》, 까치사, 1993년.
李月英 譯,《霽湖詩話》, 한국문화사, 1995년.
권영한 譯,《白樂天詩選集》, 전원문화사, 2004년.
이병한 외 著,《중국시와 시인-당대편》, 사람과 책, 1998년.
박석 외 譯,《두보 초기 시 역해》, 솔 출판사, 1999년.
김달진 譯,《당시전서》, 민음출판사. 1987년.
오가와 타마끼 · 심경호 譯,《당시개설》, 이회문화사, 1998년.
왕력王力 저, 송용준 역,《중국시율학》, 소명출판사.
蘇軾,《蘇軾詩集合注》, 上海古籍出版社, 2001년.
최우영 著, 〈제호시화소고〉, 열상고전연구학회 제17집, 2003년 6월.

【그 외 참고자료】
《文淵閣 四庫全書 電子版》
百度(www. baidu.com.)
詩人(www. cnpoet.com)

네이버 백과사전(http://100.naver.com)
야후 백과사전((http://kr.dictionary.search.yahoo.com)
오세주 한시감상실(osj1952.com.ne.kr)

(黃芝燕)

20. 《어우야담於于野談》1

유몽인(1559~1623)2이 편찬하였다. 유몽인의 자는 응문應文이며 호는 어우당於于堂, 간재암艮齋庵, 묵호자默好子이며, 본관은 고흥高興이다.

《어우야담》은 조선 광해군光海君 13년(1621)에 완성되었고, 명나라 희종熹宗 천계天啓 1년에 해당하다. 이 책은 두 가지 판본이 있다. 하나는 구본인데 확실히 알 수 없으며, 다른 하나는 신사본辛巳本이며 모두 다섯 권이다. 시 논평에 있어서 당나라 작품에 경도되었다. 이 책에서는 새로운 논평이 가끔 나오는데, 예컨대 송나라 사람이 진간재陳簡齋를 논평하는 한 조항에서 그의 시를 비평하기를 『그 시상의 뜻이 연결되지 않는 듯하다. … 말의 형세 서로 중첩되었으니 이는 매우 수준이 낮은 문장이다』라고 하였다. 이런 관점은 중국의 시 평론가들과 많이 달라서, 송시 연구자들의 주의를 끌만 하다.

1 | 《어우야담(於于野談)》: 한국 최초의 야담집(野談集). 야사(野史), 항담(巷談), 가설(街說) 등이 수록되었는데, 흔히 민간에 유포된 음담패설이 아닌 풍자적인 설화와 기지 있는 야담들로서 조선 중기 설화문학의 좋은 자료이다. 어우는 유몽인의 호 어우당(於于堂)에서 온 것이다. 한문본은 5권 1책으로 인륜편, 종교편, 학예편, 사회편, 만물편으로 구성되어있다. 책머리에 저자의 초상과 필적 및 서문과 연보를 실었으며, 1964년에 종후손 유제한(柳濟漢)이 발문(跋文)을 붙여 활자본으로 간행하였다.

2 | 유몽인(柳夢寅): 1582년(선조 15년) 진사가 되었고, 1589년 증광문과에 장원하였다. 문장이 뛰어난 그는 1593년 세자시강원문학(世子侍講院文學)이 되어 왕세자에게 글을 가르쳤다. 성리학의 대가 성혼(成渾)의 문인이기도 한 그는 스승의 교훈을 거역하여 파문당하였고, 성혼이 죽은 뒤에 그를 모욕하는 글을 써서 비난을 받았다. 황해도 관찰사, 좌승지, 도승지를 거쳐, 1612년(광해군 4) 예조참판, 이조참판에 이르렀다. 1623년 인조반정으로 벼슬을 내놓고 전전하다가 역모로 몰려 아들 유약과 함께 사형되었는데, 정조 때 신원되어 이조판서로 추증되었다. 설화문학의 대가였던 그는《어우야담(於于野談)》과《어우집》등의 문집을 남겼으며, 전서, 예서, 해서, 초서 등 글씨에도 뛰어났다.

[1]《황화집皇華集》의 수창시

《皇華集》[3] 非傳世之書, 必不顯. 於中國使臣之作, 不問美惡, 我國不敢揀斥, 受而刊之. 我國稱天使能者必曰龔用卿[4], 而問之朱之蕃[5], 不曾聞姓名. 祈順[6]·唐皐[7]錚錚矯矯, 而亦非詩家哲匠. 張寧[8]稍淸麗, 而軟脆無指, 終於小家. 其餘何足言. 徐居正[9]對祈順敢爲先唱若挑戰者, 然困於『百濟地形臨水盡, 五臺山脈自天來』之句. 栗谷譏之曰 : 『四佳有似角觝者, 先交脚, 後仆地. 下邦人待天使, 宜奉接酬和而已, 何敢先唱?』 此眞識者之言也. 我國待華使, 鳩集一時之文人稍能詩者以酬應, 而擇焉而不精, 貽笑天人何恨? 鄭士龍[10]雖稱騷將, 而其詩全無成篇, 疵病自露. 獨李荇[11]渾然成章, 而調格甚卑, 有類應科之文. 每作暫時仰屋, 應手沛然 ; 而其對宛轉無疵, 非嫻熟於平素不能. 朱之蕃之詩駁雜無象, 反不如熊天使[12]化之萎弱.

3 | 《황화집(皇華集)》 : 50권 25책. 《필원잡기(筆苑雜記)》 주 25) 참조.

4 | 공용경(龔用卿) : 《송계만록(松溪漫錄)》 주 29) 참조.

5 | 주지번(朱之蕃, ?~1624) : 《지봉유설(芝峰類說)》 주 248) 참조.

6 | 기순(祈順, 1434~1497) : 광동성 동완(東莞) 사람. 자는 치화(致和)이고 호는 손천(巽川)이다. 명나라 성종 성화(成化) 12년(1476년) 중국 황태자의 책립(冊立)을 알리는 조사로 조선에 왔다. 이때의 원접사는 서거정이었고, 이들이 주고받은 시는 《병신황화집(丙申皇華集)》에 수록되어 있다. 『祁』는 『祈』로도 쓸 경우가 있다. 《용재총화(慵齋叢話)》 주 64) 참조.

7 | 당고(唐皐) : 《월정만필(月汀漫筆)》 주 6) 참조.

8 | 장녕(張寧) : 《필원잡기(筆苑雜記)》 주 27) 참조.

9 | 서거정(徐居正, 1420~1488) : 《필원잡기(筆苑雜記)》 주 2) 참조.

10 | 정사룡(鄭士龍, 1491~1570) : 《송계만록(松溪漫錄)》 주 9) 참조.

11 | 이행(李荇, 1478~1534) : 중종 때의 문신, 자는 택지(擇之), 호는 용재(容齋), 대제학, 이조판서, 우의정 등을 지냄. 해동강서시파에 속하는 명시인이고 문장에 뛰어났음. 저서 《용재집》.

12 | 웅화(熊化) : 명나라 사람. 자는 중용(仲龍)이고 호는 극봉(極峰)이며, 강서성 청강(淸江) 사람이다. 만력(萬曆) 29년에 진사가 되었다. 저작으로는 《정검당집(靜儉堂集)》 20권이 있다.

《황화집皇華集》은 길이 세상에 전해질 책이 아니며, 중국에서는 필시 널리 알려지지도 않았을 것이다. 중국 사신의 시는 좋고 나쁜 것을 불문하고 우리나라에서 감히 가려 뽑거나 물리치지 못하고 받아들여 간행했던 것이다. 우리나라 사람들이 중국 사신 가운데 문장에 능한 이를 일컬을 때면 반드시 공용경龔用卿을 드는데, 주지번朱之蕃에게 물어보니 일찍이 성명조차 들어본 적이 없다고 했다. 기순祈順과 당고唐皐가 쟁쟁하고 우뚝하지만 또한 시단의 대가는 아니고, 장녕張寧이 조금 맑고 아름답지만 여리기만 하고 굳센 뜻이 없어 끝내 시원치 않은 작가에 속하니, 그 나머지는 어찌 논할 것이 있겠는가?

서거정徐居正이 기순祈順을 상대하여 감히 먼저 시를 읊조려 마치 도전하는 듯했다. 그러나

百濟地形臨水盡, 　　백제 지형은 물에 임하여 다했고,
五臺山脈自天來. 　　오대산 줄기는 하늘에서 내려왔구나.

라는 구절에서 막혀 곤경에 처했다. 뒷날 율곡이 놀리며 말하기를, 『서거정은 마치 씨름하는 자가 먼저 다리를 걸어 놓고는 후에 상대에게 당해 땅에 넘어진 것과 같다. 우리나라 사람이 중국 사신을 대함에 마땅히 받들고 이어 수응할 것이지, 어찌 먼저 읊조렸단 말인가?』라고 했는데, 이는 참으로 식견 있는 말이다.

우리나라에서 중국 사신을 대접할 때에는 당대의 문인 가운데서 시를 잘하는 사람들을 모아서 수응하도록 하였는데, 가려 뽑는 것이 정밀하지 못해 중국 사신의 비웃음을 산 것이 얼마나 많았으랴! 정사룡鄭士龍이 비록 시단의 우두머리로 칭송을 받았으나 그 시는 제대로 작품을 이룬 것이 없고 결함이 저절로 드러났다. 유독 이행李荇이 혼연히 문채가 났으나 격조가 매우 낮아 과거에 응시하는 문장과 비슷하였다. 매번 작품을 지을 때는 잠시 지붕을 올려 보았다가 손을 놀려 거침없이 지었는데 그 대구가 두루 들어맞아 흠잡을 데가 없었으니, 평소에 숙달하지 않았다면 될 수 없는 일이다.

주지번朱之蕃의 시는 잡스러워 잘 그려내지 못해 오히려 중국 사신 웅화

熊化의 연약함만 못하였다.

[2] 노동盧仝의 월식시月蝕詩

盧仝[13] 〈月蝕詩〉[14] 曰 :『一四太陽側, 一四天市傍.』無註, 餘未嘗曉其義. 僉正[15]車雲輅[16], 文章士也, 亦未解. 後閱天文書, 天市星傍, 有宦者星四 ; 太陽守星側, 有勢星四 ; 主腐刑人. 當時宦者用事, 能作人威福, 同[17]隱其說, 不顯稱故也. 余考《天文類抄》[18], 其說果是. 讀書者無書不讀, 乃

13 | 노동(盧仝, 795~835) : 호는 옥천자(玉川子)이고 호북성 범양(范陽) 사람이다. 그의 시는 청렴한 인격을 반영하여 신비한 풍격을 갖추었는데, 한때 하남령(河南令)으로 있던 한유가 높이 평가하여, 그의 지우(知遇)를 입었다. 특히 붕당의 횡포를 풍자한 장편시 〈월식시(月蝕詩)〉가 유명하다. 저서에는 《옥천자시집(玉川子詩集)》(2권)과 《외집(外集)》이 있다.

14 | 일사태양측(一四太陽側) 두 구 : 〈월식시(月蝕詩)〉의 일부는 다음과 같다.

新天子卽位五年, 歲次庚寅,	새로운 천자가 즉위하신지 오 년, 간지로는 경인년인데,
鬥柄挿子, 律調黃鐘.	북두칠성은 자방에 꽂혔고, 율조는 황종이다.
森森萬木夜僵立,	빽빽한 나무들 밤에 꼿꼿이 서 있는데,
寒氣贔屭頑無風.	차가운 기운의 비석들 뻣뻣하니 바람도 없네.
……	
一四太陽側,	태양성(太陽星) 곁에는 네 개의 별이 있고,
一四天市傍.	천시성(天市星) 곁에도 네 개의 별이 있네.
操斧代大匠,	도끼를 잡아 거장을 대신하니,
兩手不怕傷.	양 손은 상처입기를 두려워하지 않네.
……	
日分晝, 月分夜,	태양은 낮을 나누고 달은 밤을 나누며,
辨寒暑.	추위와 더위를 분별하네.
一主刑, 二主德,	첫째는 형벌로 주관하고 둘째는 도덕으로 주관하면,
政乃擧.	정치가 비로소 홍성하리.

15 | 첨정(僉正) : 조선시대에 돈녕부(敦寧府), 사복시(司僕寺), 봉상시(奉常寺), 장락원(掌樂院), 훈련원(訓練院) 등에 속했던 종사품(從四品) 벼슬.

16 | 차운로(車雲輅, 1559~?) : 조선 선조 때의 문장가. 자는 만리(萬裏)이고 호는 창주(滄州)이다. 전의현감을 거쳐 교리를 지냈다. 문장, 시, 글씨에 뛰어났으며 문집에 《창주집(滄州集)》이 있다.

17 | 동(同) : 『仝』과 같다. 여기는 『노동』을 가리킨다.

可論古人之作.

노동盧仝의 〈월식月蝕〉 시에,

一四太陽側, 태양성太陽星 곁에는 네 개의 별이 있고,
一四天市傍. 천시성天市星 곁에도 네 개의 별이 있네.

라고 했는데, 주註가 없어서 나는 그 뜻을 이해하지 못했다. 첨정僉正 차운로車雲輅는 글을 잘 아는 선비인데, 그 역시 그 뜻을 이해하지 못했다. 뒤에 천문天文에 관한 책을 보니, 천시성 옆에는 환자성宦者星 넷이 있고, 태양수성의 옆에는 세성勢星 넷이 있는데 부형인(腐刑人 : 환관)들을 주관한다고 되어 있었다. 당시의 환관들이 세력을 부려서 사람의 위복威福을 마음대로 했는데, 이 시에서는 그 말을 숨기고는 드러내어 말하지 않았다. 내가 《천문유초天文類抄》를 상고해 보니 그 설이 과연 옳았다. 독서하는 사람은 읽지 않은 책이 없어야 옛사람의 작품에 대해 논할 수 있는 것이다.

[3] 왕세정王世貞의 박람강기博覽强記

王世貞[19]一生攻文章, 居家有五室, 妻居中堂, 四室各置一妾. 其一室置儒家文籍, 有儒客置, 見於其室討論儒書, 其室之妾備禮食待其客. 其一室置仙家書籍, 有道客至, 見於其室討論道書, 其室之妾備道家之食待其客. 其一室置佛家書籍, 有釋客至, 見於其室討論佛書, 其室之妾備釋家

18 | 《천문류초(天文類抄)》 : 조선 세종의 명에 의해 이순지박사가 편찬한 천문서적. 2권으로 되어있는데 상권은 삼원과 28수 등 항성에 대한 내용이고, 하권은 하늘과 땅에 대한 개괄을 비롯하여 항성이 아닌 별과 천지의 조화로 발생하는 기운 등을 설명하고 있다. 《영대비원(靈臺秘苑)》, 《당개원점(唐開元占)》 등 중국문헌과 《천상열차분야지도(天象列次分野之圖)》 등을 종합하였다.

19 | 왕세정(王世貞) : 《학산초담(鶴山樵談)》 주 10) 참조.

之食待其客. 其一室置詩家書籍, 有詩客至, 見於其室討論詩家, 其室之妾備詩人之食待其客. 各於賓主前置紙筆硯, 常以書辭往復, 未嘗言語相接 ; 客去遂編而成書. 一日有少時友至, 猶尙寒士也. 俄而總兵官爲親求碑銘, 以千里馬三匹 · 文錦四十匹 · 白金四千兩爲潤筆之資. 世貞立其使者, 展紙而揮之以答之, 盡擧潤筆之資與寒士, 不自取一物, 其値可數萬斤. 翰林學士朱之蕃, 其弟子也, 嘗在世貞客席. 有人爲其親索碑文, 其行狀成一大冊, 幾至萬言. 世貞一讀掩其卷, 命書字的, 秉筆而呼之, 未嘗再閱其卷. 卽卒業, 使之蕃讀之, 參諸行狀, 其人一生履歷年月官爵無一或差. 其聰明强記如此, 非獨其文章橫絶萬古也.

왕세정王世貞은 일생 동안 문장을 공부하였다. 거처하는 집에 다섯개의 방이 있었는데, 아내가 중당中堂에 거처하고 네 개의 방에는 각각 첩을 한 명씩 두었다. 그 한 방에는 유가儒家의 서적을 두고 유객儒客이 오면 그 방으로 맞이하여 유교의 책을 토론하였는데, 그 방의 첩이 예식禮食을 마련하여 손님을 대접했다. 또 한 방에는 선가仙家의 서적을 두고 도객道客이 오면 그 방으로 맞이하여 도교의 책을 토론하고, 그 방의 첩이 도가의 음식을 마련하여 손님을 대접했다. 또 한 방에는 불가佛家의 서적을 두고 석객釋客이 오면 그 방에서 맞이하여 불교서적을 토론하고, 그 방의 첩이 석가의 음식으로 손님을 대접했다. 다른 방에는 시가詩家의 서적을 두고 시객詩客이 오면 그 방에서 맞이하여 시가를 토론하고, 그 방의 첩이 시인의 음식을 마련하여 손님을 대접했다. 각각 손님과 주인 앞에는 종이, 붓, 벼루를 마련해두어 항상 글로 주고받았으며 말로 상대하지 않았는데, 손님이 가면 드디어 엮어 책을 만들었다.

하루는 어렸을 때 친구가 왔는데 아직도 가난한 선비였다. 조금 있다가 총병관總兵官이 부모를 위하여 비명碑銘을 써 달라고 하면서 천리마 세 필과 좋은 비단 40필, 백금 4,000냥을 대가로 내놓았다. 왕세정은 심부름꾼을 세워놓고 종이를 펴 붓을 휘둘러 써서 답하였다. 글을 쓴 대가는 모두 가난한 선비에게 주고 자신은 한 가지 물건도 갖지 않았는데, 그 값이 수만금에 해당하였다.

한림학사翰林學士 주지번朱之蕃은 그의 제자였는데, 왕세정이 손님을 만나는 자리에 함께 있게 되었다. 어떤 이가 그의 부모를 위하여 비문을 써 달라고 요구하였는데, 그 행장이 큰 두루마리 한 권으로 이루어져 거의 일만 자字에 이르렀다. 왕세정은 한 번 읽어보더니 그 두루마리를 덮고는 글씨 쓰는 이에게 명하여 붓을 잡게 하고는 입으로 불렀는데, 한 번도 그 행장을 펼쳐 보지 않았다. 그 일을 끝내고는 주지번에게 읽어 보게 했는데, 행장과 비교해 봄에 그 사람의 일생 이력과 연월, 관작 등이 하나도 어긋나지 않았다. 왕세정의 총명함과 뛰어난 기억력이 이와 같았으니, 그 문장이 만고萬古에 뛰어난 것뿐만이 아니었다.

[4] 두보杜甫가 손수 쓴 원고

萬曆丁酉年戊戌間, 中原發舟師防倭. 天將陳璘[20]等到泊南海, 鰲城府院君李公候[21]焉. 天將有一人, 於篋中出寶藏, 以錦楮十襲, 次第開之. 其中有一書乃杜子美手稿『倚江楠樹草堂前』[22] 者, 古詩也. 句句字字皆點

20 | 진린(陳璘, 1543~1607) : 명나라의 수군도독. 소주부(韶州府) 옹원(翁源) 사람이다. 1562년에는 조주(潮州) 폭동을 평정해서 광동성 수비가 되었다. 1598년 조선으로 와서 이순신과 함께 왜란을 평정하였다. 중국에 돌아온 후에 호광(湖廣) 군대를 통솔하였다. 1607년에 병으로 죽었다.

21 | 오성부원군(鰲城府院君, 1556~1618) : 이항복(李恒福)을 말함. 조선 중기 문신. 자는 자상(子常)이고 호는 백사(白沙)이며, 본관은 경주(慶州)이다. 권율(權慄)의 사위이다.

22 | 의강남수초당전(倚江楠樹草堂前) : 시제는 〈남목이 비바람에 뽑힌 것을 탄식함(楠木爲風雨所拔嘆)〉이다. 시의 일부는 다음과 같다.

倚江楠樹草堂前,	초당 앞 강가에 남목이 서있는데,
故老相傳二百年,	이곳 노인들이 2백 년 묵었다 하였네,
誅茅蔔居總爲此,	띠풀을 베고 거처를 정한 것은 모두 이 나무 때문이었고,
五月仿佛聞寒蟬,	5월달에도 흡사 가을 매미소리 들릴 때처럼 시원했네,
東南飄風動地至,	동남쪽에서 폭풍이 땅을 움직이며 오더니,
江翻石走流雲氣,	강물 뒤엎고 돌을 날리며 구름을 몰아오는 태풍으로 변했네.

※남목(楠木) : 매남자(梅楠子) 또는 남자(楠梓)라고도 부르며, 열매는 살구 같으나 시고, 강남 지방에 많은 상록교목(常綠喬木)이다.

竄無完語, 只『東南飆風動地至』一句無點化處, 其餘皆濃墨以改之, 其字體頗拙. 子美著心辛苦, 緣詩致瘦可想. 以詩中之聖, 必構草筆削, 不敢等閒作一語；況後之人下此且千百倍, 而欲隨意揮灑者, 雖快於一時, 其餘傳後也何如?

만력萬曆 정유년(丁酉 : 1597)과 무술년(戊戌 : 1598)에 중국에서 수군水軍을 출동시켜 왜적을 방어했다. 중국 장수 진린陳璘 등이 남해에 도착하여 정박했는데, 오성부원군鼇城府院君 이항복이 접대했다. 중국 장수 한 사람이 상자 속에서 비단 종이 열 겹으로 싸서 귀하게 간직한 것을 꺼내어 차례로 열었다. 그 속에 한편의 글이 있었는데 이는 두보가 손으로 쓴 원고로서,

倚江楠樹草堂前,　　초당 앞 강가에 남목이 서있는데,

이라는 고시古詩였다. 구구자자句句字字 모두 고쳐서 온전한 말이 없었으며, 단지

東南飆風動地至.　　동남쪽에서 폭풍이 땅을 움직이며 온다.

라는 한 구절만은 고친 곳이 없었다. 그 나머지는 모두 짙은 먹으로 고쳤는데 그 글자체가 상당히 졸렬했다. 두보가 정신을 집중하여 애를 쓰며 시로 인하여 파리하게 여위었음을 상상할 만하다. 시의 성인도 반드시 초고를 짓고 가필하거나 삭제하여 감히 시어 하나도 등한히 짓지 않았는데, 하물며 후대의 사람으로 수준이 이보다 못한 자임에랴! 또한 천백 배나 못하면서 뜻 가는대로 붓을 휘두르는 것은 비록 한 때는 호쾌할지라도 후세에 전해짐에 있어서는 어떠하겠는가?

[5] 채정원蔡禎元의 뛰어난 문장 식견

蔡禎元[23], 儒士也, 好古文, 雖不自工其文, 論文有佳處. 嘗曰 : 『司馬長卿[24] 〈長門賦〉[25] 記一日之事：登蘭臺, 下蘭臺；朝修薄具, 夜夢君王；晝陰夜明, 極其愁思；畢昴旣出, 廷廷複明；皆一日之事. 以究年歲不能忘結之, 此其妙處也.』又論〈舞鶴賦〉[26], 極道其淸洌, 言『「冰塞長河, 雪滿群山；星翻漢回, 曉月將落」[27]；寒極於冬, 淸極於曉, 古人措意, 逈出後

23 | 채정원(蔡禎元) : 여기와 〈만종재본〉에는 채정원(蔡禎元)으로 되어 있으나 여러 필사본에 채정선으로 표기되어 있다. 《조선왕조실록》을 검색해 보면 채정원은 보이지 않고 채정선에 대한 기사가 선조 33년 1월 29일과 선조 39년 1월 22일자 기록에 보이기에, 필사본의 기록을 따랐다.

24 | 사마장경(司馬長卿, 기원전 179년~기원전 117년) : 자가 장경(長卿)이고 이름은 상여, 사천성 성도사람이다. 〈자허부(子虛賦)〉와 〈상림부(上林賦)〉가 유명한데, 그 특징은 상상의 자유로움과 다변적(多辯的)인 데에 있다. 어휘는 세련되고 구절은 균제(均齊)를 존중하고 화려하다.

25 | 〈장문부(長門賦)〉 : 이 작품은 한 무제(武帝)의 아내인 진황후(陳皇后)가 총애를 잃고 장문궁(長門宮)에 거처할 때의 원망을 노래한 것이다. 진황후가 장문궁으로 물러나 살면서 근심과 슬픔 속에 임금을 그리워하던 중, 사마상여가 문장을 잘 짓는다는 소문을 듣고 황금 백 근을 주고 근심을 풀 수 있는 글을 짓도록 했다. 사마상여가 〈장문부〉를 지었는데 무제가 보고서 그녀를 가엾게 생각하여 그녀는 다시 총애를 얻게 되었다.

26 | 〈무학부(舞鶴賦)〉 : 남조 포조(鮑照) 지음, 춤추는 학을 묘사하였는데, 어구가 정련되고 우의가 심원하다.

27 | 빙새장하(冰塞長河) 네 구 : 〈무학부(舞鶴賦)〉의 일부는 다음과 같다.

……

是窮陰殺節,	음험한 살기 넘치는 계절에,
急景凋年,	풍경은 죽고 한 해는 다 저무네,
涼沙振野,	서늘한 모래는 들판을 진동시키고,
箕風動天,	키 바람은 하늘을 흔드네,
嚴嚴苦霧,	괴로운 안개 삼엄하고,
皎皎悲泉,	슬픈 샘 맑아지네,
冰塞長河,	황하의 긴 물줄기 얼음에 막히고,
雪滿群山,	뭇 산에는 눈이 가득하구나,
旣而氛昏夜.	이윽고 흉한 기운 희미해지자,
景物澄廓,	사물 빛 밝아지네,
星滿漢回,	별은 반짝이고 은하수는 굽이도는데,
曉月將落,	새벽달은 지려하네.

……

世文字可想』. 或問李・杜優劣, 答曰 :『李詩曰 :「柳色黃金嫩, 梨花白雪香.」[28] 杜曰 :「紅入桃花嫩, 靑歸柳葉新.」[29] 賦花柳一也, 而李自然, 杜雕琢, 優劣可立辨.』 又論簡齋[30]詩 :『「洞庭之東江水西」[31], 下宜其樓臺之勝, 而以「簷旌不動夕陽遲」接之, 語意似不續 ; 旣曰 :「登臨」, 又曰 :

28 | 유색황금눈(柳色黃金嫩) 두 구 : 〈궁중행락사(宮中行樂詞)〉 8수 중의 제2수이다. 다음은 전문이다.

柳色黃金嫩, 버드나무 새싹 황금빛으로 빛나고,
梨花白雪香. 배꽃이 흰눈의 향기라네.
玉樓巢翡翠, 옥루에 비취새 깃들이고
金殿鎖鴛鴦. 구슬 전각엔 원앙이 숨었네.
選妓隨雕輦, 기녀를 뽑아 고운 가마 좇게 하고
征歌出洞房. 명창 데리고 동방을 나선다네.
宮中誰第一, 궁중에서 그 누가 제일인가?
飛燕在昭陽. 비연이가 소양전에 살고 있네.

29 | 홍입도화눈(紅入桃花嫩) 두 구 : 시제는 〈표백숙 이도독의 시 '이른 봄'에 받들어 응수하다(奉酬李都督表丈, 早春作)〉이며, 전문은 다음과 같다.

力疾坐淸曉, 병든 몸 일으켜 맑은 새벽에 앉아,
來詩悲早春. 부쳐온 시에 이른 봄을 슬퍼하네.
轉添愁伴客, 읽을수록 근심이 나그네와 동무하고,
更覺老隨人. 늙음이 사람을 따름을 더욱 느끼게 합니다.
紅入桃花嫩, 붉은 색이 복숭아꽃에 들어가 예쁘고,
靑歸柳葉新. 푸른색이 버드나무 잎에 돌아가서 새롭다.
望鄕應未已, 고향땅 바라보는 일 아직도 끝나지 않을 듯,
四海尙風塵. 천하에는 아직 전쟁의 먼지바람 일고 있으니.

30 | 간재(簡齋, 1090~1139) : 진여의(陳與義), 《역옹패설(櫟翁稗說)》 주 33) 참조.

31 | 동정지동강수서(洞庭之東江水西) : 시제는 〈악양루에 올라(登岳陽樓)〉이다. 전문은 다음과 같다.

洞庭之東江水西, 동정호의 동쪽이요 장강의 서쪽인 이곳,
簾旌不動夕陽遲. 염정은 고요히 움직이지 않고 저녁 해 더디 지네.
登臨吳蜀橫分地, 오와 촉을 가로지르는 곳에 올라 굽어보고,
徙倚湖山欲暮時. 저물려하는 때에 호수와 산에 기대어 서성인다.
萬里來遊還望遠, 만 리를 찾아 와서 다시금 먼 곳을 바라보고,
三年多難更憑危. 삼 년 동안 많았던 어려움에 다시 높은 곳에 기대네.
白頭吊古風霜裏, 흰 머리로 바람과 서리 속에서 옛일을 생각하니,
老木蒼波無限悲. 늙은 나무 푸른 파도에 슬픔은 끝이 없네.

「徙倚」, 又曰「望遠憑危」, 語勢相疊 ; 此文章之甚卑者也.』

채정원蔡禎元은 유학을 공부하는 선비이다. 고문古文을 좋아했는데, 비록 스스로 문장에 능하지는 못했지만 문장을 논평하는 데에 뛰어났다. 일찍이 다음과 같이 말했다. 『사마상여의 〈장문부〉는 하루 동안의 일을 기록한 것이다. 「난대蘭臺에 올랐다가 난대에서 내려오고, 아침에는 조촐한 반찬을 장만하고 밤에는 군왕을 꿈꾸네, 낮은 어둡고 밤은 밝아서 수심이 극심한데, 필성畢星과 묘성昴星이 나타나더니 훤히 다시 밝아지누나」라고 했는데, 이 모두가 하루 동안의 일이다. 그런데 「한 해가 다하도록 잊을 수 없구나」라고 결말을 지었으니, 이것이 그 묘처다.』

또 〈무학부〉를 논평하면서 그 맑고 차가움을 극진하게 말했다. 『「황하의 긴 물줄기 얼음에 막히고, 뭇 산에는 눈이 가득하구나. 별은 반짝이고 은하수는 굽이도는데, 새벽달은 지려 하네」라고 했는데, 차가움이 겨울보다 더하고, 맑음이 새벽보다 더하다. 옛 사람의 구상이 후세의 문장보다 뛰어남을 가히 짐작할 수 있다.』

누군가 이백과 두보의 우열優劣을 물었더니 다음과 같이 대답했다. 『이백의 시는,

柳色黃金嫩, 버드나무 새싹 황금빛으로 빛나고,
梨花白雪香. 배꽃이 흰 눈의 향기라네.

고 했고, 두보의 시는,

紅入桃花嫩, 붉은 색은 복숭아꽃에 들어가 예쁘고
青歸柳葉新. 푸른색은 버드나무 잎에 돌아가서 새롭다.

고 했는데 꽃과 버드나무를 노래한 것은 마찬가지인데, 이백은 자연스럽고, 두보는 다듬었으니, 그 우열은 바로 분간할 수 있다.』 또 진여의의 시를 논평했는데 다음과 같다. 『「동정호의 동쪽이고 장강의 서쪽이네」라고 했

으니, 그 아래에는 누대의 빼어난 경치를 노래함이 마땅한데, 「염정은 고요히 움직이지 않고 저녁 해 더디 지네」라고 이었으니, 그 시상의 뜻이 연결되지 않는 듯하다. 이미 「올라가 굽어본다」라고 해놓고, 또 「서성거리네」라고 하고, 또 「먼 곳 바라보고」 「높은 곳에 기대네」라고 하였으니, 그 말의 형세가 서로 중첩되었으니 이는 매우 수준이 낮은 문장이다.』

【참고문헌】

신익철 · 이형대 · 조융희 · 노영미 옮김, 《어우야담(於于野談)》, 한국학중앙연구원, 2006.

金學主 譯著, 《(新譯)唐詩選》, (서울)明文堂, 2003.

송용준 · 오태석 · 이치수 編著, 《宋詩史》, (서울) 역락출판사, 2004.

이영주 · 강성위 · 홍상훈 譯注, 《完譯杜甫律詩》, (서울) 明文堂, 2005.

진옥경 譯注, 《이태백 악부시》, (서울) 사람과 책, 1998.

【그 외 참고자료】

百度(www.baidu.com)

네이버 (www.naver.com)

(王 婧)

21. 《효빈잡기效颦雜記》[1]

고상안(1553~1623)[2]이 지음. 상안의 자는 사물로 본관은 개성이다.

이 책은 두 권으로 조선 인조 원년(1623)에 지어졌다. 명나라 희종 천계 3년에 해당된다. 책 중에 시를 논한 것이 27조이다.

[1] 이백 〈청평조〉의 『봄바람에 끝없는 한』이라는 구절

李謫仙[3] 〈宮中行樂詞〉[4] 及 〈淸平詞〉[5], 皆含譏諷之意, 寓規諫之誠. 而

1 | 효빈(效颦) : 월(越)나라의 서시(西施)가 불쾌하여 찡그렸더니, 어떤 추녀가 그것을 보고 미인은 찡그린다고 여겨 자기도 찡그렸다는 고사에서, 자기 분수를 모르고 남의 흉내 내는 것을 이르는 말로 혹은 남의 결점을 장점인 줄 알고 본뜬 것을 이르기도 한다. 《효빈잡기(效颦雜記)》: 고금을 통하여 우리나라와 중국의 역사 · 인물 등에 있어 정사에 나타나 있지 않은 전기적인 것, 야사적인 것, 심지어 우화적 · 소설적인 내용들이 간략하게 수 십 조에 걸쳐 실려 있다. 규장각도서에 있다. ─《민족문화대백과사전》 참조.

2 | 고상안(高尙顔, 1553~1623) : 조선 중기의 학자. 본관은 개성(開城). 자는 사물(思勿). 호는 태촌(泰村). 1573년(선조 6) 진사가 되고, 1576년에 문과에 올라 함창현감 · 풍기군수 등을 지냈다. 40세 되던 해에 임진왜란이 일어나 왜적이 침입하자, 향리인 상주 함창에서 의병 대장으로 추대되어 큰 공을 세웠다. 그 뒤 울산판관을 지낸 후, 벼슬을 그만두고 전원생활을 하였다. 문집으로는 1898년에 간행한 목판본 6권 3책 《태촌집(泰村集)》이 있다. ─《민족문화대백과사전》 참조.

3 | 이적선(李謫仙) : 당나라 시인 이백의 별명. 이백의 자는 태백(太白). 호는 청련거사(青蓮居士)이며, 시선(詩仙) 또는 신선이 하늘에서 땅으로 귀양 와서 사람이 되었다는 뜻으로 적선인(謫仙人)이라 불리기도 하며, 그의 관명에 따라 이한림(李翰林)이라고도 한다.

4 | 〈궁중행락사(宮中行樂詞)〉: 당 현종이 봄날을 즐기다가 술취한 이백을 불러 짓게 하였다는 노래. 이백은 평소 형식이 엄격한 근체시는 즐겨 짓지 않았으므로 현종은 짐짓 그 실력을 보고자 율시를 짓게 하였는데, 이백은 일필휘지 10수를 지어 양귀비와 궁녀

深切著明[6], 惟〈清平詞〉『解釋春風無限恨』一句耳. 當是時天下粗安, 金無缺, 而三春行樂, 八音迭奏, 又對妃子而賞名花, 有何恨而可解釋乎? 愚以爲是時明皇崇信姦回, 內而不保其子, 寵愛胡雛, 外而倒持太阿. 憂虞

들의 아름다운 자태를 묘사하여 실력을 과시 하였다. 현재 8수가 있다. 그 중 제1수는 다음과 같다.

小小生金屋, 어릴 적에 좋은 집에서 나서,
盈盈在紫微. 예쁘게 자라 자미궁에서 사네.
山花揷寶髻, 산 꽃 꺾어 탐스런 머리에 꽂고,
石竹繡羅衣. 석죽 수놓은 비단 옷 입었네.
每出深宮裏, 매양 깊은 궁에서 나왔다가,
常隨步輦歸. 언제나 천자님 연을 따라 돌아오네.
只愁歌舞散, 다만 근심하는 것이라곤 가무 파하면,
化作彩雲飛. 오색구름 되어 날아 가 버릴까 하는 것 뿐.

5 | 〈청평사(淸平詞)〉: 침향정(沉香亭) 앞에 모란이 만개하자 당 현종은 양귀비와 꽃을 구경하다가 『좋은 꽃을 감상하는데 어여쁜 왕비가 곁에 있으니, 어이 낡은 풍악을 울리리오. 마땅히 새 노래를 지어 부르리라』하고 이백에게 〈청평조사(淸平調詞)〉 3장을 짓게 하고 명창 이구년(李龜年)으로 하여금 노래부르게 하였다. 원 시제는 〈청평조사삼수(淸平調詞三首)〉이다. 전문은 다음과 같다.

雲想衣裳花想容, 구슬 같은 치맛자락 꽃 같은 얼굴,
春風拂檻露華濃. 봄바람에 이슬 같은 모란활례라.
若非羣玉山頭見, 군옥산 산마루서 못 볼 양이면,
會向瑤臺月下逢. 요대의 달 아래서나 만날 선녀여!

一枝紅艷露凝香, 이슬에 향기 엉긴 고운 모란꽃,
雲雨巫山枉斷腸. 무산녀 애끊음이야 부질없어라.
借問漢宮誰得似, 한나라 궁중이면 뉘에 비기리,
可憐飛燕倚新妝. 새 단장한 비연이면 혹시 모를까.

名花傾國兩相歡, 모란과 미인이 서로 반기니,
長得君王帶笑看. 눈웃음 띤 임금님 물리지 않네.
解釋春風無限恨, 봄바람에 끝없는 한 눈같이 풀려,
沉香亭北倚闌幹. 침향정 북 난간에 흐뭇 기댔네.

— 손종섭, 《이두시신평(李杜詩新評)》, 정신세계사, 1996.

6 | 심절저명(深切著明): 한국고전번역원(www.itkc.or.kr) 사이트의 원문텍스트에는 '심절저명' 뒤에 '자(者)' 자가 있다.

之象, 堅氷之漸, 有不可勝言者, 此所謂無限之恨也, 而明皇恬不知怪. 所謂『解釋』者, 猶言『忘卻』也,『忘卻』字太露, 故借『解釋』爲言耳. 一得如此, 未知博雅者以爲何如也.

이백의 〈궁중행락사〉와 〈청평조〉는 모두 놀리고 풍자하는 뜻을 감추고 바르게 간하는 정성을 빗대었는데, 깊고 간절함이 분명하게 드러난 곳은 오직 〈청평조〉의

解釋春風無限恨,　　봄바람에 끝없는 한 눈같이 풀려,

한 구절뿐이다. 이때는 천하가 큰 변고 없이 잘 지내며 나라가 한 번도 외침을 받지 않아 항상 즐겁게 놀며 음악을 번갈아 연주하고 또 귀비를 견주어 모란을 감상하니 무슨 한이 있어서 풀 수 있을 것인가? 내가 생각해 보니 이 때 당 명황은 간악한 사람을 높여 믿으며 안으로는 그의 아들을 돌보지 않고 오랑캐를 총애하며 밖으로는 칼자루를 거꾸로 잡고 남에게 주어 자신을 해롭게 하였다. 근심이 되는 모양은 하찮은 일이 점점 쌓여 큰 어려움이 된 것 같아 적합하게 말할 수 있는 것이 없어서 이것이 이백이 말한 『끝없는 한』인데 명황은 편안하게 여겨 이상함을 알지 못하였다. 여기서 말하는 이른 바 『해석』이란 것은 『망각』이라고 말하는 것과 같다. 『망각』이란 글자가 너무 드러나기 때문에 『해석』이란 말을 빌려서 했을 뿐이다. 내가 얻은 것은 이와 같은데, 학식이 넓고 성품이 고아한 사람은 어떻게 생각할지는 잘 모르겠다.

【참고문헌】

손종섭 편저,《李杜詩新評》, 서울, 정신세계사, 1996년 초판 제1쇄.

진옥경 역주해설,《이태백악부시》, 서울, 사람과 책, 1998년 초판 1쇄.

【그 외 참고자료】

한국고전번역원(www.itkc.or.kr)

百度(www.baidu.com)

한국학중앙연구원(www.aks.ac.kr)

(權美貞)

22. 《청창연담晴窓軟談》[1]

신흠(1566~1682)[2]이 편찬하였는데, 자는 경숙(敬叔)이고, 호는 상촌(象村)·현헌(玄軒)·방옹(放翁)이며, 본관은 평산(平山)이다.

《청창연담》 3권은 조선 인조 2년(1629)에 지었는데, 명 의종(毅宗) 숭정(崇禎) 2년에 해당하며, 《상촌집(象村集)》[3]에 수록되어 있다. 세 권 중 앞부

1 | 《청창연담(晴窓軟談)》: 조선 중기에 신흠(申欽)이 지은 시비평집. 1책. 목판본. 1650년(효종 1)에 간행되었다. 홍만종(洪萬宗)의 《시화총림 詩話叢林》에 필사로 수록되어 있다. 《패림 稗林》제7집에도 실려 있다. 보련각(寶蓮閣)에서 발행한 《상촌집 象村集》 권58~60에도 들어 있다. — 민족문화대백과사전 참조.

2 | 신흠(申欽, 1566[명종 21]~1628[인조 6]) : 이정구(李廷龜)·장유(張維)·이식(李植)과 함께 '월상계택(月象谿澤)'이라 통칭되는 조선 중기 한문사대가(漢文四大家)의 한 사람이다. 본관은 평산(平山). 자는 경숙(敬叔), 호는 상촌(象村)·현헌(玄軒)·방옹(放翁). 1585년 진사시·생원시에 합격하고, 별시문과에 급제했다. 임진왜란 때에는 도체찰사(都體察使) 정철의 종사관으로 있었으며, 그 공로로 지평(持平)으로 승진했다. 이후 선조에게 뛰어난 문장력을 인정받아 대명(對明) 외교문서의 작성, 시문의 정리, 각종 의례문서의 제작에 참여했다. 1594년 광해군의 세자 책봉을 청하는 주청사 윤근수(尹根壽)의 서장관(書狀官)이 되어 명나라에 다녀와 군기시정에 제수되었다. 1608년(광해군 즉위년) 선조애책문(宣祖哀册文 : 선조의 죽음을 애도하는 글)을 짓고 한성부판윤·예조판서를 역임하였다. 이듬해 세자의 책봉을 청하는 주청사가 되어 명나라에 다녀왔고 그 공로로 숭정대부(崇政大夫)가 되었으며, 1610년에는 예문관대제학을 겸대하였다. 뒤에 영의정까지 역임하였다. 《한국민족문화대백과사전》·《브리태니커백과사전》 참조.

3 | 《상촌집(象村集)》: 신흠의 문집. 63권 22책. 목판본. 시문과 더불어 독립적인 저술인 〈야언(野言)〉, 〈청창연담(晴窓軟談)〉, 〈산중독언(山中獨言)〉, 〈선천규관(先天窺管)〉 등이 실려 있다. 초간본은 1630년 아들 익성(翊聖)이 22권으로 간행했다. 재간본은 조카 익량(翊亮)이 간행한 태인각본(泰仁刻本)이며, 1765년 중간되면서 본집 60권, 부록 3권으로 되었다. 이 가운데 권1~21은 여러 형태의 시와 사(詞)가 실려 있다. 특히 권3·4에 있는 악부시는 의고악부시(擬古樂府詩)로 신흠의 문학적 역량을 잘 보여준다. 권22에는 서문류(序文類) 25편이 있고, 권39~40에는 심학편(心學篇)을 비롯하여 용재

분 삼분의 이 는 중국시에 대해 논하고 있는데, 태도가 공평하고 합당하여 억지로 당과 송의 고하를 나누지 않았고, 또한 유행되는 견해에 얽매이지 않았는데, 예를 들어 소식의 시에서 화려하고 진실된 곳은 당나라 사람에 못지않고, 이백의 시는 신선의 시라고 했는데 하나도 흠잡을 수 없다는 점이 바로 그것이다.

[1] 사詞를 위주로 하는 시詩와 이理를 위주로 한 글

文章小技也, 於道無當焉. 而贊文者目以貫道之器[4], 何也? 蓋雖有至道, 不能獨宣, 假諸文而傳 ; 然則不可謂不相須也. 詩卽由文而句爾, 詩形而上者也; 文, 形而下者也. 形而上者屬乎天, 形而下者屬乎地也. 詩主乎詞, 文主乎理. 詩非無理也者, 而理則已愨[5] ; 文非無詞也者, 而詞則已史[6] ; 要在詞與理俱中爾. 〈風〉者, 詞而理者也 ; 〈雅〉, 〈頌〉者, 理而詞者也 ; 六朝以後, 詞而詞者也; 趙宋以降, 理而理者也. 世之言唐者斥宋, 治宋者

(用才) · 용병(用兵) 등의 경세사상(經世思想)이 나타나 있다. 《브리태니커 백과사전 참조》

4 | 관도지기(貫道之器) : 이한(李漢)의 〈한유문집서문(韓昌黎集序)〉에 『문장은 도를 꿰는 기구이다. 이에 깊은 조예가 없이 도에 이른 경우는 있지 않다』고 하였음.

5 | 각(愨) : 질박하다, 성실하다, 순박하다.

6 | 사(史) : 화사하다, 화려하다, 형식이 내용을 앞서는 것. 즉 내용은 없이 겉만 번지르하게 되는 것을 말함. 《논어 · 옹야(雍也)》에서 『바탕이 겉치레보다 나으면 야하고, 겉치레가 바탕보다 나으면 번지르하다. 바탕과 겉치레가 고루 알찬 뒤에야 군자라고 할 수 있다(質勝文則野, 文勝質則史. 文質彬彬, 然後君子)』라고 하였다.

7 | 구금여신(鉤金輿薪) : 구금은 혁대 끝에 달린 갈고리인데, 일반적인 현상을 무시하고 특별한 경우를 들어 우기는 것을 말함. 《맹자 · 고자(告子) 하》에, 예(禮)가 식색(食色)보다 본래 중하지만 식색이 예보다 중한 경우로 한 갈고리의 쇠와 한 수레의 깃털의 무게를 비교하는 비유를 들면서 특별한 경우를 예로 들어 잘못된 주장을 펼치는 것을 반박하였음. 여신(輿薪) 즉 한 수레의 땔나무에 관한 비유는, 충분히 알 수 있는데도 일부러 인정하려 하지 않는 태도를 비평한 것임. 《맹자 · 양혜왕(梁惠王) 상》에, 터럭 끝을 살필 수 있는 시력을 갖고 있으면서 한 수레의 땔나무를 보지 못하는 것은 그렇게 좋은 시력을 활용하려 하지 않기 때문이라는 대목이 나옴.

亦不必尊唐；茲皆偏已. 唐之衰也, 豈無俚譜? 宋之盛也, 豈無雅音? 此正鉤金輿薪[7]之類也.

문장이란 조그마한 기예에 불과하니 도道에 비하면 가당치도 않다. 그러나 문장을 칭찬하는 자들은 도를 꿰는 기구라고 지목하니, 그 이유는 무엇인가. 이는 대체로 아무리 지극한 도가 있다 하더라도 도 혼자서는 펼쳐지지 않는다. 문이라는 것을 빌려 그 도를 전하게 되기 때문이니, 그렇다면 서로 필요하지 않다고 말하지 않을 수 없다. 그런데 시라는 것은 바로 문을 경유해서 구句가 될 뿐이다. 시가 형이상학적인 것이라고 한다면 글은 형이하학적인 것이라 할 것인데, 형이상학적인 것은 하늘에 속하고 형이하학적인 것은 땅에 속한다 하겠다.

시는 사詞를 위주로 하고 글은 이理를 위주로 한다. 시에 이理가 없는 것은 아니지만 이 위주로 되면 이미 여운이 없어져버리고, 글에 사詞가 없는 것은 아니지만 사 위주로 되면 이미 사史가 되어버리고 만다. 요컨대 사詞와 이理 모두 들어맞아야 한다. 〈풍風〉이라는 것은 형식도 아름다워야 하고 내용도 좋아야 하니 이가 종從인 것이라고 한다면 〈아雅〉와 〈송頌〉은 이가 주이고 사가 종인 것이며, 육조六朝 이후의 작품은 주와 종 모두가 사로 일관된 것이고 송 이후의 작품은 주와 종 모두 이를 위주로 한 것이라 하겠다.

세상에서 당唐 시대의 작품을 좋아하는 사람들은 송宋 시대의 것을 배척하고 송 시대의 작품을 연구하는 사람들은 당 시대의 것을 그렇게 높이 평가하려 하지 않는데, 이는 모두 한 쪽에만 집착하는 태도에서 나온 것이다. 당 나라가 쇠할 때 어찌 촌스러운 문학작품이 없었을 것이며 송나라가 융성할 때에는 어찌 단아한 곡조가 없었겠는가? 이러한 태도야말로 구금鉤金이나 여신輿薪 등의 비유와 흡사하게 해당된다 할 것이다.

[2] 당시唐詩의 선본選本

選唐詩者, 有《品彙》[8] · 有《唐音》[9] · 有《全唐詩選》[10] · 有《萬首選》[11] · 有《百家詩》[12] · 而《品彙》·《唐音》最精.

당시唐詩의 선본選本으로는 《품휘品彙》, 《당음唐音》, 《전당시선全唐詩選》, 《만수선萬首選》, 《백가시百家詩》 등이 있는데, 그 중에서도 《품휘品彙》와 《당음(唐音)》이 가장 정밀하다.

[3] 천하를 도모하겠다는 위징

魏玄成[13]初從李密[14], 有圖天下之志, 非寂寂人也. 〈述懷〉[15] 詩曰 : 『中

8 | 《품휘(品彙)》 : 중국 명나라의 고병(高棅)이 편찬한 당시(唐詩) 선집. 오언 고시부터 칠언 율시에 이르는 시를 시체(詩體)에 따라 나누었다. 620명의 작품 5,769수를 실었고, 습유(拾遺)에는 61명의 시 954수를 실었다. 90권. 습유 10권.

9 | 《당음(唐音)》 : 중국 원나라의 양사굉(楊士宏)이 당나라 때의 시를 엄선하여 엮은 책. 14권. 엄정하게 선별했다는 평가를 받고 있으며 장진(張震)의 평가의 주가 붙어 있다.

10 | 《당시선(全唐詩選)》 : 중국 명대(明代)에 편찬된 당시선집. 모두 7권이다. 편자가 이반룡(李攀龍)이라는 설이 있지만 확실하지 않아서 편자 미상이 옳다고 할 수 있다. 《당시선》은 고문운동이 유행하면서 누군가 시를 모아 기록하고 이반룡이 죽은 후 그의 명성을 빌어 출판했는데, 전 · 후칠자에 앞서 성당시를 평가한 명대 초기의 고병(高棅)이 편찬한 당시선집 《당시품휘(唐詩品彙)》 90권을 본보기로 삼았다는 사실이 현재까지 확인되고 있다. 시형별(詩形別)로는 오언고시(古詩) · 칠언고시 · 오언율시(律詩) · 오언배율(排律) · 칠언율시 · 오언절구(絶句) · 칠언절구의 순서로 배열되었고 465 수의 작품, 128명의 작가가 수록되어 있다. 수록작품이 가장 많은 것은 두보(杜甫)의 51수이고 다음이 이백(李白) 33수, 왕유(王維) 31수의 순인데 고문사파의 주장대로 성당시에 매우 편중되어 있으며 격조가 높은 시만이 수록되어 있다. 《브리태니커백과사전》 참조.

11 | 《만수선(萬首選)》 : 송나라의 홍매(洪邁)의 《당인만수절구(唐人萬首絶句)》. 뒤에 청나라의 왕사정(王士禎)이 이 책을 다시 손질하여 《당인만수절구선》을 만들었는데, 895수를 수록하고 있음.

12 | 《백가시(百家詩)》 : 송나라의 왕안석이 편집한 《당백가십선》(20권). 당시 1,262수를 수록하고 있음.

13 | 위현성(魏玄成, 580~643) : 위징(魏徵), 자가 현성(玄成)이고 시호는 문정공(文貞公)이다. 곡성(曲城 : 지금의 산동성) 출생. 수나라 말 혼란기에 이밀(李密)의 군대에 참가하였으나 곧 당고조(唐高祖)에게 귀순하여 고조의 장자인 황태자 이건성(李建成)의 유력한 측근이 되었다. 건성이 아우 세민과의 경쟁에서 패하였으나 위징의 인격에 끌린 태종(이세민)의 부름을 받아 간의대부(諫議大夫) 등의 요직을 역임한 후 재

原還逐鹿, 投筆事戎軒. 縱橫計不就, 慷慨志猶存. 策杖謁天子, 驅馬出關門. 請纓繫南越, 憑軾下東藩. 鬱紆陟高岫, 出沒望平原. 古木鳴寒鳥, 空山啼夜猿. 旣傷千里目, 還驚九折魂. 豈不憚艱險, 深懷國士恩. 季布無二諾, 侯嬴重一言. 人生感意氣, 功名誰復論.』此乃初謁唐祖時作, 可見其志之所存.

위징은 처음 이밀을 따를 때부터 천하를 도모하겠다는 뜻을 가졌으니 소극적으로 가만히 있기만 하는 사람이 아니었다. 그의 시 〈술회述懷〉를 보건대,

中原還逐鹿, 중국 땅 또다시 왕위 쟁탈전 벌어짐에,
投筆事戎軒. 학문의 길 제쳐두고 군대의 길로 나섰다오.
縱橫計不就, 합종연횡 그 계책은 이루지 못했어도,
慷慨志猶存. 비분강개 그 뜻만은 가슴 속에 여전했지.
策杖謁天子, 말채찍 손에 들고 천자를 뵈온 뒤에,
驅馬出關門. 말 타고 치달리며 함곡관函谷關을 나왔다오.
請纓繫南越, 밧줄만 주신다면 남월왕도 잡아오고,

상으로 중용되었다. 주(周)·수·오대 등의 정사편찬 사업과 《유례(類禮)》《군서치요(群書治要)》 등의 편찬에도 큰 공헌을 하였다.

14 | 이밀(李密, 582~618) : 자는 현수(玄邃). 요녕성(遼寧省) 조양(朝陽) 출생. 문무를 겸비하고 뜻이 웅대하여 천하를 구하는 것이 자신의 임무라고 생각하였다. 처음 양제(煬帝)의 좌친시(左親侍)가 되었으나 사직하고 독서에 전념하여 대학자에게 글을 배우기도 하였다. 후에 양소(楊素)에게 인정을 받아 양소의 장자 양현감(楊玄感)의 친구가 되었다. 양현감의 반란이 일어났을 때 주모자가 되어 체포되었으나 탈주하여 망명길에 올랐다. 여러 군웅을 찾아다니며 자신의 포부를 설명하였지만 인정을 받지 못하고, 최후로 적양(翟讓)의 군에 투항하여 얼마 후 적양을 대신해서 그 집단을 장악, 이연(李淵)이 당 왕조를 일으켰을 때 최대의 반란집단으로 부상하였다. 낙양의 왕세충(王世充)을 공격하였지만 실패하였고, 618년 당 왕조에 항복하였으나 그 대우에 불만을 품고 모반을 꾀하다가 살해되었다.

15 | 〈술회(述懷)〉: 《사고전서》에는 제목이 〈출관(出關)〉이고 위징(魏徵)이 지었다고 나와 있다.

憑軾下東藩. 수레에 기댄 채로 제齊 나라 항복 받자.
鬱紆陟高岫, 이리 구불 저리 구불 산등성이 올라가고,
出沒望平原. 올라갔다 내려갔다 너른 들판 바라봤네.
古木鳴寒鳥, 오래된 나뭇가지 겨울철 새 울어대고,
空山啼夜猿. 적막한 산 한밤중에 원숭이 울음 들렸었지.
旣傷千里目, 천리길 고향 생각 마음이 슬퍼지고,
還驚九折魂. 꼬불꼬불 험난한 길 깜짝깜짝 놀랐다오.
豈不憚艱險, 힘들고 어려운 일 어찌 싫지 않겠소만,
深懷國士恩. 국사 대접 받은 은혜 못내 잊지 못하겠소.
季布無二諾, 계포가 승낙하면 다시 두 말 없었었고,
侯嬴重一言. 후영은 한 마디 말 목숨 바쳐 지켰지요.
人生感意氣, 사람이 살면서 의기 느끼면 그뿐인걸,
功名誰復論. 공명이야 또 다시 논할 것 뭐 있겠소?

라고 하였는데, 이것은 곧 처음 당 고조唐高祖를 만났을 때의 작품으로서 그의 뜻이 어디에 있는지를 보여준다고 하겠다.

[4] 보통 사람으로서 미칠 수 없는 표현

《從軍行》[16] 非不多, 虞世南[17]之詩有曰 : 『劍寒花不落. 弓曉月逾明.』[18] 人不可及.

16 | 〈종군행(從軍行)〉: 우세남(虞世南)이 지음. 원래 악부(樂府)의 양식에 포함되는 것으로, 〈정독호가(丁督護歌)〉, 〈신현가(神絃歌)〉, 〈백저가(白紵歌)〉, 〈일출동남우행(日出東南隅行)〉, 〈맹호행(猛虎行)〉, 〈종군행(從軍行)〉, 〈고한행(苦寒行)〉, 〈장가행(長歌行)〉, 〈단가행(短歌行)〉, 〈염가행(艶歌行)〉, 〈연가행(燕歌行)〉등 가(歌) · 행(行) · 가행(歌行)이라는 것이 있었는데, 당나라의 두보(杜甫)가 활약한 무렵부터 곡조에 상관없이 자작(自作)의 고시(古詩)에 〈낙유원가(樂遊園歌)〉, 〈병거행(兵車行)〉, 〈취가행(醉歌行)〉 등의 제목을 붙이게 되었다. 그 후, 백거이(白居易)의 〈장한가(長恨歌)〉, 〈비파행(琵琶行)〉과 같이 주로 서사적인 장편의 칠언고시를 흔히 가(歌) · 행(行)이라

전쟁터의 분위기를 묘사한 시가 많지 않은 것은 아니지만, 우세남의 시 가운데,

劍寒花不落. 싸늘한 칼에 꽃무늬 여전히 붙어 있고,
弓曉月逾明. 새벽녘 활 모습 달이 더욱 빛나도다.

와 같은 것은 보통 사람으로서는 미칠 수 없는 표현이라 하겠다.

[5] 정시음正始音

王勃[19]《山亭夜宴》詩 : 『桂宇幽襟積, 山亭涼夜永. 森沈野逕寒, 肅穆岩扉靜. 竹晦南河色. 荷翻北潭影. 淸興殊未歸, 林端照初景.』無世間語.

고 부르나, 〈병거행〉과 같이 칠언을 기조로 하여 길고 짧은 구(句)를 섞는 것도 적지 않으며, 두보의 〈팽아행(彭衙行)〉과 같은 오언고시도 있다. 가(歌)는 가창(歌唱)되는 노래이고, 행(行)은 곡(曲)이란 뜻이다. 명나라의 서사증(徐師曾)이 《문체명변(文體明辯)》에서 『마음대로 노래 부르는 여러 가지 형태의 것을 가(歌)라고 하며, 가락이 있는 것을 행(行)이라고 한다』고 풀이한 것은 문자에서 생각해낸 후세의 해석이다.

17 | 우세남(虞世南, 558~638) : 《지봉유설(芝峰類說)》 주 414) 참조.

18 | 검한화불락(劍寒花不落) 두 구 : 〈從軍行〉 2수 중 첫째 수이다.

塗山烽候驚, 중국에 봉화의 징조에 놀라,
弭節度龍城. 수레 세워놓고 용성을 넘었네.
冀馬樓蘭將, 천리마 위에는 누란의 장수요,
燕犀上谷兵. 굳센 갑옷 입은 상곡의 병사들일세.
劍寒花不落, 싸늘한 칼에 꽃무늬 여전히 붙어 있고,
弓曉月逾明. 새벽녘 활 모습 달이 더욱 빛나도다.
凜凜嚴霜節, 차디찬 혹독한 서리 내리는 절기에,
冰壯黃河絶. 얼어붙은 장관이 황하에 으뜸이구나.

※도산(塗山) : 옛날 우임금이 장가를 들고, 제후들을 모았다는 나라 이름. 여기서는 중국을 말함.

※연서(燕犀) : 연나라에서 만든 코뿔소 가죽으로 만든 굳센 갑옷. 여기서 그러한 무장을 갖춘 적국 병사들이란 뜻.

19 | 왕발(王勃, 650~676) : 《지봉유설(芝峰類說)》 주 422) 참조.

五言律如虞世南之『綠野明斜日. 青山澹晚煙』[20]·『凫歸初可侶. 雁起欲分行』[21]；楊師道[22]之『雁聲風處斷, 樹影月中寒』；楊炯[23]之『劍鋒生赤電, 馬足起紅塵』[24]·『離亭隱喬樹, 溝水浸平沙』；王勃之『蘿幌棲禪影,

20 | 녹야명사일(綠野明斜日) 두 구 : 〈천자님을 모시고 연회를 하는데, 조칙(詔則)에 응하여 『앞 전(前)』자를 각운자로 얻어 지음(侍宴應詔得前字)〉

芬芳禁林晩, 꽃다운 향내 궁중 숲에 늦게까지 퍼지고,
容與桂舟前. 한가로움이 계수나무 배 앞에까지 있다네.
橫空一鳥度, 허공을 가로 질러 건너는 한 마리 새.
照水百花燃. 물빛에 비추니 온갖 꽃이 더욱 타오르네.
綠野明斜日, 석양녘 초록 들판 밝게 빛나고,
青山澹晚烟. 저녁연기 오르는 속 청산이 고요하네.
濫陪終宴賞, 마지막 연회에 가득 넘치게 모셔와,
握管欲窺天. 관을 잡고 하늘을 엿보는 것과 같구나.

21 | 부귀초가려(凫歸初可侶) 두 구 : 〈연회를 모시기 위해 불당(佛堂)으로 돌아와(侍宴歸鴈堂)〉

歌堂面淥水, 노래하는 무대는 녹수를 내려다보고,
舞館接金塘. 춤추는 집은 금당에 인접하고 있네.
竹開霜後翠, 서리 내린 후 대나무 더욱 비취빛 되고,
梅動雪前香. 눈 내리기 전 매화 피어 향내 나네.
凫歸初可侶, 오리 떼 본래부터 짝 지어 보금자리 돌아갈 수 있고,
雁起欲分行. 기러기 떼 줄 지어 길 떠날 준비하네.
刷羽同栖集, 새가 깃털 가다듬듯이 신하들 모두 함께 모여서 편안히 사니,
懷恩愧稻粱. 은혜로움 생각하지만 언제 보은을 할지 몰라 부끄러워하는구나.
※금당(金塘) : 임금의 화려한 연못
※쇄우(刷羽) : 조류가 부리로 자신의 깃털을 정비하는 것.

22 | 양사도(楊師道, ?~?) : 자는 경유(景猶)이고 화음(華陰) 사람이다. 수나라 종친으로 문학적 소질이 뛰어났다. 당나라에 들어가서 계양공주를 아내로 맞이하여 안덕군공(安德郡公)에 봉해졌다. 《전당시》 권34에 시 1권이 수록되어 있음.

23 | 양형(楊炯, 650~693?) : 《지봉유설(芝峰類說)》 주 131) 참조.

24 | 검봉생적적(劍鋒生赤電) 두 구 : 〈유생(劉生)〉

卿家本六郡, 그대의 집은 본래 6군 땅인데,
年長入三秦. 나이 들어 3진(三秦) 땅에 들어왔네.
白璧酬知已, 흰 구슬로 자기를 알아주는 이에게 보답하고,
黃金謝主人. 누런 황금으로 옛 주인에게 사례하였네.
劍鋒生赤電, 칼끝에는 검붉은 전기 생겨나고,
馬足起紅塵. 말발굽에는 새빨간 먼지 일어나네.

松門聽梵音』25·『澗葉纔分色, 山花不辨名』26 ; 盧照隣27之 『鶯啼非選樹, 魚戲不驚綸』28·『空梁無燕雀, 古壁有丹青』29 ; 駱賓王30之 『陣去金

日暮歌鐘發, 해 저무니 노랫소리 종소리 피어나서,
喧喧動四隣. 크고 크게 온 사방을 움직이네.

25 | 나황서선영(蘿幌棲禪影) 두 구 : 〈불교 절 삼학사에서 놀며(游梵宇三學寺)〉
香閣披青磴, 향기로운 집은 푸른 사다리 길을 열었고,
琱臺控紫岑. 조각한 정자는 자줏빛 메부리를 당기네.
葉齊山路狹, 나뭇잎 가지런하고 산길은 비좁아,
花積野壇深. 꽃잎 쌓여 들 화단이 깊어지네.
蘿幌栖禪影, 청라 휘장에는 참선하는 그림자 깃들고,
松門聽梵音. 소나무로 된 문에서 불경소리 들리네.
遽忻陪妙躅, 갑자기 즐거워짐은 묘한 유촉지를 모시기 때문이요,
延賞滌煩襟. 감상함을 연장함은 근심스러운 마음 씻어내기 때문일세.

26 | 간엽재분색(磵葉纔分色) 두 구 : 〈마평을 저녁에 걸으며(麻平晩行)〉
百年懷土望, 평생 땅을 좋아하는 소망을 품고 있지만,
千里倦遊情. 천리 길에 나그네 마음 피곤하구나.
高低尋戍道, 올라갔다 내려갔다 하며 수자리 길 찾는데,
遠近聽泉聲. 멀고 가까운 곳에서 샘물 소리 들리네.
磵葉纔分色, 시냇가의 나뭇잎새 색깔 겨우 분간되나,
山花不辨名. 산에 핀 꽃들 이름 잘 분간 못하겠네.
羈心何處盡, 나그네 마음 어느 곳에서 다하리오?
風急暮猿淸. 바람이 급히 부니 저녁 원숭이 소리 맑게 들리네.
※수도(戍道) : 변방에 가서 장기 주둔하는 것, 또는 수자리에 보루로 가는 길.
※기심(羈心) : 나그네의 마음.

27 | 노조린(盧照隣, 634~684) : 자는 승지(昇之)이고 범양(范陽 : 지금의 하북성 涿州市) 사람이다. 나이 10여 세에 조헌(曹憲)과 왕의방(王義方)을 좇아 《삼창(三蒼)》과 《이아(二雅)》를 전수받았다. 등왕부(鄧王府)의 전첨(典籤 : 諸王府의 문서를 관장하는 관리로 종8품하의 품급에 해당됨)으로 발탁되자 왕이 몹시 총애하여 신도위(新都尉)로 승진시켰으나 병으로 관직을 버리고 태백산에 거주하면서 병이 더욱 심해졌다. 병이 오래가자 친속들과 결별하고 영수에 뛰어들어 자살했다. 사걸의 다른 사람들과 마찬가지로 그의 작품들도 독립적인 문집[7권] 으로 전하여지고 있다.

28 | 앵재비선수(鶯啼非選樹) 두 구 : 〈봄 늦은데 산장에서 우연히 지음(春晩山莊率題)〉 2수 중 첫수
田家無四隣, 농가의 사방에는 이웃 없어,
獨坐一園春. 홀로 앉아 전원의 봄 독차지 하였네.
鶯啼非選樹, 나뭇가지 이곳저곳 꾀꼬리들 노래하고,

河冷, 書歸王塞寒』31 · 『林疑中散地, 人似上皇時』32 ; 蘇味道33之 『暗塵

魚戲不驚綸. 낚싯줄도 상관없이 물고기들 노니누나.
山水彈琴盡, 산과 물은 거문고를 다 타는 듯하고,
風花酌酒頻. 바람과 꽃은 바삐 술 따르게 하네.
年華已可樂, 봄 경치 이미 즐길 만하니,
高興復留人. 높은 흥취가 다시 나를 머무르게 한다네.
※전가(田家) : 농가, 농부.
※연화(年華) : 봄 경치, 춘광.

29 | 공량무연작(空梁無燕雀) 두 구 : 〈문옹강당(文翁講堂)〉 – 문옹은 한나라 경제(景帝) 말년에 촉군태수가 되어 학교를 지어 문아함을 숭상하여 촉 사람들을 교화시켰다. 그 때 지었던 학교의 강당이 오늘날의 성도부(成都府)에 남아있었다고 함.
錦里淹中館, 금리에 파묻힌 강당이여,
岷山稷下亭. 민산 속의 직하의 정자가 되었구나.
空梁無燕雀, 빈 들보에는 제비 참새도 날아들지 않으나,
古壁有丹靑. 옛날 벽에는 그림만 남았구나.
槐落猶疑市, 회나무 잎 떨어지니 오히려 시내 인가 의심스러우나,
苔深不辨銘. 이끼 깊으니 비명 글자 알아낼 수 없네.
良哉二千石, 어질도다! 문옹 군수님이여!
江漢表遺靈. 긴 강물 그대의 혼령을 표창하리로다.
※금리(錦里) : 촉군을 말한다.
※민산(岷山) : 사천성 북부의 사천과 감숙성(甘肅省)의 경계에 있는 산이다.
※직하(稷下) : 전국시대 제(齊)나라 도성 임치(臨淄) 서문의 직문(稷門) 부근의 지역을 말한다. 훌륭한 학문의 터전이다.
※이천석(二千石) : 한나라 때 군수의 봉록이 이천석으로 월 봉록은 백이십곡(百二十斛)이었다. 그래서 사람들이 군수를 이천석이라고 불렀다.

30 | 낙빈왕(駱賓王, 640~684) : 《제호시화(霽湖詩話)》 주 6) 참조.

31 | 진거금하냉(陣去金河冷) 두 구 : 〈가을 기러기(秋雁)〉
聯翩辭海曲, 이어 날아올라 해안을 떠나서,
搖曳指江干. 유유하게 강가를 향하네.
陣去金河冷, 떼를 지어 떠나니 금하에 찬 기운 어렸는데,
書歸玉塞寒. 편지를 가지고 돌아오니 옥새도 춥다 하네.
帶月凌空易, 달이 밝으니 허공을 오르기 쉬웠으나,
迷煙逗浦難. 안개에 가리니 포구에 머무르기도 어렵구나.
何當同顧影, 어떻게 그림자 돌아봄을 함께 할 수 있겠는가?
刷羽泛淸瀾. 깃털 쓸어내며 맑은 물결 위에 뜨는 날이 언제나 올 것인가?
※연편(聯翩) : 새가 나는 모습, 연속적으로 계속

※해곡(海曲) : 연해지역, 여기서는 북해(北海: 바이칼 호)지역을 말함.

※요예(搖曳) : 흔들흔들함, 유유히 거니는 모양

※금하(金河) : 강 이름, 현재 지명은 대흑하(大黑河)로 내몽고 자치구 내에 있는데 옛날의 교통요지였으며 또한 이 일대에 군대를 주둔시켰다.

※옥새(玉塞) : 옥문관(玉門關)의 별칭

32 | 임의중산지(林疑中散地) 두 구 : 〈스님의 토굴(上人林泉)〉 두 수 중 첫번째 시.

俗遠風塵隔, 　속세에서 멀어 풍진과 떨어져 있으나,
春還初服遲. 　봄이 돌아와도 처음 마음으로 돌아감이 늦어지네.
林疑中散地, 　수풀은 중산대부(中散大夫) 노닌 곳인 듯하고,
人似上皇時. 　사람은 희황상인(羲皇上人)인 것만 같구나.
芳杜湘君曲, 　향기로운 두리수(杜梨樹)는 상군을 읊은 노래에 나오는 것과 같고,
幽蘭楚客詞. 　그윽한 난초는 초나라 나그네의 노래와 같구나.
山中有春草, 　산 속에는 봄풀이 나 있는데,
長似寄相思. 　큰 높이 스님 생각을 붙임과 똑같네.

※상인(上人) : 스님

※중산(中散) : 진(晉)나라 혜강(嵇康)인데, 자(字)는 숙야(叔夜)이며, 서진(西晉)의 중산대부였다. 완적(阮籍)과 같이 죽림칠현이 되었다.

※상황(上皇) : 옛날 중국 전설에 나오는 자유인(自由人)인 희황상인(羲皇上人). 도연명이 〈아들 엄등에게 보낸 편지(與子儼等疏)〉에서 『여름날 북쪽 창문아래 누워 시원한 바람이 건 듯 불어 오는 것을 맞으면, 스스로 내가 희황상인이 되었다고 말한다(五・六月中, 北窓下臥, 遇涼風暫至, 自言謂是羲皇上人.)』라고 하였다.

※상군곡(湘君曲) : 요(堯)임금은 두 딸로서 순(舜)을 섬기게 하였다. 큰 딸은 아황(娥皇)이라고 하고, 작은 딸은 여영(女英)이라고 하였는데, 순임금이 남쪽으로 시찰하러 다니다가 죽자, 이 두 아내가 남쪽 상수(湘水)까지 달려와서 울다가, 그 강물에 빠져 죽어 각각 상군(湘君), 상부인(湘夫人)이란 여신이 되었다. 뒷날 노래에 〈상비원(湘妃怨)〉이란 것이 있다.

※초객(楚客) : 굴원(屈原)과 송옥(宋玉). 사(詞)는 〈이소(離騷)〉 등의 가사를 말한다.

33 | 소미도(蘇味道, 648~705) : 두심언(杜審言)・이교(李嶠)・최융(崔融)과 함께 『문장사우(文章四友)』로 불렸다. 재능이 많고 학식이 뛰어나 9세 때부터 시가와 사부를 지었으며, 진사(進士)에 급제한 뒤에 곧 봉각시랑(鳳閣侍郎 : 중서시랑)의 벼슬에 올랐다. 그는 소송에 휘말려 감옥에 갇히기도 했는데 관직을 회복하였다가 다시 사람들의 탄핵을 받게 되어 방주 자사(坊州刺史)로 좌천되었다. 이런 일을 겪은 소미도는 마음이 위축되어 일을 처리하는데 결단력이 없어서 이렇게 해도 좋고 저렇게 해도 좋다는 식으로 태도가 분명하지 못했다고 한다. 그래서 모서리만 만지는 사람이라고 하여 그를 『모릉수(摸棱手)』라고도 불렀다. 《당서(唐書)》 〈소미도전(蘇味道傳)〉에 따르면, 그는 『일을 결정할 때 명백한 태도를 취하고 싶지 않다. 일을 그르치면 후회하게 되는데 모서리를 잡고 양쪽 면을 다 만지고 있음이 좋다(決事不欲明白, 誤則有悔, 摸持兩端, 可也.)』라고 하였다. 뒤에 미주(眉州)자사를 지냈으며, 문집 15권을 남겼음.

隨馬去, 明月逐人來』[34]; 陳子昂[35]之『水月心方寂, 煙霞思獨玄』[36]·『孤松宜晩歲, 衆木獨芳春』[37]; 杜審言[38]之『酒中堪累月, 身外卽浮雲』[39]·

34 | 암진수마거(暗塵隨馬去) 두 구 : 〈정월대보름(元宵)〉

火樹銀花合, 휘황찬란한 등불과 꽃불이 어우러지니,
星橋鐵鎖開. 오작교 같은 장안 다리의 철문 열리네.
暗塵隨馬去, 잿빛 흙먼지 말 뒤를 따라가고,
明月逐人來. 밝은 달 사람 뒤를 좇아오네.
游騎皆穠李, 악공들은 모두 잘 익은 오얏꽃 같고,
行歌盡落梅. 길 가며 부르는 노래는 다 '매화락' 일세.
金吾不禁夜, 금오가 밤놀이를 금하지 않으니,
玉漏莫相催. 옥루도 사람 재촉하지 말게나.

※성교(星橋) : 신화속에 나오는 오작교.
※유기(遊騎) : 옮겨 다니며 급습하는 기병.
※농리(穠李) : 화려한 오얏 꽃.
※행가(行歌) : 걸어가면서 부르는 노래.
※낙매(落梅) : 〈매화락(梅花落)〉이라는 피리곡명을 말한다.
※금오(金吾) : 황제나 대신을 경위할 책임을 지고 있으며 수도를 돌며 치안을 돌보는 일을 하는 사람이다. 그 명칭이나 체제, 권한은 역대로 다름이 있다.
※옥루(玉漏) : 옛날에 시간을 재는 물시계의 미칭이다.

35 | 진자앙(陳子昂, 601~702) : 《지봉유설(芝峰類說)》 주 499) 참조.

36 | 수월심방적(水月心方寂) 두 구 : 〈휘스님께서 〈가을밤에 홀로 산 정자에 앉아〉라는 시를 보내어 주었기에 응수하여 지음(酬暉上人秋獨, 夜坐山亭有贈)〉

鐘梵經行處, 사원의 종소리 불경소리는 도처에 흘러 퍼지고,
香牀坐入禪. 향내나는 법당에 앉아 고요함에 접어든다네.
巖亭交雜樹, 바위 정자에 나무들이 서로 뒤엉켜 있고,
石瀨瀉鳴泉. 돌 여울에는 졸졸 흐르는 샘이 쏟아져 내리네.
水月心方寂, 물에 비친 달 마음 고요하게 하고,
雲霞思獨玄. 꽃구름 바야흐로 심원해지게 하네.
寧知人世裏, 어떻게 알았겠는가? 인간 세상에서,
疲病苦攀緣. 피곤하고 병든 몸이 출세하기가 힘들다는 것을.

※종범(鐘梵) : 사원의 종소리와 불경 외는 소리
※명천(鳴泉) : 졸졸 소리를 내며 흐르는 샘물
※반연(攀緣) : 출세하다, 무엇을 붙잡고 올라간다는 뜻인데, 불교에서는 외계사물의 분주한 변화 때문에 사람의 심신도 여러 가지로 변화함을 말함. 그냥 줄여서 『연(緣)』이라고도 말함.

37 | 고송의만세(孤松宜晩歲) 두 구 : 〈동래 왕학사 무경을 보내며(送東萊王學士無競)〉

『雲霞出海曙, 梅柳渡江春』[40]；沈佺期[41]之『月明三峽曉, 潮滿九江春』[42]

寶劍千金買, 보검을 천금에 사서,
平生未許人. 평소에는 남에게 허락하지 않았네.
懷君萬里別, 그대를 만리 밖으로 이별할 것을 생각하고서,
持贈結交親. 몸소 가져가서 친교를 맺고자 하네.
孤松宜晚歲, 외로운 소나무는 늦은 계절에 마땅하나,
衆木愛芳春. 속인들은 향기로운 봄만 사랑할 것일세.
已矣將何適, 그만두시게. 장차 어디로 가시겠는가?
無令白首新. 흰 머리카락이 새로워지게 하지 마소서.

38 | 두심언(杜審言, 648?~708) : 《지봉유설(芝峰類說)》 주 55) 참조.

39 | 주중감누월(酒中堪累月) 두 구 : 〈가을 저녁 임진의 정현령 사택에서 연회를 하며(秋夜宴臨津鄭明府宅)〉

行止皆無地, 가다가 멈추다가 해도 낮은 땅은 없는데,
招尋獨有君. 손짓하여 찾아도 유독 그대만 있구나.
酒中堪累月, 술에 취해야 몇 달 시름 견딜 뿐,
身外即浮雲. 내 몸 밖의 일은 뜬 구름일세.
霜白宵鐘徹, 서리 희고 밤 종소리 다하니,
風淸曉漏聞. 바람 맑고 새벽 물시계 소리 들리네.
坐攜餘興往, 갑자기 여흥을 가져가려 하니,
還似未離羣. 나 아직 그대를 떠나지 않은 듯하오.

40 | 운하출해서(雲霞出海曙) 두 구 : 〈이른 봄 관망하며(早春遊望)〉이라는 시의 3~4구인데, 혹 위응물(韋應物)의 시라는 설도 있음.

獨有宦遊人, 홀로 타관에서 벼슬하는 사람,
偏驚物候新. 풍물과 기후가 다름에 너무 놀라네.
雲霞出海曙, 구름과 노을 바다에서 나와서 새벽이 되고,
梅柳渡江春. 매화와 버들은 강을 건너서 봄을 이루네.
淑氣催黃鳥, 아름다운 기운 황조를 재촉하고,
晴光轉綠蘋. 맑은 빛 푸른 개구리밥으로 구르네.
忽聞歌古調, 문득 들리네 옛 가락의 노래 소리가,
歸思欲沾巾. 집으로 돌아갈 생각에 손수건을 적시려하네.

41 | 심전기(沈佺期, 650~713) : 《지봉유설(芝峰類說)》 주 57) 참조.

42 | 월명삼협효(月明三峽曉) 두 구 : 〈무산이 높다(巫山高)〉

巫山高不極, 무산의 높음이 끝이 없어,
合沓狀奇新. 겹침이 기이하고 신기한 모습이구나.
暗谷疑風雨, 계곡이 어두우니 비바람 의심스럽고,
陰崖若鬼神. 낭떠러지 음흉하니 귀신 나올 것 같구나.
月明三峽曉, 달빛도 밝은 삼협의 새벽이요,

·『雁塔風霜古, 龍池歲月深. 紺園澄夕霽, 碧殿下秋陰』[43]；宋之問[44]之『風來花自舞, 春入鳥能言』[45]·『曉雲連漠捲, 夜火雜星回』[46]·『函谷青山

潮滿九江春.　　조수가 가득 찬 구강의 봄이로구나.
爲問陽臺客,　　양지바른 누각의 나그네가 누군지 물으면,
應知入夢人.　　당연히 알 것이다, 꿈에 들어갔던 사람을.

43 | 안탑풍상고(鴈塔風霜古) 두 구: 〈소림사를 구경하며(遊少林寺)〉
長歌遊寶地,　　보배로운 땅 방문함을 길게 노래하고,
徙倚對珠林.　　옮겨가면서 구슬 같은 숲 보고 기대어 있네.
鴈塔風霜古,　　탑파는 풍상에 젖어 예스럽고,
龍池歲月深.　　연못도 세월 따라 깊어졌구나.
紺園澄夕霽,　　뜰 안의 나무 잎새 석양빛 받아 맑게 빛나고,
碧殿下秋陰.　　옥색 기와 대웅전 그림자 길게 드리웠네.
歸路烟霞晩,　　돌아가는 길 저녁에 연기와 놀 끼고,
山蟬處處吟.　　산의 매미 곳곳에서 우네.
—《初唐詩》 참조.

44 | 송지문(宋之問, 656~712) : 《지봉유설(芝峰類說)》 주 64) 참조.

45 | 풍래화자무(風來花自舞) 두 구 : 〈봄날 부용원에 석황제님을 모시고서 연회에 참석하여 응제하다(春日芙容園侍宴應制)〉
芙蓉秦地沼,　　부용은 진나라 땅의 못에 있고,
盧橘漢家園.　　검은 귤은 한나라의 정원에 있네.
谷轉斜盤徑,　　계곡이 굴러 비스듬한 길을 비껴,
川廻曲抱源.　　시내는 굽이돌아 구부정하게 언덕을 껴안네.
風來花自舞,　　바람 불어 오니 꽃잎 절로 춤추고,
春入鳥能言.　　봄철 돌아 오니 새들 잘도 우네.
侍宴瑤池夕,　　연회에 모시고 오니 아름다운 연못에 저녁이 되었는데,
歸途笳吹繁.　　궁궐로 돌아가는 길에도 노래 즐겁게 연주하겠지.

46 | 효운련막권(曉雲連幕捲) 두 구 : 〈등봉으로 가는 도중에 모시고 수행하며 짓다(扈從登封途中作)〉
帳殿鬱崔嵬,　　장막 궁전 높고 가파른 곳에 빽빽하고,
仙遊實壯哉.　　신선의 유람 실로 씩씩하구나!
曉雲連幕捲,　　새벽 구름 잇따라 장막 거두고,
夜火雜星回.　　횃불도 별에 섞여 돌아가누나.
谷暗千旗出,　　골짜기 아득한데 천 개의 깃발 나타나고,
山鳴萬乘來.　　산 울리니 만 대의 수레 오네.
扈從良可賦,　　모시고 수행함 실로 시로 읊을 만하나,
終乏掞天才.　　끝내 하늘 밝힐 재주 모자라네.

外, 昆明落日邊』[47] ; 李嶠[48]之『帝縷升銀閣, 天機罷玉梭』[49] · 『獨下仙人鳳, 群輕御史烏』[50] ; 蘇頲[51]之『巖聲中谷應, 天語半巖聞』[52] · 『泉煖驚銀

47 | 함곡청산외(函谷青山外) 두 구 : 〈총지사의 누각에 올라서(登禪定寺閣)〉이라는 시의 5~6구임.

梵宇出三天,　　절간이 속세를 빠져 나와,
登臨望八川.　　올라서 내려다보면서 팔천을 바라보네.
開襟坐霄漢,　　옷깃을 헤치고 은하수 같이 높은 하늘에 앉아,
揮手拂雲烟.　　손을 흔들어 구름과 안개를 털어내네.
函谷青山外,　　함곡관은 푸른 산 저 밖에 있고,
昆明落日邊.　　곤명지는 해 떨어지는 저 너머에 있네.
東京楊柳陌,　　낙양의 버드나무 우거진 길들,
少別已經年.　　어릴 때 이별한 것이 이미 몇 해가 되었구나.

48 | 이교(李嶠, 645~714) : 《지봉유설(芝峰類說)》 주 471) 참조.

49 | 제루승은각(帝縷升銀閣) 두 구 : 〈칠석날 양의전에 모여서 연회할 때 황제님의 시를 받들어 화답함(奉和七夕兩儀殿會宴, 應制)〉라는 시의 제5구와 제6구.

靈匹三秋會,　　견우 직녀 가을에 만나,
仙期七夕過.　　신선이 기약되는 칠석을 보내누나.
槎來人泛海,　　하늘에서 내려온 뗏목으로 바다에 떠서,
橋渡鵲塡河.　　다리를 건너니 오작이 은하수를 메우는구나.
帝縷升銀閣,　　상제님 드릴 실 하늘 궁궐 올린 뒤에,
天機罷玉梭.　　천상의 베틀 이제는 길쌈질 멈추었네.
誰言七襄詠,　　누가 말하겠는가? 칠양의 노래가,
重入五絃歌.　　다시 오현의 노래로 들어올 수 있었음을.

※제루(帝縷) : 상제님께 바치는 실.
※은각(銀閣) : 궁궐.
※옥사(玉梭) : 베를 짜는 북의 미칭, 여기서는 하늘의 길쌈.
※칠양(七襄) : 직녀성이 백주대낮에 일곱 번 이동하는 것을 말함.

50 | 독하선인봉(獨下仙人鳳) 두 구 : 〈성(城)〉

四塞稱天府,　　네 요새를 천부라 부르고,
三河建洛都.　　세 강은 낙양을 세우네.
飛雲靄層闕,　　나는 구름은 계단의 망루를 덮고,
白日麗南隅.　　태양은 남쪽 귀퉁이로 이어지네.
獨下仙人鳳,　　신선으로 변한 봉새 홀로 내려오니,
羣驚御史烏.　　어사대의 까마귀인가 모두 놀라네.
何辭一萬里,　　어찌 일만리를 사양하리요?
邊徼捍匈奴.　　변방의 흉노까지 막으리로다.

磧, 花寒映玉樓』53 ; 張說54之『竹院龍鳴笛, 梧宮鳳繞林』55 · 『然諾心猶

※선인봉(仙人鳳) : 선인관은 섬서성 봉현 서남쪽에 있다. 한 성제(成帝) 때 어사대 안의 잣나무에 늘 까마귀 수천 마리가 서식하면서 아침에 나갔다가 저녁에 돌아오곤 하였으므로 조석오(朝夕烏)라고 했다는 고사가 있다.

51 | 소정(蘇頲, 670~727) : 자는 정석(廷碩), 무측천이 집정하던 시기 그는 진사에 합격했고, 20세의 젊은 나이로 재상 직을 역임했으며, 허국공(許國公)으로 봉해졌다.

52 | 암성중곡응(巖聲中谷應) 두 구 : 〈《여산 꼭대기에 올라서 돌아봄〉이라는 황제님의 시를 받들어 화답함(奉和聖製, 登驪山高頂寓目, 應制)〉라는 시의 제3구와 제4구.

仙蹕御層氛, 천자의 발걸음 층층의 나쁜 기운이 억누르시니,
高高積翠分. 올라갈수록 푸른 분위기 쌓이는구나.
巖聲中谷應, 바위 틈에서 내는 소리 골짜기 사이에서 메아리치고,
天語半空聞. 상감의 말씀 소리 반 허공에서도 들리는구나.
豐樹連黃葉, 풍성한 나무 누런 잎에까지 연결되고,
函關入紫雲. 함곡관은 자주색 구름속으로 들어갔구나.
聖圖恢寓縣, 천자님의 웅대한 계획은 온 천하에 충만하니,
歌賦少橫汾. 한 무제가 지은 노래 분하를 가로지른다는 게 우습구나.

※황엽(黃葉) : 불교 용어로, 버드나무의 누런 잎으로 금을 만든다는 것으로 천상(天上)의 낙과(樂果)로 인간세상의 여러 악을 정지시킬 수 있음을 비유함.

※선필(仙蹕) : 천자의 수레.

※함관입자운(函關入紫雲) : 노자가 은퇴할 때 함곡관을 지나갔다는 전고와 관련된 이야기.

※우현(寓縣) : 우임금이 천하를 9개의 현으로 나누었는데 천하를 비유한 말이다.

※횡분(橫汾) : 《한무고사(漢武故事)》에서 한 무제가 하동군(河東郡)을 순행하다가 분하의 큰 배에서 군신들과 연회를 하며 〈추풍사(秋風辭)〉를 지었는데, 그 중에 『큰 배를 띄움이여 분하를 건너는 구나. 중류를 가로지름이여 흰 물결 드날리는구나.(泛樓船兮濟汾河, 橫中流兮揚素波)』라는 구절로 인해 『횡분』이라는 말은 황제나 황제의 작품을 칭송하는 말의 전고가 되었다.

53 | 천원경은적(泉煖驚銀磧) 두 구 : 〈임금님을 온천에 모시고 요씨 대감님의 희설이란 시에 화답하며(扈從溫泉奉和姚令公喜雪)〉이라는 시의 제5구와 제6구.

清道豐人望, 길을 치우니 사람들의 바람에 풍족하고,
乘時漢主遊. 때를 타니 한나라 임금님 노심이로다.
恩輝隨霰下, 은혜로운 광채 싸라기눈을 따라 떨어지고,
慶澤與雲浮. 황제의 은택 구름과 함께 떠도는 구나.
泉煖驚銀磧, 온천물 따뜻하니 은 자갈이 놀라고,
花寒映玉樓. 꽃 차갑게 옥 누각을 비추누나.
鼎臣今有問, 대신들에게 이제 물음이 있을 것이니,

在, 容華歲不同』56 · 『舞度花爲伴, 鶯來管作群』57 ; 張九齡58之 『川原三

河伯且應留. 공부 상서님께서는 잠깐 남아서 응답하소서.

※한주(漢主) : 우리 임금님, 당나라 시에서는 당나라 임금을 『한나라』 임금으로 표현함.

※하백(河伯) : 본뜻은 황하의 수신이라는 것이나 여기서는 요숭이 당시에 치수공사를 담당하는 공부상서로 있었던 것으로 보아 이렇게 부르는 것 같다

54 | 장열(張說, 667~730) : 자는 도제(道濟)이고, 낙양사람으로 688년에 무후의 특별시험에 급제하였다. 예종때 중서시랑이 되었고 현종 재위 기간에는 상서령이 되었으며, 연국공(燕國公)에 봉해졌다. 나중에는 악주(岳州)자사가 되었고, 716년에서 717년까지 유주(幽州)도독으로 옮겼다. 《장연곡집(張燕公集)》(25권)이 전함.

55 | 죽원용명적(竹院龍鳴笛) 두 구 : 〈천자님이 지으신 〈큰 형님의 산지에 들러서〉라는 시에 삼가 화답하여(奉和聖製, 過大哥山池, 應制)〉라는 시의 제5구와 제6구.

進酒忘憂觀, 근심 잊은 별장에서 술을 올리니,
簫韶喜降臨. 옛 성군의 〈소소〉소리 즐겁게 내려오네.
帝堯敦族禮, 요임금은 일족을 보살피는 예 돈독히 하고,
王季友兄心. 주나라 왕계는 형님 섬기는 마음 두터웠다네.
竹院龍鳴笛, 대나무 울창한 집 용이 피리 불어주고,
梧宮鳳遶林. 오동나무 궁궐에는 봄이 숲을 에워쌌구나.
大風將小雅, 한 고조의 〈대풍가〉같은 천자님 노래 〈소아〉의 격조 갖추었으니,
一字重千金. 한 글자가 곧 천금이나 하겠네.

56 | 연약심유재(然諾心猶在) 두 구 : 〈악주(岳州)에서 담주(潭州)도독 왕웅(王熊)을 이별하는 연회를 베풀며 2수(岳州宴別潭州王熊, 二首)〉 중 둘째 시의 제3구와 제4구.

緡雲連省閣, 분홍빛 구름 중앙 부처 누각에 이어지나,
溝水遽西東. 개천의 물은 황급히 서쪽 동쪽으로 갈라져 흐르는 구나.
然諾心猶在, 약속한 말 지킬 뜻 여전하오만,
榮華歲不同. 영화는 세월 따라 같지 않다오.
孤城臨楚塞, 나는 외로운 성에서 초나라 요새를 내려다보고 있겠지만,
遠樹入秦宮. 그대는 먼 나무따라 진(秦)나라의 궁궐로 들어가시겠네.
誰念三千里, 누가 삼천리 밖의,
江潭一老翁. 강가의 한 늙은이를 그리워하겠는가?

57 | 무도화위반(舞度花爲伴) 두 구 : 〈봉루에서 좋은곳을 찾아서(鳳樓尋勝地)〉라는 시의 제5구와 제6구.

西掖持醇酒, 서쪽의 궁궐 좋은 술을 잡고,
東山就白雲. 동쪽 산으로는 흰구름 속으로 나아가리.
開軒綠池映, 헌함 여니 푸름 못을 비추고,
命席紫蘭芬. 자리 깔게 하니 자란분이 향기롭구나.

晉別, 襟帶兩京同』59 · 『十月回星斗, 千官捧日車』60 · 『孤雲愁自遠, 一

舞度花爲伴, 춤추니 꽃이 짝이 되어주고,
鶯來管作羣. 꾀꼬리 떼 날아오니 많아졌구나.
太平多樂事, 태평하니 즐거운 일이 많아서,
春物共氛氳. 봄날 만백성들 좋은 향기 함께 하는구나.
※이 시는 개원 9년 9월에 단봉루에서 돌궐의 수령을 맞아 연회할 때 쓴 것임. —《어선당시(御選唐詩)》(권15)

58 | 장구령(張九齡, 673~740) : 《지봉유설(芝峰類說)》 주 418) 참조.

59 | 천원삼진별(川原三晉別) 두 구 : 〈섬주에서 머물며 황제의 시를 받들어 화답하여 짓다(奉和聖製, 途次陝州作)〉이라는 시의 제3구와 제4구.
馳道當河陝, 천자가 가시는 길은 황하유역 섬주에 해당하는데,
陳詩問國風. 시를 늘여놓고 지방의 풍속을 물어보시는구나.
川原三晉別, 강물 근원은 삼진 땅에서 갈라졌으나,
襟帶兩京同. 요해지(要害地) 되는 것은 양경과 같구나.
後殿函關盡, 뒤에 떨어진 행렬도 함곡관을 다 빠져나왔고,
前旌闕塞通. 앞서가는 깃발은 높은 요새를 통과하였구나.
行省洛陽陌, 낙양으로 가는 길목에 행재소 설치하니,
光景麗天中. 그 놀라운 광경 하늘 가운데까지 매달려 있네.
※당 현종의 원운시 : 境出三秦外, 途分二陝中. 山川入虞虢, 風俗限西東. 樹古棠陰在, 耕餘讓畔空. 鳴笳從此去, 行見洛陽宮. 《당시품휘 · 권 58》
※섬주(陝州) : 장안에서 서쪽으로 함곡관으로 나와서 낙양으로 가는 길목에 있었던 황하유역의 고을.
※삼진(三晉) : 전국시대 한(韓) · 위(魏) · 조(趙) 세 나라가 있던 곳. 지금의 산서성 일대.
※양경(兩京) : 장안(長安)과 낙양(洛陽)을 말한다.
※행성(行省) : 원뜻은 고대에 중앙정부가 지방으로 성의 관리를 파견하였는데 이를 말하는 것이다. 여기서는 황제가 직접 행궁에서 국사 전체를 돌보는 것이다.

60 | 시월회성두(十月回星斗) 두 구 : 〈〈낙양성을 막 나와서〉라는 황제의 시를 받들어 화답하며(奉和聖製, 初出洛城)〉이라는 시의 제5구와 제6구.
東土淹龍駕, 동쪽 땅에 천자님 수레 오랫동안 지체하고 계시니,
西人望翠華. 서쪽 사람들 황제님의 비취색 깃발 돌아오기만 바라네.
山川祗詢物, 산천에는 신령들까지 사물을 보살피니,
宮觀豈爲家. 궁전만이 어찌 집이라 하겠는가?
十月回星斗, 별이 한 바퀴 돌아온 10월 달에,
千官捧日車. 문무백관 천자의 수레 수행하도다.
洛陽無怨思, 낙양사람들 원망하는 마음이 없으리,

葉感何深』[61]；崔湜[62]之『楚山霞外斷, 漢水月中平』[63]；王翰[64]之『落花吹

巡幸更非賒.　　임금님 순행은 또한 지나치심이 없었다네.

※동토(東土) : 낙양을 중심으로 한 동쪽 땅. 장안을 중심으로 한 서쪽 땅의 대(對)가 된다.

※서인(西人) : 춘추시대 때 주나라 도읍지인 호경(鎬京)의 백성을 가리킨다. 섬서 사람을 가 리킨다.

※궁관(宮觀) : 황제가 놀고 쉬던 사원. 사당.

61 | 고운수자원(孤雲愁自遠) 두 구 : 〈초가을 금(金) · 균(均) 두 형제를 그리워하며(初秋憶金均兩弟)〉라는 시의 제3구와 제4구.

江渚秋風至,　　강가에 가을바람 불어오니,
他鄕離別心.　　타향에서 이별의 그리움 일어나네.
孤雲愁自遠,　　외로운 구름 보니 근심 저절로 멀리 퍼지고,
一葉感何深.　　낙엽 한 잎 떨어지니 느낌 얼마나 깊어지는지.
憂喜嘗同域,　　근심과 기쁨을 일찍이 함께 나누었는데,
飛鳴忽異林.　　철새 울고 가니 깃드는 숲 다름을 알겠네.
靑山西北望,　　푸른 산 서북쪽으로 바라보며,
堪作白頭吟.　　〈백두음〉을 지을만하구나.

62 | 최식(崔湜, ?~?) : 자는 징란(澄瀾)이고 정주(定州) 사람이다. 진사에 급제하여《삼교주영(三教珠英)》편찬에 참여했고, 갑자기 중서사인(中書舍人)으로 영전되어 병부시랑(兵部侍郎)이 되었고, 위후(衛后)에게 아부하여 38세에 재상인 동중서문하평장사(同中書門下平章事)가 되었다. 장열이 그를 보고 탄식하며『문재는 재상의 자리에 정말 이를만하나, 그 연령은 천수를 누릴 수가 없을 것 같다.(文與位固可致, 其年不可及也.)』라고 말하였는데, 그 예언과 같이 뒤에 사형을 당하고 말았다.《전당시》(권54)에 시 38수가 있다.

63 | 초산하외단(楚山霞外斷) 두 구 : 〈강 누각에서 저녁에 바라보며(江樓夕望)〉이라는 시의 제3구와 제4구.

試陟江樓望,　　시험삼아 강나루에 애써 올라 바라보니,
悠悠去國情.　　서울 떠난 마음 가눌 길 없구나.
楚山霞外斷,　　초산은 노을 바깥으로 보이지 않으나,
漢水月中平.　　한수는 달빛에 잠겨 평온하구나.
公子留遺邑,　　제후의 아드님 읍성에 머무르셨는데,
夫人有舊城.　　나 같은 사람이 옛 성에 있구나.
蒼蒼煙霧裏,　　희미한 안개 속에,
何處是咸京.　　어디가 함경(咸京)이란 말인가?

※공자(公子) : 제후의 아들. 전국시대 위나라의 공자 모(牟)가 이 시가 지어진 양주(襄州)의 옛 땅인 중산국(中山國)에 영주로 봉해졌을 때『몸은 비록 강가에 있지만,

欲盡, 垂柳折還長』65 ; 賀知章66之 『隴雲晴半雨, 邊草夏先秋』67 ; 孫逖68

마음은 항상 위나라 궁궐에 가 있다(身在江海壤, 心居魏闕之下)』라는 말을 남겼음.
※함경(咸京) : 원래는 진(秦)나라 때 도읍인 함양(咸陽)을 말하는데 후대에 이를 장안이라 하였다.

64 | 왕한(王翰, 686~726) : 『王瀚』이라고도 쓴다. 자 자우(子羽). 병주진양(幷州晉陽 : 山西省 太原) 출신. 710년 진사에 합격하였다. 병주장사였던 장열(張說)의 인정을 받아 창락(昌樂)의 위(尉)가 되었고, 장열이 중앙의 요직으로 영전하자 함께 중앙으로 나가 가부원외랑(駕部員外郞)에 등용되었다. 그러나 성격이 호방하며 자부심이 강하고 분방한 생활을 하였기 때문에 인심을 잃어, 721년 장열의 실각과 동시에 여주장사(汝州長史)로 좌천되었고, 이어 선주별가(仙州別駕), 다시 도주사마(道州司馬)로 밀려나 그 곳에서 죽었다. 전해지는 시는 불과 14편에 지나지 않으나, 『포도미주야광배(葡萄美酒夜光杯)』로 시작되는 〈양주사(凉州詞)〉는 당대 7언절구 중 걸작으로 꼽힌다.

65 | 낙하취욕진(落花吹欲盡) 두 구 : 〈한밤중의 봄노래(子夜春歌)〉의 제3구와 제4구.

春氣滿林香, 봄기운 온 숲에 가득한데,
春遊不可忘. 봄놀이 잊을 수가 없구나.
落花吹欲盡, 바람 불어 꽃잎 다 지려 하는데,
垂梛折還長. 늘어진 수양버들 꺾어도 다시 길어나네.
桑女淮南曲, 뽕따는 아낙네는 회수 남쪽의 곡조를 부르는데,
金鞍塞北裝. 금 안장 한 낭군님은 요새 북쪽에서 전쟁 장비를 갖추시네.
行行小垂手, 계속 가다 힘없이 팔을 내려놓았는데,
日暮渭川陽. 해는 남쪽에서 지는구나.

66 | 하지장(賀知章, 659~744) : 《지봉유설(芝峰類說)》 주 113) 참조.

67 | 농운청반우(隴雲晴半雨) 두 구 : 〈사람을 보내는 수레(送人之車)〉라는 시의 제5구와 제6구.

常經絶脉塞, 항상 맥이 끊어진 요새를 지나왔는데,
復見斷腸流. 다시 창자 끊긴 물길을 보게 되었네.
送子成今別, 그대를 보내며 오늘 이별이 이루어지니,
令人起昔愁. 사람으로 하여금 예전의 근심 일게 하누나.
隴雲晴半雨, 구름 낀 농 땅 날씨 개었다 흐렸다 하고,
邊草夏先秋. 변방의 초목들 여름도 없이 가을 맞네.
萬里長城寄, 만리에 장성에 의거하여,
無貽漢國憂. 우리 당나라의 근심을 끼치지 않게 하게나!

68 | 손적(孫逖, 696~761) : 박주(博州) 무수(武水) 사람이다. 어려서부터 문사에 능했는데, 15세 때 옹주자사 최일용(崔日用)이 출제하여 시를 지었다. 개원 10년에 최일용의 추천으로 과거에 응시하여 좌습유가 되었다. 오래지 않아 공부원외랑이 되었고 나중에 중서사인이 되었다. 20권의 문집이 있는데 지금은 시 한권만 전해지고 있다.

之『懸燈千嶂夕, 捲幔五湖秋』[69] ; 此乃正始之音.

왕발의 〈산정야연山亭夜宴〉이라는 시에,

桂宇幽襟積, 계수나무 집 그윽한 회포 쌓이고,
山亭涼夜永. 언덕 위 정자 내내 서늘한 밤이로다.
森沈野逕寒, 가라앉은 수풀 속 들길은 싸늘하고,
肅穆岩扉靜. 바위 사이 통로 역시 적요하기 그지 없네.
竹晦南河色, 울창한 대나무 숲 강물 색깔 어둡게 하고,
荷翻北潭影. 한들거리는 연꽃 잎새 못 그림자 뒤집누나.
淸興殊未歸, 맑은 흥취 듬뿍 빠져 돌아갈 일 잊다보니,
林端照初景. 어느 새 나무 끝에 비치는 새벽 햇빛.

하였는데, 이는 세간에서는 찾아볼 수 없는 말들이라 하겠다. 오언율시 가운데, 가령 우세남의,

綠野明斜日, 석양녘 초록 들판 밝게 빛나고,

69 | 현등천장석(懸燈千嶂夕) 두 구 : 〈운문사 누각에서 머물며(宿雲門寺閣)〉이라는 시의 제3구와 제4구.
香閣東山下, 동산 아래 운문사,
烟花象外幽. 안개는 속세 바깥에서 그윽하구나.
懸燈千嶂夕, 등불을 내 걸으니 병풍 같은 산봉우리,
卷幔五湖秋. 장막을 거두니 추색에 잠긴 다섯 호수.
畫壁餘鴻雁, 그림 벽에는 기러기 그림 남겨져 있고,
紗窗宿斗牛. 망사 창문으로 북두칠성이 잠자는 구나.
更疑天路近, 하늘 길이 가까운지 의심하다가,
夢與白雲遊. 흰 구름과 노는 꿈에 젖어드는구나.
※운문사(雲門寺) : 절강성 회계현(會稽縣) 약야산(若耶山)에 있는데, 남조 때 하윤(何胤) 형제가 은거하였는데, 세상에서 형인 점(點)을 『소산(小山)』, 하윤을 『대산(大山)』 또는 『동산(東山)』이라고 불렀다고 함. 동산에는 역시 남조 때의 명사 사안(謝安)이 은거하기도 하였다고 함.

靑山澹晩煙.　　저녁연기 오르는 속 청산이 고요하다.

나, 또 그의

鳧歸初可侶,　　오리 떼 본래부터 짝 지어 보금자리 돌아갈 수 있고,
雁起欲分行.　　기러기 떼 줄 지어 길 떠날 준비하네.

이라는 시, 그리고 양사도의

雁聲風處斷,　　기러기 울음소리 바람결에 끊어지고,
樹影月中寒.　　나무 숲 그림자들 달빛 받아 더 차구나.

이라는 시, 그리고 양형의,

劍鋒生赤電,　　칼끝에는 검붉은 전기 생겨나고,
馬足起紅塵.　　말발굽에는 새빨간 먼지 일어나네.

이나, 또 그의,

離亭隱喬樹,　　전별하던 정자 높은 나무에 가리웠고,
溝水浸平沙.　　강 물줄기는 모래사장 적시누나.

라는 시, 그리고 왕발의,

蘿幌棲禪影,　　청라 휘장에는 참선하는 그림자 깃들고,
松門聽梵音.　　소나무로 된 문에서 불경소리 들리네.

이나, 또 그의,

澗葉纔分色,　시냇가의 나뭇잎 색깔 겨우 분간되나,
山花不辨名.　산에 핀 꽃들 이름 잘 분간 못하겠네.

이라는 시, 그리고 노조린의,

鸎啼非選樹,　나뭇가지 이곳저곳 꾀꼬리들 노래하고,
魚戲不驚綸.　낚싯줄도 상관없이 물고기들 노니누나.

이나, 또 그의,

空梁無燕雀,　빈 들보에는 제비 참새도 날아들지 않으나,
古壁有丹青.　옛날 벽에는 그림만 남았구나.

이라는 시, 그리고 낙빈왕의,

陣去金河冷,　떼를 지어 떠나니 금하에 찬 기운 어렸는데,
書歸玉塞寒.　편지를 가지고 돌아오니 옥새도 춥다 하네.

이나, 또 그의,

林疑中散地,　수풀은 중산대부中散大夫 노닌 곳인 듯하고,
人似上皇時.　사람은 희황상인羲皇上人인 것만 같구나.

라는 시, 그리고 소미도의,

暗塵隨馬去,　잿빛 흙먼지 말 뒤를 따라가고,
明月逐人來.　밝은 달 사람 뒤를 좇아오네.

라는 시, 그리고 진자앙의,

水月心方寂, 물에 비친 달 마음 고요하게 하고,
雲霞思獨玄. 꽃구름 바야흐로 심원해지게 하네.

이나, 또 그의,

孤松宜晩歲, 외로운 소나무는 늦은 계절에 마땅하나,
衆木愛芳春. 속인들은 향기로운 봄만 사랑할 것일세.

이라는 시, 그리고 두심언의,

酒中堪累月, 술에 취해야 몇 달 시름 견딜 뿐,
身外卽浮雲. 내 몸 밖의 일은 뜬 구름일세.

이나, 또 그의,

雲霞出海曙, 구름과 노을 바다에서 나와서 새벽이 되고,
梅柳渡江春. 매화와 버들은 강을 건너서 봄을 이루네.

이라는 시, 그리고 심전기의,

月明三峽曉, 달빛도 밝은 삼협의 새벽이요,
潮滿九江春. 조수가 가득 찬 구강의 봄이로다.

이나, 또 그의,

雁塔風霜古, 탑파塔婆는 풍상에 젖어 예스럽고,
龍池歲月深. 연못도 세월 따라 깊어졌구나.
紺園澄夕霽, 뜰 안의 나무 잎새 석양빛 받아 맑게 빛나고,
碧殿下秋陰. 옥색 기와 대웅전 그림자 길게 드리웠네.

이라는 시, 그리고 송지문의,

風來花自舞, 　바람 불어오니 꽃잎 절로 춤추고,
春入鳥能言. 　봄철 돌아오니 새들 잘도 우네,

이나, 또 그의,

曉雲連幕捲, 　새벽 구름 잇따라 장막 거두고,
夜火雜星回. 　횃불도 별에 섞여 돌아가누나.

나, 또 그의,

函谷青山外, 　함곡관函谷關은 푸른 산 저 밖에 있고,
昆池落日邊. 　곤명지昆明池는 해 떨어지는 저 너머에 있네.

이라는 시, 그리고 이교의,

帝縷升銀閣, 　상제님 드릴 실 하늘 궁궐 올린 뒤에,
天機罷玉梭. 　천상의 베틀 이제는 길쌈질 멈추었네.

나, 또 그의,

獨下仙人鳳, 　신선으로 변한 봉새 홀로 내려오니,
群驚御史烏. 　어사대의 까마귀인가 모두 놀라네.

라는 시, 그리고 소정의,

岩聲中谷應, 　바위틈에서 내는 소리 골짜기 사이에서 메아리치고,
天語半空聞. 　상감의 말씀 소리 반 허공에서도 들리는구나.

이나, 또 그의,

泉煖驚銀磧, 온천물 따뜻하니 은자갈이 놀라고,
花寒映玉樓. 꽃 차갑게 옥 누각을 비추누나.

라는 시, 그리고 장열의,

竹院龍鳴笛, 대나무 울창한 집 용이 피리 불어주고,
梧宮鳳繞林. 오동나무 궁궐에는 봄이 숲을 에워쌌구나.

이나, 또 그의,

然諾心猶在, 약속한 말 지킬 뜻 여전하오만,
榮華歲不同. 영화는 세월따라 같지 않다오.

이나, 또 그의,

舞度花爲伴, 춤추니 꽃이 짝이 되어주고,
鶯來管作群. 꾀꼬리 떼 날아오니 많아졌구나.

이라는 시, 그리고 장구령의,

川原三晉別, 강물 근원은 삼진 땅에서 갈라졌으나,
襟帶兩京同. 요해지要害地 되는 것은 양경과 같구나.

이나, 또 그의,

十月回星斗, 별이 한 바퀴 돌아온 10월 달에,
千官捧日車. 문무백관 천자의 수레 수행하도다.

나, 또 그의,

孤雲愁自遠, 외로운 구름 보니 근심 저절로 멀리 퍼지고,
一葉感何深. 낙엽 한 잎 떨어지니 느낌 얼마나 깊어지는지.

이라는 시, 그리고 최식의

楚山霞外斷, 초산은 노을 바깥으로 보이지 않으나,
漢水月中平. 한수는 달빛에 잠겨 평온하구나.

이라는 시, 그리고 왕한의

落花吹欲盡, 바람 불어 꽃잎 다 지려 하는데,
垂柳折還長. 늘어진 수양버들 꺾어도 다시 길어나네.

이라는 시, 그리고 하지장의

隴雲晴半雨, 구름 낀 농 땅 날씨 개었다 흐렸다 하고,
邊草夏先秋. 변방의 초목들 여름도 없이 가을 맞네.

라는 시, 그리고 손적의

懸燈千嶂夕, 등불을 내 걸으니 병풍같은 산봉우리,
卷幔五湖秋. 장막을 거두니 추색秋色에 잠긴 다섯 호수.

라는 시들이야말로 정시음正始音이라 하겠다.

[6] 칠언율七言律 가운데 정시음

七言律正始, 當以沈佺期〈古意〉[70] 爲之首. 『盧家少婦鬱金香[71], 海燕雙棲玳瑁樑. 九月寒砧催下葉, 十年征戍憶遼陽. 白狼河北音書斷, 丹鳳城南秋夜長. 誰爲含愁獨不見, 更教明月照流黃』. 此乃樂府〈獨不見〉體也.

칠언율시 가운데 정시음으로는 심전기의 〈고의古意〉라는 시를 첫째로 꼽아야 할 것이다. 그 시에,

盧家少婦鬱金堂,	울금초 향기 풍기는 노씨네 젊은 부인 집,
海燕雙棲玳瑁樑.	별갑대鼈甲瑇 장식 들보엔 한 쌍의 제비 오순도순.
九月寒砧催木葉,	싸늘한 가을바람 다듬이질 소리 낙엽은 자꾸만 지고,
十年征戍憶遼陽.	10년에 걸친 수자리 생활 요동의 남편 생각나네.
白狼河北音書斷,	백랑하 저 북쪽에선 소식도 이제 끊어지고,
丹鳳城南秋夜長.	단봉성 이 남쪽에는 가을 밤 길기도 하구나.

70 | 〈고의(古意)〉 : 시의 제목으로 사용될 때는 『옛 일에 비겨(擬古)』, 또는 『옛 일을 모방하여(依古)』와 같은 뜻인데, 옛날에 있었던 일을 노래하면서 작자의 심정도 몰래 붙여 넣고 있음. 이 시의 원제(原題)는 〈옛 일에 비겨서, 보궐 벼슬이신 교지지님께 드림(古意, 呈補闕喬知之)〉인데 혹 〈독불견(獨不見)〉이라고 하기도 함. 이 시는 〈유독 보지 않았는가(獨不見)〉이라는 고악부(古樂府)의 뜻을 취해서 젊은 아낙네가 규방을 홀로 지키는 애달픈 정을 표현한 것임.

71 | 노가소부울금향(盧家少婦鬱金香) : 노씨네 부인과 관련하여 양 무제(梁武帝)의 《河中之水歌》가 전해 오는데, 그 시는 다음과 같다. 『하수는 동쪽으로 흐르는데 낙양 소녀의 이름 막수(莫愁)였네. 12세 되자 비단 짜고 14세엔 누에 쳤네. 15세엔 노씨에게 시집을 가 16세에 아후같은 애 낳았네. 계수나무 들보에 깨끗하게 꾸민 방 언제나 울금초 향기 감돌곤 하였다오(河中之水向東流, 洛陽女兒名莫愁. 年來十二能織綺, 十四採桑南陌頭. 十五嫁爲盧家婦, 十六生兒似阿侯. 盧家蘭室桂爲梁, 中有鬱金蘇合香.)』 상촌집에 기재된 『鬱金香』의 『香』 대신에 일반적으로 통용되고 있는 『堂』으로 대치시켰는데, 《전당시》에 『혹 香으로도 되어 있다』고 하였음.

※아후(阿侯) : 미인을 이르는 말. 어떤 판본에는 이 구절을 『16세에 아이 낳으니 이름을 아후라고 하였지(十六生兒字阿侯)』라고 하여 아후가 바로 막수의 딸의 이름이라고 보기도 하였다.

誰爲含愁獨不見,　　독불견이라는 이 노래 누굴 위해 이렇듯 서글픈가,
更教明月照流黃.　　짜고 있는 비단 위에 달빛이 또 비추누나.

라 하였는데, 이것이야말로 악부에서 〈유독 보지 않았는가獨不見〉과 같은 시체詩體라 할 것이다.

[7] 세간에 있지 않던 표현들

太白之〈淸平調〉[72]·〈行樂詞〉[73]·〈黃鶴樓〉[74], 皆世間所未有之語. 如『五月天山雪, 無花只有寒』[75], 讀之令人飄然遐擧.

이태백의 〈청평조〉·〈행락사〉·〈황학루〉는 모두 세간에 있지 않던 표현들을 구사한 작품이다. 그리고 가령

五月天山雪,　　변방의 산봉우리 5월에도 눈이 쌓여,
無花只有寒.　　꽃은 없이 으스스 한기寒氣만 도네.

72 | 청평조(淸平調) : 앞의 《역옹패설(櫟翁稗說)》 주 47) 참조.
73 | 행락사(行樂詞) : 《지봉유설》 주 92) 참조.
74 | 황학루(黃鶴樓) : 《지봉유설》 주 61) 참조.
75 | 오월천산설(五月天山雪) : 〈변방 요새에서(塞下曲)〉 6수 가운데 첫째 시의 1~2구

五月天山雪,　　변방의 산봉우리 5월에도 눈이 쌓여,
無花只有寒.　　꽃은 없이 으스스 한기만 도네.
笛中聞折柳,　　피리소리 가운데 〈버드나무에 꺾여〉들리는데,
春色未曾看.　　봄색은 아직 보이지 않는구나.
曉戰隨金鼓,　　새벽 싸움에 북소리 따라서 떨고,
宵眠抱玉鞍.　　밤에도 안장을 안고 자는구나.
願將腰下劍,　　허리 아래 차고 있는 검을 가지고,
直爲斬樓蘭.　　곧장 누란을 치고 싶구나.

※누란(樓蘭) : 옛날 서역의 사막 가운데 있었던 조그마한 나라 이름으로 한나라 원봉(元封) 때 속국이 되었다.

같은 시를 읽노라면 마음이 훌쩍 고양되곤 한다.

[8] 온 방안이 환해지는 느낌의 시

余於正宗[76]以後, 酷愛韋應物[77]詩. 不可殫記, 姑以素所吟諷者記之. 〈相逢行〉[78] 曰 : 『二十登漢朝, 英聲邁今古. 適從東方來, 又欲謁明主. 猶酣新豐酒, 尙帶灞陵雨. 邂逅兩相逢, 別來問寒暑. 寧知白日晚, 暫向花間語. 忽聞長樂鍾, 走馬東西去.』〈雜體〉[79] 曰 : 『沈沈匣中鏡, 爲此塵垢蝕. 輝光何所如, 月在雲間黑. 南金旣雕錯, 鞶帶共輝飾. 空存鑑物明, 坐使妍惑. 美人竭肝膽, 思照氷玉色. 自非磨瑩工, 日日空嘆息.』〈寄元校書〉[80]

76 | 정종(正宗) : 위의 [6] 에 나온 정시(正始: 제대로 처음 모양을 갖춘 시) 다음에 등장한 제대로 모양을 갖춘 시라는 뜻. 여기서 당나라 율시의 정시는 초당에서 시작된 것으로 보고, 정종은 성당 때로 보고 있음.

77 | 위응물(韋應物) : 《지봉유설》 주 89) 참조.

78 | 《상봉행(相逢行)》 : 악부시의 제목으로 『상봉협로간행(相逢狹路間行)』이라고도 하는데 유흥가에서 서로 만나서 노는 것 읊은 전문임. 《위소주집(韋蘇州集)》 권9.

※한조(漢朝) : 당나라 조정. 당나라 사람들은 습관적으로 자기네가 살고 있던 나라를 『한』이라고 썼음.

※신풍(新豐), 패릉(霸陵) : 두 곳 모두 장안의 동쪽에 있는데 신풍에서 장안으로 들어올 때 패릉을 거치게 되어 있음.

※장락(長樂) : 장안 서북쪽에 있는 한 나라 때의 장락궁.

79 | 〈잡체(雜體)〉 : 《위장주집》 권1에 5수가 수록되어 있는데, 이 시는 그 첫째 수임. '잡체' 라는 말은 정형시가 아니는 뜻으로도 사용되나, 여기서는 일정한 주제 없이 이것저것을 노래한 시라는 뜻으로 사용되었음.

※남금(南金) : 남쪽 지방인 형주와 양주 지방에서 나는 구리로 거울을 만듬.

※월재운중흑(月在雲中黑) : 《상촌집》에는 『月在雲間黑』으로 되어 있는데, 《全唐詩》에 의거하여 間을 中으로 바로잡았음.

80 | 〈기원교서(寄元校書)〉 : 원제는 〈막 양자진을 떠나며, 원씨댁 첫째분인 교서랑께 띄움(初發揚, 子寄元大校書)〉인데 양자(揚子)는 양주(楊州)의 양자현(楊子縣)에 있는 양자진으로서 양자강 북안에 있는데, 이 나룻터를 통하여 대운하를 이용하여 북쪽으로 올라감. 원교서는 교서랑 벼슬을 한 원씨집 형제들 중 첫째라는 뜻인데, 이름은 미상. 이 시는 저자가 34세 때 양자강 일대를 유람하다가 양자진에 이르러 배를 타고 낙양으로 돌아가려고 할 때 지은 것임. — 권호종 편저 《위응물시선》 참조.

曰：『悽悽去親愛, 泛泛入煙霧. 歸棹洛陽人, 殘鍾廣陵樹. 今朝此爲別, 何處還相遇. 世事波上舟, 沿洄安得住.』〈逢楊開府〉[81] 曰：『少事武皇帝, 無賴恃恩私. 身作里中橫, 家藏亡命兒. 朝持樗蒲局, 暮竊東隣姫. 司隷不敢捕, 立在白玉墀. 驪山風雪夜, 長楊羽獵時. 一字都不識, 飮酒肆頑癡. 武皇升仙去, 憔悴被人欺. 讀書事已晩, 把筆學題詩. 兩府始收跡, 南宮謬見推. 非才果不容, 出守撫惸嫠. 忽逢楊開府, 論舊涕俱垂. 坐客何由識, 唯有故人知.』如《擬古》十首, 篇篇珊瑚柯, 覺一室光也.

나는 정통적인 시가 나온 이후로 위응물의 시를 무척 사랑하였는데, 그것을 다 기록할 수는 없으나 우선 평소에 읊어 불렀던 것을 기록해 보기로 한다. 〈상봉을 노래함相逢行〉이라는 시에,

二十登漢朝, 약관弱冠의 나이로 당나라에 벼슬하여,
英聲邁今古. 아름다운 이름을 천하에 떨쳤네.
適從東方來, 때 마침 동쪽에서 이곳에 와서,
又欲謁明主. 다시금 천자를 뵙고자 했네.
猶酣新豐酒, 여전히 신풍의 술기운 얼큰하고,

81 | 〈봉양개부(逢楊開府)〉: 개부(開府)는 『개부의동삼사(開府儀同三司)』라는 말을 줄인 것인데, 종1품의 높은 품계를 가진 사람을 말함. 이 시에서 그 사람의 이름이 누구인지는 알 수 없으나, 저자가 15세부터 조정에 들어가서 황제를 모시는 삼위랑(三衛郞)이라는 시종무관을 할 때 알았던 사람으로 보임. 이 시에는 작자 위응물이 스스로 권세를 부리며 난폭하게 살았던 젊은 날을 솔직하게 고백하고 있음.
※여산(驪山) : 서안 부근의 화청궁(華淸宮)이라는 온천이 있는 궁전이 있는 산. 현종이 양귀비를 데리고 가서 논 것으로 유명함.
※장양(長楊) : 장양궁. 진나라 한나라 때 황제가 사냥 나갔을 때 사용하던 섬서성 주지(周至)현에 있는 이궁(離宮).
※양부(兩府) : 동도(東都)인 낙양과 수도인 서안 양 지방 정부. 이 두 곳에서 낙양승(丞), 경조부공조참군 같은 벼슬을 하였음.
※남궁(南宮) : 당나라 이후로는 상서성에 속한 6부를 남궁이라고 하였음. 이 때 저자가 형부(刑部)에 속한 비부(比部 : 사채, 장물 관리)에서 벼슬 하였음.

尙帶灞陵雨.　아직도 파릉에서 내렸던 빗물 마르지 않았네.
邂逅兩相逢,　이렇게 우연히 두 사람 만나서는,
別來問寒暑.　이별 뒤의 소식들 물어보았네.
寧知白日晩,　대낮이 언제 저문 줄 알았으랴?
暫向花間語.　기생집에 잠깐 들러 이야기 나누었네.
忽聞長樂鍾,　홀연히 장락궁의 새벽 종소리 듣고서는,
走馬東西去.　말을 집어타고 급히 동서로 헤어졌네.

라 하였고, 〈잡체雜體〉에,

沈沈匣中鏡,　상자 속에 거울 하나 고이 모셔 놓았더니,
爲此塵垢蝕.　조금씩 부식되어 더러워졌네.
輝光何所如,　빛나던 그 물건이 어떻게 되었는가?
月在雲中黑.　구름 속에 달 들어가 껌껌하게 된 것 같네.
南金旣雕錯,　순도 높은 구리로 아로새겨 놓은 데다,
鞶帶共輝飾.　매어달린 큰 띠 역시 휘황하게 꾸몄다네.
空存鑑物明,　공연히 물건들 비추어 주려다간,
坐使姸媸惑.　갑자기 아름답고 추한 것을 뒤범벅 만든다네.
美人竭肝膽,　아름다운 여인네들 애간장 태워가며,
思照氷玉色.　티 없이 맑은 모습 비춰 보려 해 보지만,
自非磨瑩工,　갈아서 빛낼 재주 없는 자기 처지 돌아보고,
日日空嘆息.　날마다 부질없이 한숨만 내쉰다오.

이라 하였고, 〈원 교서랑께 띄움寄元校書〉에,

悽悽去親愛,　슬픈 마음으로 사랑하는 친구를 떠나,
泛泛入煙霧.　두둥실 배 타고 안개 속으로 들어가누나.
歸棹洛陽人,　노 저어 돌아가는 낙양 사람은,
殘鍾廣陵樹.　광릉 숲의 아련한 새벽 종소리 듣고 있네.

今朝此爲別,　오늘 이렇게 이별하면,
何處還相遇.　어디서 다시 만날까나?
世事波上舟,　세상 일 모두가 물결 위의 배 같은 것,
沿洄安得住.　올라갔다 내려갔다 할 뿐 어딘들 정착하겠는가?

라 하였고, 〈양개부를 만나다니逢楊開府〉에,

少事武皇帝,　소싯적에 현종황제玄宗皇帝 모시다 보니,
無賴侍恩私.　은총만 믿고서 턱없이 까불어대었네.
身作里中橫,　동네에서 못된 짓은 도맡아 하며,
家藏亡命兒.　집안에 도망온 자 숨겨도 줬지.
朝持樗蒲局,　아침엔 주사위 놀음 실컷 즐기고,
暮竊東隣姬.　저녁 땐 이웃집 계집 슬쩍 훔쳤지.
司隷不敢捕,　법관이 손 하나 까딱 못했고,
立在白玉墀.　그냥 바로 궁궐에 나가곤 했지.
驪山風雪夜,　여산에선 눈 오는 밤 온천욕 즐겼고,
長楊羽獵時.　장양궁에선 천자 따라 짐승 쫓았지.
一字都不識,　문자라곤 하나도 모르는 몸이,
飮酒肆頑癡.　술 먹고 방자하게 떼도 썼었네.
武皇昇仙去,　그러다가 황제께서 승하하신 뒤,
憔悴被人欺.　놀림 받는 초라한 신세가 되었지.
讀書事已久,　그 뒤부터 글 읽기 오래하여,
把筆晩學詩.　붓을 잡고 늦게나마 시를 배웠네.
兩府始收跡,　두 지방 정부에서 이때 처음 이 몸 받아줬고,
南宮謬見推.　황공하게 비부 원외랑에 발탁이 되었네.
非才果不容,　워낙 재주 없어 용납 받지 못한 채,
出守撫惸嫠.　목민관의 직책 받고 지방으로 나갔다오.
忽逢楊開府,　그런데 뜻밖에도 양 개부를 만나다니,
論舊涕俱垂.　옛날 일 얘기하며 서로 눈물 흘렸다네.

坐客何由識,　다른 손들 어떻게 그 까닭을 알 것인가?
唯有故人知.　그저 우리 옛 친구 두 사람만 알 뿐이지.

라 하였으며, 또 〈의고擬古 · 10수〉 같은 것은 한 편 한 편이 모두 산호가지와 같아 온 방안이 환해지는 느낌을 갖게 하는 작품이다.

[9] 제량조齊梁調

七言古詩, 王勃[82]之〈秋夜長〉[83] · 〈臨高臺〉[84], 盧照隣[85]之〈長安古意[86]〉, 駱賓王[87]之〈帝京篇〉[88], 李 · 杜之所未道. 使太白爲之, 足以優爲, 子美恐輸一籌也. 此等作皆齊梁調[89]也.

82 | 왕발(王勃) : 《지봉유설(芝峰類說)》 주 422) 참조.
83 | 〈추야장(秋夜長)〉 : 아래는 시의 전문이다.

爲君秋夜擣衣裳.　그대 위해 가을밤에 의상을 다듬이질하네.
纖羅對鳳凰,　가는 비단에는 봉황새 마주보고,
丹綺雙鴛鴦.　붉은 비단에는 원앙새 쌍쌍일세.
調砧亂杵思自傷.　다듬이질하며 방망이 어지럽게 두드리자니 마음 저절로 상하는구나.
征夫萬里戍他鄉.　만리 밖에 나간 낭군 타향에서 수자리 살다니.
鶴關音信斷,　학관으로부터는 소식이 끊기고,
龍門道路長.　용문 길 멀기만 하구나.
君在天一方,　그대는 하늘 저쪽에 있는데,
方寒衣徒自香.　차가운 의상에서 부질없이 향기나다니!

84 | 〈임고대(臨高臺)〉 : 《왕자안집》 권2. 이 시에 대한 전문 번역과 해설은 장세후 역, 《초당시》 p.150~154를 참조.
85 | 노조린(盧照隣) : 《청창연담(晴窓軟談)》 주 27) 참조.
86 | 〈장안고의(長安高意)〉 : 이 시에 대한 전문 번역과 해설 역시 장세후 역, 《초당시》 p.138~151을 보라.
87 | 낙빈왕(駱賓王) : 《제호시화(霽湖詩話)》 주 6) 참조.
88 | 〈제경편(帝京篇)〉 : 역시 장세후 역 《초당시》 p.147~150을 보라. 원래 이러한 시의 제목은 당 태종 이세민이 지은 10수의 연작시에서 시작된 것인데, 낙빈왕이 이 시를 보고서 부연해서 지은 것임.
89 | 제량조(齊梁調) : 중국 남북조 시대 제(齊) · 양(梁) 양조(兩朝) 사이에 유행했던 시체

칠언고시 가운데 왕발의《가을 밤 긴데(秋夜長)》나《높은 누대에서 장안성을 내려다 보다(臨高臺)》와 노조린의《장안에서 옛 일을 생각함(長安古意)》과 낙빈왕의《황제의 도읍을 노래함(帝京)》 등과 같은 작품은 이백이나 두보도 짓지 못했는데, 가령 이백에게 짓게 한다면 넉넉하게 해내고도 남음이 있겠지만 두보는 아마도 한 수 뒤질 듯하다. 이러한 작품들은 모두 제량조齊梁調라 할 것이다.

[10] 온정균 시의 아름답게 수식함

溫庭筠[90]之詩, 專主艷冶. 而其〈渭上〉詩曰 :『呂公榮達子陵歸, 萬古煙波繞釣磯. 橋上一通名利跡, 至今江鳥背人飛.』『煙水何曾息世機, 暫時相向亦依依. 所嗟白首磻溪老, 一下漁舟竟不歸』[91]. 有理致, 意亦自高.

온정균의 시는 오로지 아름답게 수식하는 것을 위주로 하는데,〈위수 가에서(渭上)〉라고 제목을 부친 시에서,

呂公榮達子陵歸,	여공은 영달하고 자릉은 돌아왔는데,
萬古煙波繞釣磯.	운무 낀 그 낚시터 물결 여전히 휘감네.

(詩體)로서 성정(性情)의 표현보다는 성조(聲調)와 수사학(修辭學)적인 기교가 더욱 발달하였음.

90 | 온정균(溫庭筠) :《지봉유설(芝峰類說)》주 149) 참조.

91 | 〈위상(渭上)〉:《온정균시집》(권5)에는 이 시의 제목이 〈위상제(渭上題 : 위수 곁을 제목으로 삼아서)〉로 되어있으며, 그 3수 중 여기 인용된 것은 제 1 · 3수임.
※여공(呂公) : 강태공 여상(呂尙). 위수 곁에서 낚시를 하다가 주 문왕에게 발탁되어 출세를 하였음.
※자릉(子陵) : 엄자릉(嚴子陵), 본명은 광(光). 후한 광무제 유수(劉秀)의 친구였는데, 벼슬을 버리고 은둔하여 낚시로 세월을 보냈음. 이 시에서는 여공보다 자릉을 칭찬하고 있음.
※반계(磻溪) : 강태공 여상이 주 문왕을 만나기 전에 낚시질 가던 시내 이름.
※세기(世機) : 세속적인 기심(機心 : 공리를 취하려는 마음).

橋上一通名利迹, 다리 위에 명리의 자취 한 번 지나간 뒤로는,
至今江鳥背人飛. 지금까지 물새도 보기 싫다 등 돌리고 날아가네.

라고 하고, 또,

煙水何曾息世機, 안개 낀 이 물가 언제 공명심을 그치게 하였겠나?
暫時相向亦依依. 잠시 동안 마주 서도 그때 정경 삼삼하네.
所嗟白首磻溪叟, 유감일세, 반계에 살던 그 백발노인,
一下漁舟竟不歸. 고깃배를 내린 뒤로 끝내 안 돌아왔네 그려.

라고 한 것은 이치도 그 속에 들어 있거니와 뜻 자체도 고상하다 하겠다.

[11] 절창이라고 할 만한 당언겸의 시

唐彦謙[92] 〈題仲山〉 曰 : 『千載遺蹤寄薜蘿, 沛中鄉里漢山河. 長陵亦是閒丘隴, 異日誰知與仲多.』[93] 可謂絶唱.

당언겸의 〈중산을 제목 삼아서題仲山〉이라는 시에,

千載遺蹤寄薜蘿, 덩굴풀에 덮여 있는 1천 년 전 이 유적지,
沛中鄉里漢山河. 패 땅의 이 시골도 한 나라의 영토였지.
長陵亦是閒丘壟, 장릉도 이제 와선 무덤들 중의 하나일 뿐,

92 | 당언겸(唐彦謙) : 자는 무업(茂業)이고 병주(幷州 : 지금의 太原) 사람이다. 함통(咸通) 말에 진사에 응시했으나 여러 번 낙방하였다. 박학하고 재주가 많고 문사가 화려했으며 글과 그림, 음악에 뛰어났다. 문집 3권이 있는데 오늘날 편집된 시 2권이 있다.

93 | 〈제중산(題仲山)〉 : 《전당시》(권672)에 수록됨. 중산은 한 고조(漢高祖)의 형 중(仲)이 묻힌 곳임.
※장릉(長陵) : 한고조의 무덤.

異日誰知與仲多.　　고조인지 그 형인지 알아볼 자 얼마 될까?

라 하였는데, 절창絶唱이라고 할 만하다.

[12] 호방한 무원형의 시

武元衡[94]《荊帥》[95] 詩, 豪放可詠.『金貂再領三公府, 玉帳連封萬戶侯. 簾捲靑山巫峽曉, 煙開碧樹渚宮秋. 劉琨坐嘯風淸塞, 謝朓題詩月滿樓. 白雪調高歌不得, 美人南國翠娥愁』.

무원형의 〈형수荊帥〉라는 시는 호방하여 읊을 만한데 그 내용은 다음과 같다.

金貂再領三公府,　　시종侍從에서 재차 삼공의 지위 받으셨고,
玉帳連封萬戶侯.　　막부幕府에서 잇따라 만호후에 봉해지셨네.
簾捲靑山巫峽曉,　　발을 걷으면 다가오는 청산 무협의 새벽이 되고,

94 | 무원형(武元衡, 758~815) : 중당(中唐) 때의 재상, 자는 백창(伯蒼), 구지(緱氏 : 지금의 하남 偃師 東南) 사람. 무측천의 증질손이고 덕종 건중 4년 진사에 급제하였다. 감찰어사, 화원(華原)현령, 비부원외랑(比部員外郎), 어사중승(御史中丞), 호부시랑, 문하시랑으로서 평장사(平章事 : 재상)를 겸하였으나 지방 군벌이 보낸 자객에게 암살됨. 원래《무원형집(武元衡集)》10권이 있었는데, 현재 남아있는 것은《임회시집(臨淮詩集)》2권이 있다.

95 | 〈형수(荊帥)〉:《전당시》권317에는〈엄사공께서 형주에서 보내어 주신 시에 답하여(酬嚴司公荊南見寄)〉로 되어 있는데, 형주자사로서 중앙정부의 사공(司公 : 삼공의 하나) 벼슬을 명예직으로 겸하고 있는 엄씨라는 사람이 임지에서 지어 보낸 시를 보고서 답한 시임.
※유곤(劉琨)·사조(謝朓) : 둘 다 남북조시대에 이름 높은 문인들인데, 여기서는 엄사공을 비유함.
※백설(白雪) : 상대방이 지은 훌륭한 시라는 뜻, 그가 짓는 시의 격조가 너무 높아서 그것을 가사 삼아 가기(歌妓)들이 노래하기 어려울 것이라는 뜻.

烟開碧樹渚宮秋.	안개가 개이면 드러나는 수목 저궁의 가을이겠지요.
劉琨坐嘯風清塞,	유곤이 노래하던 그 요새 바람이 맑겠고,
謝脁題詩月滿樓.	사조가 시를 읊던 그 누각 달빛 가득하겠지요.
白雪調高歌不得,	백설가 곡조 너무 격조가 높아 노래가 되지 않을까,
美人南國翠蛾愁.	남국 미인의 푸른 아미 수심이 가득하겠지요.

[13] 어휘 구사가 산뜻한 이문요의 시

李文饒[96]謫厓山, 作詩曰 : 『十年紫殿掌洪鈞, 出入三朝侍從身. 文帝寵深陪豹尾, 武皇恩重宴龍津. 黑山永絶和親路, 烏嶺全坑跋扈臣. 自是功高歸盡處, 禍來名滅不由人.』[97] 語致英爽, 亹亹逼人.

이덕유가 애산으로 유배 가서 지은 시에서,

十年紫殿掌洪鈞,	10년 동안 조정에서 정승 직책 수행했고,
出入三朝侍從身.	3조를 출입하며 근신近臣으로 봉직했네.
文帝寵深陪豹尾,	문제의 총애 깊어 천자 수레 배행陪行했고,
武皇恩重宴龍津.	무황의 은혜 중해 용진 연회 참석했었지.

96 | 이문요(李文饒, 787~850) : 이덕유(李德裕)를 말함. 자가 문요(文饒)이고, 당나라 후기의 재상이고 정치가이자 시인이다. 사족출신으로 처음에는 한림학사였다. 서천(지금의 사천성)절도사로 폄적되어 토번을 섬멸하여 영토를 수복하였다. 후에 당무종의 신임을 얻어 재상이 되었고 우승유(牛僧孺) 등과 정적이 되었음. 해남도로 유배를 갔는데 시작에만 힘썼다. 문집 《이위공집(李衛公集)》 또는 《회창일품집(會昌一品集)》이 있음.

97 | 화래명멸불유인(禍來名滅不由人) : 원제(原題)는 〈평천을 떠나며 말 위에서 지음(離平泉馬上作)〉임. 그런데 《李衛公別集 卷4》에 나와 있는 것과 비교해 보면 상촌집에 수록된 것과 같지 않은 문자가 다수 발견된다. 참고로 소개하면, 제2구에서 상촌집의 『侍從身』이 『一品身』으로, 제3구에서 『豹』가 『雉』로, 제5구에서 『黑山永絶和親路』가 『黑山永破和親虜』로, 제6구에서 『坑』이 『阬』으로, 제7구에서 『歸』가 『臨』자로 되어 있음.

黑山永絶和親路, 흑산에선 화친하러 오는 오랑캐 길 영원히 끊어졌고,
烏嶺全坑跋扈臣. 오령에선 발호하는 신하 모두 묻어 버렸었지.
自是功高歸盡處, 지위가 높아지면 물러가야 온당한 법,
禍來名滅不由人. 재난을 당한 것이 남의 탓 아니라오.

라고 하였는데, 어휘 구사가 산뜻하여 계속 사람의 가슴에 와 닿는다.

[14] 거침없는 두목의 시

樊川[98]之詩, 固變音也, 然其才橫逸豪俊不可當, 意者其人亦必似其詩乎? 長篇中 〈杜秋〉[99] · 〈好好〉[100], 〈郡齋獨酌〉[101] 等語, 自是新腔別曲[102].

98 | 번천(樊川) : 두목(杜牧) 《보한집(補閒集)》 주 12) 참조.

99 | 〈두추(杜秋)〉 : 다음에 나오는 시와 같이 《번천문집》(권1)에 수록되어 있는데, 모두 장편시임. 이 시의 원제목은 〈두추랑시(杜秋娘詩)〉인데, 두추라는 금릉(金陵 : 남경)의 여자가 15세에 군벌 이기(李錡)의 첩이 되었다가, 이기가 반란을 일으켰다가 죽자 황궁으로 잡혀왔으나 황제의 눈에 띄여 황자인 장왕(漳王)의 어릴 때 보모가 되었으나, 이 장왕도 역시 불행하게 모함을 받고 왕위에서 실각하게 되자, 어쩔수 없이 고향으로 돌아가서 불행하게 지내고 있던 것을, 저자가 금릉을 지나가다가 만나 보고서 그 여자의 기구한 운명을 읊은 것임.

京江水清滑, 경강 물 맑고 깨끗하니,
生女白如脂. 딸 낳자 희기가 유지(油脂) 같네.
其間杜秋娘, 그 중에 두추라는 아가씨 있으니,
不勞朱粉施. 붉은 분 얼굴에 바를 필요도 없었다네.
……………
因傾一樽酒, 이 때문에 한 바리 술을 기울이며,
題作杜秋詩. 두추랑을 제목삼아 시를 지었네.
愁來獨長詠, 시름 끝에 혼자 길게 읊조리다가,
聊可以自怡. 에오라지 이로써 스스로 즐기네.

100 | 〈호호(好好)〉 : 원 제목은 〈장호호시(張好好詩)〉임. 장호호는 강서 태생의 미녀로 13세 가기(歌妓)가 되었는데, 당지의 관찰사 심전사(沈傳師)에게 환대를 받아 그의 첩이 되었다. 그러나 뒤에 낙양에서 버림을 받고 불행하게 된 모습을 저자가 목격하고서 함께 술퍼하면서 함께 동정하여 지어 준 시임. 특히 이 시의 두목의 친필 원고

두목의 시는 원래 변음變音에 속한다. 그러나 그 재지才智만큼은 널리 뛰어나 거칠 것 없이 치달리는데 이는 아무나 감당할 수가 없다. 생각건대 그의 사람됨도 필시 그 시와 비슷했으리라 여겨진다. 장편長篇 가운데 〈두추랑시杜秋娘詩〉나 〈장호호시張好好詩〉·〈군청의 서재에서 홀로 잔질하며(郡齋獨酌)〉 등에 나오는 말들은 그가 창시한 별곡別曲이라고 해야 할 것이다.

가 지금까지 고궁박물원에 남아 있는데, 초서 연구에 중요한 자료가 되고 있음.

君爲豫章姝, 그대는 강서지방의 미녀로
十三纔有餘. 열세 살에 겨우 자신이 생겼다네.
翠茁鳳生尾, 비취 우뚝 자라고 봉황새 꼬리 생겨나고,
丹葉蓮含跗. 붉은 꽃잎 연꽃 송이에 맺히는 듯 하였다네.
....
斜日挂衰柳, 지는 해 시든 버드나무에 걸려 있고,
涼風生座隅. 서늘한 바람 한 쪽 구석에 생겨나는구나.
灑盡滿襟淚, 옷 깃 가득 눈물 다 뿌리고 나서,
短歌聊一書. 짧은 노래 한 수 적어 보네.

※경강(京江) : 금릉(남경) 북쪽으로 흐르는 양자강을 이 지역에서는 경강이라고 부름.

101 | 〈군 고을 집무실에서 홀로 술 마시며(郡齋獨酌)〉: 저자가 황주자사로 있을 때 지음.

前年鬢生雪, 전년에 머리에 흰 눈 생기더니,
今年鬚帶霜. 금년에는 수염에도 서리 끼게 되었네.
時節序鱗次, 시절은 고기비늘 차례와 같이 늘어서나,
古今同鴈行. 예나 지금이나 기러기 날아감은 똑같네.
....
池邊成獨酌, 못가에 홀로 술잔 기울이니,
擁鼻菊枝香. 국화 향기 코에 감도네.
醺酣更唱太平曲, 얼큰하게 취하여 다시 태평곡을 노래하고,
仁聖天子壽無疆. 어진 천자님 만수무강을 비네.

102 | 신강별곡(新腔別曲) : 일반적으로 두목은 절구나 장편 율시[律詩] 에 뛰어난 것으로 알려져 있으나, 여기에 인용한 것과 같은 오언고시에도 탁월한 능력으로 보인 것으로 평가 받는다. 이러한 그의 오언고시는 한유(韓愈)가 산문적인 방법으로 시를 짓는[以文爲詩] 방법을 계승한 것으로 보고 있다. 만당 시대에 이러한 고사를 잘 적는 사람으로는 두목과 피일휴(皮日休) 두 사람을 손꼽는다. — 유월(鏐鉞)의 〈번천시집주전언〉, 상해, 고적출판사, 1962, p.8 참조.

[15] 시를 흠되게 하는 배율

律詩已病排矣, 又長之爲排律. 子美爲至百韻[103], 詩之病也.

율시만 해도 너무 벌여 놓은 병통이 있는데 또 이를 늘려서 배율로 하고 있다. 심지어 두보는 100운의 시를 짓기까지 하고 있으니 이는 시를 흠되게 하는 것이라 하겠다.

[16] 울림을 던져주는 시

王建[104] 〈春詞〉[105] : 『紅煙滿戶日照梁[106], 天絲軟弱蟲飛揚. 菱花霍霍繞惟光, 美人對鏡著衣裳. 庭中並種相思樹, 夜夜還棲雙鳳凰.』 張籍[107] 〈寄遠曲〉[108] : 『美人來去春江暖, 江頭無人湘水滿. 浣紗石上水禽棲, 江南路長春日短. 蘭舟桂檝常渡江, 無因重寄雙瓊瑲.』 自是一響.

왕건의 〈춘사春詞〉에,

紅煙滿戶日照梁,	붉은 빛 방에 가득 들보에 석양 비추고,
天絲軟弱蟲飛揚.	흐느적거리는 실버들 벌레 날아 올라가네.
菱花霍霍繞惟光,	마름꽃이 번쩍번쩍 주위가 온통 환해지고,

103 | 백운(百韻) : 각운 글자를 1백 개나 다는 200구나 되는 긴 시. 두보가 쓴 그러한 시는 〈가을날 기주부에서 소회를 읊어(秋日夔府詠懷)〉라는 작품이 있음.

104 | 왕건(王建, 767~830) : 《지봉유설(芝峰類說)》 주 756) 참조.

105 | 춘사(春詞) : 일반적으로 남녀간의 연정을 적는 글을 『춘사』하고 하기도 하고, 이러한 내용을 담은 시의 제목으로 이 말을 사용하기도 함.

106 | 홍연만호일조량(紅煙滿戶日照梁) : 《상촌집》에 『口照梁』으로 되어 있는데 《왕사마집(王司馬集)》에는 口가 日로 되어있음.

107 | 장적(張籍) : 《지봉유설(芝峰類說)》 주 138) 참조.

108 | 〈기원곡(寄遠曲)〉 : 악부시 제목. 《악부시집》(권94)에는 이러한 제목으로 위의 왕건(王建)과 이 장적이 쓴 시가 2수가 함께 수록되어 있음.

美人對鏡着衣裳.　　미인은 거울 보며 옷매무새 고치누나.
庭中幷種相思樹,　　뜰 앞에 함께 심은 한 그루 상사목相思木에,
夜夜還棲雙鳳凰.　　밤마다 찾아오는 한 쌍의 봉황새여.

이라고 한 것이나, 장적의 〈멀리 띄우는 노래(寄遠曲)〉에,

美人來去春江暖,　　미인이 왔다 간 뒤 봄날 강물 풀렸는데,
江頭無人湘水滿.　　강 언덕엔 인적 없이 상수만 출렁거리누나.
浣紗石上水禽棲,　　빨래하던 그 돌 위엔 물새가 내려 앉고,
江南路長春日短.　　강남 땅 길은 먼데 봄날이 금세 가네.
蘭舟桂楫常渡江,　　그녀 태운 나룻배는 늘상 강을 건너는데,
無因重寄雙瓊璫.　　부쳐줄 길 가없는 한 쌍의 귀걸이여!

이라고 한 것도 그럴 듯한 울림을 던져 준다 하겠다.

[17] 엄무와 두자미의 시

杜子美和嚴武[109] 〈軍城早秋〉[110] 絶句, 嚴詩勝. 今竝記之, 以正於具眼. 嚴詩曰 : 『昨夜秋風入漢關, 朔雲邊雪滿西山. 更催飛將追驕虜, 莫遣沙場匹馬還.』 杜詩曰 : 『秋風嫋嫋動高旌, 玉帳分弓射虜營. 已收滴博雲間戍, 更奪蓬婆雪外城.』[111]

109 | 엄무(嚴武, ?~765) : 성당 말기 당나라의 재상. 두보가 성도에 피난가서 살 때 성도 지역의 지방장관으로서 두보의 후원자로 유명함.

110 | 〈군성조추(軍城早秋)〉 : 《전당시》 권261에 있다.

111 | 추풍뇨뇨동고정(秋風嫋嫋動高旌) 네 구 : 《분문집주두공부시》(권2)에는 〈삼가 〈군성조추〉란 시에 화답하여(奉和軍城早秋)〉로 되어 있음.
※적박(滴博) · 봉파(蓬婆) : 모두 서역에 있는 산봉우리들. 봉파는 설산(雪山) 바깥에 있음.

두보가 엄무의 〈군사 지역 성안에서 이른 가을을 말아서(軍城早秋)〉에 화답하여 절구를 지었는데 엄무의 시도 좋기에 지금 같이 기록하여 시를 볼 줄 아는 사람들에게 자료로 제공할까 한다. 엄무의 시는 다음과 같다.

昨夜秋風入漢關, 어젯밤 관소關所에는 가을바람 불어오고,
朔雲邊雪滿西山. 저 멀리 서산에는 눈과 구름 뒤덮였네.
更催飛將追驕虜, 날랜 장수 재촉하여 토번吐蕃을 추격해서,
莫遣沙場匹馬還. 전쟁터 말 한 마리 돌려보내지 않게 하리.

이에 화답한 두보의 시는 다음과 같다.

秋風嫋嫋動高旌, 살랑살랑 가을바람 정기旌旗는 나부끼고,
玉帳分弓射虜營. 군막軍幕에선 활을 주며 오랑캐 쏘게 하네.
已收滴博雲間戍, 구름 저쪽 적박령滴博嶺을 이미 손에 넣었는데,
更奪蓬婆雪外城. 이제는 눈에 덮인 봉파성 빼앗으려 하네.

[18] 도의 경지에 들어간 듯한 유종원의 작품

柳州[112]詩 〈南磵〉[113] 等作, 絶倫如入道語.

112 | 유주(柳州) : 유주자사를 지낸 유종원, 《지봉유설(芝峰類說)》 주 715) 참조.
113 | 〈남간(南磵)〉 : 《당유선생집(唐柳先生集)》(권43)에는 〈남쪽 계곡 가운데서 짓다(南磵中題)〉로 되어 있음. 영주(永州)자사로 있을 때 지음.

秋氣集南磵, 가을 기운 남쪽 계곡에 모였는데,
獨有亭午時. 유독 정오 때 일세.
迴風一蕭索, 돌아가는 바람 한결같이 소슬한데,
林影從參差. 숲 그림자 들쭉날쭉 들어오네.
....
索寞竟何事, 적막하니 끝내 무슨 일을 할 것인가?
徘徊祗自知. 배회할 줄만 스스로 아네.

유종원의 시 가운데 〈남쪽 계곡(南磵)〉 등의 작품은 월등히 뛰어난데 마치 도의 경지에 들어간 이의 말 같기만 하다.

[19] 흉내낼 수 없는 허혼과 유창의 작품

許渾[114] · 劉滄[115]懷古之作, 亦一代佳作, 摹擬不及. 韓偓[116], 唐季人也, 從昭宗幸鳳翔, 爲朱全忠所惡, 貶　州司馬. 唐亡, 挈家南依王審知卒, 號玉山樵人, 其操節當與司空圖[117]竝美. 其 〈避地〉 曰 : 『避地淹留已自悲, 況逢寒食欲沾衣. 殘春孤館人愁坐, 斜日空園花亂飛. 路遠漸憂知己少, 時危又與賞心違. 一名所繫無窮事, 爭取當年便息機.』[118] 《春盡》 詩曰 : 『惜春連日醉昏昏, 醒後衣裳見酒痕. 細水浮花歸別澗, 斷雲含雨入孤村. 人間易得芳時恨, 地逈難招自古魂. 慙愧流鶯相厚意, 淸晨猶爲到西園.』[119] 艱難旅泊之態, 見於言外. 亂世士夫之跡, 可悲也夫!

誰爲後來者,　　뒷사람 가운데 어느 누구가,
當與此心期.　　이 마음에서 기약한 바를 함께 할 것인가?

114 | 허혼(許渾) : 《지봉유설(芝峰類說)》 주 117) 참조.

115 | 유창(劉滄) : 자는 온영(蘊靈)이고 산동사람이다. 대중(大中) 8년에 진사가 되었으며 시 한권이 세상에 전해지고 있다.

116 | 한악(韓偓) : 《지봉유설(芝峰類說)》 주 843) 참조.

117 | 사공도(司空圖) : 당말기의 문인. 당나라가 망하자 단식하고 죽었음. 시의 품격을 24항목으로 나누어 읊은 《이십사시품(二十四詩品)》의 저자로 유명하며 문집으로 《사공표성문집》(10권), 시집으로 《사공표성시집》(5권)이 전함.

118 | 〈피지(避地)〉 : 원제(原題)는 〈피난지에서 한식(避地寒食)〉이다. 피지라는 제목의 시가 따로 전해온다. 《상촌집》과 《한내한별집(韓內翰別集)》에 수록된 원문을 비교해 보면 다른 글자가 다수 눈에 띈다. 참고로 소개하면, 《상촌집》 제3구의 『殘』이 『濃』으로, 제5구의 『遠』이 『辱』으로, 『少』가 『薄』으로, 제 8구의 『取』는 『敢』으로 되어 있다. 여기서는 《한내한별집》에 따랐다.

119 | 〈춘진(春盡)〉 : 이 시 역시 앞의 경우와 마찬가지로 다른 글자가 다수 있는데, 소개하면 다음과 같다. 《상촌집》에는 제3구의 『草』는 『水』로, 제5구의 『間』은 『閒』으로, 『有』은 『得』로, 제6구의 『勝』은 『逈』으로 되어 있다.

허혼과 유창이 지은 회고 주제의 작품 역시 한 시대의 가작佳作으로서 아무나 흉내 낼 수 없는 것들이다. 한악은 당말엽의 사람으로 소종을 따라 봉상현에 갔다가 주전충에게 미움을 받아 복주사마로 좌천되었다. 그 뒤 당이 망하자 가족을 이끌고 남쪽으로 내려가서 왕심지에게 의탁했다가 그곳에서 죽었는데, 호는 옥산초인으로서 그의 절조節操 역시 사공도와 함께 높이 평가되어야 마땅할 것이다. 그의 〈피지避地〉라는 시를 보면,

避地淹留已自悲,	계속되는 피난살이 그것만도 서글픈데,
況逢寒食欲沾衣.	한식날을 맞고 보니 더욱 눈물 흐르려 하는 구나.
濃春孤館人愁坐,	짙은 봄날 시름에 겨워 홀로 앉아 있노라니,
斜日空園花亂飛.	석양녘 빈 뜰의 꽃 어지러이 날리도다.
路辱漸憂知己薄,	욕된 여정旅程 갈수록 더 지기는 적어지고,
時危又與賞心違.	위태로운 시대 경치를 봐도 제대로 즐기지 못한다오.
一名所繫無窮事,	한없이 명리名利에 끌려 다니기 보다는,
爭敢當年便息機.	세속의 일 모두 잊고 사는 것만 못 하리라.

라고 하였고, 또 〈춘진春盡〉이라는 시를 보면,

惜春連日醉昏昏,	봄날이 아까워서 연일 엉망으로 취했는데,
醒後衣裳見酒痕.	깨고 보니 옷자락에 술 자국이 범벅일세.
細草浮花歸別澗,	가녀린 풀꽃 시냇물로 둥둥 떠 흘러가고,
斷雲含雨入孤村.	비 머금은 조각구름 외로운 마을 들어오네.
人間易有芳時恨,	인간 세상에는 이 좋은 때 늘 한스러울 수 있지만,
地勝難招自古魂.	경치 좋은 곳에서 고인 초혼 어려워라.
慙愧流鶯相厚意,	부끄럽구나! 사이좋은 꾀꼬리 나에게 호의를 보이려,
淸晨猶爲到西園.	이른 새벽에 오히려 서원쪽 정원으로 날아와 앉았음이.

이라고 하였다. 어렵고 힘든 나그네의 생활 모습이 언외言外에 비쳐지고 있

는데, 난세를 살다 간 사부士夫의 자취가 슬픔을 자아낸다.

[20] 정밀하고 절실한 최로의 시

崔魯[120] 〈岳陽言懷〉[121] : 『煙花零落過淸明, 異國光陰老客情. 雲夢夕陽愁裏色, 洞庭春浪坐來聲. 天涯一與舊山別, 江上幾看芳草生. 獨倚闌干意難寫, 暮笳嗚咽起孤城.』 餘響中精切者也.

최로의 〈악양루에서 소회를 말함(岳陽言懷)〉에,

煙花零落過淸明,	청명 절기 지나가고 안개 속 꽃들 떨어지니,
異國光陰老客情.	타향살이 가는 세월 나그네의 마음이 서러워라.
雲夢夕陽愁裏色,	운몽택雲夢澤의 석양빛 우수에 잠겨 있고,
洞庭春浪坐來聲.	동정호洞庭湖의 봄 물결 소리 갑자기 들려오네.
天涯一與舊山別,	하늘 끝처럼 아득히 고향과 한 번 떨어진 뒤,
江上幾看芳草生.	몇 번이나 강 언덕 풀 나고 또 졌던가?
獨倚闌干意難寫,	난간에 홀로 기대 회포 풀기 어려운데,
暮笳嗚咽起孤城.	흐느끼듯 들려오는 외로운 성 안의 피리 소리.

하였는데, 그의 시 중에서 정밀하고 절실한 것이라 하겠다.

120 | 최로(崔魯) : 《전당시》(권567)에 보면, 『魯』자는 혹은 『櫓』자로도 적으며, 대중(大中 : 서기 847년)년간, 혹은 광명(廣明: 880년)연간에 진사시험에 합격하였고, 체주(棣州)에서 사마를 지냈으며, 문집으로 《무기집(無機集)》(4권)이 있는데, 이 책에는 16수가 수록되어 있다.

121 | 〈악양언회(岳陽言懷)〉 : 위의 책을 보면 『춘만(春晩 : 늦은 봄)』 2자가 더 붙어 있고, 2수인데, 이 시는 제 1수임.

[21] 유우석과 이섭의 죽지가

〈竹枝歌〉[122] 代有作者, 而劉禹錫[123] · 李涉[124]兩人之作最佳. 李涉之詩曰 : 『荊門灘急水潺潺, 兩岸猿啼煙滿山. 渡頭年少應官去, 日落西陵望不還.』[125] 『巫峽雲開神女祠, 綠潭紅樹影參差. 下牢戍口初相問, 無義灘頭剩別離.』[126] 『石壁千重樹萬重, 白雲斜掩碧芙蓉. 昭君溪上年年月, 獨自嬋娟色最濃.』[127] 劉禹錫之詩曰 : 『江上朱樓新雨晴, 瀼西春水縠紋生. 橋東橋西好楊柳, 人來人去唱歌行.』[128] 『巫峽蒼蒼煙雨時, 淸猿啼在最高枝. 箇裏愁人腸自斷, 由來不是此聲悲.』[129] 『城西門前灩滪堆, 年年波浪不能摧. 懊惱人心不如石, 少時東去復西來.』[130]

122 | 〈죽지가(竹枝歌)〉 : 악부(樂府)의 한 체(體)로서 원래 사천성 지방의 민요였으나, 당나라 유우석(劉禹錫)이 호남성의 낭주(郎州)로 유배되었을 때 《초사》의 〈구가(九歌)〉의 내용을 가미하여 지은 〈죽지신사(新詞)〉 9수를 문인들이 짓는 죽지가의 효시로 하는데, 남녀의 사랑이나 풍속의 변화를 애틋하면서도 감미롭게 표현하는 것이 특징임.

123 | 유우석(劉禹錫, 722~842) : 《역옹패설(櫟翁稗說)》 주 50) 참조.

124 | 이섭(李涉, 생졸년대 미상) : 당나라 시인, 스스로 청계자(淸溪子)라 불렀다. 낙양(洛陽) 사람이다. 헌종(憲宗) 때 태자통사사인(太子通事舍人)이 되었고, 나중에 섬주사창참군(陝州司倉參軍)으로 폄적되었다. 문종(文宗) 때 태학박사(太學博士)가 되었고, 후에 또 유배되었음. 오늘날 《이섭시(李涉詩)》 한 권이 전한다.

125 | 형문탄급수잔잔(荊門灘急水潺潺) 네 구 : 《전당시》(권28).

126 | 무협운개신녀사(巫峽雲開神女祠) 네 구 : 위와 같음.
※하뢰수(下牢戍) · 무의탄(無義灘) : 둘 다 무협 근처에 있는 지명일 것이나, 이 시구에서는 『감옥에 들어가는 수(戍)자리 터』, 『의리없는 여울』 같은 음울한 의미가 작용할 것으로 봄.

127 | 석벽천중수만중(石壁千重樹萬重) 네 구 : 위와 같음.

128 | 강상주루신우청(江上朱樓新雨晴) 네 구 : 《전당시》(권28).
※낭서(瀼西) : 기주(夔州: 지금의 사천성 봉절현)의 동쪽에 대낭수(大瀼水)가 흘러 양자강과 합하기 때문에 기주를 말함.

129 | 무협창창연우시(巫峽蒼蒼煙雨時) 네 구 : 《전당시》(권28).

130 | 성서문전염여퇴(城西門前灩滪堆) 네 구 : 《전당시》(권28).
※염여퇴(灩滪堆) : 삼협의 강물 가운데 솟아 있는 바위. 이 일대를 통과하는 것이 가장 위험하였기 때문에 근래에 와서는 그것을 폭파하여 없애버렸다고 함.

〈죽지가〉는 대대로 작자가 나왔지만 그 중에서도 유우석과 이섭 두 사람의 작품이 가장 뛰어나다. 이섭의 시를 보면,

荊門灘急水潺潺,　　형문산 급한 여울 물소리 울려오고,
兩岸猿啼煙滿山.　　운무 가득한 산기슭엔 원숭이 울음소리.
渡頭年少應官去,　　뱃머리에 탔던 소년 벼슬하러 떠나더니,
日落西陵望不還.　　해는 서산에 또 지는데 돌아오지 않는구나.

이라 하고, 또,

巫峽雲開神女祠,　　무협의 구름 걷히니 나타나는 신녀 사당,
綠潭紅樹影參差.　　푸른 연못에 붉은 나무 그림자가 어른어른.
下牢戍口初相問,　　하뢰수 입구에서 처음 만나 물어보니,
無義灘頭剩別離.　　『무의탄 머리에서 헤어지고 말았다오』하네.

라 하고, 또,

石壁千重樹萬重,　　천 겹의 석벽산에 수목은 만겹이라,
白雲斜掩碧芙蓉.　　흰구름 비껴 걸려 부용봉을 가려주네.
昭君溪上年年月,　　왕소군王昭君이 해마다 보던 시냇가의 저 달이여,
獨自嬋娟色最濃.　　혼자만의 고운 자태 오늘 더욱 진하구나.

이라 하였으며, 유우석의 시를 보면,

江上朱樓新雨晴,　　강 언덕 붉은 누각 비가 멎고 쾌청한데,
瀼西春水縠文生.　　양서 지방 봄 물가엔 비단 물결 번지누나.
橋東橋西好楊柳,　　다리 이쪽저쪽에는 수양버들 한들한들,
人來人去唱歌行.　　오고 가는 사람들의 흥겨운 노래 소리.

이라 하고, 또,

巫峽蒼蒼煙雨時, 짙푸른 무협 안에 이슬비 내리는데,
清猿啼在最高枝. 나뭇가지 꼭대기의 원숭이 울음소리.
箇裏愁人腸自斷, 수심 어린 사람 듣고 창자가 끊어지나,
由來不是此聲悲. 본래는 그 소리가 슬픈 게 아니라오.

라 하고, 또,

城西門前灩澦堆, 성 서쪽 문 앞에 버티고 선 염여퇴,
年年波浪不能摧. 끊임없이 물결 쳐도 꺾이지를 않는다오.
懊惱人心不如石, 번뇌하는 사람 마음 돌과는 같지 않아,
少時東去復西來. 젊었을 땐 동으로 갔다 다시금 서로 오네.
라 하였다.

[22] 조하의 시

趙嘏[131]之詩, 不徒『倚樓』[132] 爲美, 如『風動衰荷寂寞香, 斷煙殘月共

131 | 조하(趙嘏, 806~852?) : 자는 승우(承祐), 초주(楚州) 산양(山陽 : 지금의 강소성) 사람이다. 회창(會昌) 4년에 진사에 급제하고, 위남(渭南) 현위(縣尉)를 지냈다. 현재 시 200여 수가 남아있는데 그 중에서 칠언율시와 칠언절구가 뛰어나다.

132 | 의루(倚樓) : 조하(趙嘏)가 지은 〈장안의 추석(長安秋夕)〉이라는 칠언율시의 제4구에 나오는 말인데, 두목(杜牧)이 바로 그 구절을 무척이나 좋아하였기 때문에 세상 사람들이 조하를 조의루라고 칭하기까지 하였음. 이 시 전문은 다음과 같다.
雲物凄涼拂曙流, 구름 서늘하게 서광을 스치고 지나가는데,
漢家宮闕動高秋. 장안의 궁궐에는 하늘 높은 가을날 완연하네.
殘星數點雁橫塞, 새벽 별 몇 개 반짝이고 기러기 요새 쪽에서 날아오는데,
長笛一聲人倚樓. 긴 젓대 소리 하나 나는데,
紫艷半開籬菊淨, 어떤 사람 누각에 기대섰네.
紅衣落盡渚蓮愁. 아름다운 자줏 빛 반쯤 핀 울타리의 국화 고요하고,

蒼蒼. 寒生晩寺波搖碧, 紅墮疏林葉滿牀. 起雁似驚南浦棹, 陰雲欲護北樓霜. 江邊松菊黃應盡, 八月長安夜正長』[133], 亦自佳.

조하의 시는 〈의루倚樓〉만 좋은 것이 아니다. 가령,

風動衰荷寂寞香,　　마른 연꽃 부는 바람에 향기가 적막하고,
斷煙殘月共蒼蒼.　　조각 연기 지는 달 색깔이 똑같이 희뿌옇네.
寒生晩寺波搖碧,　　저녁 사찰에 찬바람 불어 물결 푸르게 흔들리고,
紅墮疏林葉滿床.　　단풍 잎 성긴 숲에 떨어지니 평상에 잎 가득하네.
起雁似驚南浦棹,　　길 떠나는 저 기러기 남포의 돛대에 놀라는 듯하고,
陰雲欲護北樓霜.　　하늘 덮은 검은 구름 서리 낀 누각 덮으려 하네.
江邊松菊荒應盡,　　내 고향 강변 솔과 국화 지금쯤 황량해졌을 텐데,
八月長安夜正長.　　팔월이라 장안의 밤 길기도 참 길구나.

이라는 시도 나름대로 훌륭하다.

[23] 천지간의 맑은 기운을 받아쓰게 된 시

古人云 :『乾坤有淸氣, 散入詩人脾.』[134] 淸是詩之本色 ; 若奇・若健,

鱸魚正美不歸去,　　농어 바야흐로 아름다운데 고향으로 돌아가지 못하고,
空戴南冠學楚囚.　　부질없이 남쪽관을 덮어 쓴 초나라의 죄수를 배우려하네.
※노어정미(鱸魚正美) : 삼국시대 오나라의 장한(張翰)이 벼슬을 하다가 가을이 되자 고향인 강동지방의 농어 생각이 나서 벼슬을 그만두었다고 함.
※초수(楚囚) : 포로로 잡힌 초나라 사람. 처지가 매우 곤란하여 어찌할 방법이 없는 사람을 이르는 말.

133 | 풍동쇠하적막향(風動衰荷寂寞香) 여덟 구 : 〈초국사에 묵으면서 회포가 있어(宿楚國寺有懷)〉 – 《전당시》(권549)

134 | 건곤유청기(乾坤有淸氣) 두 구 : 당나라의 승려 관휴(貫休)가 《선월집(禪月集)》에 수록한 〈고의(古意)〉 9수 중 제3수의 첫구절. 다음은 전문임
乾坤有淸氣,　　땅에 맑은 기운 있는데,

猶是第二義也. 至於險也·怪也·沈着也·質實也, 去詩道愈遠. 淸則高, 高則不可以聲色求也. 詩必得無聲之聲, 無色之色, 瀏瀏郎郎, 澹澹澄澄, 境與神會, 神與筆應而發之, 然後庶幾不作野狐外道. 故歷觀往匠, 閒居之作, 勝於應卒 ; 草野之音, 優於館閣. 蓋有意而爲之者, 不若得之於自然也.

옛 사람이 말하기를 『천지간에 맑은 기운이 있는데 그 기운이 흩어져 시인의 몸 속으로 들어갔다.』 하였는데, 이 맑음의 속성을 갖는 것이 바로 시의 본령으로서 기이하다든가 굳건하다든가 하는 것은 오히려 부차적인 것이요, 험절하다든가 괴기스럽다든가 침착沈着하다든가 질실質實하다든가 하는 것 따위는 시도詩道와 더욱 동떨어진 것이라 할 것이다. 맑음이라고 하는 것은 높은 차원에서 우러나오는 것인데 그 높은 차원의 것은 성색聲色으로 구할 수는 없는 노릇이다. 따라서 시는 반드시 무성지성無聲之聲과 무색지색無色之色을 얻어 맑고도 맑으며 밝고도 밝으며 담박하고도 담박하며 투명하고도 투명하게 되면서 외경外境이 나의 정신과 혼연 일체가 되고 나의 정신이 붓에 응해 표현될 수 있어야만 야호선野狐禪을 닦는 외도外道로 떨어지지 않게 될 것이다. 그러므로 과거의 거장들을 두루 살펴 보건대, 시간적인 여유를 갖고 지은 작품이 졸지에 응해 지은 것보다 낫고 초야에서 지은 시가 관각館閣에서 나온 것보다 우수하였는데, 이는 대체로 의도적으

散入詩人脾.　　그 기운 흩어져 시인의 몸속으로 들어갔네.
聖賢遺淸風,　　성현들은 맑은 바람 남기고 있지만,
不在惡木枝.　　나쁜 가지에 서려있지는 않네.
千人萬人中,　　천인 만인 중에,
一人兩人知.　　한 두 사람만 이 이치 아네.
憶在東溪日,　　동계에 있던 나날 기억해보니,
花開葉落時.　　꽃피고 잎 떨어졌지.
幾擬以黃金,　　거의 황금으로써,
鑄作鍾子期.　　종자기를 만들어 놓은 것 같았다네. —《전당시》 권826.

※종자기(鍾子期) : 옛날 음악을 잘 이해하였던 사람. 이 구절의 뜻은 황금색으로 빛나는 꽃과 나무들이 종자기처럼 자연의 소리를 잘 터득하여 늘 맑은 기운을 품고 있는 것처럼 보였다는 뜻.

로 짓는 것은 자연적으로 우러나와 얻게 되는 것보다 못하기 때문이었다.

[24] 자연스럽게 이루어진 시

『池塘生春草』135 非難道之語, 『空梁落燕泥』136 卽眼中之境, 而遂爲正覺上乘. 此乃得之自然, 無假於意造也. 古人云 : 『學詩如學仙, 時至骨自換.』『仙人無凡骨, 雅音無凡曲.』持是道也, 其於爲詩. 庶不迷他岐矣.

『연못가 언덕에 봄풀이 나고』라는 표현은 하기 어려운 말이 아니고, 『빈 들보에서 제비집 진흙 떨어지네.』라는 말은 눈앞에 들어오는 정경을 읊은 것인데 마침내는 더 이상 오를 수 없는 최고의 경지로 평가받고 있는 것은 이 시구들은 자연적으로 이루어진 것이고 의도적으로 조작해 낸 것이 없기 때문이다. 옛 사람이 말하기를 『시를 배우는 것은 신선술을 배우는 것과 같아 때가 되어야만 저절로 환골탈태가 되는 것인데, 선인仙人에 범골凡骨이 없는 것처럼 아음雅音에도 범곡凡曲이 없는 것이다.』 하였는데, 이러한 자세를 견지해 나간다면 시를 지으면서 다른 길로 잘못 빠져들지 않게 될 것이다.

(權相敏)

[25] 원찬이 꿈에서 본 재기 넘치는 당나라 시인의 시

《樹萱錄》137 載隱君子元撰, 夜見吳王夫差, 與唐諸詩人吟詠事. 李翰

135 | 지당춘생초(池塘生春草) : 동진 사령운(謝靈運)의 〈못 곁의 누각에 올라(登池上樓)〉의 한 구절. －《백운소설(白雲小說)》 주 5) 참조.

136 | 공양락연니(空梁落燕泥) : 수나라 설도형(薛道衡)이 지은 한 구절. 이 구절 때문에 수나라의 망조를 풍자한 것으로 오해되어 양제에게 죽음을 당함. －《제호시화(霽湖詩話)》 주 41) 참조.

137 | 《수훤록(樹萱錄)》 : 1권, 당나라 말기의 『상서(尙書) 영양공(滎陽公)』이 이야기 한 것을 수록하였다고 하나, 그 사람이 누구인지 알 수도 없고, 또 저자도 알 수 없는 책임. 《속수훤록》이라는 책도 1권이 있는데, 역시 저자는 미상이고 가박유(賈博諭),

林[138]詩曰：『芙蓉露冷紅壓枝, 幽禽感秋花畔啼. 玉人一去未回馬, 梁間燕子三見歸.』[139] 張司業[140]詩曰：『綠頭鴨兒匝萍藻, 採蓮女郎笑花老.』[141]

전약허(全若虛), 원찬(元撰) 세 사람의 이야기가 나오나, 모두 가상 인물들임. 원찬이 밤에 얻어들었다는 여기 나오는 당나라 시인들의 시는 모두 송나라 진관(秦觀)의 〈추흥(秋興)·9수〉란 제목의 시에 보이는데, 이 9수 모두 당나라 시인들의 시를 모의하여 지은 것임.

※진관(秦觀, 1049~1100) : 자는 소유와 태허(太虛)이고, 호는 회해거사(淮海居士)이며, 강소성 고우(高郵) 사람이다. 1085년 진사에 급제하였으며, 소식의 천거로 태학박사(太學博士)가 되어 국사원 편수관(國史院編修官)을 겸임하였으나, 당파싸움으로 항주와 광동 뇌주(雷州) 등지로 유배되었다. 고문과 시에 능하였고 특히 사(詞)에 뛰어났는데, 소식의 문하에 있으면서 황정견·장뇌(張耒)·조보지(晁補之) 등과 함께 『소문 4학사(蘇門四學士)』로 일컬었다. 사(詞)에서는 스승 소식과는 달리 이른바 『완약파(婉約派)』에 속했다. 시문집 《회해집(淮海集)》(40권)과 《후집(後集)》(6권), 사집(詞集) 《회해장단구(淮海長短句)》(3권) 등이 있다.

138 | 이한림(李翰林) : 이백(《효빈잡기(效顰雜記)》 주3) 참조), 한림원에 근무한 적이 있으므로 이렇게 부름.

139 | 부용로랭홍압지(芙蓉露冷紅壓枝) 네 구 : 진관의 《회해집(淮海集)·후집》(4권)에 보이는데, 여기 인용된 시구에 뒤이어 다음과 같이 계속됨.

江頭白蘋老波底,	강 머리의 흰 부평초는 물결 밑에서 늙는데,
尺書不來空相望.	한 자의 편지도 오지 않으니 부질없이 바라보기만 하네.
斜吹疏雨濕秋江,	비스듬히 뿌리는 성긴 비는 가을 강을 추기는데,
霜風暗引芙蕖香.	서릿바람 몰래 연꽃 향기를 이끄네.
石上菖蒲三尺長.	돌 위의 창포는 세 자나 자랐구나.
綠頭鴨兒棲萍草,	파란 머리 오리 새끼는 부평초에 서식하는데,
採蓮女郎笑花老.	연 캐는 아가씨는 꽃 시드는 것 보고 웃네.
木蘭船上動江水,	목란 배위에 강물이 출렁이니,
不覺鴛鴦帶波起.	원앙새 물결을 튀기며 날아오르는 것 깨닫지 못했네.

※부거(芙渠) : 부거(芙蕖)로도 적는데 연꽃의 별칭임.

140 | 장사업(張司業) : 중당 시대 국자사업(國子司業)이라는 벼슬을 지낸 문인 장적(張籍). 《지봉유설(芝峰類說)》 주 138) 참조.

141 | 녹두압아잡평조(綠頭鴨兒匝萍藻) 두 구 : 앞의 주 3)에서 본 것과 같이 이 구절은 〈가을에 생각이 일어(秋興)〉 9수 중 제5수인 이백의 시를 모의하여 쓴[擬李白] 구절의 일부임. 진관의 이 〈가을에 생각이 일어〉 9수에서 모의한 당시인은 한유(韓愈), 맹교(孟郊), 위응물(韋應物), 이하(李賀), 이백(李白), 노동(盧仝), 두보(杜甫), 두목(杜牧), 백거이(白居易) 등 9인이며, 장적은 보이지 않으므로 저자가 이백을 잘못 기억한 것임.

杜舍人[142]詩曰 :『鼓鼙夜戰北窓風, 霜葉沿階貼亂紅.』[143] 杜工部[144]詩曰 :『紫領寬袍漉酒巾, 江頭蕭散作閒人.』[145] 白少傅[146]詩曰 :『不因霜葉辭

142 | 두사인(杜舍人) : 만당 때 중서사인 벼슬을 한 두목(杜牧 : 《보한집(補閒集)》 주 12) 참조)을 가리킴.

143 | 고비야전북창풍(鼓鼙夜戰北窓風) 두 구 : 이 시는 두목의 시가 아니고 송나라 진관의 〈두목의 시에 비겨 지음(擬杜牧之)〉 〈추흥(秋興)〉 9수 중 제8수(《송원시회》 권25)

鼓鼙夜戰北窓風, 한밤중 전쟁터 저 북소리 바람결 따라 들려오고,
霜葉沿階貼亂紅. 서리 맞은 단풍 잎새 섬돌에 마구 쌓여 있네.
一段新愁驚枕上, 문득 떠오른 한가닥 근심이 머리맡을 놀라게 하고,
幾聲悲鴈落雲中. 몇마디 슬픈 기러기소리 구름사이에서 떨어지네.
眼前時節看馳馬, 눈앞의 시절 전쟁 말 달리는 것 보게 되니,
日下生涯寄斷蓬. 지금의 나의 삶 부러진 쑥대 같구나.
弟妹別來勞夢寐, 형제자매 이별한 뒤 꿈에서만 만나나,
杳無消息過江東. 어떠한 소식도 강동쪽에서 넘어오지 못하네.

※고비(鼓鼙) : 적이 쳐 올 때 신호로 치는 북.
※안전(眼前) : 안전과 일하(日下)는 여기서 모두 목전(目前)과 같은 뜻임.
※강동(江東) : 양자강의 동쪽. 곧, 지금의 강소성. 옛날 오나라의 땅으로서, 초나라의 항우가 기병(起兵)한 지방임.

144 | 두공부(杜工部) : 두보를 말함. 《파한집(破閒集)》 주 7) 참조.

145 | 자령관포록주건(紫領寬袍漉酒巾) 두 구 : 〈두보의 시에 비겨 지음(擬杜子美)〉 《회해집 후집》(권4)

紫領寬袍漉酒巾, 보랏빛 동정 헐렁한 도포에 술 거른 두건 쓰고,
江頭蕭散作閒人. 강 머리에 풀어져 노니 한가한 사람 되었구나.
悲風有意催林葉, 슬픈 바람은 고의로 나뭇잎을 재촉하고,
落日無情下水濱. 저무는 해는 무정히 수평선 넘어가누나.
車馬憧憧諸道路, 거마는 마음 정하지 못해 여러 길 헤매고,
市朝袞袞共埃塵. 세속엔 어디든 짙은 먼지일세.
覓錢稚子啼紅頰, 돈 달라는 어린아이 뺨이 빨개지도록 울고 있는데,
不信山翁篋笥貧. 산 늙은이 주머니 비었음을 믿지 못하누나.

※녹주건(漉酒巾) : 머리에 쓰고 다니는 천으로 된 두건을 벗어 술을 걸렀다가 다시 털고 쓰고 다니는 것을 말하는데, 소탈한 모습을 말함. 도연명이 이렇게 하였다고 함.
※소산(蕭散) : 조용하고 한가함.
※동동(憧憧) : 마음이 정하여지지 아니한 모양.
※시조(市朝) : 사람이 많이 모이는 곳.
※곤곤(袞袞) : 바쁜 모양.
※협사(篋笥) : 상자. 문서나 의복을 넣는 상자. 행담(行擔).

林去, 的當山翁未覺秋.』147 李賀148曰 : 『魚鱗甃空排嫩碧, 露桂梢寒掛團壁.』149 句語皆警.

146 | 백낙천(白樂天) : 《지봉유설(芝峰類說)》 주 144) 참조.

147 | 불인상엽사림거(不因霜葉辭林去) 두 구 : 이 시 역시 진관의 〈백거이 시에 비겨 지음(擬白樂天)〉[《회해집 후집》(권4)] 이다.

不因霜葉辭林去, 낙엽이 슬퍼서 숲 떠나는 게 아니라오.
的當山翁未覺秋. 아마도 산골 늙은이는 가을 온 줄도 모를게요.
北里酒錢煩屢索, 북촌에 외상술값 여러 번 재촉하니 번거롭고,
南州詩債懶頻酬. 남쪽고을 밀린 시 빚 자주 갚기도 귀찮아지네.
欲歌金縷羞紅粉, 금실노래 부르려하자 그녀 얼굴 붉히고,
擬揷黃花避白頭. 노란 꽃 머리에 꽂아 흰머리 가려보네.
底事登臨好時節, 어찌하여 높은 곳에 올라서 이 좋은 시절을 마주하고서,
等閒收拾許多愁. 대수롭지 않은체하며 시름 달래야 하는가?

※북리(北里) : 창녀들이 사는 유곽(遊廓)이 있는 곳, 화류항(花柳巷).
※시채(詩債) : 시의 부채(負債). 곧, 마땅히 지어야 할 시를 아직 짓지 아니한 것.
※금루(金縷) : 금빛의 실.
※저사(底事) : 어찌하여, 무슨 이유로.
※등림(登臨) : 높은 곳에 올라가 아래를 내려다봄. 제왕의 지위에 올라 나라를 다스림.
※등한(等閒) : 마음에 두지 않음. 대수롭게 여기지 않음.
※수습(收拾) : 산란한 마음을 가라앉힘.

148 | 이하(李賀) : 《학산초담(鶴山樵談)》 주 42) 참조.

149 | 어린추공배눈벽(魚鱗甃空排嫩碧) 두 구 : 〈이하의 시에 비겨 지음(擬李賀)〉[《회해집》 후집 권4]

魚鱗甃空排嫩碧, 고기떼 우물에 없으니 옅은 하늘 비추이고,
露桂梢寒挂團璧. 이슬 맺힌 계수 가지 차가우니 둥근 구슬 달려있네.
白蘋風起吹北窓, 흰 마름에 바람 일어 북창을 때리고,
尺鯉沈沒斷消息. 물 밑으로 숨어버린 잉어 소식이 없네.
燕子將雛欲歸去, 제비는 새끼 데리고 남으로 돌아갈 채비를 하나,
沈郎病骨驚遲暮. 낭군님 병든 몸 가는 세월이 두렵구나.
濃愁茫茫寄何處, 깊은 근심 막막해 어디에 의지할고?
萬里江南芳草路. 머나먼 강남 길은 향 풀로 가득한 곳이지.

※어린(魚鱗) : 물고기의 비늘이나, 여기서는 고기를 말함, 일부분으로 전체를 나타냄.
※눈벽(嫩碧) : 새로 나온 잎의 빛. 신록(新綠).
※백빈(白蘋) : 흰 꽃이 피는 마름.
※지모(遲暮) : 점차 나이를 먹음. 늙어 감.
※강남(江南) : 양자강의 남쪽 지방. 옛 초나라와 월나라의 땅.

《수훤록》에는 은거하여 사는 군자 원찬이 밤에 오나라 임금 부차를 만났더니 당나라의 여러 시인들과 시를 읊은 내용이 실려 있다. 이태백의 시에는

芙蓉露冷紅壓枝, 연꽃 이슬 찬데도 붉은 꽃가지를 누르고,
幽禽感秋花畔啼. 그윽이 사는 새 가을을 느끼고 꽃 곁에서 우네.
玉人一去未回馬, 옥 같은 사람 한번 가고 말 돌아오지 않는데,
樑間燕子三見歸. 들보에 제비들 벌써 세 차례나 돌아왔네.

라고 하였고, 장적의 시에는

綠頭鴨兒匝萍藻, 녹색 머리 오리는 마름 풀을 감돌고,
採蓮女郎笑花老. 연꽃 따는 아가씨는 꽃 시드는 것 보고 웃네.

라고 하였다.

두목의 시를 보면,

鼓鼙夜戰北窓風, 한밤중 전쟁터 저 북소리 바람결 따라 들려오고.
霜葉沿階貼亂紅. 서리 맞은 단풍 잎새 섬돌에 마구 쌓여 있네.

이라 하였고, 두보의 시를 보면,

紫領寬袍漉酒巾. 보랏빛 동정 헐렁한 옷차림 술 거른 두건 쓰고 있으니,
江頭蕭散作閒人. 강 머리에 풀어져 노니 한가한 사람 되었구나.

이라 하였고, 백거이의 시를 보면,

不因霜葉辭林去, 낙엽이 슬퍼서 숲 떠나는게 아니라오.
的當山翁未覺秋. 아마도 저 산골 늙은인 가을 온 줄도 모를게요.

라 하였고, 이하의 시를 보면,

魚鱗甃空排嫩碧, 고기 떼 우물에 없으니 옅은 하늘 비추이고,
露桂梢寒掛團壁. 계수 가지 차가우니 둥근 구슬 달려 있네.

이라 하였는데, 각 구절의 표현들에 모두 재기가 엿보인다.

[26] 이함용李咸用의 시 몇 구절

李推官咸用150, 唐人也, 其詩甚警. 如『見後却無語, 別來長獨愁』151·『危城三面水, 古樹一邊春』152·『月明千嶠雪, 灘急五更風』153·『煙殘偏

150 | 이추관함용(李推官咸用) : 이함용, 만당부터 오대까지의 인물로 〈전당시〉에 시 3권이 전한다. 과거에 합격하지 못하였으나 지방 정부의 추관(推官)을 지냈다. 저서로 《피사집(披沙集)》 6권을 남겼으며, 《전당시》(권644~646)에 시 3권이 있다.

151 | 견후각무어(見後却無語) 두 구 : 〈가을날 뜻이 맞는 벗을 방문하다(秋日訪同人)〉 [《전당시》(권645)]

忽憶金蘭友, 홀연히 좋은 벗 생각이 나,
携琴去自由. 거문고 들고 마음 닿는 대로 떠나가 버린.
遠尋寒澗碧, 멀리 서늘한 푸른 산골을 찾기도 하고,
深入亂山秋. 험한 가을 산 깊이 들어가고 하였지.
見後却無語, 만난 뒤에는 정작 아무 말도 못하겠으나,
別來長獨愁. 헤어지고 나서는 혼자 오래 오래 근심하였다네.
幸逢三五夕, 때마침 보름 밤 이라,
露坐對冥搜. 바깥에 앉아 마주 대하고 생각에 잠기는구나.

※금란우(金蘭友) : 극친한 벗. 금란지우(金蘭之友)
※삼오(三五) : 음력 보름 또는 음력 8월 보름.
※명수(冥搜) : 冥搜로도 씀. 눈감고 깊이 생각함.

152 | 위성삼면수(危城三面水) 두 구 : 〈어느 봄날 (春日)〉 [《전당시》(권645)]

浩蕩春風裏, 호탕한 봄바람 속,
徘徊無所親. 아는 사람 없어 배회하노라.
危城三面水, 위태로운 성 삼 면에 모두 물이 출렁,
古木一邊春. 오래 된 나무 한 쪽 편엔 봄기운이 활짝.

有焰, 雪甚却無聲』154 · 『春雨有五色, 灑來花旋成』155 · 『雲藏山色晴還

衰世難行道, 어지러운 세상 도를 행하기도 어려워도,
花時不稱貧. 꽃 피는 시절, 가난하다 말하지 말자.
滔滔天下者, 온 천하가 탁류 도도하기만 하니,
何處問通津. 어디서 바른 길로 가는 나룻터를 물어볼까?.
※도도(滔滔) : 넓고 큰 모양. 흘러가는 모양. 세상의 풍조를 따라가는 모양.

153 | 월명천교설(月明千嶠雪) 두 구 : 〈내진사 붕에게 지어 줌(贈來進士鵬)〉 [《전당시》(권645)]

語玄人不到, 그대의 심오한 말 사람이 미처 그 이치를 깨닫지 못함은,
星漢在靈空. 은하수 신령한 공중에 펼쳐져 있음과 같네.
若使無良遇, 좋은 때를 만나지 못한다 하여도,
虛言有至公. 헛말속에도 지극한 공평함이 숨어있다네.
月明千嶠雪, 눈 쌓인 산봉우리에 달빛이 더욱 밝고,
灘急五更風. 한밤중 바람소리에 여울 물 더 급해지네.
此際苦吟力, 지금 고심하여 시가를 읊는 다면,
分將造化功. 분명 훗날 창조화육의 보람이 되리라.
※허언(虛言) : 헛된 말. 거짓말. 여기는 남들이 귀담아 들어주지 않는 말.
※오경(五更) : 《제호시화(霽湖詩話)》 주 83) 참조.
※음력(吟力) : 시를 짓는 능력.
※조화(造化) : 창조 화육하는 일. 또, 조물주. 천지, 우주를 이름.

154 | 연잔편유도(煙殘偏有焰) 두 구 : 〈겨울저녁 친구가 옴을 즐거워하여(冬夕喜友生至)〉 [《전당시》(권89)]

天涯行欲徧, 하늘 끝까지 가보고 싶지만,
此夜故人情. 오늘 밤은 친구와 정을 나눈다.
鄕國別來久, 고향을 떠나온 지 오래 되었건만,
干戈還未平. 전쟁은 아직 끝날 줄 모르네.
煙殘偏有焰, 연기는 가셨어도 불꽃은 타오르고,
雪甚却無聲. 눈이 많이 오는데도 소리 하나 나지 않네.
多少新聞見, 얼마나 많은 새 소식 전해 들을까,
應須語到明. 밤새도록 이야기 나누리라.
※우생(友生) : 친구, 벗.

155 | 춘우유오색(春雨有五色) 두 구 : 〈붉은 장미(紅薇)〉 [《전당시》(권645)]

春雨有五色, 다섯 가지 색깔로 내리는 봄 비,
灑來花旋成. 비 뿌리고 난 뒤에 터지는 꽃망울.
欲留池上景, 연못에 경치 잠시 더 머물게 하려,
別染草中英. 별도로 풀 중에 빼어난 꽃으로 곱게 물들이네.

媚, 風約溪聲靜又回』156 · 『未醉已知醒後憶, 欲開先爲落時愁』157, 自不可及.

이함용은 당나라 사람이다. 그의 시를 보면 재기가 무척 번뜩이는데, 가령

畫出看還欠, 그림으로 그리고서야 부족함이 눈에 띄어,
蓪爲揷未輕. 조심조심 푸른 덩굴 더해 보내.
王孫多好事, 왕손은 호사자가 많아,
攜酒寄吟傾. 이 뜻 담아 시 읊조리며 잔 기울이네.
※통(蓪) : 덩굴.
※왕손(王孫) : 귀한 분.

156 | 운장산색청환미(雲藏山色晴還媚) 두 구 : 〈진장군의 별장을 제목삼아(題陳將軍別墅)〉 [《전당시》(권646)]
明王獵士猶疎在, 명철한 군주의 사냥꾼은 여전히 드무나,
巖谷安居最有才. 바위 골짜기에 편안한 삶이 제일가는 재주라.
高虎壯言知鬼伏, 높이 앉은 호랑이는 귀신 있는 곳 안다 큰 소리치고,
葛龍閒臥待時來. 구불구불 칡넝쿨은 한가로이 누워 때를 기다리네.
雲藏山色晴還媚, 구름에 가린 산 색깔 산뜻했다 고와지고,
風約溪聲靜又回. 바람에 매인 물소리 들렸다가 안 들리네.
不獨春光堪醉客, 봄빛만 나그네를 취하게 할 뿐만 아니라,
庭除長見好花開. 뜰 앞 늘 예쁜 꽃 피어 있는 것 보이네.
※정제(庭除) : 뜰 앞, 마당.

157 | 미취이지성후억(未醉已知醒後憶) 두 구 : 〈붉은 복사꽃 (緋桃花)〉 [《전당시》(권646)]
茫茫天意爲誰留, 아득히 먼 하늘의 뜻은 누구를 위한 것인가?
深染夭桃備勝遊. 여린 복사꽃 구경꾼을 기다리네.
未醉已知醒後憶, 취하기 전에 이미 깬 뒤의 아쉬움 짐작할 수 있겠고,
欲開先爲落時愁. 피려는데 벌써 떨어지면 어쩌나 걱정 생겨나네.
癡蛾亂撲燈難滅, 어리석은 나방 어지러이 덮쳐보지만 등불 끄기 어렵고,
躍鯉傍驚電不收. 뛰는 잉어 주변 놀라게는 하지만 번개 소리까지 거두어들이지는 못하네.
何事梨花空似雪, 어이하여 배꽃은 부질없이 흰눈을 닮았을꼬?
也稱春色是悠悠. 그러고도 봄빛에 어울린다니 이것은 너무 한가로운 수작이지.
※요도(夭桃) : 여리고 아름답게 꽃이 핀 복숭아나무라는 뜻으로, 젊고 예쁜 여자의 얼굴을 이르기도 함.
※승유(勝遊) : 명승지를 돌아다니며 구경함. 여기서는 좋은 구경꺼리란 뜻.
※취(醉) : 도화꽃에 도취됨을 말함.

見後却無語,　　만난 뒤에는 정작 아무 말도 못하겠으나,
別來長獨愁.　　헤어지고 나서는 혼자 오래 오래 근심하였다네.

라고 한 것이나, 또

危城三面水,　　위태로운 성 삼 면에 모두 물이 출렁,
古樹一邊春.　　오래 된 나무 한 쪽 편엔 봄기운이 활짝.

이라고 한 것이나, 또

月明千嶠雪,　　눈 쌓인 산봉우리 달빛이 더욱 밝고,
灘急五更風.　　한밤중 바람소리에 여울 물 더 급해지네.

煙殘偏有熖.　　연기는 가셨어도 불꽃은 타오르고,
雪甚却無聲,　　눈이 많이 오는데도 소리 하나 나지 않네.

이라고 한 것이나, 또

春雨有五色,　　다섯 가지 색깔로 내리는 봄 비,
洒來花旋成.　　비 뿌리고 난 뒤에 터지는 꽃망울.

이라고 한 것이나, 또

雲藏山色晴還媚,　　구름에 가린 산 색깔 산뜻했다 고와지고,
風約溪聲靜又回.　　바람에 매인 물소리 들렸다가 안 들리네.

라고 한 것이나, 또

未醉已知醒後憶,　　취하기 전에 이미 깬 뒤의 아쉬움 짐작할 수 있겠고,

欲開先爲落時愁.　　피려는데 벌써 떨어지면 어쩌나 걱정 생겨나네.

라고 한 것 등은 스스로 미칠 수 없는 것들이다.

[27] 한악韓偓과 오융吳融 계열의 황도黃滔의 시

有黃滔158者, 亦唐季人也. 其《聞雁》曰 :『一聲初觸夢, 半白已侵頭.』159

158 | 황도(黃滔) : 당나라 말기, 오대 시대의 문신. 자는 문강(文江), 보전(莆田 : 지금의 절강성) 사람으로 당나라에서 진사를 거쳐 감찰어사를 지내고, 오대 시대에는 지금의 복건성 지역을 30년간 차지하고 있었던 민왕(閩王) 왕심지(王審知)가 위무군(威武軍) 절도사로서 복건(閩) 전 지역을 장악하기 시작할 때부터 그의 절도추관(節度推官)으로 따라와서, 그를 잘 보필하여 중원 지역의 혼란상태와는 관계없이 이 지방 정권의 소강상태를 유지하게 하는데 큰 공로를 세웠다고 함. 문집《황어사집》10권. 시는《전당시》(권704~706)에 3권으로 수록됨.

159 | 일성초촉몽(一聲初觸夢) 두 구 :〈하남부(낙양)의 과거시험에서〈가을밤 새로운 기러기 소리를 듣다.〉라는 제목으로 짓다.(河南府試, 秋夕聞新雁)〉[《전당시》(권706)]

湘南飛去日,　　상수 남쪽으로 기러기 날아가는 날,
薊北乍驚秋.　　계땅 북쪽에는 갑자기 가을이 놀랍구나.
叫出隴雲夜,　　언덕위에 구름 낀 밤에 불러내어,
聞爲客子愁.　　나그네 근심 들어 보려 하네.
一聲初觸夢,　　첫마디 막 꿈결에 들렸는데,
半白已侵頭.　　아 어느덧 머리는 벌써 반백이 되었구나.
旅館移欹枕,　　여관방에서 기우러진 베개에 옮겨 베고 보니,
江城起倚樓.　　강가의 성벽에 기대고 선 누각 우뚝하구나.
餘燈依古壁,　　타다가 남은 등은 벽에 달싹 붙어있고,
片月下滄洲.　　조각달은 물가로 내려가누나.
寂聽良宵徹,　　달 밝은 밤 쓸쓸히 홀로 지새우며,
躊躇感歲流.　　머뭇머뭇 세월의 흐름을 온몸으로 느끼네.

※상남(湘南) : 상수의 남쪽. 기러기가 상수 남쪽에 있는 형산(衡山)의 회안봉(回雁峰)까지 날아 갔다가 북쪽으로 되돌아간다고 함.

※계북(薊北) : 북경 덕승문 서북의 땅. 춘추 전국 시대의 연(燕)나라의 고지(故.地).

※농운(隴雲) : 언덕위의 구름, 또는 농(섬서성) 땅의 구름 두 가지 뜻이 있는데, 여기서는 첫째 뜻으로 쓴 것임. 도홍경(陶弘景)의 시『산중에 무엇이 있는가? 언덕 위에는 흰 구름이 많지요. 오직 혼자서 즐길 수 있을 뿐, 임금님께 갖다가 바칠 수는

《旅泊》曰：『餘燈依古壁, 片月下滄洲.』《遊東林寺》曰：『寺寒三伏雨, 松偃數朝枝.』160《退居》曰：『青山寒帶雨, 古木夜啼猿.』161 蓋韓偓162·

없습니다.(山中何所有? 嶺上多白雲. 只可自怡悅, 不堪持贈君.)』
※창주(滄洲) : 창랑주, 물이 푸른 사주(砂洲 : 모래 삼각지).
※여박(旅泊) : 다음에 인용한 2구는《전당시》와《황어사집》에 모두 바로 위에 인용한 시 다음에 계속되고 있음.

160 | 사한삼복우(寺寒三伏雨) 두 구 : 〈동림사를 노닐며(遊東林寺)〉 [《전당시》(권704)]

平生愛山水,　평소에 산수를 좋아해서,
下馬虎谿時.　말에서 내려 호계를 건넜네.
已到終嫌晚,　이미 이르렀으나 끝내 너무 늦게 온 것 아쉽게 여기면서,
重遊預作期.　한번 더 노닐 날 미리 기약해 보며.
寺寒三伏雨,　삼복 날씨에 비 내리니 절간에 한기 돌고,
松偃數朝枝.　세월의 무게에 못 이겨서 소나무 가지 늘어졌네.
翻譯如曾見,　번역하던 일 꼭 일찍이 본 듯이 느껴지는데,
白蓮開舊池.　옛 연못에는 백련이 피네.

※호계(虎谿) : 진(晉)나라의 혜원 법사(慧遠法師)가 여산(廬山)에 동림사(東林寺)를 짓고 은거하면서, 호계(虎溪)를 넘어가서 속세와 가까이 않기로 하였으나, 백련사(白蓮社)라는 모임을 함께 했던 도연명, 육수정(陸修靜)같은 동지들을 배웅할 때는 이야기에 팔려 무심코 호계 바깥으로 나왔다가 범 우는 소리를 듣고 비로소 정신을 차려 세 사람이 크게 웃었다는 고사가 있음. 『谿』와 『溪』는 같은 글자임.
※혜원(慧遠) : 초기 불교사상의 가장 저명한 고승 중의 하나이다. 전기에는 도안(道安)이라는 스님을 따랐고 뒤에는 여산에 들어와 동림사를 세웠으며 외국 학승들을 불러들여 불경을 번역했다. 그의 사상과 학문 인격은 조선, 일본까지 큰 영향을 끼쳤다.
※번역(飜譯) : 혜원 스님이 승가제바(僧伽提婆)같은 외국 학승들을 여산으로 맞이하여 불경을 번역하기도 하였으며, 당시 장안에 있으면서 불경 번역으로 구마라습(鳩摩羅什)과도 편지를 교환하였음.

161 | 청산한대우(青山寒帶雨) 두 구 : 〈물러나 살다(退居)〉 [《전당시》(권704)]

老歸江上村,　벼슬에서 물러나 강촌에 돌아오니,
孤寂欲何言.　고적하나 무엇을 말할꼬?
世亂時人物,　세상이 어지러울 때 인재가 나고,
家貧後子孫.　집이 가난하면 어진 자손이 난다네.
青山寒帶雨,　푸른 산엔 썰렁하게 비구름 감기우고,
古木夜啼猿.　큰 나무 위엔 한밤중 원숭이 울음소리.
惆悵西川擧,　슬프구나! 서천 절도사의 행동이여!
戎裝度劍門.　무장을 하고 검문을 넘어가다니!

吳融[163]之流也. 世不多見, 故記之.

황도라고 하는 사람도 당나라 말엽의 사람인데, 그의 〈기러기 소리를 듣다(聞雁)〉이라는 시를 보면,

一聲初觸夢, 첫마디 막 꿈결에 들렸는데,
半白已侵頭. 아 어느덧 머리는 벌써 반백이 되었구나.

이라 하고, 또 〈여박旅泊〉이라는 시를 보면,

餘燈依古壁, 타다가 남은 등은 벽에 달싹 붙어있고,
片月下滄洲. 조각달은 물가로 내려가누나.

라 하고, 또 〈동림사를 노닐며(遊東林寺)〉라는 시를 보면,

寺寒三伏雨, 삼복 날씨에 비 내리니 절간에 한기 돌고,
松偃數朝枝. 세월의 무게에 못 이겨서 소나무 가지 늘어졌네.

※노귀(老歸) : 노쇠하여 벼슬을 그만두고 돌아옴.
※추창(惆悵) : 실망하여 탄식함.
※서천(西川) : 당시 사천의 성도에 부임한 어떤 검남사천(劍南四川) 절도사를 말하고 있으나, 그 이름은 미상.
※융장(戎裝) : 싸움터로 나아갈 때의 차림. 전쟁의 준비로 무장함.
※검문(劍門) : 사천성 검각현(劍閣縣) 북쪽에 있는 산. 단애 중간에 절개된 곳이 있어 마치 두 개의 산이 우뚝 솟아 문처럼 보인다하여 붙여진 이름이다.

162 | 한악(韓偓) : 《지봉유설(芝峰類說)》 주 843) 참조.

163 | 오융(吳融, ?~903?) : 자는 자화(子華), 월주(越州) 산음(山陰) 사람. 생졸년은 미상이지만 대략 졸년은 당 소종(昭宗) 천복(天復)말년임. 용기(龍紀) 원년에 진사에 급제하여 위소도(韋昭度)가 촉을 정벌하러갈 때 장서기(掌書記)가 되어서 시어사(侍御史)를 겸직했다. 연좌되어 관직을 떠나 형남(荊南)으로 유랑하였으며, 다시 불러 좌보궐(左補闕), 예부시랑, 한림학사, 중서사인이 되었다. 시집으로 4권이 있는데 《문헌통고(文獻通考)》에는 《당영집(唐英集)》 3권이 있다고 기록되어 있다.

라 하고, 또 〈물러나 살다(退居)〉라는 시를 보면,

青山寒帶雨, 　푸른 산엔 썰렁하게 비구름 감기우고,
古木夜啼猿. 　큰 나무 위엔 한밤중 원숭이 울음소리.

이라 하였다. 이것들은 대체로 한악韓偓이나 오융吳融 계열의 작품이라 할 것인데, 세상에서 흔히 볼 수 없기 때문에 기록해 둔다.

[28] 구양부歐陽鈇의 시

宋歐伯威[164], 廬陵人也, 周益公[165]相善. 不利場屋, 篤意於詩. 如 : 『西風五更雨, 南雁數行書.』[166] 『詩成夔子國, 人在仲宣樓.』[167] 『細雨雙飛鷺,

164 | 구백위(歐伯威, 1126~1202) : 구양부(歐陽鈇), 백위는 그의 자. 호는 우암(寓庵), 여릉(廬陵 : 지금의 강서 길안) 사람. 주필대와 동갑으로 젊었을 때 여러번 과거시험을 보았으나 떨어져, 시작(詩作)에 마음을 쏟았음. 문집《좌사집(脞辭集)》이 있다고 하나 전하지 않음.《주문충집(周文忠集)》권74에〈구양백위묘지명(歐陽伯威墓誌銘〉,《성재집(誠齋集》권77에〈구양백위좌사집서(歐陽伯威脞辭集序〉가 있다.《전송시(全宋詩》(북경대학출판부)에 시 10수와 산구(散句) 36구가 수록되어 있음.《시인옥설(詩人玉屑)》권19 등에 그에 대한 기록이 보임.

165 | 주익공(周益公) : 주필대(周必大) 자는 자충(子充), 호는 평원노수(平園老叟), 북송 때의 재상이며 학자로 저서가 81종. 문집인《문충집(文忠集)》외에《이로당(二老堂) 시화》등을 남김.

166 | 서풍오경우(西風五更雨) 두 구 :〈화산사에서 가을의 느낌이 일어(禾山秋興)〉2수중 첫 수 [《송시기사》(권48)]

生計嗟烏有, 　아~ 살길이 막막하구나,
誰人問子虛. 　누가 있는가? 물을 사람조차 없네.
西風五更雨, 　가을바람 타고서 한밤중에 비 내리는데,
南雁數行書. 　남쪽으로 가는 기러기에게 몇 줄 소식을 전하려네.
衰朽兒童笑, 　노쇠하니 아이놈들 비웃는데,
飄流歲月餘. 　표류하다가 보니 세월만 흘렀구나.
秋深新病起, 　가을 깊으니 새 병 생겨나니,
吾志在吾廬. 　나의 뜻은 내 오막살이에 있을 뿐이라네.

寒蓑獨釣船.』168『夢回千里外, 燈轉一窓深.』『誰知花過半, 纔與酒相尋.』『故人驚會面, 新恨說從頭.』『月白玄猿哭, 更殘絡緯悲.』『語離遽如許, 話舊復何時.』『巷南巷北人招飮, 一雨一晴花耐看.』『有客過門湖海

※화산사(禾山寺) : 강서(江西) 영신현(永新縣) 서화(西禾)산 적면봉(赤面峰) 아래에 있다. 예전에는 감로사(甘露寺)라 불렀다. 당 · 송때는 승려들이 많았으며 천명의 스님이 쓰던 솥이 아직 남아있다고 함. 산 앞에는 용문계(龍門溪)라는 시내가 있는데, 흐르는 길이가 약 수천 장에 이른다.

※오유(烏有) : 『어찌 이런 일이 있으랴.』의 뜻으로, 불에 타거나 아무것도 없이 됨을 이름.

※자허(子虛) : 실존하지 않은 가상인물. 한나라 사마상여의 부에 오유와 자허의 대담이 나옴.

※오경(五更) : 하룻밤을 오경(五更)으로 나눈 최종. 오야(五夜). 곧, 오전 3시부터 5시까지의 사이, 날 샐 무렵.

167 | 시성기자국(詩成夔子國) 두 구 : 〈화산사에서 가을에 느낌이 일어(禾山秋興)〉 2수중 둘째 수 [《송시기사》(권48)] 《전송시》(권2333)에는 이 시를 위의 〈화산추흥〉의 제2수로 수록하고 있음.

夜起集萬感, 깊은 밤 일어나니 만감이 일어나는구나,
胡爲淹此留. 어이하여 오래도록 여기에 머물고 있는가?
詩成夔子國, 기자국에서 두보와 같이 시 이루었고,
人在仲宣樓. 중선루에서 왕찬과 같이 소요하였구나.
絡緯聲中淚, 베짱이 울음소리에 눈물 흘리고,
芭蕉雨裏愁. 파초잎 비 맞는 소리에 수심에 잠기네.
遙知屢門倚, 멀리서 알겠구나, 부모님 늘 문에 기대어 기다리시는 모습,
應念有方游. 마땅히 떠돌아다니더라도 행선지나 알려드려야지.

※기자국(夔子國) : 춘추전국시대 호북성에 있던 작은 나라였는데, 초(楚)나라에게 멸망됨. 이곳에서 두보가 〈추흥(秋興)〉(8수) 등 명작을 남기었음.

※중선루(仲宣樓) : 호북성 당양현(當陽縣) 동남쪽에 있는 누각 이름인데, 위(魏)나라 왕찬(王粲), 즉 중선이 글을 잘 지어 남의 추종을 불허했다고 하는 이른바 '중선독보(仲宣獨步)' 의 고사와 넌지시 연관시켜 자신이 기발한 시를 지은 것을 암시하고 있음.

※방유(方游) : 《논어》의 유필유방(遊必有方 : 자식은 나가 다닐 때 반드시 부모에게 행방을 알려야 함)에서 따옴.

168 | 세우쌍비로(細雨雙飛鷺) 두 구 : 여기서부터 〈절구 4수〉 앞까지 보이는 시구들은 모두 제목을 알 수 없는 산구(散句 : 몇 줄씩만 보이는 구)들로 《송시기사(宋詩紀事)》(권48)나 《전송시》에 보임.

士, 隔籬呼取咄嗟間.』『夢回金馬玉堂上[169], 文在氷甌雪椀中.』『靑山如故情非故, 芳草喚愁詩遣愁.』『擾擾情人相顧語, 蕭蕭落木不勝秋.』『風色似傳花信到, 夕陽微放柳梢靑.』『千里歸來人事改, 十年猶幸此身存.』《絶句》四首曰 : 『戀樹[170]殘紅濕不飛, 楊花雪落水生衣. 年來百念成灰冷, 無語送春春自歸.』『桑麻得雨更靑葱, 芍藥留春結晩紅. 怪得鳥聲如許好, 此身如在亂山中.』『爲憐紅杏亞枝斜, 看到斜陽送亂鴉. 又是一春窮不死, 天敎留恨看鶯花.』『蓬窓臥聽疏疏雨[171], 却似芭蕉半夜聲. 煙浪蔽天天倚蓋, 略容一點白鷗明.』皆警語也. 楊誠齋[172]嘗曰 : 『鳥啼花落[173], 欣然會心處, 酌大白, 嘸伯威詩, 欲馭風騎氣也.』

송나라 구백위는 여릉 사람으로 주익공과 친했는데 과거 시험에 실패한 뒤 시작詩作에 전념하였다. 그의 시 가운데 가령

西風五更雨, 가을바람 타고서 한밤중에 비 내리는,
南雁數行書. 남쪽으로 가는 기러기에게 몇 줄 소식을 전하려 하네.

이라고 한 것이나, 또

詩成夔子國, 기자국에서 두보와 같이 시 이루었고,
人在仲宣樓. 중선루에서 왕찬과 같이 소요하였구나.

169 | 금마옥당(金馬玉堂) : 한 대의 미앙궁(未央宮) 중의 금마문(金馬門)과 옥당전(玉堂殿). 모두 문학지사가 출사하는 곳. 한림원(翰林院)의 이칭.
※빙구(氷甌) : 얼음을 넣는 단지. 깨끗한 것의 비유.

170 | 연수(戀樹) : 구부러진 나무(攣樹).

171 | 봉창(蓬窓) : 《전송시》에는 『篷窓』으로 되어있음. 또 『소소(疏疏)』는 『疎疎』로 되어 있음.

172 | 양성재(楊誠齋) : 양만리(楊萬里), 《지봉유설(芝峰類說)》 주 31) 참조.

173 | 조제화락(鳥啼花落) : 주필대의 《문충집(文忠集)》 권74서 양성재[양만리]가 한 말로 인용하고 있음. 〈구양백위묘지명(歐陽伯威墓誌銘)〉에 보임.

이라고 한 것이나, 또

細雨雙飛鷺, 가랑비 오는데 짝지어 백로 날고,
寒蓑獨釣船. 썰렁한 도롱이 입고 혼자서 낚시하네.

이라고 한 것이나, 또

夢回千里外, 꿈속에서 천리 밖 고향으로 돌아가서,
燈轉一窓深. 등불 돌려 창을 보니 어느새 밤이 깊네.

이라고 한 것이나, 또

誰知花過半, 그 누가 알았으랴? 꽃 반 넘어 진 뒤에야,
纔與酒相尋. 술 한 병 달랑 들고 찾아오게 될 줄을?

이라고 한 것이나, 또

故人驚會面, 놀라워라! 옛 친구 얼굴 보다니,
新恨說從頭. 자초지종 얘기함에 원통한 생각 새로 드네.

이라고 한 것이나, 또

月白玄猿哭, 달빛 밝으니 검붉은 원숭이 통곡하고,
更殘絡緯悲. 밤 다 갔는데 베짱이 울음소리 슬프구나.

이라고 한 것이나, 또

語離遽如許, 이별을 나눔이 이와 같이 갑작스러운가?
話舊復何時. 옛 이야기 할 날이 언제 다시 올 것인가?

이라고 한 것이나, 또

巷南巷北人招飮,　이 마을 저 마을 사람 불러 술 마시는데,
一雨一晴花耐看.　비 왔다 개었다하니 꽃 보기 정말 좋네.

이라고 한 것이나, 또

有客過門湖海士,　어떤 나그네 들렸는데 호걸풍의 재야인사,
隔籬呼取咄嗟間.　울타리 밖에서 부르더니 순식간에 어울려 버렸네.

이라고 한 것이나, 또

夢回金馬玉堂上,　꿈결 속에 한림원翰林院을 돌아보고 나왔는데,
文在氷甌雪椀中.　얼음 단지 눈 접시에 글이 가득 쌓였더라.

이라고 한 것이나, 또

靑山如故情非故,　산은 옛 산인데 인정은 옛 정 아니구나,
芳草喚愁詩遣愁.　풀만 봐도 우울해져 시 한 수로 시름 쫓네.

이라고 한 것이나, 또

摻摻情人相顧語,　어수선하게 정든 사람 나를 돌아보고 말을 하는데,
蕭蕭落木不勝秋.　쓸쓸하게 나뭇잎 떨어지니 이 가을을 견디기 어렵구나.

이라고 한 것이나, 또

風色似傳花信到,　날씨 보니 꽃 소식이 올라오는 듯,

夕陽微放柳梢靑.　　석양 빛 가늘게 내쏘니 버들 끝이 푸르구나.

이라고 한 것이나, 또

千里歸來人事改,　　천리 길 돌아오니 인간 세상 변했는데,
十年猶幸此身存.　　십 년 동안 이 몸뚱이 부지한 것 다행이네.

라고 한 것이나, 또 그의 절구 4수에

戀樹殘紅濕不飛,　　구부러진 나무에 남은 꽃송이 물기에 젖어 날리지 않고,
楊花雪落木生衣.　　버들꽃 눈처럼 떨어지니 나무가 옷을 입은 듯하네.
年來百念成灰冷,　　그 동안의 온갖 생각 싸늘히 재로 변했는데,
無語送春春自歸.　　말없이 봄 보내니 봄 혼자서 돌아가네.

라 하고

桑麻得雨更靑葱,　　뽕나무며 삼줄기 비 맞고는 더 푸르고,
芍藥留春結晩紅.　　작약도 봄 붙잡아 늦 꽃잎을 피웠구나.
怪得鳥聲如許好,　　괴이하다 이렇듯 좋은 새 소리가 들리다니,
此身如在亂山中.　　이내 몸 첩첩 산중에 있는 듯 착각에 빠지누나.

이라 하고

爲憐紅杏亞枝斜,　　빨간 살구 잔가지 늘어진 것 가련히 여기고 있는데,
看到斜陽送亂鴉　　지는 햇빛에 어지러이 나는 까마귀떼 보내는 걸 보네.
又是一春窮不死,　　또 봄철이 왔는데 모질게도 살려둠은,
天敎留恨看鶯花.　　하느님이 한스러움 속에 품고 봄 경치 보게 함이지.

라 하고

蓬窓臥聽疏疏雨,	배 안에 드러누워 뚜욱 뚜욱 빗소리 듣자하니,
却似芭蕉半夜聲.	도리어 한밤중 파초 잎에 떨어지는 소리와 비슷하네.
煙浪蔽天天倚蓋,	물안개 하늘을 덮고 하늘은 뱃지붕에 붙어 있는데,
略容一點白鷗明.	그 속을 날아가는 갈매기 흰점 하나 겨우 용납하고 있네.

이라 한 것 등은 모두가 기발한 표현들인데, 양만리는 일찍이 말하기를 "새 울고 꽃 지는 계절 완전히 심기心氣에 들어맞는 곳에서 큰 술잔을 기울이고 백위의 시를 음미하면서 바람 기운을 타고 노닐고 싶다." 하였다.

[29] 소식蘇軾이 극찬한 문동文同의 〈진왕권의秦王卷衣〉

文與可[174]名仝, 蜀人, 進士高第, 操韻高潔. 東坡謂與可有四絶 : 一楚辭, 二草書, 三詩, 四畫.[175] 溫公[176]亦稱其襟韻瀟灑, 如晴雲秋月[177]. 有

174 | 문여가(文與可, 1018~1079) : 문동(文仝), 자가 여가(與可). 소소선생이라 자호하였고, 석실선생, 또는 금강도인이라고도 일컬어졌다. 재주(梓州) 영태(永太, 지금의 사천성 염정현(鹽亭縣) 사람. 인종때 태상박사(太常博士), 집현교리(集賢校理)등과 여러 지방관을 역임. 특히 회화에 뛰어나서 시도 화가의 눈으로 자연을 노래한 작품이 많으며 시문집으로 〈단연집(丹淵集)〉 40권이 전해진다. - 《신역 송시선》 김학주 역저, 2003년 초판, 명문당,

175 | 여가유사절(與可有四絶) : 《동파전집》(권16) 〈문여가의 묵죽에 적는다(書與可墨竹)〉는 시의 서문에 보임.

176 | 온공(溫公, 1019~1086) : 사마광(司馬光), 북송 때의 학자, 정치가. 자는 군실(君實). 호는 우부(迂夫) · 우수(迂叟). 사마온공(司馬溫公)이라고도 한다. 신종 초에 왕안석의 신법(新法)에 반대하여 은퇴하고 철종 때에 재상이 되자, 신법을 폐하고 구법(舊法)으로 통치하였다. 저서에 《자치통감》, 《사마문정공집(司馬文正公集)》이 있다.

177 | 청운추월(晴雲秋月) : 《송사》(권443) 〈문동열전〉에는 이 말은 성도태수를 지낸 문언박(文彦博)이 문동에게 보낸 편지에 쓴 것으로 되어있음.

《秦王卷衣》篇, 爲世膾炙. 其詩曰 : 『咸陽[178]秦王家, 宮闕明曉霞. 丹文映碧鏤, 光彩相鉤加. 銅螭逐銀猊, 壓屋驚蟠挐. 洞戶鎖日月, 其中光景賒. 春風動珠箔, 鸞額金窠斜. 美人却扇坐, 羞落庭下花. 閒弄玉指環, 輕氷扼[179]紅牙. 君王顧之笑, 爲住七寶車. 自卷金縷衣, 龍蚪蔚芬葩. 持以贈所愛, 結歡其無涯.』 世罕知之, 竝表其人始末.

문여가는 이름은 동이고 촉나라 사람으로서 진사시험에 우등으로 합격했는데 시의 품격이 고결하다. 소식은 문동에게 4절絶이 있다고 하면서 첫째로 초사, 둘째로 초서, 셋째로 시, 넷째로 그림을 꼽았으며, 사마광도 그의 운격韻格이 맑고 깨끗하다고 하면서 마치 맑게 갠 하늘의 가을 달과 같다고 하였다. 〈진왕권의秦王卷衣〉라는 시편이 세상에 회자膾炙되고 있는데, 그 시를 보면,

咸陽秦王家, 　함양에 있는 진 나라 왕실이여,
宮闕明曉霞. 　궁궐에 아침 햇빛 밝아오네.
丹文映碧鏤, 　단청 무늬 푸르게 새긴 장식에 아른거리고,

178 | 함양(咸陽) : 진나라의 서울. 지금의 섬서성 함양현.
※반나(蟠挐) : 盤挐와 같은 뜻인데, 용이나 뱀같은 것이 딴 것을 잡아 먹으려 할 때 납죽하게 엎드려 몸을 틀고 있는 모습을 말함. 두보의 〈이조가 쓴 팔분체 소전을 노래함(李朝八分小篆歌)〉: 팔분체 한 글자 백양의 금값 나가나니 교룡이 납죽하게 엎드렸는데, 온 몸에 힘이 빳빳하게 서린 듯 하구나.(八分一字直百金蛟龍盤挐肉屈强). 여기서는 그러한 모습을 한 짐승들 조각을 말함.
※액홍아(扼紅牙) : 원래 「袍」자로 되어 있으나 뜻이 통하지 않기 때문에 지금 《전송시》에 의거하여 고침. 홍아(紅牙) : 단향목으로 만든 붉은 색의 악기인데, 박자를 조절하는 박판(拍板)으로 사용됨. — 원주(原註).
※문동의 《단연집》과 《상촌집》에 나오는 글자가 약간 다른데 제6구의 『矜』이 『驚』으로, 제14구의 『扼』이 『袍』로, 제16구의 『駐』가 『住』로, 제18구의 『鸞』이 『蚪』로, 『芬』이 『葩』로 《상촌집》에 되어 있음.
179 | 액(扼) : 원작에는 '袍'로 되어 있는데 뜻은 없다. 《전송시》 北京大學出版社, 1992. 에 의거하여 고침. — 원주(原註).

光彩相鉤加. 광채 받아 서로들 영롱함 더하누나.
銅螭逐銀猊, 청동으로 된 이무기는 은 사자를 쫓아가고,
壓屋矜蟠拏. 짓누르는 건물 지붕 온갖 엎드린 것들 기세구나.
洞戶鎖日月, 깊숙한 문안에는 해와 달도 갇혔나니,
其中光景賖. 그 속의 온갖 광경 으리으리하고도 남았다오.
春風動珠箔, 봄바람 건듯 불어 구슬발이 흔들리니.
鸞額金窠斜. 난새 같이 고운 이마 황금자리 안에서 살짝 기울어 졌네.
美人却扇坐, 미인 부채도 놔둔 채 홀로 앉았으니,
羞落庭下花. 뜰아래 꽃조차 부끄러워 떨어지게 하네.
閒弄玉指環, 옥가락지 낀 손 한가롭게 놀리면서,
輕氷扼紅牙. 엷은 얼음 같은 손목으로 홍아를 잡았네.
君王顧之笑, 군왕이 돌아보고 미소를 지으면서,
爲駐七寶車. 칠보 장식 수레를 멈추라 명령했네.
自卷金鏤衣, 황금으로 새긴 의복 스스로 말아 드니,
龍鸞蔚紛葩. 용과 난새 꽃들 무늬 아름답게 어울렸네.
持以贈所愛, 사랑스런 여인에게 선물로 넘겨주니,
結歡其無涯. 함께 즐김 아마도 끝이 없으리.

라고 하였다. 세상에서는 이를 잘 알지 못하기에 그 사람의 이력과 함께 기록해둔다.

[30] 강서시파江西詩派와 견주어도 손색이 없는 왕종王從의 시

宋王從正夫[180], 號三近齋. 其詩如:『落木森猶力, 寒山淡欲無.』『地迥

180 | 왕종정부(王從正夫, 1119~1178) : 이름이 왕종, 자는 정부(正夫), 호는 삼근재(三近齋)다. 송나라 대명부(大名府 : 지금의 하북)인으로, 왕단(王旦)의 5세손이며, 효종 건도(乾道) 년간에 임안통판(臨安通判)이 되었다가 신주(信州)지부 등을 지냈음. 시에 뛰어났고《삼근재여록(三近齋餘錄)》이 있다고 하나 지금은 전하지 않으며,《전

高樓目, 天寒故國心.』[181]『涼風回遠笛, 暝色帶歸舟.』『塵心依水淨, 歸鬢與山靑.』不減晩唐. 如 :『墮蕊盡應輸燕子, 懶寒猶及占梨花.』『一番風雨催寒食, 千里鶯花想故園.』『身閒更得憑陵酒, 花早殊非愛惜春.』『秋生列岫雲猶薄, 泉瀨懸崖路更慳.』置之江西社[182]中何辨?

송나라 왕종정부는 호를 삼근재라 하는데, 그의 시 가운데 가령

落木森猶力,　　낙엽은 다 졌어도 나무들 오히려 힘 있게 서 있고,
寒山淡欲無.　　썰렁한 산 아무 생각 없이 담담해 지려 하는구나.

라든가, 또

송시》에 시 1수와 산구(散句) 10여구가 전할 뿐임.

※왕단(王旦, 957~1017) : 북송 진종 때의 명재상. 자는 자명(子明), 대명부 신현(莘縣) 사람. 왕호(王祜)의 아들이다. 태평흥국(太平興國) 연간에 진사가 된 후, 진종 때 추밀원(樞密院)의 지사(知事)가 되어 여러 번 국정을 담당하였는데, 국정의 처리와 인사발령이 공정하고 깨끗하여 한번도 어그러지지 않았다. 사후 위국공(魏國公)에 봉해졌으며, 시호는 문정(文正)이다. 《문원영화집(文苑英華集)》에 그의 글이 들어있다.

181 | 지형고루목(地迥高樓目) 두 구 : 〈장진언이 지은 가을날이라는 시의 각운자에 맞추어(次韻張晉彦秋日)〉《전송시》(권2100)

地迥高樓目,　　은 먼 곳인데 높은 누각만 눈에 보이고,
天寒故國心.　　날씨 차가우니 고향 생각 간절하네.
江鷗無萬里,　　물새는 만 리 길 먼 줄 모르고,
雲木自千尋.　　운목은 스스로 8천척이나 자라네.
門掩斜陽下,　　문은 닫쳤는데 석양도 지니,
人歸落葉深.　　사람 돌아가는데 낙엽만 깊었구나.
風前悵何許,　　찬바람 부니 얼마나 구슬픈가?
入耳越鄕吟.　　귀에 들리나니 오직 월지방 사투리 뿐.

※천심(千尋) : 8천 척(尺). 대단히 높거나 대단히 깊음을 이름.
※이 시를 제외하고서 여기에 인용된 시구들은 모두 산구(散句)들임.

182 | 강서사(江西社) : 황정견(黃庭堅 : 《파한집(破閒集)》 주 19) 참조)을 종주로 하는 강서시파를 말함.

地迥高樓目,　　땅은 먼 곳인데 높은 누각만 눈에 보이고,
天寒故國心.　　날씨 차가우니 고향 생각 간절하네.

이라든가, 또

涼風回遠笛,　　산들바람 먼 피리 소리 돌아오게 하고,
瞑色帶歸舟.　　어스름 저녁 빛 돌아오는 고깃배 이끄네.

라든가, 또

塵心依水淨,　　먼지 낀 마음 물로 인해 깨끗해지고,
歸鬢與山青.　　돌아가는 귀밑머리 산때문에 검어 지누나.

같은 것은 만당의 시와 비교해도 손색이 없고, 또 가령

墮蘂盡應輸燕子,　　떨어진 꽃술 모두 제비 새끼 몫일 텐데,
懶寒猶及占梨花.　　게으른 추위는 여전히 배 꽃 위에 앉아 있네.

라든가, 또

一番風雨催寒食,　　한 바탕 비바람 한식을 재촉하니,
千里鸎花想故園.　　꽃은 만발 꾀꼬리 울음 고향이 생각나네.

이라든가, 또

身閒更得憑陵酒,　　몸이 한가하니 다시 술타령 할 수 있고,
花早殊非愛惜春.　　꽃 일찍 졌으니 봄을 아낄 것도 없구나..

이라든가, 또

秋生列岫雲猶薄,	가을 기운 산봉우리에 생겨나니 구름은 오히려 엷고,
泉瀨懸崖路更慳.	절벽 타고 흐르는 물길을 더욱 좁게 만드네.

같은 것은 강서시파 가운데 놓아두어도 차이를 발견하지 못하게 될 것이다.

[31] 상제의 음악과 같은 이태백의 시

太白[183], 仙人也, 集中所載, 無一可疵. 雖有後之善摘瑕者, 亦難容其三尺喙矣. 如〈上雲樂〉[184], 〈菩薩蠻〉[185], 〈獨漉篇〉[186], 〈天姥吟〉[187] 等作, 俱是鈞天帝律, 豈世間噍嚾[188]者所彷彿耶?

183 | 태백(太白) : 이백, 《효빈잡기(效顰雜記)》 주 3) 참조.

184 | 〈상운악(上雲樂)〉 : 일반적으로는 신선을 묘사하는 악부시의 제목으로 사용되나, 여기서는 위진시대에 후조(後趙)를 세웠던 갈족(羯族) 출신의 군주 석륵(石勒 : 274~333)같이 잘 생긴 여러 오랑캐 족장들을 모두 복종시킨 당나라 천자, 특히 현종의 덕을 칭송하고 있음.[《전당시》(권21)]

金天之西,	서쪽 하늘의 서쪽,
白日所沒.	대낮의 해가 지는 곳.
康老胡雛,	문강(文康)의 후손 석륵(石勒)이란 늙은 오랑캐 놈이,
生彼月窟.	저 월굴의 땅에서 태어났다네.
巉巖容儀,	용모와 거동은 저렇게 높이 솟았고,
戍削風骨.	풍채와 골격은 저렇게 날씬하구나.
碧玉炅炅雙目瞳,	푸르게 빛나고 빛나는 두 눈동자,
黃金拳拳兩鬢紅.	금빛 머릿결 꾸불꾸불한데 두 살쩍은 붉도다.

……

※상운악 : 양(梁)나라 시대부터 당나라 시대에 걸쳐 행해졌던 가면희(假面戲)인데, 그 연출 모습을 노래한 주사(周捨)와 이백의 시를 살펴보면, 나이든 호인(胡人) 문강(文康)이 천자(天子)의 성덕(聖德)을 전해 듣고 중국 땅을 찾아와 종자(從者)들과 함께 음악에 맞추어 호무(胡舞)를 추고 축수(祝壽)를 하는 내용으로 되어 있다.

※금천(金天) : 가을 하늘. 오행설(五行說)에서, 금(金)은 가을에 배당함.

※참암(巉巖) : 깎아지른 듯이 높이 솟은 모습.

※수삭(戍削) : 날씬하게 마른 모습.

※경경(炅炅) : 불빛이 반짝거리는 모양. 『炅』은 『耿』과 동자이다.

※권권(拳拳) : 참마음을 다하여 정성(精誠)스럽게 간직함 또는 그 모양(模樣).

※양빈(兩鬢) : 양쪽 관자놀이와 귀밑에 난 털.

185 | 〈보살만(菩薩蠻)〉 : 당나라 교방 악곡의 이름인데, 이백이 처음으로 사(詞)의 제목으로 사용하였다고 전하나, 이 곡 자체를 이백이 지었는지는 미상.[《사율(詞律)》(권4)]

平林漠漠烟如織, 아득한 나무숲엔 저녁 안개 자욱하고,
寒山一帶傷心碧. 산의 검푸름은 마음을 슬프게하네.
暝色人高樓, 어둠이 높다란 누각에 찾아오니,
有人樓上愁. 누각의 나그네 시름에 잠기도다.
玉階空佇立, 옥계단에 홀로 망연히 서 있으니,
宿鳥歸飛急. 깃들이는 새 둥지로 급히 날아가네.
何處是歸程, 어디가 내 돌아갈 길인가?
長亭連短亭. 시오리 정자 길이 오리 정자길과 끝없이 이어져 있는데.

※보살만(菩薩蠻) : 당나라 교방 악곡의 이름. 하엽배(荷葉杯), 만년환(萬年歡), 천선자(天仙子), 알금문(謁金門), 포구악(抛球樂), 낭도사(浪淘沙), 하방원(遐方怨), 서강월(西江月), 소충정(訴衷情) 등과 같이 당나라 교방의 악곡 명칭이다. 격률은 8구이며 44자로 되어있다. 매구를 모두 압운하며 두구씩 운을 달았다.

※저립(佇立) : 우두커니 섬. 정지함.

※귀정(歸程) : 귀로(歸路).

※단정장정(短亭長亭) : 작은 숙사(宿舍)와 큰 숙사. 옛날에 오 리(五里)마다 단정을, 십 리마다 장정을 두었음.

186 | 〈독록편(獨漉篇)〉 : 『獨綠』이라고도 적는데, 아버지의 원수를 갚는 것을 내용으로 노래하는 춤노래이나, 여기서는 나라의 원수를 갚는 내용을 담고 있음.[《전당시》(권22)]

獨漉水中泥, 독록의 물은 흙탕물이라,
水濁不見月. 물이 흐려서 달을 볼 수가 없구나.
不見月尙可, 달을 보지 못해도 상관없으나,
水深行人沒. 물이 깊어 행인이 빠진다니 문제다.
越鳥從南來, 월나라 새는 남쪽에서 날아오고,
胡鷹亦北渡. 오랑캐 매도 북쪽에서 건너온다.
我欲彎弓向天射, 내가 활을 당겨 하늘 향해 쏘려고 해도,
惜其中道失歸路. 그 중에 어떤 것이 도중에서 돌아갈 길 잃을까 안쓰럽다.
……

※독록편(獨漉篇) : 진(晉) 나라 때의 악부(樂府) 불무가사(拂舞歌辭)의 이름으로, 『獨祿』이라고도 적음. 혼란한 세속을 풍자하는 내용을 담고 있다. 그 첫 구절이 『물 마르게 하리, 물 마르게 하리, 물 깊으면 진흙탕 되네. 진흙탕 되어도 좋겠지만, 물 깊으면 나를 죽이네(獨漉獨漉, 水深泥濁. 泥濁尙可, 水深殺我)』로 시작된다.

※월조(越鳥) : 남쪽 지방의 새인데 다른 지방에 가서도 고향을 그리며 남쪽 가지에 앉는다고 한다. 고향에 대한 그리움을 나타내는 말로 쓰였다.

187 | 〈천모음(天姥吟)〉 : 《이태백시집》(권15)에는 〈꿈에 천모산에 가서 논 것을 읊어 남겨두고 떠남(夢遊天姥, 吟留別)〉으로 되어있음.[《섬록》(권6상)]

海客談瀛洲, 바다에서 온 나그네 영주에 관하여 이야기 하나,

이백은 선인仙人이다. 그의 시집에 수록된 것 가운데 흠 잡을 만한 것이 하나도 없으니 아무리 후대에 흠을 잘 잡아내는 사람이 있다 하더라도 세치의 혀를 놀리기가 어려울 것이다. 가령 〈상운악〉·〈보살만〉·〈독록편〉·〈천모음〉등 작품들은 모두가 천상에서 연주하는 상제의 음악과 같다 할 것이니, 어찌 세상에서 잠꼬대나 하는 자들이 비슷하게라도 따라갈 수 있는 것이겠는가.

[32] 동시 느낌이 물씬 나는 구우瞿佑의 시

明初有瞿佑宗吉[189]者, 其詩雖過於嫩媚, 亦自艷麗可愛. 如 : 『兼旬蹭蹬

煙濤微茫信難求.	안개와 파도 아득하여 정말 찾기 어렵다네.
越人語天姥,	월 땅 사람들 천모산에 관하여 말하는데,
雲霓明滅或可睹.	구름이 걷히면 더러 볼 수도 있다네.
天姥連天向天橫,	천모산 하늘에 연이어 하늘을 향하여 가로 놓여,
勢拔五岳掩赤城.	기세 오악보다 뛰어나 온 중국을 막고 있다네.
天臺四萬八千丈,	천태산의 4만 8천 길 높이도,
對此欲倒東南傾.	이 산과 상대하면 동남쪽으로 기울어지려 한다네.
……	

※천모음(天姥吟) : 천모는 산 이름인데 절강성에 있음.
※영주(瀛洲) : 삼신산(三神山)의 하나. 동해(東海) 중에 있는 신선(神仙)이 산다는 곳.
※미망(微茫) : 흐릿한 모양. 모호한 모양.
※운예(雲霓) : 구름과 무지개를 아울러 이르는 말. 비가 올 징조.
※오악(五岳) : 중국의 태산(泰山)·화산(華山)·형산(衡山)·항산(恒山)·숭산(嵩山)을 이름.
※천대산(天臺山) : 중국 절강성(浙江省) 천대현(天臺縣)에 있는 명산. 수나라 때에 지의(智顗)가 천태종을 개설한 곳으로 불교의 일대 도량(道場)이며, 지금도 국청사 등의 큰 절이 있다.

188 | 암예(喑囈) : 잠꼬대. 일설에는 코고는 소리.

189 | 구우종길(瞿佑宗吉, 1341~1427) : 절강성 임안현 전당(錢塘) 사람. 구우는 이름, 종길은 그의 자. 호는 존재(存齋). 임안 등의 지방 현에서 훈도(訓導)를 지냈고, 국자감의 조교 등을 역임했다. 뒤에 주왕부(周王府) 장사(長史)가 되었으나 필화사건(筆禍事件)에 휘말려 섬서성 보안으로 유배되었다가 1425년 사면되어 귀향했다. 고금의 괴기담을 모은 문어체(文語體) 단편소설집 《전등신화》는 문어소설분야에 새로

在京華, 又見東風御柳斜. 客裏不堪佳節過, 借人亭館看梨花.』[190] 『牽牛花碧豆花香, 血色蜻蜓點水忙. 人在漁村斜照裏, 數聲簫笛隔垂楊.』[191] 『蕉葉陰陰艾葉香, 菖蒲苗短菊苗長. 夜來知有蝸牛過, 一道銀光在粉墻.』 『出巢新燕傍簾帷, 乳鴨浮沈水滿陂. 葉底靑蟲時節近, 化爲蝴蝶上花枝.』[192] 豈不佳甚?

명나라 초엽에 구우라는 자가 있었는데, 그 시가 너무 유치하게 어리광을 피우는 면은 있지만 그래도 아름답고 고운 점은 아껴줄 만하다. 가령

兼旬蹭蹬在京華,	열흘 이상 풀이 죽어 번화한 서울 있었는데,
又見東風御柳斜.	동풍이 또 건듯 불어 대궐 앞 버들 날리누나.
客裏不堪佳節過,	좋은 계절 지나는 것 나그네 참지 못해,
借人亭館看梨花.	남의 정자 빌려 앉아 배나무 꽃 쳐다보네.

라는 시나, 또

牽牛花碧豆花香,	나팔꽃은 푸르고 콩 꽃향기 은은한데,
血色蜻蜓點水忙.	새빨간 잠자리 떼 물에 점찍기 바쁘구나.
人在漁村斜照裏,	저녁 햇살 받으며 어촌에 있다 보니,

운 바람을 일으켰다. 《귀전시화 (歸田詩話)》·《영물시(詠物詩)》 외에는 전해오는 저술이 없다.

190 | 겸순층등재경화(兼旬蹭蹬在京華) 네 구 : 시 원제는 〈청명(淸明)〉이다. [《西湖遊覽志》(卷24)]
※겸순(兼旬) : 순(旬)을 겸한다는 뜻으로, 기간이 열흘 이상 걸림을 이르는 말.
※층등(蹭蹬) : 『蹬』은 헛디디는 모양. 실족하는 모양. 세력을 잃는 모양.

191 | 견우화벽두화향(牽牛花碧豆花香) 네 구 : 시 원제는 〈연못 강가를 거닐며(池河道中)〉이다. [《서호유람지(西湖遊覽志)》(卷19)]

192 | 출소신연방렴유(出巢新燕傍簾帷) 네 구 : 시 원제는 〈서재에서 앉아 사물을 관찰하며(齋居觀物)〉이다. [《서호유람지(西湖遊覽志)》(卷24)]

數聲蘆笛隔垂陽.　　수양버들 저 너머 들려오는 피리 소리.

이라는 시나, 또

蕉葉陰陰艾葉香,　　파초 잎새 무성한데 쑥잎 향기 은은하고,
菖蒲苗短菊苗長.　　창포 모는 짧은데 국화 싹은 길었구나.
夜來知有蝸牛過,　　간밤에 달팽이가 지나간 것 알겠나니,
一道銀光在粉墻.　　하얀 담에 은빛 길 외줄기로 나 있구나.
出巢新燕傍簾帷,　　둥지 나온 제비 새끼 발 휘장 옆에 앉아 있고,
乳鴨浮沈水滿陂.　　넘실대는 방죽 물에 오리 새끼 미역 감네.
葉底青蟲時節近,　　나뭇잎의 푸른 벌레 시절이 가까우니,
化爲胡蝶上花枝.　　호랑나비로 변신하여 꽃가지에 올라가리.

라는 시 등을 보면 너무도 아름답다고 하지 않을 수 있겠는가.

[33] 신의 경지에 오른 소식蘇軾의 시

東坡[193]詩文, 俱神境也, 世之學唐者常訾之. 若簡摘其艷麗, 略爲數卷書行于世, 何渠不若唐家時世妝[194]耶? 只以家數[195]甚大, 掐井之見.有望洋之歎爾. 如 〈四時詞〉[196], 置之唐集, 則溫・李[197]未必爲前茅. 每詠其絶

193 | 동파(東坡) : 소식(蘇軾), 《제호시화(霽湖詩話)》 주 82) 참조.
194 | 시세장(時世妝) : 시대의 유행에 따라서 화장을 하는 것.
195 | 가수(家數) : 자기와 같은 파에 속한 사람들만 계산에 넣는 것.
196 | 사시사(四時詞) : 봄, 여름, 가을, 겨울 사시절에 대하여 규방의 아녀자가 신세타령하는 내용을 각각 7언 8구씩으로 쓴 악부체의 시 — [《동파시집주》(권21)]
197 | 온・리(溫・李) : 당나라 말기에 여성의 감정을 잘 묘사한 온정균(溫庭筠)과 이상은(李商隱)같은 시인들.
※온정균(溫庭筠) : 《지봉유설(芝峰類說)》 주 149) 참조.
※이상은(李商隱) : 《오산설림(五山說林)》 주 122) 참조.

句『梨花淡白柳深青, 柳絮飛時花滿城. 惆悵東欄一株雪, 人生看得幾淸明』[198], 其俯仰遷逝之意, 寓於風花煙柳之間, 可謂十分地位. 其〈過巫山用杜子美韻〉曰 :『巴俗深留客, 吳儂但憶歸. 直知難共語, 不是故相違. 東縣聞銅臭, 江陵換裌衣. 丁寧巫峽雨, 愼莫暗朝暉.』[199] 太逼杜家. 苟非易牙之口, 難辨其爲淄爲澠.[200]

소식은 시나 문장 모두 신의 경지에 들어갔다고 해야 할 것이다. 세상에서 당대唐代의 작품을 높이 평가하는 자들은 늘 동파를 헐뜯는데, 만약 아름답고 고운 작품을 추려내어 대략 몇 권의 책으로 만든 다음 세상에 유행시킨다면, 동파가 어찌 당대에 유행한 시들보다 못할 리가 있겠는가. 단지 자기 일파만 높게 헤아리다보니 우물 안 개구리의 소견으로 가없는 바다를 바라보는 탄식을 금할 수 없게 되는 것일 따름이다. 가령 〈사시사四時詞〉를 당대의 선집 가운데에 넣는다면 온정균이나 이상은이 꼭 선구가 된다고 할 수 없을 것이다. 매번 그가 지은 바

198 | 이화담백류심청(梨花淡白柳深青) 네 구 : 〈동편 난간의 배꽃(東闌梨花)〉이라는 칠언 절구시임. [《동파시집주》(권15)]

199 | 파속심류객(巴俗深留客) 여덟 구 : 《동파시집주》(권21)에는 이 시의 제목을 〈장난삼아 무산현을 제목으로 삼아, 두보시의 각운자를 사용하여(戲題巫山縣, 用杜子美韻)〉으로 되어 있는데, 두보가 쓴 〈무산현의 청사벽에 적음(巫山題壁)〉의 각운자를 빌려 쓴것임. 그러나 이 시는 황정견의 시집(《산곡시주 · 권 14》)에도 수록되어 있으며, 《전송시》에도 황정견의 작품으로 수록되어 있음.
※동현문동취(東縣聞銅臭) : 촉 땅 사람들이 철전(鐵錢)을 사용하다가 무산을 지나면 동전(銅錢)을 쓰기 시작한다고 하는데, 이에 연유하여 무산의 강 위에 있는 두 돌이 동전퇴(銅錢堆)와 철전퇴(鐵錢堆)로 명명되었다 함. 그리고 강릉은 더운 지역이기 때문에 겹옷을 벗는다고 하는 말임.
※강릉(江陵) : 춘추시대의 초나라의 도읍. 영(郢)의 땅. 지금의 호북성 강릉현(江陵縣)

200 | 난변기위치위면(難辨其爲淄爲澠) : 고도의 전문가가 아니면 차이점을 가려내기 힘들다는 말임.
※치면변미(淄澠辨味) : 제환공의 신하 역아가 맛을 잘 알아 치수(淄水)와 면수(澠水)의 물맛을 보고 알아냈다는 고사임. 《열자 설부(說符)》

梨花淡白柳深青, 배꽃은 담백하고 버들은 짙푸른데,
柳絮飛時花滿城. 버들 솜 날릴 때는 꽃이 성 안에 가득하네.
惆悵東欄一株雪, 슬프다 동쪽 난간 한 그루 눈꽃이여,
人生看得幾清明. 살아서 몇 번이나 청명 절후 맞을런가.

이라는 절구를 읊노라면, 부앙俯仰하는 사이에 세월이 흘러가 버리는 뜻을 바람꽃과 안개처럼 퍼지는 버들 사이에 붙여 놓은 것을 알 수 있는데, 정말 완전한 경지에 올라 선 시라고 할 것이다. 그가 〈무산巫山에 들렀다가 두보의 각운자를 써서 지은 시〉를 보면,

巴俗深留客, 파촉 땅 풍속 손님 못 가게 붙드는데,
吳儂但憶歸. 오나라 사람은 돌아갈 생각만 하네그려.
直知難共語, 같이 얘기하기 어려운 것은 알겠네만,
不是故相違. 고의로 어긋나려 해서는 아니라네.
東縣聞銅臭, 동현에 도착하면 구리 냄새 물씬 나겠고,
江陵換袂衣. 강릉에 이르면 겹옷 바꿔 입겠지요.
丁寧巫峽雨, 간절히 바라노니 무협에 오는 비여,
愼莫暗朝暉. 제발 내일 아침 햇살 어둡게 하지 마소.

라고 하였는데, 너무도 두보의 시풍과 비슷하다.

[34] 고사古事를 너무 많이 써서 흠이 된 소식蘇軾의 시

病東坡者, 以其用古事太多, 比之飣餖, 此論亦宜矣. 東坡之用古事, 只患才之太多, 出語天成而不自覺爾, 奚可以此而尤之耶? 如 : 『草滿池塘霜送梅, 疏林野色近樓臺. 天圍故越侵雲盡, 潮上孤城帶月廻. 客夢冷隨楓葉斷, 愁心低逐雁聲來. 流年又喜經重九, 可意黃花是處開.』[201] 『漏聲透入碧窓紗, 人靜鞦千影半斜. 沈麝不燒金鴨冷, 淡雲籠月照梨花.』[202] 『淡月疏星繞建章, 仙風吹下御爐香. 侍臣鵠立通明殿, 一朶紅雲捧玉皇.』[203]

『釣艇歸時菖葉雨, 繰車鳴處楝花風. 長江昔日經遊地. 盡在如今夢寐中.』[204] 『楸樹高花欲揷天, 暖風遲日共茫然. 落英滿地君方見, 惆悵春光又一年.』[205] 『春宵一刻直千金, 花有淸香月有陰. 歌管樓臺聲細細, 秋千院落夜沈沈.』[206] 『塘上鉤簾對晩香, 不知斜日已侵床. 江妃自借凌波襪, 長在高荷扇影涼.』[207] 此等何可盡記? 可令許渾[208] · 劉滄[209]輩不作衙官也耶?

201 | 초만지당상송매(草滿池塘霜送梅) 여덟 구 : 〈가을이 늦어가니 나그네 흥이나네(秋晩客興)〉이며 칠언 율시임. 제4구의 『廻』가 『回』로, 제6구의 『聲』이 『行』으로 《소동파시집》에 되어 있음. 《동파전집》(권28).

※안행(雁行) : 기러기가 가지런히 날듯이 형제가 함께간다는 뜻도 있음.

202 | 누성투입벽창사(漏聲透入碧窓紗) 네 구 : 〈한식날 밤이라는 제목의 칠언절구(寒食夜)〉이다. 《상촌집》에는 제2구의 『추천(鞦韆)』이 『秋千』으로 되어 있음. 《어선송시》(권66).

※누성(漏聲) : 물시계의 물이 떨어지는 소리.

※금압(金鴨) : 쇠붙이로 만든 향로(香爐). 모양이 오리같이 되었으므로 이름.

203 | 담월소성요건장(淡月疏星繞建章) 네 구 : 〈정월 대보름날 황제를 모시고 누각에서 술 마시며 동료에게 드림(上元侍飮樓上呈同列)〉 3수 가운데 첫 수 이다. [《석창력대시선》(권150)]

※건장궁(建章宮) : 한나라, 무제 때에, 장안(長安)의 성서(城西)에 세운 궁전. 2층 복도로 미앙궁(未央宮)과 연결되어 있다.

※통명전(通明殿) : 여기서는 송나라 천자의 궁전을 말함.

※옥황(玉皇) : 옥황상제, 여기서는 송나라 천자를 말함.

204 | 조정귀시창엽우(釣艇歸時菖葉雨) 네 구 : 〈내 나이 39세 때 윤주(潤州)를 가는 길 위에서 제야(除夜)를 보내며 시를 지었는데, 20년 뒤 혜주(惠州)에 있으며 그때의 일을 추억하며 기록하여 아들 과에게 주노라(僕年三十九在潤州道上, 過除夜, 作此詩, 又二十年, 在惠州追錄之, 以付過)〉 2수 중 제2수 [《소식시합주(合注)》] (권48) [《동파시집주》(권18)]

※조거(繰車) : 물레. 고치에서 실을 켜는 물레. 소거(繅車)와 통용.

※연화풍(楝花風) : 소한 때부터 곡우 때까지 4개월동안 매 5일마다 계절이 변함을 알리는 꽃이 24가지나 바뀌어 피는데, 이 소태나무 꽃이 가장 마지막에 피기 때문에 24번의 화신풍(花信風 : 꽃을 신호로 하는 바람)중에 연화풍을 최후의 화신풍으로 봄.

205 | 추수고화욕삽천(楸樹高花欲揷天) 네 구 : 〈꿈속에서 지은 절구(夢中絶句)〉이다. [《동파시집주》(권6)]

206 | 춘소일각직천금(春宵一刻直千金) 네 구 : 〈봄밤(春夜)이라는 제목의 칠언절구〉이다. [《동파시합주》(권47)]

소식의 흠을 잡는 사람들은 그가 고사古事를 너무 많이 쓴 것을 먹지도 않는 음식을 죽 늘어놓은 것에 비유하는데, 이 주장 또한 타당한 면이 있긴 하다. 그러나 동파가 고사를 활용한 것과 관련하여, 그가 너무도 재주가 많은 나머지 자기도 모르는 사이에 자연적으로 그러한 표현을 하게 된 것을 안타깝게 여기기만 하면 됐지, 어찌 이것을 가지고 그를 흠잡을 트집거리로 삼아서야 되겠는가. 그의 시 가운데 가령

草滿池塘霜送梅,	연못가엔 풀이 가득 서리는 매화를 작별하고,
疏林夜色近樓臺.	성긴 숲 밤기운이 누대에 가까이 다가오네.
天圍故越侵雲盡,	하늘은 옛 월나라 땅 에워싸며 구름 끝까지 침노하고,
潮上孤城帶月回.	밀물은 외로운 성에까지 들이닥쳐 달빛 안고 도는구나.
客夢冷隨楓葉斷,	나그네 꿈 단풍잎 끊어짐에 따라서 썰렁해지지만,
愁心低逐雁行來.	근심스런 마음은 기러기 줄지어오니 나지막이 사라지네.
流年又喜經重九,	어느새 세월 흘러 중구절 또 맞았는데,

207 | 당상구렴대만향(塘上鉤簾對晚香) 네 구 : 〈유경문공과 함께 연당을 읊음(同景文詠蓮塘)〉이다. 《상촌집》에는 제3구의 『惜』자가 『借』로 되어 있음. [《東坡全集》(권30)] ※강비(江妃) : 비(妃)는 비(婓)라고도 하며, 전설상의 신선. 한나라 유향(劉向)의 《열선전(列仙傳) · 강비 이녀(江妃二女)》에 나오는 내용을 간추리면 다음과 같다. 『강비라는 두 여인은 한수(漢水) 기슭에 놀러 갔다가 정교보(鄭交甫)를 만났다. 정교보가 마음에 들어 그들에게 패옥을 달라고 하자 손수 패옥을 풀어 주었다. 이에 정교보가 기뻐하며 수십 걸음을 간 뒤에 패옥을 살펴보니 패옥은 온데간데없고 두 여인을 돌아보았더니 금세 보이지 않았다.』 — 《고문진보 전집》 황견 지음. 이장우 외 옮김. 을유문화사, p.880

208 | 허혼(許渾, 791~854) : 《지봉유설(芝峰類說)》 주 117) 참조.

209 | 유창(劉滄, ?~867?) : 당나라의 아류(亞流)시인. 자는 온령(蘊靈), 생졸년은 모두 자세하지 않다. 약 당(唐) 의종(懿宗) 함통(咸通) 원년사람. 고금 책 읽기를 좋아했으며, 선종(宣宗) 대중(大中) 8년에 진사가 되었다. 저서로는 시집 1권이 있다. 《당재자전(唐才子傳)》에 의하면 그는 여러차례 시험에 응했는데 떨어졌으며, 급제했을 때에는 이미 백발이 성성했다고 전한다.

可意黃花是處開. 　이곳에도 국화 피어 마음이 위로되네.

라고 한 것이나, 또

漏聲透入碧窓紗, 　물시계 소리 투닥투닥 푸른 창 뚫고 들려오고,
人靜鞦韆影半斜. 　사람 소리 하나 없이 그네 그림자 반 비꼈네.
沈麝不燒金鴨冷, 　수침 사향 안 타올라 오리 향로 썰렁하고,
淡雲籠月照梨花. 　엷은 구름 달 감싸고 배나무 꽃 비춰주네.

이라고 한 것이나, 또

淡月疏星繞建章, 　편안한 달 성긴 별빛 건장궁을 두르고,
仙風吹下御爐香. 　하늘에서 바람 불어 어로로 향기 내려 보내네.
侍臣鵠立通明殿, 　입시한 신하들 고니처럼 우아하게 통명전에 서 있는데,
一朶紅雲捧玉皇. 　한 줄기 붉은 구름 어좌를 받들어 모시누나.

이라고 한 것이나, 또

釣艇歸時菖葉雨, 　고깃배 돌아갈 땐 창포 잎에 비 내렸고,
繰車鳴處楝花風. 　물레 소리 울리는 곳 소태 꽃 날렸었지.
長江昔日經遊地, 　옛날 장강 지날 때 보았던 풍경인데,
盡在如今夢寐中. 　지금도 꿈을 꾸면 선명히 모두 보인다오.

이라고 한 것이나, 또

楸樹高花欲揷天, 　가래나무 꼭대기 꽃 하늘에 꽂히고 싶어하고,
暖風遲日共茫然. 　따스한 바람 길어지는 해그림자 어렴풋이 느껴지네.
落英滿地君方見, 　땅에 가득 떨어진 꽃 그대도 지금 보지 않나,

惆悵春光又一年.　봄 경치 스러지니 일 년 또 가버렸네.

이라고 한 것이나, 또

春宵一刻直千金,　봄밤의 일각은 천금의 가치가 있나니,
花有清春月有陰.　꽃은 향기 내뿜으며 달은 그늘지우지요.
歌管樓臺聲細細,　흥청거리던 저 누각 연주 소리 잦아들고,
鞦韆院落夜沈沈.　그네 뛰던 후원에는 밤이 어둑어둑 깊어가오.

이라고 한 것이나, 또

塘上鉤簾對晩香,　못 위 정자 발을 걷고 늦게 핀 연꽃 바라보며,
不知斜日已侵床,　자리 아래 석양 빛 들어온 줄도 모르누나.
江妃自惜凌波襪,　한 번 사뿐히 걷는 것도 스스로 아끼면서,
長在高荷扇影涼.　연잎 가운데 앉은 강비 부채 그림자만 서늘쿠나.

이라고 한 것 등을 어찌 다 기록할 수 있겠는가. 그렇다면 허혼이나 유창같은 사람들을 동파의 속관屬官으로 삼지 않을 수가 있겠는가.

[35] 시경詩經의 정음正音의 지위를 얻은 주희朱熹의 시

晦菴[210]先生之詩極好, 間逼《選》詩, 讀之有餘味, 實有得於《三百》之正音爾. 近世王弇州[211]者, 至加嘲誚, 何也? 其效陶・韋之作[212], 使王爲之, 十駕不及矣 ; 具眼者自知之.

210 | 회암(晦菴) : 주희(朱熹),《지봉유설(芝峰類說)》 주 991) 참조.
211 | 왕엄주(王弇州, 1526~1590) : 왕세정(王世貞) 명나라의 문인.《학산초담(鶴山樵談)》 주 10) 참조.
212 | 도・위지작(陶韋之作) : 도연명이나 위응물과 같은 전원시인들의 작품.

주희의 시가 매우 좋아 간혹 《문선》에 수록된 시의 경지에 육박하기도 하므로 읽어 가노라면 여운이 남곤 하는데, 실로 《시경》의 정음正音의 지위를 얻었다 할 것이다. 그런데 근세에 왕세정 같은 사람은 비아냥거리며 꾸짖기까지 하니 이것은 어찌 된 일인가. 도잠이나 위응물을 본받아 지은 주희의 작품을 가령 왕세정으로 하여금 한 번 지어보게 한다면 아무리 안간힘을 써도 따라가지 못할 것이다. 이런 점에 대해서는 안목을 갖춘 자라면 스스로 알 수 있을 것이다.

[36] 주로 소식의 시를 따라 지은 왕세정

嘉靖年間, 王世貞[213]稱爲一世雄才, 其自視蓋揚[214]·馬·班也. 而晩境主蘇詩, 時有絶相類者, 若見弇州《續稿》[215], 可知也.

가정(嘉靖 명 세종의 연호) 연간에 왕세정은 당대의 뛰어난 재능의 소유자로 일컬어졌으며, 스스로도 대개 양웅이나 사마천의 반열에 속하는 것으로 자

213 | 왕세정(王世貞) : 《학산초담》 주 10) 참조.

214 | 양·마(揚·馬) : 양웅(揚雄)과 사마천(司馬遷).
양웅(揚雄, 기원전 53~기원후 18) : 중국 전한의 학자이자 문인. 자는 자운(子雲). 성제(成帝) 때에 궁정 문인이 되어 황제의 사치를 풍자한 문장을 남겼다. 후에 왕망(王莽) 정권을 찬미하는 글을 써 비난을 받기도 하였다. 작품에 〈감천부(甘泉賦)〉, 〈하동부(河東賦)〉, 저서에 《법언(法言)》, 《태현(太玄)》이 있다. 《한국시화중론중국시선수》에는 楊으로 되어 있음.
※사마천(司馬遷, 86~145) : 무제 때의 역사가. 무제 건원 6년 태사령을 지낸 사마담의 아들로 태어났다. 황제로부터 한나라 무제(武帝)까지의 역대 왕조의 사적(史跡)을 기전체(紀傳體)로 적은 역사를 기록한 《사기(史記)》를 저술. 선제때에 사마천의 외손인 평통후 양운은 그 책을 조술하여 세상에 널리 펴지게 하였다.

215 | 속고(續稿) : 왕세정은 《엄산당별집(嚴山堂別集)》등 많은 역사 관계 논문을 남겼다. 《엄주산인사부고(弇州山人四部考)》(174권), 《속고(續稿)》(207권)는 그의 전집이며, 문학·예술론은 《예원치언(藝苑卮言)》에 수록되어 있다. 중국 4대기서(四大奇書)의 하나로 알려진 《금병매(金甁梅)》가 그의 작품이라는 설이 있고, 희곡으로는 《명봉기(鳴鳳記)》가 유명하다.

처하였다. 그런데 늘그막에 이르러서는 소동파의 시를 주로 하면서 아주 비슷한 작품을 가끔 만들어내곤 하였는데, 만약 〈엄주속고〉를 읽어 본다면 이를 알 수 있을 것이다.

[37] 이반룡李攀龍과 하경명何景明의 시

不雜者, 惟李于鱗[216]乎. 若大復[217]之詩, 幾乎唐樣. 于鱗之『樽前病起逢寒食, 客裏花開別故人』[218]·大復之『章華日暮春遊盡, 雲夢天寒夜獵

216 | 이우린(李于鱗) : 이반룡. 《학산초담(鶴山樵談)》 주 9) 참조.

217 | 대부(大復) : 하경명(何景明). 《학산초담(鶴山樵談)》 주 5) 참조.

218 | 준전병기봉한식(樽前病起逢寒食) 두 구 : 〈낙방하여 제남으로 돌아가는 곽자곤을 보내며 (送郭子坤, 落第還濟南)〉라는 칠언율시 가운데 제3~4구임. [《창명집》(권7)]

華省栖遲白髮新, 궁중이 화려한 부서에서 지내다 보니 백발이 새롭게 났는데,
因憐失意轉憐春. 실의를 한탄하다가보니 좋은 봄날까지 굴러 보내게 되는구나.
樽前病起逢寒食, 술바리 앞에 두고 병에서 일어나 한식을 맞았는데,
客裏花開別故人. 나그네 생활 꽃 피는 때 옛 친구와 이별하네.
賦就自堪生顧眄, 시 지으려니 좌우로 돌보아 주고 싶은 생각 저절로 일어나는데,
才高豈合老風塵. 그대 재주 높나니 어찌 속세에서 늙기에 알맞겠는가?
燕臺郭隗君家事, 연나라의 누대 곽외의 이야기는 그대의 집안일이니,
不擬驊騮不致身. 좋은 말로 그대를 모시러 오지 않거든 몸 움직이지 마시게나.

※화성(華省) : 존귀한 관서(官署), 과거시험을 주관하는 작자가 근무하고 있던 부서.

※서지(栖遲) : 별다른 벼슬을 하지 않고 놀며 지냄. 서지(棲遲).

※한식(寒食) : 동지에서 105일째 되는 날로서 4월 5일이나 6일쯤이 되며, 민간에서는 조상의 산소를 찾아 제사를 지내고 사초(莎草)하는 등 묘를 돌아본다.

※고면(顧眄) : 뒤돌아봄.

※연대(燕臺) : 황금대. 중국 북경 부근에 있던 높은 대(臺). 전국 시대에 연나라의 소왕(昭王)이 국도(國都)의 동남에 대(臺)를 쌓고 천하의 현사(賢士)를 초치(招致)한 곳.

※곽외(郭隗) : 전국시대 연나라의 현인으로 소왕(昭王)이 어진 사람들을 모아서 제나라와의 원수를 갚으려고 할 때에 곽외가 자기를 잘 모시는 일부터 시작하라고 청하여 그를 위하여 특별히 누대를 쌓았다고 함.

※화류(驊騮) : 천리마. 준마. 준마의 이름. 주목왕(周穆王)이 천하를 두루 돌아다닐 때 타던 팔준마(八駿馬)의 하나.

多』[219] 者, 雖唐人豈易及也? 空同[220]之『十年放逐同梁苑, 中夜悲歌泣孝宗』[221], 激昂頓挫, 詠之淚下 ; 後少陵[222]也.

219 | 장화일모춘유진(章華日暮春遊盡) 두 구 : 〈화용에서 초나라의 이궁을 슬퍼함(華容, 弔楚宮)〉이라는 칠언율시의 제3~4구임. [《대복집》(권24)]

別舘離宮紛綺羅, 별관과 이궁엔 화려한 비단옷 입은 궁녀들 분분히 오가고,
細腰爭待楚王過. 아리따운 미인들 초왕 지나기만 다투어 기다리네.
章華日晩春遊盡, 장화대 날 저물어 봄놀이도 끝이 나고,
雲夢天寒夜獵多. 운몽택 썰렁한데 밤 사냥 많이 나가누나.
廢殿有基人不到, 터만 남은 옛 궁전은 찾아오는 이 없고,
荒臺無主鳥吹歌. 주인 잃은 누대는 새소리만 구슬프네.
西江烟月長如舊, 서쪽 강의 흐린 달은 옛모습 그대로인데,
只有繁華逐逝波. 다만 번화함만이 흘러가는 물결 좇아 사라져 버렸구나.

※화용(華容) : 초나라 남군(南郡)의 현 이름. 이 성안에 초나라의 이궁인 장화대가 있었다고 전함.

※이궁(離宮) : 『태자궁』 또는 『세자궁』을 달리 이르던 말. 또는 임금의 유행(遊幸 : 임금이 대궐밖으로 거동함)을 위해 궁성에서 떨어진데 지은 궁전.

※장화(章華) : 초나라 화용현에 있던 이궁 이름. 옛터가 지금의 호북성 감리현(監利縣) 서북 춘추시대 초나라 영왕이 건립하였으며, 높이는 10장(丈), 넓이는 15장(丈)이었다고 함. 이 밖에도 같은 이름의 이궁이 딴 곳에 셋이나 더 있었다고 함.

※운몽(雲夢) : 초의 칠택(七澤)의 하나. 9백 리 사방의 큰 늪. 지금의 호북성 효감현(孝感縣) 서북쪽이라고 하는데 현재는 물이 말라서 사라졌다고 함.

※연월(烟月) : 안개 같은 것이 끼어 흐릿하게 보이는 달.

220 | 공동(空同) : 이몽양(李夢陽), 《학산초담(鶴山樵談)》 주 7) 참조.

221 | 십년방축동량원(十年放逐同梁苑) 두 구 : 〈각운자를 제한하여 지어서 황자에게 보낸다(限韻, 贈黃子)〉라는 칠언율시의 제5~6구임. [《석창역대시선》 권448]

禁垣春日紫煙重, 봄날 대궐엔 자주빛 연기 짙게 이는데,
子昔爲雲我作龍. 당신은 구름이되고 나는 용이되던 그 옛날.
有酒每要東省月, 술 생기면 늘 동쪽 부서의 달 아래로 나를 초대하였고,
退朝曾對掖門松. 조정에서 물러날때면 늘 액문의 소나무 아래서 만났었지.
十年放逐同梁苑, 십 년 동안 쫓겨난 곳 양나라의 동산 같았으니,
中夜悲歌泣孝宗. 한밤중에 슬픈 노래 효종 생각 눈물짓네.

※금원(禁垣) : 궁궐의 담장.

※액문(掖門) : 궁전의 양쪽 곁에 작은 문.

※방축(放逐) : 쫓아 냄. 방축향리(放逐鄕里)의 약어. 방축향리는 벼슬을 떼고 그의 시골로 내쫓는 귀양보다 한 등이 가벼운 형벌(刑罰). 이 때 이몽양이 조정의 대신을 탄핵하다가 파직되어 개봉(開封 : 옛 양나라 도읍)에 살았음.

잡스럽지 않은 자는 오직 이반룡이라 할 것이다. 그리고 하경명의 시 같은 것은 당나라의 시체와 비슷하다고 할 것이다. 우린의 시 가운데

樽前病起逢寒食, 술 바리 앞에 두고 병에서 일어나 한식을 맞았는데,
客裏花開別故人. 나그네 생활 꽃 피는 때 옛 친구와 이별하네.

라고 한 것이나, 대복의 시 가운데

章華日晩春遊盡, 장화대 날 저물어 봄놀이도 끝이 나고,
雲夢天寒夜獵多. 운몽택 썰렁한데 밤 사냥 많이 나가누나.

라고 한 것들은 아무리 당 나라 사람들이라 하더라도 어찌 쉽게 따라 갈 수 있는 것이겠는가. 하경명의 시 가운데

十年放逐同梁苑, 십 년 동안 쫓겨난 곳 양나라의 동산 같았으니,
中夜悲歌泣孝宗. 한밤중에 슬픈 노래 효종 생각 눈물짓네.

라 한 것은 사람을 격앙시키면서 의기를 급격히 낮게 하는 것으로서 음영하노라면 눈물이 저절로 흐르는데, 그러나 두보의 시에 뒤를 이었다.

[38] 악부의 영향을 받은 왕세정의 시 세계

弇州之詩甚大, 其可詠者不可盡記. 如 :『細娘家在大江頭, 總爲工歡字

※양원(梁苑) : 한 대의 양효왕(梁孝王)의 동산인데, 여기에 이름난 문인들이 많이 초청되었다고 함. 황실.
※효종(孝宗) : 명나라 제 10대 임금. 이몽양이 궁지에 빠지자 형벌을 면제하고 고향으로 돌려 보냈음.

222 | 소릉(少陵) : 《파한집(破閑集)》 주 7) 참조.

莫愁. 月明低按關山譜, 何處行人不淚流.』223 『留君無計恨匆匆, 盡酒停杯曲未終. 船到西興潮已落, 明朝還起石尤風.』224 『越女紅妝隱畫橈, 驚波無際雪山搖. 貪趨破鏡西陵約, 不怕風江八月潮.』225 『江上檀郎來往

223 | 세낭가재대강두(細娘家在大江頭) 네 구 : 〈막수의 노래(莫愁樂)〉라는 제목의 칠언절구임. 원문은 《엄주사부고》에 따랐는데, 《상촌집》에는 제3구의 曲이 譜로 되어 있음. [《弇州四部稿》(卷47)]

※막수(莫愁) : 고대 여자 이름. 가요를 잘 하였다고 전함. 그녀에 관한 이야기는 호북성 종상현(鍾祥縣)의 막수촌, 남경의 막수호에도 전하여 지고, 또 이와는 별도로 낙양에도 같은 이름의 여자가 있었다고 악부시에 전함. 양(梁)나라 무제(武帝)의 〈하중지수가(河中之水歌)〉『황하수 동으로 흐르고 낙양 아가씨 이름이 막수라 하네. 막수는 열셋에 능히 비단을 짜더니 열 다섯에 노씨네로 시집을 가서 열여섯에 아후를 낳았다네.(河中之水向東流, 洛陽女兒名莫愁, 莫愁十三能織綺, 十四采桑南陌頭, 十五嫁作盧家婦, 十六生兒子阿侯.)』

※관산곡(關山曲) : 한나라 악부인 횡취곡(橫吹曲)의 하나인 〈관산월(關山月)〉. 대부분 변방에서 수자리 사는 병사들의 슬픈 정을 읊은 것이다.

224 | 유군무계한총총(留君無計恨匆匆) 네 구 : 〈서흥 나루를 읊음(西興詞)〉이라는 제목의 칠언 절구임. [《弇州四部稿》(卷47)]

※서흥(西興) : 절강성 항주시 동남, 전당강(錢塘江)을 건너 대안에 있는 나루터. 소산현(蕭山縣)에 속한다. 본명은 고릉(固陵)인데 춘추시대 월나라의 대신 범려가 이 성을 쌓고 군사를 훈련시켰다고 전함.

※석우풍(石尤風) : 거세게 부는 앞바람. 맹렬한 역풍(逆風). 우랑(尤郎)에게 시집간 석씨(石氏)의 딸이 남편이 풍랑으로 죽자 너무 애통해하다가 병을 얻어 죽게 되었는데, 임종 때 하는 말이 『내가 죽은 뒤 멀리 항해를 하는 사람이 있으면 나는 큰 앞바람을 일으켜 배를 떠나지 못하게 해서 천하의 부인을 위하여 이러한 화를 당하지 않게 하겠다.』고 하였다. 《강호기문(江湖紀聞)》에 실린 이야기에서 나온 말.

225 | 월녀홍장은화요(越女紅妝隱畫橈) 네 구 : 〈강을 가로 질러(橫江詞)〉라는 칠언절구 4수(首) 가운데 첫 수임. [《弇州四部稿》(卷47)]

※월녀(越女) : 월나라의 대표적인 미인으로 서시(西施), 오나라를 망치게 하기위하여 범려의 건의에 따라 월나라에서 보냈음.

※서릉약(西陵約) : 서릉은 바로 앞의 시의 제목에 나온 서흥의 옛 이름. 월왕 구천(句踐)이 이곳에서 오나라에 들어가서 항복하려고 할 때 대부종(大夫種)과 범려가 그를 위로하며 날을 도모하자는 약속을 하였음. 그 약속이 이루어져서 뒷날 월나라가 다시 오나라를 쳐서 평정하자, 범려는 월왕 구천과는 환란은 함께 할 수 있지만 안정은 함께 누릴 수 없다고 하면서 배를 타고 제나라로 가서 이름을 바꾸고 생업에만 몰두하여 거부가 되었다고 하는데 이때 서시를 데리고 갔다는 전설이 있음.

頻, 婆娑妙舞賽江神. 來時風水隨船尾. 欲往驚濤好涉旬.』[226]『十五女兒好容顔, 恰似楊花太劇顚. 貪過吳橋新水發, 濕著羅襦不解憐.』[227]『靑樓少婦熨瑤箏, 飛雪敲窓萬玉聲. 三十六簧寒不起, 自歌金縷到天明.』[228] 皆是樂府遺響, 而自令人不可及.

왕세정의 시 세계는 방대한데 음영할 만한 것을 이루 다 기록할 수가 없다. 그 중에서 가령

細娘家在大江頭,	어여쁜 아가씨 사는 집 양자강가에 있는데,
摠爲工歡字莫愁.	모두 특별히 좋아하는 그 이름 막수였다오.
月明低按關山曲,	달 밝은 밤 고개 숙여 관산월(關山月) 곡조 타면,
何處行人不淚流.	어디서 온 누구라도 눈물을 흘렸다오.

이라고 한 것이나, 또

226 | 강상단랑래왕빈(江上檀郞來往頻) 네 구 : 〈강을 가로질러(橫江詞)〉라는 시 4수(首) 가운데 둘째 수임. [《弇州四部稿》(卷47)]
※단랑(檀郞) : 진(晉)나라 때 명사였던 반안(潘安)의 어릴 때 이름이 단노(檀奴)였는데, 그의 모습이 뛰어났기 때문에 단랑은 곧 미남이란 말로 사용됨.
※파사(婆娑) : 너울너울 춤추는 모양.

227 | 십오녀아호용안(十五女兒好容顔) 네 구 : 〈오 땅에서 봄을 맞으며(吳中迎春曲)〉라는 시의 8수 중 첫번째 시임. [《弇州四部稿》(卷47)]
※오교(吳橋) : 강소성 강도시(江都市) 동남부, 홍기하(紅旗河) 서쪽에 위치. 오씨성을 가진 사람이 만들어서 오가교로 불렀는데 간단하게 오교라고 부른다.

228 | 청루소부위요쟁(靑樓少婦熨瑤箏) 네 구 : 〈북경 네 계절의 즐거움(燕京四時樂)〉이라는 시의 4수 중 네번째 시임. [《弇州四部稿》(卷47)]
※삼십육황(三十六簧) : 죽관을 한데 묶어 만든 관악기. 죽관의 수에 따라 여러 이름으로 불리는데, 36개의 황을 가진 것은 우생(竽笙), 13개의 황을 가진 것은 화생(和笙)으로 구별한다.
※금루곡(金縷曲) : 사패명(詞牌名)의 하나. 금루곡의 원래 곡조명은 〈하신랑(賀新郞)〉인데 섭몽(葉夢)이 지은 〈하신랑〉중에 『누가 나를 위해 금루를 불러주리(誰爲我唱金縷)』라는 구절이 있어서 『금루』라고 불리게 되었다.

留君無計恨匆匆,	잡아둘 계책 없어 헤어질 일 유감인데,
盡酒停杯曲未終.	술자리 다 됐지만 곡은 아직 안 끝났네.
船到西興潮已落,	서흥에 도착한 배 조수도 이미 빠졌는데,
明朝還起石尤風.	내일 아침 다시 한 번 석우풍이나 불어다오.

이라고 한 것이나, 또

越女紅妝隱畫橈,	월나라 미녀 붉게 단장하고 뱃전에 몸을 숨겼는데,
驚波無際雪山搖.	끝없이 치는 놀란 물결 설산이 흔들리는듯하네.
貪趨破鏡西陵約,	서릉에서 했던 약속 깨려고 종종걸음 치려다 보니,
不怕風江八月潮.	풍랑 이는 팔월의 조수도 무서워하지 않는다오.

이라고 한 것이나, 또

江上檀郎來往頻,	강 곁의 저 잘난 분 자주 왔다 갔다 하시는데,
婆娑妙舞賽江神.	너울너울 묘한 춤으로 강신에게 제사드리시네.
來時風水隨船尾,	오실 때는 바람과 물결 배꼬리에 따랐더니,
欲往驚濤好涉旬.	가시려 하니 놀란 파도 열흘 넘도록 조용해 졌네.

이라고 한 것이나, 또

十五女兒好容顏,	다섯 살 먹은 소녀 예쁘장한 얼굴에다,
恰似楊花太劇顛.	버들 꽃 나부끼듯 발랄하게 뛰노네.
貪過吳橋新水發,	오가교 욕심 부려 건너려다 새 물 불어나서,
濕着羅襦不解憐.	비단 저고리 다 젖어도 아까운줄 모르누나.

이라고 한 것이나, 또

青樓少婦熨瑤箏,	기생집 어린 아가씨 거문고를 고르니,

飛雪敲窓萬玉聲.　　눈보라 창을 때려 온갖 소리 나는구나.
三十六簧寒不起,　　생황 소린 추워서 아예 연주하지 않고,
自歌金縷到天明.　　새벽이 다 되도록 금루곡을 불렀다오.

이라고 한 것들은 모두 악부의 영향을 받은 것들로서 원래 타인의 추종을 불허하는 것이라 하겠다.

[39] 가생賈生을 읊은 유장경劉長卿의 시

劉長卿[229]之詠賈生[230]曰 :『漢文有道恩猶薄, 湘水無情弔豈知.』[231] 可謂

229 | 유장경(劉長卿, 725~791) : 중당시인. 자는 문방(文房)이며, 하간(河間) 사람. 대력십재자 중의 한 사람. 개원 21년(733)에 진사가 되어 감찰어사 · 수주(隨州)자사 등을 지냄. 세칭 유수자라 불림. 오언 근체시에 뛰어나서 『오언장성(五言長城)』이라는 명성이 있었다. 문집으로《유수주시집(劉隨州詩集)》이 있다.
※대력십재자(大曆十才子) : 당(唐)나라 시인 그룹의 명칭. 《신당서(新唐書)》의 〈문예전(文藝傳)〉에 따르면 노윤(盧綸) · 길중부(吉中孚) · 한굉(韓翃) · 전기(錢起) · 사공서(司空曙) · 묘발(苗發) · 최동(崔峒) · 경위(耿湋) · 하후심(夏侯審) · 이단(李端) 등 열 사람을 말한다. 그들은 사회와 문학에 큰 충격을 준 안사(安史)의 난(亂)의 뒤를 이은 대력연간(大曆年間 : 776~779)에 시로써 명성을 얻었으므로 대력십재자라고 불린다. 그들은 과도기의 시인들이며, 그 특징을 통틀어 논하기는 곤란하지만, 각기 근체시를 장기로 삼았으며, 시의 형식면에서 성당기보다 세련미를 높인 공적을 세웠으며, 내용적으로는 자연을 읊어 새로운 경지를 열었다.

230 | 가생(賈生, 168~200) : 이름이 의(誼)이고, 서한(西漢) 낙양(洛陽) 사람으로 어려서부터 제가(諸家)들의 전적(典籍)과 학설에 정통하였으며, 문제(文帝 : 157~179재위) 때 박사, 태중대부(太中大夫)등을 역임하였다. 생은 『선생』을 의미.

231 | 한문유도은유박(漢文有道恩猶薄) 두 구 : 〈장사에서 가의의 집에 들려(長沙, 過賈誼宅)〉 [《(사부총간, 본) 유수주시집》 권9]

三年謫宦此棲遲,　　좌천된 벼슬살이 오랫동안 이 곳에서 갑갑하게 지내는데,
萬古惟留楚客悲.　　오랫동안 오직 굴원과 같은 슬픔만 남아 있구나.
秋草獨尋人去後,　　가을 풀밭 홀로 찾으니 사람들 돌아간 뒤요,
寒林空見日斜時.　　차가운 숲속 부질없이 바라보니 해 질 때로구나.
漢文有道恩猶薄,　　한나라 문제는 도를 지녔으나 은혜 베풂 오히려 부족하였고,
湘水無情弔豈知.　　상수는 무정한데 조상한들 어찌 알랴?

婉而不迫. 詠漢陵曰 : 『一種毁原秋草裏, 路人猶拜漢文陵.』232 可謂新意.

유장경이 가생을 읊은 시에서

漢文有道恩猶薄, 한나라 문제는 도를 지녔으나 은혜 베풂 오히려 부족하였고,
湘水無情弔豈知. 상수는 무정한데 조상한들 어찌 알랴?

라고 한 것은 완곡하게 하면서 몰아세우지 않았다 할 것이고, 한릉漢陵을 읊은 시에서

一種毁原秋草裏, 똑같은 푸른 산 속 가을 풀 속에 묻혔는데,
路人猶拜漢文陵. 행인들은 다만 한문제 능에만 참배하네.

이라고 한 것은 새로운 뜻을 표출해 낸 것이라고 할 것이다.

[40] 이백과 두보에 견주어 손색이 없는 이몽양의 시

空同之詩 : 『黃鶴樓前日欲低, 漢陽城樹亂鴉啼. 孤舟夜泊東遊客, 恨殺長江不向西.』233 『二月扁舟過浙西, 楚雲何日渡浯溪. 滇南小郭青山遶,

寂寂江山搖落處, 적막한 강과 산에 나뭇잎 흔들려 떨어지는데,
憐君何事到天涯. 가련하구나, 내 무슨 일로 하늘 끝 이곳으로 왔던가?

232 | 일종훼원추초리(一種毁原秋草裏) 두 구 : 〈영한릉(詠漢陵)〉시의 일부. 《사부총간》에는 허혼이 지은 〈중도에 진시황묘를 지나며(途經秦始皇墓)〉로 되어 있음. [《정묘집(丁卯集)》 권상]
龍盤虎踞樹層層, 용 엎드리고 호랑이 다리 뻗은 듯 나무 숲 층층이 우어져,
勢入浮雲亦是崩. 그 기세 뜬 구름을 뚫을 듯 하지만 역시 죽은 것은 마찬가지.
一種青山秋草裏, 똑같은 푸른 산 속 가을 풀 속에 묻혔는데,
路人唯拜漢文陵. 행인들은 다만 한문제 능에만 참배하네.

花發流鶯一樣啼.』234 置之翰林 · 拾遺之間, 何讓焉?

이몽양의 시 가운데

黃鶴樓前日欲低, 황학루 저 너머로 뉘엿뉘엿 해가 지려 하는데,
漢陽城樹亂烏啼. 한양성 나무 위엔 까마귀 떼 어지럽게 우짖누나.
孤舟夜泊東遊客, 외로운 배 위에서 밤에 묵는 동쪽에서 놀러온 나그네,
恨殺長江不向西. 장강 물 서쪽으로 안 흘러서 유감일세.

라고 한 것이나, 또

二月扁舟過浙西, 이월 달 외로운 배 절서를 지나가면,
楚雲何日渡浯溪. 초나라 구름 아래서 어느 때나 오계를 건너가실까?
滇南小郭青山遶, 곤명 남쪽 작은 성안에 푸른 산이 둘러 있겠고,
花發流鶯一樣啼. 꽃 피면 날아다니는 꾀꼬리 여기와 똑같이 울겠지.

라고 한 것들은 이백과 진자앙 가운데에 놓아두더라도 무슨 손색이 있겠는가?

[41] 〈야직夜直〉이라는 시를 통해본 왕안석의 시 세계

宋之絶句, 介甫235當爲之首. 其《夜直》詩曰 : 『金爐香盡漏聲殘,

233 | 황학루전일욕저(黃鶴樓前日欲低) 네 구 : 〈하구에서 야박하면서 벗을 이별함(夏口夜泊, 別友人)〉이라는 제목의 칠언 절구임. 제2구의 烏자가 《상촌집》에는 鴉로 되어 있다. [《공동집》(卷35)]

234 | 이월편주과절서(二月扁舟過浙西) 네 구 : 〈왕정공이 현으로 부임해감에 송별하며(送王呈貢赴縣)〉이라는 제목의 칠언 절구임. [《공동집》(卷35)]
※오계(浯溪) : 호남성 기양현에서 발원하여, 북으로 흐르는 상수의 지류.

輕風陣陣寒. 春色惱人眠不得, 月移花影上闌干.』精絶無比.

송나라의 절구로는 왕안석을 첫 손에 꼽아야 할 것이다. 그의 〈밤근무(夜直)〉이라는 시를 보면,

金爐香盡漏聲殘, 금향로에 향불은 꺼지고 물시계소리도 조용한데,
剪剪輕風陳陳寒. 가벼운 바람 따라 추위가 스며든다.
春色惱人眠不得, 괴로운 봄밤 잠들지 못하는데,
月移花影上闌干. 달그림자는 난간위에 올랐다.

이라고 하였는데 더 이상 정절精絶할 수가 없다고 하겠다.

[42] 왕안석 수준의 조맹부의 〈절구〉

趙松雪[236]之詩 :『春寒惻惻掩重門, 金屋無人火尙溫. 燕子不來花又落, 一庭風雨自黃昏.』可與介甫《夜直》之作竝駕.

조맹부의 시에

春寒惻惻掩重門, 봄기운 썰렁하여 겹문을 닫았으니,

235 | 개보(介甫) : 《백운소설(白雲小說)》 주 10) 참조.
236 | 조송설(趙松雪, 1254~1322) : 조맹부(趙孟頫), 원(元)의 시인, 화가, 서예가이다. 자는 자앙(子昂), 호는 집현(集賢), 송설도인(松雪道人), 호주(湖州 : 지금의 절강성 오흥현(吳興縣) 사람. 시(詩), 서(書), 화(畵), 인(印)에 모두 능했는데, 특히 서화와 시문에 뛰어나서 원나라의 사대가 가운데 한 사람으로 꼽힌다. 후대의 서예에 큰 영향을 준 흔히 『조체(趙體)』라 불리는 독창적인 글씨를 만들었다. 저서에 《상서주(尙書注)》·《송설재집(松雪齋集)》10권이 있다.
※춘한측측(春寒惻惻) : 〈절구(絶句)〉라는 제목의 칠언 절구임. 제2구의 경우 상촌집에는 『金屋無人火尙溫』으로 되어 있는데, 《송설재집, 권5》에는 『金鴨香殘火尙溫』으로 되어있음.

金鴨香殘火尙溫.	금오리 향로 향은 사그라졌으나 불기는 아직 남아 있네.
燕子不來花又落,	제비도 오지 않는데 꽃은 또 떨어지고,
一庭風雨自黃昏.	뜰에 비바람 몰아치니 저절로 황혼 되네.

라고 하였는데, 왕안석의 〈밤 숙직〉이라는 시와 같은 수준의 작품이라 할 것이다.

[43] 진陳과 수隋의 풍이 느껴지는 왕세정의 시

弇州之詩 :『昏星送儂去, 晨星送儂歸. 窓前百種鳥, 誰爲不安棲.』[237]『宮中小女髻如鴉, 連臂蹋足唱楊花. 唱得楊花渾似雪, 不知飄向阿誰家.』『塞北江南望何極? 衡道藏鴉白門色. 沙深日冷不得青, 獨把長條三歎息.』[238]『小院熨瑤箏, 紅妝按隊呈. 都將蘭麝口, 吹作鳳凰鳴.』『曲終仍教舞, 垂手故盈盈. 詎是長持履, 臨風嬌怨聲.』[239]『秋水翦明眸, 亭亭出畫樓. 邀他

237 | 혼성송농거(昏星送儂去) 네 구 : 〈밤 아가씨(夜度娘)〉라는 제목의 의고악부인데 창기(倡伎)의 신세를 노래한 것임.

238 | 궁중소녀계여아(宮中小女髻如鴉) 여덟 구 : 〈양백화(楊白花)〉라는 제목의 의고악부임. 《엄주사부고 (권6)》
〈양백화〉는 악부 잡곡가사(雜曲歌辭)의 하나인데, 남북조시대 북위(北魏)의 양화(楊華)는 명장인 대안(大眼)의 아들인데, 용감하고 모습이 헌걸찼다. 호태후(胡太后)가 가까이해서 정을 통하였는데, 화가 미칠까 염려하여 마침내 남쪽의 양(梁)나라로 달아났다. 태후가 그리움을 누를 길 없자 〈양백화가(楊白花歌)〉를 지어 궁녀를 시켜 밤낮 부르게 하였다고 함.
※장아(藏鴉) : 흰 버드나무의 가지와 잎이 흰 거위 털과 같이 무성하게 가리고 있는 것을 비유함.

239 | 소원위요쟁(小院熨瑤箏) 여덟 구 : 〈손을 조금내려(小垂手)〉라는 제목의 의고악부임. 소수수는 대수수(大垂手)와 함께 춤을 출 때 손을 놀리는 동작에서 취해 온 것임. 《상촌집》에는 제1구가 『小院熨瑤箏』으로 되어 있으나 《엄주사부고》(권6)에는 『小院炙瑤笙』으로 되어있음.
※요생(瑤笙) : 옥으로 꾸민 생황.

大垂手, 不惜錦纏頭.』『舞罷香無迹, 歌殘翠未收. 留髡燭盡滅, 更與按伊州.』240 『吳中女兒白紵衣, 日暮橫塘蕩槳歸. 荷花港裏無人見, 驚起鸕鷀隊隊飛.』241 陳 · 隋間音242也.

왕세정의 시 가운데 가령

昏星送儂去,	저녁 별 뜰 때 나를 술집에 보내고,
晨星送儂歸.	새벽 별 질 때 나를 돌려보내네.
窓前百種鳥,	창 앞에서 우짖는 별의별 새들이여,
爲誰不安棲.	누구 때문에 편안히 있지 못하나?

240 | 추수전명모(秋水翦明眸) 여덟 구 : 〈손을 크게 내려(大垂手)〉라는 제목의 의고악부임. [《弇州四部稿》(권6)]

※명모(明眸) : 맑고 아름다운 눈동자.

※전두(纏頭) : 옛날에 춤추는 무희들이 머리에 비단을 감았기 때문에, 공연이 끝나면 관객들이 팁으로 비단을 선물로 주었기 때문에, 이 말은 뒤에 가서 기생들에게 주는 화대[행하전]라는 뜻으로 통용되었음.

※유곤촉진멸(留髡燭盡滅) : 전국시대 때 제나라 순우곤(淳于髡)이 『촛불이 다 꺼진 상태에서 다른 손님은 모두 내보내고, 나만 남겨두고서 마음대로 마시게 하면, 술 한 섬을 먹을 수 있다』고 한 고사로서 기루(妓樓)에 머물며 즐기는 것을 말함.

※이주(伊州) : 지금의 신강성 위구르 자치주에 있다. 〈이주가(伊州歌)〉는 악부의 제목으로 당나라때 서량 절도사였던 개가운(蓋嘉運)이 바친 서량의 노래이다. 이주에 파견되어 주둔하고 있는 병사의 아내가 남편이 있는 이주를 생각하는 내용으로 되어 있다.

241 | 오중녀아백저의(吳中女兒白紵衣) 네 구 : 〈흰 모시옷(白紵曲)〉 [《사고전서》《공동집》(권37)] 에 이 시는 이몽양(李夢陽)의 시로 수록되어 있음.

※횡당(橫塘) : 지금의 강소성 강녕현(江寧縣 : 남경일대에 있는 지명인데, 양자강 입구에서부터 진회하(秦淮河)를 제방을 쌓았기 때문에 『가로 지른 제방』이란 뜻으로 횡당이라고 함. 당나라 시인 최호(崔顥)가 지은 유명한 시 〈장간(지명)의 노래(長干行)〉에도 나옴.

242 | 진 · 수간음(陳 · 隋間音) : 남북조 말기의 시체. 여기서는 이 때 오지방 여염에서 사용하는 속된 말을 이끌어다 시에 많이 쓴 오체(吳體)를 말하고 있음. 《제호시화(霽湖詩話)》 주11) 참조.

라고 한 것이나, 또

宮中小女髻如鵶,	궁중 소녀들 트레머리 까마귀처럼 새까만데,
連臂蹋足唱楊花.	서로 한데 뒤엉켜서 양화곡을 부르누나.
唱得楊花渾勝雪,	눈보다 흰 버들꽃 노래 은은히 퍼지는데,
不知飄向阿誰家.	회오리바람 어느 집에 불어 줬나 모르겠네.
塞北江南望何極,	북쪽 변경과 강남 지방 바라봐도 끝없는데,
衡道藏鵶白門色	형산 길 장아문도 흰 색깔로 변하였네.
沙深日冷不得青,	사수는 깊고 날 썰렁해 봄기운 못 느낀 채,
獨把長條三歎息.	긴 가지 홀로 잡고 탄식만 하는구나.

라고 한 것이나, 또

小院灸瑤笙,	별당에선 값진 생황 입에 대었는데,
紅妝按隊呈.	미녀들 대열지어 나타나는구나.
都將蘭麝口,	모두들 향기로운 입을 가지고,
吹作鳳凰鳴.	봉황의 울음소리 불어들 대네.
曲終仍教舞,	곡조가 끝난 뒤에 춤추게 하니,
垂手故盈盈.	춤사위 동작 짐짓 넘쳐흐르네.
詎是長持履,	어쩌면 그렇게도 느린 발동작 계속하여,
臨風驕怨聲.	바람결에 탄식 소리 높아지게 하는가?

라고 한 것이나, 또

秋水剪明眸,	눈동자는 가을 물처럼 맑디맑은데,
亭亭出畫樓.	꼿꼿하게 그림 같은 누각으로 나오네.
邀他大垂手,	큰 춤사위를 청해오는데,
不惜錦纏頭.	비단 행하전 아끼지 않네.
舞罷香無跡,	춤 파하고 나니 향기로운 미인은 간 곳 없으나,

歌殘翠未收. 노래 끝났으나 푸른 일산은 거두지 않았네.
留髮燭盡滅, 곤만 남겨두고 촛불 모두 꺼졌는데.
更與按伊州, 이제 다시 한 번 이주가를 즐겨볼까?

라고 한 것이나, 또

吳中女兒白紵衣, 오나라 아가씨 하얀 모시 입고서,
日暮橫塘蕩槳歸. 저물녘 횡당에서 상앗대 휘저으며 돌아가네.
荷花港裡無人見, 연꽃 핀 뱃길에 사람은 하나 보이지 않고,
驚起鸕鷀隊隊飛. 깜짝 놀란 가마우지 떼 지어 날아가네.

라고 한 것들은 진陳과 수隋 사이의 음音이라 할 것이다.

[44] 염체奩體 중에서도 우수한 살도자薩都剌의 시

薩天錫[243] 〈西湖絶句〉[244], 藻麗無比, 蓋奩體[245]之選也. 『湧金門外上湖

243 | 살천석(薩天錫) : 살도자(薩都剌), 《지봉유설(芝峰類說)》 주 918) 참조.
※용금문(湧金門) : 임안(臨安) 항주(杭州)의 서문으로, 일명 풍예문(豊豫門)이며, 문안에 용금지(湧金池)가 있어 붙여진 이름이다.

244 | 〈서호절구(西湖絶句)〉 : 항주(杭州)에 있는 서호를 읊은 시로 같은 제목의 시가 다른 문인들의 문집에도 보이며, 살천석의 이 제목의 시는 6수로 연작시인데, 여기 순서대로 인용되고 있음. [《元詩選》(초집 권35)]

245 | 염체(奩體) : 향염체(香奩體), 관능적인 모습을 직설적으로 아름답게 나타내는 시체. 《지봉유설(芝峰類說)》 주 843) 참조.
※월생미(月生眉) : 아가씨의 눈썹이 반달같이 예쁘게 보이기 시작한다는 뜻.
※유교(騮驕) : 몸은 붉고 갈퀴와 꼬리가 검은 절따말(赤多馬)
※불효(拂曉) : 밤이 밝을 무렵. 어둑새벽. 불서(拂曙). 불단(拂旦).
※오희(吳姬) : 오나라 때의 어여쁜 여자. 흔히 매우 아름다운 여자를 비유적으로 이를 때 쓰기도 한다.
※환선(紈扇) : 얇은 깁으로 만든 부채.

船, 狂客風流憶往年. 十八女兒搖艇子, 隔船笑擲買花錢.』『少年豪飮醉忘歸, 隔岸湖船旋旋移. 水面夜涼銀燭小, 越娘低唱月生眉.』『紫騮驕踏落花泥, 二月江城雨過時. 拂曉市河春水滿, 小船多半載兵姬.』『惜春曾向湖邊宿, 酒渴吳姬夜破橙. 驀聽郞君呼小字, 轉頭含笑背銀燈.』『待得郞君半醉時, 笑將紈扇索題詩. 小紅簾捲春波急, 渡水楊花落硯池.』『垂柳陰陰蘇小家, 滿湖飛燕趁楊花. 繁華一去風流減, 今日橫堤幾樹鴉.』

살천석이 서호를 주제로 지은 절구는 비길 데 없이 화려하다. 이는 대체로 염체 중에서도 우수한 것들이라 하겠는데,

湧金門外上湖船,	용금문 밖에서 호수에 떠 있는 배에 올라,
狂客風流憶往年.	미친 나그네 풍류 즐기던 옛날을 기억하네.
十八女兒搖艇子,	열여덟 살 아가씨 노 저어 다가오니,
隔船笑擲買花錢.	미소 짓고 꽃 살 돈을 저 배로 던져주었지.

라 하고

少年豪飮醉忘歸,	소년은 호탕하게 마시고 돌아갈 일 잊었는데,
隔岸湖船旋旋移.	언덕 너머 호수의 배 빙빙 돌며 옮겨오네.
水面夜涼銀燭小,	서늘한 밤 물에 비친 촛불은 가물가물,
越娘低唱月生眉.	월땅의 여인 낮게 노래하는데 초승달 미간에 생겨나네.

이라 하고, 또

※소소(蘇小) : 남제(南齊) 때 전당(錢塘)의 명기(名妓)의 이름. 흔히 기생의 범칭으로 쓰인다.

紫騮驕踏落花泥,	자주색 절따말은 꽃잎 진 진흙탕을 마구 짓밟고,
二月江城雨過時.	이월의 강변 마을 비가 금방 거쳐 갔네.
拂曉市河春水滿,	어둑새벽 시내 하천에는 봄물이 가득한데,
小船多半載兵姬.	작은 배들 절반 이상은 아가씨 군사를 실었구나.

라 하고, 또

惜春曾向湖邊宿,	봄 아까워 호숫가에서 하룻밤 지냈는데,
酒渴吳姬夜破燈.	술 다하자 오나라 아가씨 밤 술자리 치우누나.
驀聽郎君呼小字,	자기 부르는 낭군의 소리 갑자기 듣고서,
轉頭含笑背銀燈.	고개 돌려 미소 머금고 등불을 뒤로 하네.

라고 하고, 또

待得郎君半醉時,	낭군이 반쯤 취하길 기다렸다가,
笑將紈扇索題詩.	웃음 띠며 부채 들고 시 써 달라 조르누나.
小紅簾捲春波急,	붉은 발 걷고 보니 봄 물결이 급해지고,
渡水楊花落硯池.	물 건너 온 버들꽃 벼루에 떨어지네.

라 하고, 또

垂柳陰陰蘇小家,	수양버들 우거진 소소네 집 안 마당,
滿湖飛燕趁楊花.	호수 가득 제비 날아와 버들 꽃을 좇아가네.
繁華一去風流減,	좋은 시절 한번 가고 풍류도 줄어드는데,
今日橫堤幾樹鴉.	오늘은 가로 쌓은 제방 위 몇 그루에 까마귀 앉을까?

라고 한 것이 바로 그것이다.

[45] 구우瞿佑의 〈청명淸明〉

瞿佑 〈淸明〉 詩曰 : 『風落梨花雪滿庭, 今年又是一淸明. 遊絲倒地終無意, 芳草連天若有情. 半院曉煙間燕語, 小窓晴日撚蠶生. 秋千架在名園裏, 人隔垂楊聽笑聲.』[246] 眞才子之作也.

구우의 〈청명〉이라는 시를 보면,

風落梨花雪滿庭,	바람에 배꽃 떨어지고 뜰에 눈 가득한데,
今年又是一淸明.	올해도 또 한 번 청명 절기 맞는구나.
遊絲倒地終無意,	아지랑이 땅에 엎드렸으니 끝내 아무 뜻 없는 것 같으나,
芳草連天若有情.	초목들 하늘에 닿았으니 마치 무슨 정감 있는 것 같구나.
半院曉煙間燕語,	집에 반쯤 새벽안개 가끔 제비 소리 들려오고,
小窓晴日撚蠶生.	작은 창문에 맑은 날씨 누에 실을 뽑는구나.
秋千架在名園裏,	이름 있는 정원 안에 매어 있는 그네틀,
人隔垂楊聽笑聲.	수양버들 사이 두고 웃는 소리 들리누나.

이라 하였는데, 참으로 재자才子의 작품이라 하겠다.

[46] 너무도 의식적으로 표현한 요윤언姚允言의 시

姚允言[247] 〈看梅〉 詩曰 : 『蹇騎衝雪岸烏紗, 夜醉西湖賣酒家. 十六吳姬

246 | 풍락리화설만정(風落梨花雪滿庭) 여덟 구 : 〈청명날(淸明)〉 [《御定佩文齋詠物詩選》(권39)]
※유사(遊絲) : 아지랑이.

247 | 요윤언(姚允言) : 자세한 이력은 알 수 없고, 다만 《서호유람지(西湖遊覽志)》라는 책에 『무당(武塘) 사람으로 〈이른 봄에 서호에 들러 (早春過西湖)〉』라는 가작이 있다고 전함.

吹鳳管, 捲簾燒燭看梅花.』[248] 艶冶可愛, 而惜其脂粉之氣太多.

요윤언의 〈매화를 보며〉라는 시를 보면,

塞騎衝雪岸烏紗,　　눈보라 헤치며 말 타고 오느라 모자도 벗겨지고,
夜醉西湖賣酒家,　　서호가 술파는 집에서 밤새 술 취했다오.
十六吳姬吹鳳管,　　열여섯 살 아가씨 생황도 잘 부는데,
捲簾燒燭看梅花.　　발 걷고 촛불 밝혀 매화꽃을 보았다오.

라고 하였는데, 곱게 수식한 것은 사랑할 만하나 너무도 의식적으로 연지 찍고 분 바르려 한 것이 아쉽다.

[47] 중당의 작품에 근접해 있는 장영張寧의 시

張芳洲寧[249]詩極逼唐. 如『半村半郭吳山路, 輕暖輕寒上巳天. 梅影過城湖曲寺, 櫓聲歸浦浙東船. 舊遊詩酒添新客, 今日風光似去年. 清賞未闌幽思發, 亂峯斜日起蒼煙』, 可置之中唐諸子之列.

장영의 시는 당나라 때의 작품과 매우 근접해 있다. 가령

半村半郭吳山路,　　오산 길에 들어서니 반은 마을 반은 성곽,

248 | 건기충설안오사(塞騎衝雪岸烏紗) 네 구 : 〈매화를 보며〉시다. 《절강통지(浙江通志)》(권278)에는 제목이 〈서호에서 밤에 묵으며 (西湖夜宿)〉, 명나라 이진(李進 : 이력 미상)의 작품으로 나옴.
※오사(烏紗) : 검은 깁으로 만든 모자. 진나라 이후의 벼슬아치가 쓰던 것.

249 | 장방주녕(張芳洲寧) : 장녕, 《필원잡기(筆苑雜記)》 주 27) 참조.
※오산(吳山) : 삼국지를 통해 우리나라 사람들도 잘 알고 있는 오(吳)나라의 왕 손권이 이 산에 진을 쳤었다 하여 오나라 오(吳)에 뫼 산(山)을 붙여 오산(吳山)으로 이름 붙여진 산으로, 항주의 가장 번화한 상업거리인 연안로(延安路) 남쪽에 위치하며 시내까지 산줄기가 뻗어있다.

輕暖輕寒上巳天.　　삼월 삼질 봄 날씨 따스했다 썰렁했다.
梅影過城湖曲寺,　　성곽 지나 호반의 사찰 매화나무 그림자요,
櫓聲歸浦浙東船.　　포구로 돌아오는 절동의 배 노젓는 소리로다.
舊遊詩酒添新客,　　옛 벗과 즐기는 시와 술 새 손이 끼었는데,
今日風光似去年.　　오늘의 풍광도 지난해와 비슷하네.
淸賞未闌幽思發,　　완상도 채 못해서 그윽한 생각 나오는데,
亂峯斜日起蒼煙.　　봉우리에 비낀 해 푸른 연기 일으키네.

라고 한 시는 중당의 여러 시인들 가운데에 놓아두어도 괜찮을 것이다.

(全順南)

【참고문헌】
전관수 지음, 《한시어사전》, 국학자료원, 2002.
지영재 편역, 《중국시가선》, 을유출판사, 2007.
김민나 편저, 《이하 시선》, 문이재, 2002.
임동석 옮김, 《당재자전》, 김영사, 2004.
김달진 譯, 《당시전서》, 민음사, 1987.
이이 편저, 기태완 역주, 《精言妙選》, 보고사, 1999.
기세준 외 편역 지음, 《중국역대시가선집(전4권)》, 돌베개, 1994.
이석호 · 이원규 共著, 《중국명시감상》, 위즈온, 2007.
《당대문인열전》, 이장우 · 우재호 엮음, 중문출판사, 2004.
《초당시(初唐詩)》, Stephen Owen 著, 장세후 역, 중문출판사, 2000.
《漢語大詞典》, 上海 : 漢語大詞典出版社, 2001.

【그 외 참고자료】
《文淵閣 四庫全書 電子版》
한국고전번역원(www.itkc.or.kr)

브리태니커 백과사전

두산백과사전

百度(www.baidu.com)

네이버(www.naver.com)

오세주 〈한시감상실〉(http://osj1952.com.ne.kr)

중국한시작가시집

23.《계곡만필谿谷漫筆》[1]

장유(張維, 1587~1638)[2]가 지음. 장유의 자字는 지국持國, 호는 계곡谿谷 · 묵소默所이며 본관은 덕수德水다.《계곡만필》 2권은 조선 인조仁祖 13년(1635)에 지었는데, 명明 의종毅宗 숭정崇禎 5년이었다. 글 속에는 시운과 용운用韻에 관한 것이 자못 많은데, 논술도 상당히 상세하다.

[1] 근거 없는 빌미를 제공한 구양수의 시구

世人多言日本有全經未經秦火者, 蓋徐福[3]入海時所帶去也 ; 其說甚無據, 而考其原, 蓋出於歐陽公[4]也. 歐公〈日本刀歌〉[5] 曰 :『傳聞其國居大

1 | 만필(漫筆) : 일정한 형식이나 체계 없이 느끼거나 생각나는 대로 글을 쓰는 일. 또는 그 글. 대체로 글 속에 사물에 대한 필자의 풍자나 비판이 들어 있다. 만록(漫錄) · 만문(漫文) · 산록(散錄)이라고도 한다.

2 | 장유(張維, 1587~1638) : 자는 지국(持國), 호는 계곡(谿谷) · 묵소(默所), 본관은 덕수(德水), 봉호는 신풍부원군(新豐府院君), 시호는 문충(文忠)이다. 윤근수(尹根壽) · 김장생(金長生)의 문인(門人)이며, 이정귀(李廷龜) · 신흠(申欽) · 이식(李植)과 함께 조선 중기 문장(文章) 사대가(四大家)로 불린다.《계곡집(谿谷集)》·《계곡만필(谿谷漫筆)》·《음부경주해(陰符經註解)》가 전해진다. — 한국고전번역원(www.itkc.or.kr)

3 | 서복(徐福) :《오산설림(五山說林)》 주 93) 참조. —《계곡집》 제5권 p.343, 장유 저, 이상현 역, 민족문화추진회, 1997.

4 | 구양공(歐陽公) :《지봉유설(芝峰類說)》 주 151) 참조.

5 | 일본도가(日本刀歌) : 일설에는 사마광(司馬光)이 지었다고도 하는데, 참고로 본문의 앞머리와 중간 부분에 생략된 시의 원문을 보충 소개하면 다음과 같다.『昆夷道遠不復通, 世傳切玉誰能窮. 寶刀近出日本國, 越賣得之滄海東. 魚皮裝貼香未鞘, 黃白閒雜鍮與銅. 百金傳入好事手, 佩服可以穰妖凶, …… 其先徐福詐秦民, 採藥淹留丱童老. 百工五種與之居 至今器玩皆精巧』.
—《계곡집》 제5권 p.343, 장유 저, 이상현 역, 민족문화추진회, 1997.

海, 土壤沃饒風俗好. 前朝貢獻屢往來, 士人往往工詞藻. 徐福行時書未焚, 逸書百篇今尙存. 令嚴不許傳中國, 擧世無人識古文. 先王大典藏夷貊, 蒼波浩蕩無通津, 令人感激坐流涕, 鏽澁短刀何足云.』按《史記》, 徐福發童男女入海求仙, 在始皇二十八年. 至三十四年, 始有焚書之令. 及三十七年, 始皇巡游海上, 至琅邪. 方士徐市等入海求神藥, 數歲不得, 費多恐譴, 乃詐曰『常爲大鮫魚所苦[6], 請善射與俱, 見則以連弩射之, 乃令入海者齎捕巨魚具. 是歲始皇崩, 秦因以亂. 徐福之初入海, 雖在未焚書之前.』自三十七年入海之後, 不復見於史, 蓋福之一去不返, 必在於是歲矣. 然則所謂『徐福行時書未焚』者, 無乃考之未詳耶? 況徐福特一方士也, 入海不返, 蓋知秦之將亂, 自爲避世計耳, 豈能眷眷於六經者耶? 設令日本果有之, 彼將誇衒之不暇, 何至諱藏乃爾? 此殆好事者倆其說, 而博雅如歐公亦不能無疑, 何也?

세상 사람들이 많이들 이야기하기를, 일본에는 진秦 나라의 분서焚書 파동을 겪지 않은 경서經書들이 완벽하게 남아 있다고 하면서, 대체로 서복徐福이 바다에 들어갈 때 가지고 갔다는 이유를 대고 있다. 하지만 그 주장은 매우 근거가 없다. 그렇게들 말하게 된 원인을 찾아 보건대, 대체로 구양수에게서 비롯되었다고 하겠는데, 빌미를 제공한 그의 〈일본도가〉를 보면,

傳聞其國居大海, 전해 듣건대 바다 속의 그 나라,
土壤沃饒風俗好. 비옥한 토양에 풍속 또한 좋다고.
前朝貢獻屢往來, 선조先祖 때 공물貢物 바치러 누차 왕래하였는데,
士人往往工詞藻. 문장에 능한 사람 가끔씩 나왔어라.
徐福行時書未焚, 서복이 들어간 건 분서焚書 사건 없던 때라,
逸書百篇今尙存. 일실逸失된 서책 백 편 지금도 보전되었다오.
今嚴不許傳中國, 중국에 전하는 일 법령으로 엄히 막아,

6 | 대교어소고(大鮫魚所苦) : 《사기 · 진시황본기》에 나오는 말.

舉世無人識古文. 온 세상 고문을 아는 이 없어졌네.
先王大典藏夷貊, 오랑캐 땅에 보관된 선왕들의 위대한 글,
蒼波浩蕩無通津. 넘실대는 푸른 물결 어떻게 건너올까.
令人感激坐流涕, 가슴에서 북받쳐 흐르는 나의 눈물,
鏽澁短刀何足云. 녹슨 단도야 말할 것이 뭐 있으리.

라는 내용이 수록되어 있다. 《사기》를 살펴보건대, 서복徐福이 동남동녀童男童女를 출발시켜 바다 속에 들어가 선약仙藥을 구하게 한 것은 시황始皇 28년의 일이었다. 그리고 34년에 이르렀을 때 비로소 분서하라는 명령이 내려졌다. 그 뒤 37년에 시황이 해상海上을 순유巡游하다가 낭야琅邪에 이르렀을 때, 방사方士 서불 등이 바다 속으로 들어가 신약神藥을 구하였다. 그런데 몇 년이 지나도록 비용만 많이 허비한 채 찾아내지를 못하자, 견책을 받을까 두려워하여 속여서 말하기를, 늘 커다란 상어 때문에 고통을 받고 있으니, 활을 잘 쏘는 사람들을 동행시켜서 보는 대로 집중 사격을 해서 잡도록 했으면 합니다 하니, 바다에 들어갈 때에는 큰 물고기를 포획하는 도구를 반드시 가지고 가도록 영을 내렸다. 바로 이해에 시황이 죽었고, 그 뒤로 진秦 나라가 어지러워지기 시작하였다.

서불이 처음 바다에 들어간 것이 비록 분서령焚書令이 내려지기 전에 있었다고는 하지만, 37년에 바다로 들어간 뒤로는 그에 대한 기록이 《사기史記》에 다시 보이지를 않으니, 대체로 서불이 한번 떠나갔다가 돌아오지 않게 된 것은 이해에 이루어졌던 것이 분명하다고 하겠다. 그러고 보면 『서복이 떠날 때엔 책이 불타지 않았다(徐福行時書未焚).』는 시구는 미처 상세히 상고해 보지 못한 소치라고 해야 하지 않겠는가? 더구나 서불로 말하면 단지 일개 방사方士에 지나지 않는 사람이라고 할 것이다. 그가 바다에 들어가 돌아오지 않은 것은 대체로 진 나라가 장차 어지러워질 것을 알고서 스스로 세상을 피해 볼 계책에서 나온 것이었다. 그러니 그가 어찌 육경六經에 대해서 지극한 관심을 쏟을 수가 있었겠는가. 그리고 일본에 실제로 경서가 보존되어 있다고 하더라도, 그네들의 입장에서는 으스대고 뻐기느라 정신이 없을 것인데, 어찌 그토록 남모르게 감춰두기만 하겠는가? 이것은 일을 꾸

며내기 좋아하는 자들이 지어낸 이야기일 가능성이 농후한데, 구공歐公처럼 박아博雅한 양반까지도 그 설에 빠져 들고 말았으니, 어찌된 영문인가?

[2] 체제와 격식을 갖춘 옛 사람들의 운韻 사용

古人用韻, 各有體格. 其逐句用韻[7], 始於虞廷[8]賡歌[9]. 於詩則〈頌〉之『受小球大球』[10],〈雅〉之『捄之陾陾』[11],〈風〉之『手如柔荑』[12] 等章是也.

7 | 축구용운(逐句用韻) : 매 시구마다 각운자를 다는 것. 한 무제 때 지어진 〈백량대(柏梁臺)〉체가 기원임.

8 | 우정(虞廷) : 우(虞) 나라 순임금 조정. 우정(虞庭)이라고도 쓰며 우순(虞舜)의 조정을 가리킨다. 우나라 순임금은 고대의 성군인 까닭에 성조(聖朝)의 대명사로도 쓰인다.
— 《분서 1》 이지, 김혜경 역, 한길사, 2004.

9 | 갱가(賡歌) : 창화가(唱和歌)라는 뜻으로, 《서경 · 익직(益稷)》에 나오는데,

股肱喜(희 : xji:)哉,　　대신들이 즐거우면,
元首起(기 : ḱji:)哉,　　임금이 흥성하고,
百工熙(희 : xji)哉.　　백관도 화락하리라.

라는 순 임금의 노래와 이에 고요(皐陶)가 화답한

元首明(명 : mi̯wɒng)哉,　　임금님이 밝으시면,
股肱良(량 : li̯ɑng)哉,　　신하들도 훌륭하여,
庶事康(강 : ḱɑng)哉.　　만사가 안정되리이다.

라는 노래와 또 이어서 부른

元首叢脞(좌 : tśuâ:)哉　　임금님이 잗달게 굴면
股肱惰(타 : d'uâ)哉　　신하들도 해이해져서
萬事墮(타 : t'wâ)哉　　만사가 실패하리라.

라는 노래를 가리킨다.
— 원문 : 《사고전서 · 서경집전(書經集傳)》 권1, 번역 : 《한시어사전》 전관수, 국학자료원, 2002. 참고.

10 | 수소구대구(受小球大球) : 《시경 · 상송 · 장발편 · 사장(商頌 · 長發篇 · 四章)》에 나온다.

受小球大球(구 : giu),　　소구와 대구를 받으사,
爲下國綴旒(소 : liu),　　제후국 사람들의 모범 되시고,
何天之休(휴 : xiu).　　하늘의 아름다움을 받으시었네.

後世所謂雙韻詩13, 若杜之〈大食刀歌〉14·韓之〈陸渾山火〉15, 皆出於

不競不絿(구 : giu), 강하지도 아니하고 느슨하지도 않으시며,
不剛不柔(유 : njiu), 굳세지도 아니하고 부드럽지도 않으시고,
敷政優優(우 : iu), 정사를 베푸심이 너그럽고 너그럽게 하시니,
百祿是遒(주 : dziu). 갖가지 복록들이 모여들었네.
(幽部)
– 원문 : 《사고전서 · 시집전(詩集傳)》 권19, 《시경집전》 上 · 下, 成百曉, 전통문화연구회, 2008. 참고로 번역.

11 | 구지잉잉(捄之陾陾) : 《시경 · 大雅 · 緜 · 六章》에 나온다.
捄之陾陾(잉 : njiəng), 그릇에 흙 담기를 많이 하며,
度之薨薨(홍 : xuəng), 흙을 판자에 퍽퍽 던져 넣고,
築之登登(등 : təng), 담장을 탕탕 흙을 다져,
削屢馮馮(빙 : biəng), 포개진 곳을 평평 쳐서 내리고.
百堵皆興(홍 : xiəng), 모든 담벽이 다 세워지니,
鼛鼓弗勝(승 : sjiəng). 북소리도 다 감당하지 못하네.
(蒸部)
– 원문 : 《사고전서 · 시집전》 권15, 《시경집전》 上 · 下, 成百曉, 전통문화연구회, 2008. 참고로 번역.

12 | 수여유이(手如柔荑) : 《시경 · 위풍 · 석인 · 이장(衛風 · 碩人 · 二章)》에 나온다.
手如柔荑(제 : dyei), 손은 부드러운 삘기와 같고,
膚如凝脂(지 : tjiei). 피부는 엉긴 기름과 같고,
領如蝤蠐(제 : dzyei), 목은 흰 하늘소 애벌레 같으며,
齒如瓠犀(서 : syei). 이는 박속 같이 가지런하네.
螓首蛾眉(미: miei) 매미 같은 머리에 나방 같은 눈썹,
巧笑倩(천 : tsyen)兮 예쁜 웃음에 보조개 보이고,
美目盼(반 : pheən)兮 아름다운 눈 선명하기도 하네.
(眞文合韻)
– 원문 : 《사고전서 · 시집전》권3, 《시경집전》 上 · 下, 成百曉, 전통문화연구회, 2008. 참고로 번역.
※삘기 : 띠의 애순
※추제(蝤蠐) : 하늘소의 유충(幼蟲). 나무굼벵이. 희고 깨끗한 미인의 목에 비유.
※호서(瓠犀) : ①박의 살과 씨 ②박속같이 희고 보기 좋게 박힌 아름다운 치아를 이르는 말.

13 | 쌍운시(雙韻詩) : 매 구마다 각운자를 다는 백량대체(柏梁臺體)와 같으나 한 수 안에서 두 가지 각운자를 사용하는 시를 말하는 것 같음. 중국 문헌 《사고전서》에서는 이 말이 별로 보이지 않으나, 한국 문헌 《한국문집총간》에서는 더러 보임.

14 | 〈대식도가(大食刀歌)〉: 원제(原題)는 〈형남병마사 겸 태상경 조공이 가지신 사라센 왕국의 칼을 노래함(荊南兵馬使 太常卿趙公大食刀歌)〉로, 《두소릉시집(杜少陵詩集)》 권80에 나온다.

太常樓船聲嗷嘈(조 : dzau)　조태상님의 누선이 일으키는 강물소리 시끄러운데,
問兵刮寇超下牢(뢰 : lau)　군대 도적을 몰아내려고 하뢰(下牢) 땅까지 뛰어넘었네.
牧出令奔飛百艘(수 : sau)　각 주의 목사들 환영하고 현령들 분주하게 백 척의 배를 타고 나는 듯이 오니,
猛蛟突獸紛騰逃(도 : dau)　사나운 교룡과 짐승 같은 도적들 분분히 흩어져 달아났다네.
白帝寒城駐錦袍(포 : bau)　겨울 백제성에서 비단 도포 갈아입고 주둔하면서,
元冬示我胡國刀(도 : tau)　깊은 겨울에 내게 대식국의 보도를 보여주시네.
壯士短衣頭虎毛(모 : mau)　그 칼춤 장사는 짧은 옷에 호피를 머리에 쓰고,
憑軒拔鞘天爲高(고 : kau)　높은 곳에 기대어 칼집에서 뽑으니 하늘 또한 더 높아지네.
…………
吁嗟光祿英雄弭(미 : mie̯)　아아! 광록시(光祿寺) 경(卿) 조공께서 간웅들을 막으시니,
大食寶刀聊可比(비 : piei)　대식국의 보도와 그 날카로움 견줄 수 있네.
丹青宛轉麒麟裹(리 : lji)　이분의 초상화 완연하게 기린각에 걸릴 것이니,
光芒六合無泥滓(재 : tşʝi)　칼의 날랜 빛깔 그 온 세상을 비추어 티끌하나 없게 함과 같으리.

— 원문 : 《사고전서 · 보주두시(補注杜詩)》 권13, 졸역(《杜甫詩全譯》 卷十八 韓成武, 河北人民出版社, 1997年을 참고)

15 | 〈육혼산화(陸渾山火)〉: 〈육혼산의 산불, 황보식 시의 각운자를 사용하여(陸渾山火和皇甫湜用其韻)〉 한퇴지의 문인(門人)인 황보식(皇甫湜)이 육혼 땅의 위(尉)로 있으면서 산불을 목격하고 지은 시에 화답한 것으로, 《한창려집(韓昌黎集)》 권4에 나온다.

皇甫補官古賁渾(혼 : ɣuən)　황보식이 보직을 받으니 옛날 육혼 땅이었네.
時當玄冬澤乾源(원 : ngjuan)　때는 바야흐로 검은 겨울 못은 근원이 말랐다네.
山狂谷狠相吐吞(탄 : t'ən)　산은 미치고 골은 어그러져 서로 토하고 서로 삼키고 하였다네.
風怒不休何軒軒(헌 : xjan)　바람이 노해 쉼 없으니 얼마나 기세등등한가!
擺磨出火以自燔(번 : bjan)　서로 마찰해 불이 나서 스스로를 불살랐네.
有聲夜中驚莫原(원 : ngjuan)　밤중에 소리 났지만 놀라서 근원을 캐물을 수 없었네.
天跳地踔顚乾坤(곤 : k'uən)　하늘은 뛰고 땅도 뛰고 온천지가 뒤집혔다네.
赫赫上照窮崖垠(은 : ngjən)　빛나고 빛나게 위를 비추어 이 세상 끝까지 비쳤다네.
…………

— 원문 : 《사고전서 · 오백가주창려문집(五百家注昌黎文集)》 권4, 번역: 《韓愈의 古詩 用韻》 이장우, 영남대학교출판부, 1982.

此. 一句一韻, 三句而易, 始於〈老子〉『明道若昧』章[16]. 元次山[17]〈中興頌〉[18] · 岑參[19]〈走馬川行〉[20] 出於此. 王弇州[21]謂秦始皇〈琅邪臺銘〉[22]

16 | 명도약매장(明道若昧章) : 《도덕경(道德經)》 41장에

明道若昧(매 : muâi)	밝은 이는 어리석은 듯 보이고,
進道若退(퇴 : t′uậi)	도로 나아가는 이는 물러나는 듯 보이며,
夷道若纇(류 : ljwi)	평탄한 도는 울퉁불퉁해 보이고,
上德若俗(속 : zi̯wok)	훌륭한 덕은 속된 듯 보이며,
大白若辱(욕 : ńźi̯ɑlok)	크게 결백하면 욕된 듯 보이고,
廣德若不足(족 : tsu̯wok)	넓은 덕의 소유자는 부족한 듯 보인다.

라고 하였다.

번역 : 연가방(imy.com.ne.kr) 참고.

17 | 원차산(元次山, 719~772) : 《지봉유설(芝峰類說)》 주 115) 참조.

18 | 〈중흥송(中興頌)〉 : 〈당을 중흥시킨 공적을 찬양함(大唐中興頌)〉다.

噫嘻前朝(조 : ţiau)	아! 전대의 왕조에는,
孽臣姦驕(교 : kiau̯)	요망한 신하들 하나같이 간사하고 교만하였고,
爲昏爲妖(요 : ʔjau)	자신들의 본분 잊고 요망한 짓 일삼았네.
邊將騁兵(병 : pjang)	변방 장수 난 일으켜,
毒亂國經(경 : king)	국법을 어지럽혀,
羣生失寧(녕 : ning)	만백성 평온을 잃고 혼란에 빠졌다네.
大駕南巡(순 : ziuen)	천자 모신 수레가 남쪽으로 순행하니,
百寮竄身(신 : śien)	모든 신하들 앞 다투어 몸을 숨겼고,
奉賊稱臣(신 : ′źien)	역적 받들어 신하되는 이도 있었다네.

……

— 원문 : 《사고전서 · 次山集》 권6, 번역 : 《고문진보》 후집, 황견 지음, 이장우 · 우재호 · 박세욱 옮김, 을유문화사, 2003. 참고.

19 | 잠삼(岑參, 715~770) : 《지봉유설(芝峰類說)》 주 106) 참조.

20 | 〈주마천행(走馬川行)〉 : 〈주마천에서 봉상청대부님 군사를 내어 서쪽으로 가는 것을 받들어 보냄(走馬川行, 奉送封大夫出師西征)〉이란 시다.

君不見(견 : kin)	그대 보지 못하였는가?
走馬川行雪海邊(변 : pin)	군대가 설해변까지 감을.
平沙莽莽黃入天(천 : ť in)	평평한 모래펄은 끝이 없고 황사가 하늘에 닿음을.
輪臺九月風夜吼(후 : x̯u)	윤대의 구월 바람은 밤에 포효하고,
一川碎石大如斗(두 : tu)	온천지에 부서진 돌은 한 말 크기로 크고,
隨風滿地石亂走(주 : tș̯u)	바람 따라 온 땅에 가득한 돌들 어지러이 돌아다니네.
匈奴草黃馬正肥(비 : bjəi)	흉노의 풀은 누렇고 말은 한참 살찌고,
金山西見煙塵飛(비 : pjəi)	금산의 서쪽에서 전쟁이 일어나,

用此體[23], 而考之實不然. 三句一韻, 始於〈采芑〉二章[24]·〈韓奕〉首章[25],

漢家大將西出師(사 : şiei)　　한나라 대장군들 서쪽으로 출정하네.
……

— 원문 :《사고전서 · 어정전당시(御定全唐詩)》 권199.

21 | 왕엄주(王弇州, 1526~1590) :《학산초담(鶴山樵談)》 주 10) 참조.

22 | 〈낭야대명(琅邪臺銘)〉: 산동성(山東省) 낭야산에 진시황이 누대를 세우고 자신의 공을 기려 세운 비명이다.《사기 · 진시황본기(秦始皇紀)》

維二十六年　　등극하신지 26년에,
皇帝作始(시 : śi)　　황제께서 이 대를 처음 지으셨네.
端平法度　　바르게 법도를 잡으시니,
萬物之紀(기 : kji)　　만물이 기율에 맞게 되네.
以明人事　　이로써 인사를 밝히니,
合同父子(자 : tsi)　　부자와 같이 되었네.
聖智仁義　　성지와 인의로,
顯白道理(리 : lji:)　　도리를 명백하게 드러내셨네.

《흠정사고전서 · 사기(欽定四庫全書 · 史記)》 권6.

23 | 용차체(用此體) : 진시황 때 이사가 지은 〈역산비〉 3구에 처음으로 1운씩 놓는데 〈채기〉제2장의 법이며, 〈낭야대명〉은 1구 1운으로 3구에 한 번 환운하는 것이 노자의 〈명도약매장〉법이다.(秦始皇時, 李斯所撰〈嶧山碑〉, 三句始下一韻, 是〈采芑〉第二章法,〈瑯邪臺銘〉, 一句一韻, 三句一換, 是老子〈明道若昧章〉法).

— 원문 :《사고전서 · 엄주사부고(弇州四部稿)》 권145, 졸역.

24 | 〈채기(采芑)〉이장(二章) :《시경 · 소아(小雅)》의 편명.

薄言采芑　　고들빼기 뜯기를,
于彼新田(전 : dyen→千과 協韻)　　저 새 밭에서 하며,
于此中鄕(향 : xiang)　　이 1년 묵은 밭에서 하도다..
方叔涖止　　방숙님 오실 때면,
其車三千(천 : tsyen→眞部)　　그 수레 삼천이고,
旂旐央央(앙 : iang)　　군사들이 적을 막는 것을 익히도다.
方叔率止　　방숙님 이를 이끄시어,
約軧錯衡　　네 필 말을 타시니,
八鸞瑲瑲(창 : tsiang)　　네 필이 질서정연하게 달리는구나.
服其命服　　노거가 붉기도 하니,
朱芾斯皇　　방문석으로 만든 휘장과 물고기로 만든 화살통이며,
有瑲葱珩(형 : heang→陽部)　　갈고리와 가슴걸이에 가죽고삐가 있도다.

— 원문 :《사고전서 · 詩集傳》 권10,《시경집전》 上 · 下, 成百曉, 전통문화연구회, 2008. 참고로 번역.

秦皇帝 〈嶧山〉[26] · 〈之罘銘〉[27], 皆用此法, 後世銘頌尤多有之, 而詩歌則

25 | 〈한혁(韓奕)〉 : 《시경 · 대아(大雅)》의 편명.

奕奕梁山, 　우뚝하게 솟아 있는 저 양산은,
維禹甸(전 : dyen)之. 　그 옛날 우 임금이 다스리던 곳.
有倬其道(도 : du), 　밝은 그 길에,
韓侯受命(명 : myen). 　한후가 명을 받았도다.
王親命(명 : myen)之, 　왕께서 친히 명하시되,
纘戎祖考(고 : khu) 　그대의 조상들의 뒤를 잇게 하노니,
無廢朕命(명 : myen), 　짐의 명을 폐하지 말고,
夙夜匪解(해 : ke). 　밤낮으로 게을리 하지 않고,
虔共爾位, 　경건하게 그대 자리 지켜낸다면,
朕命不易(역 : jiek). 　짐의 명은 바뀌지 않으리라.
榦不庭方, 　조회하지 않는 나라 바로잡아서,
以佐戎辟(벽 : piek). 　그대의 군주를 도울지니라.

— 원문 : 《사고전서 · 시집전》 권17, 번역 : 《시경집전》 上 · 下, 成百曉, 전통문화연구회, 2008. 참고로 번역.

26 | 〈역산(嶧山)〉 : 시는 아래와 같다.

皇帝立國, 　황제께서 나라를 세우시니,
維初在昔, 　그 처음은 지난날에,
嗣世稱王(왕 : ji̯wang). 　전대를 이어 왕이라고 칭하셨다네.
討伐亂逆, 　난적을 토벌하시니,
威動四極, 　사방이 다 움직였으나,
武義直方(방 : pi̯wang). 　의롭게 무력을 사용하시어 바르게 하셨다네.
戎臣奉詔, 　사나운 신하들 조칙을 받듦이,
經時不久, 　시간이 지나자 계속되지 않아,
滅六暴强(강 : gi̯wang). 　여섯 나라의 포악함을 멸하여 버리셨다네.

27 | 〈지부명(之罘銘)〉 : 진시황(秦始皇) 28년에 순행(巡行) 도중 역산에 올라가 진 나라의 공덕을 찬송하며 새긴 비명(碑銘)을 말한다.

〈지부산에 새긴 석문(之罘山刻石文)〉

維二十九年, 　29년,
時在中春, 　때는 중춘,
陽和方起(기 : ḱji). 　따뜻한 기운이 바야흐로 생겨났네.
皇帝東游, 　황제께서 동쪽으로 나오셔서,
巡登之罘, 　지부산에 오르셨네.
臨照于海(해 : xậi:). 　바다를 내려다 보셨네.
從臣嘉觀, 　따라온 신하들 즐겁게 둘러보고서,

罕見焉. 隔句互用[28]韻, 始於〈魚麗〉[29] 及〈采薇〉首章[30], 昌黎〈張徹銘〉[31]

原念休烈, 근본적으로 아름다운 공덕을 생각하고,
追誦本始(시 : śi). 본래 시작이 좋았던 것을 추억하며 노래하네.
－《산동통지(山東通志)》 권35의 14, 번역 : 이장우 선생님

28 | 격구호용(隔句互用) : 각운에 사용하는 두 글자를 한 연(聯)씩 뛰어넘어 서로 번갈아 가며 쓰는 것.

29 | 어리(魚麗) : 《시경 · 소아(小雅)》의 편명.

魚麗于罶(류 : liu→酒와 協), 물고기들 통발에 걸렸는데,
鱨鯊(사 : sheai). 날치와 모래무지라네.
君子有酒(주 : tziu→幽部), 군자에게 술이 있는데,
旨且多(다 : tai→歌部). 맛있고도 많다네.

魚麗于罶(류 : liu), 물고기들 통발에 걸렸는데,
魴鱧(례 : lyei). 방어와 가물치라네.
君子有酒(주 : tziu→幽部), 군자에게 술이 있는데,
多且旨(지 : tjiei→脂部). 맛있고도 많다네.

魚麗于罶(류 : liu→酒와 協), 물고기들 통발에 걸렸는데,
鰋鯉(리 : liə). 메기와 잉어라네.
君子有酒(주 : tziu→幽部), 군자에게 술이 있는데,
旨且有(유 : hiuə→之部). 맛있고도 아주 많네.

物其多(다 : tai)矣, 먹을 음식 많으니,
維其嘉(가 : keai)矣. 좋기도 하다네.(歌部)
－ 원문 : 《사고전서 · 시집전》 권9, 번역 : 《시경집전》 上 · 下, 成百曉, 전통문화연구회, 2008. 참고로 번역.

30 | 채미(采薇) : 《시경 · 소아》의 편명.

采薇采薇(미 : miuəi→歸와 協), 고사리를 뜯고 뜯음이여,
薇亦作(작 : tzak)止. 고사리 또한 땅에서 나왔다네.
曰歸曰歸(귀 : kiuəi→微部), 돌아가고 돌아감이여,
歲亦莫(막 : mak→鐸部)止. 해 또한 저물어가네.
靡室靡家(가 : kea), 집도 절도 없는 것은,
玁狁之故(고 : ka). 험윤 오랑캐 때문이라네.
不遑啓居(거 : kia), 편히 앉아 쉴 겨를 없음도,
玁狁之故(고 : ka→魚部). 험윤 오랑캐 때문이라네.
－ 원문 : 《사고전서 · 시집전》 권9, 《시경집전》 上 · 下, 成百曉, 전통문화연구회,

出此. 柳子厚〈佩韋賦〉32 又隔三句而互用之, 蓋本諸此而少變者也. 近代

2008. 참고로 번역.

31 | 장철명(張徹銘) : 〈고 유주절도판관, 증 급사중인 청하 장군 묘지명(故幽州節度判官贈給事中淸河張君墓誌銘〉명(銘) 부분. 장군(張君)의 이름은 철(徹)이며, 자는 모르고, 진사가 되었다가 벼슬이 범양부 감찰어사(范陽府監察御史)에까지 이르렀다.

嗚呼! 徹(철 : ḍiat)也!	오호! 장철이여!
世慕顧以行(행 : ɤang),	세상 사람들 모두 무엇을 흠모하거나 무엇을 고려하여 행하나,
子揭揭(갈 : kjat)也.	그대는 오직 그런 사람들을 뛰어 넘었다네.
噎喑以爲生(생 : ṣang),	그대는 오직 참고 살았고,
子獨割(할 : kat)也.	그대만이 유독 결단할 수 있었다네.
爲彼不淸(청 : ts′iang),	저 사람들은 맑지 않았으나,
作玉雪(설 : siuat)也.	그대만은 옥설 같은 행동을 할 수 있었다네.
仁義以爲兵(병 : pjang),	그대는 인의로 무기를 삼았고,
用不折缺(결 : k′iuat)也.	그렇기 때문에 꺾이거나 무디어지지 않았다네.
知死不失名(명 : miang),	죽더라도 절개 꺾이지 않음을 알았기 때문에,
得猛厲(렬 : liat)也.	정말 강렬할 수가 있었다네.
自申於闇明(명 : mjang),	죽든지 살든지 간에 스스로를 펼 수 있었으니,
莫之奪(탈 : duat)也.	조금도 빼앗김이 없었다네.
我銘以貞(정 : ţiang)之,	내 이 묘지명을 적어 곧음을 밝히노니,
不肖者之呾(달 : tat).	곧지 못한 자들은 놀라리라.

※장철(張徹) : 한유의 문인으로 조카사위(姪壻)이기도 함.

— 원문 : 《오백가주창려문집(五百家注昌黎文集)》 권34, 번역 : 이장우

32 | 〈패위부(佩韋賦)〉 : 병서(幷序)와 시는 아래와 같다.

유종원이 고서를 읽는데, 바른길을 가며 절개를 지키는 자를 보면 곧 그들은 장하게 여겼으니, 대개 내 마음에 격함이 있었기 때문이다. 그래서 늘 너무 지나쳐서 중용의 이치를 잃어버지 않을까 두려워서 서문씨가 부드러운 가죽을 차고 다니면서 자신을 경계한 점을 사모하여 경계로 삼고자 이 부를 지었는데, 그 글은 다음과 같다(柳子讀古書, 覩直道守節者卽壯之, 蓋有激也. 恒懼過而失中庸之義, 慕西門氏佩韋以戒, 故作是賦. 其辭曰)

邈予生此下都兮,	아득한 이내몸이 이 보잘것없는 곳에 태어났음이여,
塊天質之慤醇(순 : ẑi̯uen).	하늘 바탕의 성실하고 순박함이 뭉쳐졌구나.
日月迭而化升兮,	해와 달은 번갈아가며 변하여 올라감이여,
寖遁初而枉神(신 : dźien).	점점 당초의 좋은 것을 숨기고 따라가며 정신이 어그러졌구나.
雕太素而生華兮,	아주 소박함을 손질한 화려함이 생겨남이여,

汨末流以喪眞(진 : tśien).	말뚝에만 골몰하여 진실을 잃어버렸구나.
睎往躅而周章兮,	지난일 그리워 머뭇거리며 고심하지만,
懵倚伏其無垠(은 : ngjen→眞韻).	화복이 계속 돌고 돌아 끝없음이 안타깝구나.
世旣奪予之太和兮,	세상은 이미 나의 큰 화기를 다 빼앗아 갔음이여,
眷授予以經常(상 : źjang).	늘 변함없이 나를 돌아봐 준다는 것이 그런 것이었구나.
循聖人之通途兮,	성인들이 간 대도를 좇아감이여,
鬱縱臾而不揚(양 : jang).	답답하여 억지로 좇다가 드날리지 못하였구나.
猶悉力而究陳兮,	그래도 전력을 다해 궁구하고 설명함이여,
獲貞則於典章(장 : tśjang→陽韻).	전장제도에서 곧은 법칙을 얻었구나.
……	
陽宅身以執剛兮,	양처보는 몸을 굳셈을 붙잡는데 두었음이여,
卒易帥而蒙辜(고 : kuo).	갑자기 수장 바꾸어 죄를 입었구나.
羽愎心以鰲志兮,	항우는 모진 마음먹고 뜻을 허물어 자결함이여,
首身離而不懲(징 : ḑjing).	머리와 몸이 떨어져 응징하지 못하였구나.
雲嶽嶽而專强兮,	주운(朱雲)은 너무 날카롭고 강하기만 함이여,
果黜志而乖圖(도 : duo).	실로 뜻을 잃어 계획이 어그러졌구나.
咸觸屛以拒訓兮,	진함은 병풍에 머리를 부딪치면서 아버지 훈계 거절하였음이여,
肆隕越而就陵(릉 : ljing).	죽음에서 풀려나서 능 쌓는 데로 가야하였구나.
冶訐諫於昏朝兮,	예야는 어두운 조정에 거리낌 없이 간하였음이여,
名崩弛而陷誅(주 : ţjuo).	그 이름 무너지고 죽음의 함정에 빠졌구나.
苟縱直而不羈兮,	진실로 마음껏 곧아서 굴레에 얽매이지 않았음이여,
乃變罹而禍仍(잉 : ńjing).	이에 변을 당하고 화가 거듭되었구나.
歷九折而直奔兮,	아홉 구비 지나서 곧장 달려감이여,
固摧輖而失途(도 : duo).	참으로 끌채 꺾이니 길을 잃었구나.
遵大路而曲轍兮,	큰 길을 좇아가나 바퀴자국 구불구불함이여,
又求達而不能(능 : nəng).	또 영달을 구해보지만 불가능하구나.

…………

— 원문 : 《유하동집(柳河東集)》 권2, 졸역.

※〈패위부〉 중 이 부분이 본문에서 설명한 3구를 건너뛰어 호응한다는 말에 들어맞는다.

※패위(佩韋) : 무두질한 가죽을 가지고 다님. 전국 시대 위(魏)의 서문표(西門豹)가 자신의 성급함을 고치기 위하여 무두질한 부드러운 가죽을 늘 지니고 다니며 반성했다는 옛일에서 유래. 《한비자 · 권8》 〈관행(觀行)〉에 서문표는 성질이 급하였기 때문에 부드러운 가죽을 차고 다니면서 스스로 느긋하게 행동하려 하였고, 동안우는 마음이 느긋하였기 때문에 활줄을 차고 다니면서 좀 급하게 행동하려고 다짐하였다(西門豹之性急, 故佩韋以自緩, 董安于之心緩, 故佩弦以自急.)라고 했다.

※태소(太素) : 천지가 개벽(開闢) 이전의 혼돈(混沌)시대. 시원(始原).

律詩所謂進退體[33]者, 亦類此. 句中再用韻, 始於〈離騷〉[34]. 〈卜居〉曰

※양처보(陽處父) : 만년이 죽은 뒤에 원제 때 발탁되어 어사중승이 되었는데 아래에 나오는 주운과 함께 당시의 재상 석현(石顯) 같은 사람들의 비리를 공격하다가 두 사람 모두 투옥되어 사형을 받았다가 감형되어 머리를 깎이고 성단(城旦 : 4년간 성 쌓는 노동형)이 되었음. ─《한서》 권67 〈주운열전〉 참조.

※주운(朱雲) : 하(夏)나라 걸왕(桀王) 때의 관용방(關龍逄)이다. 관용방은 『임금의 정사는 위험한 돌(危石)로 만든 관을 쓰고, 봄날의 얼음을 밟는 격입니다』고 간했다가 불로 지지는 포락형(炮烙刑)을 당해 죽었다. 한(漢)나라 주운(朱雲)이 간쟁을 용납하지 않는 성제(成帝)에게 『신은 지하에서 관용방과 비간을 만나 놀면 족합니다.』라고 저항했듯이 둘은 동양사회에서 목숨을 걸고 말하는 언관(言官)의 전형으로 대접받았다.

※진함(陳咸) : 한 원제 시대에 부군 지방에 미관말직의 관리 진만년이 있었다. 그의 아들 진함은 성격이 밝고 곧아서 황제 앞에서 황제를 비평하고, 측근 신하들을 질책하였으며, 몇 십 차례 유관한 상주문을 쓰기도 했다. 비록 황제는 그의 죄를 묻지 않았으나 그의 부친 진만년(陳萬年)은 아들이 무슨 일을 당할까봐 늘 걱정을 했다. 어느 날 만년이 병상에 누워 아들의 나쁜 성질을 생각하다가 진함을 불러 밤늦도록 반복하여 훈계를 했는데 진함은 반박할 수도 없고 해서 억지로 듣고 있다가 너무 피곤해져 정신이 몽롱한 상태가 되면서 병풍에 머리를 부딪치고 말았다. 부친이 대노하여 매질을 하자 진함은 부친의 말씀은 다른 사람에게 어떻게 아부하면 된다는 말씀에 지나지 않는다고 했다. 부친은 부끄러워 대답할 말이 없었다. 그는 또한 율령에 밝았는데, 왕망(王莽)이 왕권을 찬탈한 뒤 그에게 제도를 새로 고칠 것을 명하자, 이에 격분한 그는 병을 핑계로 벼슬을 그만두고 고향에 돌아가, 율령에 관한 문서들을 벽장 속에 봉함하고는 다시 세상에 나가지 않았다고 한다.

※진 영공(陳靈公)이 대부인 공영(孔寧) · 의행보(儀行父)와 함께 하희(夏姬)와 간통, 이를 간하는 대부 예야(洩冶)를 죽였다. 영공은 마침내 하희의 아들 하징서(夏徵舒)에게 시해되었다.《左傳 · 文公 15年》

33 | 진퇴체(進退體) : 율시에서 용운(用韻)하는 하나의 격식으로, 두 개의 서로 비슷한 운을 격구(隔句)로 사용하는 것이다. 예를 들어 1구와 3구에는 우운(虞韻)을 쓰고, 2구와 4구에는 어운(魚韻)을 쓰는 것을 말한다. 보통 진퇴격(進退格)이라고 한다.

34 | 〈이소(離騷)〉 : 우수에 맺힌 한 편의 긴 서정시. 『이』는 만나다, 『소』는 근심의 뜻으로 곧 『근심을 만나다』, 『시름노래』로 풀이된다. 후세 사람들이 이를 높여 『경(經)』자를 붙여 〈이소경〉이라 하기도 한다. 무당이 노래하는[巫歌] 형식으로 지었음.

帝高陽之苗裔兮,	고양 임금의 먼 자손이며,
朕皇考曰伯庸(용 : jiong).	나의 선친은 백용이라 하셨도다.
攝提貞于孟陬兮,	범의 해 바로 첫 정월,
惟庚寅吾以降(강 : heung→東冬合韻).	경인날에 내가 태어났도다.

『呢訾慄斯, 喔咿嚅唲』·『突梯滑稽, 如脂如韋』35 是也. 漢魏以來, 謠語有類此者, 如『天下模楷李元禮』·『不畏强禦陳仲擧』36·『大才槃槃謝家

皇覽揆余以初度兮, 　　선친은 내가 태어날 때를 보고 헤아리시어,
肇錫余以嘉名(명 : mieng). 　　비로소 내게 아름다운 이름을 지어주셨도다.
名余日正則兮, 　　이름하여 정칙이라 하고,
字余日靈均(균 : kiuen→耕眞合韻). 　　자를 영균이라 하셨도다.
紛吾旣有此內美兮, 　　내 이미 아름다운 자질을 가득 지녔는데,
又重之以脩能(능 : nə). 　　또 그 위에 좋은 재주를 보태었도다.
扈江離與辟芷兮 　　강리와 벽지를 몸에 두르고,
紉秋蘭以爲佩(패 : buə→之部) 　　가을 난초 엮어서 허리 장식으로 삼았도다.

— 《고문진보》 후집, 황견 엮음, 이장우 · 우재호 · 박세욱 옮김, 을유문화사, 2007.

35 | 〈복거(卜居)〉 : 《초사(楚辭)》의 편명(篇名). 초(楚) 나라 굴원(屈原)이 아첨하는 신하들에게 질투를 받고 쫓겨나 살 곳을 찾게 된 것을 서술하는 내용으로 되어 있다. 위에 〈이소〉라고 한 것은 〈초사〉를 대신 칭한 말로 쓰임.

寧超然高擧, 　　차라리 초연히 고상하게 살면서,
以保眞(진 : tjien)乎. 　　참된 나의 본성 보존을 할까.

將呢訾(자 : tsie)栗斯(사 : sie̯), 　　아양 떨고 안색 살피며,
喔咿(이 : 'i)儒兒(아 : ńźie̯), 　　선웃음도 치면서,
以事婦人(인 : njien)乎. 　　궁인들처럼 섬길까.

寧廉潔正直, 　　차라리 청렴결백하고 곧은 자세로,
以自淸(청 : tsieng)乎. 　　내 몸 하나라도 깨끗이 할까.

將突梯滑稽(계 : kiei), 　　아니면 둥글둥글 모나게 굴지 않고,
如脂如韋(위 : jwe̯i), 　　미끈미끈 기름처럼 무두질한 가죽처럼.
以絜楹(영 : jieng)乎. 　　다치지 않게 조심조심 몸을 사릴까.(耕眞合韻)

— 원문 : 《사고전서 · 楚詞補注》 권6, 오세주 〈한시감상실〉(http://osj1952.com.ne.kr) 참고로 번역.

※밑줄친 부분의 각운자는 王力의 《楚辭韻讀》에는 운으로 표기되지 않았는데 본문의 내용에 의거해 필자가 임의로 단 것임.

36 | 천하모해이원례(天下模楷李元禮) 두 구 : 원례(元禮)는 후한(後漢) 이응(李膺)의 자(字)이고, 중거(仲擧)는 진번(陳蕃)의 자(字)이다. 진번은 윗사람에게 바른 소리를 잘 했고, 이응은 아랫사람을 엄하게 단속했다는 평가에서 나온 말로, 《세설신어(世說新語)》 권4 〈품조(品藻)〉 제9의 주(注)와 《후한서(後漢書) · 당고전서(黨錮傳序)》에 보인다.

安』·『江東獨步王文度』[37] 之類甚多. 三句一韻, 上二句各自叶韻, 未知其 所自始, 而韓昌黎 〈王仲舒墓銘〉[38] 用此體. 若二句一韻自是通行之法, 余故不論.

天下模楷(계 : k̑i̯ey)李元禮(례 : liei), 천하의 모범인 우리 이원례,
不畏强禦(어 : ngi̯ag)陳仲擧(거 : di̯ag), 강포함을 겁낼까 우리 진중거,
天下俊秀(수 : si̯ŏg)王叔茂(무 : môg), 천하의 수재인 왕숙무,
又渤海(해 : xâi)公族進階(계 : kăi), 또 발해의 공족진계,
扶風(풍 : pi̯ung)魏齊卿(경 : ḱi̯ɒng), 부풍의 위제경은,
並危言深論(론 : luən), 함께 조정의 일을 깊이 논의하며,
不隱豪强, 호강함을 숨기지 않으니,
自公卿以下, 공경대부 이하 모두가,
莫不畏其貶議, 그들의 의론을 두려워하지 않는 이가 없었으며,
屣履到門.(문 : muən) 신발도 못 챙겨 신고 문으로 좇아 나왔네.

— 원문 : 《사고전서 · 後漢書》 권97, 졸역.

※공족(公族) : 공족은 성이며, 이름은 진계다. 《풍속통》에 이르기를, 진성공이 적자를 세우고 공족대부로 삼은 한무기를 공족목자라했는데, 《좌씨전》에 보인다.(公族姓也, 名 進階. 《風俗通》曰 : 晉成公 立嫡子 爲公族大夫韓無忌 號 公族穆子 見左氏傳). — 《후한서》 권97.

※한무기(韓無忌)는 한궐(韓厥)의 長子.(韓穆子 公族穆子 厥長子無忌). — 《춘추분기(春秋分記)》 권56.

37 | 대재반반사가안(大才槃槃謝家安) 두 구 :

大才槃槃(반 : b'wân) 謝家安(안 : ân), 집에서 편히 쉬는 크나큰 재주 사안석,
江東獨步(보 : b'uo) 王文度(도 : d'uo). 강동의 독보로세 우리 왕문도.
盛德日新(신 : si̯ĕn) 嘉賓(빈 : pi̯en). 성덕이 날로 좋아지는 극가빈.

— 《古樂苑》 권48, 졸역.

※사가안(謝家安, 320~385) : 진(晉) 나라 사안(謝安)을 말함. 자는 안석(安石), 명문세가에서 출생했다. 사안이 집에 있으면서도 출세한 동생 만(萬)보다 훨씬 이름을 날린 고사가 《진서 · 사안전(謝安傳)》에 전한다. 약관에 사안(謝安)과 극초(郗超) 모두 명성을 떨쳤으며 사안과 함께 나중에 조정의 일을 주도하였다.

※왕문도(王文度, 330~375) : 진(晋)나라 왕탄지(王坦之)의 자이며, 본관은 태원 진양(太原 晋陽 : 지금의 태원)이고 왕술(王述)의 아들이다.

※극가빈(郗嘉賓, 336~377) : 이름은 초(超), 동진(東晋) 때 사람이며, 본관은 고평 금향(高平 金鄕 : 지금 山東에 속함)이다. 자는 경흥(景興 : 혹은 敬興), 조부는 극감(郗鑒), 부친은 극음(郗愔), 모두 동진의 대신이다.

38 | 〈왕중서묘명(王仲舒墓銘)〉 : 〈당 고 강남서도 관찰사 중대부 홍주자사 겸 어사중승 증 좌산기상시 태원왕공 묘지명(唐, 故江南西道觀察使中大夫, 洪州刺史兼御史中丞, 贈左散騎常侍, 太原王公墓誌銘)〉

公諱仲舒,	공의 휘는 중서,
字弘中.	자는 홍중이다.
少孤奉其母居江南,	어려서 아버지를 여의고 그 어머니를 봉양하며 강남에 살면서,
游學有名,	유학하여 이름을 얻었는데,
貞元十年,	정원10년,
以賢良方正拜左拾遺,	현량방정과에 합격하여 좌습유에 올랐다가,
改右補闕,	다시 우보궐,
禮部考功,	예부고공,
吏部三員外郞,	이부의 3원외랑을 지냈으며,
貶連州司戶參軍,	연주 사호참군으로 좌천되었다가,
改夔州司馬,	다시 기주사마가 되어,
佐江陵使,	강릉사를 보좌하였다가,
改祠部員外郞,	또 사부원외랑이 되었으며,
復除吏部員外郞,	다시 이부원외랑이 되었다가,
遷職方郞中知制誥.	직방낭중지제고로 좌천되었다.
…… …………	
銘曰	명에 이르기를,
氣銳而堅(견/견 : kin),	기개는 예리하고 굳건하며,
又剛以嚴(염/염 : ngjam),	또 굳세고 엄하였고,
哲人之常(쟝/샹 : źjang).	철인의 떳떳함이었네.
愛人盡已(이/이 : ji),	사람을 사랑하는데 자신을 다 바쳤고,
不倦以止(기/지 : tśji),	권태롭다고 그치지 않았으며,
乃吏之方(빵/방 : pjang).	이런 태도야말로 관리의 방정함이었네.
與其友處(츄/쳐 : tś´jo),	그 친구와 함께 지낼 때는,
順若婦女(뉴/녀 : ṇjo),	순하기가 마치 부녀자와 같았으니,
何德之光(광/광 : kuang)?	얼마나 그 덕이 빛나겠는가?
墓之有石(씨/셕 : źiak),	묘에 돌이 있으니,
我最其迹(지/적 : tsiak),	내가 그의 업적을 모아서,
萬世之藏(짱/장 : dzang)	만세에 간직하려 하네.

※규장전운 상의 중국음/조선음

3구에 하나의 운을 달면서 위에 있는 두 개의 구에 각자 협운(協韻)하는 방식.

– 원문 : 《사고전서 · 오백가주창려문집(五百家注昌黎文集)》 권33, 졸역.

옛사람들이 운韻을 사용할 때에는 각각 체재와 격식을 갖추고 있었다. 한 구句마다 운을 단 것으로 말하면, 우정의 〈갱가〉가 시초라고 할 것인데, 《시경》에서 찾아본다면 〈상송商頌〉의 『소구와 대구를 받아(受小球大球)』 장章과 대아 〈대아大雅〉의 『흙을 척척 파서 올리며(捄之陾陾)』 장과 〈위풍衛風〉의 『손은 삘기처럼 부드러웁고(手如柔荑)』 장 등이 바로 그러하다고 하겠다. 그리고 후세에 쌍운시라고 운위하는 것 가운데 가령 두보(杜甫)의 〈대식도가〉라든가 한유의 〈육혼산화〉같은 것들도 모두 여기에서 기원한다 할 것이다. 한 구마다 운을 하나씩 달다가 3구가 지난 다음에 바꾸는 것은 《노자》의 〈명도약매장〉에서 비롯되는데, 원결의 〈대당중흥송〉과 잠삼의 〈주마천행〉은 모두 여기에서 기인하는 것들이다. 그런데 왕세정王世貞은 진시황의 〈낭야대명〉도 이 문체를 사용한 것이라고 하였는데, 조사해 본 결과 실제로는 그러하지 않았다. 3구句마다 하나의 운을 단 것은 〈채기〉 2장章과 〈한혁〉 첫 장에서 시작된다. 진시황이 세운 〈역산〉과 〈지부명〉도 모두 이 체재를 따랐고, 후세의 명銘과 송頌을 보면 더더욱 이런 현상을 보이는데, 시가詩歌에서는 이러한 체재를 보기가 힘들다. 한 구를 건너뛰어 호용互用하기 시작한 것은 〈어리〉와 〈채미〉 수장首章으로부터인데, 한유가 지은 장철張徹의 묘지명墓地銘도 이 방식을 따른 것이다. 그리고 유종원의 〈패위부〉를 보면, 또 3구를 건너뛰어 호용을 하였는데, 이것도 이 방식에 근본하여 약간 변용變用을 한 것이며, 근대의 율시律詩 가운데 이른바 진퇴체進退體라고 하는 것 역시 이와 유사한 것이라고 하겠다. 한 구 안에서 거듭 운을 쓰는 것으로 말하면, 〈이소경〉과 〈복거〉가 효시인데, 이를테면 『족자율사喔訾慄斯 악이유아喔咿嚅唲』라든가 『돌제골계突梯滑稽 여지여위如脂如韋』 같은 것이 바로 그것이라 하겠다. 한漢, 위魏 이래의 풍요風謠 가운데에도 이와 유사한 것들이 나타나는데,

天下模楷李元禮, 　천하의 모범인 우리 이원례,
不畏强禦陳仲擧. 　강포한 자 겁낼까 우리 진중거.

大才槃槃謝家安, 　집에서 편히 쉬는 크나큰 재주 사안석(謝安石),

江東獨步王文度.　　강동의 독보로세 우리 왕문도.

라는 식의 표현이 무척이나 많이 보인다. 3구에 하나의 운을 달면서 위에 있는 두 개의 구에 각자 협운叶韻하는 방식은 언제 시작된 것인지 모르겠는데, 한유의 〈왕중서 묘지명王仲舒 墓誌銘〉에도 이 문체를 쓴 것이 눈에 띈다. 그 밖에 2구에 운을 하나씩 쓰는 것은 원래 통행되던 법인만큼, 이에 대해서는 내가 굳이 논하지 않는 바이다.

[3] 옛 사람들의 통운通韻

我東鄕音, 上去二聲絶不可辨, 雖深於文學者必須檢韻, 不爾則不能別也, 余常病此. 及觀古人文字, 押韻或有糅雜. 如東坡 〈酒經〉39, 本用庚

39 | 〈주경(酒經)〉: 〈동파주경(東坡酒經)〉이란 제목으로 《동파전집》에 있는데 그 처음 내용은 다음과 같다.

南方之氓(밍/밍 : meng→庚韻),	남쪽의 어리석은 백성은,
以糯與糠(캉/강 : k′ang→陽韻),	찹쌀과 겨로,
雜以卉藥而爲餠(빙/병 : piang→梗韻),	풀과 약초를 섞어서 떡을 만들어,
嗅之香(향/향 : xjang→陽韻),	냄새를 맡으니 향기롭고,
嚼之辣,	씹어보니 매운 맛이 나는데,
揣之枵然而輕(킹/경 : k′iang→庚韻),	그 빈 것을 재어보는데 가벼운 것이,
此餠之良(량/량 : ljang→陽韻)者也.	이 누룩의 훌륭함이라.
……	
勁正合爲四斗,	보아하니 꼭 네 말이 되어,
又五日而飮,	일 뒤에 마신다면,
則和而力嚴而不猛(밍/밍 : mang→梗韻)也.	온화하면서 술의 힘 엄하지만, 사납지 않네.
篘絶不旋踵而粥投之,	술 거르는 일 끊어지고, 잠깐이라도 추가 끊어지면,
少留則糟枯中風而酒病(뼝/병 : bjuang→映韻)也.	얼마 지나지 않아 지게미 마르고, 바람 맞아 술이 병이 나네.
釀久者酒醇而豊,	빚은 지 오랜 것은 좋은 맛 풍부한데,
速者反是,	급히 빚은 술은 이와는 다르니,

韻, 而其中餅・猛等韻, 上聲也. 正・定・勁・病等韻, 去聲也. 唯取音叶, 雖平仄不同, 皆不拘也. 此猶文[40]也. 柳子厚[41] 〈閔生賦〉[42] 『靜・騁』

故吾酒三十日而成(씽/셩 : źiang→淸韻)也. 내 술은 30일이라야 된다네.
— 원문 : 《동파전집》 권100, 졸역.

40 | 문(文) : 여기서 『문』은 청대 요내(姚鼐)가 지은 《고문사류찬(古文辭類纂)》의 한문 문체 13류 분류법 중 운이 있는 5류(有韻文)에 속하는 문을 말한다. 산문(散文)이란 운문(韻文)이나 변문(騈文)과 상대되는 개념이다. 운문은 시(詩), 사(詞), 곡(曲), 부(賦) 등을 포괄하며, 변문은 변구(騈句), 우구(偶句)를 위주로 하면서 대장(對仗 : 對偶)과 성률(聲律)을 강구하는 문체이다. 운문과 변문을 제외한 문장들, 이를테면 논(論), 기(記), 비지(碑志), 주계(奏啓), 서발(序跋), 서신(書信) 등은 문학성에 여부에 관계없이 모두 산문이라 칭한다.
※《고문사류찬(古文辭類纂)》 : 진한(秦漢)으로부터 방포(方苞, 1668~1749)와 유대괴(劉大櫆, 1698~1780)에 이르는 고문 대가들의 글을 엄선하여 분류하고 각 문체에 대해 간략한 해설을 가하여 산문의 규범으로 제시한 책으로 75권이다. 『의리・고증・문장 가운데 하나라도 빠지면 안 된다(義理考證文章, 缺一不可)』라든가 『경전의 뜻을 밝히지 못한다면 가벼이 글을 지어서는 안 된다(不能發明經義, 不可經述)』는 말은 그의 산문론을 잘 요약한 말로 자주 인용된다.
※요내(姚鼐, 1731~1815) : 청대문학가, 자는 희전(姬傳), 또는 몽곡(夢谷), 집에서는 석포헌(惜抱軒)이라고 불렀기 때문에 세칭 석포선생이라 했다. 안휘 동성(安徽 桐城)이 본관이다. 건륭(乾隆) 28년(1763) 진사에 급제하여 형부낭중(刑部郎中)・사고전서찬수관(四庫全書纂修官) 등을 역임하였다. 동향 선배인 유대괴(劉大櫆)에게 문장을 배워 간결하며 격조 높은 글을 썼다. 저서에 《고문사류찬(古文辭類纂)》이 있다.

41 | 유자후(柳子厚) : 《지봉유설(芝峰類說)》 주 715) 참조.

42 | 〈민생부(閔生賦)〉 : 시의 내용은 아래와 같다.

閔吾生之險阨兮, 내 백성의 험한 암담함을 가엾게 여김이여,
紛喪志以逢尤(尤韻). 어지러이 뜻을 잃었네.
氣沉鬱以杳眇兮, 기운 더욱 침울해져 아득함이여,
涕浪浪而常流(尤韻). 눈물만 늘 줄줄 흐르네.
膏液竭而枯居兮, 고액마저 다하여 고목처럼 멍하게 있음이여,
魄離散而遠遊(尤韻). 넋은 흩어져 멀리 떠나네.
言不信而莫余白兮, 말은 믿지 못하나 내말은 헛됨이 없음이여,
雖遑遑欲焉求(尤韻)? 비록 허둥거려 보지만 어찌 구하려는가?
合喙而隱志兮(問韻), 적합한 말을 찾아 뜻을 숨기려 함이여,
幽默以待靜(梗韻). 고요히 침묵하며 고요를 기다리네.
爲與世而斥謬兮, 세상과 더불어 그릇됨을 물리치기 위함이여,
固離披以顚隕(軫韻). 정말로 흩어지고 죽네.

與『隕 · 隱』等通押. 陳后山[43] 〈示三子〉[44] 詩『忍 · 省 · 哂 · 穩』通押. 李空同[45] 〈石將軍戰場歌〉[46]『戰 · 店』通押. 此其音韻逈異, 不啻上去之

騏驥之棄辱兮, 천리마는 욕심을 버림이여,
駑駘以爲騁(梗韻). 우둔한 말은 달리려고 생각하네.
……
※위에서 '隱' 자는 각운이 놓일 자리가 아니므로 저자가 잘못 설명한 것 같음.
— 원문 : 《유하동집(柳河東集)》 권2, 졸역.

43 | 진후산(陳后山, 1053~110) : 《추강냉화(秋江冷話)》 주 33) 참조.

44 | 〈시삼자(示三子)〉 : 시의 내용은 아래와 같다.
去遠卽相忘, 멀리 떠나있을 때는 서로 잊고 지냈는데,
歸近不可忍(신/인 : ńien→軫韻). 돌아올 날 가까워지자 안절부절 못하네.
兒女已在眼, 아이들이 이미 눈앞에 있어도,
眉目略不省(싕/싱성 : siang→梗韻). 눈썹과 눈조차도 알아보지 못하네.
極喜不得語, 기쁜 나머지 한 마디 말도 못하고,
淚盡方一哂(신/신 : ien→軫韻). 그저 눈물만 흘리다가 한바탕 웃네.
了知不是夢, 이건 정녕 꿈이 아님을 알고 있으되,
忽忽心未穩(훈/온 : ˀuən→阮韻 : 軫과 通韻). 홀연 마음이 잠잠해지지 않네.
— 원문 : 《후산집(後山集)》 권1, 번역 《송시》 김원중, 을유문화사, 2004. 참고.

45 | 이공동(李空同. 1475~1531) : 《학산초담(鶴山樵談)》 주 7) 참조.

46 | 〈석장군전장가(石將軍戰場歌)〉 : 시의 내용은 아래와 같다.
清風店南逢父老, 청풍점 남쪽에서 노인을 만났는데,
告我己巳年間事(寘韻). 기사년(1449) 사이의 일을 알려주네.
店北猶存古戰場, 청풍점 북쪽에 아직 옛 전장이 남아있는데,
遺鏃尙帶勤王字(寘韻). 화살촉이 남아 아직 勤王[충성을 다하다]이란 글자를 지니고 있네.
憶昔蒙塵實慘怛, 옛일을 돌이켜보니 몽진은 참으로 참담한 일인데,
反覆勢如風雨至(寘韻). 세태가 여러 번 바뀜이 비바람이 치는 것 같네.
紫荊關頭晝吹角(覺韻), 자형관 꼭대기엔 낮에도 피리소리 들리고,
殺氣軍聲滿幽朔(覺韻). 살기등등한 군대 소리 유주 북쪽에 가득하네.
……
石家官軍若雷電(霰韻), 석정의 관군은 번개와 우레처럼,
天清野曠來酣戰(霰韻). 하늘 맑고 들은 넓은데 격렬한 싸움 벌어지네.
朝廷既失紫荊關(刪韻), 조정은 이미 자형관을 잃었으니,
吾民豈保清風店(豔韻)? 우리 백성들이 어찌 청풍점을 보호하리오?
牽爺負子無處逃(豪韻). 아비를 끌고 자식은 등에 업고 달아날 곳이 없네.
哭聲震天風怒吼, 곡성은 천지를 진동하고 성난 바람소리 울어대는데,

別, 皆以方音相叶, 故不避也. 以此推之, 凡著雜文用韻, 雖時混上去聲, 不至大錯, 唯詩什則當謹守正法耳.

우리 동방의 향음(鄕音 : 方音)으로는 상성上聲과 거성去聲 두 개의 소리를 전혀 분간해 낼 수가 없다. 그래서 문학에 아무리 조예가 깊은 사람이라 하더라도 운책韻冊을 뒤적여 봐야만 하고, 그렇게 하지 않으면 도저히 구별해 낼 수가 없기 때문에, 내가 늘 이 점을 병통으로 여겨 왔다. 그러다가 옛사람들의 문자를 살펴보니, 거기에도 압운押韻 할 때 마구 뒤섞어서 쓴 경우가 간혹 눈에 띄었다. 가령 동파東坡의 〈주경〉을 예로 들면, 본디 하평성下平聲인 『경庚』자 운을 쓴 것인데, 상성上聲인 병餠 · 맹猛 등의 운과 거성去聲인 정正 · 정定 · 경勁 · 병病 등의 운을 그 속에서 함께 뒤섞어 쓰고 있었다. 이것은 소리가 얼추 맞기만 하면 운자韻字로 가져다가 쓴 것으로서, 평측平仄이 서로 같지 않아도 모두 구애를 받지 않았으니, 이것은 《고문사류찬古文辭類纂》에서 분류한 13류 중 5류에 속하는 유운문有韻文 중 하나 같다고나 해야 할 것이다. 또 유종원의 〈민생부〉를 보면 정靜과 빙騁, 운隕과 은隱 등을 통운通韻하였고, 진사도의 〈시삼자〉라는 시를 보면 인忍 · 성省과 신哂 · 온

兒女床頭伏鼓角(覺韻), 아이들은 북과 나팔소리에 놀라 침대 머리맡에 엎드리고,
野人屋上看旌旄(豪韻). 백성의 민가 지붕위에 군기 나부끼는 게 보이네.
— 원문 : 《공동집(空同集)》 권22, 졸역.
※청풍점은 지금의 하북성 역현에 있다(在今河北易縣境內).
※석장군 석정은 섬서 위남 사람이다. 정통 14년(1449) 와자군이 대동을 침범해 들어와 군대를 나누어 요동 · 선부 · 감숙을 습격했다. 영종이 직접 정벌에 나섰으나 군대는 패하고 포로로 잡혔다(石將軍 石亨 陝西渭南人. 正統十四年, 瓦剌軍進犯大同, 分兵襲擾遼東 · 宣府 · 甘肅 · 英宗親征, 兵敗被俘)
※자형관은 역현성 서북쪽 45km의 자형령에 있다(紫荊關 位于 易縣城 西北 45公里的紫荊岭上).

47 | 춘운압 『론』자(春韻押 『論』字) : 《광운》 206운이나 《운부군옥(雲府群玉)》 106운으로 봐도 『춘운』은 없으며, 왕세정의 배율시를 다 살펴보았으나 『논(論)』자를 압운한 시는 있으나 같은 『원운(元韻)』을 사용하고 있어 압운을 잘못했다는 것은 발견하지 못했다.

穩 등을 통운하였으며, 이몽양의 〈석장군전장가〉를 보면 전戰과 점店을 통운하였다. 이것들은 그 음운音韻이 현격하게 달라 상성上聲과 거성去聲의 차이 정도일 뿐만이 아닌데, 모두 방음方音이 서로 어울리기 때문에 피하지 않고 섞어서 쓴 것이다. 이를 통해 유추해 보건대, 잡문雜文을 지을 때에는 이따금씩 상성과 거성을 섞어서 용운用韻한다 하더라도 큰 잘못이라고 할 수는 없겠다. 하지만 시편詩篇의 경우만은 어디까지나 정법正法을 삼가 지켜야 하리라는 생각이 든다.

[4] 왕세정의 배율시 압운의 잘못

王弇州排律, 春韻押『論』字[47], 陽韻押『降』字[48], 恐不可爲法.

왕세정의 배율시排律詩를 보건대, 『춘春』자 운韻에 『논論』자도 달고 『양陽』자 운에 『강降』자도 달았는데, 이것을 법도로 삼을 수는 없을 듯하다.

[5] 왕수인의 〈유금산사遊金山寺〉를 칭찬하다

陽明[49]兒時遊金山寺[50], 有詩曰 :『金山一點大如拳, 打破維揚水底天.

48 | 양운압『강』자(陽韻押『降』字) : 왕세정의 배율시를 다 살펴보았으나『강(降)』자로 압운한 시를 발견하지 못했다.

49 | 양명(陽明, 1472~1529) : 이름은 왕수인(王守仁), 자는 백안(伯安), 중국 명대(明代)의 대신이며 사상가. 세상 사람들은 양명(陽明)先生이라 불렀다. 절강(浙江)성 여요(余姚) 사람이다.《전습록(傳習錄)》(3권)이 있으며, 여기에다 시문 · 주소(奏疏 : 상주문) · 연보(年譜) 등을 더한《왕문성공전서(王文成公全書)》(38권)이 있다.

50 | 금산사(金山寺) : 강소성(江蘇省) 진강시(鎭江市) 서북쪽 금산(金山) 위에 있는 절로, 동진(東晉) 때 창건된 중국의 대표적 선찰(禪刹)이다. 양자강(楊子江) 가운데 우뚝 서 있어 예로부터 택심사(澤心寺), 용유사(龍游寺)로도 불려 오다가 청 성조(淸聖祖) 때 강천사(江天寺)라는 이름으로 바뀌었는데, 송(宋) 나라 승려 요원(了元)과 소식(蘇軾)이 노닐었던 곳으로 유명하다. 유금산사(游金山寺)와 금산 묘고대(金山妙高臺)라는 소식의 시가 전한다.

醉倚妙高臺上月, 玉簫吹徹洞龍眠.』[51] 中年坐言事謫貴州[52], 有〈泛海〉詩曰 :『險夷元不滯胸中, 何異浮雲過太空. 夜靜海濤三萬里, 月明飛錫下天風.』[53] 二詩皆俊爽可喜, 而金山詩是少作尤奇.

왕수인陽明이 아이였을 때 금산사金山寺에 놀러 가서 시를 짓기를,

金山一點大如拳(꿘/권: gjuan),	한점 주먹만한 저 금산 집어 던져,
打破維揚水底天(텬/텬: t′in).	양주揚州 물 속 잠긴 하늘 두들겨 부셔 볼까.
醉倚妙高臺上月,	묘고대의 저 달빛에 취해 기대섰노라니,
玉簫吹徹洞龍眠(면/면 : min).	어디선가 옥피리 소리 잠든 용 깨워 일으킬 듯.

(先韻)

이라고 하였다. 또 중년에 말 한마디 잘못하여 귀주貴州로 귀양갈 때 지은 범해시泛海詩에서는

險夷原不滯胸中(즁/즁 : ţjung),	험난하든 평탄하든 개의介意할 일 못되나니,

51 | 금산일점대여권(金山一點大如拳) 네 구 : 〈금산사에 가 노닐다(遊金山寺)〉의 전문이다.

52 | 중년좌언사적귀주(中年坐言事謫貴州) : 명 무종(明武宗) 원년(1506) 겨울에 권신(權臣) 유근(劉瑾)이 대선(戴銑) 등 20여 인을 잡아들이자, 양명이 항장(抗章)을 올려 구해 주려고 하다가, 조정에서 곤장 40대를 맞고 귀주(貴州) 용장 역승(龍場驛丞)으로 쫓겨났는데, 바로 이곳에서 격물 치지(格物致知)의 뜻을 크게 깨닫고 심즉리(心卽理)설을 주창하게 되었다.

53 | 험이원불체흉중(險夷元不滯胸中) 네 구 : 〈범해(泛海)〉 시의 전문이다.

何異浮雲過太空(궁/공 : k'ung). 하늘 떠도는 뜬구름과 다를 것이 뭐 있으랴.
夜靜海濤三萬里, 고요한 밤 삼만 리에 부서지는 바다 물결,
月明飛錫下天風(붕/풍 : pjung). 달 밝은 밤 석장錫杖 날려 천풍 타고 내려가네.
(東韻)

라고 하였다. 이 두 시가 모두 준상俊爽하여 감상하기에 썩 좋은데, 금산시金山詩는 또 어려서 지은 것이라 더욱 기특하기만 하다.

[6] 양명의 꿈을 기록한 시의 서

陽明有〈記夢〉[54] 詩, 自序曰 : 『正德庚辰八月二十八夕, 臥小閣, 忽夢晉忠臣郭景純[55]氏以詩示予, 且極言王導[56]之奸, 謂世人徒知王敦[57]之逆,

54 | 〈기몽(記夢)〉: 《사고전서 · 왕문성전서(王文成全書)》 권20에는 제목이 〈양명기몽시(陽明紀夢詩)〉로 되어있다.
秋夜臥小閣, 가을 밤 작은 누각에 누워,
夢遊滄海濱. 꿈에 푸른 바닷가를 노닐었네.
海上神仙不可到, 바다 신선이 와선 안 된다 하는데,
金銀宮闕高嶙峋. 금은 궁궐은 겹겹이 우뚝 솟아있네.
中有仙人芙蓉巾, 그 가운데 선인은 부용건을 쓰고 있는데,
顧我宛若平生親. 나를 돌아봄이 흡사 평생 알던 이 같네.
欣然就語下烟霧, 흔연히 말을 하니 안개가 내리는 듯한데,
自言姓名郭景純. 스스로 이름이 곽경순이라 말하네.(眞韻)
………… — 원문 : 《사고전서 · 왕문성전서》 권20, 졸역.

55 | 곽경순(郭景純) : 경순은 곽박(郭璞)의 자이다. 박학다재한 데다 오행(五行), 천문과 복서(卜筮) 등의 술법에까지 통달하였으며, 사부(詞賦)로 동진(東晉)의 첫손에 꼽히는 문장가인데, 상서랑(尙書郞)으로 있다가 왕돈(王敦) 때문에 죽음을 당하였다. 《진서(晉書)》 권72.

56 | 왕도(王導) : 진(晉) 나라 원제(元帝) 때의 명승상(名丞相)으로 조야에서 중보(仲父)

而不知王導實陰主之. 其言甚長, 不能盡錄, 覺而書其所示詩於壁, 復爲詩以記其略.』其詩及所謂郭景純詩者, 皆載集中. 考郭詩體裁與景純他詩不相似, 余竊疑此詩作於宸濠[58]變後, 無乃方濠盛時, 朝中大臣或有主其謀而竟幸免者, 故陽明記此以風刺之也. 然事涉語怪, 恐非儒者所當道.

양명陽明이 꿈을 기록한 시를 지었는데, 그 자서自序에서 말하기를, "정덕正德 경진년(1520, 중종 15) 8월 28일 저녁에 작은 누각 안에서 잠이 들었는데, 홀연히 꿈속에 진晉 나라의 충신 곽경순郭景純이 나타나더니 나에게 시를 보여 주었다. 그리고는 왕도王導의 간악함을 극구 말하면서 '세상 사람들은 왕돈王敦이 반역反逆한 사실만 알 뿐, 실제로는 왕도가 암암리에 주도했다는 것은 모르고 있다.' 고 하였는데, 그 이야기가 너무도 길어서 다 기록할 수가 없을 정도였다. 이에 잠을 깨고 나서 그가 보여 준 시를 벽에 써서 붙이고, 다시 시 한 편을 지어 그 대략적인 내용을 기록하는 바이다." 하였다. 양명의 시와 곽경순이 보여 주었다는 시가 모두 문집 속에 수록되어 있는데, 곽시郭詩의 체재體裁를 살펴보니 그가 지은 다른 시와는 비슷하지가 않았다. 그래서 나 나름대로는 이 시가 신호宸濠의 변란이 있고 난 뒤에 지어진 것이 아닌가 하는 의심이 들기도 한다. 그것은 즉 신호가 한창 위세를 부릴 때, 조정의 대신 가운데 혹 그 모의를 주도했다가 결국엔 요행히 모면한 자가 있었기 때문에, 양명이 이렇게 기록해서 풍자한 것이 아닌가 하는

라고 일컬었으며, 유조(遺詔)를 받들고 명제(明帝)와 성제(成帝)를 보좌한 사직지신(社稷之臣)으로서, 『왕도공충(王導公忠)』이라는 《몽구(蒙求)》의 표제(標題)가 있을 정도이다. 《진서 · 왕도전(晉書 · 王導傳)》

57 | 왕돈(王敦) : 왕도(王導)의 종형(從兄)으로, 무제(武帝)의 딸에게 장가들었는데, 정남대장군(征南大將軍)까지 올라간 뒤에 무창(武昌)에서 반란을 일으켰다가 병사(病死)하였다. 《진서((晉書)》 권98.

58 | 신호(宸濠) : 주권(朱權)의 현손(玄孫)으로, 효종(孝宗) 때 영왕(寧王)의 습봉(襲封)을 받은 주신호(朱宸濠)를 가리킨다. 무종(武宗) 때 반란을 일으켰다가 왕양명에게 평정된 뒤 무종으로부터 자진(自盡)의 명을 받았으며 그 시체는 불태워져 버려졌다. 《명사(明史)》 권117.

것이다. 하지만 이 일은 괴탄怪誕한 요소를 지니고 있는 만큼, 유자儒者가 말할 성격의 일은 못될 듯싶다.

[7] 양명시에 관한 제유들의 평

陽明詩有曰 :『千聖本無心外訣, 六經須拂鏡中塵.』[59] 曰 :『鏗然舍瑟春風裏, 點也雖狂得我情.』[60] 曰 :『潛魚水底傳心訣, 棲鳥枝頭說道眞.』[61]

59 | 천성본무심외결(千聖本無心外訣) 두 구 : 〈밤에 앉아서(夜坐)〉 시의 일부로 내용은 아래와 같다.

獨坐秋庭月色新, 　홀로 앉았는데 가을 뜰의 달빛 새로워,
乾坤何處更閒人. 　하늘과 땅은 어찌 사람을 더 한가롭게 하는가?
高歌度與清風去, 　높은 노랫소리 맑은 바람과 함께 지나가고,
幽意自隨流水春. 　그윽한 뜻 절로 흐르는 물 따라 봄으로 가네.
千聖本無心外訣, 　성인의 요결(要訣) 마음 밖에 본래 없는 것,
六經須拂鏡中塵. 　경서 통해 거울의 먼지 털어내야지.
却憐擾擾周公夢, 　가련타 뒤숭숭하니 주공이 꿈에 보이니,
未及惺惺陋巷貧, 　머리 맑게 좁은 골목에서 가난하게 살 날 아직 멀었네.(眞韻)

—《사고전서 · 왕문성전서》 권12, 졸역.

60 | 갱연사슬춘풍리(鏗然舍瑟春風裏) 두 구 : 공자가 제자들에게 각자의 소원을 물어 보았을 때, 증점은 비파를 타고 있다가 쨍그랑 소리가 나게 내려놓고는 말하기를, 『늦은 봄에 봄옷을 만들어 입고 관(冠)을 쓴 어른 5, 6명과 동자 6, 7명과 함께 기수(沂水)에서 목욕한 뒤 무우(舞雩)에서 바람 쐬고 노래하며 돌아오겠다.』 하였는데, 공자 역시 감탄하며 허여(許與)했던 고사가 있다. 《논어 · 선진(先進)》에서 광(狂)은 뜻이 지나치게 높아 행동이 뒤따라가지 못하는 경우를 표현하는 말이다.

〈달밤 2수(月夜二首)〉 중 제2수

處處中秋此月明, 　곳곳에 중추의 이 달 밝게 빛나는데,
不知何處亦羣英. 　많은 인물들 어디에 있는지 알 수 없네.
須憐絶學經千載, 　경서 배움 끊어진 지 천 년이나 됨 가련한데,
莫負男兒過一生. 　사나이 평생 동안 짊어지지 못했네.
影響尙疑朱仲晦, 　일찍이 주중회를 의심한 영향으로,
支離羞作鄭康成. 　지리하게 정현(鄭玄)을 부끄럽게 하였네.
鏗然舍瑟春風裏, 　봄바람 속에 쨍그랑 비파 내려놓는 소리,
點也雖狂得我情. 　증점(曾點)이 비록 행동이 뜻에 못 미쳐도 내 마음에 쏙 든다네.(庚韻)

曰：『白頭未是形容老, 赤子依然混沌心.[62]』[63] 曰：『人人自有定盤針, 萬

—《사고전서 · 왕문성전서》권20, 졸역.

※주중회(朱仲晦) : 왕적의 고향사람으로 한 수의 시를 남김(朱仲晦 王績鄕人 詩一首〈왕적이 고향에 대해 묻는 것에 답함(荅王無功問故園)〉)

※이 시는 여러 학생들과 천천교에서 노래하며 지었다(與諸生歌于天泉橋).

※정현(鄭玄, 127~200) : 자는 강성(康成), 북해(北海) 고밀(高密) 사람이다. 저서에《중후(中侯)》·《건상력(乾象歷)》·《육예론(六藝論)》·《모시보(毛詩譜)》등이 있으며,《십삼경주소(十三經注疏)》중의《모시전(毛詩箋)》과《삼례(三禮)》주 등이 있다.

—《사고전서 · 후한서 · 정현전(鄭玄傳)》

61 | 잠어수저전심결(潛魚水底傳心訣) 두 구 : 〈밤에 벽하지에 앉아(碧霞池夜坐)〉 시의 일부이며 내용은 아래와 같다.

一雨秋涼入夜新, 비 한 번 내리니 가을 서늘하게 밤이 새롭고
池邊孤月倍精神. 못 가 외로운 달뜨니 원기가 배가되네.
潛魚水底傳心訣, 잠긴 물고기 물 밑에서 마음의 요결 전해 주고,
棲鳥枝頭說道眞. 둥지 튼 새 가지 위에서 도의 참 모습 설해 주네.
莫謂天機非嗜欲, 천기가 지나친 욕망이 아니라 말하지 말고,
須知萬物是吾身. 만물이 내 몸이란 걸 반드시 알아야 하네.
無端禮樂紛紛議, 예악을 함부로 하면 의론이 분분히 일어나니,
誰與青天掃宿塵. 누가 하늘과 더불어 별의 먼지를 쓸어낼까?

—《사고전서 · 왕문성전서》권20, 졸역.

62 | 혼돈심(混沌心) : 오염되지 않은 본래의 마음을 말한다. 남해의 임금 숙(儵)과 북해의 임금 홀(忽)이 중앙의 임금 혼돈(混沌)의 은혜에 보답하려고 보고 듣고 먹고 숨쉬는 구멍을 하루에 하나씩 파 주었는데 7일이 되던 날에 혼돈이 그만 죽고 말았다는 우화가 전한다.

63 | 백두미시형용로(白頭未是形容老) 두 구: 〈천천루에 밤에 앉아 좌무제의 운에 화답하다(天泉樓夜坐和蘿石韻)〉라는 시로 내용은 아래와 같다.

莫厭西樓坐夜深, 깊은 밤에 염서루에 앉지 마라,
幾人今夕此登臨? 몇이나 오늘 저녁 이곳에 올랐던가?
白頭未是形容老, 머리 하얗게 세었어도 몸은 늙지 않았나니,
赤子依然混沌心. 갓난 아이 혼돈의 마음 그대로 지니고 있다네.
隔水鳴榔聞過棹, 물을 사이에 두고 물고기 모는 막대 소리 노 젓는 소리 들리고,
映牕殘月見疎林. 창에 비치는 새벽달에 성근 숲이 보이네.
看君已得忘言意, 그대 보는데 이미 할 말을 잊었고,
不是當年只苦吟. 이것은 그 해에 단지 괴로워서 읊은 게 아니라네.(侵韻)

—《사고전서 · 왕문성전서》권20, 졸역.

※나석(蘿石, 1601~1645) : 좌무제(左懋第), 자는 중급(仲及), 호가 나석, 산동(山東)

化根源本在心. 却笑從前顚倒見, 枝枝葉葉外頭尋.』[64] 日 : 『乾坤是易原非畫, 心性何形得有塵.』[65] 日 : 『不離日用常行內, 直造先天未畫前.』[66] 此等語皆諸儒所詆, 以爲過高近禪者, 然自超詣動人.

양명陽明의 시 가운데, 가령

내양(萊陽) 사람이며, 명(明)말의 저명한 민족영웅으로 사람들은 『명말 문천상(明末文天祥)』이라고 한다.
—《명사(明史)》 권275.

64 | 인인자유정반침(人人自有定盤針) 네 구 : 〈양지 4수를 읊어 여러 학생들에게 보임(詠良知四首示諸生)〉 중 제3수의 전문이다.

65 | 건곤시역원비화(乾坤是易原非畫) 두 구 : 〈여러 학생들에게 보임(示諸生)〉 3수 중 제1수의 일부로 내용은 아래와 같다.

爾身各各自天眞,	너희들 몸은 하나하나 하늘의 진리를 타고 났으니,
不問求人更問人.	남에게 구하는 것도 묻지 말고, 다시 다른 이에게 묻지 마라.
但致良知成德業,	다만 양지에 이르게 하여 덕업을 이룰 뿐이고,
謾從故紙費精神.	옛 책을 좇아 정신을 낭비하지마라.
乾坤是易原非畫,	하늘과 땅이 바뀜이지 원래 한 획이 아니니,
心性何形得有塵.	심성에 무슨 형체 있어 티끌을 일으키랴.
莫道先生學禪語,	너희들 선생이 선어를 배웠다 말하지 말고,
此言端的爲君陳.	이 말은 틀림없기에 너희들에게 말하노라.(眞韻)

— 원문 : 《사고전서 · 왕문성전서》 권20, 졸역.

66 | 불리일용상행내(不離日用常行內) 두 구 : 〈여러 학생들과 이별하며(別諸生)〉 시의 일부이며 시의 내용은 아래와 같다.

綿綿聖學已千年,	면면히 이어진 성스러운 학문 이미 천 년이 넘었건만,
兩字良知是口傳.	'양지' 라는 두 글자 이것은 구전되기만 했네.
欲識渾淪無斧鑿,	혼륜하여 도끼로 깎고 파낸 흔적 없는 것 알려고 하면,
須從規矩出方圓.	반드시 모난 것이 둥근 것에서 나옴을 좇아야 한다는 걸 알아야 하네.
不離日用常行內,	일상의 행동 안에서 떠나지 않으면서,
直造先天未畫前.	획 긋기 전 선천 시대 곧바로 올라가네..
握手臨岐更何語,	손을 잡고 갈림길에 서니 더욱 무슨 말을 하리오,
慇懃莫媿別離筵.	은근히 이별 연회에서[학문 성취 안됐다] 부끄러워하지 마시게.(先韻)

— 원문 : 《사고전서 · 왕문성전서》 권20, 졸역.

千聖本無心外訣,　성인의 요결要訣 마음 밖에 본래 없는 것,
六經須拂鏡中塵.　경서 통해 거울의 먼지 털어내야지.

라고 한 것이나

鏗然舍瑟春風裏,　봄바람 속에 쨍그랑 비파 내려놓는 소리,
點也雖狂得我情.　증점曾點이 비록 광이라도 나의 마음에 쏙 드는걸.

또 이르기를

潛魚水底傳心訣,　잠긴 물고기 물 밑에서 마음의 요결 전해 주고,
棲鳥枝頭說道眞.　둥지 튼 새 가지 위에서 도의 참 모습 설해 주네.

또 이르기를

白頭未是形容老,　머리 하얗게 세었어도 몸은 늙지 않았나니,
赤子依然混沌心.　갓난 아이 혼돈의 마음 그대로 지니고 있노매라.

또 이르기를

人人自有定盤針,　사람마다 지남침指南針 각자 갖고 있나니,
萬化根源本在心.　온갖 변화 그 근원은 본래 마음에 있느니라.
却笑從前顚倒見,　우스워라 그동안의 전도된 망상이여,
枝枝葉葉外頭尋.　지엽말단 집착하며 밖으로만 치달렸네.

또 이르기를

乾坤是易原非畫,　하늘과 땅이 역이요 원래 획이 아니니,
心性何形得有塵.　심성에 무슨 형체 있어 티끌을 일으키랴.

또 이르기를

不離日用常行內, 　　일상성을 여의지 않는 그 가운데에,
直造先天未畫前. 　　획 긋기 전 선천 시대 곧바로 열리나니.

라고 한 말들에 대해서 모두 제유諸儒가 비난을 가하며, 지나치게 높기만 하고 선禪 냄새가 풍긴다고 말들을 하였다. 그러나 워낙 조예造詣가 초절趙絶하여 사람의 마음을 움직이는 데야 어찌하겠는가.

[8] 왕유, 맹호연의 시에 글자를 고쳐서 음률을 맞추다

王右丞[67]詩曰 : 『若見西山爽, 應知黃綺[68]心.』[69] 西山爽氣[70], 去却『氣』

67 | 왕 우승(王右丞, 699?~759?) : 《백운소설(白雲小說)》 주 10) 참조.
68 | 황기(黃綺) : 상산사호(尙山四皓) 가운데 하황공(夏黃公)과 기리계(綺里季)를 병칭한 말로, 속세를 떠나 산속에 숨어 사는 은자를 가리킨다.
69 | 약견서산상(若見西山爽) 두 구 : 이 시구는 〈이태수가 상락으로 부임해 가는 것을 전송하며(送李太守赴上洛)〉라는 시로 《왕우승시집(王右丞詩集)》 권12에 나온다.

……

野花開古戍, 　　들꽃은 옛 성채에 피어나고,
行客響空林(림/림 : liem). 　　나그네는 빈 숲속에서 발자국 소리를 듣네.
板屋春多雨, 　　판잣집 고을에는 봄이라 비도 많고,
山城晝欲陰(읨/음 : ʔjən). 　　녹음 짙은 산성엔 대낮에도 어둠침침하네.
丹泉通虢略, 　　단천은 서괵의 경계로 통하고,
白羽抵荊岑(쯤/즘 : dẓiem). 　　백우는 형산의 높은 봉우리까지 이르네.
若見西山爽, 　　만약 서산의 상기를 본다면,
應知黃綺心.(심/심 : sim). 　　분명 알리라 상산사호(尙山四皓)의 마음을.(侵韻)

— 원문 : 《전당시 · 왕우승집전주(王右丞集箋注)》 권12, 번역 《왕유시전집》 왕유 지음, 박삼수 역주, 현암사, 2008. 참고.

70 | 서산상기(西山爽氣) : 《사고전서》 중 전체 159권 165회 나온다. 그 중 《흠정열하지(欽定熱河志)》 권31의 내용은 다음과 같다.

〈협금헌(峽琴軒)〉(을묘(己卯))

流水風松靜, 　　흐르는 물, 바람 소나무에 고요하니,

字. 孟浩然[71]詩以『給苑』對『禪林』[72], 佛書有『給孤獨園』[73] 此改『園』爲『苑』, 以叶聲律, 皆可援例.

與皆嶧桐. 모든 역양의 오동나무와 더불어
不操八音, 팔음을 조절하지 못하지만,
諧西山爽氣. 서산의 상큼한 기운과 어우러지고,
正當戶東沼初陽, 동소의 아침 해와도 꼭 어울려,
又上階每憶. 생각날 때마다 또 계단을 오르네.

※협금헌 : 하북성 승덕(河北 承德)의 피서산장 냉향정(冷香亭)의 북쪽에 있다.

※역동(嶧桐) : 강소성(江蘇省) 역양(嶧陽)에서 산출되는 오동나무. 훌륭한 금(琴)의 재료임.

※팔음(八音) : 주대(周代)에 악기를 만드는 물질을 분류하는 표준으로 삼아 악기를 여덟 가지로 분류하였는데, 金 · 石 · 絲 · 竹 · 匏 · 土 · 革 · 木이다. 이를 『八音』이라 했다. – 졸역.

71 | 맹호연(孟浩然, 689~740) : 《지봉유설(芝峰類說)》 주 501) 참조.

72 | 『급원』대 『선림』(『給苑』對 『禪林』) : 〈본 스님의 새로 지은 정자에서 짓다(本闍黎新亭作)〉시에 나오는 말이다.

八解禪林秀, 팔해의 사원 빼어나게 아름다워라,
三明給苑才(째/ 지 : dzəi). 삼명의 사찰에 재인들 모였네.
地偏香界遠, 땅이 외져 절간이 멀기도 한데,
心靜水亭開(캐/ 지 : k′əi). 마음 고요하게 물가에다 정자 지었네.
傍險山查立, 그 곁은 험하여 산을 깎아 세운 듯한데,
尋幽石逕廻(홰 : /회 : ɣuəi). 그윽한 곳 찾아 나서자 들길이 굽어져 있네.
瑞花長自下, 상서로운 꽃 자라 절로 늘어졌으니,
靈藥豈須栽(재/ 지 : dzəi). 영험한 약초인들 어찌 심어 가꾸리.(灰韻)
……

– 원문 : 《전당시 · 맹호연집(孟浩然集)》 권2, 번역 : 《맹호연전집》 맹호연 지음, 이성호 역, 문자향, 2006. 참고하여 번역.

※도려(闍黎) : 도리(闍梨), 스님에게 덕행을 가르치는 스승.

73 | 급고독원(給孤獨園) : 기원정사(祇園精舍)로도 번역되며, 중인도 교살라국(薩羅國) 사위성(舍衛城) 남쪽에 있었던 승원(僧園). 기수(祇樹)는 기타(祇陀)가 소유하였던 수림(樹林)이란 뜻이고, 급고독원은 급고독장자(給孤獨長者 : 須達長者)가 그 수림을 사서 부처에게 헌상한 승원(給孤獨園)이란 뜻이다. 기타(祇陀) 태자는 제타 태자의 중국어 음사다. 급고독(給孤獨) 장자는 수닷타 장자를 번역한 말이다. 수닷타 장자는 항상 의지할 데 없는 사람들을 자주 구제해 『아나타 삔디까(An Thapi ka)』로 더 잘 불렸다. 『아나타』는 『의지할 데 없는 자(孤獨)』란 뜻이며, 『삔디까』는 『먹을 것을 주다(給)』란 뜻이다. 이를 한문으로 번역하면 급고독(給孤獨)이 된다. 《금강경(金剛經)》의

왕유王維의 시에

若見西山爽,　　서산의 삽상한 기운 만약 본다면,
應知黃綺心.　　황기의 마음을 응당 알리라.

라는 구절이 있는데, 이는 서산 상기西山爽氣에서 기氣라는 글자를 생략해 버린 것이다. 그리고 맹호연孟浩然의 시를 보면, 급원給苑으로 선림禪林의 대구對句를 삼은 것이 있는데, 이는 불서佛書에 나오는 급고독원給孤獨園의 원園을 원苑으로 고쳐서 성률聲律에 맞게 한 것이다. 이런 것들은 모두 하나의 예로써 원용援用할 만하다.

[9] 예정평禰正平의 절의를 위한 처세술

禰正平負才剛傲, 卒以取死[74]. 以其事觀之, 殆若少年輕薄不識利害者之

맨 처음에 나오는 말이다. －《역주 원중랑집 8》, 원굉도지음, 심경호 역, 소명출판, 2004.
《반야심경 · 금강경 읽기 (불교의 근본 원리로 보는)》김윤수, 마고북스, 2005.
法會因由分 第一
나는 이와 같이 들었노라. 어느 때 부처님께서 사위국에 있는 기수급고독원에서 큰 비구들 천이백오십인과 함께 계셨다. 그 때 세존께서 식사 때가 되자 가사(袈裟)를 입으시고 바리때(발우)를 가지시고 사위성(舍衛城)으로 들어가시어, 그 성(城) 안에서 밥을 비실(乞食)적에 차례로 빌어, 빌기를 마치시고는 본래 계시던 곳으로 돌아오셔서 진지를 잡수시고 나서 가사와 바리때를 거두시고, 발을 씻으시고는 자리를 펴고 앉으셨다(如是我聞, 一時, 佛在舍衛國, 祇樹給孤獨園, 與大比丘衆, 千二百五十人俱, 爾時, 世尊食時, 着衣持鉢, 入舍衛大城, 乞食於其城中, 次第乞已, 還至本處, 飯食訖, 收衣鉢, 洗足已, 敷座而坐).

74 | 예정평부재강오(禰正平負才剛傲) 두 구 : 정평(正平)은 후한(後漢) 말 예형(禰衡)의 자이다. 조조(曹操)가 그의 모욕을 받고는 차마 자기 손으로 죽이지 못한 채 유표(劉表)에게 보냈고, 유표 역시 그를 감당치 못해 황조(黃祖)에게 보냈는데, 끝내는 황조를 깔보며 모욕을 가하다가 그의 손에 죽임을 당하였다.《후한서》 권110하.
※예형(禰衡, 173~198) : 평원(平原) 반(般 : 지금 산동성 臨邑 동북쪽) 사람. 작품으로 〈앵무부(鸚鵡賦)〉가 있다.

爲. 然古人觀人, 以氣爲難. 以曺公之雄武, 威聲氣勢, 海內震慴, 而正平傲睨慢罵, 如視嬰兒[75], 其氣固已蓋一世矣. 方其在許下[76], 歷詆陳長文[77]·司馬伯達[78]·荀文若[79]諸人, 而獨善孔文擧[80]·楊德祖[81]. 及後陳·荀諸公皆爲魏氏佐命, 而文擧·德祖見忌於曺公以死 ; 蓋正平已盡知其志趣也. 然則正平其亦心存帝室, 而以節義自厲者乎? 文擧表稱其忠果正直, 志懷霜雪[82], 其知正平者哉! 太白乃有『魏武營八極, 蟻觀一禰衡』[83] 之句,

75 | 이정평오예만매(而正平傲睨慢罵) 두 구 : 공융(孔融)이 예형을 극찬하자 조조가 한번 만나보고 싶어 하였으나 예형은 광병(狂病)을 자칭하면서 만나 주지 않았고, 북을 잘 친다는 말을 듣고 조조가 예형을 고사(鼓史)로 임명했을 때에는 조조 앞에서 발가벗고 옷을 갈아입었으며, 다시 영문(營門) 앞에서 지팡이로 땅을 두드리며 크게 욕을 한 고사가 있다.《후한서》권110하.

76 | 허하(許下) : 허도(許都)를 가리킨다. 허(許)는 하남(河南) 허창(許昌) 동쪽에 있다. 조조가 한(漢) 헌제(獻帝)를 영립하여 이곳을 수도로 정했는데, 그 아들 조비가 칭제(稱帝)하면서 지명을 허창(許昌)이라고 고쳤다. 위나라의 수도였기 때문에 허도라고 함.

77 | 진장문(陳長文, ?~236) : 위(魏)의 대신인 진군(陳羣), 장문은 그의 자이며, 영천(潁川) 허창(許昌 : 지금의 하남성 許昌 동쪽) 사람.《삼국지·위서·진군전(魏書·陳傳)》에 진군은 일찍이 조비(曹丕)를 위해 9품중정제(九品中正制)를 제정하였는데 이는 위진 남북조 시대의 관리를 선발하는 기본제도가 되었다. —《삼국지사전》심백준·담량소 지음, 정원기(외) 옮김, 범우사, 1999.

78 | 사마백달(司馬伯達, 171~217) : 사마랑(司馬朗)의 字, 동한(東漢)말 하나(河內) 온현(溫縣) 사람으로 사마의(司馬懿)의 형이다. 조조의 부름을 받고 승상주부(丞相主簿)를 지냈다. — 위의 책《삼국지사전》.

79 | 순문약(荀文若, 163~212) : 조조의 주요 모사인 순욱(荀彧)으로 영천(潁川) 영음(潁陰) : 지금의 하남성 許昌) 사람. — 위의 책《삼국지사전》.

80 | 공문거(孔文擧, 153~208) : 동한(東漢)말의 대신인 공융(孔融)으로 노(魯 : 지금의 산동성 曲阜) 사람이며, 북해태수(北海太守)를 지냈기 때문에 공북해(孔北海)라 불렸다. 건안칠자(建安七子) 중 한 사람이다. — 위의 책《삼국지사전》.

81 | 방기재허하(方其在許下) 여섯 구 : 허하는 허도(許都)를 가리킨다. 허는 하남(河南) 허창(許昌) 동쪽에 있다. 장문(長文)과 백달(伯達)과 문약(文若)은 각각 진군(陳群), 사마랑(司馬朗), 순욱(荀彧)의 자(字)이고, 문거(文擧)와 덕조(德祖)는 각각 공융(孔融)과 양수(楊修)의 자(字)이다. 진장문은 백정, 사마백달은 술 장수, 순문약은 조문(弔問) 심부름꾼이라고 매도하고, 공문거는 대아(大兒), 양덕조는 소아(小兒)라고 좋게 평가한 예형의 말이 있다.《후한서》권110하.

82 | 문거표칭기충과정직(文擧表稱其忠果正直) 두 구 : 예형은 이제 갓 약관(弱冠)이고,

何其輕視正平也? 使正平處太白之地, 其肯默默受逆璘[84]之迫脅哉?

예정평은 자신의 재주를 자부하며 안하무인격眼下無人格으로 거만하게 행동하다가 끝내는 죽음을 자초하고 말았다. 그러니 그 일만을 가지고 살펴본다면, 이해利害 관계를 전혀 따질 줄 모르는 경박한 소년 같은 인상이 상당히 풍긴다. 그러나 옛사람들이 사람을 평가할 때에는 기개氣慨 있게 행동하는 것을 어렵게 여겨 왔다. 조공(曹公 : 조조(曹操))으로 말하면, 웅무雄武한

공융은 불혹(不惑)의 나이였는데도, 마침내 벗으로 사귀면서 공융이 조정에 그를 천거한 상소문에 나오는 말이다.《後漢書》권 110下.

83 | 태백내유(太白乃有) 세 구 :《이태백집(李太白集)》권21. 위 무제(魏武帝)는 조조를 가리키는데, 원문의 위무(魏武)는 위제(魏帝)의 잘못이다.《후한서》에『예형 하나쯤은 내가 참새나 쥐새끼처럼 죽일 수 있다(禰衡豎子 孤殺之猶雀鼠耳)』고 한 조조의 말이 실려 있다.

〈앵무주를 바라보며 예형을 생각하다/望鸚鵡洲懷禰衡〉

魏帝營八極,	위 무제(魏武帝)는 온 천하를 경영한 인물,
蟻觀一禰衡(헹/평 · 횡 : ɣang).	일 개 예형이야 개미 새끼로 여겼었네.
黃祖斗筲人,	황조는 옹졸한 사람이라,
殺之受惡名(밍/명 : miang).	그를 죽여 악명을 얻었네.
吳江賦鸚鵡,	오강에서 앵무부를 짓고,
落筆超羣英(잉/영 : ʔjang).	붓을 놓으니 수많은 인물을 뛰어넘었네.
鏘鏘振金玉,	징소리 징징 울려 금옥을 흔들고,
句句欲飛鳴(밍/명 : mjang).	구구절절 울며 날아가려했네.(庚韻)

……

— 원문 :《사고전서 · 이태백문집(李太白文集)》권19, 졸역.

※앵무주(鸚鵡洲) : 호북성 무한(武漢)시에 위치.

※예형(禰衡) : 주 59) 참조.

※황조(黃祖, ?~208) : 형주목(荊州牧) 유표(劉表) 소속의 강하태수(江夏太守).《삼국지 · 오서 · 오주전(吳書 · 吳主傳)》에 의하면 황조가 달아날 때 말을 탄 병사 풍칙(馮則)이 쫓아가 그의 목을 베었다고 한다. 위의 책《삼국지사전》

84 | 역린(逆璘) : 당 숙종(唐肅宗) 때 반역을 도모한, 현종(玄宗)의 아들 영왕(永王) 이린(李璘)을 가리킨다. 이백(李白)이 그의 부름을 받고 막료(幕僚)가 되었다가 도망쳐 나왔으나, 이린이 패사(敗死)한 뒤 죄에 걸려 복주(伏誅)될 운명에 처했는데, 곽자의(郭子儀)가 목숨을 걸고 구해 주는 바람에 야랑(夜郞)으로 귀양을 갔다.《당서(唐書)》권 202.

위성威聲을 드날리며 그 기세氣勢가 천하를 벌벌 떨게 하였는데, 정평은 마치 어린 아이를 대하듯 오만하게 깔보며 매도罵倒를 하였으니, 그의 기개야말로 한세상을 덮고도 남음이 있었다 하겠다. 그가 바야흐로 허하許下에 있을 때에는 진장문陳長文과 사마백달司馬伯達과 순문약荀文若 등 여러 사람들을 두루 깔아뭉개면서도, 공문거孔文擧와 양덕조楊德祖에 대해서만은 좋게 평가하였는데, 나중에 진陳, 순荀 등 제공諸公은 모두 위씨(魏氏 : 조조의 위나라)의 창업創業을 도운 공신功臣이 되었던 반면, 문거와 덕조는 조공曹公의 시기를 받아 죽고 말았으니, 대개 정평이 그때에 벌써 그네들의 지취志趣를 속속들이 알고 있었다고 해야 할 것이다. 그렇다면 정평 역시 한漢 나라 황실에 마음을 두고서 그 절의節義를 지키려고 자신을 단속한 자가 아니겠는가. 문거가 표문表文을 올리면서 일컫기를, "그는 충성스럽고 과단성이 있으며 바르고 곧은 인사로서, 그 뜻이 서리와 눈처럼 결백潔白하기만 하다."고 하였는데, 그러고 보면 문거도 정평을 제대로 이해했다고 하겠다.

그런데 태백太白은 그만

魏武營八極, 　위 무제魏武帝는 온 천하를 경영한 인물,
蟻觀一禰衡. 　일 개 예형이야 개미 새끼로 여겼었네.

라는 구절을 남겼으니, 어쩌면 그렇게도 정평을 얕보았단 말인가. 가령 정평이 태백의 처지에 놓여 있었다면, 아무 말도 못한 채 역린逆鱗의 협박을 그대로 받아들이려 했겠는가.

[10] 진등 백척루百尺樓 고사

前代詩人喜用『元龍百尺樓』語, 按《世說》, 許汜[85]與劉玄德[86]竝在劉

85 | 허사(許汜) : 여포(呂布)의 모사(謀士). 건안(建安) 3년(198), 여포가 조조(曹操)에게 하비(下邳)에서 포위되었을 때 그와 왕해(王楷)를 원술(袁術)에게 보내어 구원을 요청하였다. 《삼국지 · 위서 · 여포전(魏書 · 呂布傳)》에 의하면 조조가 연주목(兗州牧)

荊州[87]坐, 共論人物. 許曰 : 『陳元龍淮海之士[89], 豪氣不除.』[90] 玄德問許君言豪, 寧有事耶? 許曰 : 『昔遭亂過下邳, 見元龍, 無客主之意, 不相與語, 自上大牀臥, 使客臥下牀.』[91] 玄德曰 : 『君有國士之名, 今四海橫流, 帝王失所, 而無救世之意, 求田問舍, 言無可採, 是元龍所諱也, 何緣當與君語? 如我自臥百尺樓上, 臥君於地下, 何但上下牀之間哉?』[92] 所謂『百尺樓』, 乃玄德自言耳, 都無關於元龍事, 而後人誤用之, 遂成一故實, 殊可笑也.

전대前代의 시인들은 『원룡백척루元龍百尺樓』라는 말을 즐겨 사용하곤 했

이 되었을 때 허사와 왕해는 종사중랑(從事中郎)이었다. 흥평(興平) 원년(194) 두 사람은 모두 조조를 배반하고 여포에게 돌아갔다. ㅡ《삼국지사전》 심백준 · 담량소 지음, 정원기(외) 옮김, 범우사, 1999.

86 | 유현덕(劉玄德, 161~223) : 촉한(蜀漢)의 소열제(昭烈帝), 역사서에는 선주(先主)라 칭한다. 현덕은 자이며 이름은 비(備)로 탁군 탁현(涿郡 涿縣) 사람이며 황족의 먼 친척으로 황숙이라 불렸다. ㅡ《삼국지사전》 심백준 · 담량소 지음, 정원기(외) 옮김, 범우사, 1999.

87 | 유형주(劉荊州, 142~208) : 형주자사(刺史)였던 유표(劉表)를 말한다. 자는 경승(景升)이며 먼 황족이다.

88 | 진원룡(陳元龍) : 이름은 등(登)이며 원룡의 그의 자다. 하비(下邳) 사람으로 원래 서주목(徐州牧) 도겸(陶謙)의 부하였다. 홍평 원년(194) 도겸이 죽자 유비가 서주목에 임명되고 진등은 막관(幕官)을 맡았다. 여포가 서주를 탈취한 후 그는 몰래 조조에게 일찍이 여포를 없애는 것이 좋다고 간하여 광릉태수(廣陵太守)에 임명되었으며, 건안 3년(198) 조조가 여포를 공격하였는데 그는 여포군 내부를 교란시키는 계책을 써서 소관 · 서주 · 소패(蕭關 · 徐州 · 小沛)를 잃게 하는 전공을 세워 조조로부터 복파장군(伏波將軍)의 벼슬을 받았다.

89 | 회해지사(淮海之士) : 호해지사(湖海之士)와 같은 말로, 어디에 매인 곳이 없이 마음이 호쾌하고 기개가 있는 인물이라는 뜻이다.

90 | 진원룡회해지사(陳元龍淮海之士) 두 구 : 원룡이 백척루에 높이 누워있다는 뜻은, 진원룡의 등루에서 있었던 일을 말하는 것이다.(高臥元龍百尺樓, 意謂, 陳元龍, 有登樓事也). ㅡ 원문 :《사고전서 · 설략(說畧)》 권14, 졸역.

91 | 석조란과하비(昔遭亂過下邳) 여섯 구 : 한(漢)나라 진수(陳壽)가 지은《위지(魏志)》 권7에 나온다.

92 | 군유국사지명(君有國士之名) 열 한 구 : 위의 책 바로 뒤의 내용.

다. 그런데《세설신어世說新語》를 상고해 보건대, 허사許汜와 유현덕이 유형주의 좌석에서 함께 어울려 서로 인물평을 하였다. 이때 허사가 말하기를 『진등은 회해지사淮海之士로서 호기豪氣가 여전하였다.』라고 하니, 현덕이 그에게 묻기를 『무슨 일이 있었기에 그대가 호기 운운하는가.』 하였다. 이에 허사가 대답하기를 『지난번에 난리를 만나 하비下邳를 지나다가 원룡을 찾아보았는데, 주인으로서 손님을 대하는 뜻이 전혀 없었다. 그리고는 서로들 말도 나누는 일이 없다가 자기는 큰 침상 위로 올라가서 눕고 나는 아래 침상에 눕게 했다.』고 하자, 현덕이 말하기를 『그대는 국사國士의 이름을 지닌 인물이다. 그런데 지금 온 천하가 모두 난리통이라서 제왕이 있을 곳을 찾지 못하고 있는데, 그대는 세상을 구제할 뜻은 전혀 없이 집안일만 챙길 뿐 채택할 만한 말이 하나도 없으니, 이것이 바로 원룡이 그대를 꺼리게 된 까닭이다. 그러니 무슨 말을 꺼내어 그대와 함께 이야기를 나누겠는가. 만약 나라면, 나 자신은 백척루百尺樓 위에 눕고 그대는 땅 밑에 눕게 하겠다. 어찌 그 간격이 위 아래 침상의 차이일 뿐이겠는가.』라고 하였다라는 기록이 있었다. 그렇다면 『백척루』라는 말은 바로 현덕 자신이 한 말일 뿐, 원룡과는 아무 관계도 없는 말이다. 그런데도 뒷사람들이 잘못 사용한 나머지 마침내 하나의 고사故事처럼 되고 말았으니, 정말 우스운 일이다.

[11] 시란 자신의 뜻을 표현하는 것이다

韋應物[93]有 〈贈楊開府〉[94] 詩, 自陳少時任俠跌宕之事, 詞韻深妙. 此蓋

93 | 위응물(韋應物, 737~792) : 《지봉유설(芝峰類說)》 주 89) 참조.

94 | 〈양개부를 만나(逢楊開府)〉 : 시의 내용은 아래와 같다.

少事武皇帝,	젊어서 황제를 모실 땐,
無賴恃恩私(스/ᄉᆞ : siei).	개인적 사랑을 믿고 무뢰하기 그지없었네.
身作里中橫,	직접 동리의 깡패가 되고,
家藏亡命兒(ᅀᅵ/ᄋᆞ : ńie).	집안에다 도망자를 숨기기도 하였네.
朝提樗蒲局,	아침에는 장기판이나 들고 나가고,
暮竊東鄰姫(끼/긔 : ji).	저녁에는 동쪽 마을의 계집을 훔쳤어도,

自述實狀, 而楊開府必其俠遊時舊伴也. 劉須溪[95]批此詩, 以爲, 世言蘇州所至, 掃地焚香而坐[96], 不應爲人老少頓異, 此寓言, 非自謂也. 余謂詩所以言志, 必道眞情實境, 然後方爲可觀. 若無是事, 而强爲虛語, 則雖工不足稱也. 蘇州少以三衛郞[97]事玄宗, 後乃折節讀書. 人固有少年豪蕩, 老就澹靜者, 論人豈可若是拘乎? 須溪評詩極有意致, 但時有穿鑿謬解處, 讀者不可不知.

위응물韋應物이 〈양 개부楊開府에게 주다〉는 시를 지으면서, 호협豪俠하고 질탕跌宕하게 노닐었던 자신의 젊은 시절을 술회하고 있는데, 그 사운詞韻이 그지없이 절묘하기만 하다. 이것은 대개 실제로 있었던 일을 스스로 기록한 것으로서, 양 개부라는 인물도 필시 호탕하게 노닐 때의 옛 친구라고

司隷不敢捕,	관리가 감히 나를 잡지 못한 것은,
立在白玉墀(찌/지 : ḍiei).	내가 황제를 모시고 있었기 때문이라.(支韻)

……

※양개부(楊開府) : 『그가 누구인지는 확실치가 않다. 또 개부는 관직명으로 한나라 번쾌가 우장군개부가 되었으며, 두자미의 시에도 『청신함은 유개부』라고 했는데 틀림없이 관직명이다(楊開府未詳何人. 又開府, 官名, 漢樊噲爲右將軍開府, 杜子美詩亦曰淸新庾開府, 必官名也.)』 — 《당음(唐音)》권2의 이 시 주석

— 원문 : 《사고전서 · 韋蘇州集》 권5, 번역 : 〈위응물(韋應物)의 사적(事迹)과 시작품(詩作品) 고찰(考察)〉 권호종, 《인문학연구》 제2집, 경상대학교 인문학연구소, 1996, pp.41~101.

95 | 유수계(劉須溪, 1231~1297) : 《추강냉화(秋江冷話)》 주 8) 참조.

96 | 분향이좌(焚香而坐) : 〈위소주〉에 한자창이 이르기를 『위소주는 젊어서 3위랑으로 원종을 섬겼는데, 기개가 있고 소탈하며 얽매이지 않았다. 원종이 붕어한 후 의지를 꺾고 독서에 힘썼다. 그러나 내 보건대, 그 사람됨이 성품이 고결하고, 마음이 깨끗하여 욕심이 없어, 거하는 곳은 땅을 깨끗이 쓸고, 향을 사르고 앉았다고 했다.(〈韋蘇州〉 韓子蒼云 : 韋蘇州, 少時, 以三衛郞, 事元宗, 豪縱不羈. 元宗崩, 始折節 務讀書. 然余觀 其爲人性高潔, 鮮食寡欲, 所居, 掃地, 焚香而坐.)』 — 원문 : 《사고전서 · 어은총화(漁隱叢話)》 전집 권15, 졸역.

※한자창(子蒼, 1080~1135) : 《동인시화(東人詩話)》 주 16) 참조.

97 | 삼위랑(三衛郞) : 친위(親衛), 훈위(勳衛), 익위(翊衛) 등 3위로 된 당 나라 금위군(禁衛軍)의 낭장(郞將)을 말한다.

해야 할 것이다. 그런데 유수계는 이 시를 평하기를, 소주蘇州는 가는 곳마다 청소하고 향을 피운 채 단정히 앉아 있곤 하였다는 세상의 말이 있다. 사람의 젊었을 때와 늙었을 때가 그토록 판이하게 다를 수는 없을 것이니, 이 시는 어디까지나 우언寓言일 뿐 자신의 행적을 말한 것은 아니다고 하였다. 그러나 나의 생각은 다르다. 시란 자신의 뜻을 표현하는 것이니, 반드시 진실된 생각과 실제 사실을 말한 뒤에야 비로소 볼 만한 것이 있게 되는 것이다. 만약 그런 일이 없는데도 허위로 꾸며서 억지로 말한다면, 비록 공교工巧하게 된다 하더라도 족히 일컬을 것이 못 된다고 여겨진다. 소주蘇州로 말하면, 젊었을 적에는 삼위랑三衛郎으로 현종玄宗을 섬기다가, 뒤에 가서는 그야말로 자신을 반성하고 단속하면서 독서에 매진했던 인물이다. 사람이란 본디 젊었을 적에는 호탕하게 노닐다가도 나이가 들어가면서 점점 담정澹靜하게 될 수도 있는 법이다. 그러니 사람을 논함에 있어 이런 식으로 한쪽으로만 단정하다면 어찌 옳다고 할 수 있겠는가. 수계須溪가 시를 평한 것을 보면 지극히 의치意致가 있으나, 다만 이따금씩 천착穿鑿한 나머지 잘못 해석한 곳이 눈에 띄니, 독자들은 이 점을 알아야 할 것이다.

[12] 돈후한 장자長者의 풍모를 지닌 백낙천

古人稱白樂天[98]與劉禹錫[99]游, 人目以『劉白』, 而不陷八司馬[100]黨中 ; 與元稹[101]游, 人目以『元白』, 而不陷北司[102]黨中 ; 又與楊虞卿[103]爲姻家,

98 | 백낙천(白樂天, 772~846) : 《지봉유설(芝峰類說)》 주 144) 참조.
99 | 유우석(劉禹錫, 772~842) : 《역옹패설(櫟翁稗說)》 주 50) 참조.
100 | 팔사마(八司馬) : 당 순종(唐 順宗) 때, 권신(權臣) 왕숙문(王叔文)에게 빌붙었다가 원방(遠方)의 사마(司馬)로 좌천된 한태(韓泰) · 위집의(韋執誼) · 진간(陳諫) · 유종원(柳宗元) · 유우석(劉禹錫) · 한엽(韓曄) · 능준(淩準) · 정이(程异) 등을 가리킨다.
101 | 원진(元稹, 779~831) : 《지봉유설(芝峰類說)》 주 720) 참조.
102 | 북사(北司) : 당 나라 때 황궁 북쪽에 위치한 환관들의 집무소, 즉 내시청(內侍廳)을 말한다. 한편 남쪽에 있었던 재상들의 집무소는 남사(南司)라고 하였다.
103 | 양우경(楊虞卿) : 당나라 대신이며, 자는 사고(師皐), 괵주(虢州) 홍농(弘農 : 지금의 靈寶) 사람. 원화(元和) 5년(810) 진사에 급제하여, 벼슬이 감찰어사(監察御史)까지

爲李文饒[104]所忌嫉, 而不陷牛李[105]黨中 ; 是固然矣. 然元・劉皆身有累, 而樂天旣與之厚善, 至老死而交情不渝, 亦可謂篤厚長者矣. 行身則特立獨行, 不染滋垢 ; 處人則舍短取長, 不忘久要 ; 斯其所以爲樂天乎!

옛사람이 일컫기를, 백거이가 유우석과 노닐었기 때문에 사람들이 유백劉白이라고 지칭을 할 정도였는데도 팔사마의 패거리 속에 떨어지지 않았고, 원진과 노닐자 사람들이 『원백元白』이라고 지목을 하였는데도 북사北司의 패거리 속에 떨어지지 않았으며, 또 양우경楊虞卿과 인척姻戚 관계를 맺어 이문요(李文饒 : 이덕유(李德裕)의 자(字))의 시기와 질투를 받으면서도 우이牛李의 패거리 속에 떨어지지 않았다 하였는데, 이는 사실 그러하였다. 그런데 원진과 유우석으로 말하면, 모두 행적에 하자瑕疵가 있는 사람들이었는데도, 낙천이 한번 깊이 교분을 나누게 된 뒤로는 늙어 죽을 때까지 그 우정을 변치 않았으니, 역시 돈후敦厚한 장자長者의 풍모를 지녔다고 할 것이다. 자신의 몸가짐을 세파世波에 따르지 않고 고결하게 간직하면서 더러움에 결코 물들지 않았고, 남을 대할 때에는 단점을 놔 둔 채 장점만 취하면서 옛날의 교정交情을 잊지 않았으니, 이것이 바로 낙천樂天이 될 수 있었던 소이라고 해야 할 것이다.

[13] 왕유王維의 『앵도시櫻桃詩』의 오류 답습

王摩詰[106]〈櫻桃〉詩曰 :『總是寢園春薦後, 非關御苑鳥含殘.』[107] 余嘗

올랐다. ―《사고전서・구당서》 권176.

104 | 이문요(李文饒, 787~850) : 이덕유(李德裕)의 자, 당(唐)대 명문귀족 출신으로 재상 이길보(李吉甫)의 아들이다. 음사(蔭仕)로 출사(出仕)하여 문필에 뛰어났기 때문에 (翰林學士)에 발탁되었다가 중서사인(中書拾人)・어사중승(御史中丞) 등을 역임했다.

105 | 우이(牛李) : 당 문종(唐 文宗) 때의 대신 우승유(牛僧孺)와 이종민(李宗閔)의 병칭(竝稱)이다. 당을 결성하여 이길보, 이덕유 부자와 대립하였다.

106 | 왕마힐(王摩詰) : 《지봉유설(芝峰類說)》 주 107) 참조.

107 | 총시침원춘천후(總是寢園春薦後) 두 구 : 이 시의 원제(原題)는 〈어명으로 백관에게

以『春薦』二字爲可疑. 旣而讀《漢書》, 叔孫通[108]曰 : 『古者有春嘗菓, 方今櫻桃熟可獻.』[109] 顏師古[110]註曰 : 『《禮記》: 「仲春之月, 羞以含桃, 先

앵두를 하사하다(勅賜百官櫻桃)〉로 《왕우승집(王右丞集)》 권10에 나온다. 침원(寢園)은 침묘(寢廟)와 원릉(園陵)으로 종묘(宗廟)를 뜻하고, 춘천(春薦)은 늦은 봄에 과일을 종묘에다 바쳐 제사를 올리는 것을 말하는데, 당(唐) 나라 이작(李綽)의 〈세시기(歲時記)〉에 『4월 1일에 앵두를 침원에 올리고, 끝나고 나면 백관에게 반사(頒賜)하였다.』 하였다.

시의 전문은 다음과 같다.

芙蓉闕下會千官,	부용궐 아래 천관이 모였는데,
紫禁朱櫻出上蘭(란/란 : lan).	자금의 붉은 앵두 상란에서 나왔나니.
摠是寢園春薦後,	이 모두가 침원에 춘천하고 난 것이요,
非關御苑鳥含殘(짠/잔 : dzan).	비원(秘苑)의 새 쪼아 먹다 남은 것이 아니라오.
歸鞍競帶靑絲籠,	돌아가는 말안장에는 청사롱이 다 달렸고,
中使頻傾赤玉盤(뿬/반 : buan).	중사는 자주자주 적옥반을 기울였네.
飽食不須愁內熱,	아무리 많이 먹어도 내열 앓을 걱정 없고,
大官還有蔗漿寒(헌/한 : yan).	도리어 대관에게 자장의 추위 있네.(寒韻)

— 원문 : 《사고전서 · 왕우승집전주(王右丞集箋注)》 권10, 번역 : 《당시전서(唐詩全書)》 김달진, 민음사, 1987. 참고.

108 | 숙손통(叔孫通) : 호는 직사군(稷嗣君). 서한(西漢) 초년 설(薛 : 산동성 滕州의 남쪽) 사람인데, 구체적 생졸연대는 불확실하다. 고조(高祖)를 섬겨 조의(朝儀)를 제정(制定). 혜제(惠帝) 때, 봉상경(奉常卿)으로서 종묘(宗廟) 등의 의법(儀法)을 정하고, 태자 태부(太傅)로 전임 《사기 · 숙손통열전(叔孫通列傳)》에 『한가유종(漢家儒宗)』이라고 칭찬했다. — 中國山東(www.shandong.gov.cn) 참고.

109 | 고자유춘상과(古者有春嘗菓) 두 구 : 『혜제가 늘 이궁을 나들이할 때, 숙손통이 이르기를, 「옛날에 봄에 과일을 천신하였는데, 지금 익어 올릴만 합니다. 원컨대 폐하께서 나가시면, 앵두를 취해 종묘에 바치소서」 하니, 황제께서 허락하셨다. 모든 과일을 바치는 것은 이로부터 생겨났다.(惠帝常出游離宮, 通曰 : 古者有春嘗菓, 方今櫻桃熟可獻. 願陛下出, 因取櫻桃獻宗廟. 上許之, 諸菓獻由此興.)』 — 역주 원문 : 《사고전서 · 전한서》 권43, 졸역.

110 | 안사고(顏師古, 581~645) : 당 나라 초기의 훈고(訓詁)학자이며 경학자(經學者)로, 이름은 주(籀)이며, 자는 행(行)이고 본관은 옹주 만년(雍州 萬年)이다. 《한서》를 주석하였으며, 공영달(孔穎達)과 함께 오경(五經)을 교정하였다. 《안씨가훈(顏氏家訓)》의 저자인 안지추(顏之推)가 조부이다. 고조(高祖) · 태종(太宗)의 2대를 섬겨, 중서사인(中書舍人) · 중서시랑(中書侍郎) · 비서감(秘書監)을 역임하였고, 정치에도 능통하여 조령(詔令)의 기초를 맡았으며, 《대당의례(大唐儀禮)》의 수찬에 참여하였다.

薦寢廟.」[111]』 摩詰詩蓋用此語也. 然考之〈月令〉, 非仲春乃仲夏也. 然則此事始誤於叔孫通, 再誤於顔師古, 而摩詰又踵其誤而用之也. 或曰:『詩人詠物, 意興所到, 信筆成語, 不必太拘拘也, 此亦摩詰畫雪中芭蕉之類也.』[112] 其義亦通.

왕유王維의 〈앵도〉라는 시에,

摠是寢園春薦後,	이 모두가 침원에 춘천하고 난 것이요,
非關御苑鳥含殘.	비원秘苑의 새 쪼아 먹다 남은 것이 아니라오.

라는 구절이 나오는데, 내가 일찍이 이 시를 보고서 『춘천春薦』이라는 두 글자에 의심을 품어 왔다. 그러다가 《한서漢書》를 읽다 보니, 『옛날에 봄에 과일을 천신 하였는데, 지금 앵두가 익었으니 올릴 만하다.』는 숙손통叔孫通의 말이 기록되어 있었는데, 안사고顔師古가 주해註解하기를, 《예기禮記》에,

仲春之月,	중춘(仲春 : 2월)의 달에,
羞以含桃,	함도를 올리면,
先薦寢廟.	먼저 종묘에 천신한다.

111 | 중춘지월(仲春之月) 세 구 : 《예기 · 월령(月令) · 중하지월장(仲夏之月章)》에 나온다. 함도(含桃)는 앵두의 별칭으로, 형도(荊桃)라고도 한다.
안사고가 이르기를, 《예기》에 『仲春之月, 羞以含桃, 先薦寢廟, 卽此櫻桃也. 今所謂朱櫻者, 是也. 櫻音於耕反.』 중춘(2월)의 달에, 함도를 올리면, 먼저 종묘에 천신한다. 이것이 곧 앵두다. 오늘날 앵두라는 것이 이것이다. 『櫻』음은 『於耕反切』이다.
— 원문 : 《사고전서 · 前漢書》 권43, 졸역.

112 | 시인영물(詩人詠物) 다섯 구 : 이것은 누구의 말인지 찾을 수가 없었다. 다만 왕유의 그림에 눈 속에 파초를 그려 넣었다는 이야기는 당나라 장언원(張彦遠)의 〈화평(畵評)〉에 나오는 이야기인데 송(宋)나라의 심괄(沈括)의 《몽계피담(夢溪筆談)》 권17에 보이기 시작함.

고 하였다. 그러고 보면, 마힐의 이 시는 대개 이 말을 인용한 것이라고 하겠다. 그러나 〈월령〉을 상고해 보건대, 이는 중춘仲春이 아니라 바로 중하(仲夏 : 5월)에 행하는 일이었다. 그렇다면 이 일은 처음에 숙손통에게서 잘못되었고, 다시 안사고에 의해서 잘못되었는데, 왕유가 또 그 오류를 답습하여 그냥 인용한 것이라고 해야 할 것이다. 그런데 어떤 이는 말하기를, 『시인이 경치를 읊을 때 흥취가 도도해지면 붓 가는 대로 말이 만들어지는 법이니 전고典故에 너무 구애받을 필요는 없는 것이다. 이 시 역시 눈 속의 파초芭蕉를 그린 왕유의 그림과 비슷한 성격의 것이라 하겠다.』 하는데, 그 말도 일리가 있다고 하겠다.

[14] 평측은 알지 못하였으나 행실은 청렴했던 칙사 황손무黃孫茂

崇禎丙子歲, 登萊監軍黃孫茂[113]奉勅來我. 黃是江西建昌人, 壬戌進士, 爲人嗜酒疏闊, 頒勅日屢失禮而不自知. 沿途作詩, 不解平仄, 不知押韻. 到王京有詩三首, 進于殿下. 其一曰 : 『銜命來至鮮王宮, 秋雨淋淋降江東. 半日晴光已晝接[114], 片雲騰踊忽驟風. 涼氣蕭瑟色少碧, 臺上花枝半謝紅. 莫怨風雨濕征衣, 欣沾君王雨露中.』[115] 其二曰 : 『今年今夕是重陽, 此地此情倍感傷. 宴上盡歡幾吹帽[116], 金花簪上喜正冠. 階前黃菊半開

113 | 황손무(黃孫茂, ?~1642) : 자는 운래(雲來). 호는 구지(九芝) 명(明)대 외교관, 천계(天啓) 2년(1622) 진사가 된 후 강산(江山)현령 · 국자감조교(國子監助教) · 공부주사(工部主事) · 공부원외랑(工部員外郎) 등을 거쳤다. 명의 사신으로 숭정제의 칙서를 들고 조선에 왔다. 《동모정환유(東牟政幻諭)》 · 《조선일기(朝鮮日記)》 · 《조변십사류(絛邊十四流)》 · 《준원시집(遵園詩集)》 등의 저서가 있다.

114 | 주접(晝接) : 하루에 세 차례나 접견한다는 '주일삼접(晝日三接)'의 준말로, 왕의 융숭한 대접을 뜻하는 말이다. 《주역 · 진괘 · 단사(周易 · 晉卦 · 彖辭)》

115 | 함명래지선왕궁(銜命來至鮮王宮) 여덟 구 : 시의 전문이다.

116 | 연상진환기취모(宴上盡歡幾吹帽) : 중양절의 잔치에서 풍류를 만끽하였다는 말이다. 진(晉) 나라 맹가(孟嘉)가 9월 9일에 환온(桓溫)의 초청을 받아 용산(龍山)에서 노닐 적에, 바람에 모자가 벗겨진 것도 모르고 즐겼던 고사가 있다. 《진서 · 맹가전(晉書 · 孟嘉傳)》

放, 登樓遠眺玉山寒. 東邊烽煙無消息, 强把茱萸醉霞觴.[117]』[118] 其三曰 : 『暫來借信宿, 恍惚若經年. 留連繁華色, 眺望佳山川. 尙方半月祿, 倍勝萬頃田. 愛客意無窮, 臨別殊憮然.』[119] 首末二章雖拙惡, 猶自押韻, 二章雜用陽寒韻, 誠可異也. 黃公進士出身, 官位通顯, 而作詩如此, 中華文明安在哉? 令人慨然. 然近歲華使來者, 黷貨無饜, 而黃頗廉[120], 其長處亦不可掩也.

숭정崇禎 병자년(1636, 인조 14)에 등래감군登萊監軍 황손무黃孫茂가 조칙詔勅을 받들고 우리나라에 왔다. 그는 강서江西 건창建昌 사람으로, 임술년에 급제하여 진사進士가 되었는데, 사람됨이 술을 좋아하는데다가 소탈하고 활달하여 조칙을 반포하는 날 몇 번이나 실례失禮를 했는데도 자신은 깨닫지를 못하였다. 연도沿途에서 지은 시를 보면 평측平仄도 알지 못하고 압운押韻 할 줄도 몰랐는데, 왕경王京에 도착해서는 시 세 수를 지어 전하에게 올리기도 하였다. 그 첫 번째 시는,

銜命來至鮮王宮,	명 받들고 찾아 온 조선의 왕궁,
秋雨淋淋降江東.	가을비 주룩주룩 강 동쪽에 내렸어라.
半日晴光已晝接,	반나절 맑게 갠 빛 벌써 주접 마쳤는데,
片雲騰踊忽驟風.	조각구름 치솟으며 난데없는 회오리바람.
凉氣蕭瑟色少碧,	서늘한 기운 으스스 푸른 색깔 줄어들고,

117 | 강파수유취하상(强把茱萸醉霞觴) : 중양절에 산수유 열매를 허리주머니에 차고 국화술을 마시면서 재앙을 쫓던 풍속이 있었다.
118 | 금년금석시중양(今年今夕是重陽) 여덟 구 : 시의 전문이다.
119 | 잠래차신숙(暫來借信宿) 여덟 구 : 시의 전문이다.
120 | 황파렴(黃頗廉) : 황손무가 귀국하기 전날 밤, 조선 왕이 황금 만 량을 내렸으나 그는 완강히 사절했다. 조선의 백성들은 그의 고상한 인격과 절개에 깊이 감탄했으며, 특히 그를 위해 '청렴한 덕을 잊지 못하다'는 비를 세웠다. — 臨川文化傳媒网(www.linchuan.jx.cn)

臺上花枝半謝紅. 축대 위의 꽃가지 붉은 빛 반쯤 보냈어라.
莫怨風雨濕征衣, 비바람에 길손의 옷 젖는다고 원망 마라,
欣沾君王雨露中. 우로 같은 임금 은혜 젖는 것이 기쁘도다.

라 하였고, 두 번째 시는,

今年今夕是重陽, 금년 오늘 저녁 바로 중양절重陽節,
此地此情倍感傷. 이 땅에서 그 정회情懷 갑절이나 느껴지네.
宴上盡歡幾吹帽, 환락 극한 연회에서 모자 몇 번 날렸던가,
金花簪上喜正冠. 금화잠 드높이 기쁘게 갓을 바로잡네.
階前黃菊半開放, 섬돌 앞 누런 국화 반쯤 꽃술 터뜨리고,
登樓遠眺玉山寒. 누대에 올라서니 멀리 옥산의 싸늘한 빛.
東邊峰煙無消息, 동쪽 변방 봉화 연기 아무 소식 없나니,
强把茱萸醉霞觴. 산수유 손에 쥐고 미주美酒에 취해 보노라.

라 하였고, 세 번째 시는,

蹔來借信宿, 잠깐 와서 이제 겨우 이틀 밤 묵었건만,
恍惚若經年. 황홀한 심정 마치도 한 해가 지나간 듯.
留連繁華色, 번화한 도시 속에 퍼질러 앉아 노닐면서,
眺望佳山川. 아름다운 산과 내 두루 조망하였어라.
尙方半月祿, 임금님이 내려 주신 반 달치 봉록,
倍勝萬頃田. 일만 이랑 밭보다도 배나 낫구나.
愛客意無窮, 길손 사랑하시는 무궁한 그 뜻,
臨別殊憮然. 이제 이별하려니 섭섭하기 그지없소.

라 하였다. 첫 번째와 마지막 시는 비록 조악粗惡한 느낌이 들기는 하지만, 그래도 압운押韻은 되어 있는데, 두 번째 시의 경우는 양陽과 한寒의 운을 뒤섞어 쓰고 있으니, 정말 괴이하게 여겨지기만 한다. 황공은 진사(進士 전시

(殿試) 급제자) 출신으로서, 관직 역시 현달顯達하였는데, 시를 짓는 것이 이런 식이라니, 중화中華의 문명이 어디에 있는가 싶어서 개연慨然한 생각마저 든다. 그러나 근년에 온 중국 사신들을 보면 끝도 없이 재물을 탐하기만 하였는데, 황공은 상당히 청렴하였으니, 그의 장점을 또한 덮어두어서는 안 될 것이다.

【참고문헌】

장유 저, 이상현 역, 《국역 계곡집》, 민족문화추진회(현 : 한국고전번역원(www.itkc.or.kr)), 1997.

성백효, 《시경집전》 上 · 下, 전통문화연구회, 2008.

김학주 · 이영주 · 안병국 · 김성곤, 《中國歷代詩歌講讀》, 한국방송대학교출판부, 1997.

김달진, 《당시전서(唐詩全書)》, 민음사, 1987.

원굉도지음, 심경호 역, 《역주 원중랑집 8》, 소명출판, 2004.

왕유 지음, 박삼수 역주, 《왕유 詩全集》, 현암사, 2008.

맹호연 지음, 이성호 역, 《맹호연전집》, 문자향, 2006.

韓成武, 《杜甫詩全譯》 卷十八, 河北人民出版社, 1997年.

이장우, 《韓愈의 古詩 用韻》, 영남대학교출판부, 1982.

김원중, 《송시》, 을유문화사, 2004.

좌구명 지음, 신동준 역, 《춘추좌전 1》, 한길사, 2006.

좌구명, 신동준, 《춘추좌전 2》, 한길사, 2006.

김혜경 역, 《분서 1》이지, 한길사, 2004.

이충구, 《이아주소》, 소명출판, 2004.

김경수, 《한국고전비평》, 역락, 1999.

성현경 편역, 《옛 그림과 함께 읽는 이고본 춘향전》, 열림원, 2001.

이이화, 《한국사 이야기》, 한길사, 2000.

둥예쥔, 황보경, 《治國》, 시아출판사, 2004.

아라키 겐고 지음, 심경호 역, 《불교와 유교》, 예문서원, 2000.

김윤수, 《반야심경 · 금강경 읽기 (불교의 근본 원리로 보는)》, 마고북스, 2005.
홍매, 임국웅, 《경세지략》, 넥서스, 2003.
심백준 · 담량소 지음, 정원기(외) 옮김, 《삼국지사전》, 범우사, 1999.
전관수, 《한시어사전》국학자료원, 2002.
권호종, 〈韋應物의 事迹과 詩作品 考察〉, 《인문학연구》 제2집, 경상대학교 인문학연구소, 1996.

【그 외 참고자료】

《文淵閣 四庫全書 電子版》
한국고전번역원(www.itkc.or.kr)
오세주의 한시감상실(osj1952.com.ne.kr)

(崔繼良)

24. 《학시준적學詩準的》[1]

이식(李植, 1584~1647)[2]이 편찬하였다. 이식의 자는 여고汝固이고 호는 택당澤堂이며 본관은 덕수德水이다. 저서로는 《택당집澤堂集》이 있다.

《학시준적》은 1권으로, 조선 인조 25년(1647년, 청 세조世祖 순치順治) 4년에 편찬되었다. 여기서 말하는 이른바 『준적』이란 《시경》을 조종으로 하고 오직 두보만을 숭상한다는 것이다.

[1] 경전에 나타난 시학

《書》曰 : 『詩言志, 歌永言.』[3] 《記》曰 : 『溫柔敦厚, 詩之敎也.』[4] 此周詩《三百篇》宗旨也. 韓子曰 : 『詩正而葩.』[5] 朱子取之,[6] 此詩之體格也.

1 | 《학시준적(學詩準的)》 : 이식의 문집 《택당선생별집》 14권에 나오는 글로서 시를 공부할 때의 준칙에 관해 적고 있다. 만년에 쓴 이 글에서 이식은 시의 형태에 따라서 반드시 배워야 할 작가들의 작품을 정해주면서 후학들을 위해 준칙이라는 형식으로 가르침을 주고 있다.

2 | 이식(李植, 1584~1647) : 광해군 2년(1610) 별시에 급제하여 여러 벼슬을 거쳐 이조 판서까지 올랐다. 사후에 송시열이 그의 문집 《택당집》을 편찬하고 서를 썼다. 이식은 이정구(李廷龜), 신흠(申欽), 장유(張維)와 함께 우리나라의 한문사대가로 불릴 정도로 고금 각체의 문장에 모두 능했다. 그 중 두보의 시를 좋아하여 〈석호리(石壕吏)〉를 모방하여 〈도중기견(途中記見)〉을 지어 서민의 곤궁한 삶과 관아의 지나친 가렴주구를 담담하게 서술하여 광해군 시대의 학정을 묘사하였다. 〈강서행(江西行)〉에서는 강서시파에 대한 비판과 아울러 양명학을 주장한 강서학이 나라를 망칠 학문이라고 극력 비난하여 주자학에 경도된 그의 학문적 경향을 엿볼 수 있다.

3 | 시언지(詩言志) 두 구 : 《서경 · 순전(舜典)》에 나온다.

4 | 온유돈후(溫柔敦厚) 두 구 : 《예기 · 경해(經解)》에 나온다.

5 | 시정이파(詩正而葩) : 한유의 〈학문으로 나아가는 태도를 비난함에 대한 해명(進學解)〉에 나온다. 『《춘추》는 근엄하며, 《좌전》은 화려하고 과장되었으며, 《주역》은 기이

反是而志尙頗僻, 流蕩詞意, 粗濁險怪, 皆詩之外道也. 今當以《三百篇》爲宗主, 熟讀而諷詠之, 此詩學之本也[7].

《서경書經》에 이르기를, 『시는 뜻을 말로 표현한 것이고, 노래는 그 말을 길게 늘인 것이다』고 하였고, 《예기禮記》에 이르기를, 『온유하고 돈후하면 이는 시로 교화된 것이다』고 하였는데, 이것이 바로 주나라 시인 《시경詩經》의 핵심이다. 한유가 말하기를, 『《시경》은 바르고 아름답다』고 하였고 주희도 이것을 받아들였으니, 이것이 바로 시라는 문체의 풍격이다. 이와 반대로 뜻이 몹시 치우치고 음란하며 난잡한 것을 숭상하고, 표현이 거칠고 괴이한 것을 의미한다면, 이는 모두 시의 외도外道이다. 지금 마땅히 《시경》을 정통으로 삼아 숙독하고 노래해야 할지니, 이것이 바로 시학詩學의 근본이다.

[2] 오언고시

五言古詩, 無出漢魏名家. 然其近於性情者, 《古詩十九首》[8] 外, 曹(三

하고 법식이 있으며, 《시경》은 바르고 아름답다(春秋謹嚴, 左氏浮誇, 易奇而法, 詩正而葩)』

6 | 주자취지(朱子取之) : 주희가 편찬한 《이정유서(二程遺書)》(권2 상) 정호(程顥)의 말에 〈학문으로 나아가는 태도를 비난함에 대한 해명(進學解)〉의 『易奇而法, 詩正而葩, 春秋謹嚴, 左氏浮誇』를 인용하고는 그 다음에 『그 명칭과 이치가 모두 아름답다(其名理皆善)』고 하였다.

7 | 차시학지본야(此詩學之本也) : 원문에는 이 문장 다음에 다음과 같은 단락이 더 있다. 『초사는 시의 변체이다. 앞선 유학자들은 그 충의의 마음이 간절하여 원망하면서도 어지럽지 않은 점을 취하였다. 하지만 굴원(屈原)과 가의(賈誼)를 제외하고는, 양웅(楊雄)과 사마상여(司馬相如)의 시대로 오면서 사치스럽고 화려해져서 성정과는 멀리 떨어져 버렸다. 지금 마땅히 주희가 골라 놓은 수십 편을 읽고 외워서 우익(羽翼)으로 삼아야 할 것이다(楚辭, 詩之變也. 先儒取其忠義懇惻怨誹而不亂. 然屈·賈之外, 流而爲楊·馬, 宏侈靡麗, 去性情遠矣. 今當讀誦朱子所選數十篇, 爲之羽翼也).』

8 | 〈고시십구수(古詩十九首)〉 : 《문선》 29권 〈잡시·상〉 첫머리에 수록된 오언시로서, 작가에 대해서는 상고할 수 없으며, 동한 말년의 작품으로 추정된다. 그 내용은 대개 이

曹)[9] · 阮(籍)[10] · 郭(璞)[11] · 左(太沖)[12] · 二陸[13](機 · 雲) · 三謝[14](靈運 · 惠連 · 眺), 詞理圓暢者五六十首, 可以抄讀. 淵明詩性情最正, 朱子以爲可學[15], 但文字質樸, 不可專學. 最好者四十餘首, 抄讀. 唐人古詩, 不必學. 陳子昂[16]及王(維)[17] · 孟(浩然)[18]之作, 最好者若干篇, 韋(應物)[19] · 柳(宗元)數十篇, 竝熟看.

별의 슬픔, 불우한 처지에 대한 분노, 생명의 덧없음에 대한 비탄 등을 읊은 것이다. 표현이 소박하며 인간의 공통적인 감정을 노래한 것이 그 특색이다.

9 | 삼조(三曹) : 위(魏)나라의 대표적인 정치가이자 시인인 조조(曹操)와 그 아들인 조식(曹植), 조비(曹丕)를 가리킨다.

10 | 완적(阮籍, 210~263) : 위(魏)나라의 문학가이자 사상가. 자는 사종(嗣宗)이고 진류(陳留) 위씨(尉氏, 현재의 하남성) 사람이다. 『죽림칠현』의 한 사람. 문집으로 《완보병집(阮步兵集)》이 있고, 〈영회(咏懷)〉 82수가 유명하다.

11 | 곽박(郭璞, 276~324) : 동진(東晋)의 문학가이자 훈고학자. 자는 경순(景純)이고 하동(河東) 문선(聞善 : 지금의 산서성) 사람. 시와 부에 능해서 〈강부(江賦)〉와 〈유선시(游仙詩)〉 14수가 유명하다. 그 외의 저서로는 《이아주(爾雅注)》, 《방언주(方言注)》, 《산해경주(山海經注)》 등이 있다.

12 | 좌사(左思, 250?~305?) : 서진(西晉)의 문학가. 자는 태충(太沖)이고 제나라 임치(臨淄) 사람. 문집으로는 《좌태충집(左太沖集)》이 있고, 시는 14수가 남아 있는데 그 중 〈영사(咏史)〉 8수가 유명하고, 〈삼도부(三都賦)〉(〈촉도부〉, 〈오도부〉, 〈위도부〉)로 "낙양지귀(洛陽紙貴)"라는 고사를 만들기도 하였다.

13 | 이륙(二陸) : 서진(西晉)의 문학가인 육기(陸機)와 육운(陸雲) 형제를 말한다. 그들의 시는 내용은 별로 없으나 시어의 화려함과 대구를 추구하였다.

14 | 삼사(三謝) : 남조 송(宋)나라의 시인 사령운(謝靈運)과 사혜련(謝惠連) 및 제(齊)나라의 사조(謝眺)를 말한다. 이들은 모두 산수시를 잘 지었는데, 사령운은 산수시파의 창시자이고, 사조는 그 공헌이 가장 큰 시인이다. 사혜련의 예술적 성과는 그다지 높지 않아서 사령운에는 비길 수 없고 사조와 비길만 하다.

15 | 주자이위가학(朱子以爲可學) : 《주자어류(朱子語類)》 권140에 『도연명의 시는 평담하여 자연스러움에 있어 뛰어나니 후세 사람들은 그를 배워야 한다(淵明詩平淡, 出於自然, 後人學他)』고 했다.

16 | 진자앙(陳子昂, 661~702) : 《지봉유설(芝峰類說)》 주 499) 참조.

17 | 왕유(王維, 701?~761) : 《지봉유설(芝峰類說)》 주 107) 참조.

18 | 맹호연(孟浩然, 689~740) : 《지봉유설(芝峰類說)》 주 498) 참조.

19 | 위응물(韋應物, 737~804) : 《지봉유설(芝峰類說)》 주 89) 참조.

오언 고시는 한漢 · 위魏 시대의 이름난 작가들을 능가할 것이 없다. 그러나 그 중에서도 성정에 가까운 것으로는, 〈고시십구수〉 외에 조씨 3부자, 완적, 곽박, 좌사, 육기 · 육운, 사령운 · 사혜련 · 사조가 있으니, 시의 이치가 원만하고 막힘이 없는 것으로 5, 60수 정도를 골라서 읽을 만하다. 도연명의 시는 성정이 가장 올바르기 때문에 주희도 가히 배울 만하다고 했는데, 다만 그 표현이 질박해 그의 시만 배우면 안 된다. 가장 좋은 것으로 40여 수를 골라서 읽어라. 당나라 사람의 고시는 반드시 배울 필요는 없다. 진자앙과 왕유 · 맹호연의 작품 중에서 가장 좋은 것 몇 편과 위응물 · 유종원의 작품 수십 편을 골라서 함께 숙독해라.

[3] 이백과 두보

李白古詩飄逸難學. 杜詩變體,[20] 性情詞意, 古今爲最. 記行及〈吏〉〈別〉[21] 等作, 分明可愛者, 不可不熟讀摹襲, 以爲準的. 其大篇如〈八哀〉[22] 等作, 非學富才博不可學, 亦非詩之正宗, 姑舍之.

이백의 고시는 표일해서 모방하기가 어렵다. 두보 시의 변체變體는 성정과 사의詞意에 있어 고금을 통틀어 최고이다. 그의 기행紀行이나 〈삼리〉, 〈삼별〉 등의 작품은 아낄 만한 점이 분명히 있으니, 숙독하고 모방하지 않

20 | 두시변체(杜詩變體) : 두보는 근체시의 격률에 맞는 시를 쓰기로 유명하지만, 다른 한 편으로 실점이나 실대 등을 적극적으로 활용하여 약간의 파격 또한 정형화하였다. 이를 통해 그의 시는 훨씬 더 변화무쌍해졌다.

21 | 기행급 〈리〉 · 〈별〉(紀行及〈吏〉 · 〈別〉) : 기행으로는 〈북쪽으로 가며(北征)〉을 비롯해서 진주(秦州)와 동곡현(同谷縣)을 가면서 지은 연작시가 있다. 〈리(吏)〉는 〈석호의 관리(石壕吏)〉, 〈신안의 관리(新安吏)〉, 〈동관의 관리(潼關吏)〉를 말하며 〈별(別)〉은 〈신혼의 이별(新婚別)〉, 〈이별할 집도 없네(無家別)〉, 〈늘그막의 이별(垂老別)〉을 말한다. 모두 지배계층의 학정에 대해 사실적으로 고발하는 내용들이다.

22 | 〈팔애(八哀)〉 : 두보가 왕사례(王思禮), 이광필(李光弼), 엄무(嚴武), 여양왕(汝陽王) 이파(李破), 이옹(李邕), 소원명(蘇源明), 정건(鄭虔), 장구령(張九齡) 등 8인을 추모하며 지은 오언 고시 8수를 말한다.

으면 안 되며, 이를 준칙으로 삼아야 한다. 〈팔애八哀〉와 같은 장편은 학식이 풍부하고 재주가 뛰어나지 않으면 배울 수 없으며, 또 시의 정통도 아니니, 우선은 그냥 놔두어도 된다.

[4] 율시

律詩, 非古也, 而後世詩人專用是鳴世, 而古詩晦矣. 今當於平居述懷敍事等作, 以五言小篇發之, 此則不待習作可效也. 日用酬應, 則專用律詩不可已也. 然唐以下律詩, 百家浩汗, 必須精選熟讀, 又必多所習作, 可以諧適音韻, 名世擅場可期也. 初唐則沈・宋之流[23]若干篇, 可以抄覽. 盛唐則王・孟・青蓮近於古詩, 不可學也. 高(適)[24]・岑(參)[25]・李(頎)[26]・崔(顥)[27]若干篇可觀. 所當專精師法者, 無過於杜, 爲先熟讀吟諷. 然其橫逸艱晦之作, 不可學, 專取其精細高邁者以爲準的. 然不參以唐律, 則自不免墮於宋格. 須以韓・柳・韋・錢(起)[28]・皇甫(非一人)[29]・竇(五竇之類[30])・兩劉[31]數百首參之(長卿詩多抄), 摹襲其聲色, 方爲專美.

23 | 심송지류(沈宋之流) : 초당시인 심전기(沈佺期, 656?~713?)와 송지문(宋之問, 656?~712?)을 말한다. 이들은 오언 율시의 정형을 완성했으며 7언율시를 성숙시켜 근체시의 지위를 확립시켰다. 이들의 작품은 대부분 응제시로서 내용은 공허하지만 매우 화려했다. 송지문은 5언을 잘했고 심전기는 7언을 잘했다.

24 | 고적(高適, 702~765) : 《지봉유설(芝峰類說)》 주 1042) 참조.

25 | 잠삼(岑參, 715~770) : 《지봉유설(芝峰類說)》 주 106) 참조.

26 | 이기(李頎, 690?~751?) : 당나라 시인. 《지봉유설(芝峰類說)》 주 557) 참조.

27 | 최호(崔顥, ?~754) : 《지봉유설(芝峰類說)》 주 61) 참조.

28 | 전기(錢起, 722~780) : 당나라 시인. 《지봉유설(芝峰類說)》 주 560) 참조.

29 | 황보(皇甫) : 당나라 형제 시인 황보염(皇甫冉, 716~770)과 황보증(皇甫曾, ?~785)을 말한다. 시가 청신하고 표일하다. 《전당시》에 황보염의 시 4권이 전하고, 황보증은 시 한 권이 전하며 《당재자전(唐才子傳)》에 전기가 전한다.

30 | 오두지류(五竇之類) : 당나라 때의 형제 시인 두군(竇群), 그의 형 두상(竇常)과 두모(竇牟), 그의 동생 두상(竇庠)과 두공(竇鞏)을 말한다. 모두 시에 능했으며, 두군의 전기가 《전당서》에 있다.

율시는 고시가 아닌데, 후세의 시인들이 오로지 율시를 사용해서 세상에 이름을 떨치니 고시가 사라지게 되었다. 하지만 오늘날 평소생활의 심경을 술회하거나 어떤 일을 서술하는 작품에서는 오언의 짧은 작품으로 표현하곤 하는데, 이는 굳이 습작하지 않고도 흉내 낼 수 있다. 일상에서 시를 주고받고 응대할 때에는 율시만을 사용하지 않으면 안 된다. 그러나 당唐 이후의 율시를 보면 작가의 수가 엄청나게 많으니, 반드시 정선해서 숙독해야하고, 또 반드시 습작도 많이 해야 한다. 그러면 음운을 적절하게 맞출 수 있어, 세상에 이름을 날리고 문단을 장악하는 일도 기대할 수 있을 것이다. 초당初唐에서는 심전기와 송지문의 몇 편을 뽑아 볼만하다. 성당盛唐에서는 왕유, 맹호연, 이백의 작품은 고시에 가까우니 배워서는 안 된다. 고적, 잠참, 이기, 최호의 몇 편은 볼만 하다. 마땅히 정통 사법師法으로 삼아야 할 분은 두보를 능가할 자가 없으니, 우선적으로 숙독하고 읊어야 한다. 그러나 종횡으로 치달리면서 난삽한 느낌을 주는 작품은 배우면 안 되며, 그 중에서 오로지 정밀하고 세심하며 고매한 것만을 취해서 준칙으로 삼아야 한다. 그런데 당대의 율시를 참고하지 않으면 자연히 송대의 격식으로 떨어짐을 면치 못할 것이다. 모름지기 한유, 유종원, 위응물, 전기, 황보형제(한 사람이 아님), 5두五竇, 2유兩劉의 수백 수를 참고하여(유장경의 시를 많이 뽑아라) 그 소리와 빛깔을 닮도록 노력하면 비로소 온전한 아름다움을 이룰 것이다.

31 | 양류(兩劉) : 당나라 시인 유우석(劉禹錫, 772~842)과 유장경(劉長卿, 709~786)을 가리킨다. 유우석의 자는 몽득(夢得)이고, 하북성 낙양사람이다. 지방관으로 있으면서 농민의 생활 감정을 노래한 〈죽지사(竹枝詞)〉를 썼으며, 만년에는 백낙천(白樂天)과 교유하면서 시문(詩文)에 정진하였다. 소식과 황정견이 그를 추앙하였다. 문집으로 《유몽득문집(劉夢得文集)》 30권과 《외집(外集)》 10권이 있다. 유장경의 자는 문방(文房)이고 하북성 하간(河間) 사람이다. 오언시(五言詩)에 능하여 『오언장성(五言長城)』이라고 불리며, 시집에는 《유수주시집(劉隨州詩集)》 10권이 있다.

[5] 절구

絶句則律詩類也. 五言絶則無出右丞(王維). 同時名作近於右丞者, 略取之. 七言絶則初唐不可學, 太白以下皆可取, 晩唐絶句亦佳, 竝抄誦數百首, 以爲準的. 七言歌行[32]最難學, 才高學淺者, 韋·柳·張(藉)[33]·王(建)[34], 如權石洲[35]所學, 庶可企及, 然未易學也. 李·杜歌行, 雄放馳騁, 必須健筆博才, 可以追躡. 然初學之士學之易於韋·柳諸作, 以其詞語平近故也. 必不得已姑學李·杜, 參以蘇·黃[36]諸作, 以爲準的.

절구는 율시와 비슷하다. 오언 절구는 왕유를 능가할 자가 없다. 그와 같은 시대의 이름난 작품 중에서 왕유에 가까운 것은 간단히 취해도 된다. 칠언 절구에 있어서 초당初唐작품은 배우면 안되고, 이백 이후의 것들은 모두 취할 만하고, 만당晩唐의 절구가 아주 좋으니 수백 편정도 뽑아 외우는 것을 준칙으로 삼아야 할 것이다. 칠언가행七言歌行은 가장 배우기 어려우니, 재주는 뛰어나도 학식이 얕은 자로는 위응물, 유종원, 장적, 왕건이 있는데, 가령 권필과 같은 학식으로도 따라잡고자 하여도 쉽게 배울 수 없다. 이백과 두보의 가행은 호방하게 치달리니, 반드시 필력이 굳세고 재주가 많은 사람만이 그들을 좇을 수 있다. 하지만 처음 학문을 하는 선비는 그들을 배우기가 위응물이나 유종원의 여러 작품보다 쉬우니, 그 표현이 평이하여 이해하기 쉽기 때문이다. 따라서 반드시 어쩔 수 없이 잠시 이백과 두보를 배우고 소식과 황정견의 여러 작품을 참고하는 것을 준칙으로 삼아야 한다.

32 | 칠언가행(七言歌行) : 고대 시가의 한 형태. 조비의 〈연가행(燕歌行)〉에서 기원하며 음악을 곁들여 노래할 수 있는 시가형식이다. 음절과 격률에 비교적 자유롭고 글자 수도 들쑥날쑥하며 변화가 심하다. 주로 5언이나 7언이 많으며 편폭이 상대적으로 길어서 감정을 나타내거나 어떤 일을 서술하는데 편리하다. 시의 제목이 『가(歌)』나 『행(行)』으로 끝나는 것들이다. 이백의 〈장진주〉나 〈촉도난〉도 이에 속한다.

33 | 장적(張藉, 768~830) : 《지봉유설(芝峰類說)》 주 138) 참조.

34 | 왕건(王建, 767?~830?) : 《지봉유설(芝峰類說)》 주 756) 참조.

35 | 권필(權韠, 1569~1612) : 《지봉유설(芝峰類說)》 주 116) 참조.

36 | 소·황(蘇·黃) : 소식과 황정견을 가리킨다. 《지봉유설(芝峰類說)》 주 5) 참조.

[6] 배율

排律[37]雖當以杜詩爲主, 然甚無次第, 不可學. 學短篇絶妙者, 且不易學, 須參以韓 · 柳律, 以爲準的. 七言排律, 古無可法, 須從俗酬酢, 無過二十韻.

배율은 마땅히 두보의 시를 위주로 해야 하지만, 매우 두서가 없어질 수 있으니 배우면 안 된다. 단편 중에서 절묘한 것을 배우려 해도 또한 쉽게 배울 수 없으니, 모름지기 한유와 유종원의 율시를 참고하는 것을 준칙으로 삼아야 한다. 칠언 배율은 옛 것 중에서 법도로 삼을만한 것이 없으니, 모름지기 속세에서 주고받는 것을 따르되, 20운韻을 넘기지 않는다.

[7] 송대와 명대의 시인

宋詩雖多大家, 非學富不易學. 非是正宗, 不必學 ; 惟兩陳(后山[38] · 簡齋[39])律詩近於杜律者, 時或參看. 大明詩惟李崆峒(夢陽)[40]善學杜, 時與杜詩參看.

송대의 시에서는, 비록 대가大家가 많지만, 학식이 풍부하지 않으면 배우기 쉽지 않다. 정통이 아니라면 배울 필요는 없다. 다만 진사도와 진여의의 율시 중에서 두보의 율시에 가까운 것은 때때로 참조해서 볼만하다. 명대의 시에서는 오직 이공동만이 두보를 잘 배웠으니, 때때로 두보의 시와 함

37 | 배율(排律) : 한시 형식의 일종으로 「장률」이라고도 한다. 배율은 8구인 율시와 같은 평측과 대우법 등을 갖추어 10구 이상의 장편으로 구수에 제한을 받지 않고 이루어진 것이다. 적은 것은 10구에서부터 시작하여 200구 이상의 것도 있다. 오언이나 칠언으로 모두 지을 수 있다. 오언으로 짓는 것이 통례이고 칠언으로 쓰인 배율은 그리 흔하지 않다. 첫연과 끝연을 제외하고는 아래 위 구절 모두 대우가 필요하다.

38 | 진사도(陳師道, 1053~1102) : 《추강냉화(秋江冷話)》 주 33) 참조.

39 | 진여의(陳與義, 1090~1139) : 《역옹패설(櫟翁稗說)》 주 33) 참조.

40 | 이몽양(李夢陽, 1475~1529) : 《학산초담(鶴山樵談)》 주 7) 참조.

께 참조해서 볼만 하다.

[8] 한유의 시

近代學詩者, 或以韓詩爲基, 杜詩爲範, 此五山[41]·東岳[42]所敎也. 石洲雖終學唐律, 初亦讀韓. 崔孤竹[43]末年才涸氣萎, 亦讀韓詩. 吾雖學淺, 殊不欲讀韓, 旣被諸公勸誘, 熟觀一遍, 其律絶固唐格也, 不妨與杜詩竝看.

근대에 시를 배우는 자들이 더러 한유의 시로 기초를 다지고 두보의 시를 전범典範으로 삼는데, 이것은 차천로와 이안눌이 가르친 바이다. 권필이 비록 마지막에 당률唐律을 배웠지만 처음에는 역시 한유의 시를 읽었다. 최경창이 만년에 재기才氣가 고갈되어 시들해졌을 때에도 역시 한유의 시를 읽었다. 나는 비록 학식이 천박해도 유달리 한유의 시를 읽으려 하지 않았는데, 일전에 여러 공들이 권유해서 한번 숙독해보니, 그 율시와 절구가 진실로 당대의 품격이어서, 두보의 시와 나란히 놓고 보아도 무방하였다.

[9] 양웅과 사마상여

大篇傑作, 則乃揚·馬[44]詞賦之換面也. 與讀其詩, 寧讀揚·馬之爲高

41 | 차천로(車天輅, 1556~1615) : 《오산설림(五山說林)》 주 2) 참조.
42 | 이안눌(李安訥, 1571~1637) : 《제호시화(霽湖詩話)》 주 76) 참조.
43 | 최경창(崔慶昌, 1539~1583) : 조선중기 시인. 자는 가운(嘉運)이고 고죽은 호이며, 본관은 해주(海州)이다. 문장과 학문에 뛰어나 이이(李珥)·송익필(宋翼弼) 등과 함께 팔문장으로 불리었고 당시(唐詩)에도 능하여 삼당파(三唐派)라고도 일컬어졌다. 문집으로 《고죽유고(孤竹遺稿)》가 있다.
44 | 양·마(揚·馬) : 양웅(기원전 53~18)과 사마상여(기원전 179~기원전 117)를 가리킨다.
※양웅 : 《청창연담(晴窓軟談)》 주 214) 참조.
※사마상여 : 《오산설림(五山說林)》 주 54) 참조.

也. 惟晩學筆退者, 抄讀百餘遍, 則如敬字之補小學功, 容可救急得力. 若才學俱贍者, 不必匍匐於下乘也.

대편 걸작은 다만 양웅과 사마상여의 사와 부를 얼굴만 바꿔 놓은 것이다. 그런 시를 읽는 것보다는 양웅과 사마상여를 읽는 것이 더 좋을 것이다. 다만 늦게 시를 배우거나 필력이 무뎌진 사람들은 100여 편 정도를 뽑아서 읽는다면, 마치 경敬자가 소학을 공부하는 데 도움이 되는 것처럼 구급 처방으로 힘을 얻을 만할 것이다. 재질과 학식이 모두 풍부한 사람들은 하등下等의 작품에 힘을 다할 필요는 없다.

[10] 《시수詩藪》

余兒時無師友, 先讀杜詩, 次及黃 · 陳 · 《瀛奎律髓》[45] 諸作. 習作數千首, 路脈已差 ; 然後欲學《選》[46] 詩 · 《唐音》[47], 而菁華已耗. 不能學, 又不敢捨杜陵而學唐, 故持疑未決. 四十以後, 得胡元瑞[48]《詩藪》[49], 然後方

45 | 《영규율수(瀛奎律髓)》: 당송대 5 · 7언 율시 총집(총 49권)으로 원(元)나라 방회(方回, 1227~1306)가 편찬하였다. 당대시인 180여명과 송대시인 190여명의 시가 실려있다. 강서시파의 『일조삼종(一祖三宗)』 설을 따르며 강서시파의 시를 위주로 수록하고 있다. 시를 49부류로 나누고 매 부류마다 해제를 달았으며, 매 시 뒤에는 평어를 붙였다. 청대에 기윤(紀昀)이 《영규율수간오(瀛奎律髓刊誤)》를 편찬하였다.

46 | 《선(選)》: 즉 《문선(文選)》. 《보한집(補閒集)》 주 21) 참조.

47 | 《당음(唐音)》: 원(元)나라 양사홍(楊士弘)이 1335년에서 1344년에 펴낸 당시총집이다(15권). 『시음(始音)』, 『정음(正音)』, 『유향(遺響)』 세부분으로 나누어져 있으며 당나라 시 1,341수를 수록하고 있다. 이백, 두보, 한유의 시는 전집이 세상에 많이 전하기 때문에 싣고 있지 않다. 《시음》에는 초당사걸의 작품이 있고, 《유향》에는 이 책의 주요부분인 《정음》에 들어가지 못한 작가들의 작품이 있다. 하지만 이러한 작가구분의 기준은 모호하다. 《정음》은 『당초 · 성당』, 『중당』, 『만당』으로 나누어 수록하고 있다.

48 | 호원서(胡元瑞): 즉 호응린(胡應麟, 1551~1602). 자는 원서(元瑞)이고, 호는 석양생(石羊生) 또는 소실산인(少室山人)이며, 절강성 난계(蘭溪) 사람이다. 학식이 풍부하고 저작이 많은데, 주요저작에는 《소실산방류고(少室山房類稿)》 등이 있다.

知學詩不必專門. 先學古詩 · 唐詩, 歸宿於杜, 乃是《三百篇》·《楚辭》正脈, 故始爲定論. 而老不及學, 惟以此訓語後進. 大抵欲學詩者, 不可不看《詩藪》也.

내가 어렸을 때 사우師友가 없어서, 먼저 두보의 시를 읽고, 그 다음에 황정견과 진사도 및 《영규율수》의 여러 작품을 읽었다. 수천 수를 습작하고 맥락이 이미 잘못되고서야 《문선》의 시와 《당음》을 배우려고 하였으나, 이미 기력이 다해서 제대로 배울 수도 없었고, 또 감히 두보杜甫를 버리고 당시를 배울 수도 없어서 긴가민가하며 결단을 내리지 못했다. 40세가 넘은 뒤에 호응린의 《시수》를 얻고서야, 비로소 시를 배움에 있어 반드시 전문으로 할 필요가 없다는 것을 알게 되었다. 먼저 고시古詩와 당시唐詩를 배우고 두보로 귀결 짓는 것이 《시경》과 《초사》의 올바른 맥락이니 그러므로 비로소 이를 정론으로 삼았다. 하지만 나는 늙어서 더 이상 배움에 정진할 수 없어서, 그저 이렇게 후진들에게 가르침을 남긴다. 대저 시를 배우려고 하는 이들은 《시수》를 보지 않으면 안 된다.

49 | 《시수(詩藪)》 : 명나라 호응린이 지은 시화저작. 20권으로 내편 6권은 시의 형식별로 고체잡언부터 근체 절구까지 있고, 외편 6권은 시대별로 정리하여 주한(周漢)부터 원대까지 있다. 잡편 6권은 보충과 고증이며, 속편 2권은 명대의 시를 논평한 것이다.

【참고문헌】

《중국고대문학사전-저작편》, 중국 : 광서인민출판사, 1986년

周啓成 · 周維德,《신역 창려선생문집》, 대만 : 삼민서국, 1998년

한문교재편찬회,《두시언해》, 서울 : 경인문화사, 1975년

김학주,《(신완역) 서경》, 서울 : 명문당, 2002년

이상옥,《(신완역) 예기》, 서울 : 명문당, 2002년

황견 엮음, 이장우 · 우재호 · 장세후 공역,《고문진보》, 한국 : 을유문화사, 2007년

《文淵閣 四庫全書 電子版》

【그 외 참고자료】

한국고전번역원(www.itkc.or.kr)

네이버 백과사전(100.naver.com)

百度 백과사전(baike.baidu.com)

(林道鉉)

25. 《동명시설東溟詩說》1

정두경鄭斗卿2지음. 이 「시설」은 겨우 한 편에 불과한데 어느 해 지었는지는 분명하지 않다. 그의 설은 시를 공부하는데 《시경》을 으뜸으로 삼아야 하고, 율시를 공부하는데 성당의 여러 사람들을 법으로 삼아야 하며, 송나라에는 비록 여러 대가들이 있다고 할지라도 시에서는 정종正宗이 아니기 때문에 꼭 배울 필요가 없다고 하였다. 그가 논한 작시의 방법은 먼저 뜻을 세워야[立意] 하고, 한 편 안에서는 먼저 꼭 뜻을 얻어야[得意] 하고, 한 뜻 안에서는 먼저 꼭 구를 얻어야 하고, 한 구안에서는 먼저 꼭 글자를 얻어야 한다고 하였다.

[1] 동명의 〈시설〉 내용

東溟嘗往江榭也, 余負笈隨之. 每與講論墳典, 商榷今古, 日聞其所不

1 | 《동명시설(東溟詩說)》: 한 문단에 불과하며 홍만종의 《순오지(旬五志)》 중에 수록된 것이다. 다른 판본에서는 볼 수 있는 것이 아니고 오직 김광순(金光淳) 본 《순오지》중에 있다. 혹시 동명이 홍만종에게만 써준 글이 아닌지 모르겠다. 그런데 또 하나의 의문은 이 중요한 시설이 어찌하여 다른 데는 보이지 않고 여기에만 수록되어 있는 것인지는 알 수 없는 일이다. 홍만종은 입의(立意) 위주의 품격을 중시하는데 그의 스승인 동명 정두경(鄭斗卿)의 시설에서 많은 영향을 받았으리라 생각된다. – 趙鐘業《韓國詩話叢編》 제1권, 太學社, 1996. p.545.

2 | 정두경(鄭斗卿, 1597~1673) : 조선 후기의 문인 · 학자. 본관은 온양(溫陽). 자는 군평(君平), 호는 동명(東溟). 14세 때 별시 초선(初選)에 합격하여 문명을 떨쳤다. 1626년 문학으로 이름 있는 중국의 사신이 왔을 때 그는 벼슬 없는 선비로서 부름을 받아 중국 사신을 접대하였다. 그 뒤 여러 차례 벼슬을 내렸으나 모두 나아가지 않고 〈법편(法篇)〉 · 〈징편(懲篇)〉 등 2편의 풍시(諷詩)를 지었다. 효종이 즉위하자 임금이 하여야 할 절실한 도리를 27편의 풍시로 지어 올려 효종으로부터 호피(虎皮)를 하사받았다. 시문과 서예에 뛰어났고 대제학에 추증되었다. 문집에 《동명집(東溟集)》 26권이 있다.

聞. 嘗作《詩說》贈余而言曰：『文章不可人人爲之, 然君是利器, 進進不已, 則何患不能? 先秦西漢文不可不讀, 而詩又以正爲宗, 當以三百篇[3]爲宗主. 而古詩・樂府, 無出漢魏・曹・劉・鮑・謝[4]諸名家曁陶靖節[5]. 韋左[6]司[7]沖澹深粹, 出於自然, 可以尋常讀.

동명東溟이 일찍이 강가江樹의 정자亭子에 머물 적에 내가 책을 메고 가서 배웠다. 매양 더불어 경전을 강론하고 고금을 헤아리어 날마다 듣지 못하

3 | 삼백편(三百篇) : 공자(孔子)가 정리하여 엮은 《시경》을 말함. 공자가 305편이 수록되어 있음.

4 | 조류포사(曹劉鮑謝) : 조식(曹植), 유정(劉楨), 포조(鮑照), 사령운(謝靈運). 조식(曹植, 192~232)의 자는 자건(子建). 삼국 초(譙) 사람. 조조의 넷째 아들로서 형인 조비의 시기를 받았 불우하게 지내야만 했다 건안시기의 대표적 시인으로서 당시의 문학적 중심을 이루었고, 오언시를 서정시로서 완성시켜 문학사상 후세에 끼친 영향이 크다. 주요 저서에는 《조자건집(曹子建集)》 등이 있다.

※유정(劉楨, 186~217) : 건안칠자(建安七子)의 하나. 그의 산문은 역사적 사실을 많이 인용하고 대구법과 대우법을 많이 사용했다.

※포조(鮑照, 414?~466) : 자는 명원(明遠)이라 하며, 강소 사람이다. 출세한 가망도 별로 없었기 때문인지 그의 작품에는 당시 문벌제도에 대한 불만이라든가, 요역과 전란, 그리고 일반백성의 고통을 많이 담았다. 그의 악부시는 후세의 작가들에게 중대한 영향을 주었다. 당대에는 사령운(謝靈運), 안연지(顔延之)와 함께 원가삼대가(元嘉三大家)로 병칭되었다.

※사령운(謝靈運, 385~433) : 남조 송의 양하(陽夏) 사람. 특기 산수시에서 성취가 뛰어나 환상적이고도 내용이 풍부했던 그의 시는 당시의 시풍을 선도했다. 그로부터 산수시가 중국문학사에서 한 유파를 형성하게 되었음.

5 | 도정절(陶靖節, 365~427) : 동진(東晉)의 자연 시인. 이름 잠(潛) 자는 연명(淵明), 또는 원량(元良), 호는 오류선생(五柳先生). 시호는 정절(靖節).

6 | 좌(左) : 원작에는 '右' 로 되어 있음. — 원주(原註)

7 | 위좌사(韋左司) : 즉 위응물(韋應物, 737~804), 섬서성(陝西省) 장안(長安) 출생. 현종(玄宗)의 경호책임자가 되어 총애를 받았다. 현종 사후에는 학문에 정진하여 관계에 진출, 좌사낭중(左司郎中)・소주자사(蘇州刺史) 등을 역임하였기 때문에 위좌사(韋左司) 또는 위소주(韋蘇州)라고 부름. 백거이(白居易)・유장경(劉長卿) 등과 교유하기도 하였고, 당나라의 자연파시인의 대표자로서 왕유・맹호연・유종원등과 함께 왕맹위유(王孟韋柳)로 병칭되기도 하였다. 도연명과 함께 도위(陶韋)라고 불릴 만큼 쌍벽을 이루었다. 시집에 《위소주집(韋蘇州集)》 10권이 있다.

던 것을 들었다. 일찍이 〈시설〉을 지어 나에게 주셨는데 이러하다 '좋은 문장은 누구나 쓸 수 없지만 그대는 영재이고 항상 노력하는데 왜 안 된다고 걱정하는가? 선진先秦 서한西漢의 문장을 읽지 않을 수 없고 시는 올바른 것으로 주종主宗을 삼되 마땅히 시 삼백 편으로 종주宗主로 삼아야 한다. 고시古詩와 악부樂府는 한漢·위魏 시대보다 나은 것이 없다. 조식曹植 유정劉楨 포조鮑照 사령운謝靈運 등 여러 명가와 도연명陶淵明 위응물韋應物 등의 시는 담백하고 순수하여 자연에서 나왔으니 항상 읽고 외움이 좋다.

[2] 율시의 정수는 성당

律詩拘於定體, 固不若古體之高遠, 然對偶音律, 亦文辭之精者, 當以盛唐諸子爲法. 趙宋諸詩雖多大家, 非詩正宗, 不必學也. 初學之士熟習浸淫, 則體格漸墮. 人雖生晩, 學古則高[8], 不必匍匐於下乘也.

율시는 정해진 체재에 얽매어서 당연히 고체시의 고원함만 못하지만 (률시의) 대우對偶와 음율音律이 또한 문사의 정수인 만큼 마땅히 성당盛唐의 제자들을 법도로 삼아야한다. 송宋대의 시에서는 대가가 많기는 하지만 시의 정종이 아니므로 배울 필요는 없다. 시를 처음 배우는 사람이 송시를 익혀 젖어 들어가면 체제體制와 격조格調가 점차 낮아진다. 우리가 비록 후세에 태어났지만 옛 것을 배우면 높게 되나니 낮은 수준에 굽실거릴 필요가 없는 것이다.

8 | 학고즉고(學古則高) : 정두경은 시는 옛 것일수록 좋으므로 후세의 작가는 옛 것을 종주로 하여 배워야 한다고 주장하였다. 그는 『무릇 시를 배우려는 자는 식견을 위주로 하되 배움의 문은 올바른 길로 들어가야 하며 배움에 대한 뜻은 높은 데 두어야 한다.』고 주장한 엄우(嚴羽)의 시론과 『시는 반드시 성당을 배워야 한다』고 주장한 명대 복고적 시론을 수용하여 17세기 복고적 시학의 핵심을 이처럼 간략하고 극명하게 설명하였다. –《조선후기시화연구(朝鮮後期詩話研究)》, 安大會 저, 1995, 國學資料院, p.58.

[3] '작자作者' 라고 칭할 수 있는 사람

且凡爲文, 必須多讀博觀, 撐腸五千卷,納石渠天祿[9]於胸中 ; 引紙數萬言, 傾灩澦瞿塘[10]於筆底 ; 隨意縱橫, 自然成章, 方稱作者.

글을 지을 때 반드시 널리 읽어 견문을 넓히고, 5천 권 이상의 서적을 소화해야하며 석거각石渠閣과 천록각天祿閣의 장서를 다 읽어 가슴에 남겨두어야 한다. 종이에 무수한 명 시어詩語를 인용하고 붓끝에 구당협 염여퇴의 센 물살을 기울여야한다. 필체가 자유분방 하여 저절로 문장이 될 때부터 『작자』라고 칭할 수 있다.

[4] 『입의立意』와 『의취意趣』

而至於作詩, 先須立意. 意存閒適, 則以淡雅之言發之. 意在哀傷, 則以悽　之言發之. 意在懷古, 則以感慨之言發之. 一篇之中, 必先得意 ; 一意之中, 必先得句 ; 一句之中, 必先得字. 字欲活而句欲圓, 意在新而理欲深, 才欲縱而氣欲不恣, 言欲簡而事不欲晦. 心與境會, 境與天會, 宮商[11]自諧, 華實兼備.

시를 지음에 있어서는 먼저 모름지기 입의立意를 해야 한다. 의취가 한적閒適함에 있으면 담아淡雅하게 표현되고, 의취가 애상한데 있으면 구슬프게 표현되며, 의취가 회고懷古에 있으면 감개에 젖게 표현 되는 것이다. 시 한 편에서 반드시 먼저 의취를 터득해야한다. 의취가 있는 곳에 반드시 먼저

9 | 석거천록(石渠天祿) : 한 나라 때 장서각인 석거각과 천록각, 진(秦)의 도적(圖籍)을 비롯하여 각종 도서를 보관하였으며, 선제(宣帝)가 유생들을 이곳에 모아 오경(五經)을 비롯하여 여러 책을 강론하게 하였음.

10 | 구당(瞿塘) : 구당협(瞿塘峽)의 염여퇴(灩澦堆)는 장강 삼협(長江三峽)의 입구로서, 양 언덕이 마주보는 곳을 강이 통과하여 물살이 매우 세다.

11 | 궁상(宮商) : 중국 음계인 오조(五調) 궁(宮), 상(商), 각(角), 치(徵), 우(羽)의 5음 중 궁(宮), 상(商)의 소리.

그에 맞는 시구를 찾아야 한다. 시구에서는 반드시 먼저 그에 맞는 글자를 찾아야 한다. 글자[字] 는 살아있어야 하고 구절[句]은 원활해야 하고 의취[意]는 참신하되 이치[理]는 깊어야 하며, 재주[才]는 거침없되 기운[氣]은 조급해선 안 되며, 언사[言]는 간결하되 애매해서는 안 된다. 마음과 경지[境]가 만나고, 경지와 자연[天]이 만나며 음률[宮商]이 절로 어울려서 꽃[華 :바깥 꾸밈]과 열매[實 :내용]가 두루 갖추어져야 한다.

[5] 시인의 큰 열쇠

淸切者如靈山石磬,[12] 溫潤者如藍田[13]美玉, 雄健者如風檣陣馬, 高古者如黃鐘大呂,[14] 森嚴者如旌旗劍戟, 華麗者如錦繡花卉. 弄意則如乘風御雲, 促節則如鞭霆行雨. 放之則如囊沙初決, 巨浪排空 ; 收之則如柝聲一擊, 萬騎歛蹄. 此是詩家大關鍵, 唯妙悟者能之.

청절淸切한 것은 영산靈山의 석경石磬 같고, 온윤溫潤한 것은 남전藍田의 미옥美玉 같고, 웅건한 것은 바람맞은 돛대와 진치고 있는 말과 같고, 고고高古한 것은 황종대려黃鍾大呂 같고, 삼엄森嚴한 것은 깃발과 창칼 같고, 화려華麗한 것은 비단으로 수놓은 화훼花卉 같다. 뜻[意]을 풀면 바람을 타고 구름을 거느리듯 하며, 절주[節]를 재촉 하면 천둥을 쳐 비를 오게 하는 것과 같다. 풀어 놓으면 모래주머니를 막 터뜨리자 큰 물결이 하늘을 치듯 하며, 거두면 일격을 가하는 소리에 만기萬騎가 발굽을 하나로 모으는 듯하다. 이것은 시인의 큰 열쇠로서 오직 시의 묘오妙悟를 터득한 자만이 그렇게 할 수 있다.

12 | 석경(石磬) : 돌로 만든 경쇠. 아악기의 하나이다.

13 | 남전(藍田) : 서안 동남쪽에 있는 유명한 옥 생산지.

14 | 황종대려(黃鍾大呂) : 중국음악의 음률은 황종(黃鐘), 대려(大呂), 태주(太簇), 협종(夾鐘), 고선(姑洗), 중려(仲呂), 유빈(蕤賓), 임종(林鐘), 이칙(夷則), 남려(南呂), 무역(無射), 응종(應鐘)의 12율(律)인데, 이 황종 대려 12율을 총칭함.

[6] 시詩를 쓰는 사람들이 법法으로 삼는 자료

若夫超然入神, 得其三昧[15], 又在言語之外, 而臣不得獻之於君, 父不得傳之於子, 有數存乎其間爾. 噫! 詩之難學有如此, 則學之而悟之者幾人, 悟之而能造其妙爲一世正宗者, 幾人也? 世人掇拾糟粕[16], 自以爲詩者, 詩云乎哉? 今姑錄此, 資爲詩者之貶則焉.

만약 초연히 신의 경지에 들어서 삼매경三昧經을 터득한다는 것은 또한 언어를 뛰어 넘는 것이니, 신하라도 그 경지를 왕에게 바칠 수 없고, 아버지도 자식에게 그것을 전해 줄 수 없으니, 오묘한 술수術數만이 그사이에 있을 뿐이라고 하겠다. 아! 시詩 배우기 어려움이 이와 같다면 배워서 깨닫는 자 몇 명이나 되겠으며 깨달아 능히 그 오묘한 경지에 나아가 일세一世의 정종正宗이 되는 자 몇 사람이 되겠는가? 세상 사람들이 찌꺼기를 주워 모아 스스로 시詩를 한다고 하니 시詩라 말할 수 있겠는가?" 이제 이것을 기록하여 시詩를 쓰는 자들의 법法으로 삼는 자료로 삼고자 한다.

15 | 삼매(三昧) : 오의(奧義), 결요(訣要), 깊은 뜻. 불교에서 마음을 한 가지 일에 집중시키는 일심불란의 경지나, 어떤 사물(事物)에 열중함을 이르는 말.

16 | 조박(糟粕) : 찌꺼기.

【참고문헌】

류성준,《당시와 한시의 어울림》, 서울 : 신성출판사, 2005.

安大會,《朝鮮後期詩話硏究》, 서울 : 國學資料院, 1995.

趙鐘業,《韓國詩話叢編》 第1卷, 서울 : 太學社, 1996.

오영석,《洪萬宗의 歷代詩評과 文學精神》, 서울 : 민속원, 1999.

金學主,《中國文學史》, 서울 : 汎學社, 1979.

陳甲坤,《洪萬宗的批評論硏究》, 푸른사상사, 2004.

陳甲坤,〈洪萬宗 詩論의 考察 — 明代 前後七子의 詩論과 關聯하여〉, 경북대학교,《퇴계학과 한국문화》, 1990.

【그 외 참고자료】

한국역대인물종합정보시스템(www.people.aks.ac.kr/index.jsp)

(莊儀弟)

26.《국당배어菊堂排語》

편자는 미상未詳이다. 이 책은 1권으로, 원본은 한국 국립중앙도서관에 수장되어 있다. 조종업趙鐘業 교수는 《중한일시화비교연구》라는 책에서 《국당배어》의 저자가 김익창金益昌[1]일 것이라고 여겼다. 익창의 자字는 미상이며, 본관은 경주慶州이고, 명청明淸 무렵의 사람이다. 이 책은 일어났던 일을 적고 아울러 시가詩歌를 언급하고 있다. 오늘날 책 전체를 살펴보면, 명대 경태景泰 1년 조사詔使 예겸倪謙에서부터 융경隆慶 1년 조사 허국許國까지 중국 한국 사신들 간의 창화시唱和詩와 약간의 차운시次韻詩가 적혀져 있는 모두 15 차례의 구체적 과정들로, 역사적 가치가 있을 뿐만 아니라, 작품 자체에 대한 이해를 높여주니, 자료로서는 더욱 진귀한 가치가 있고도 남을 것이다.

[1] 전란으로 볼 수 없었던《皇華集》

我朝自開國以來, 恪勤事大, 朝聘以詩. 皇朝亦視同內服, 凡有頒慶之事, 詔使必以文學望重之士擇遣, 與儐接之臣有酬唱詩, 卽《皇華集》[2] 也. 壬辰兵燹, 公私書籍蕩然, 而又經丙子之亂, 國初以來《皇華集》, 恨未得

1 | 김익창(金益昌, 1614~?) : 조선 효종(孝宗) 때의 문신으로 본관은 경주, 자는 익지(益之)이며 호는 송국당(松菊堂)이다. 학행 김세필(金世弼)의 후손으로 1652년(효종 3)에 문과에 급제하여 지평(持平)으로 있다가 시정(寺正)이 되었으나 벼슬할 뜻이 없어져서 성남으로 퇴거하였다.
역주 : 이 책의 저자는 정태재(鄭泰齋, 1612~?)인데, 그는 소설《천군연의(天君衍義)》의 저자인데, 소현세자의 동서로서 동래부사로 있다가 영해부로 귀양와서 살았음. 이 시명의 문집《석계집》에 그에게 지어준 시 1수가 보임.

2 |《황화집(皇華集)》:《필원잡기(筆苑雜記)》 주 25) 참조.

見矣. 辛丑夏, 余謫寧海[3], 本府居, 李參奉時明[4]家, 聞有《皇華集》, 送令借來, 自景泰[5]至隆慶[6]前後詔使《皇華集》俱在也. 太平時盛事, 一開卷而瞭然, 何幸得見未見書於今日也. 是集後難得以復見, 玆用錄其詩一二首.

우리 조정은 특히 개국 이래로 정성스럽고 부지런하게 큰 나라를 섬겼으며, 시로써 외교활동을 하였다. 중국 조정 또한 내지內地처럼 여겨서, 무릇 경사스러운 일을 반포함에 있어, 반드시 문학이 뛰어난 자를 뽑아 사신으로 파견했으니, 영접하는 [조선] 사신과 더불어 시를 수창하므로, 이것이 바로 《황화집》이 되었다. 임진병란에 공적 사적인 서적들이 완전히 소실되었고, 또 병자년의 난을 겪으면서, 개국이래로 《황화집》을 볼 수 없게 된 것이 한스러웠다. 신축년 여름에 내가 영해寧海 고을에 귀양 갔는데, 이 고을에 살고 있는 이참봉 시명時明의 집에 《황화집》이 있다는 말을 듣고, 사람을 보내어 빌려오게 하니, 경태景泰연간에서부터 융경隆慶연간 무렵까지 중국 사신의 《황화집》은 전부 구비되었다. 태평 시대의 성대한 일을 책을 펼치면 볼 수 있으니, 볼 수 없었던 책을 오늘날 보게 된 것이 얼마나 다행인가. 이 책을 이후 다시 보기 어려울 수 있으니, 이에 그 시 12수를 기록하여 둔다.

[2] 예겸倪謙의 〈한강춘범漢江春泛〉

景泰元年庚午, 世宗大王三十二年也. 正使[7]翰院侍講[8]倪謙[9]・副使工

3 | 영해(寧海) : 현재 경상북도 영덕군에 있는 면 단위 지명. 동해안의 국방상 요지로 조선시대에는 도호부라는 큰 군이 설치되어 있었음.

4 | 이시명(李時明, 1580~1674) : 호는 석계(石溪), 1612년 사마시에 합격하여 성균관에 들어갔으나, 광해군의 난정과 병자호란을 겪은 후에 세상과 인연을 끊고 은거하여 후진 양성에 주력하였으며, 퇴계 이황의 학통을 이은 장흥효(張興孝, 1564~1634)에게서 이학(理學)을 전수받고 주리학(主理學) 전승에 크게 기여하였다.

5 | 경태(景泰) : 중국 명나라 대종(戴宗) 때(1450~1456)의 연호.

6 | 융경(隆慶) : 중국 명나라 목종(穆宗) 때(1567~1572)의 연호.

7 | 정사(正使) : 사신 가운데 우두머리가 되는 사람 또는 그런 지위.

8 | 한원시강(翰院侍講) : 한원은 명대 한림원(翰林院)을 말한다. 황제의 칙령을 다듬거나,

科給事中[10]司馬恂[11]來, 頒登極詔. 遠接使 : 工曹判書鄭麟趾. 正使到安興館, 却妓樂, 有『剛風吹散陽臺雨, 烈日衝開洛浦煙』[12] 之句. 其時宴詔使用妓樂, 未知自何時廢而不用也. 正使〈漢江春泛〉詩曰 :『纔登傑橫縱奇觀, 又棹樓船泛碧湍. 錦纜徐牽依翠壁, 玉壺頻送隔雕欄. 江山千古不改色, 賓主一時能盡歡. 遙想明月人去後, 白鷗飛下鏡波寒.』[13]

역사편찬, 기밀문서 등 각종 학문에 관련된 임무를 담당한 한림원은 과거시험에서 우수한 성적을 거둔 인재들만이 들어갈 수 있었다. 시강은 한림원 정6품이다.

9 | 예겸(倪謙, 1415~1479) : 《필원잡기(筆苑雜記)》 주 13) 참조.

10 | 급사중(給事中) : 6부 감찰을 맡은 감찰 기관 중 하나로, 각기 맡은 부의 문서를 검토했다. 황제에게 직접 보고하는 특권이 있어 실제 권한이 컸다. 앞의 《용재총화(慵齋叢話)》 주 6) 참조.

11 | 사마순(司馬恂) : 《필원잡기(筆苑雜記)》 주 14) 참조.

12 | 강풍취산양대우(剛風吹散陽臺雨) 두 구 : 〈안흥관의 석상에서 기악을 물리치다(安興席上, 卻樂)〉

安興華館盛張筵, 안흥의 화려한 객관에서 떡 벌어진 잔치 차려놓고,
雲鬢霓裳列管絃. 구름 같은 머리치장 무지개 치마에 관악과 현악 늘어놓았네.
姑射有神多綽約, 고야산에는 여신들이 있는데 모두 다 나긋나긋하고,
廣漢無夢戀嬋娟. 광한루에는 꿈이 없으니 아름다움을 좋아할 만도 하네.
剛風吹散陽臺雨, 강한 바람이 양대의 비를 불어 흩어버리니,
烈日衝開洛浦煙. 쨍쨍한 해가 낙포의 안개를 뚫고 나오네.
休遣聲華娛耳目, 세상에 알려진 명성 이목의 즐거움으로 그르치게 하지 말지니,
此心元似廣平堅. 이 마음 본래부터 광평공과 비슷하다네.

※안흥(安興) : 평안도 안주에 있는 지명.
※고야(姑射) : 막고야(藐姑射). 아름다운 여신들이 사는 산. 여기서는 안흥을 말함.
※광한(廣漢) : 달 속에 있다는 전설상의 궁전.
※양대(陽臺) : 초나라 임금이 꿈속에 정사를 치렀던, 아침에는 구름이 되고, 저녁에는 비로 변한다는 무산(武山 : 삼협의 무산협의 여신이 아침저녁으로 그 밑에서 머물던 높은 바위).
※낙포(洛浦) : 낙수에 빠져 죽은 복희의 딸 복비(宓妃)의 화신인 낙수의 여신이 머무는 곳.
※광평(廣平) : 당나라의 재상 광평공 송경(宋璟, 663~737), 공석에서는 쇠처럼 강하였으나, 부드러운 매화시를 지은 것으로 유명함.
—《황화집》, 서울, 청운문화사 영인본, 권1, p.65.

13 | 〈한강춘범(漢江春泛)〉 : 《황화집》(권1, p.41)에는 『傑橫』이 『傑構』로, 『又棹』가 『又擢』로, 『錦纜』가 『錦纜』으로, 『依翠壁』이 『緣翠壁』으로, 『雕欄』이 『雕闌』으로, 『飛下鏡波寒』이 『飛占鏡光寒』으로 되어 있음.

경태景泰 1년 병오년, 세종대왕 32년이었다. 정사正使 한림원시강 예겸倪謙·부사副使 상과 급사중給事中 사마순司馬恂이 와서, 등극 조서를 반포하였다. 원접사는 공조판서 정인지鄭麟趾였다. 정사가 안흥관에 이르자 기악妓樂을 물리쳤기에,

剛風吹散陽臺雨,	강한 바람 양대의 비를 불어 흩어버리니,
烈日衝開洛浦煙.	내리쬐는 태양은 낙포의 안개를 뚫고 나오네.

라는 문장이 생겼다.

그 때에는 조사를 맞는 연회에서 기악을 사용하였는데, 어느 때 그만두어 사용하지 않았는지 알 수 없다. 정사의

〈한강을 봄에 건너다(漢江春泛)〉라는 시에서

纔登傑構縱奇觀,	훌륭한 누각에 올라서 기이한 경치를 마음껏 구경하고,
又棹樓船泛碧湍.	또 높은 배를 노 저어 푸른 물에 노닌다.
錦纜徐牽緣翠壁,	비단 밧줄을 푸른 벽에 매어 서서히 끌고,
玉壺頻送隔雕欄.	옥 술병은 아로 새긴 난간 너머로 자주 보낸다.
江山千古不改色,	강산은 천고에 걸쳐 그 모습인데,
賓主一時能盡歡.	손과 주인은 한때에 원 없이 즐기네.
遙想月明人去後,	우리가 떠난 뒤 달 밝은 이 강엔,
白鷗飛占鏡光寒.	흰 갈매기 날아와 맑은 강을 차지하리.

라고 읊었다.

[3] 정사 진감陳鑑의 시와 원접사의 화답시

天順元年丁丑, 世祖大王三年也. 正使翰林院修撰陳鑑[14]·副使太常寺博士[15]高潤[16]來, 頒復登寶位詔. 遠接使 : 戶曹判書朴元亨[17]. 正使〈題屛間荷花雙鷺〉 詩曰 : 『雙雙屬玉似相親, 出水紅蓮更逼眞. 名播頌聲緣有客, 愛從周[18]後豈無人. 遠觀自可祛煩暑, 並立何曾染俗塵. 料得丹靑知此意, 絶勝鵝鴨惱比鄰[19].』 遠接使次曰 : 『水鄉花鳥邈難親, 筆下移來巧奪眞. 菡萏初開如欲語[20], 鷺鷥閒立不驚人. 淤泥淨色元無染, 冰雪高標逈脫塵. 玉署[21]儒仙看不厭, 淸儀馨德與相鄰.』《慵齋詩話》[22] 云從事李胤保所作云.

천순天順 1년 정축년, 세조대왕 3년이었다. 정사 한림원수찬 진감陳鑑과 부사 태상시박사 고윤高潤이 와서, [영종이] 다시 복위했다는 조서를 반포하였다. 원접사는 호조판서 박원형朴元亨이었다. 정사는 〈병풍에 그려진 연꽃

14 | 진감(陳鑑, 1415~1471) : 《필원잡기(筆苑雜記)》 주 17) 참조. 이 해 양국 문인들이 주고받은 시축(詩軸) 원본은 국립중앙박물관에 소장되어 있음.

15 | 태상시박사(太常寺博士) : 태상시는 의례와 제사에 관한 일을 총괄하던 관직이다. 박사(博士)는 학문적 소양이 높은 젊은 관리로 전문적인 제례업무를 학술적으로 담당하였다.

16 | 고윤(高潤) : 《동인시화(東人詩話)》 주 28) 참조.

17 | 박원형(朴元亨, 1411~1469) : 《용재총화(慵齋叢話)》 주 23) 참조.

18 | 주(周) : 여기에서는 송대 유학자 주돈이(周敦頤)를 말하는데 그의 호는 염계(濂溪)이다. 그는 〈애련설(愛蓮說)〉을 쓰면서, 연꽃의 특징을 군자의 성품에 비유하고 무척 좋아하였다.

19 | 인(鄰) : 원문에는 『憐』으로 잘못 되어 있다. ― 원주(原註).

20 | 여욕어(如欲語) : 여기에는 원래 비어있는데 成俔의 《용재총화(慵齋叢話)》에는 『如欲語』로 되어 있다. ― 원주(原註). 이 시는 《황화집》 권2, p.128에 수록되어 있음.

21 | 옥서(玉署) : 홍문관은 조선시대에 궁중의 경서(經書) · 사적(史籍)의 관리, 문한(文翰)의 처리 및 왕의 자문에 응하는 일을 맡아보던 관청으로 옥서(玉署) · 옥당(玉堂) · 영각(瀛閣)이라고도 하며, 사헌부(司憲府) · 사간원(司諫院)과 더불어 삼사(三司)라고 한다. 이 시는 《황화집》 권2, p.129에 수록되어 있음.

22 | 《용재시화(慵齋詩話)》 : 조선 중기 성현(成俔)이 지은 필기잡록류(筆記雜錄類)에 속하는 책으로 10권이다. 고려부터 조선 성종 대에까지 민간 풍속이나 문물제도 · 문화 · 역사 · 지리 · 학문 · 종교 · 문학 · 음악 · 서화 등 문화 전반에 걸쳐 다루고 있다. 오늘날 민속학이나 구비문학 연구의 자료로서 아주 중요하다. 《용재총화(慵齋叢話)》 주 1) 참조.

과 두 마리의 백로를 제목삼아(題屛間荷花雙鷺)〉라는 시를,

雙雙屬玉似相親, 쌍쌍이 떠있는 백로는 다정도 하고,
出水紅蓮更逼眞. 물 위에 솟은 홍련은 더욱 핍진하구나.
名播頌聲緣有客, 칭송의 소리 널리 퍼지는 것은 손이 있기 때문,
愛從周後豈無人. 연꽃을 사랑하는 사람이 어찌 주렴계周濂溪 뒤에 없겠는가.
遠觀自可祛煩暑, 멀리서 보면 저절로 번거로운 더위를 쫓을 수 있고,
竝立何曾染俗塵. 나란히 선다고 어찌 세속의 티끌에 물든 적 있나.
料得丹靑知此意, 화공이 이 뜻을 알았음이 짐작되니,
絶勝鵝鴨惱比隣. 거위와 오리가 옆에서 번뇌하는 것보다는 훨씬 좋지.

읊었고, 원접사는 차운하기를,

水鄕花鳥邈難親, 수향과 화조는 서로 친하기 어려운데,
筆下移來巧奪眞. 붓으로써 옮겨 놓으니 진짜 같구나.
菡萏初開如欲語, 갓 피어난 연꽃은 말하고자 하고,
鷺鷥閒立不驚人. 한가로이 서있는 해오라기는 사람에게 놀라지 않네.
淤泥淨色還無染, 깨끗한 빛은 진흙 속에서도 물들지 않고,
氷雪高標逈脫塵. 빙설같이 고결한 지조는 티끌 밖에 뛰어났네.
玉署游仙看不厭, 옥서[홍문관]의 유선이 보아도 싫증이 나지 않음은,
淸儀馨德與相鄰. 청아한 자태와 향기로운 덕이 이웃한 때문이지.

라고 했다. 《용재총화》에서 이르기를 종사從事 이윤보李胤保가 지은 것이라고 한다.

[4] 부사의 시에 정사가 차운한 시

副使〈遊漢江〉詩曰 :『眼看滄海一盃浮, 倒瀉詞23源似峽流. 爛醉祇疑人作玉, 淸遊更喜綵爲舟. 天涯風雨催詩興, 江上[24]煙波動客愁. 高詠陽春[25]皆莫和, 不敢回首更搔頭.』[26] 正使次曰 : 『湖光蕩漾與雲浮, 泛泛沙鷗逐水流. 良會如君皆國器, 好風吹我上仙舟. 詩逢美景終難吝, 酒入離懷亦破愁. 誰向文章誇獨步, 我從東野[27]亦低頭.』[28]

부사의 〈한강에서 놀다(遊漢江)〉 시에서,

眼看滄海一盃浮,	넓은 바다 바라보며 술 한 잔 띄우니,
倒瀉詞源似峽流.	가사는 흐르는 계곡처럼 줄줄 나오네.
爛醉祗疑人作玉,	몹시 취하니 다만 의심스럽구나, 사람이 옥산玉山 처럼 무너지지나 않았는지,
淸遊更喜綵爲舟.	한가로이 노닐며 더욱 즐겼네, 채색으로 배를 만들었으니.
天涯風雨催詩興,	하늘 끝 비바람은 시흥을 북돋우나,
江上煙波動客愁.	강 위 안개는 나그네 시름을 일으키네.
高詠陽春皆莫和,	〈양춘〉 곡조 높이 부르니 모두 화답할 수 없어,
不敢回首更搔頭.	감히 고개 돌리지 못하며 다시 머리만 긁적이네.

23 | 사사(瀉詞) : 원작에는 『詞瀉』로 되어 있다. — 원주(原註).
24 | 강상(江上) : 원작에는 『上江』으로 되어 있다. — 원주(原註).
25 | 양춘(陽春) : 양춘백설(陽春白雪), 즉 최고급의 노래란 뜻. 《지봉유설(芝峰類說)》 주 106) 참조.
26 | 〈유한강(遊漢江)〉 : 《황화집》 권2, p.158에서는 이 시의 제목을 〈술이 끝난 후에 김수온(金守溫) 재상님의 시 한 수에 화답하려 하나, 이미 말에 올라 붓이 없다. 이에 되는 대로 초를 잡아서 보내며 웃음을 자아내려고 한다. 오늘은 주중에 미친듯이 8, 9수나 읊었으니 가소롭구나. 한 때의 취미를 기탁할 뿐이다(酒散, 承金宰相和詩一首, 已上馬無筆. 玆便草去博笑云. 『今日酒中, 狂吟八九首』 可笑寄一時趣耳)〉라고 하였음. 이 책에서는 마지막 구절이 『更搔頭』가 아니라 『重搔頭』로 끝남.
27 | 동야(東野, 751~814) : 《지봉유설(芝峰類說)》 주 363) 참조.
28 | 호광탕양(湖光蕩漾) 여덟 구 : 《황화집》 권3, p.160에는 〈시가 오니 우아한 뜻이 충분히 나타나, 그 각운자에 맞추어 답하노라(詩來足見雅意, 依韻答之)〉로 되어 있음.

정사가 차운하여 말하기를,

湖光蕩漾與雲浮, 맑은 호수 일렁이며 구름과 함께 떠가니,
泛泛沙鷗逐水流. 헤매 도는 갈매기 물 따라 날아가네.
良會如君皆國器, 훌륭하기 그대들 같으면 모두 나라의 인재들이라,
好風吹我上船舟. 좋은 바람 불어 나를 배 위에 앉히누나.
詩逢美景終難吝, 시가 절경 만나게 되면 끝내 아낄 수 없고,
酒入離懷亦破愁. 술이 이별한다는 슬픈 가슴으로 들어가니 근심 또한 부스러지네.
誰向文章誇獨步, 누가 문장 앞에서 천하제일이라 과장할 것인가,
我從東野亦低頭. 나는 동야東野를 따라서 또한 머리 숙이리니.

[5] 진가유陳嘉猷의 시

天順三年己卯, 世祖大王五年也. 刑科給事中陳嘉猷[29]賫勅來, 責我國授建州[30]酋董山[31]官職事也. 遠接使 : 刑曹判書朴元亨. 給事〈登漢江樓〉詩曰 : 『與客登樓此爲留, 宦情鄕思兩悠悠. 山經宿雨雲煙合, 江帶春潮日夜流. 亂壑松濤驚睡鶴, 斜陽漁鼓散閒鷗. 尋常足底飛嵐霧, 疑在淸霄最上頭.』[32]

천순天順 3년 기묘년, 세조대왕 5년이었다. 형과刑科 급사중 진가유陳嘉猷

29 | 진가유(陳嘉猷, 1126~1181) : 《필원잡기(筆苑雜記)》 주 26) 참조.

30 | 건주(建州) : 발해국 12주의 하나. 지금의 흑룡강(黑龍江) 동남부 근처로 추정된다. 영락(永樂)년간에 명나라는 이 지역의 여진족을 초무하기 위해 각 여진부족의 우두머리들에게 명나라 관작을 제수하여 이곳을 다스리도록 하였다.

31 | 동산(董山) : 세조 때 그를 회유하기 위하여 우리나라에서 정헌대부 중추원사(中樞院使) 벼슬을 준 일이 있음.

32 | 〈등한강루(登漢江樓)〉 : 《황화집》 권4, p.8. 이 시는 앞[4] 에서 본 고윤(高閏)의 〈한강에서 놀다(游漢江)〉에 각운자를 맞추어 지은 시임.

가 칙명을 가져오니, 우리나라에서 건주建州 우두머리인 동산董山에게 관직을 준 것을 책망하기 위해서였다. 원접사는 형조판서 박원형이었다. 급사는 〈한강의 정자에 올라서(登漢江樓)〉 시에서,

與客登樓此爲留, 나그네와 누각 올라 여기 머무르니,
宦情鄉思兩悠悠. 벼슬 뜻 고향 생각 모두 유유자적해지네.
山經宿雨雲煙合, 산에는 지난 밤 비에 구름 연기 얽혀있고,
江帶春潮日夜流. 강에는 봄물이 밤낮으로 흘러내리네.
亂壑松濤驚睡鶴, 어지러운 골짜기 솔바람 소리는 자는 학을 놀라게 하고,
斜陽漁鼓散閒鷗. 저녁의 어고[악기명] 소리는 할 일 없는 갈매기를 흩네.
尋常足底飛嵐霧, 예사로운 발걸음 아래 산 안개 연기 날아가고,
疑在清霄最上頭. 맑은 하늘 제일 꼭대기에나 있는 듯 하여라.

[6] 급사중 장녕張寧의 시와 원접사의 차운시

天順四年庚辰, 世祖大王六年也. 正使禮部掌給事中張寧,[33] 副使錦衣衛[34]都指揮武忠[35]賫勅來, 責我國擅殺野人事也. 遠接使, 刑曹判書朴元亨. 正使〈渡大同江〉詩曰 :『平壤孤城發晚裝, 畫船簫鼓麗春陽. 鳥邊雲

33 | 장녕(張寧) : 《필원잡기(筆苑雜記)》 주 27) 참조.
34 | 금의위(錦衣衛) : 1382년 명나라 때 황성(皇城)과 수도의 호위를 위해 설치한 금위군(禁衛軍)으로, 황제의 거둥 때 의장(儀仗)·궁정 수호·경성 순찰·죄인 체포·신문 등을 담당하였으며, 따로 조옥(詔獄)을 두어 형부(刑部)의 법률절차를 밟지 않고 투옥할 수 있는, 병권(兵權)·형권(刑權)을 모두 가졌다.
35 | 무충(武忠) : 선조들은 여직인(女直人 : 여진)인데, 모습이 장대하고 활을 잘 쏘았음. 선덕(宣德) 연간에 금의위백호(百戶)가 되고, 자주 군공을 세워 중군도독동지(中軍都督同知)가 됨. 조선에 와서 공중에 날아가는 기러기를 떨어뜨려 궁술을 보여주었다고 함. –《명인전기자료색인(명인전기자료색인(明人傳記資料索引)》(上), p.300.

盡青山出, 渡口潮通碧海長. 共喜皇仁同天地, 不知身世是他鄉. 清樽且莫頻相勸, 四牡[36]東風路渺茫.』 遠接使次曰 :『遠傳丹詔促行裝, 暫駐星槎浿水陽. 江浦雲消春意動, 郵亭日暖客懷長. 一杯且可酬佳節, 萬里無勞憶故鄉. 野闊天低山似畫, 不禁詩思入滄茫.』

천순天順 4년 경진년, 세조대왕 6년이었다. 정사 예부장 급사중 장녕張寧과 부사 금의위 도지휘사(錦衣衛都指揮)인 무충武忠이 칙명을 가져와서, 우리나라가 야인들을 죽인 일을 질문하였다. 원접사는 형조판서 박원형이었다. 정사는 〈대동강을 건너며(渡大同江)〉라는 시에,

平壤孤城發晩裝, 평양 외로운 성을 저녁에 떠나오니,
畫船簫鼓麗春陽. 그림 같은 배의 퉁소와 북이 고운 봄볕에 우네.
鳥飛雲盡青山出, 날아 구름 끝나는 곳에 푸른 산이 나오고,
渡口潮通碧海長. 나루 어귀에 조수 통하니 푸른 바다 길도다.
共喜皇恩同大地, 황은이 대지에 두루 미침을 함께 기뻐하니,
不知身世是他鄉. 이 몸이 타향 땅에 와 있음을 알지 못하겠네.
清樽且莫頻相勸, 맑은 술잔 또한 서로 자주 권하지 말라,
四牡東風路渺茫. 두 마차가 동풍 속에 갈 길이 아득하구나.

라 하였다. 원접사는 차운하여,

遠傳丹詔促行裝, 황제 조서 전하려고 가는 길 재촉타가,
暫住星槎浿水陽. 잠시 동안 사신 행차 대동강 가 머물렀네.
江浦雪消春意動, 강 포구엔 눈 녹아서 봄기운이 동하는데,
郵亭日暖客懷長. 역참에는 해 따뜻해 나그네 회포 기네.

36 | 사모(四牡) : 《시경 · 소아(小雅)》의 편명으로 사신을 위로한 가사이며, 사모란 네 필의 검정 숫말이다.

一杯且可酬佳節, 한 잔 술로 좋은 시절 보낼 수가 있으니,
萬里無路憶故鄕. 만 리 길에 고향 생각 애써서 하지 마소.
野闊天低山似畫, 들 넓어 하늘 낮고 산은 그림 같으니,
不禁詩思入蒼茫. 시상 잠겨 저절로 아득한 데 빠져드네.

라 했다.

[7] 정사正使의 시

正使 〈登黃州廣遠樓〉37 詩曰 : 『層樓高出翠微間, 景物迢遙慰客顔. 芳草夕陽天外路, 亂峰殘雪海中山. 煙凝野色村居小, 風送邊聲獵騎還. 却憶帝鄕38春似海, 蓬萊39宮闕五雲開.』〈登漢江樓〉 賦短律十首, 其一 : 『東國有高樓, 樓40前漢水流. 光搖青雀舫, 影落白鷗洲. 望遠天疑盡, 凌虛地欲浮41. 入窗風日好, 下榻重淹留.』 其二 : 『勝覽渾相似, 佳期不用招. 行疑近鄕邑, 坐覺客懷消. 谷鳥聲交應, 溪花影對搖. 春風如有意, 吹送木蘭橈.』42 其三 : 『時序有代謝, 江上無古今. 衣冠幾遊覽, 詩酒復登臨. 對景遺懷事, 觀風愜素心. 太平聲敎遠, 隨處有知音.』43 其四 : 『徙倚窮佳致, 盤桓極勝遊. 賢王好賓客, 諸相總風流. 已醉仍須飮, 將還更欲

37 | 광원루(廣遠樓) : 황해도 황주의 객사 동쪽에 있음. 이 시는 《국역 신증동국여지승람》, 권41에도 번역되어 있음.
38 | 제향(帝鄕) : 여기에서는 황성(皇城) 즉 황제가 있는 나라의 서울을 가리키는 듯하다.
39 | 봉래(蓬萊) : 봉래산(蓬萊山)을 말한다. 계절에 따른 아름다움이 각각 달라, 봄에는 금강산(金剛山), 여름에는 봉래산, 가을에는 풍악산(楓嶽山), 겨울에는 개골산(皆骨山)이라고 한다.
40 | 루(樓) : 원래 없던 글자를 《용재총화(慵齋叢話)》에 근거하여 보충했다. — 원주(原註).
41 | 부(浮) : 원래 없던 글자를 《용재총화(慵齋叢話)》에 근거하여 보충했다. — 원주(原註).
42 | 기이(其二) : 《황화집》 권5, p.247에는 『其五』로 되어 있음. 또 『近鄕邑』이 여기에는 『향읍근(鄕邑近)』으로 되어 있음.
43 | 기삼(其三) : 같은 책, p.248에는 『其八』로 되어 있음.

留. 明朝太平館[44], 回首便悠悠.』[45] 登太平館樓, 又作七言排律六十韻.

정사는 〈황주의 광원루에 올라(登黃州廣遠樓)〉라는 시에서,

層樓高出翠微間, 층진 누각 높다랗게 공중에 솟았는데,
景物迢遙慰客顏. 눈앞 풍광 멀리 보여 나그네 맘 위로되네.
芳草夕陽天外路, 석양 비친 봄풀 잎 하늘 바깥 길이고,
亂峯殘雪海中山. 잔설 쌓인 봉우리 바다 속의 산이네.
煙凝野色村居小, 안개 낀 들판에는 시골 마을 조그만데,
風送邊聲獵騎還. 바람결에 소리 내며 사냥꾼들 돌아오네.
却憶帝鄉春似海, 생각노니 제향에는 봄빛이 한창이라
蓬萊宮闕五雲閒. 봉래산의 궁궐에는 오색구름 떠 있으리.

라 했다. 〈등한강루〉라는 단율 10수를 지었는데
그 첫째는,

東國有高樓, 동국에 높은 누가 있고,
樓前漢水流. 누 앞에는 한수가 흐르네.
光搖青雀舫, 빛은 청작방(배)에 흔들거리고,
影落白鷗洲. 그림자는 흰 갈매기 물가에 떨어지네.
望遠天疑盡, 먼 데를 바라보니 하늘이 다했는가 의심되고,
凌虛地欲浮. 허공에 오르니 땅은 뜨고자 하네.
入窓風日好, 창에 들어오는 바람과 별이 좋으니,
下榻重淹留. 탑을 내리어 거듭 머물리로다.

44 | 태평관(太平館) : 조선시대에 중국 사신이 와서 머무르던 숙소. 이 시의 제목은 〈태평관의 누각에 올라, 60운(登太平館樓, 六十韻)〉으로 위와 같은 책, p.241~246에 수록되어 있음. 앞의 《동인시화(東人詩話)》 주 29) 참조.

45 | 기사(其四) : 같은 책, p.249에는 『其十』으로 되어 있음.

그 둘째는,

勝覽渾相似,　좋은 구경 언제나 서로 같기에,
佳期不用招.　아름다운 시절에는 특별히 초청할 필요조차 없네.
行疑鄕邑近,　여기로 오는데 내 고향 시골로 가까이 오고 있다고 여겨지더니,
坐覺客懷消.　자리 앉자 나그네의 회포 녹누나.
谷鳥聲交應,　골짜기의 새들 소리 서로 응하고,
溪花影對搖.　시내에는 꽃 그림자 마주 떠는데.
春風如有意,　봄바람은 마치도 뜻이 있는 양,
吹送木蘭橈.　불어와서 목란주를 띄워 보내네.

셋째는,

時序有代謝,　계절이야 절서 따라 바뀌었지만,
江山無古今.　강산은 예나 지금 다름이 없네.
衣冠幾遊覽,　선비들이 몇 차례나 유람하였나,
詩酒復登臨.　시와 술로 지금 다시 누에 올랐네.
對景懷遺事,　경치 보니 지난 일들 생각이 나고,
觀風愜素心.　풍속 보니 내 마음과 딱 들어맞네.
太平聲敎遠,　태평의 교화 멀리 펴져 나와서,
隨處有知音.　어디에고 맘에 맞는 친구가 있네.

넷째는,
徙倚窮佳致,　가다 서며 좋은 경치 두루 다 보고,
盤桓極勝游.　서성이며 좋은 유람 이 이상 없네.
賢王好賓客,　어진 임금 빈객 접대 좋아하는데,
諸相總風流.　정승들은 그 모두가 풍류를 알아.
已醉仍須飮,　이미 술에 취하고서 또 술 마시고,

將還更欲留. 돌아가려 하다가는 다시 머무네.
明朝太平館, 내일 아침 태평관서 일어난 뒤에,
回首更悠悠. 머리 돌려 바라보면 유유하리라.

이다. 〈등태평관루〉는 또 7언 배율 60운으로 지었다.

[8] 정사金湜과 부사 장성張誠의 절구시

天順八年甲申, 英宗皇帝[46]崩, 憲宗皇帝[47]卽位, 世祖大王十年也. 正使太僕寺丞金湜[48]·副使中書舍人[49]張誠[50]來, 頒登極詔. 遠接使；禮曹判書朴元亨. 正使善畫, 畫素竹贈遠接使, 仍題一絶：『新試東藩雪苧袍[51], 夜深騎鶴過江皐. 玉簫聲透靑天月, 吹落丹山白鳳毛.』[52] 副使以錢塘王應

46 | 영종황제(英宗皇帝, 1427~1464) : 명나라의 제6대[1435~1449]·제8대[1457~1464] 황제. 연호는 정통(正統)·천순(天順). 어린 나이에 즉위하여 환관들의 횡포로 내정이 문란해지자 도처에서 난이 일어났다. 토목(土木)의 변에서 몽고의 에센에게 잡혀 포로가 되었으나 화의가 성립되어 다시 복위하였다.

47 | 헌종황제(憲宗皇帝, 805~820) : 명나라의 제9대 황제.

48 | 김식(金湜) : 《필원잡기(筆苑雜記)》 주 28) 참조.

49 | 중서사인(中書舍人) : 《용재총화(慵齋叢話)》 주 45) 참조.

50 | 장성(張誠) : 《용재총화(慵齋叢話)》 주 46) 참조.

51 | 저포(苧袍) : 모시풀로 만든 도포, 은자들이 입는 거친 천으로 지은 도포란 뜻. 당나라 한악(韓偓)의 〈은거할 곳을 점쳐서 구하다(卜隱)〉에 '세상에 화려하고 아름다운 것물을 마음조차 없어서, 나물로 배를 채우고 저포(苧蒲)로 옷을 만드네(世間華美無心問, 藜藿充腸苧作衣)' 라고 했다.

52 | 단산(丹山) : 단혈산(丹穴山). 《산해경·남산경(南山經)》 : 『단혈산에 새가 있으니 모양은 학과 같고 오색 무늬가 있는데, 그 이름은 구포봉이다. 이 봉이 나타나면 천하가 편안하게 된다(丹穴之山有鳥, 狀如雞, 五色而文, 名曰九包鶴見則天下安寧.)』
※백봉모(白鳳毛) : 홍찬유의 《역주 시화총림》(上), p.94에는 다음과 같은 이 시에 대한 해(解)가 붙어 있음 : 김식이……흑색 종이에 흰 채색으로 대나무와 신선을 그린 화제(畵題)이다. 백봉은 흰 채색을 사용하였기 때문이요, 또 옛날에 우순(虞舜 : 우나라의 순임금)이 『소소라는 음악 9장을 완성하니, 봉황이 날아와서 예의를 표하였다.(簫韶九成, 鳳皇來儀)』의 고사를 인용한 것이다. 《황화집》 권7, p.374에는 이 시의

奇[53]所畫紅梅贈館伴吏曹判書尹子雲[54]・仍題一絶：『孤山風景近來非, 縞素佳人盡著緋. 彷佛武陵溪上立, 落花流水繞漁磯.』儐接皇華, 一時所韻豔. 而朴元亨四爲遠接使, 可謂榮矣.

천순天順 8년 갑신년, 영종황제가 승하하고 헌종황제가 즉위하니, 세조대왕 10년이었다. 정사 태복시승太僕寺丞 김식金湜・부사 중서사인 장성張誠이 와서, 등극한 조서를 반포했다. 원접사는 예조판서 박원형이었다. 정사는 그림 그리는 것을 좋아하여, 소죽素竹을 그려 원접사에게 선사하고, 절구 한 수를 지으니,

新試東藩雪苧袍, 　새로 시험삼아 조선의 흰 모시풀 도포를 입고,
夜深騎鶴過江臯. 　밤 깊은데 학을 타고 강 언덕을 지나가네.
玉簫聲透青天月, 　옥퉁소 소리 푸른 하늘의 달에까지 사무쳐,
吹落丹山白鳳毛. 　단산 백봉의 털 불어 떨어뜨리는구나.

라 하였다. 부사는 전당 왕응기王應奇가 그린 홍매를 관반 이조판서 윤자운尹子雲에게 주며, 절구 한 수를 지으니,

孤山風景近來非, 　외로운 산 풍경 근래 좋지 않아,
縞素佳人盡著緋. 　소복 미인에 붉은 비단옷 입힌 것 같네.
彷佛武陵溪上立, 　무릉계 위에 서 있는 듯만 하고,
落花流水繞漁磯. 　떨어진 꽃 흐르는 물은 낚시터를 감도네.

제목이 〈대를 그리다(畵竹)〉으로 되어 있다. 《용재총화》에는 이 그림을 세조대왕에게 그려 바친 것으로 적고 있음.

53 | 왕응기(王應奇) : 명나라의 매화 화가인 겸(謙) 아들로 역시 매화 화가임.

54 | 윤자운(尹子雲, 1416~1478) : 자는 지망(之望), 호는 낙한(樂閒). 뒤에 영의정까지 오름. 이 시는 《황화집》 권7, p.359에 수록되어 있는데, 박원형과 윤자운에게 각각 〈홍매〉와 〈흑매〉 시 2수씩 지어 주었음.

라 했다. 중국사신을 맞이하여 접대하는데, 한 때 함께 어울려 지은 시들이 아름다웠다. 그런데 박원형은 원접사를 네 번이나 지냈으니, 영예롭다고 할 수 있겠다.

[9] 원접사 서거정徐居正의 시와 정사 기순祈順의 시

成化十二年丙申, 成宗大王[55]七年. 正使戶部郎中祈順[56]·副使行人張瑾[57]來, 頒册立皇太子詔. 遠接使:左參贊[58]徐居正[59]. 正使〈百祥樓宴席却妓〉詩曰:『因緣舊愧風光曲, 落魄空贏薄倖名. 爭似昌黎文字飮[60], 醉來歌詠有餘淸.』遊漢江日, 徐居正以爲天使雖善詩, 皆是宿構, 吾可先作, 以試其才. 仍投七言律:『樓中佳麗錦筵開, 樓外靑山翠似堆. 風月不隨黃鶴去, 煙波長送白鷗來. 登臨酬唱三千首, 賓主風流一百杯. 更待夜深吹

55 | 성종대왕(成宗大王, 재위 1469~1494) : 조선 제9대 왕으로 세종 · 세조의 치적을 기반으로 문화정책을 폈다. 숭유억불 정책을 시행했고《경국대전(經國大典)》과 이를 보충한《대전속록(大典續錄)》을 간행했다. 조선 전기의 문물제도는 성종 때 거의 완성되었다고 할 수 있다.

56 | 기순(祈順) :《필원잡기(筆苑雜記)》주 31) 참조.

57 | 장근(張瑾) : 앞의《용재총화(慵齋叢話)》주 63) 참조.

58 | 좌참찬(左參贊) : 조선 시대에, 의정부에 속한 정2품 문관 벼슬로 삼정승을 보좌하면서 국정에 참여하였다.

59 | 서거정(徐居正, 1420~1488) :《필원잡기(筆苑雜記)》주 2) 참조.

60 | 문자음(文字飮) : 당나라의 한창려(韓昌黎: 한유)의 〈취하여 장비서에게 지어주노라(醉贈張秘書)〉『장안의 부잣집 아이들은 밥상 위에 맛있는 반찬 잔뜩 늘어놓으나, 문자도 모르면서 술을 마시고 오직 붉은 치마 입은 기생들에게 취하네(長安衆富兒 盤饌羅羶葷, 不解文字飮 惟能醉紅裙)』에 나온다. 이 구절이 나오는 정사의 시는《황화집》권8, p.466에 수록되어 있는데, 제목은 〈백상루에서 연회를 하는데 가기를 물리치다, 입에서 나오는 대로 적음(宴百祥樓, 却妓, 口號)〉으로 되어 있으며, 여기 인용된 4구는 이 시의 중간이후 절반 부분임. 그 앞부분은 다음과 같다.

綺筵何用出娉婷, 좋은 잔치에 어찌 꼭 예쁜 가기(歌妓)들 내세우랴?
禮重由來色是輕. 예를 중시한 뒤부터는 여색을 가벼이 여겼다네.
尤物移人應速禍, 가장 아름다운 인물 틀림없이 사람 움직여 화를 재촉할 것이고,
淫聲亂雅太無情. 요망한 소리 반듯한 음악 어지럽힘 너무나 겁나는 일이지.

玉笛, 月明牛斗共徘徊.』頷聯乃麗朝蔡洪哲[61]之句, 而只改下數字, 可謂發塚手[62]也. 正使卽援筆次其韻 :『樓前風捲白雲開, 坐看群山紫翠堆. 百濟地形臨水盡, 五臺泉脈自天來. 題詩愧乏崔郎句[63], 對酒寧辭太白盃. 花鳥滿前春景好, 不妨談笑更遲徊.』

성화成化 12년 병신년, 성종대왕 7년이었다. 정사 호부낭중 기순祈順 · 부사 행인 장근張瑾이 와서, 황태자를 책립한다는 조서를 반포했다. 원접사는 우참찬 서거정徐居正이었다. 정사는 〈백상루 연회 자리에서 가기를 물리치다(百祥樓宴席, 却妓)〉라는 시에서,

因緣舊愧風光曲,	인연 따라서 옛날 번화한 경치 노래한 것 부끄러운데,
落魄空覆薄倖名.	혼이 나갔는데도 박절한 사람이라는 이름만 남았네.
爭似昌黎文字飮,	어찌 창려[韓愈]와 같이 문자를 이해하고서 술 마실까만,
醉來歌詠有餘淸.	술 취하여 시 지어 읊조리니 기분이 맑아지누나.

라 했다. 한강을 유람하는 날, 서거정은 명나라 사신이 비록 시를 잘한다고

61 | 채홍철(蔡洪哲, 1262~1340) : 고려 말기의 문신. 자는 무민(無悶). 호는 중암거사(中庵居士). 여러 가지 벼슬을 거쳐 찬성사(贊成事)라는 벼슬까지 올랐으며, 사욕을 취하고, 권력을 휘둘러 영욕이 많았으나, 문장과 기예에 뛰어났으며, 음악과 불교 경전에도 밝았다. 저서에《중암집》이 있음.

62 | 발총수(發塚手) : 무덤을 파헤치는 선수.《장자 · 외물(外物)》에서『유가는 시와 예로서 무덤을 파헤친다(儒人詩禮發塚)』고 하였는데, 옛 것을 잘 뒤져서 찾아낸다는 뜻임. 이와 관련된 채홍철의 시구는《동문선》권14에 나오는〈월영대(月影臺)〉라는 시에 보이는데,『風月不隨黃鶴去, 烟波相逐白鷗來』인데, 최치원을 생각하면서 썼음.

63 | 최랑구(崔郎句) : 당나라 시인 최호(崔顥)가 지은〈황학루(黃鶴樓)〉시를 말함. 이 태백이 이 시를 보고서 다시 같은 제목으로 붓을 들 수 없을 정도의 명작이라고 하였음.《지봉유설(芝峰類說)》주 61) 참조. 이 구절이 들어있는 시는《황화집》권9, p.22에 수록되어 있으며 제목은〈한강의 누각에 올라서, 의정 서군의 훌륭한 작품의 각운자를 따라 지음(登漢江樓, 次議政徐君佳作)〉2수 중, 제1수임.

하지만, 모두 오랫동안 구상한 것이라, 내가 먼저 지어봄으로 그 재주를 알아보고자 하였다. 한번 7언 율시를 던져보았다.

樓中佳麗錦筵開,　　누각 아름다운 곳에 자리를 펴니,
樓外青山翠似堆.　　누각 밖 청산은 푸른빛 첩첩이네.
風月不隨黃鶴去,　　바람과 달은 황학을 따라가지 않고,
煙波長送白鷗來.　　아지랑이 긴 물결은 백구를 보내오네.
登臨酬唱三千首,　　높은 곳 올라가며 3천수를 수창하고,
賓主風流一百杯.　　주객의 풍류는 일백 잔이로세.
更待夜深吹玉笛,　　밤 깊어질 때 옥피리를 부니,
月明牛斗共徘徊.　　닭은 밝은데 견우 북두성 함께 방황하네.

함련은 고려조 채홍철蔡洪哲의 문장으로, 단지 몇 자만 바꿨으니 가히 무덤에서 파낼 만한 것이었다. 정사가 붓을 들어 즉시 차운하기를,

樓前風捲白雲開,　　누각 앞 바람 휩쓰니 흰 구름 흩어지고,
坐看群山紫翠堆.　　갑자기 보니 뭇 산은 자취색 비취색 무더기로세.
百濟地形臨水盡,　　백제 지형은 강물을 따라 다하고,
五臺泉脈自天來.　　오대산 물줄기는 하늘에서 내려오네.
題詩愧乏崔郎句,　　시를 쓰자니 최랑의 글 못 따른 것 부끄러우나,
對酒寧辭太白盃.　　술 대하여서는 이 태백의 술잔 어찌 마다하리오.
花鳥滿前春景好,　　꽃과 새가 눈앞 가득 봄경치 좋으니,
不妨談笑更遲徊.　　웃고 이야기하며 더디 돌아간들 어떠리.

라 하였다.

[10] 빼어난 정사와 부사의 시

〈遊楊花渡〉 詩曰 :『倚罷高樓未盡情, 又攜春色泛空明. 人隨竹葉盃中醉, 舟向楊花渡[64]口橫. 東海微茫孤島沒, 南山蒼翠淡雲生. 從前會得江湖樂, 今日襟懷百倍淸.』又次副使韻, 詩曰 :『江頭風景滿樓船, 花柳爭姸二月天. 帆影帶將飛鳥去, 笛聲驚起老龍眠. 山連兩岸雲林合, 石激中流雪浪濺. 莫怪東來好遊賞, 尋常詩酒慣相穿.』[65] 愈出愈奇, 見者吐舌. 詔使能文章者, 倪侍講·張給事之後, 稱祈戶部云.

〈양화 나룻터에서 놀다(遊楊花渡)〉 시에,

倚罷高樓不盡情,	높은 다락에서 골고루 구경하였으나 정을 다하지 못해,
又携春色泛空明.	다시 봄빛을 따라 밝은 강에 배 띄우네.
人從竹葉杯中醉,	사람은 죽엽 술잔 오가는 사이에 취하고,
舟向楊花渡口橫.	배는 양화도 어구에 비스듬히 대었네.
東海微茫孤島沒,	동해는 아득한데 외로운 섬 잠겨있고,
南山蒼翠淡雲生.	남산은 울창하니 옅은 구름 일어나네.
從前會得江湖樂,	이전에도 강호 즐거움을 알았다지만,
今日襟懷百倍淸.	오늘날의 이 감회 백배나 더 맑구나.

라고 했다. 또 부사가 지은 시에 차운하기를,

64 | 양화도(楊花渡) : 양화도 나루터는 선유봉(仙遊峰)에 인접한 옛날 한강의 3대 나루터의 하나로 서울과 제물포, 양천, 김포, 강화를 잇던 마포의 양화진 나루터와 연계되어 마주보며 공동 번성했던 곳이다. 이 시는《황화집》권9, p.35에 수록되어 있는데, 제목은〈강에서 노는 재미 끝이 있겠는가? 마침 졸작이 있기는 하지만 소회를 다 표현하지 못하여 다시 7언율시 한 수를 짓는다(江遊樂趣何限? 適有拙作, 未盡所懷, 再賦七言一律)〉로 되어 있음.

65 | 이 시는《황화집》권9, p.32에 보이는데 제목은〈한강의 배안에서 장좌사대인의 시에 화답하여(漢江舟中, 和張左司大人)〉임. 여기에는 마지막의 '천(穿)' 자가 '견(牽)' 으로 되어 있음.

江頭風景滿樓船,	강기슭 풍경 누선을 가득 차게 하고,
花柳爭姸二月天.	꽃과 버들 예쁨 다투는 2월이네.
帆影帶將飛鳥去.	돛 그림자 나는 새를 데리고 가고,
笛聲驚起老龍眠.	피리소리는 늙은 용의 잠을 놀랍게 깨우네.
山連兩岸雲林合,	산은 두 강 둑을 이어 구름 낀 숲 합쳐지고,
石激中流雪浪濺.	돌에 부딪치는 강물이 눈처럼 멋대로 튀네.
莫怪東來好遊賞,	동쪽 와서 유람 감상 좋아 한다 질책하지 말기를,
尋常詩酒慣相牽.	항상 시와 술이 서로 당기는 것이라네.

시가 나올수록 더 기이하니, 보는 자로 하여금 혀를 내두르게 만든다. 문장에 뛰어난 조사詔使로는, 예시강侍講·장급사給事 다음으로 기호부戶部를 꼽는다.

[11] 부사의 시와 정사의 차운시, 그리고 원접사의 차운시

弘治元年戊申, 成宗大王十九年也. 正使翰林院侍講董越[66]·工科給事中王敞[67]來, 頒登極詔. 遠接使 : 吏曹判書許琮.[68] 兩使於路上〈奇勝處, 則必住馬吟賞. 副使〈坐松下〉[69] 詩曰 : 『空山落日翠煙微, 點點歸鴉向北飛. 坐久酷憐風景好, 春寒不覺透羅衣.』 正使次曰 : 『盤薄松陰坐翠微, 隔

66 | 동월(董越, 1431~1502) : 《송계만록(松溪漫錄)》 주 12) 참조.

67 | 왕창(王敞, 1453~1515) : 자는 한영(漢英), 호는 죽당(竹堂), 강소성 강녕(江寧) 사람이다. 성화 17년에 진사가 되었고, 정덕(正德)연간에는 병부상서(兵部尙書)를 지냈다.

68 | 허종(許琮, 1434~1494) : 조선 초기의 문신. 본관은 양천(陽川). 자는 종경(宗卿)·종지(宗之), 호는 상우당(尙友堂). 1457년 별시문과에 3등으로 급제하여 의영고직장(義盈庫直長) 겸 세자우정자(義盈庫直長兼世子右正字)가 되고, 1477년 예조판서가 되었다. 저서로는 《상우당집(尙友堂集)》이 있고, 편서에는 《의문정요(醫門精要)》가 있다. 시호는 충정(忠貞)이다.

69 | 〈좌송하(坐松下)〉 : 《황화집》 권11, p.192에는 이 시의 제목이 〈소나무 숲에 석양이 비치다(松林晩照)〉임.

林斜日亂煙飛. 江南三月無邊景, 到此偏傷未拂衣.』遠接使次曰 :『一村桑柘夕陽微, 芳草萋萋柳絮飛. 已過蘭亭修禊後, 風寒猶未著春衣.』正使重遊大同江, 有『壺觴又勸歸來客, 詩句難留過去春』[70] 之句. 兩使詩俱淸贍. 葱秀山之『葱』字, 舊用『聰』字, 正使謂遠接使曰 :『峰巒削出如靑葱, 胡不易「聰」爲「葱」乎?』[71] 葱秀用『葱』字, 自董侍講始.

홍치弘治 1년 무신년, 성종대왕 19년이었다. 정사 한림원 시강 동월董越 · 공과 급사중 왕창王敞이 와서, [효종의] 등극 조서를 반포하였다. 원접사는 이조판서 허종許琮이었다. 두 사신은 길에서 훌륭한 경치를 만나게 되면, 반드시 말을 세우고 시를 읊조리고 감상하였다. 부사는 〈소나무 아래 앉아서(坐松下)〉라는 시에서,

空山落日翠煙微,	빈 산 석양에 비취색 연기 희미하고,
點點歸鴉向北飛.	저녁 까마귀 점점이 북쪽으로 날아가네.
坐久酷憐風景好,	오래도록 앉아 몹시 좋아함은 풍경 때문이오,
春寒不覺透羅衣.	봄추위가 비단옷에 스며듦도 깨닫지 못하겠네.

라고 했다. 정사가 차운하기를,

盤薄松陰坐翠微,	낮게 드리워진 솔 그늘 곧 어슴푸레해 가는데,
隔林斜日亂煙飛.	숲 밖에 지는 해에 어지러운 놀 흩어지네.
江南三月無邊景,	강남 땅 3월의 끝없는 풍경도,
到此偏傷未拂衣.	여기에 비하면 보잘 것 없어 옷 털고 일어나지 못하겠구나.

70 | 호상우권귀래객(壺觴又勸歸來客) 두 구 : 《황화집》 권12, p.272에는 이 시의 제목을 〈다시 대동강에 배 띄우다(重泛大同江)〉라고 하였음.

71 | 총수산(葱秀山) : 《황화집》 권12, p.326~330에 수록된 〈총수산 유기(遊葱秀山記)에 보이는 말. 《국역 신증동국여지승람》 권41, 황해도 평산도호부 조항에도 이 글의 전문이 번역되어 있음.

라고 했다. 원접사는 차운하기를,

一村桑柘夕陽微,	뽕나무 속 한 마을에 석양빛 희미한데,
芳草叢生柳絮飛.	봄풀은 자라났고 버들개지 흩날리네.
已過蘭亭修禊後,	난정에서 수계할 때 이미 지난 뒤인데도,
風寒猶未着春衣.	바람 차서 봄옷으로 갈아입지 못하였네.

라 했다. 정사는 (조사 행차를 전송하기 위하여) 대동강을 거듭 노닐며,

壺觴又勸歸來客,	술잔 들어 또 돌아가는 손님 권하나,
詩句難留過去春.	시구로 돌아간 봄을 만류하기는 어렵구나.

라는 구절을 지었다. 두 사신의 시가 모두 청담하였다.

총수산葱秀山의 『葱』자를 옛날에는 『聰』으로 썼는데, 정사가 원접사에게 말하기를, 『산봉우리가 푸른 파를 깎아낸 듯하니, 어찌「聰」을 「葱」으로 바꾸지 않겠는가?』라 했다. 총수산에 『葱』자 쓴 것을 시강은 자연스레 이해한 것이었다.

[12] 언어가 유치하고 난해했던 정사 애박艾璞의 시

弘治五年, 成宗大王二十三年也. 正使兵部郎中艾璞[72]·副使行人高瀜先[73]來, 頒册立皇太子詔. 遠接使 : 戶曹判書盧公弼[74]. 郎中輕躁, 務要速

72 | 애박(艾璞, 1451~1513) : 명대 강서성 남창(南昌) 사람. 자는 덕윤(德潤), 호는 동호(東湖). 성화 17년에 진사가 되었으며, 우부도어사(右副都御使)를 지냈다. ―《중국역대인명대사전(中國歷代人名大辭典)》 참조.

73 | 고윤선(高瀜先, ?~?) : 명대 호남성 이장(宜章) 사람. 자는 세덕(世德), 성화 22년에 진사가 되었고, 행인(行人 : 使者)가 되었다. 훗날 어사(御使)를 지냈다. ―《중국역대인명대사전(中國歷代人名大辭典)》 참조.

還. 渡江後道而馳, 抵國都一宿, 便回程. 往來所作詩只十餘首, 而語甚稚澀, 不足觀. 參贊洪公貴達[75]序其集有曰 :『吾邦雖陋, 仲尼之所居, 箕子之所受封, 前乎此皇華大夫之來遊者, 皆從容寬假, 至於登樓有賦, 棲壁有詩, 自以爲不知身之在他鄉, 何先生之不留不處, 倏而來, 忽而逝也? 何前後之皆賢達, 而所履之殊也』云云. 蓋譏之也.

홍치弘治 5년, 성종대왕 23년이었다. 정사 병부랑중 애박艾璞 · 부사 행인 고윤선高胤先이 와서, 황태자를 책립한 조서를 반포하였다. 원접사는 호조판서 노공필盧公弼이었다. 낭중은 침착하지 못하고 꼭 빨리 돌아가려고만 하였다. 강을 건넌 후에도 말하고는 내달리고, 수도에 도착해서 하룻밤 묵고는 즉시 돌아갔다. 오고 가면서 지은 시가 단지 10여 수이고, 언어가 유치하고 난해하여 보잘 것 없었다. 참찬 홍귀달洪貴達이[이 해의 황화집] 책의 서문에서 말하길, 『우리나라가 비록 누추하나, 공자도 살고 싶어 하였던 곳이고, 기자가 봉해진 곳이니, 이전 이 곳에 와서 유람한 중국 사신 대부들은 모두 온화하고 관대했으며, 누대에 오르면 부를 지었고, 머무는 곳의 벽에는 시가 있었으며, 스스로도 타향에 있는지 느끼지 못했는데, 어느 선생이 머무르지도 않고, 갑자기 왔다가는 홀연히 사라졌단 말인가? 어찌 앞뒤에 온 모든 사신들은 다 현달한데, 행동이 다른 바가 있는가?』 운운하였다. 아마도 비꼬는 것이리라.

74 | 노공필(盧公弼, 1445~1516) : 조선 중종(中宗, 1488~1544) 때의 문신. 자는 희량(希亮). 호는 국일재(菊逸齋). 영중추부사(領中樞府事)를 지냈으며, 고사(古事)에 밝고 시문에 뛰어났다.

75 | 홍귀달(洪貴達, 1438~1504) : 조선 연산군 때의 문신. 자는 겸선(兼善). 호는 허백당(虛白堂) · 함허정(涵虛亭). 1598년 무오사화 때에 왕의 실책을 10여 조목에 걸쳐 간(諫)하다가 미움을 사서 좌천되었으며, 갑자사화 때에 모함을 입어 처형되었다. 저서에 《허백정문집(虛白亭文集)》이 있다. 본문의 내용은 《허백정집》에 실려 있다.
— empas백과사전, 한국고전번역원(www.itkc.or.kr) 참조

[13] 서목徐穆의 〈총수산의 동규봉 비에 쓰다(題葱秀山董圭峰碑)〉

正德元年丙寅, 燕山二十年. 正使翰林侍講徐穆[76]・副使吏科給事中吉時[77]來, 頒登極詔. 遠接使不知何人也. 正使〈題葱秀山董圭峰[78]碑〉詩曰:『命使天家老仲舒, 形容眞似列仙癯. 驅馳道路身常健, 歷覽山川興不孤. 蹤跡可堪成蝶夢, 文章猶遺載龜趺. 莓苔風雨年年事, 楮墨先須萬本模.』

정덕正德 1년 병인년, 연산 12년이었다. 정사 한림시강 서목徐穆・부사 이과급사중 길시吉時가 와서 등극 조서를 반포하였다. 원접사는 어떤 사람인지 알 수 없다. 정사는 〈총수산의 동규봉 비에 쓰며(題葱秀山董圭峰碑)〉라는 시에서,

命使天家老仲舒,	천자 나라의 사신으로 나온 늙은 동중서같은 분은,
形容眞似列仙癯.	그 모습이 신선처럼 정말 야위셨다네.
驅馳道路身常健,	길을 내달림에도 옥체는 항상 건강하셨고,
歷覽山川興不孤.	산천을 두루 다녀도 흥취 외롭지 않으셨다네.
蹤跡可堪成蝶夢,	돌아다니신 발자취 나비 꿈같을 뿐이겠지만,
文章猶遺載龜趺.	남기신 문장은 그래도 귀부[거북 받침돌] 한 비석에 남아있다네.
莓苔風雨年年事,	이 비석 푸른 이끼 비바람 해마다 겪을 것이지만,

76 | 서목(徐穆, 1468~1511) : 자는 순화(舜和), 명대 강서성 길수(吉水) 사람. 무종(武宗) 즉위 후 정사(正使)가 되었으며, 남경병부원외랑(南京兵部員外郞)과 시독학사(侍讀學士)를 지냈다. ―《명인전기자료색인(明人傳記資料索引)》 참조.

77 | 길시(吉時) : 명대 섬서성 장안(長安) 사람. 자는 유가(惟可), 홍치 15년에 서길사(庶吉事)가 되었고 이과 급사중(吏科給事中)을 지냈다. ―《명인전기자료색인(明人傳記資料索引)》 참조.

78 | 동규봉(董圭峰) : 명대 동월(董越)의 호. 《송계만록(松溪漫錄)》 주 12) 참조. 연산군 2년(1496) 정월에 동월이 쓴 〈총수산유기〉를 비문에 새겨 총수산에 세우게 하였음. ―《연산군 실록》에 보임. 서목이 지은 이 시는 《황화집》 권13, p.359에 보임.

楮墨先須萬本模.　　이 어른 종이에 쓴 글씨 무엇보다도 만 가지 책 모범이 되고도 남으리.

라 했다.

[14] 당고唐皐, 사도史道의 시와 이행李荇의 차운시

正德十六年辛巳, 武宗皇帝崩, 世宗皇帝[80]卽位, 中宗大王十六年也. 正使翰林院修撰唐皐[81]·副使兵科給事中史道[82]來, 頒登極詔. 遠接使 : 右參贊李荇. 正使《安興館[83]遇雪》詩曰 : 『昨日陰雲昨夜風, 曉來忽見雪滿空. 貂皮狐腋[84]勳方策, 縞帶[85]銀盃句亦工. 候卒戰牙蟲喞喞, 征夫爭立蜜翁翁. 平生未慣朝鮮景, 況復迷茫一望中.』 副使次曰 : 『天剪冰花[86]散曉

79 | 무종황제(武宗皇帝, 1491~1521) : 명나라 제11대 황제인 정덕제(正德帝)의 묘호(廟號). 그는 미녀를 후궁으로 삼아 쾌락을 즐기는 음탕한 생활을 했고, 환관들은 막강한 권력을 행사했으며, 라마교를 광신하고, 유희를 좋아하여 국비를 낭비하였다. 후에 유람선이 뒤집혀 죽었으며, 제위는 사촌인 가정제(嘉靖帝)가 계승했다.

80 | 세종황제(世宗皇帝, 1521~1566) : 명나라 제12대 황제인 가정제(嘉靖帝)의 묘호. 정치적 부패와 몽골, 왜구의 침입으로 혼란한 상황 속에서 난정(亂政)을 초래했다. 그러나 반면 문학·미술 부문에 많은 명품(名品)이 나온 시기였다.

81 | 당고(唐皐) : 자는 수지(守之), 호는 심암(心菴), 《월정만필(月汀漫筆)》 주 6) 참조.

82 | 사도(史道, 1485~1554) : 《지봉유설(芝峰類說)》 주 254) 참조.

83 | 안흥관(安興館) : 명나라의 동월(董越)이 우리나라의 풍토를 부(賦)로 읊은 책인 《조선부》(1488년) 주에, 『안흥관은 평안남도 안주(安州)의 성안에 있다』라 하였다. 앞의 주 12)에도 보임. 이 시는 《황화집》 권14, p.384에 보임. 이 책에서는 이 시 제목에 『관(館)』자가 없음.

84 | 호액(狐腋) : 여우 겨드랑이 아래에 난 털로 만든 호백구(狐白裘)로 갖옷 가운데에서 가장 따뜻하다고 한다.

85 | 호대(縞帶) : 비단으로 만든 띠로, 친구 간의 우의를 표하기 위하여 선물을 주고받음을 나타냄. 춘추시대 오나라의 계찰(季札)이 정나라에 가서 자산(子產)에게 선물하였다 함.

86 | 빙화(氷花) : 얼음이 맺혀서 무늬가 꽃봉오리처럼 생긴 것. 《황화집》 권14, p.381에 보이는데, 제목이 〈안흥관에서 눈을 만나다, 당선생의 각운자에 맞추어 짓다(安州館

風, 千山一色混長空. 明來華館催新句, 暗入紅樓鬪巧工. 幽谷糢糊樵採徑, 寒江妝點笠蓑翁. 亦知掬雪烹茶處, 勝似銷金煖帳中.』 遠接使次曰 : 『寒宵萬竅靜無風, 曉起乾坤色境空. 江上漁蓑堪入畫, 林間薝蔔[87]欲爭工. 騎驢遠憶襄陽客[88], 授簡慚非司馬翁[89]. 贕得使華氷雪句, 不知身在道途中.』 國都南山舊名『木密』, 正使以『木覓』改之. 納清亭[90]舊無名, 正使名之, 副使爲記.

정덕正德 16년 신사년, 무종황제가 승하하였고, 세종황제가 즉위하였는데, 중종대왕 16년이었다. 정사 한림원 수찬 당고唐皐 · 부사 병과급사중 사도史道가 와서, 등극 조서를 반포하였다. 원접사는 우참찬 이행李荇이었다. 정사는 〈안흥관에서 눈을 만나다(安興館遇雪)〉라는 시에서,

昨日陰雲昨夜風,	어제는 음산한 구름에 저녁에는 바람 불더니,
曉來忽見雪滿空.	새벽 와서 문득 보니 눈이 하늘에 가득 찼네.
貂皮狐腋勳方策,	담비 가죽 여우 겨드랑이 같이 희니 공훈을 막 책정하여 상으로 내려주는 것 같고,
縞帶銀盃句亦工.	흰 명주띠 은술잔 서로 돌리니 문장 또한 아름다워지네.

遇雪, 次唐先生韻)〉으로 되어 있음.

87 | 담복(薝蔔) : 울금화(鬱金花), 불경(佛經)에 나오는 꽃인데, 『숲 속에 담복화가 있으면 온 숲이 담복화의 향기만으로 가득하다.』 하였다. - 《황화집》 권14, p.381에 보이는데, 거기에는 『첨복(簷蔔)』으로 되어 있으나, 『담복(薝蔔)』으로 광건행(鄺健行) 교수는 수정하여 두었음.

88 | 양양객(襄陽客) : 당나라 시인 맹호연(孟浩然). 두보의 〈고민을 풀다(解悶)〉 12수 중 제 6수 : 『다시 생각나누나. 양양의 맹호연, 맑은 시 구구 절절 영원히 전해지다(復憶襄陽孟浩然, 淸詩句句盡堪傳)』

89 | 사마옹(司馬翁) : 당 시인 백거이가 강주사마(江州司馬)를 지냈기 때문에 이렇게 부름. 《지봉유설(芝峰類說)》 주 144) 참조.

90 | 납청정(納淸亭) : 평안북도 가산(嘉山)땅에 있는 정자 이름. 〈납청정기(納淸亭記)〉는 《황화집》 권16, p.59에 수록되어 있으며, 또 그가 그 유래를 읊은 시 〈납청정〉도 《황화집》 권7, p.7에 수록되어 있다.

候卒戰牙蟲唧唧,　보초서는 병졸들 떨면서 이빨 부딪치니 벌레가 찍찍거리는 것 같고,
征夫爭立蜜翁翁.　먼 길가는 나그네 다투어 서니 벌이 웅웅거리는 것 같네.
平生未慣朝鮮景,　평생 조선경치 익숙치는 않은데,
況復迷茫一望中.　더구나 한번 바라보니 아득한 것을.

이라 했다. 부사가 차운하기를,

天剪冰花散曉風,　하늘이 빙화를 가위질하여 새벽바람에 흩어지니,
千山一色混長空.　천산일색이 혼연히 비어 하나네.
明來華館催新句,　날이 밝아 아름다운 관館에서 새 시구를 재촉하고,
暗入紅樓鬪巧工.　어둠이 붉은 누에 들어 정교하기 서로 다투네.
幽谷模糊樵採徑,　그윽한 골짜기에 희미한 건 초부樵夫들 가는 길이요,
寒江妝點笠蓑翁.　추운 강에 단장한 건 사립 쓴 어옹이네.
亦知掬雪烹茶處,　또한 눈(雪) 떠다 차 끓이는 곳이,
勝似銷金煖帳中.　금을 녹일 만한 따스한 장막보다 나음을 알겠네.

라 했다. 원접사가 차운하여 말하기를,

寒宵萬竅靜無風,　추운 밤 만 개의 구멍 바람 없이 조용하고,
曉起乾坤色境空.　새벽에 일어나니 하늘 땅 모든 빛 희네.
江上漁蓑堪入畫,　강 위의 도롱이 입은 어부는 그림 속으로 옮겨 들 만하고,
林間薝蔔欲爭工.　숲 속의 담복화는 솜씨 겨루고자 하네.
騎驢遠憶襄陽客,　나귀타고 멀리서 양양객을 생각하겠지만,
授簡慚非司馬翁.　시를 받은 사람이 사마옹 아니어서 부끄럽네.
剩得使華氷雪句,　사자(使者)의 빙설 같은 문장을 만끽하다 보니,
不知身在道途中.　이 몸이 길위에 있는지도 모르겠네.

라 했다. 수도 남산의 옛 명칭은 [목밀木密]인데, 정사가 [목멱木覓]으로 바꾸었다. 납청정納清亭이 옛날에는 이름이 없었으나, 정사가 이름을 지어서 부사가 기록했다.

[15] 공용경龔用卿의 시와 정사룡鄭士龍의 차운시

嘉靖十六年丁酉, 中宗大王三十二年也. 正使翰林院修撰龔用卿[91]·副使戶科給事中吳希孟[92]來, 頒皇嗣誕生詔. 遠接使, 刑曹判書鄭士龍[93]. 正使〈生陽館〉[94] 詩曰 :『老樹千年暗, 晴峰萬點尖. 山肴多棗栗, 海利擅魚鹽. 遠水籠煙碧, 新苗過雨霑. 棲鴉歸返照, 詩思晩來添.』世稱龔翰林能文章, 而觀其詩贍而不精, 散而不收. 此一律其中錚錚者也. 遠接使次曰 :『到處題詩遍, 春雲繞筆尖. 聲名光瑞世, 事業在調鹽. 已獲蘭薰襲, 多蒙灑水霑. 未有酬逸韻, 苦吟鬢班添.』大定江[95]舊無亭, 曾於唐翰林·史給事之來, 只設帳幕. 史令築亭, 至是亭始成, 正使以『控江』名之, 副使爲記.[96]

가정嘉靖 16년 정유년, 중종대왕 32년이었다. 정사 한림원 수찬 공용경龔用卿·부사 호과 급사중 오희맹吳希孟이 와서 황태자가 탄생한 조서를 반포하였다. 원접사는 형조판서 정사룡鄭士龍이었다. 정사는 〈생양관生陽館〉이라는 시에서,

91 | 공용경(龔用卿, 1500~1563) : 《송계만록(松溪漫錄)》 주 29) 참조.
92 | 오희맹(吳希孟) : 《송계만록(松溪漫錄)》 주 30) 참조.
93 | 정사룡(鄭士龍, 1491~1570) : 《송계만록(松溪漫錄)》 주 9) 참조.
94 | 생양관(生陽館) : 평안도 중화군(中和郡)에 있던 역참의 이름이다. 이 시는 《황화집》 권21, p.367에 〈다시 생양관에 들러(重過生陽館)〉으로 되어 있음. 차운한 원접사의 시도 바로 그 뒤에 나오나, 그 마지막 구절 『고음(苦吟)』이 거기서는 『음고(吟苦)』로 되어 있음.
95 | 대정강(大定江) : 평안도(平安道)의 박천군(博川郡)에 있는 강 이름.
96 | 공강(控江) : 원래는 『적개(敵愾)』라고 하려하였으나 이렇게 고침. 오희맹의 〈공강정기(控江亭記)〉는 《황화집》 권22, p.448~450에 보임.

老樹千年暗, 늙은 나무는 천년 동안 하늘을 가리고,
晴峰萬點尖. 맑게 갠 산봉우리는 일만 점이 날카롭네.
山肴多棗栗, 산 안주로 대추 밤이 많고,
海利擅魚鹽. 바다에는 어류 소금이 많네.
遠水籠煙碧, 먼 물에는 푸른 연기 자욱하고,
新苗過雨沾. 새로 돋은 잎은 비에 젖네.
棲鴉歸返照, 까마귀 석양에 돌아가니,
詩思晩來添. 시흥 늘그막에야 더해가는구나.

라고 했다. 세상에서는 공용경 한림이 문장에 뛰어나다고 하나, 그 시를 보면 풍부하지만 세밀하지는 않고, 흩어놓고 억누르지도 않는다. 이 시구는 그 중에서는 빛나는 것이다. 원접사가 차운하기를,

到處題詩遍, 도처에 써놓은 시 가득한데,
春雲繞筆尖. 봄 구름은 붓 끝에 휘감기네.
聲名光瑞世, 명성은 좋은 세상에 빛이 나고,
事業在調鹽. 사업은 나랏일 조정하시는 것이라네.
已獲蘭薰襲, 난초 향기 풍겨 옴을 이미 얻었고,
多蒙瀝水霑. 방울방울 물 적심을 많이 입었네.
未有酬逸韻, 빼어난 시에 아직 화답하지 못했는데,
苦吟鬢班添. 괴롭게 짓자니 귀밑머리 백발만 더 생기네.

라 했다. 대정강大定江은 옛날에는 정자가 없었는데, 일찍이 당 한림과 사급사給事가 왔을 때는 장막만 세웠다. 사씨가 정자를 지으라고 하였는데, 이 때에 와서 정자가 비로소 이루어졌는데, 정사가 공강控江이라 이름 지었고, 부사가 문을 지었다.

[16] 화찰華察과 설정총薛廷寵의 시와 소세양蘇世讓의 차운시

嘉靖十八年己亥, 中宗大王三十四年也. 正使翰林院侍講華察[97]·副使工科給事中薛廷寵[98]來, 頒册立皇太子及恭上皇天上帝泰號二詔. 遠接使：左贊成蘇世讓[99]. 正使〈謁聖廟, 示諸生〉詩曰：『一望宮墻數仞餘, 瓣香[100]瞻拜[101]暗踟躇. 春風有時魚龍化, 時雨無心草木舒. 聞樂自忘三月味, 乘桴誰共九夷居. 箕疇更衍斯文在, 吾道東來信不虛.』〈登太平樓〉絶句：『人從花下歸, 鳥向林間宿. 無恨惜花心, 夜深還秉燭.』[102]〈遊漢江〉, 有『鳥隨落日投林去, 花惜餘春待客開』[103] 之句. 副使〈泛臨津〉詩曰：『不識船爲屋, 今看纜挂楹. 正宜行載酒, 更可坐乘晴. 日暖游鱗動, 風輕細浪生. 漁舟來往泛, 滯慮洗孤淸.』[104] 遠接使次曰：『障日張雲幕, 凌[105]載畫楹. 遊魚驚避棹, 浴鷺喜逢晴. 酒力凉侵退, 詩懷景會生. 無因留返照, 隨意亂深淸.』

가정嘉靖 18년 기해년, 중종대왕 38년이었다. 정사 한림원 시강 화찰華察·부사 공과 급사중 설정총薛廷寵이 와서, 황태자 책립과 황천 상제의 큰 호칭을 올린 데 대한 조서를 반포하였다. 원접사는 좌찬성 소세양蘇世讓이

97 | 화찰(華察, 1497~1574) : 《송계만록(松溪漫錄)》 주 32) 참조.

98 | 설정총(薛廷寵) : 《송계만록(松溪漫錄)》 주 33) 참조.

99 | 소세양(蘇世讓, 1486~1562) : 《송계만록(松溪漫錄)》 주 31) 참조.

100 | 판향(瓣香) : 꽃잎 같은 형태로 된 향. 사람을 축복하거나 존경하는 뜻을 나타낼 때 피웠다.

101 | 첨배(瞻拜) : 선조 혹은 선현의 묘소나 사당에 우러러 절함. 이 시는 《황화집》 권25, p.198에 수록되어 있음. 『암지주(暗踟躇)』가 거기에는 『의지주(意踟躇)』로 되어 있음.

102 | 〈등태평루(登太平樓)〉 : 《황화집》 권26, p.208에는 〈태평루의[현판시를 보고서] 그 각운자에 맞추어 지음(太平樓次韻)〉 6수 중 제6수로 나옴. 여기의 『임간(林間)』이 거기서는 『화간(花間)』으로 되어 있음.

103 | 〈유한강(遊漢江)〉 : 《황화집》 권25, p.169.

104 | 〈범임진(泛臨津)〉 : 《황화집》 권25, p.155. 같은 제목의 시 3수 중 제3수임.

105 | 능파(凌波) : 물결 위를 가볍게 걸어 다닌다는 뜻으로, 미인의 가볍고 아름다운 걸음걸이를 이르는 말.

었다. 정사는 〈성균관의 공자묘를 배알하고서 여러 학생들에게 지어 보임(謁聖廟示諸生)〉이라는 시에서,

一望宮墻數仞餘,　　성균관 담 바라보니 몇 길이나 되는데,
瓣香瞻拜暗趾躇.　　향 피우고 첨배하다 은근히 머뭇거려지네.
春風有時魚龍化,　　봄바람에 어느덧 어룡들이 변화하고,
時雨無心草木舒.　　단비에 초목은 무심히 숨을 돌리네.
聞樂自忘三月味,　　[공자님께서는] 좋은 노래 듣고서 석 달 동안이나 음식 맛을 잊으셨고,
乘桴誰共九夷居.　　뗏목타고 누구와 함께 동쪽 나라에 와서 사시고자 하셨던가?
箕疇更衍斯文在,　　기자의 〈홍범〉 구주 다시 부연되어 유학의 기풍 여기에 가득하니,
吾道東來信不虛.　　우리의 도가 동방에 전해지리라는 [마원이 정현에게 한] 말 허언이 아니로구나.

라고 했다. 〈태평루에 올라서(登太平樓)〉시 절구에,

人從花下歸,　　사람은 꽃을 따라 돌아가고,
鳥向林間宿.　　새는 숲을 향해 깃드네.
無恨惜花心,　　꽃을 아끼는 마음 한없이 누리고자,
夜深還秉燭.　　밤 깊은데도 다시 촛불 밝히고 놀아보리.

라 했다. 〈한강을 유람하면서〉에서,

鳥隨落日投林去,　　새는 석양 따라 숲으로 돌아가고,
花惜餘春待客開.　　꽃은 남은 봄 아쉬워 나그네 기다리며 피어있네.

라는 시구를 지었다.

부사는 〈임진강에 배 띄우고(泛臨津)〉라는 시에서,

不識船爲屋, 배가 집이 될 줄 몰랐더니,
今看纜拄楹. 지금 보니 밧줄로 기둥을 연결하였네.
正宜行載酒, 마침 술 싣고 가기 적당한데다가,
更可坐乘晴. 더욱 쾌청한 날 틈타 앉아 있을 만하구나.
日暖游鱗動, 날 따뜻하여 노니는 물고기 활발하고,
風輕細浪生. 가벼운 바람에 물결 잔잔히 이네.
漁舟來往泛, 어선은 떠서 왔다 갔다 하지만,
滯慮洗孤淸. 묵은 근심이 말끔하게 씻기는구나.

라고 했다. 원접사가 차운하기를,

障日張雲幕, 햇빛 가리려 구름 같은 장막을 펴니,
凌波載畫楹. 물결 타넘으면서도 그림 같은 정자 실었네.
遊魚驚避棹, 헤엄치는 물고기 놀라서 노를 피하고,
浴鷺喜逢晴. 목욕하는 해오라기는 날 개인 것 좋아하네.
酒力凉侵退, 냉기 스며듦이 술로 인해 사라지고,
詩懷景會生. 시 생각이 경치로 인해 생겨나네.
無因留返照, 어떤지 석양에 머무르고자 하니,
隨意亂深淸. 내 뜻 따라서 깊고 맑은 물 일렁거리는구나.

라 했다.

[17] 장승헌張承憲의 시와 신광한申光漢의 차운시

嘉靖二十四年乙巳, 仁宗大王元年也. 行人[106]張承憲[107]以中宗大王賜祭賻謚事來. 遠接使：吏曹判書申光漢[108]. 行人到東坡館[109], 題詩壁上：

『山路東偏下, 郵亭敞處開. 因名東坡館, 誤道昔賢來. 南海已遐謫, 東韓何謂哉? 憐哉無限意, 虛使客心猜.』 遠接使次曰 : 『因名若責實, 館號何以開. 散爲百東坡, 無乃一者來. 旣被名所累, 留詠亦多哉. 虛名竟成美, 或恐造物猜.』

가정嘉靖 24년 을사년, 인종대왕 1년이었다. 행인 장승헌張承憲이 중종대왕 제전에 부의賻儀와 시호를 하사하러 왔다. 원접사는 이조판서 신광한申光漢이었다. 행인이 동파관東坡館에 이르러, 시를 벽 위에 지으니,

山路東偏下,	산 길 동쪽으로 치우쳐 있고,
郵亭敞處開.	역참 문은 열려져 있구나.
因名東坡館,	동파관이라 이름 하였으니,
誤道昔賢來.	옛날 현인이 왔다는 게 잘못 전해짐인가.
南海已遐謫,	(소동파는) 이미 남해로 멀리 귀양갔건만,
東韓何謂哉	동쪽 한국에서 어떻게 말하는 것인지?
憐哉無限意,	어이쿠나! 생각이 끝도 없어,
虛使客心猜.	나그네 마음 쓸데없이 추측만 하는구나.

라 했다. 원접사가 차운하기를,

106 | 행인(行人) : 명나라 때 행인사(行人司)에 속한 벼슬인데 황제의 뜻을 전하거나, 제후국을 책봉하는 일을 맡아 보았음.

107 | 장승헌(張承憲) : 자는 백탄(白灘), 화정(華亭) 사람으로 이과급사중(吏科給事中)을 지냈음. — 《어선명시(御選明詩) · 성명작리(姓名爵里)》.

108 | 신광한(申光漢, 1484~1555) : 조선 중기 문신으로, 호는 기재(企齋) · 낙봉(駱峰), 자는 한지(漢之) · 시회(時晦). 을사사화 때 우참찬으로 윤원형(尹元衡)에 가담하여 위사공신(衛社功臣)과 영성부원군(寧城府院君)에 봉해졌으며, 좌찬성(左贊成)에 올랐다.

109 | 동파관(東坡館) : 위치는 옛날 한양에서 송도를 거쳐 의주로 가는 국도로서 교통이 빈번한 곳이었던 임진나루 건너편에 있었다. 이 시는 《황화집》 권28, p.376에 수록되어 있음. 『연재(憐哉)』가 거기서는 『연재(憐才)』로 되어 있음.

因名若責實,　　만약 이름에서 실제만을 따지자면,
館號何以開.　　관의 이름 어떻게 만들겠는가?
散爲百東坡,　　흩어져 수백 동파 되었다가,
無乃一者來.　　그 중 한 사람 온 것 아니겠는가?
旣被名所累,　　이름에 이미 얽매이게 되니,
留詠亦多哉.　　머물러 시를 남김도 또한 많겠지요.
虛名竟成美,　　헛된 이름 끝내 아름다움 이루고 보니,
或恐造物猜.　　행여 조물주가 시기할까 염려로세.

라 했다.

[18] 행인 왕학王鶴의 시와 원접사 정사룡鄭士龍의 차운시

嘉靖二十五年丙午, 明宗大王元年也. 行人王鶴,[110] 以仁宗大王賻諡事來. 遠接使：吏曹判書鄭士龍. 〈立春〉詩曰：『駐馬山城獨慘然, 客心候節總堪憐. 煙生隄柳[111]驚新歲, 雪放江梅憶舊年. 時序實隨忙裏去, 音書虛向夢中傳. 直從東海瞻西岳, 渭水秦川霄漢邊.』〈謁箕子墓〉[112] 詩曰：『商運式微日, 先生隱忍時. 當年須有見, 後世詎能知. 教澤東人祖, 書疇周武師. 瞻依萬古下, 駐馬薦淸醴.』遠接使次曰：『堂封[113]當道左, 使節

110 | 왕학(王鶴) : 자는 자고(子皐), 호는 우야(于野), 명대 섬서성 장안(長安) 사람. 가정 23년에 진사가 되었고, 공과급사중(工科給事中) · 태상소경(太常少卿) · 제독사이관(提督四夷館)을 지냈다.

111 | 류(柳) : 원작에는 『抑』으로 되어있는데 그것은 잘못된 것이 분명하다. 이 시는 《황화집》 권29, p.438에 수록되어 있음.

112 | 〈알기자묘(謁箕子墓)〉 : 《황화집》 권29, p.488에 『만고하(萬古下)』가 『종만고(終萬古)』로 되어 있음.

113 | 당봉(堂封) : 재상의 봉읍(封邑), 또는 흙을 정자같이 쌓아서 높은 무덤. 여기서는 뒤의 뜻임.

仕移時. 授聖書猶在, 佯狂意孰知. 三仁[114]雖異跡, 萬古常同師. 黃卷空相對, 爭如一奠釃.』

가정嘉靖 25년 병오년, 명종대왕 1년이었다. 행인 왕학王鶴이 인종대왕의 부의와 시호 때문에 왔다. 원접사는 이조판서 정사룡鄭士龍이었다.

〈입춘立春〉 시에,

駐馬山城獨慘然,	산성에 말 멈추니 유독 쓸쓸하나,
客心候節總堪憐.	나그네 마음 계절 살펴보니 그래도 가련함 견딜만 하네.
煙生隄柳驚新歲,	아지랑이 제방 버드나무에 생겨나니 새해에 놀라고,
雪放江梅憶舊年.	눈 속 강촌 매화 피니 지난해 생각나네.
時序實隨忙裏去,	시절은 실로 바쁨 속에서 흘러 가버리는데,
音書虛向夢中傳.	서신은 헛되이 꿈에서만 전해지네.
直從東海瞻西岳,	줄곧 동쪽나라에서 서쪽 중국의 산들을 바로 바라보니,
渭水秦川霄漢邊.	장안의 위수와 진천은 저 먼 하늘가에 있구나.

라고 했다.

〈기자묘를 배알하다(謁箕子墓)〉라는 시에서,

商運式微日,	상나라의 운세 쇠미하던 날에,
先生隱忍時.	선생은 은인 자중하셨지.
當年須有見,	당시에는 분명 어떤 견해가 있겠지만,
後世詎能知.	뒷날에 어찌 알 수 있겠는가.
教澤東人祖,	가르치신 은택 동쪽 사람들 조상이 되셨고,
書疇周武師.	《서경》의 홍범구주洪範九疇 주 무왕의 스승이셨다네.
瞻依萬古下,	높이고 믿음이 영원하니,
駐馬薦淸釃.	말 세우고 맑은 술 바치네.

라 했다.

원접사가 차운하기를,

堂封當道左, 높은 무덤 길 곁에 있으니,
使節佇移時. 사신들 멈추어 섰구나.
授聖書猶在, 성현에게 건네준 책은 그대로 남아 있으나,
佯狂意熟知. 거짓 미치광이 같은 생각을 그 누구가 자세히 알 것인가?
三仁雖異跡, 삼인 비록 행적은 달랐으나,
萬古常同師. 만고에 똑같이 스승이 되셨다네.
黃卷空相對, 빛바랜 역사책만 공연히 읽고 있는 것이,
爭如一奠釃. 어찌 술 한번 올리는 것만 하겠는가?

라 했다.

[19] 맑은 지조를 지닌 정사 허국許國과 위시량魏時亮

隆慶元年丁卯, 明宗大王二十二年也. 正使翰林院檢討許國[115] · 兵科給事中魏時亮[116]來, 頒登極詔. 遠接使 : 工曹判書朴忠元. 詔使行到嘉平館[117], 明宗大王升遐. 兩使出示沿道所作, 而國有巨創, 遠接使不敢酬唱, 回程時, 只次二首詩. 正使〈登太平樓〉詩曰 : 『漢江城上太平樓, 使節東

114 | 삼인(三仁) : 중국 고대의 은 주왕(殷紂王)이 음란과 학정(虐政)을 할 때 비간(比干)은 간하다가 죽었고, 미자(微子)는 간함을 들어주지 않으므로 나라를 버리고 떠났으며, 기자(箕子)는 미친 사람 행세를 하면서 갇혀 있었다. 이 세 사람을 은(殷) 나라의 삼인(三仁)이라 한다. 《사기 · 은본기(殷本紀)》에 나옴.

115 | 허국(許國, 1527~1596) : 자는 유정(維楨), 안휘성 흡현(歙縣) 사람, 가정 44년에 서길사(庶吉士), 신종(神宗, 1144~1204)때에 예부상서(禮部尙書) · 동각대학사(東閣大學士)를 지냈다. ─《명인전기자료색인(明人傳記資料索引)》 참조.

116 | 위시량(魏時亮, 1529~1591) : 《송계만록(松溪漫錄)》 주 37) 참조.

117 | 가평관(嘉平館) : 평안북도 가산군(嘉山郡)에 있음.

來幾度留. 窮海盡聞歌帝力, 殊方那復動鄕愁. 捲簾秋色千山入, 依檻煙光萬井浮. 獨有中宵懷魏闕, 遙隨北斗望神州.』兩使入京宣詔之後, 弔孤祭亡, 禮意具備, 事畢乃還. 橐中蕭然, 淸操益勵, 當時稱之曰 :『許·魏兩使, 前後詔使之來東者, 無出其右』云.

융경隆慶 1년 정묘년, 명종대왕 22년이었다. 정사 한림원검토翰林院檢討 허국許國과 병과 급사중 위시량魏時亮이 와서, 등극 조서를 반포하였다. 원접사는 공조판서 박충원朴忠元이었다. 조사가 가평관에 이르니, 명종대왕께서 승하하셨다. 두 사신은 길을 가며 지은 것을 보여주었으나, 나라에 큰 아픔이 있었기에, 원접사는 감히 수창할 수 없었고, 귀로에서 단지 2수의 시만을 차운했다.

정사는 〈태평루에 올라서(登太平樓)〉라는 시에,

漢江城上太平樓,	한강 성 가에 우뚝 솟아 있는 태평루에,
使節東來幾度留.	동쪽으로 온 사신들 몇 차례나 머물렀나?
窮海盡聞歌帝力,	바닷가 먼 곳서도 황제의 덕 칭송하니,
殊方那復動鄕愁.	이역 땅에서라도 어찌 다시 향수 시름 일어나리.
捲簾秋色千山入,	주렴 걷자 온 산에는 가을빛 물들었고,
倚檻煙光萬井浮.	난간에 몸 기대자 안갯빛 천만 호 여염위에 떠도네.
獨有中宵懷魏闕,	한밤중에 홀로 서서 황제 대궐 그리다가,
遙隨北斗望神州.	북두성 향해 서서 멀리 중국 바라보네.

라고 했다. 두 사신이 수도에 들어와 조서를 반포한 후에, 어린 왕자를 조문하고 돌아가신 국왕께 제사 올리며, 예의를 두루 갖췄으며, 일이 마치고 이에 돌아갔다. 전대가 가볍고 맑은 지조를 가졌으니, 당시 칭하여 이르기를, 『허국·위시량 두 사신은 조사로 온 사신들 중에, 그들보다 나은 분이 없다』라 하였다.

【참고문헌】

《中國歷代人名大辭典》, 上海古籍出版社, 1999.

《古代漢語詞典》, 商務印書館, 1991.

《明人傳記資料索引》, 國立中央圖書館編, 1965.

《明나라 사신은 朝鮮을 어떻게 보았는가》, 도서출판 다운샘, 2005.

《황화집(皇華集)》(영인본), 서울 : 청운문화사, 1998.

【그 외 참고자료】

《文淵閣 四庫全書 電子版》

한국고전번역원(www.itkc.or.kr)

百度(www.baidu.com.cn)

네이버 백과사전(100.naver.com)

(黃芝燕)

27. 《소화시평小華詩評》

홍만종(洪萬宗, 1634~1725)이 지었다. 만종의 자는 우해于海이며 호는 현묵자玄默子 · 몽헌夢軒 · 장주長洲이고 본관은 풍산豐山이다.

《소화시평》 2권은 조선 현종顯宗 14년(1673)에 지었는데, 당시는 청淸 성조聖祖 강희康熙 12년이다. 책 속에는 조사詔使[1] 시를 언급한 기록이 여러 항목이 있다.

[1] 화찰과 소세양의 시 〈압록강〉

詔使華察[2] 〈鴨綠江〉[3] 詩曰 :『春江三月送浮槎, 日落潮平兩岸沙. 天地本來分異域, 風塵此去愧皇華. 波飜鴨綠初經雨, 柳帶鵶黃未著花. 四海車書今一統, 東溟文物自商家.』 遠接使陽谷蘇世讓[4]次曰 :『溶溶淸浪泊靈槎, 騎從如雲簇晩沙. 始識天公分物色, 故敎仙客管春華. 煙含濯濯江邊柳, 雨浥離離岸上花. 一脈斯文情誼在. 車書同屬帝王家.』 詔使歎賞.

조사 화찰이 지은 〈압록강〉 시에서 이르기를

春江三月送浮槎, 　　삼월 봄 강에 사신들 탄 배 띄워가자 하니,

1 | 조사(詔使) : 중국(中國)에서 오던 사신(使臣). 옛날 중국(中國) 천자의 조칙(詔勅)을 가지고 온다 하여 이르던 말.

2 | 화찰(華察, 1497~1574) : 《송계만록(松溪漫錄)》 주 32) 참조.

3 | 〈압록강(鴨綠江)〉 : 《황화집(皇華集)》 권23, p.19에는 〈압록강을 건너면서, 운강이 지은 각운자의 운자를 사용하여(渡鴨綠江, 次雲岡韻)〉이란 제목으로 되어있다. 마지막의 『자제가(自帝家)』가 거기서는 『자상가(自商家)』로 되어 있음.

4 | 소세양(蘇世讓) : 《송계만록(松溪漫錄)》 주 31) 참조.

日落潮平兩岸沙. 해진 뒤 양안 모래밭에 밀물 올라왔네.
天地本來分異域, 천지가 원래 다른 지역으로 나누어진지라,
風塵此去愧皇華. 풍진 속에 이번 걸음 사신의 임무 부끄럽구나.
波飜鴨綠初經雨, 압록 색으로 치는 파도는 이제 막 비가 갠 뒤이고,
柳帶鵝黃未著花. 아황 빛을 띤 버드나무는 아직 꽃이 피지 않았네.
四海車書今一統, 천하는 수레와 글이 이제 하나가 되었는데,
東溟文物自帝家. 동쪽 나라의 문물은 은나라 때부터 시작되었네.

라고 하였다. 이때 원접사인 양곡 소세양이 그 시에 차운하여 이르기를

溶溶淸浪泊靈槎, 넘실넘실 맑은 파도에 사신의 배 정박하고,
騎從如雲簇晩沙. 따르는 말과 사람은 구름같이 저녁 모래밭에 모여드네.
始識天公分物色, 이제야 알겠구나, 하느님이 물색을 나누어,
故敎仙客管春華. 일부러 신선 같은 나그네에게 봄 풍광을 내맡긴 까닭을.
煙含濯濯江邊柳, 강가의 치렁치렁한 버드나무에 안개 자욱하고,
雨浥離離岸上花. 강둑의 푸릇푸릇한 꽃에 비가 적시네.
一脈斯文情誼在, 똑같은 사문斯文끼리 정의 있음은,
車書同屬帝王家. 수레와 글이 함께 제왕에게 속했기 때문이라네.

라고 하였다. 이 시를 보고 조사가 탄복하였다.

[2] 유일有一 스님의 시

勅使之來, 蔡相(濟貢)[5]爲遠接使. 勅使[6]見我國衣冠尙依大明之制, 作詩

5 | 채상(蔡相) : 괄호 안에 『제공(濟貢)』이라고 하였는데, 아마 정조 때의 재상이었던 채제공(蔡濟恭 : 1720~1799)을 말하는 것 같으나 『恭』자는 『貢』자와 다르며, 또 만약 그

曰：『星槎[7]昨夜出東垌, 誰識衣冠在幕庭.』[8] 令濟貢續之, 濟貢惶忙未及對. 僧有一[9]適在傍, 代作曰：『一片丹心君莫變, 首陽山色古今靑.』[10] 以送之. 勅使[11]曰：『俺觀接伴之相, 不過小國相位, 今見其詩, 有王者氣象.』聞者駭異. 其後有一果爲僧王[12], 且爲猜忌者之所構, 陷於逆罟. 由是觀之, 中國看詩人自有神鑑.

칙사가 오는데 대감이 원접사가 되었다. 칙사는 우리나라의 의관이 명나라의 제도를 숭상하고 따르는 것을 보고 시를 짓기를,

星槎昨夜出東垌,	사신이 탄 배가 어젯밤에 동쪽 나라로 나왔는데,
誰識衣冠在幕庭.	누가 알았으리, [명나라의] 의관이 막사 뜰에 있으리라는 것을.

이라고 하며 채씨에게 그것을 이으라고 하니, 채씨는 황망하여 대對를 잇지 못하였다. 마침 거기에 유일有一이라는 스님이 옆에 있다가 대신

一片丹心君莫變,	한 조각 붉은 마음 그대 변하지 마시오,
首陽山色古今青.	수양산 빛깔은 예나 지금이나 푸르다오.

채제공이라면, 이《소화시평》의 저자인 홍만종과는 연대가 다르기 때문데, 그 채제공일 수는 없다. 다만 여기 나오는 내용을 보면 명나라가 멸망한 이후의 이야기라, 아마도 이 부분은 홍만종이 쓴 것은 아니고, 뒷사람의 위작일 것 같음. 안대회의 번역본에 이 부분은 없음.

6 | 칙사(勅使) : 원래『使』자 빠져있음. 칙사가 누구였는지 미상. — 원주(原註).

7 | 성사(星槎) : 외국에 파견하는 사신(使臣)이 탄 배.

8 | 성사작야출동경(星槎昨夜出東垌) 두 구 : 누가 지었는지 미상.

9 | 승유일(僧有一) : 미상.

10 | 일편단심군막변(一片丹心君莫變) 두 구 : 찾지 못함.

11 | 칙사(勅使) : 원래『사(使)』자가 빠져있음. — 원주(原註).

12 | 승왕(僧王) : 스님의 왕이란 말인데, 스님으로 정치에 관여하여 권력을 잡은 사람을 말함.

라고 지어 그것을 보내왔다. 칙사가 그걸 보고 이르길, 『나는 접반사님의 상相은 작은 나라의 정승에 불과하다고 보았는데, 지금 그 시를 보니 왕자王者의 기상이 있구나』라고 하니, 듣는 자가 의아해했다. 그 후에 유일스님은 과연 승왕僧王이 되었는데, 시기하는 자들이 음해하는 바가 되어 법망을 거스르는 함정에 빠졌다. 이로 보건대, 중국은 시인을 보는데 진실로 영묘한 식별능력이 있었다.

【참고문헌】
洪萬宗 · 安大會 譯註,《小華詩評》, 국학자료원, 1995.
《明人傳記資料索引》上 · 下, 國立中央圖書館 編, 1965.
신태영,《명나라 사신은 조선을 어떻게 보았는가》, 다운샘, 2005.

(崔繼良)

28.《순오지旬五志》[1]

지은이의 약력은 위의《소화시평小華詩評》조목에 보인다. 이 책 2권은 조선 숙종 4년(1678)에 지었는데, 청나라 성조聖祖 강희康熙 17년이다. 상권에는 시를 논한 문장 20여조가 기록되어 있다.

[1] 사신 주지번의 우리 시문에 대한 평가

天使[2]朱[3]・梁[4]之來[5], 西坰柳根[6]爲遠接使[7], 許筠爲從事官[9]. 一日朱太

1 |《순오지(旬五志)》: 홍만종(洪萬宗, 1643~1725)이 민간에 유전(流傳)하던 시화(詩話) 일화(逸話) 등을 기록한 책이다. 보름 만에 완성하였다고 하여 『《십오지(旬五志)》』라고도 불리며, 1678년(숙종4)에 저술되었다. 책머리에 김득신(金得臣 : 1604~1684)의 서문(序文)과 저자의 자서(自序)가 있어 저술경위를 살필 수 있다. 자서에 따르면 저자는 병으로 누워 지내던 중 그 적적함을 달래기 위해 평소에 들은 여러 가지 말과 민간에 떠도는 속담 등을 기록하였다고 한다. 상권(上卷)에는 고사일문(古史逸聞) 시화 양생술(養生術) 등이 실려 있다. 항목별로 제목을 따로 붙이지는 않았지만 각 항의 앞뒤에 서와 결에 해당하는 글을 써서 이를 구분하였다. 책의 첫머리는 단군(檀君)의 사적으로 시작하고 있는데 여기서 단군을 우리 역사의 정통으로 간주하는 역사관을 살필 수 있다. 이외에 문물제도 문학 등을 서술하는데 주체적인 시각이 견지되고 있으며, 특히 시화에서는 조식(曺植)의 〈권선지로가(勸善指路歌)〉, 정철(鄭澈)의 〈관동별곡(關東別曲)〉 등 우리말 노래 14편이 간결한 평과 함께 소개되어 있다. 하권(下卷)은 유현(儒賢)・도가・불가・삼교 합론・문담・문집・별호・속언 등으로 구성되어 있다. 홍만종은 특히 도가에 대한 이해가 깊었는데 본서에서도 도가 인물의 편년사를 기술한 자신의 저서《해동이적(海東異蹟)》을 소개하고 그 인명과 출전을 밝혀 놓았다. 속언 항목에서는 민간에 전해오는 우언과 속담을 한문으로 번역하고 그 뜻을 풀이하고 있다. 이 책은 주체적인 시각으로 우리나라 역사와 문학 문화를 기술함으로써 우리 민족문화의 긍지를 드러냄과 동시에 관인(官人)문학에서 소홀히 다루었던 사실들을 찾아 기록하였다는 의의를 지니고 있다. ─ 서울대학교 규장각 한국학연구원(kyujanggak.snu.ac.kr)

史謂筠曰：『本國自新羅以至於今，詩歌最好，可逐一書來.』筠遂選爲卷以呈. 太史覽畢，招筠語曰：『子所選詩，吾達夜燃燭看之. 孤雲[10]詩粗弱，李仁老[11]·洪侃[12]最好』云. 洪侃，號洪崖，卽余十一代祖也. 太史又曰：

2 | 천사(天使) : 옛날, 황제가 파견한 사신(使臣).

3 | 주지번(朱之蕃) : 《지봉유설(芝峰類說)》 주 248) 참조.

4 | 양유년(梁有年) : 호는 성전(星田) 본관은 광동 순덕(順德)이다. 만력(萬曆) 말에 형과도급사(刑科都給事)를 거쳐 하남(河南) 안찰사(按察使)로 나갔다가 곧 호광(湖廣) 안찰사로 전보되어 선비들을 양성하기 위하여 황학사(黃鶴社)를 열고 문예를 가르치게 하였다. 강서(江西) 부사(副使)로 승진되어 갔는데 많은 백성들이 그를 사모하였다.

5 | 천사주 · 양지래(天使朱 · 梁之來) : 병오년(1606, 선조 39)에 주지번(朱之蕃) · 양유년(梁有年) 이 사신으로 조선을 방문하였다. 당시 조선 조정에서는 정사 주지번의 상대로 대제학인 유근(柳根, 1549~1627)을 원접사(遠接使)로 내세웠다. 허균의 〈병오기행(丙午紀行)〉에 이 일과 관련된 상세한 내용이 일기 형식으로 기록되어 있다. 그 처음 내용은 다음과 같다.

『을사년(1605, 선조38) 겨울 명(明) 나라 황제의 장손이 탄생하였다. 황제는 한림수찬(翰林修撰) 주지번(朱之蕃)과 형과도급사(刑科都給事) 양유년(梁有年)을 파견하여 조서를 받들고 오게 하였다. 나는 그때 요산(遼山)의 직을 그만두고 서울 집에 있었는데 원접사 유공 근(柳公根)이 상께 데리고 가기를 청하였다.』 — 한국고전번역원(www.itkc.or.kr)

6 | 서경 류근(西坰 柳根, 1549~1627) : 자 회부(晦夫), 시호는 문정(文靖), 조선 중기의 문신. 벼슬이 대제학인 그는 선조 20년 일본의 승려 겐소(玄蘇)가 들어왔을 때 탁월한 문장력을 발휘하여 겐소 일행을 탄복케 한 당대의 문사이자, 풍모가 준수하고 언행에 절도가 있던 인물이었다. 저서에 《서경집(西坰集)》이 있으며 괴산의 화암서원(花巖書院)에 제향되었다. — 서울특별시, 《서울육백년사》.

7 | 원접사(遠接使) : 조선시대 중국 사신(使臣)을 영접하기 위하여 둔 임시 관직.

8 | 허균(許筠) : 《학산초담(鶴山樵談)》 주 2) 참조.

9 | 종사관(從事官) : 부관(副官) 또는 보좌관.

10 | 고운(孤雲, 857~?) : 최치원(崔致遠)의 호, 신라시대 문인, 학자. 879년 황소(黃巢)의 난 때 고변(高騈)의 종사관(從事官)으로서 〈토황소격문(討黃巢檄文)〉을 초하여 문장가로서 이름을 떨쳤다. 〈난랑비서문(鸞郎碑序文)〉은 화랑도(花郎道)를 말해주는 귀중한 자료가 된다. 저서에 《계원필경(桂苑筆耕)》 · 《중산복궤집(中山覆簣集)》 · 《석순응전(釋順應傳)》 · 《법장화상전(法藏和尙傳)》 등이 있다.

11 | 이인로(李仁老) : 《동인시화(東人詩話)》 주 2) 참조.

12 | 홍간(洪侃, ?~1304) : 자는 평보(平甫) · 운부(雲夫), 호는 홍애(洪崖)이고 본관은 풍산(豊山)이다. 지경(之慶)의 아들로 벼슬이 도첨의사인(都僉議舍人)에 이르렀다가 동

래현령(東萊縣令)으로 좌천, 재직 중에 죽었다. 시문에 능하고 시풍(詩風)이 청려(淸麗)했다. 그의 시는《삼한시귀감(三韓詩龜鑑)》에 수록되어 있으며,《홍애집(洪厓集)》이 있다.

13 | 이숭인(李崇仁, 1349~1392) : 자가 자안(子安)이고 호 도은(陶隱). 삼은(三隱)의 한 사람이다. 경산부(京山府) 사람이다. 공민왕 때 과거에 급제하였고, 관직이 첨서밀직사사(簽書密直司事), 동지춘추관사(同知春秋館事)에 이르렀다.《도은집(陶隱集)》이 있다.

14 | 〈오호도(嗚呼島)〉: 시의 내용은 아래와 같다.

嗚呼島在東溟中, 　오호도 어디메뇨, 동해바다 한복판,
滄波渺然一點碧. 　아득한 창파 속에 새파란 한 점.
夫何使我雙涕零, 　무엇이 날 시켜 두 줄 눈물 흘리게 하나?
祗爲哀此田橫客. 　오로지 제나라 전횡과 그 문객들 때문이로세.
…………
不爲轟霆有所洩, 　뇌성벽력이 되어서 이 기운 풀지 못하면,
定作長虹射天赤. 　뻗친 무지개 되어서 하늘을 붉게 쏘리.
君不見, 　그대는 못 보았나,
古今多少輕薄兒, 　고금의 하고많은 경박한 아이놈들,
朝爲同袍暮仇敵. 　아침엔 죽네 사네 하다가도 저녁에는 원수일세.

다음은 오호도에 관한 몇 가지 자료다.

※오호도 : 유방(劉邦) 한 고조가 나라를 세울 무렵, 제나라 왕이었던 전횡(田横)은, 한나라 공신인 한신(韓信)에게 급습을 당하자, 한 고조 유방(劉邦)이 보낸 세객(說客)인 사자 역이기(酈食其)를 삶아 죽여 버렸다. 이후, 유방이 황제로 등극하자 유방으로부터 보복이 두려운 전횡은 500 여 부하들과 발해만의 전횡도(田橫島)로 도망을 갔다. 한 고조는 전횡의 반란할 기미가 염려되어, 그를 용서하고 낙양으로 불러들였는데, 전횡은 한 나라에 볼모로 잡혀 사는 것을 부끄러워하여 낙양을 30여리 앞둔 시향(尸鄕) 에서 자결하고 말았다. 전횡의 수급을 수습한 부하와 전횡도에 있던 500 여 명도 전횡의 절개를 기리며 모두 순사(殉死)하자, 그의 부하가 슬픔을 견디지 못하여 해로가(薤露歌)와 호리곡(蒿里曲)이라는 상가를 지어 애도하며 노래하였다 한다. 이후, 사람들은 이 섬[전횡도]을 탄식의 섬이라는 의미로 오호도(嗚呼島)라고 불렀다.

※《군정편4 · 해방 · 서해지남(軍政編四 · 海防 · 西海之南)》에 『땅이 대단히 비옥하다. 닥나무와 화살감 대[竹]가 생산된다. 옛 성의 남은 터[遺趾]가 있는데 전설엔 전횡도(田橫島)라고 한다.』고 했다.

※《몽경당일사 · 마자인정기(夢經堂日史 · 馬訾軔征紀)》 을묘년(1855, 철종 6) 11월 [1일~16일] 14일(계유)에 『일찍 떠나서 탑산에 도착하였다. 동쪽으로 발해(渤海)를 바라보니 바다 물결이 하늘에 닿았고, 해가 막 바다를 떠나자 붉은 구름이 출렁거리고 섬들이 나타났다 숨었다 한다. 종자가 먼 바다 가운데 검은 사마귀만 한 것을 가리

키면서, 「저것이 오호도(嗚呼島)입니다. 명 나라 때 탑산에 수성장(守城將)이 있었는데, 송산과 행산이 함락되자 항복하지 않고 스스로 화포(火砲) 속에 뛰어들어 죽었습니다.」라고 했다.』 — 한국고전번역원(www.itkc.or.kr)

15 | 김종의(金宗宜) : 김종직(金宗直)의 오자로 보인다. 역자 주.
《추강냉화(秋江冷話)》 주 36) 참조.

16 | 〈금강일출(金剛日出)〉 : 이 시의 원 제목은 〈금강산에 올라 해 뜨는 것을 구경하다(登金剛看日出)〉이다.

金剛之山高揷天, 금강산의 높기는 하늘을 찌를 듯한데,
白石亭亭露秋骨. 우뚝 솟은 바위들은 가을 뼈를 드러낸 듯도.
搏桑遠影暗句引, 박상의 먼 그림자 은연중에 끌어들이어,
日觀孤標共峭崒. 일관봉 높은 표치와 함께 우뚝하구려.
…………
平生偉觀此已足, 평생에 기위한 구경 이만하면 이미 족해라.
岱宗之遊豈相埒. 태산에 노니는 거야 어찌 이 같을 수 있으랴.
不須崦嵫看入處, 엄자산 들어가는 곳은 구경할 것 없으니,
至今冷笑夸父渴. 이제는 과보의 목마름이 우습기만 하구려.

— 한국고전번역원(www.itkc.or.kr)

※박상 : 동쪽 바다의 해 돋는 곳에 있다는 신목(神木)을 이르는데, 또는 그 신목이 있는 곳을 가리키기도 한다.

※엄자산 : 서쪽의 해 지는 곳에 있다는 산명이다.

※과보의 목마름 : 상고 시대 과보라는 사람이 자기 힘을 헤아리지 않고 태양과 경주(競走)를 하다가 목이 말라서 죽었다는 고사에서 온 말이다. —《열자(列子) · 탕문(湯問)》

17 | 어무적(魚無跡, ?~?) : 자는 잠부(潛夫). 호 낭선(浪仙). 아버지는 사대부였으나 어머니가 관비(官婢)였으므로 관노(官奴)의 신분이 되었다. 아버지의 영향을 받아 천인으로서는 드물게 한문을 익힐 수 있었고 특히 시에 뛰어났다. 1501년(연산군 7) 장문의 상소를 올려 백성의 어려운 사정을 호소하였으나 묵살되었다. 그 후 매화나무에까지 세금을 부과하는 폭정을 규탄한 《작매부(斫梅賦)》를 쓴 탓에 원의 노여움을 사서 도망다니다가 객사하였다. 그의 시는 《속동문선(續東文選)》과 《국조시산(國朝詩刪)》에 실려 있으며, 특히 유랑하는 백성의 어려움을 대변한 《유민탄(流民嘆)》과 《신력탄(新曆嘆)》이 유명하다.

18 | 〈유민가(流民家)〉 : 원 제목은 〈떠도는 백성들의 탄식(流民歎)〉, 『家』는 『歎』의 오자로 보인다.

蒼生難蒼生難. 백성들 살기 어려워라, 백성들 살기 어려워라.
年貧爾無食, 흉년 들어 네가 먹을 것이 없을 때,
我有濟爾心, 나는 너를 건질 마음이 있어도,
而無濟爾力. 너를 건질 힘이 없구나.
…………
縱使一郡一京官, 한 골에 한 경관이 온다 하여도,

最好，李達[19]詩諸體酷似大復[20]，而家數[21]不大也．盧守愼[22]强力宏畜，比弇州[23]稍固執，而五律深得杜法．李穡[24]諸作皆不逮浮碧樓[25]作也．貴國詩大概響亮可貴矣.』因高詠李達〈漫浪歌〉[26]，擊節歎賞曰：『斯作去太白

京官無耳民無口. 경관은 귀가 없고 백성은 입이 없네.
不如喚起汲淮陽, 급회양을 기용함이 그나마 상책,
未死孑遺猶可救. 죽기 전 남은 백성들을 구함직도 하건만.
※급회양(汲淮陽) : 한(漢) 나라의 급암(汲黯). 그는 무제(武帝) 때 동해 태수(東海太守)로 맑은 정사를 하였고 회양 태수(淮陽太守)로 죽기까지 선정(善政)을 베풀었다.
— 한국고전번역원(www.itkc.or.kr)

19 | 이달(李達) : 《학산초담(鶴山樵談)》 주 4) 참조.

20 | 대복(大復) : 《학산초담(鶴山樵談)》 주 5) 참조.

21 | 가수(家數) : 대가(大家), 명가(名家)와 같이 손꼽힐 만한 명성.

22 | 노수신(盧守愼, 1515~1590) : 자는 과회(寡悔)이며 호는 소재(蘇齋)이고 본관은 광산(光山)이다. 독실히 학문에 뜻을 두어 계묘년 과거에서 장원으로 올라 이조 좌랑(吏曹佐郎)이 되었다. 을사사화가 일어나자 대간에서 논계하여 관작이 삭탈되었다가, 정미년에 죄를 더하여, 공이 정황(丁熿)과 더불어 편협되고 허황한 기세를 끼고서 부박함을 선동하였다 해서, 순천(順天)으로 귀양갔다가 진도(珍島)로 옮겼으며, 명종 을사년에 형벌을 감(減)해서 괴산(槐山)으로 옮겼다. 선조가 즉위한 초기에, 소환해 뽑아 써서 벼슬이 영의정에 이르렀고 《소재집(蘇齋集)》을 세상에 전했다.

23 | 엄주(弇州) : 《학산초담(鶴山樵談)》 주 10) 참조.

24 | 이색(李穡) : 《청구풍아(靑丘風雅)》 주 2) 참조.

25 | 부벽루(浮碧樓)
昨過永明寺, 어제 영명사를 지나다가,
暫登浮碧樓. 잠깐 부벽루에 올랐어라.
城空月一片, 성은 비었는데 달은 한 조각이요,
石老雲千秋. 돌은 늙었는데 구름은 천추로다.
麟馬去不返, 기린마는 가서 돌아오지 않고,
天孫何處遊. 천손은 어느 곳에 노니는고.
長嘯倚風磴, 길게 휘파람 불고 바람 부는 언덕에 서니,
山靑江自流. 산은 푸르고 강은 저대로 흐르더라.
— 《동문선》 제10권

26 | 〈만랑가(漫浪歌)〉 : 《손곡시집 · 권지이 · 가(蓀谷詩集 · 卷之二 · 歌)》의 〈만랑무가(漫浪舞歌)〉를 말한다.
奇乎哉漫浪翁! 기이하구나! 마음대로인 늙은이여!
海山中, 바다 건너 산중에서,

亦何遠?』[27] 筠問曰:『曾見弇州否?』曰:『癸巳春往太倉, 請益於弇州. 公時以南司寇致仕[28], 貌不中人, 眼烔如花. 園築考古博古等堂, 聚詩社友門徒, 賦詩飮酒終日, 日飮五六斗不醉. 人有求詩文, 令侍婢吹彈而謳, 伸紙輒成.』[29] 又問學問文章功程, 則曰:『吾輩少時妄喜陸之神奇[30], 到老看之, 考亭訓四子[31]爲第一義, 可自求於此矣. 文章則人人不可爲李于鱗[32]』

棲霞弄月,	노을에 깃들어 달을 희롱하고,
神想雲鴻.	정신은 구름 속 기러기가 되려고 했다네.
說劍白猿,	흰 원숭이에게 칼 쓰는 법 듣고,
學舞靑童.	청의동자에게 춤추는 것 배웠다네.
蓬山謁金母,	봉래산 서왕모를 알현하고,
却下乘天風.	천풍을 타고서 내려왔다네.
瓊筵寶幄敞畫堂,	화려한 자리 보석달린 휘장과 넓은 그림 장식 마루,
繡衫鈿帶羅衣香.	수놓은 적삼 금장식 띠 비단 옷 향기롭네.
鳳吹簫兮鸞敲簧,	봉황과 난새는 피리와 생황을 연주하고,
翁欲舞神飄揚.	늙은이 춤추려니 신기가 펄럭이네.

....

― 원문 : 한국고전번역원(www.itkc.or.kr)에서 인용, 졸역.

※〈만랑무가〉는 악부시의 형식을 빌려 만랑옹(漫浪翁)의 검무(劍舞) 동작을 읊은 것으로, 중국사신 주지번은 이 시를 두고 이백의 시와 차이가 없다고 감탄하였다 한다.

※설검백원 : 유신(庾信)의 〈우문성지명(宇文盛志銘)〉에 『황석공에게 비법을 전수받아 사표될 마음 있었고, 흰 원숭이에게 칼을 배워 풍운의 뜻 간직했네(授圖黃石, 不無師表之心, 學劍白猿, 遂有風雲之志).』라는 표현이 있다. 여기서는 다른 곳에서 칼과 춤을 배웠다는 의미로 읊었다.

27 | 사작거태백역하원(斯作去太白亦何遠) : 허균(許筠)의 《성소부부고 · 문부 · 전 · 손곡산인전(惺所覆瓿稿 · 文部 · 傳 · 蓀谷山人傳)》에도 나온다.

28 | 남사구치사(南司寇致仕) : 남경의 형부상서로 벼슬을 마감하였다는 뜻, 이 때 명나라의 수도는 북경에 있었는데, 남경에도 수도인 북경에 있던 벼슬자리를 모두 그대로 두었으나 실권은 없는 명예직에 그쳤음.

29 | 계사춘왕태창 신지첩성(癸巳春往太倉 伸紙輒成) : 허균의 〈병오기행〉의 내용 중 일부다.

30 | 오배소시망희륙지신기(吾輩少時妄喜陸之神奇) : 허균의 〈병오기행〉에 『우리들은 젊을 때 망령되이 왕수인(王守仁)을 좋아하고, 육구연(陸九淵)의 새로운 말을 좋아하였소(吾輩少日妄喜王, 陸之新音)』라고 하였다.

31 | 사자(四子) : 사자서(四子書), 즉 사서(四書), 공자 · 증자 · 자사 · 맹자가 지은 《논어》 · 《맹자》 · 《중용》 · 《대학》 등.

云.『先秦西漢文, 漢魏古詩, 盛唐近體, 雖不可不讀, 而蘇長公[33]詩文最切近易學也. 吾亦以白傅[34]·蘇詩爲法矣.』[35] 又問方今翰閣[36]能詩者誰? 曰:『南師中[37]·區大相[38]·顧起元[39]俱善矣. 有兵部郞謝肇淛[40]詩, 酷造大

32 | 이우린(李于鱗) :《학산초담(鶴山樵談)》 주 9) 참조.《학산초담》주에는『李于麟』으로 되어있는데『麟』자는 오자다.《사고전서》의 모든 자료에는『李于鱗』으로만 나온다.

33 | 소장공(蘇長公) :《제호시화(霽湖詩話)》 주 81) 참조.

34 | 백부(白傅) : 백거이를 말함.《지봉유설(芝峰類說)》 주 144) 참조.

35 | 선진서한문 소시위법의(先秦西漢文 蘇詩爲法矣) : 허균의 〈병오기행〉의 내용 중 일부다.

36 | 한각(翰閣) : 한림(翰林)과 각신(閣臣)을 아울러 이르던 말.

37 | 남사중(南師中 또는 南師仲) : 자는 자흥(子興), 본관은 섬서(陝西) 위남(渭南)이며, 남헌(南軒)의 셋째 아들로, 타고난 천성이 남보다 뛰어났으며, 집 이름은 현상산방(玄象山房)이었다. 학자이며 방지(方誌) 전문가였다. 만력(萬歷) 23년(1595)에 3급진사(三甲進士)가 되어 처음에는 한림원(翰林院) 직무를 맡았다. 벼슬이 남경예부상서(南京禮部尙書)까지 올랐다. 용모가 수척하였으나 눈빛이 형형했고, 기상과 도량이 넓었으며, 성격이 담백하고 솔직했다.《왕윤녕문집(王允寧文集)》·《남헌중집(南憲仲集)》·《유동릉집(劉東陵集)》·《현록당집(玄麓堂集)》 50권·《현상산관시초(玄象山館詩草)》·《증정관중문헌지(增訂關中文獻誌)》등을 편집했다. 그의 묘는 창도진(倉渡鎭)에 있다. —《섬서통지·권육십삼·인물구·유림(陝西通志·卷六十三·人物九·儒林)》 참조.

※이름 자 중『中』은『仲』인 듯.

※방지 : 지방의 지리·역사·풍속 등을 기록한 책.

※3급진사(三甲進士) : 과거(科擧) 시험의, 최종 시험인 전시(殿試)에서 제3급으로 합격한 사람들. 첫째를 장원(狀元), 또는 전원(殿元), 2등은 방안(榜眼), 3등은 탐화(探花)라고 하며, 이들을 합하여 삼정갑(三鼎甲)이라고 함(第一名稱狀元, 亦稱殿元, 第二名稱榜眼, 第三名稱探花, 合稱三鼎甲).

38 | 구대상(區大相, ?~1614) : 자는 용유(用孺) 호는 해목(海目)이며, 본관은 고명현 완통촌(高明縣 阮涌村)이다. 만력(萬歷) 17년 진사가 되어, 서길사(庶吉士)로 선발되었으며, 검토(檢討)·동수국사(同修國史)·장제고(掌制誥)를 제수 받아 사원(詞垣)에 있으면서 15년간 글을 썼다. 권세와 부귀영화를 원하지 않아 병을 핑계로 벼슬을 그만두고 고향으로 돌아와 평생 시가를 쓰는데 진력을 다했으며, 광주(廣州)에 가림시사(珂林詩社)를 세웠다. 그의 시는 민생과 나라의 경제를 반영했다. 저서에《해목선생집(海目先生集)》·《태사시집(太史詩集)》·《도남집(圖南集)》·《호상집(濠上集)》과《제고관과잡문(制誥館課雜文)》 등이 있다. 시에 기교가 있고, 시율이 엄격했으며, 명(明)대 영남(嶺南) 시가의 최고봉이었다.

復之域也.』使還至快哉亭[41], 招筠談話良久. 太史曰：『東方詩當推柳春湖[42]爲第一也.』副使曰：『氣矯語伉[43], 然不解詩者.』太史曰：『雖似不解

※서길사 : 당대(唐代) 초기에 설치되어 국사 편수 · 경서 진강(進講) · 조칙 작성 · 황제 자문 등의 역할을 담당한 관아인 한림원은, 명청(明淸) 시대에는 진사(進士) 중에서 선발하였으며, 청대(淸代)에 장원학사(掌院學士) · 시강학사(侍講學士) · 시강 · 수찬(修撰) · 편수(編修) · 검토(檢討) · 서길사(庶吉士) 등의 관리를 두었음.

※사원 : 옛날, 한림원의 별칭.

39 | 고기원(顧起元, 1565~1628) : 자 태초(太初)이며 호는 인초(鄰初)로 본관은 강녕(江寧)이고 국보(國輔)의 아들이다. 만력(萬歷) 26년에 진사가 되었으며, 벼슬이 이부좌시랑(吏部左侍郎)에 까지 올랐으며, 64세에 죽었는데 시호는 문장(文莊)이다.《이아당가장시설(爾雅堂家藏詩說)》·《금릉고금석고(金陵古金石考)》·《객좌췌어(客座贅語)》·《설략(說略)》·《눈진초당집(嫩眞草堂集)》 등이 있다. ㅡ《강남통지(江南通志)·권163·인물지(人物志)》 참조.

40 | 사조제(謝肇淛, 1567~1624) : 자는 재항(在杭)이며, 호는 무림(武林)이었고, 어려서는 초재주인(草齋主人), 만년에는 호를 산수로인(山水勞人)이라 했다. 본관은 장락현 강전(長樂縣 江田)이다. 후에 아버지를 따라 복주(福州)에 살았다. 만력 20년(1592)에 진사가 되었으며, 호주(湖州)와 동창(東昌)의 추관(推官) · 남경형부주사(南京刑部主事) · 병부낭중(兵部郎中) · 공부둔전사원외랑(工部屯田司員外郎)을 역임했다. 저서에《소초당집(小草堂集)》·《북하기략(北河紀略)》·《삼산지(三山誌)》·《오잡조(五雜俎)》·《문해피사(文海披沙)》·《사고(吏考)》·《월동말의(粤東末議)》·《박대여묵(泊臺餘墨)》·《백월풍토기(百粤風土記)》·《진안예문지(晋安藝文誌)》·《고산지(鼓山誌)》·《설봉지(雪峰誌)》·《사휴(史觿)》·《전략(滇略)》·《장계쇄어(長溪瑣語)》·《소초재시화(小草齋詩話)》·《소초재집(小草齋集)》·《방광엄지(方廣巖誌)》·《태모산지(太姥山誌)》·《지제산지(支提山誌)》등이 있다. ㅡ《明詩綜》 권62 참조.

41 | 쾌재정(快哉亭) : 같은 이름의 정자가 강릉 · 함창 · 평양 등지에도 있으나 여기서는 황주(黃州)에 있는 쾌재정임. ㅡ《성소부고 · 병오기행》의 4월 26일 조목에 여기에 인용된 대화가 보임.

42 | 유춘호(柳春湖, 1550~1608) : 이름은 영경(永慶), 자는 선여(善餘), 본관은 전주(全州). 1572년 춘당대문과에 급제하여, 정언(正言) 등 청요직(淸要職)을 지냈다. 초유어사(招諭御史) · 황해도관찰사 · 병조참판 · 대사헌 · 이조판서 · 우의정 · 좌의정을 거쳐 영의정이 되었다. 선조 말년에 영창대군(永昌大君)을 광해군(光海君) 대신 세자로 옹립하려 했으나, 광해군이 즉위하자 이이첨(李爾瞻) 등의 탄핵을 받아 경흥(慶興)에 유배되었다가 사약을 받고 죽었다. 1623년 인조반정 후 관작이 복구되었다.

43 | 항(伉) : 『訌』 아니면 『伉』·『抗』 그 중 한 자. 하지만 허균의 위의 책에는 『伉』(한국고전번역원(www.itkc.or.kr)자료)으로 되어있음. ㅡ 원주(原註).

詩, 而其文章甚重, 固是最作家也.』[44] 蓋其時柳永慶爲首揆, 不解詩文, 故其唱和詩專用崔東皐[45]之作 ; 太史可謂知詩. 太史名之蕃, 卽弇州人, 能文章云.

황제의 사신 주지번과 양유년이 오는데, 서경 류근이 원접사가 되었고, 허균이 종사관이 되었다. 하루는 주태사가 허균에게 이르기를 『귀국에서 신라 때부터 지금까지의 시가詩歌 중에 가장 좋은 것을 낱낱이 써서 가지고 오십시오.』라고 했다. 허균이 마침내 책을 뽑아서 드렸다. 태사가 다 보고 나서 허균을 불러 말하기를 『그대가 뽑은 시는 내가 밤이 다하도록 촛불을 켜고 보았소.』 『최고운의 시는 거칠고 힘이 약한 것 같고 이인로李仁老와 홍간洪侃이 매우 좋습니다. 이숭인李崇仁의 〈오호도嗚呼島〉, 김종직金宗直의 〈금강일출金剛日出〉, 어무적魚無迹의 〈유민탄流民歎〉이 아주 좋고, 이달李達 시의 여러 형태는 대복(大復 : 명(明)의 하경명(何景明))과 아주 비슷하나 가수(家數 : 명성)가 크지 않습니다. 노수신盧守愼은 힘차고 깊어 엄주(弇州 : 명나라 왕세정(王世貞)의 호)에 비해 조금 고집스러우나 오율(五律 : 오언 율시)은 두법(杜法 : 두보의 시법)을 깊이 터득하고 있습니다. 이색李穡의 시들은 모두 부벽루에서 지은 것만 못합니다. 나는 밤새 불을 켜놓고 보았는데 귀국의 시는 대체로 음향이 밝아 매우 좋습니다.』 하고는 이달의 만랑가漫浪歌를 소리 높여 읊조리면서 무릎을 치며 칭찬하기를, 『이 작품은 이태백에 거의 이르렀다』라고 했다.

허균이 묻기를 『엄주를 만난 적이 있소?』하고 물었더니, 『계사년(1593, 선조26) 봄에 태창太倉에 가서 엄주에게 한 번 가르침을 청한 적이 있었습니다. 공은 그때 남경의 형부상서 벼슬을 그만두고 있었는데 인물은 잘 생기지 않았으나 눈빛이 형형하였습니다. 화원花園에 고고당考古堂 · 박고당博古

44 | 회견엄주부(曾見弇州否)~고시최작가야(固是最作家也) : 《성소부부고 · 권지18 · 문부15 · 기행상(紀行上 · 丙午紀行)》에 나온다.
45 | 최동고(崔東皐) : 《오산설림(五山說林)》 주 125) 참조.

堂 등의 집을 짓고 시사우(詩社友 시 짓는 모임의 친구)와 문도門徒를 모아 온종일 시도 짓고 술을 마시는데 하루에 5~6말을 마셔도 취하지 않았습니다. 시문을 구하는 사람이 있으면 시비侍婢에게 피리 불고 거문고 뜯으며 노래하게 하고는 종이를 펴고 바로 완성하였습니다.』라고 했다. 또 학문과 문장을 공부하는 과정을 물었더니, 이르기를 '우리들이 젊었을 적에는 왕수인王守仁 · 육구연陸九淵의 신기한 학설을 망령되이 좋아하였는데 늙어서 보니 주자가 주석한 사서四書가 제일이었습니다. 학문의 뜻은 여기에서 찾는 것이 좋을 듯 하였습니다. 문장은 사람마다 이우린(李于鱗 : 이반룡)이 될 수는 없습니다.』라고 했다.

또 이르기를 『선진先秦 · 서경西京의 문文과 한漢 · 위魏의 고시古詩, 성당盛唐의 근체시近體詩 등도 반드시 읽어야 하나 소 장공(蘇長公 : 소동파)의 시문은 가장 가깝고 배우기 쉽습니다. 나도 백부(白傅 : 백거이)와 소 장공의 시를 본보기로 하였습니다.』라고 했다. 또 묻기를 현재 한각翰閣에서 시를 잘하는 사람이 누구냐고 물으니, 『남사중南師仲 · 구대상區大相 · 고기원顧起元 등이 잘합니다. 병부랑兵部郞 사조제謝肇淛란 사람이 있는데 그의 시는 하대복何大復과 아주 비슷한 경지입니다.』라고 하였다. 사신이 돌아와 쾌재정快哉亭에 올라서는 허균을 불러 한참 동안 이야기하였다. 태사가 이르기를 『동방의 시는 유춘호柳春湖를 제일로 치는 것이 마땅하다.』라고 했다. 부사가 이르기를 『의기는 높고 말은 강직하나 시가 무엇인지 모르는 자요.』라고 하자, 태사가 이르기를 『시가 무엇인지 모르는 것 같기는 하나 그 문장은 매우 신중하니 이야말로 최고의 작가입니다.』라고 했다. 대개 그 때 유영경이 영의정이 되었으나, 시를 알지 못하니, 그 창화시는 최동고(崔東皐 : 동고는 崔岦의 호)의 작품을 전용하였으며, 태사는 시를 알았다고 할 만하다. 태사의 이름은 번이요, 바로 엄주인으로 문장을 이를만 하다.

【참고문헌】

홍만종 지음, 구인환 역,《순오지》, 신원문화사, 2003.
허경진,《허균평전》, 돌베개, 2002.
洪萬宗 原著, 安大會 譯註,《小華詩評》, 國學資料院, 1995.
이은직 지음, 정홍준 옮김,《조선명인전 2》, 일빛, 2006.
《明人傳記資料索引》上 · 下, 國立中央圖書館 編, 中華民國54年.

【그 외 참고자료】

《文淵閣 四庫全書 電子版》
한국고전번역원(www.itkc.or.kr)
百度(www.baidu.com)
서울대학교 규장각 한국학연구원(http://kyujanggak.snu.ac.kr)

(崔繼良)

29.《호곡시평壺谷詩評》

남용익(南龍翼, 1628~1692)[1]이 편찬했다. 용익의 자는 운경雲卿이고 호는 호곡壺谷이며, 본관은 의녕宜寧이다.

《호곡시평》 1권은 《호곡만필》 권3에 수록되어있다. 조선 숙종肅宗 6년(1680)에 편찬하였으며 청나라 강희康熙 황제 19년에 해당된다. 시평은 당시·송시·명시로 나누어 논하고 개별시인 및 그 시풍을 위주로 논하며 뒤에는 《오도손시평敖陶孫詩評》·《왕엄주시평초王弇州詩評抄》 등이 첨부되어 있다.

[1] 7언시의 시작

五·七言俱創於漢武時, 而柏梁七言[2], 癡駭可笑. 蘇·李五言[3], 冠冕後代. 論其才, 則蘇不及李, 而二子俱生於超乘扼虎之門, 能啓無前之門戶, 傳於後, 可貴也.

1 | 남용익(南龍翼) : 자는 운경(雲卿), 호는 호곡(壺谷), 본관은 의령(宜寧), 아버지는 부사 득붕(得朋)이다. 1646년(인조 24)진사가 되고, 1648년 정시문과에 급제하여 시강원설서·병조좌랑·홍문관부수찬 등을 지냈다. 1656년 문과 중시(重試)에 장원하여 좌참찬·예문관제학 등을 지냈음. 1683년(숙종 9) 예조판서, 1687년 홍문관과 예문관의 대제학을 지낸 뒤 이조판서가 되었음. 숙종 15년(1689)기사환국으로 명천(明川)에 유배되어 그 곳에서 죽었다. 저서로는 자신의 시문집인《호곡집》과 신라시대부터 조선 인조대까지의 명인 497인의 시를 모아 엮은《기아(箕雅)》와《부상록(扶桑錄)》이 있다.

2 | 백량칠언(柏梁七言) : 7언 연구(聯句)의 한 시체. 한 무제가 백량대[한 무제가 장안의 서북쪽에 지은 누대, 들보의 재목으로 향백(香柏)을 쓴 데서 붙여진 이름]의 낙성식에서 자기가 먼저 7언시 2구를 지은 뒤에 같은 운자를 사용하여 신하들에게 돌아가면서 몇 구씩 짓게 한 데서 유래함. 뒷사람들이 쓴 위작(僞作)이라는 설이 강함.

3 | 소이오언(蘇李五言) : 한 무제 때의 외교관인 소무와 장군인 이릉이 모두 흉노에 억류

오언시와 칠언시는 모두 한 무제 때 만들어졌으나 백량대연구 7언은 어리석고 가소롭다. 소무蘇武와 이릉李陵의 오언시가 후대에 최고라고 인정받으나, 그 재주를 논하면 소무가 이릉에 미치지 못하지만, 두 사람은 모두 달리는 전차에 뛰어오르고 날뛰는 호랑이를 맨 손으로 막을 정도의 용감한 집안에서 태어나서 이전에 없던 문을 열었으며, 후세에 전해져서 아주 귀하게 여겨졌다.

[2] 조자건曹子建의 명작

建安諸子[4]中, 曹氏父子爲冠. 父子中, 老瞞爲雄, 而不好爲五言, 何歟? 弇州云 : 『子桓勝於子建.』[5] 此果的論歟? 『謁帝承明廬』[6] 諸篇, 似非子桓可及.

되었다가, 소무는 19년 만에 귀국하게 되고, 이릉은 계속하여 남게 되자 두 사람이 이별하면서 각각 5언시를 지어 작별을 아쉬워하였다고 하는데, 그 시들이 만약 모두 진짜라면 중국시의 역사에서 작가의 이름이 분명한 가장 오래된 문인이 쓴 5언시가 됨. 소무는 장군으로서 대군태수(代郡太守)를 지낸 소건(蘇建)의 아들이며, 이름은 『용성비장(龍城飛將)』으로 알려진 이광(李廣) 장군의 손자임.

4 | 건안제자(建安諸子) : 후한(後漢)의 마지막 황제인 헌제(獻帝)의 연호인 건안(196~220)연간에 위(魏)의 무제 조조와 문제인 조비(曹丕), 진사왕(陳思王) 3부자를 중심으로 모인 동호인들을 가리킨다. 이 기간은 문학사상 황금기의 하나로 건안7자, 즉 공융(孔融) · 진림(陳琳) · 왕찬(王粲) · 서간(徐幹) · 완우(阮瑀) · 응창(應瑒) · 유정(劉楨) 같은 문인들이 배출되었다. 7자 가운데 공융은 기세가 호탕한 산문으로 칭송받는다. 왕찬 등은 모두 난을 겪었기 때문에 시문의 대부분이 비분강개와 신세를 한탄하는 내용으로 되어 있다. 이들 가운데 문학적인 성취가 가장 뛰어난 사람은 왕찬으로 〈칠애시(七哀詩)〉와 〈등루부(登樓賦)〉가 대표작으로 손꼽힌다. 유정은 왕찬과 더불어 뛰어난 문장가로 손꼽히는데, 〈증종제(贈從弟)〉 3수는 개인의 뜻과 포부를 적은 것으로 언어가 명쾌하고 기세가 웅대하며 힘차다. 진림과 완우의 산문은 역사적 사실을 많이 인용했고 대구법과 대우법을 많이 사용했는데, 이는 양한(兩漢)의 산문이 남북조 변려문(駢儷文)으로 넘어가는 과도기적 경향을 보여준다. 진림의 〈음마장성굴행(飮馬長城窟行)〉도 비교적 이름난 작품이다. 서간의 〈중론(中論)〉이라는 책은 일찍이 조비(曹丕)가 칭찬한 바 있고, 또한 그의 시 〈실사(室思)〉는 시정(詩情)이 깊게 배어 있는 매우 출중한 작품이다. 7자 가운데 응창은 비교적 남아있는 작품이 적다.

5 | 자환승어자건(子桓勝於子建) : 왕세정의 《예원치언(藝苑巵言)》에 다음과 같은 말이

건안제자 중 조씨 부자가 제일 낫다. 부자 중에는 노만(老瞞 : 늙은 사기꾼, 즉 조조)을 영웅이라고 하나 오언시는 잘 못하였는데 무슨 까닭일가?

왕세정은 『자환(조비)이 자건(조식)보다 낫다』라 했으나 이것이 과연 맞는 의논이겠는가? 『알제승명로』 제 편은 자환이 가히 미칠 수 없을 것 같다.

[3] 5언 고시 중 명작들

《選詩 · 十九首》[7] 外, 全篇絶勝者, 前有曹子桓 『西北有浮雲』,[8] 中有陶淵明[9] 『採菊東籬下』[10], 後有沈休文[11] 『生平少年日』[12] 三篇.

보임. 『조공의 넓고 넓음은 옛스럽고도 서글프며, 자환(조비)의 소담한 말은 그대로 악부시의 본색을 지니고 있다. 자건(조식)은 천재가 넘침은 비록 천고에 으뜸이라고 하겠으나, 사실은 [악부시] 작품에 있어서는 부형에게 미치지 못한다. 무엇 때문인가? 재주가 너무 많고, 말이 너무 화려하기 때문이다.』

6 | 알제승명려(謁帝承明廬) : 〈백마와 표에게 주노라(贈白馬王彪)〉는 시의 첫 구절. 이 시는 황초(黃初) 4년(서기 223)에 지은 것인데, 그 해 입추(立秋) 날 황제에게 조회하러, 지방에 제후로 나가있던 형제들이 서울 낙양으로 들어 왔다가 임성왕(任城王)조창(曹彰)은 암살당하고, 진사왕 조식은 백마왕 조표와 함께 감시를 당하게 되자, 조식이 분함을 이기지 못하고 지은 것임. 68구나 되는 장편 서정시임.

7 | 선시 19수(選詩十九首) : 《문선(文選)》에 수록된 작자 미상의 5언 고시 19수.

8 | 서북유고루(西北有高樓) : 조비의 〈잡시 2수(雜詩二首)〉의 제2수.

西北有浮雲, 서북쪽에 뜬구름 있어,
亭亭如車蓋. 높고 높아 수레덮개 같구나.
惜哉時不遇, 애석하구나, 때를 만나지 못함이여,
適與飄風會. 마침 회오리바람과 만났구나.
吹我東南行, 나에게 불어와 동남쪽으로 가게 하여,
行行至吳會. 가고 또 가다가 오회 땅에 닿았구나.
吳會非我鄕, 오회는 내 고향 아니거니
安得久留滯. 어찌 오래 머물 수 있을까.
棄置勿復陳, 그만 두고 다시 말하지 말자,
客子常畏人. 나그네는 항상 남들을 두려워하나니.

이 시는 세자의 자리를 아우 조식에게 빼앗길까 두려워 지었다는 설이 있음.

9 | 도연명(陶淵明, 365~427) : 자가 원량(元亮)이며 일설에 이름은 잠(潛)이고 연명은 자라고 한다. 심양(尋陽 : 지금의 江西 九江) 사람이다. 진(晉)과 송(宋)의 교체기의 사회

《문선》에 수록된 〈고시 19수〉 외에 전편이 제일 우수한 것은, 앞에는 조자환의 『서북쪽에 뜬구름 있어(西北有浮雲)』란 시이고, 중간에는 도연명의 『동쪽 울타리 국화를 따서(採菊東籬下)』란 시이고, 마지막에는 심휴문의 『평생에서 소년 시절이(生平少年日)』이란 시, 세 편이 있다.

[4] 당나라 때 시가 각체의 번성

詩家各體, 至唐大備, 譬如芳春草木百花盛開, 燦爛炫耀, 使人悅眼而迷

혼란기에 살았는데, 대부분의 그의 삶을 은거생활로 보냈다. 그의 최대의 문학적 성취는 전원시이다. 저서로는《도연명전집》이 있다.

10 | 채국동리하(採菊東籬下) : 〈음주(飮酒)〉 20수 중 제5수

結廬在人境, 마을에 초가집 짓고 사나,
而無車馬喧. 시끄러운 수레 소리 없네.
問君何能爾, 어찌 그럴 수 있나 물으면,
心遠地自偏. 마음이 속세와 머니 땅도 외지다고 대답하네.
採菊東籬下, 동쪽 울타리 아래서 국화를 따고 있는데,
悠然見南山. 유연히 남산이 보이네.
山氣日夕佳, 산 기운에 저녁은 아름답고,
飛鳥相與還. 나는 새들이 서로 어울려 돌아오네.
此中有眞意, 이러한 가운데 참 뜻이 있으니,
欲辯已忘言. 설명하려 해도 설명할 말을 잊었네.

11 | 심휴문(沈休文, 441~513) : 즉 심약(沈約). 앞의《지봉유설》주) 190을 참고.

12 | 생평소년일(生平少年日) : 〈범안성과 이별하며(別范安成)〉

生平少年日, 평소에 젊은 시절에는,
分手易前期. 이별해도 만나기 쉽네.
及爾同衰暮, 서로가 나이 들고 체력이 약하니,
非復別離時. 다시 옛날 이별할 때와는 다르네.
勿言一樽酒, 기껏 한 잔의 술이라고 말하지 말라
明日難重持. 이후에는 이런 술도 같이 마시기 쉽지 않으리니.
夢中不識路, 꿈에는 길도 잘 알지 못하리니
何以慰相思. 어찌 그리움을 서로 위로하겠는가. (졸역)

※범안성(范安成) : 제나라 때 안성내사(安成內史) 벼슬을 지낸 범수(范岫), 심약과 함께 제나라 문혜(文惠) 태자의 동궁에서 벼슬을 한 적이 있음.

心, 此後代所以莫及焉. 第未知若律若絶之法, 流到幾許年代而更有變耳?

시가 각체는 당대에 이르러 대부분 갖추어졌다. 비유하자면 봄에 화초가 피어나 눈부시게 현란하여 사람들의 눈을 즐겁게 하고 마음을 미혹되게 한다면, 그 뒤에는 거기에 도저히 미칠 수 없음과 같다. 다만 율 · 절의 규칙이 어느 시대에 가서야 더욱 변화가 있을지 모를 따름이다.

[5] 진자앙의 오언율시

陳子昂[13]五言律, 凌亢少偶. 而如 〈感遇〉 諸篇, 當時作者之所無 ; 如太白仙才, 未免祖述[14], 所以爲初唐之獨步.

진자앙의 오언율시는 매우 훌륭하여 짝할 사람이 적다. 〈감우〉 제편 같은 것은 당시 작자에서는 없는 바이며, 이백과 같은 선재仙才로도 조술祖述함을 면하지 못했으니 초당의 독보가 된다.

[6] 심전기와 송지문의 시를 논함

沈(佺期)[15] · 宋(之問)[16]優劣, 雖定於昆明選製[17]之日, 如 『盧家少婦鬱

13 | 진자앙(陳子昂, 661~702) : 초당 시인. 자는 백옥(伯玉)이고 자주사홍(梓州射洪 : 지금의 사천성 사홍현) 사람. 682년 24세에 진사에 급제하여 인대정자(麟臺正字)가 되었으며 693년에 우습유(右拾遺)가 되었음. 696년에 무유의(武攸宜) 장군의 참모로 거란 토벌에 나서 제2차 종군하였으며 698년 관직을 버리고 고향에 돌아 왔으며 그 후 현령 단간(段簡)의 모함을 받아 제2차 투옥되었으며 마침내 옥사 당하였다. 서적은《진자앙집》이 있는데 상하 두 권으로 나누어져 있는데 권 상에는 먼저 〈진미부(麈尾賦)〉라는 부가 있으며, 이어서 〈감우(感遇)〉 38수 등 오언고시 67수가 있다.

14 | 조술(祖述) : 선인의 설을 본받아 그 뜻을 펴서 서술하다.

15 | 심전기(沈佺期, 656~713) : 초당의 궁전시인. 자는 운경(雲卿), 상주(相州) 내황(內黃 : 지금의 하남성 내황현) 사람이다. 진사에 합격한 뒤 여러 가지 벼슬을 거쳐 수문관 직학사(修文館直學士) · 중서사인(中書舍人) · 태자소첨사(太子少詹事) 등을 지냈다.

金堂』[18] 之七律 · 『月明三峽曉, 潮滿九江春』[19] 之五律, 宋無可敵者.

심전기沈佺期와 송지문宋之問의 우열은 비록 곤명지昆明池에서의 작품을 뽑던 날에 정해졌지만, 『노씨 집 젊은 며느리 사는 울금당에는(盧家少婦鬱金堂)』이란 시구의 칠률과 『삼협의 동틀 무렵은 달이 밝고, 구강의 봄은 조수

세상 사람들은 송지문과 함께 심송(沈宋)이라 불렸고 특히 칠언시를 잘 지었다.

16 | 송지문(宋之問, 656~712) : 초당의 궁전시인. 자가 연청(延淸)이고 분주(汾州 : 지금의 산서성 분양현) 사람이다. 외모가 뛰어나고 말을 잘했으며, 심전기와 함께 권신 장역지(張易之)에게 아첨하며 측천무후 밑에서 궁중시인으로 활약하였음. 중종 · 예종 밑에서는 지방으로 좌천되어 벼슬살이를 하다 사형을 당하였음. 그는 특히 5언시에 뛰어났다.

17 | 곤명선제(昆明選製) : 곤명은 서안 남서쪽에 한 무제가 팠던 큰 못 이름. 뒤에 가서는 황성(皇城) 부근의 호수란 말로 통용되었음. 이 말은 당나라 때 측천무후가 못곁에서 신하들이 지은 글들을 뽑았다는 뜻임.

18 | 노가소부(盧家少婦) : 〈옛날 투의 노래를 지어, 교지지 보궐님께 올림(古意, 呈補闕喬知之)〉

盧家少婦鬱金堂, 노씨 집 젊은 며느리 사는 울금당에는
海燕雙棲玳瑁梁. 바다 제비 한 쌍이 대모 들보에 깃들었네.
九月寒砧催木葉, 구월 싸늘한 다듬이 방망이 소리 낙엽을 재촉하니,
十年征戍憶遼陽. 십년 수자리 살고 있는 요양의 님 그리워지네.
白狼河北音書斷. 백랑하 북쪽에서는 소식조차 끊겼는데,
丹鳳城南秋夜長. 장안 성안의 가을밤은 길기만 하네.
誰爲含愁獨不見, 누구 때문에 수심 안고 있는데 그 님은 보이지 않는가?
更教明月照流黃! 더욱이 밝은 달은 누런 비단 장막 비치고 있는데! (김학주 역)

19 | 월명삼협효(月明三峽曉) 두 구 : 〈무산은 높다(巫山高)〉《사고전서 · 당시품휘(唐詩品彙)》 권57)

巫山高不極, 무산은 높아서 끝까지 다 볼 수 없으나,
合沓狀奇新. 합치고 겹친 모양이 신기하네.
暗谷疑風雨, 어두운 골짜기는 비바람 치는가 의심스럽고
陰崖若鬼神. 응달진 벼랑 끝은 귀신이 서려 있는 것 같네.
月明三峽曉, 삼협의 동틀 무렵은 달이 밝고
潮滿九江春. 구강의 봄은 조수가 가득하네.
爲問陽臺客, 양대의 나그네에게 묻노니,
應知入夢人. 틀림없이 꿈속에 들어왔던 여인을 알고 있겠지. (졸역)

가 가득하네(月明三峽曉, 潮滿九江春)』란 시구의 오율 같은 것은 송지문이 대적할 수 있는 것이 없다.

[7] 두심언과 왕만의 시를 논함

杜隰城(審言)[20]五律中『雲霞出海曙, 梅柳渡江春. 淑氣催黃鳥, 晴光轉綠蘋』[21] 之句, 沈·宋全篇中亦無可對者. 惟王洛陽(灣)[22]『潮平兩岸闊, 風正一帆懸. 海日生殘夜, 江春入舊年』[23] 兩句可敵, 宜其自尊也. 然七律

20 | 두심언(杜審言, 608?~708) : 초당 시인. 자는 필간(必簡), 두보의 할아버지임. 함형(咸亨) 1년(670) 진사시험에 급제하여 습성현위(隰城縣尉)를 맡았으며 측천무후 때의 대표적인 시인이다. 측천무후의 부름을 받고 장역지(張易之)의 뒤를 이어 저작좌랑(著作佐郎)이 되었지만 측천무후의 정권이 무너진 뒤에는 봉주(峰州 : 북베트남)로 유배되었음. 그러나 사면되어 다시 중앙으로 돌아와 수문관직학사(修文館直學士)를 지냈음. 성품이 교만하여 사람들의 미움을 받기도 했지만 시재(詩才)가 풍부했고 특히 5언율시에 뛰어나 심전기·송지문등과 함께 초당 궁정시인의 대표적인 존재가 되었다. 이교(李嶠)·최융(崔融)·소미도(蘇味道)와 함께 문장 4우(文章四友)로 불렸음. 오늘날 시 43수가 전해진다.

21 | 운하출해서(雲霞出海曙) 여섯 구 : 〈진릉현승육씨의 이른 봄의 나들이라는 시에 화답하다(和晉陵陸丞, 早春遊望)〉

獨有宦遊人, 홀로 벼슬 길 나선 사람 있는데,
偏驚物候新. 오로지 사물과 기후 새로움에 놀라네.
雲霞出海曙, 구름과 놀 밝은 바다에서 나오고,
梅柳渡江春. 매화와 버들은 봄에 강을 건너네.
淑氣催黃鳥, 맑은 기운 꾀꼬리 재촉하고,
晴光轉綠蘋. 개인 빛은 푸른 마름 돋게 하네.
忽聞歌古調, 갑자기 옛 곡조 부르는 것 들려,
歸思欲霑巾. 돌아갈 생각에 수건 적시려 하네. (장세후 역)

22 | 왕만(王灣, 693~751?) : 성당 시인. 낙양사람. 선천(先天) 원년(712)에 진사가 되었음. 일찍이 영양주부(滎陽主簿)를 맡았고 개원 연간에는 조정에서 서적들을 정리했으며 후에 낙양위(洛陽尉)를 지냈음. 《전당시》 권115에 시 10수가 수록되어있다.

23 | 〈조평양안활(潮平兩岸闊)〉 네 구 : 왕만의 〈북고산 아래에서 유숙하며(次北固山下)〉.

客路青山外, 나그네의 길은 청산 밖인데,
行舟綠水前. 나아가는 배는 녹수 앞일세.

不少概見24, 無乃留付其孫耶?

두심언의 5언율시

雲霞出海曙,　구름과 놀 밝은 바다에서 나오고,
梅柳渡江春.　매화와 버들은 봄에 강을 건너네.
淑氣催黃鳥,　맑은 기운 꾀꼬리 재촉하고,
晴光轉綠蘋.　개인 빛은 푸른 마름 돋게 하네.

두 구는 심전기·송지문의 전편에서 또한 대적할 수 없다. 오직 왕만의 5언율시

潮平兩岸闊,　조수가 가득 들어 양쪽 언덕이 넓고
風正一帆懸.　바람이 순조로와 외로운 돛을 다네.
海日生殘夜,　바다의 해는 밤새기 전에 뜨고
江春入舊年.　이 강의 봄은 묵은 해가 가기 전에 드네.

두 구만이 대적할 수 있으니 그가 자존심을 가질 만하다. 그러나 그의 7언율시는 간략하게라도 기재하여 드러낸 것이 없으니 어찌 바로 그 손자에게 그런 것을 잘 짓도록 여지를 남겨둔 것은 아닐까?

潮平兩岸闊,　조수가 가득 들어 양쪽 언덕이 넓고,
風正一帆懸.　바람이 순조로워 외로운 돛을 다네.
海日生殘夜,　바다의 해는 밤새기 전에 뜨고,
江春入舊年.　이 강의 봄은 묵은해가 가기 전에 드네.
鄕書何處達,　고향에서 오는 편지는 어느 곳으로 올가?
歸雁洛陽邊.　기러기는 낙양으로 돌아가는데.

24 | 개현(概見) : 개략적으로 기재하여 드러냄.

[8] 초당 4걸의 순서

四傑[25]次第, 必循一時之公議 ; 五言律駱最勝, 反居下何也? 王則兼長篇絶句衆體, 宜乎居首.

사걸의 순서는 반드시 한 때의 공론을 따랐을 뿐이다. 오언율시는 낙빈왕이 제일 우수하나 도리어 아랫자리에 있음은 어찌된 일인가? 왕발은 장편과 절구 여러 시체를 두루 뛰어났으니 제일 위에 두는 것이 마땅하다.

[9] 이백과 두보를 논함

李 · 杜優劣, 自古未定. 元微之[26]始尊杜, 而韓昌黎[27]兩尊之. 自宋以後, 無不尊杜. 敖陶孫[28] 〈詩評〉 以杜爲周公制禮[29], 不敢定議 ; 此言是矣. 而

25 | 사걸(四傑) : 당 태종년 간에 출현한 이름난 문장가들로 왕발(王勃, 648~675) · 양형(楊炯, 650~692?) · 노조린(盧照隣, 637?~676?) · 낙빈왕(駱賓王, 640?~680?)을 이르는 말이다. 당시 이 네 사람은 모두 문장으로 이름을 날렸고 업적을 세우기도 했지만 정치적으로는 불운했다. 시가와 변려문에 뛰어났으며 특히 시를 잘 지었음. 유약함과 아름다움을 추구한 당시의 시풍에 반대하여 궁중의 향락생활만을 묘사한 협소한 영역을 벗어나 도시 · 변방에 눈을 돌렸으며 언어의 단련, 풍부한 문체, 청신한 풍격 등을 중시했음. 시대적인 모습을 반영했고 율시의 규격화와 가행체의 성숙을 촉진하여 성당시대 시가 발전을 위한 선구적인 역할을 했다.

26 | 원미지(元微之, 779~831) : 중당 시인 원진(元稹)의 자. 그가 쓴 두보의 묘계명(墓係銘)에 『시인이래로 두보와 같은 사람은 없었다(詩人以來, 未有如杜子美者)』라는 말이 있음.

27 | 한창려(韓昌黎) : 중당의 문인 한유. 그가 쓴 〈장적에게 조롱삼아 지어줌(調張籍)〉이라는 시 첫 머리에 『이백과 두보의 문장이 남아 있는데 그 훌륭한 빛 만 길이나 길게 뻗었네. 여러 아이들 어리석음 알지 못하고 무엇 때문에 고의로 비방하는가(李白文章在, 光焰萬丈長. 不知羣兒愚, 那用故謗傷)』라는 말이 있음.

28 | 오도손(敖陶孫, 1154~1227) : 자는 기지(器之), 호는 구암(臞庵), 장락(長樂 : 지금의 복건성) 사람임. 영종 경원5년(1199)에 진사가 된 뒤 천주첨판(泉州簽判)을 지내고 봉의랑(奉議郎)으로 화주(華州)의 서악묘(西嶽廟 : 화산 신궁)를 주관하였음. 짧은 〈시화〉 한 편과 〈시평〉 한 편이 있으며, 문집 《구옹집(臞翁集)》이 있음. 이 〈시평〉에서 『이태백은 유안의 닭이나 개같이 지어 대지만, 그 메아리는 흰 구름과 같이 허망

以李比劉安[30]雞犬, 無乃太輕且虛歟? 或以杜贈李詩『重與細論文』[31] 之『細』字, 謂之輕視而故下云, 何其迂曲之甚歟? 楊誠齋[32]仙翁 · 雅士之論,

한데, 그 요점을 모아 보려하면 황홀하기만 할 뿐 정해진 모습이 없으나, 오직 당나라의 두공부만은 주공이 예법을 제작한 것과 같은 공을 움직일 수 없는 것이 되어 후세에 감히 누구도 흉내 낼 수 없다(李太白如劉安鷄犬, 遺響白雲, 覆其歸存, 恍惚定處. 獨唐杜工部如周公制作, 後世莫能擬議.)』라고 하였음.

29 | 주공제례(周公制禮) : 서주(西周) 초년에 사회풍조가 야박하고 결혼풍속이 혼란스러웠다. 천자를 보좌하던 주공은 사회풍조를 바로 잡기 위하여 직접 례를 제정하고 백성을 가르쳤는데 그것이 만세 불변하는 유가의 법전이 되었다는 뜻으로 『주공제례』라고 한다.

30 | 유안(劉安, B.C. 179~B.C. 122) : 한 고조 류방의 서자인 류장(劉長)의 아들. 회남왕에 봉하여 짐. 문예와 학문을 좋아하며 명예욕이 강하여 천하의 선비들과 술객(術客)들을 모아 《회남자(淮南子)》라는 저술을 남기기도 하였으나, 스스로 황제가 되려는 야심을 품었다가 반역죄가 발각되어 죽음을 당함. 여기서 『유안의 닭과 개』라는 말은 유안과 같이 명예욕이 강하여 대망을 품었으나 뒤끝이 허망하게 된 사람들을 지칭함. 이백이 영왕(寧王)을 섬기다가 반역죄수로 몰여 귀양간 것을 비유하기도 함.

31 | 중여세논문(重與細論文) : 〈봄날에 이백을 생각하며(春日憶李白)〉 : 두보가 12년 년상의 이백을 2년여간 교우한 후 헤어져, 최상의 찬사로 그를 평가한 시구이다. 《사고전서 · 어정전당시》 권224.

白也詩無敵, 이백은 시가 무적
飄然思不羣. 표연하여, 그 생각 무리들과 다르다.
清新庾開府, 청신함은 유개부요
俊逸鮑參軍. 준일함은 포참군이다.
渭北春天樹, 위수 북쪽에는 봄 하늘의 나무
江東日暮雲. 강동에는 해질 무렵의 구름.
何時一尊酒, 어느 때나 한 동이 술로
重與細論文. 또 다시 함께 자세히 글을 논할까?

※송나라 갈립방(葛立方)의 《운어양추(韻語陽秋)》 같은 책에서 『이 구절은 이백이 글을 너무 거칠게 빨리 적어내려가는 것을 기롱한 것 같다(重與細論文之句, 似譏其太俊快)』라고 한 말이 보임. (이병한 역)

32 | 양성재(楊誠齋, 1127~1206) : 남송시대의 시인 양만리(楊萬里)의 호이다. 자가 정수(廷秀)이고 길주(吉州) 길수(吉水 : 지금의 강서성) 사람이다. 소홍(紹興) 24년(1154)에 진사가 되었고 효종 초에 지봉신현(知奉新縣)을 맡은 다음에 태상박사(太常博士) · 태자시독(太子侍讀) 등을 역임하였다. 저서로는 《성재집(誠齋集)》, 《성재시화(誠齋詩話)》 등이 있다.

《史記》·《漢書》之比, 其尊李太顯矣. 紫陽[33]以聖歸之於李, 則微意亦可知. 而至明弇州[34]有兩尊之評, 而少有右杜意.

이백과 두보의 우열은 자고로 정해지지 않았다. 원진은 처음부터 두보를 존경했지만 한유는 두 사람을 다 존경했다. 송 이후로는 두보를 존경하지 않은 사람이 없다. 오도손의《시평》에서는『두보는 주공이 제례한 것과 똑같아 감히 함부로 논의할 수조차 없을 정도로 위대하다』고 하였는데 이 말은 맞는 말이다. 그러나 이백을 유안의 계견을 비한다면 어찌 너무 가볍고 공허한 이야기가 아니겠는가? 두보가 이백에게 지어 준『또 다시 함께 자세히 글을 논할까(重與細論文)』란 시구의『세細』자를 말하면, [이태백이 글을] 너무 가볍게 보았기 때문에 그런 글자를 썼다고 평하기도 하는 사람이 있는데, 어찌 그 정도로 사실을 뒤틀리게 본 것일까? 양만리와 같은 신선같이 우아한 선비의 이야기에 이태백의 작품을《사기》나《한서》와 같은 위대한 저술에 비교하니, 그는 이태백을 너무 높힘이 들어난다. 주자는 시성으로 이태백을 불렀으니, 그 분의 미언대의微言大義 또한 알만하다. 명나라에 이르러 왕세정이 다시 두 사람을 높이 보는 평을 하였으나 두보를 약간 더 높이 보았다.

[10] 왕세정이 이백과 두보를 평함

弇州評李・杜曰:『五言古・七言歌行, 太白以氣爲主, 以自然爲宗, 以後逸高暢爲貴; 子美以意爲主, 以獨造爲宗, 以奇逸沈雄爲貴. 味之使人

33 | 자양(紫陽) : 남송의 철학자 주희(朱熹)의 호. 그는《청수각논시(淸邃閣論詩)》에서『이태백의 시는 법도가 없는 것은 아니다. 바로 법도 가운데서 느긋하게 지었으니, 시에서는 성자이다.(李太白詩, 非無法度, 乃縱容於法度之中, 蓋聖於詩者也)』라고 하였음.

34 | 엄주(弇州) : 왕세정의 이백・두보에 관한 평은 그가 쓴《예원치언(藝苑巵言)》권4에 보이는데, 바로 다음 조항[10]에서 인용되고 있음.

飄揚欲仙者, 太白也 ; 使人慷慨激烈噓欷欲絶者, 子美也. 五言律 · 七言歌行, 子美神矣, 七言律聖矣. 五七言絶, 太白神矣, 七言歌行聖矣, 五言次之, 太白之七言律, 子美之七言絶, 皆變體, 不足法也.』此誠不易之定論, 而余猶有未釋然者, 李 · 杜之五言古, 如古風紀行可以相埒. 而如杜之〈石濠吏〉[35] · 〈潼關吏〉[36] · 〈無家別〉[37] · 〈新婚別〉[38] · 〈遣懷〉[39] 諸篇,

35 | 〈석호리(石壕吏)〉: 석호는 하남성 섬현(陝縣)에 있었던 마을임. 이곳에서 한밤에 관리가 병력을 보충하기 위해 민간인을 마구 잡아가는 참극을 보고 쓴 것임. 시의 대부분을 늙은 할머니의 말을 그대로 옮겨 적은 형식으로 엮은 것이 특이하다. 《사고전서 · 어정전당시록(御定全唐詩錄)》 권24.

暮投石壕村, 날 저물어 석호촌에 묵었는데,
有吏夜捉人. 밤이 되자 관리가 사람을 잡아가네.
老翁踰牆走, 할아범은 담 넘어 도망가고,
老婦出門看. 늙은 부인 문 열고 나와 보네.
吏呼一何怒, 관리의 소리 어찌 그리도 노여울까?
婦啼一何苦. 부인의 울음소리 어찌 그리도 괴로울까?
聽婦前致詞, 부인이 나서서 하는 말 들어보니,
三男鄴城戍. 세 아들이 업성 싸움에 출정하였지요.
一男附書至, 한 아들이 서신을 보냈는데,
二男新戰死. 두 아들이 막 전사했다고 하였소. (이병한 역)
……

36 | 〈동관리(潼關吏)〉: 동관은 섬서성 화음현(華陰縣) 동북쪽에 있음. 천보(天寶) 15년(756)에 이곳을 지키던 가서한은 안녹산의 반군이 쳐들어오자 관을 지키지 않고 관을 나서서 적과 싸우다 대패하였고, 그 결과 장안이 반군에 함락되었던 일이 있었음. 이처럼 이곳은 장안을 지키는 데 있어 요충이 되는 곳이었음. 이 시는 시인이 이곳을 지나다 성을 보수하느라 사람들이 애쓰는 것을 보고 관리와 대화하는 내용으로 이루어져 있다. 이전에 참패했던 경험을 살려서 장안을 굳게 방비하라는 것이 시의 요지임. 《사고전서 · 어정전당시록》 권24.

士卒何草草, 병사들 왜 저리 애를 쓰고 있나,
築城潼關道. 동관 길에서 성을 쌓는구나.
大城鐵不如, 큰 성은 쇠보다 견고하고,
小城萬丈餘. 작은 성도 만 장이 더 되는 곳에 있다.
借問潼關吏, 동관의 관리에게,
修關還備胡. "관을 보수하는 것은 역시 오랑캐를 방비하려는 것이겠지"라고 묻자.
要我下馬行, 나를 말에서 내려 걷게 하고는,

爲我指山隅.　나에게 산모퉁이를 가리킨다. (이병한 역)
……

37 | 〈무가별(無家別)〉 : 전쟁에서 패한 어떤 병사가 황폐한 고향 집에 돌아왔다가, 이별할 가족도 없는 처지에서 다시 군역에 불려 가는 처참한 사실을 그 사람 자신의 말을 빌려 그리고 있음. 《사고전서 · 어정전당시록》, 권24.

寂莫天寶後,　천보년 난리 후 쓸쓸하고 황폐하여
園廬但蒿藜.　밭과 오두막집에는 다만 쑥과 명아주뿐.
我里百餘家,　우리 마을 백여 가구
世亂各東西.　세상 난리에 동과 서로 흩어져서
存者無消息,　산 사람은 소식 없고
死者爲塵泥.　죽은 사람은 먼지 진흙이 되었는데
賤子因陣敗,　미천한 이 몸은 싸움에 패하여서
歸來尋舊蹊.　돌아와 옛 길을 찾는다. (이병한 역)
… …

38 | 〈신혼별(新婚別)〉 : 결혼하자마자 신랑이 출정하게 되어 생이별을 하는 신혼부부를 보고서, 신부의 말을 빌려 그 비극을 그려낸 시임. 시 전편이 신부의 말로써 엮어진 것이 특이하다. 《사고전서 · 어정전당시록》, 권24.

兎絲附蓬麻,　토사가 쑥과 삼에 붙어사니,
引蔓故不長.　덩굴을 늘려도 길 수 없는 법.
嫁女與征夫,　출정하는 사람에게 딸을 시집보냄은,
不如棄路旁.　길가에 버리는 것보다 못하답니다.
結髮爲妻子,　머리 묶고 아내가 되었지만,
席不煖君牀.　그대의 침상 자리 따뜻할 새도 없이
暮婚晨告別,　저녁에 결혼하고 새벽에 이별을 고하니
無乃太匆忙.　너무나 총총한 게 아닌가요? (이병한 역)
… …

39 | 〈견회(遣懷)〉 : 이 시는 두보가 건원 2년 진주(秦州)에서 지은 것이다. 당시 두보는 서지촌(西枝村)에서 거처할 곳을 찾았지만 결국 성사되지 못하였기에 주변의 처량한 경물을 빌려 그 감회를 풀어낸 것이다. 《사고전서 · 보주두시(補注杜詩)》 권20.

愁眼看霜露,　근심스런 눈으로 서리와 이슬을 바라보는데,
寒城菊自花.　추운 성에 국화가 절로 꽃을 피웠네.
天風隨斷柳,　하늘 바람 끊어진 버들가지를 좇고,
客淚墮淸笳.　맑은 호가 소리에 나그네 눈물 떨어지는구나.
水淨城陰直,　물 고요하니 누대의 그림자 곧게 비치고,
山昏塞日斜.　변방의 해 기우니 산이 어두워졌네.
夜來歸鳥盡,　밤 되어 뭇 새들 다 돌아왔건만
啼殺後棲鴉.　늦게 온 까마귀만 서글피 우는구나. (김성곤 역)

李固不可敵；〈北征〉[40]·〈赴奉先〉[41] 二長篇, 又勝於〈憶舊遊〉[42]·〈王屋山人〉[43]；則五言杜實優矣, 而不論於神聖之中. 至若七言歌行, 李之〈遠別

40 | 〈북정(北征)〉:《사고전서 · 두시상주(杜詩詳註)》, 권5.

皇帝二載秋, 숙종 황제 지덕 2년 가을
閏八月初吉. 윤 팔월 초길에
杜子將北征, 나는 북쪽으로 여행을 떠나
蒼茫問家室. 창망히 가족을 찾아보려 한다.
維時遭艱虞, 나라는 바야흐로 가난과 근심을 만나
朝野少暇日. 조정과 민간이 편안한 날 거의 없는데
顧慙恩私被, 부끄럽게도 나만은 은총을 입어
詔許歸蓬蓽. 초가에 가보도록 조칙으로 윤허하셨다. (정범진 · 이성호 역)
……

41 | 〈부봉선(赴奉先)〉: 원제목은 〈서울에서 봉선현으로 가며, 감회를 500자로 적음(自京赴奉先縣詠懷五百字)임.《사고전서 · 보주두시》, 권2.

杜陵有布衣, 두릉에 살아온 평민 한 사람,
老大意轉拙. 늙어가자 자꾸만 옹졸해지는 나의 뜻
許身一何愚, 한결같이 내 몸을 어리석게,
竊比稷與契. 몰래 직과 설과 같은 명재상들에 비유해 왔었노라.
居然成濩落, 뜻밖에도 속세에서 버림받아,
白首甘契闊. 백발 되도록 그 고생 감수해왔노라.
蓋棺事則已, 관 뚜껑 덮어야 만사는 끝나는 법,
此志常覬豁. 처음 먹은 뜻 언제고 펴보기 바랬노라.
……

42 | 〈억구유(憶舊遊)〉: 원제목은 〈옛날 같이 놀던 때를 생각하며 초군참군 원연에게 띄움(憶舊遊寄譙郡元參軍)〉《사고전서 · 이태백문집》, 권11.

憶昔洛陽董糟丘, 생각해보니 예전에 낙양의 동조구가,
爲余天津橋南造酒樓. 나를 위해 천진교 남쪽에 술집을 지었었지.
黃金白璧買歌笑, 황금과 백옥으로 노래와 웃음을 사고,
一醉累月輕王侯. 한 번 취하면 몇 달 동안 왕후도 가볍게 여겼었네.
海內賢豪靑雲客, 천하의 어질고 호방한 청운의 선비들이 있었지만,
就中與君心莫逆. 그중에서 그대와 막역한 사이였네.
迴山轉海不作難, 산 넘고 바다 건넘이 어렵다 마다않고,
傾情倒意無所惜. 정을 쏟고 뜻을 기울였으니 아깝지가 않았네.
我向淮南攀桂枝, 나는 회남으로 가서 은거하며 등용되기를 기다렸고,
君留洛北愁夢思. 그대는 낙양에 머무르며 꿈에서도 그리워하였네. (임도현 역)
……

難〉44 · 〈蜀道難〉45 · 〈天姥吟〉46 · 〈憶秦娥〉47 諸篇, 杜亦無可對,豈有神聖之別歟?

43 | 〈왕옥산인(王屋山人)〉 : 원제목은 〈왕옥산인 위만이 왕옥산으로 돌아감을 송별하며(送王屋山人魏萬, 還王屋)〉 〈사고전서 · 전당시〉, 권175.

仙人東方生,	신선이 동쪽에 나타나,
浩蕩弄雲海.	호탕하게 구름 속에서 노네.
沛然乘天游,	힘차게 하늘에 올라 노니,
獨往失所在.	혼자 가서 어디 있는지 모르겠구나.
魏侯繼大名,	위후라는 큰 이름 계속 잇고 있고,
本家聊攝城.	본가는 요섭성에 있다네.
卷舒入元化,	책을 말아놓고 근본으로 들어가니,
迹與古賢幷.	자취 옛 현인들과 어우러지네.

……

※요섭성(聊攝城) : 옛날 제나라 땅 서쪽에 있음.

※위후계대명(魏侯繼大名) : 《좌전》을 보면 진(晋) 나라 임금이 필만(畢萬)이라는 사람에게 위(魏) 땅을 주어 소제후가 되게 하였는데, 복언(卜偃)이 말하기를 『필만의 후손들은 반드시 크게 번영할 것이다. 일만 만자는 가득 찬 숫자요, 높은 위자는 큰 것을 이름하기 때문이니, 이런 좋은 글자를 가지고 시작하는 것은 하늘의 계시를 잘 받은 것이다(畢萬之後必大, 萬盈數也 ; 魏大名也, 以是, 始賞天啓之矣)』라고 하였음. 이 시에서 노래되는 위만이 성이 위씨이기 때문에 여기서 위나라의 시조 이야기를 꺼내었음.

44 | 〈원별난(遠別難)〉 : 이태백 전집에는 〈원별이(遠別離)〉로 되어있음. 《李太白全集(上)》(中華書局)

古有皇英之二女,	옛날 아황과 여영 두 여인이
乃在洞庭之南,	아직도 동정호 남쪽
瀟湘之浦.	소상강 물가에 있다네.
海水直下萬里深,	바닷물은 발 아래로 천 만길
誰人不言此離苦.	그 누가 이 이별 괴롭다 않으리.
日慘慘兮雲冥冥,	날은 어둑어둑 먹구름 끼어 있고
猩猩啼烟兮鬼嘯雨,	성성이 안개 속에서 울며 빗속에서 귀신 흐느끼네.
我縱言之將何補,	내 비록 말 해본들 무슨 소용 있으리.
皇穹竊恐不照余之忠誠,	하늘은 내 충성을 밝히지 못할까 저어하여
雷憑憑兮欲吼怒,	우레 우르릉 쿵쾅 노호하려 하네.
堯舜當之亦禪禹.	요순임금도 할 수 없이 우에게 양보했네. (진옥경 역)

……

45 | 〈촉도난(蜀道難)〉 : 《사고전서 · 당시품휘(唐詩品彙)》, 권26.

왕세정은 이백 · 두보를 다음과 같이 평하였다. 『오언고시와 칠언가행에 이백은 기氣를 위주로 하고 자연스러움을 으뜸으로 한 뒤에 준일俊逸고창高暢함을 귀하게 여겼다. 두보는 의意를 위주로 하고 독특하게 나아감을 으뜸

噫吁戲, 危乎高哉!	아, 위험하고 높구나!
蜀道之難, 難於上.靑天.	촉으로 가는 길의 험난함은 푸른 하늘을 오르기보다 더 어려워라.
蠶叢及魚鳧, 開國何茫然.	잠총과 어부 개국한 지 얼마나 아득한고?
爾來四萬八千歲,	그 뒤 사만팔천년
不與秦塞通人煙.	진과 통한 이 없었다.
西當太白有鳥道,	서쪽으로 태백산의 날짐승 길이 있어
可以橫絶峨眉 .	아미산 꼭대기에 오를 수 있었지
地崩山摧壯士死,	땅과 산이 무너지고 장사 죽은 다음에야
然後天梯石棧相勾連	하늘 사다리와 잔도만이 고리같이 이어졌다. (김원중 역)

……

46 | 〈천모음(天姥吟)〉: 〈꿈에 천모산을 유람한 것을 읊어 작별시로 삼음(夢遊天姥吟留別)〉임. 《사고전서 · 이태백문집》, 권12.

海客談瀛洲,	바다 나그네 말하는 영주산은,
煙濤微茫信難求.	안개 낀 파도 아득해 찾기 어려우나.
越人語天姥,	월주 사람이 말하는 천모산은,
雲霓明滅或可覩.	명멸하는 채운 속에 보는 듯 하여라.
天姥連天向天橫,	하늘에 닿은 천모산 하늘을 가로 막아,
勢拔五岳掩赤城.	그 기세 오악을 능가해 적성도 가리운 듯.
天台四萬八千丈,	천태산이 사만 팔천 장으로 높다하지만,
對此欲倒東南傾.	동남쪽이 꺼져 내린 듯 굽어보인다네. (이병한 역)

……

47 | 〈억진아(憶秦娥)〉: 〈사고전서 · 어정전당시〉, 권890.

簫聲咽,	퉁소 소리에 목이 메이고,
秦娥夢斷秦樓月.	진아를 만난 꿈 깨니 누각에 달이 떴네.
秦樓月,	진루의 달 밝았네,
年年柳色,	해마다 버들잎 푸르러,
灞陵傷別.	파릉에서의 이별은 슬프네.
樂遊原上淸秋節,	낙유원의 맑은 가을날,
咸陽古道音塵絶.	함양의 옛길에는 소식이 끊겼네.
音塵絶,	임 소식은 없고,
西風殘照,	가을바람에 남은 석양이,
漢家陵闕.	한나라 능의 대문을 비추누나.

으로 삼으며 기발奇拔침웅沈雄함을 귀하게 여겼다. 맛이 사람을 날아갈 듯 신선 같게 하는 것은 이백이고, 사람을 비분강개하게 하고 격렬하게 만들어 흐느끼게 하는 것은 두보이다. 두보는 오언율시와 칠언가행은 신神이고 칠언율시는 성聖이다. 이백은 오언 절구와 칠언절구는 신神이고 칠언가행은 성聖이며 오언은 버금이다. 이백의 칠언율시와 두보의 칠언절구는 모두 변체로 법으로 삼기에는 부족하다.』 이는 참으로 바꾸지 못할 정론이나, 나는 오히려 석연하지 못함이 있다. 이백과 두보의 오언고시에서 고풍 · 기행 같은 것은 서로 비길만하나 두보의 〈석호리石壕吏〉 · 〈동관리潼關吏〉 · 〈무가별無家別〉 · 〈신혼별新婚別〉 · 〈견회遣懷〉 제 편은 이백이 진실로 대적할 수가 없고, 〈북정北征〉 · 〈부봉선赴奉先〉 두 장편은 또한 〈억구유憶舊遊〉 · 〈왕옥산인王屋山人〉 보다 나으니 그런즉 오언에서는 두보가 실로 우수해서 신神 · 성聖의 논란이 없을 것이지만, 칠언가행에 이르러서는 이백의 〈원별난遠別難〉 · 〈촉도난蜀道難〉 · 〈천모음天姥吟〉 · 〈억진아憶秦娥〉 제 편은 두보도 또한 상대할 수가 없으니 어찌 신과 성의 구별이 있겠는가?

[11] 고적과 잠삼

高(適)[48]岑(參)[49]齊名. 而七言律, 高勝 ; 五言古, 岑勝.

48 | 고적(高適, 702?~765) : 성당 시인. 자가 달부(達夫)이며 발해 조(蓨 : 지금의 하북성 滄縣) 사람이다. 집이 가난하였으나 성격이 호방하였고, 젊어서부터 장기간의 유랑 생활을 하여 많은 견문을 쌓았다. 만년에는 벼슬 운이 트여 하서절도사(河西節度使) 가서한(哥舒翰)의 서기를 거쳐 검남서천절도사(劍南西川節度使)가 되기도 하였으며, 대종(代宗)때에는 형부시랑(刑部侍郎)이 된 뒤 발해현후(渤海縣侯)에 봉해지기도 하였다. 작품으로는《고상시집(高常侍集)》이 있다.

49 | 잠삼(岑參, 715~770) : 성당 시인. 하남 남양(南陽) 사람이다. 천보 3년(744) 진사가 된 이래로 안서절도사판관(安西節度使判官) · 관서절도판관(關西節度判官) 등 군막의 벼슬을 지냈고 뒤에는 괵주장사(虢州長史) · 가주자사(嘉州刺史)도 역임하였다. 그는 오랜 동안 군막에서 벼슬을 하였으므로 변새지방의 거친 생활을 체험하며 그곳의 풍경이나 전쟁까지도 직접 관찰할 수가 있었다. 그는 흔히 당대를 대표하는 〈변새시〉의 작가로 알려져 있다.

고적高適과 잠삼岑參은 이름을 나란히 하나 칠언율시는 고적이 낫고, 오언고시는 잠삼이 낫다.

[12] 〈조조〉 4시

〈早朝〉 四詩[50], 旣有定評, 以岑補闕爲冠者, 以其模盡早朝景色故也, 但

50 | 〈조조〉 사시(〈早朝〉 四詩) : 아침에 대명궁에 조회 간다는 내용으로 가지(賈至)가 지은 시를 보고, 왕유(王維), 잠삼(岑參), 두보(杜甫)가 차례로 화답하여 지어 모두 4수가 되었음.

〈이른 아침에 대명궁에 들어가서 양성의 친구에게 올림(早朝大明宮, 呈兩省僚友)〉 : 가지(賈至)의 시. 《사고전서, 어정전당시》 권235

銀燭熏天紫陌長, 은촛불 밝혀서 궁궐에 드니 길은 길고,
禁城春色曉蒼蒼. 궁중의 봄기운 새벽에 창창하다.
千條弱柳垂青瑣, 수천 가닥 가는 버들은 궁궐 문에 드리우고,
百囀流鶯繞建章. 수백 번을 울며 날아다니는 꾀꼬리 건장궁을 둘러싼다.
劍珮聲隨玉墀步, 무사들은 칼을 차고 소리 내며 옥 계단을 걷는데,
衣冠身惹御爐香. 의관에서는 어전의 향기가 일어난다.
共沐恩波鳳池上, 우리들은 중서성에서 임금님 은혜를 함께 받으며,
朝朝染翰侍君王. 아침마다 글을 쓰며 임금님을 모시고 있다.

〈가지 사인의 조조대명궁에서 지은 시에 화답하여(和賈舍人早朝大明宮之作)〉 : 왕유(王維)의 시. 《사고전서 · 어정전당시》 권128)

絳幘雞人送曉籌, 붉은 두건의 계인이 경주 가져와 새벽 시각 알릴제
尙衣方進翠雲裘. 상의관은 바야흐로 비취색 구름 문양 갖옷을 임금님께 바친다.
九天閶闔開宮殿, 구궁천 궁문 열어 궁전을 활짝 개방하니
萬國衣冠拜冕旒. 만방의 의관을 정제한 백관들 면류관의 임금님을 배알한다.
日色纔臨仙掌動, 날 밝아 새벽 햇살 비로소 비쳐오며 승로반 선장이 번쩍이고
香煙欲傍袞龍浮. 향로 연기 어느새 임금님을 휘감으며 곤룡이 부유한다.
朝罷須裁五色詔, 조회 파하자 그대는 또 오색의 조서를 기초하여야 하여
佩聲歸向鳳池頭. 패옥 소리 울리며 봉황지 연못가로 돌아가누나. (박삼수 역)

〈중서사인 가지씨의 조조대명궁 시에 삼가 화답하여(奉和中書舍人賈至早朝大明宮)〉 : 잠삼(岑參)의 시. 《사고전서 · 어정전당시》 권201)

雞鳴紫陌曙光寒, 닭이 우는 큰길에 새벽빛이 차갑고
鶯囀皇州春色闌. 꾀꼬리 우는 장안은 봄빛이 저문다.

起句則無出舍人右者. 杜拾遺『龍蛇』[51] 一句, 可以盡呑三子 ; 而自是日晩光景, 殆非早朝語, 誠不可曉.

《조조》 4시에 대하여서는 이미 정해진 평론이 있는데, 잠삼의 시를 제일 낫다고 하는 이유는 그가 이른 아침의 경치를 곡진하게 묘사하였기 때문이다. 그러나 첫째 구는 가지賈至의 시를 추월할만한 것이 없다. 두보의 『용사龍蛇』 한 구절은 세 사람을 다 경시할 수 있다. 그러나 그 차체가 해질 무렵의 경치요, 이른 아침 이야기가 아니니 정말 이해할 수 없는 일이다.

[13] 전기와 유장경의 시를 논함

錢(起)[52] · 劉(長卿)[53]齊名, 而隨州之七言律, 如『玉輦西巡久未還』[54] ·

金闕曉鐘開萬戶, 금빛 대궐의 종소리에 만 호가 열리고
玉階仙仗擁千官. 구슬 섬돌의 의장병은 천관을 거느린다.
花迎劒珮星初落, 꽃이 관원을 맞이할 때에 별은 사라지고
柳拂旌旗露未乾. 버들이 기폭을 스칠 때 이슬이 영롱하다.
獨有鳳皇池上客, 봉황지에 글 잘하는 선비가 있으니
陽春一曲和皆難. 그 양춘시는 화답하기 어렵다. (金弘光 역)

51 | 〈가지 사인 조조대명궁 시에 삼가 화답하여(奉和賈至舍人早朝大明宮)〉 : 두보(杜甫)의 시《사고전서 · 당시품휘》, 권84

五夜漏聲催曉箭, 온밤 내 물시계 소리는 새벽을 재촉하는데
九重春色醉仙桃. 구중궁궐의 봄빛에 선도는 취한 듯하네.
旌旗日暖龍蛇動, 깃발에 햇살 따스하여 용과 뱀이 움직이고
宮殿風微燕雀高. 궁전에 바람 살살 부니 제비와 참새 높이 나네.
朝罷香烟攜滿袖, 조회를 마치고 향 연기 소매 가득 담아 나오는데
詩成珠玉在揮毫. 시를 지으니 구술이 휘두르는 붓 끝에 남아 있구나.
欲知世掌絲綸美, 대대로 사윤을 맡은 아름다움을 알려면
池上于今有鳳毛. 지금에도 연못 위에 있는 봉새의 털을 보라. (이현희 역)

52 | 전기(錢起, 722~780?) : 중당 시인. 자는 중문(仲文), 오흥(吳興 : 지금의 절강성 오흥) 사람이다. 천보 10년(751)에 진사가 되었고 남전위(藍田尉), 고공랑중(考功郎中), 태청궁사한림학사(太淸宮使翰林學士)를 지냈다. 장안동남 남전(藍田)에 초당(草堂)을 짓고 왕유 · 배적 · 낭사원과 친교를 맺어 시를 창화(唱和)하여 『전(錢) · 랑(郎)』이라

『三年謫宦此棲遲』55 · 『孤城上與白雲齊』56 · 『新年草色遠萋萋』57 諸作,

일컬어졌다. 노륜(盧綸) · 길중부(吉中孚) · 한굉(韓翃) · 사공서(司空曙) · 묘발(苗發) · 최동(崔峒) · 경위(耿煒) · 하후심(夏侯審) · 이단(李端)등과 함께 『대력십자재』라 불려졌다. 이들은 모두 내란의 어려움을 겪었으면서도 대체로 권세가들에게 붙어 시를 벼슬과 이익 추구의 수단으로 사용하려던 사람들이다. 전기의 시풍은 청신하고 수려하며 온화하다. 근체시 가운데 오언율시에 뛰어났다. 《전고공집(錢考功集)》 10권이 있다. 시 532수가 현존한다.

53 | 유장경(劉長卿, 709~780) : 성당, 중당을 걸친 시인. 자는 문방(文房)이고 하간(河間, 지금의 하북성 하간현) 사람. 현종 개원 21년(733)진사가 되어 벼슬길에 나섰으나 성격이 강직하고 오만한 면까지 있어 주위의 미움을 받아 내직보다는 지방관으로 전전하였고 말년에는 수주자사(隨州刺史)를 지내 유수주(劉隨州)라 불렸다. 그는 오언시에 능하여 오언장성(五言長城)이라 칭해 졌고, 그의 시는 많은 작품이 관료생활의 고적감, 이별의 한, 한적한 심경들을 주로 노래했다. 작품집으로는 《유수주집(劉隨州集)》이 있다.

54 | 옥련서순(玉輦西巡) : 〈상양궁에서 황제께서 들려주시는 행운을 바라다(上陽宮望幸)〉《사고전서 · 유수주집》 권9)

玉輦西巡久未還,	서쪽으로 순찰 나가신 황제님의 수레는 오래도록 돌아오지 않았으나,
春光猶入上陽間.	봄빛은 여전히 들어와서 상양궁을 비추네.
萬木長承新雨露,	만 그루의 나무들은 새 비와 이슬을 오래 받들고 있으나,
千門空對舊河山.	천개의 문은 옛 산과 강을 부질없이 마주 보고 있네.
深花寂寂宮城閉,	짙은 꽃은 적적한데 궁성은 닫혀있고,
細草青青御路閒.	작은 풀은 푸릇푸릇하니 황제님이 다니시던 길은 한가롭네.
獨見彩雲飛不盡,	꽃구름이 끊임없이 나는 것을 홀로 보면서
只應來去候龍顏.	오직 오가는데 응하여 황제님 얼굴을 기다리네. (졸역)

※상양궁(上陽宮) : 당나라 궁궐. 고종 때 낙양에 지었다.

55 | 삼년적환(三年謫宦) : 〈장사에서 가의의 집에 들려(長沙過賈誼宅)〉

三年謫宦此栖遲,	좌천된 벼슬살이 삼년을 이곳에서 갑갑하게 지내다니,
萬里惟留楚客悲.	만고 동안 오직 굴원의 슬픔만 남아 있구나.
秋草獨尋人去後,	가을 풀밭 홀로 찾으니 사람들 돌아간 뒤요,
寒林空見日斜時.	차가운 숲속 부질없이 바라보니 해 질 때로구나.
漢文有道恩猶薄,	한나라 문제는 도를 지녔으나 은혜 오히려 야박하였고,
湘水無情弔豈知.	상수는 무정한데 조상한들 어찌 알랴?
寂寂江山搖落處,	적막한 강과 산에 나뭇잎 흔들려 떨어지는데,
憐君何事到天涯.	가련하다, 그대는 무슨 일로 하늘 끝 이곳으로 왔던가? (이장우 역)

56 | 고성상여(孤城上與) : 〈여간의 옛날 현성을 오르다(登餘干古縣城)〉《사고전서 · 유수

考功必不敢望. 中唐獨步, 當歸於劉. 五言律則劉之『楚國蒼山古, 幽州白日寒』58 · 『積雨悲幽獨, 長江對別離』59 ; 錢之『一葉兼螢度, 孤雲帶雁

주집》 권9

孤城上與白雲齊, 외로운 성은 백운과 일치한데,
萬古蕭條楚水西. 만고에 초수(楚水)의 서쪽은 쓸쓸하구나.
官舍已空秋草綠, 관아는 이미 비였으나 가을 풀이 푸르고,
女墻猶在夜烏啼. 성가퀴는 여전하고 밤이면 까마귀가 우네.
平江渺渺行人度. 평온한 강은 끝없는데 행인들이 건너고,
落日亭亭向客低. 지는 해는 우뚝하니 나그네를 향해 지려하네.
沙鳥不知陵谷變, 모래 밭의 까마귀는 산천이 변한 줄을 모르고,
朝來暮去弋陽溪. 아침에 왔다 저녁에는 익양계쪽으로 돌아가네. (졸역)

※여간(餘干) : 지금의 강서성 여간현(餘干縣).
※초수(楚水) : 초나라가 있던 호남성쪽에 있는 강과 호수들을 총칭함.
※익양계(弋陽溪) : 여간현의 서쪽에 있으며 신강(信江)으로 흘러감.

57 | 신년초색(新年草色) : 〈안육으로 출장 나가면서 친구에게 띄운다(使次安陸寄友人)〉 《사고전서 · 劉隨州集》 권9

新年草色遠萋萋, 새 해의 풀색은 멀리까지 무성하니,
久客將歸失路蹊. 오래 머문 나그네 돌아가려면 길을 잃겠네.
暮雨不知溳口處, 저녁 비에 원수의 입구를 알지 못하겠으나,
春風只到穆陵西. 봄바람은 오직 목릉의 서쪽에만 부네.
孤城盡日空花落, 외로운 성은 하루 종일 비여 꽃만 떨어지고,
三戶無人自鳥啼. 인가에 사람이 없어 새만 홀로 우네.
君在江南相憶否, 그대는 강남에서 나를 그리워하고 있을지?
門前五栁幾枝低. 그대 집의 문 앞에 버드나무는 몇 가지나 늘어졌을까? (졸역)

※안육(安陸) : 호북성의 한수(漢水) 곁의 지명, 당나라 때 주(州), 또는 군(郡)이 설치되었으며, 옛날에는 영주(郢州), 송나라 때는 덕안부(德安府)로 불리었음.
※운(溳) : 강 이름. 호북성 대홍산(大洪山)에서 발원하여 안육성 서북쪽을 감돌아 서남쪽에서 유명한 늪지대인 운몽택(雲夢澤)으로 들어갔다가 한수(漢水)로 흐름. 운구(溳口)는 운수가 시작되는 곳.

58 | 초국창산고(楚國蒼山古) 두 구 : 〈목릉관 북쪽에서 어양으로 돌아가는 사람을 만나서(穆陵關北逢人, 歸漁陽)〉

逢君穆陵路, 그대를 목릉 길에서 만나니,
匹馬向桑乾. 필마로 상건천을 향하는구만.
楚國蒼山古, 초나라는 푸른 산이 예대로요,
幽州白日寒. 유주는 한낮 해도 차가울걸세.
城池百戰後, 성벽과 구덩이 백번 싸운 뒤에,

來』60 · 『人煙一飯少, 山雪獨行深』61 之句, 或可相抗歟?

耆舊幾家殘. 노인과 옛친구 몇 명이 남았으랴!
處處蓬蒿徧, 곳곳마다 쑥 덤불이 널렸으리니,
歸人掩淚看. 돌아가는 그대 눈물 가리고 볼 테지.

※어양(漁陽) : 지금의 북경 부근. 당나라 때는 유주(幽州)의 어양현인데 안록산의 본거지였음.

※상건(桑乾) : 산서성에 있는 물이름이기도 하고, 하북성에 있는 현 이름이기도 한데 여기서는 현 이름임.

59 | 적우비유독(積雨悲幽獨) 두 구 : 〈빗속에서 원직의 파릉 땅 산속의 집에 들러서 지어주고 떠남(雨中, 過袁稷巴陵山居, 贈別)〉《사고전서 · 유수주집》 권9

憐君洞庭上, 동정호 곁에서 그대를 가엾게 생각하나니,
白髮向人垂. 백발이 사람을 향하여 늘어졌네.
積雨悲幽獨, 쌓인 비는 혼자서 그윽하게 삶을 슬퍼하고,
長江對別離. 장강은 이별을 마주하고 있네.
牛羊歸故道, 소와 양은 고향에 돌아가는데,
猿鳥聚寒枝. 원숭이와 새는 찬 나뭇가지에 모여있다네.
明發遙相望, 내일 떠나서 멀리서 그대를 바라본다면,
雲山不可知. 구름과 산속에 가려서 알 리가 없겠네. (졸역)

※원직(袁稷) : 미상, 『원직(員稷)』으로 적은 책도 있음.

※파릉(巴陵) : 동정호가 있는 악주(樂州).

60 | 일엽겸형도(一葉兼螢度) 두 구 : 〈만년현의 성현위님께서 중서성에 들어와서 숙직하다는 시에 화답하여(和萬年成少府寓直)〉《사고전서 · 어정전당시》 권237)

赤縣新秋夜, 적현의 신선한 가을밤에
文人藻思催. 문인들은 뛰어난 구상을 재촉하네.
鐘聲自仙掖, 종소리는 저절로 한림원에서 흘러나오고,
月色近霜臺. 달빛은 어사대와 가깝네.
一葉兼螢度, 낙엽 한 잎은 개똥벌레를 아우르고,
孤雲帶鴈來. 외로운 구름은 기러기를 데리고 왔네.
明朝紫書下, 내일 아침 자색 책에
應問長卿才. 틀림없이 사마장경의 재능을 물으시리. (졸역)

※적현(赤縣) : 경조부(京兆府 : 서울특별시)에 속한 고을. 바로 만년현을 말함.

※조사(藻思) : 시문을 잘 짓는 재능. 글의 뛰어난 구상. 문재.

※선액(仙掖) : 한림원과 같은 청요직(淸要職)을 말함.

※상대(霜臺) : 추상같은 명령을 내리는 사법기관. 당나라 때에는 임시 감찰어사[監察御使裏行] 5명은 적현의 현위 중에서 겸임시켰다함.

※자서(紫書) : 황제가 내리는 문서, 자색 인주를 찍었기 때문임.

전기와 유장경은 이름을 가지런히 하였으나 유장경의 칠언율시

玉輦西巡久未還. 서쪽으로 순찰 나가신 황제님의 수레는 오래도록 돌아오지 않았으나,
三年謫宦此棲遲, 좌천된 벼슬살이 삼년을 이곳에서 갑갑하게 지내다니,
孤城上與白雲齊, 외로운 성은 백운과 일치한데,
新年草色遠萋萋, 새 해의 풀색은 멀리까지 무성하니,

와 같은 여러 작품들은 전고공錢考功 기起는 감히 바라볼 수조차 없으니 중당에서 독보는 당연히 유장경이다. 유장경의 오언율시

楚國蒼山古, 초나라는 푸른 산이 예대로요,
幽州白日寒. 유주는 한낮 해도 차가울 걸세.

와

積雨悲幽獨, 쌓인 비는 혼자서 그윽하게 삶을 슬퍼하고,

※장경(長卿) : 한나라의 유명한 부 작가 사마상여의 자(字). 황제에게 작품이 알려져 궁정으로 불리어 가서 벼슬을 하게 되었음.

61 | 인연일반소(人煙一飯少) 두 구 : 〈소미 스님이 촉 땅으로 가심에 송별하며(送少微師遊蜀)〉《사고전서 · 어정전당시》 권35

隨緣忽西去, 인연을 따라 갑자기 서쪽으로 가시니,
何日返東林. 언제 동림사에 돌아오시겠는가?
世路寧嗟別, 세상길은 오히려 슬프게 작별하고,
空門久息心. 공허 적멸한 불문(佛門)에 들어가 오랫동안 마음을 쉬시리.
人煙一飯少, 인간 속세에는 밥 한 그릇도 흔치 않으나,
山雪獨行深. 산에 쌓인 눈은 홀로 가니 깊구나.
天外猿啼處, 하늘 밖 원숭이 우는 곳에서,
誰聞清梵音. 누가 맑은 스님의 독경소리를 들을 수 있으랴? (졸역)

長江對別離.　장강은 이별을 마주하고 있네.

는 전기의

一葉兼螢度,　낙엽 한 잎은 개똥벌레를 아우르고,
孤雲帶雁來.　외로운 구름은 기러기를 데리고 왔네.

와

人煙一飯少,　인간 속세에는 밥 한 그릇도 흔치 않으나,
山雪獨行深.　산에 쌓인 눈은 홀로 가니 깊구나.

에 혹시 상대할 수도 있겠지?

[14] 저광희와 위응물을 논함

儲(光羲)[62]·韋(應物)[63]五言古齊名. 儲之〈漁〉·〈樵〉·〈耕〉·〈牧〉[64]等諸作固好, 蘇州之『貴賤雖異等』[65]·『今朝郡齋冷』[66]等作淸奇不可及.

62 | 저광희(儲光羲, 707~760?) : 윤주(潤州) 단양(丹陽) 사람. 개원 14년에 진사, 사수위(汜水尉)에 감찰어사를 역임. 안록산이 장안을 함락하자 그 치하에서 강요에 의하여 벼슬하였다가, 뒤에 좌천되어 죽었다. 《전당시》 권136~139에 시 4권, 227수가 수록되어 있다.

63 | 위응물(韋應物, 737~792?) : 중당 시인. 장안사람. 젊었을 적에는 의협을 좋아했고 삼위랑(三衛郞) 벼슬을 하면서 현종(玄宗)을 섬겼다. 뒤에 저주(滁州), 강주(江州), 소주(蘇州)등지의 자사(刺史)를 지내어, 위강주(韋江州) 또는 위소주(韋蘇州)라고도 부른다. 그의 시는 전원풍물의 묘사에 뛰어났고 문장이 간결하면서도 담백하다. 간혹 당시의 민생질고를 반영하는 작품도 썼다. 저서로는 《위소수집》 10권이 전한다. 《전당시》 권186~195에 시 10권, 565수의 시가 수록되어 있다.

64 | 어초경목(漁樵耕牧) : 《저광희시집》에 수록되어 있는 5언 고시 〈초부사(樵父詞)〉·〈어부사(漁父詞)〉·〈목동사(牧童詞)〉 등 전원 풍경을 읊은 시들.

竇氏父子(向[67]·牟·庠·常·鞏等), 父勝皇甫氏兄弟[68](冉·曾), 兄勝李嘉祐叔[69]姪(端), 叔勝崔國輔[70].

65 | 귀천수이등(貴賤雖異等) : 〈그윽히 삶(幽居)〉《사고전서 · 어정전당시》 권193

貴賤雖異等, 귀천에 비록 차이가 있으나,
出門皆有營. 문을 나서면 모두 할 일이 있다네.
獨無外物牽, 나 홀로 바깥 사물에 이끌리지 않고,
遂此幽居情. 여기서 그윽히 사는 정을 이루었다네.
微雨夜來過, 가는 비 밤에 지나갔으니,
不知春草生. 봄풀이 돋아났는지 모르겠네.
青山忽已曙, 푸른 산 홀연히 개였고,
鳥雀繞舍鳴. 새들은 집을 에워싸고 우네.
時與道人偶, 때때로 도사들과도 어울리고,
或隨樵者行. 혹은 나뭇꾼과도 함께 다니네.
自當安蹇劣, 스스로 낙오됨을 편하게 여길 뿐이지,
誰爲薄世榮. 누가 세속의 영화를 가벼이 여긴다 하리요? (이장우 역)

66 | 금조군재냉(今朝郡齋冷) : 〈전초 산중의 도사님께 띄움(寄全椒山中道士)〉《사고전서 · 어정전당시》 권188

今朝郡齋冷, 오늘 아침의 군 청사 서늘하니,
忽念山中客. 갑자기 산 속의 도사님 생각나누나.
澗底束荊薪, 골짜기 아래서 나무 묶어다가,
歸來煮白石. 돌아가서 흰 돌 구워 잡수시리.
欲持一瓢酒, 술 한 바가지 가지고 가서,
遠慰風雨夕. 멀리서 비바람 치는 밤을 위로하고자 하였네.
落葉滿空山, (그러나) 낙엽이 빈산에 가득하니,
何處尋行跡. 어느 곳에서 행적을 찾을 수 있을까? (이장우 역)

※백석(白石) : 도인들이 구워서 먹는 흰 돌. 맛은 토란과 같다고 함.

67 | 두숙향(竇叔向) : 자는 유직(遺直)이고 부풍평릉(扶風平陵) 사람. 대종(代宗)때 좌습유(左拾遺), 내공봉(內供奉)을 역임했고 오언시에 뛰어났으며 두군(竇羣), 두상(竇常), 두모(竇牟), 두양(竇庠), 두고(竇鞏)등 다섯 아들은 모두 시를 지었다. 《전당시》 권 271에는 9수가 수록되어있음.

68 | 황보형제(皇甫兄弟) : 당나라 형제 시인 황보염(皇甫冉, 717~770)과 황보증(皇甫曾, ?~785)을 말함. 시가 청신하고 표일함. 《전당시》에 황보염의 시 4권이 전하고, 황보증은 시 한권이 전하며 《당재자전(唐才子傳)》에 전기가 전한다.

69 | 이가우(李嘉祐) : 자는 종일(從一)이고 조주(趙州) 사람. 천보(天寶) 7년에 진사가 되었으며 태주(台州)자사, 원주(袁州)자사를 역임하였음. 저서로는 《대각집(臺閣集)》이 있으며 《전당시》 권206~207에 시 2권, 134수가 기록되어있다.

저광희와 위응물의 오언고시는 이름을 나란히 한다. 저광희의 〈어부사漁父詞〉·〈초부사樵父詞〉·〈목동사牧童詞〉 등 제 시는 물론 좋지만 위응물의 『귀천에 비록 차이가 있으나(貴賤雖異等)』, 『오늘 아침 군 청사 서늘하니(今朝郡齋冷)』 등 시의 아주 훌륭한 정도에는 이를 수 없다. 두씨의 부자 [향向·모牟·양痒·상常·공鞏 등] 중에서 아버지의 시는 황보씨 형제 [염冉·증曾]보다 낫고, 형의 시는 이가우와 이단 숙질보다 낫고, 숙부의 시는 최국보보다 낫다.

[15] 유우석과 유종원을 논함

劉賓客(禹錫)[71]·柳柳州(宗元)[72]齊名, 而劉勝. 但柳之〈南磵題〉[73] 小詠,

70 | 최국보(崔國輔, ?~?) : 성당 시인. 오군(吳郡 : 지금의 蘇州) 사람. 개원 14년(726)에 진사가 되었음. 허창령(許昌令), 예부원외랑(禮部員外郞), 집현직학사(集賢直學士)를 역임했고 천보 11년에 이임보(李林甫)를 암살 계획한 왕홍(王鉷)의 친척이었기 때문에 호북 경릉군사마(湖北竟陵郡司馬)로 좌천되었다.《전당시》 권119에 시 1권, 41수시가 수록되어있음.

71 | 유우석(劉禹錫, 772~842) : 중당 시인. 자는 몽득(夢得), 팽성(彭城 : 강소성 銅山縣) 사람. 중당의 특징을 두드러지게 보여주는 작가이다. 정원 9년(793) 유종원과 함께 진사가 된 뒤 감찰어사(監察御史)를 지냈고, 왕숙문(王叔文)의 정치혁신에 가담했다가 실패하여 낭주사마(郎州司馬)로 귀양갔고, 다시 연주(連州)·기주(夔州)·화주(和州)의 자사(刺史)를 지냈다. 828년에야 다시 주객랑중(主客郎中)을 거쳐 태자빈객(太子賓客)이 되었음. 그는 유종원 뿐만 아니라 백거이와도 친하여 많은 시를 창화(唱和)하여 『유·백』이라 세상에선 부르기도 하였다.《유몽득집(劉夢得集》 40권, 시 800수가 현존한다.

72 | 유종원(柳宗元, 773~819) : 중당 시인. 자는 자후(子厚)이고 당나라 하동(河東 : 지금의 山西省 永濟縣) 사람. 진사가 된 후 교서랑(校書郞) 등의 벼슬을 지내다 순종때 유우석(劉禹錫) 등과 왕숙문(王叔文)의 혁신정치 집단에 참여하여 예부원외랑(禮部員外郞)을 지냈으나 실패하자 영주사마(永州司馬)로 쫓겨났다. 원화(元和) 10년(815)에 유주자사(柳州刺史)로 옮겨져 그곳에서 죽었는데 사람들은 그를 유유주(柳柳州)라고도 불렀음. 저서로는 《유하동집(柳河東集)》 45권, 《외집(外集)》 2권이 있으며 《전당시》에 146수가 전한다.

73 | 남간제(南磵題) : 《유하동집》(권43)에는 『남간중제(南磵中題 : 남쪽 골짜기 가운데서 짓다)』로 되어 있음. 유종원이 영주사마로 있을 때 지은 5언 16구로 된 시임.

當壓劉之〈岳陽樓〉[74] 長篇. 白香山(居易)·元平章(稹)[75]齊名, 而白勝. 但元之〈連昌宮辭〉[76], 當跨白之〈長恨歌〉. 七言絶句, 劉獨超出.

유우석과 유종원은 이름을 나란히 하나 유우석이 낫다. 그러나 유종원의 짧게 읊은 〈남간제南磵題〉는 당연히 유우석의 장편 〈악양루岳陽樓〉을 능가한다. 백거의와 원적은 이름을 나란히 하지만 백거의가 낫다. 그러나 원적의 〈연창궁사連昌宮辭〉은 당연히 백거이의 〈장한가長恨歌〉를 능가한다. 칠언절구는 유우석 혼자 뛰어났다.

[16] 이단의 시를 논함

李司馬(端)[77]『秦地故人成遠夢, 楚天涼雨在孤舟. 諸溪近海潮皆應, 獨樹邊淮葉盡流』[78] 一律, 當壓郎(士元)[79]·韓(翃)[80]·盧(綸)[81]·耿(湋)[82]諸人.

74 | 악양루(岳陽樓) : 《유빈객집》(외집 · 권5)에 수록된 5언 124구로 된 장편시.

75 | 원진(元稹, 779~831) : 중당 시인. 자는 미지(微之)이고 하남 낙양(洛陽) 사람. 15세에 명경과(明經科)에 합격하고 원화(元和) 원년(806)에 교서랑(校書郎)으로부터 벼슬을 시작하여 평장사(平章事 : 재상)까지 지냈음. 저서로는 《원씨장경집(元氏長慶集)》이 있으며 《전당시》 권396~423에 시 28권, 830수가 수록되어있음.

76 | 〈연창궁사(連昌宮辭)〉 : 당 고종 때 하남성 의양현(宜陽縣)에 세웠던 이궁(離宮 : 별장)인 연창궁을 소재로 읊은 장편 허구시. 백거이의 〈장한가(長恨歌)〉의 영향을 받아 악부체의 새로운 창작 방식을 연 작품으로 평가받고 있음. 《고문진보 · 전집》에도 수록되어 있음.

77 | 이단(李端, 733~792) : 중당 시인. 자는 정기(正己)이고 조주(趙州) 사람. 대력(大曆) 5년에 진사에 급제하고 비서성교서랑(秘書省校書郎)이 되었음. 후에 항주사마가 되었다가 관직을 그만 두고 형산(衡山)에 은거하여 스스로 『형악유인(衡岳幽人)』이라고 불렀다. 《전당시》 권284~286에 시 3권, 258수가 기록되어있음.

78 | 진지고인(秦地故人) : 〈회포에 묵으면서 사공서(曙)를 생각하노라(宿淮浦, 憶司空文明)〉 《사고전서 · 어정전당시》 권286

愁心一倍長離憂, 긴 이별을 걱정하는 마음 배로 늘어나고,
夜思千重戀舊遊. 옛날에 놀던 것이 그리워 밤에 생각이 많네.

이단의

秦地故人成遠夢,	진나라 땅의 옛 친구는 먼 꿈이 되었고
楚天涼雨在孤舟.	초나라 하늘 아래서 나는 찬비를 맞으며 외로운 배 안에 있네.
諸溪近海潮皆應,	여러 시내 물은 바다에 가까우니 조수에 모두 응하여
獨樹邊淮葉盡流.	외로운 나무는 회수 곁에 섰는데 잎이 모두 떨어져 흘러갔네.

이 한 수의 율시는 당연히 랑사원, 한굉, 노론, 경위 같은 여러 사람을 압도한다.

秦地故人成遠夢,	진나라 땅의 옛 친구는 먼 꿈이 되었고,
楚天涼雨在孤舟.	초나라 하늘 아래에서 나는 찬비를 맞으며 외로운 배 안에 있네.
諸溪近海潮皆應,	여러 시내 물은 바다에 가까우니 조수에 모두 응하여
獨樹邊淮葉盡流.	외로운 나무는 회수 곁에 섰는데 잎이 모두 흘러갔네.
別恨轉深何處寫,	이별의 한이 점점 더 깊어져 가니 어디에다 적을 것인가?
前程唯有一登樓.	앞길에는 오직 올라갈 망루하나 뿐인 것을. (졸역)

79 | 낭사원(郎士元, ?~?) : 자는 군주(君胄)이고 중산(中山) 사람. 천보 15년에 진사가 되었고 관직은 영주자사(郢州刺史)를 지냈다. 대력십재자의 한 사람이고 전기와 이름을 나란히 하였다. 저서로는 《낭사원집》이 있고 《전당시》 권248에 시 1권, 73수시가 수록되어있음.

80 | 한굉(韓翃, ?~?) : 중당 시인. 자는 군평(君平)이며 남양(南陽, 지금의 하남 남양) 사람. 안사의 난 이후에 치청(淄青)절도사 후희일(侯希逸)과 선무(宣武)절도사 이면(李勉)의 막부로 들어갔다가 건중때 덕종이 그의 시를 높이 평가하여 가부낭중(駕部郎中), 지제고(知制誥), 중서사인(中書舍人)을 역임하였다. 대역십재자의 한 사람이다. 《전당시》 권243~245에 시 3권, 164수가 기록되어있다.

81 | 노윤(盧綸, 748~800?) : 중당 시인. 자는 윤언(允言)이고 하중포(河中浦) 사람. 대력초에 수차 진사에 낙방하다가 원재(元載)가 그의 글을 올리니, 수향위에 보직되고 감찰어사까지 지내다가 문득 병을 핑계로 사직하였다. 문집 10권이 있다.

82 | 경위(耿湋, ?~?) : 자는 홍원(洪源)이고 하동(河東) 사람. 보응(寶應) 원년에 진사가 되고 우습유(右拾遺)를 지냈으며 전기, 노륜 등과 이름을 나란히 하였다. 대력십재자의 한 사람이며 《전당시》 권268~369에 시2권, 173수가 기록되어있다.

[17] 가도, 맹교, 허혼, 유창을 논함

賈浪仙(島)[83]·孟貞曜(郊)[84]皆工於窮, 而賈勝. 許丁卯(渾)[85]·劉龍門(滄)[86]並名於晩, 而許勝.

가도와 맹교는 모두 깊이 연구하는데 능하나 가도의 시가 낫다. 허혼과 유창은 늦게 이름을 나란히 했으나 허혼의 시가 낫다.

[18] 이상은과 두목을 논함

李商隱[87]·杜樊川[88]齊名, 未易優劣. 風調豪暢, 杜固勝之, 而至若用意

83 | 가도(賈島, 779~843) : 중당 시인. 자는 낭선(浪仙)이고 범양(范陽 : 지금의 北京) 사람. 처음에 집을 나가 중이 되어 무본(無本)이라 호하였는데 후에 환속하여 여러 번 과거를 보았으나 급제하지 못하였다. 그러나 장강 주부(主簿)를 지낸 적이 있어 가장강(賈長江)이라고도 부른다. 저서로는《가장강집(賈長江集)》10권이 있다.

84 | 맹교(孟郊, 751~814) : 중당 시인. 자는 동야(東野)이고 호주 무강(武康 : 지금의 浙江 덕청) 사람. 젊어서 숭산(嵩山)에 은거하였으며 율양현위(慄陽縣尉)를 제수 받았으나 후에 사직하고 호주로 귀향하여 모친을 봉양하였다가 하남윤(河南尹)의 추천으로 하남수육전운종사(河南水陸轉運從事)와 협률랑(協律郞)과 같은 낮은 벼슬을 지냈고《전당시》에 400여 수가 전한다.

85 | 허혼(許渾, 791~854) : 만당 시인. 자는 용회(用晦)이고 윤주(潤州)(단양(丹陽) : 지금의 江蘇省 鎭江) 사람. 태화(太和) 6년(832)에 진사가 되었으며 윤주사마(潤州司馬), 감찰어사(監察御史), 우부원외랑(虞部員外郞), 영주자사(郢州刺史)를 역임했다.《정묘집(丁卯集)》2권이 전한다.《전당시》권528~538에 529수가 기록되어있다.

86 | 유창(劉滄, ?~?) : 당나라 시인. 자는 온령(蘊靈)이고 노(魯 : 지금의 山東省 曲阜 일대) 사람. 대중(大中) 8년에 진사가 되었으며 화원위(華原尉), 용문령(龍門令) 등 관직을 맡았다. 시는 극히 청려(淸麗)하고 구법은 허혼과 같다.《전당시》권586에 101수가 수록되어 있다.

87 | 이상은(李商隱, 813~858) : 만당 시인. 자는 의산(義山)이고 호는 옥계생(玉溪生)으로 회주(懷州) 하내(河內 : 지금의 하남 심양) 사람. 현존하는 시는 600수가 전해지며 두목과 함께 이름을 날리어『소이(小李)』라 하였고, 온정균과도 더불어 유명하여『온이(溫李)』라고도 하였다.

88 | 두목(杜牧, 803~852) : 만당 시인. 자는 목지(牧之). 경조(京兆) 만년(萬年 : 지금의 서

之奇巧, 下語之淸新, 無出李右. 雖啓穿鑿之弊徑, 其才不可當, 似當爲晩唐獨步.

이상은과 두목은 이름이 나란해 우열을 말하기 쉽지 않다. 호창豪暢한 풍조風調는 두씨가 진실로 낫지만, 용의(用意 : 뜻 사용)의 기교와 하어(下語 : 말 사용)의 청신은 이씨보다 나을 수 없다. 비록 현란한 말을 뚫고 뚫는 폐단의 지름길을 열었으나 그 재주는 당할 수가 없으니, 마땅히 만당晩唐의 독보가 되어야 할 것 같다.

[19] 온정견과 이장길을 논함

溫(飛卿)[89] · 李(長吉)[90]遺響諸篇, 玲瓏恍惚, 不可摸捉, 而李尤神怪. 至如溫之『香燈伴殘夢』[91] 一絶, 鬼亦所未道.

안 일부) 사람. 사람됨이 강직하고 아첨을 싫어하여 조정에서 배척을 당하여 강서, 선흡(宣歙), 회남(淮南) 등지의 절도사의 막료를 10여 년을 지내다 입조하여 감찰어사를 맡았고 사훈원외랑(司勛員外郞), 중서사인 등을 역임하였다. 《전당시》에는 시 520여 수가 전하며 주석본으로는 청나라 때 풍집오(馮集梧)가 《번천시집주(樊川詩集注)》를 편찬했고, 배정한(裴廷翰)이 두목의 시문을 정리하여 편집한 《번천문집(樊川文集)》이 전한다.

89 | 비경(飛卿) : 만당 시인. 온정균(溫庭筠, 812~867?)의 자. 본명은 기(岐)이고 산서 태원의 기현(祁縣) 사람. 대중(大中) 초년에 진사에 응시하였으나 낙방하였다. 현위(縣尉)를 지냈음. 시집으로는 《온비경시집》 9권이 전하며 《화간집(花間集)》에 66수가 전한다.

90 | 장길(長吉) : 당나라 시인 이하(李賀, 790~816)의 자. 하남 복창현(福昌縣) 창곡(昌谷) 사람이다. 당나라 종실(宗室) 정왕(鄭王)의 후예이나 가문이 몰락하였으며, 아버지의 이름 진숙(晉肅)의 발음이 『진사(進士)』와 비슷하다고 해서 휘(諱)하여 진사시험에 응시할 수 없었다. 《전당시》 권390~394에 시 233수가 수록되어있다. 《사고전서 · 온비경시집전주(溫飛卿詩集箋注)》 권7.

91 | 향등반잔몽(香燈伴殘夢) : 〈벽간역에서 마음을 알다(碧澗驛曉思)〉
香燈伴殘夢, 향기로운 등잔불은 남은 꿈을 비추는데,
楚國在天涯. 초나라는 하늘 끝에 있네.

온정견과 이장길이 남긴 시 여러 편은 영롱하고 황홀하여 그 실체를 짐작할 수가 없으나, 이장길의 시는 더욱 신기하고 괴상하다. 그렇지만 온정균의 『향기로운 등잔불은 남은 꿈을 비추는데(香燈伴殘夢)』와 같은 시구도 귀신 또한 이 시의 구법을 설명할 수 없다.

[20] 만당경구

晩唐警句中, 方玄英(干)[92]之 『鶴盤遠勢投孤寺, 蟬曳殘聲過別枝』[93] · 李校書(頻)[94]之 『閒雲不繫東西影, 兩鶴定知去住心』[95] 句尤妙.

月落子規歇, 달 지자 두견새 소리도 멈추니
滿庭山杏花. 온 정원에 살구꽃 가득하겠네. (졸역)

92 | 방간(方干, 809~873?) : 만당의 시인. 자는 웅비(雄飛)이고 신정(新定) 사람이다. 당나라 말기에 절강성의 여러 곳을 유랑하였으나, 과거에도 붙지 못하였음. 문명(文名)은 높아서 죽은 뒤에 후배들이 현영(玄英)선생이라는 사시(私謚)를 붙여 주었음. 《현영선생시집》이 전하며 《전당시》 권 648~653에 시 348수가 수록되어있다.

93 | 학반원세(鶴磐遠勢) : 〈여행 길에 양주에 달아 학씨의 숲속의 정자에 일시 머루르면서(旅次洋州寓居　氏林亭)〉 《사고전서 · 어정전당시》 권650

舉目縱然非我有, 눈 들어 보니 비록 나의 소유는 아니나,
思量似在故山時. 생각하여 보니 흡사 고향에 있었을 때와 같구나.
鶴盤遠勢投孤嶼, 학은 날개 벌리고 멀리서 자세를 가다듬어 외로운 섬으로 내려앉고,
蟬曳殘聲過別枝. 매미는 끝소리 이끌면서 딴 가지를 지나가네.
凉月照窗欹枕倦, 서늘한 달은 창을 비추는데 침상에 기대니 나른하고,
澄泉遶石泛觴遲. 맑은 샘은 돌을 감도는데 술잔이 천천히 떠있구나.
青雲未得平行去, 청운의 꿈 얻지 못하고 나란히 달리기만 하니,
夢到江南身旅羈. 꿈에 강남땅에 이르러 이 내 몸 떠돌기만 하누나. (이장우 역)

94 | 이빈(李頻, 818~876) : 만당 시인. 자는 덕신(德新)이고 목주 수창(睦州壽昌) 사람이다. 대중(大中) 8년에 진사가 되었음. 비서랑(秘書郎), 남릉주부(南陵主簿), 무공령(武功令)등 관직을 역임하였음. 《전당시》 권 587~589에 시 204수가 수록되어있다.

95 | 한운불계(閒雲不繫) : 〈장사인께서 진도사님이 잠공산으로 돌아가심을 송별하는 시에 삼가 화답하여(奉和張舍人, 送秦鍊師, 歸岑公山)〉. 이 시는 여기서는 이빈의 작품으로 보았으나 《전당시》 같은 책에서는 이군옥(李群玉)의 작품으로 보았음.

仙翁歸臥翠微岑, 신선 늙은이 푸르스름한 산봉우리로 돌아가서 누우셨는데,

만당의 경구 중에는 방간의

鶴盤遠勢投孤寺, 학 날개 벌리고 멀리서 자세를 가다듬어 외로운 섬으로 내려앉고,
蟬曳殘聲過別枝. 매미는 끝소리 이끌면서 딴 가지를 지나가네.

두 구절 시와 이빈의

閒雲不繫東西影, 한가한 구름은 동서로 정처없이 떠도니 그림자 만들어지지 않았는데,
野鶴寧知去住心. 들판의 학인들 갔다 왔다함에 어찌 마음 쓰겠는가?

두 구절 시가 더욱 절묘하다.

[21] 당시

唐詩各體中壓卷之作, 古人各有所主. 而以余之妄見論之, 五言絶則王右丞[96]『人閒桂花落』[97]·七言絶則王之渙[98]『黃河遠上白雲間』[99]·五言律

一葉西風月峽深. 한 줄기 서쪽바람이 달 비치는 협곡에 깊게 스치리.
松徑定知芳草合, 소나무 오솔길 틀림없이 향기로운 풀과 합쳐질 것이요,
玉書應念素塵侵. 신선의 비결 책 흰 티끌 묻는 것조차 마땅히 걱정할 것일세.
閒雲不繫東西影, 한가한 구름은 동서로 정처 없이 떠도니 그림자 만들어 지지 않는데,
野鶴寧傷去住心. 들판의 학인들 갔다 왔다함에 어찌 마음 쓰겠는가?
蘭浦蒼蒼春欲暮, 난초 핀 포구 푸르고 푸르른데 봄날 저물어 가는데,
落花流水思離襟. 낙화유수는 나그네 신세 생각나게 하는구나. (이장우 역)

96 | 왕우승(王右丞, 701~761) : 성당시기의 시인 왕유를 가리킨다. 안사의 난이 평정된 뒤 그는 상서우승(尙書右丞)까지 올랐음. 시풍은 자연의 아름다움, 자연과 융합한 인간 생활의 즐거움에 관심을 기울였음. 《전당시》 권 125~128에 시 380수가 수록되어있다.

97 | 인한계화락(人閒桂花落) : 〈조명간(鳥鳴磵)〉《사고전서 · 어정전당시》 권128

則杜隰城[100]『獨有遠遊人』[101]・七言律則劉隨州[102]『建牙吹角不聞喧』[103]等作, 似當爲全篇之完備警絶者. 若求於李・杜, 則五七絶當盡在李, 五七律當盡在杜 ; 此則不敢論.

人間桂花落, 인적 드문데 계수나무 꽃 지고,
夜靜春山空. 밤이 조용하니 봄 산은 텅 비었네.
月出驚山鳥, 달이 나오니 산새는 놀라서,
時鳴春澗中. 때때로 봄 물가에서 우네. (이장우 역)

98 | 왕지환(王之渙, 688~742) : 성당시기의 시인. 자는 계릉(季淩)이고 원적은 진양(晉陽)이고 강군(絳郡)에서 거주했다. 초년에는 협기(俠氣)가 있었으며, 과거에 응시하지 않았음. 개원 초에 기주(冀州) 형수현(衡水縣) 주부(主簿), 뒤에 다시 문안현위(文安縣尉)를 맡았음. 천보연간에 왕창령(王昌齡), 최국보(崔國輔) 등과 같이 연창질화(聯唱迭和)하여 한때 이름을 알렸음. 《전당시》 권 253에 시 6수가 수록되어있다.

99 | 황하원상(黃河遠上) : 〈양주의 노래(涼州詞)〉《사고전서・어정전당시록》 권18
黃河遠上白雲間, 황하 아득히 흰 구름 사이로 흘러가는데
一片孤城萬仞山. 높고 험한 산 위에 외로운 성 하나.
羌笛何須怨楊柳, 오랑캐 피리는 어쩌자고 〈절양류〉 곡만 불어대는가
春光不度玉門關. 봄바람은 옥문관을 넘어오지도 못하는 것을. (이병한 역)

100 | 두습성(杜隰城) : 두보의 조부인 두심언(杜審言, 645?~708). 5언시에 능하였으며, 글씨도 잘 썼다. 진사가 된 뒤에 습성현위를 지냈으며, 중종 때 수문관 직학사까지 오름. 문집 10권이 전한다.

101 | 독유원유인(獨有遠遊人) : 앞의 《청창연담(1)》의 주 40) 참조 요망. 『원유』가 다른 책에서는 흔히 『환유(宦遊)』로 되어 있음.

102 | 유수주(劉隨州) : 유장경이 말년에는 수주자사(隨州刺史)를 지내 유수주(劉隨州)라 불렀다.

103 | 건아취각(建牙吹角) : 〈회녕절도사 이상공님께 드리며(獻淮寧軍節度使李相公)〉《사고전서・어정전당시》 권151
建牙吹角不聞喧, 큰 기 세우고 호각 부나 시끄러움 들리지 않고,
三十登壇衆所尊. 30세에 대장 자리에 오르시니 모든 사람 존경하는 바라네.
家散萬金酬士死, 사재 만금을 흩어 결사대원에게 내리니,
身留一劍答君恩. 몸에 칼 하나 지니고 가서 장군님께 보답하려 하네.
漁陽老將多迴席, 어양 땅의 늙은 장수들도 흔히 자리를 피하였으나,
魯國諸生半在門. 노나라 땅의 여러 학자들은 반이나 문하에 있다네.
白馬翩翩春草細, 장군님의 백마 봄 풀 빽빽한 사이로 펄펄 날아서,
郊原西去獵平原. 교외 서쪽으로 나가 평원에서 수렵하시네. (이장우 역)

당나라 시의 여러 시체 중에서 압권의 작품에 대하여서는 옛날 사람들의 여러 주장이 있다. 그러나 나의 보잘 것 없는 견해로 그들의 시에 대하여 논한다면 오언절구는 왕유의 『인적 드문 계수나무 꽃이 지다(人閒桂花落)』, 칠언절구는 왕지환의 『황하 아득히 흰 구름 사이로 흘러간다(黃河遠上白雲間)』이고, 오언율시는 두심언의 『홀로 벼슬 길 나선 사람 있는데(獨有遠遊人)』, 칠언율시는 유장경의 『큰 기 세우고 호각 부나 시끄러움 들리지 않고(建牙吹角不聞喧)』 등 시구들은 전체 시가 완벽한 경구와 같다. 만약 이백과 두보에게서 그런 것이 잘된 것을 구한다면 오 · 칠언 절구는 당연히 이백에게 청을 하고 오 · 칠 율시는 당연히 두보에게 청하여야 할 것이니. 이에 대해서는 감히 논하지 않겠다.

[22] 시법을 배우려면

余思學詩之法, 李 · 杜絶高, 不可學, 惟當多讀吟誦, 慕其調響, 思其氣力. 五律則學王摩詰, 七律則學劉長卿 ; 五絶則學崔國輔, 七絶則學李商隱 ; 五言[一] 則學韋蘇州, 七古則學岑嘉州.

나의 생각은 시법을 배우려면 이백과 두보의 시는 너무 수준이 높아서 배울 수가 없지만, 다만 그들의 작품을 많이 읽고 많이 외우면서 그 조향調響을 그리워하고 그 기력氣力을 생각하여야 한다. 오언율시는 왕유의 것을 배우고, 칠언율시는 유장경의 것을 배우며, 오언절구는 최국보의 것을 배우고, 칠언절구는 이상은의 것을 배우며, 오언고시는 위응물의 것을 배우고, 칠언고시는 잠삼의 것을 배워야 한다.

[23] 송대 시인

宋名家中, 王半山[104]精而刻, 梅都官[105]妙而枯, 蘇東坡[106]大而飫, 黃山谷奇而狹, 陳後山[108]鍊而苦, 張宛丘(耒)[109]姸而弱, 韓子蒼(致堯)[110]緻而艱, 楊誠齋(廷秀)[111]理而質, 陸放翁(游)[112]豪而俳, 最優者陳簡齋(與

104 | 왕반산(王半山) : 북송 시인 왕안석(1021~1086) 노년의 호이다. 자는 개보(介甫)이고 임천(臨川 : 지금의 강서성 무주(撫州)) 출신이다. 그의 시는 최대 1,632수로 추산된다.

105 | 매도관(梅都官, 1002~1060) : 북송 시인 매요신이다. 자는 성유(聖兪)이고 선성(宣城 : 지금의 안휘성 선성현) 사람. 55세에 구양수 등의 추천으로 진사 출신을 하사받아[賜進士出身] 국자감직강(國子監直講)이되어 중앙 관리가 되었으며, 가우 2년(1057)에는 과거 시험관을 맡아 소식과 증공(曾鞏) 등을 합격시켰다. 그리고 상서도관원외랑(尙書都官員外郞)으로 승진했지만 질병에 걸렸다. 《완릉선생집(宛陵先生集)》 40권이 있다. — 《사고전서 · 宋元詩會》 권14.

106 | 소동파(蘇東坡, 1037~1101) : 앞의 《제호시화》의 주 81) 참조.

107 | 황산곡(黃山谷) : 앞의 《지봉류설(2)》 주 98)을 참조.

108 | 진후산(陳後山) : 북송 시인 진사도(陳師道, 1052~1101)의 호이다. 자는 이상(履常) 또는 무이(無已)이고 팽성(彭城 : 지금의 강소성 서주) 사람이다. 하급관직을 역임하며 평생 곤궁하게 살았지만 권세 있는 사람에게 아부하지 않았음. 강서시파에 있어서 황정견 다음으로 영향력이 큰 인물이었던 그의 시는 『문을 닫고 앉아 좋은 구절을 생각해내는(閉門覓句)』하는 고음(苦吟 : 창작의 고심함)으로 유명하며 내용상 사회현실의 반영에 비교적 소홀했다고 평가된다. 현존하는 그의 시는 약 700수 정도이고 《후산거사문집(後山居士文集)》이 있다.

109 | 장완구(張宛丘, 1054~1114) : 북송 시인 장뇌(張耒)가 노년에 진(陳)에 거주하는데 진지방의 옛날 이름이 완구이므로 완구선생이라고 칭하였다. 자는 문잠(文潛)이고 호는 가산(柯山)이며 초주 회음(淮陰: 지금의 강소성 회안) 사람이다. 황정견 · 진관(秦觀) · 조보지(晁補之) 등과 함께 소문사학사(蘇門四學士)의 한 사람으로 소식과 같은 정파에 속했기 때문에 여러 차례 그로 인하여 폄적을 당했다. 백거이와 장적의 영향을 받아 소문사학사 가운데 백성들의 생활에 대한 관심이 가장 컸던 시인이며, 평이자연(平易自然)한 것이 그의 주된 시풍이다. 《가산집(柯山集)》이 전한다.

110 | 한자창(韓子蒼) : 남송 휘종 때의 문인인 한구(韓駒). 앞의 《동인시화》 주 15)를 참조. 여기서 자를 『치요(致堯)』라고 한 것은 만당의 시인 한악(韓偓)의 자이므로 착오임.

111 | 양성재(楊誠齋, 1127~1206) : 남송 시인 양만리(楊萬里)의 호. 자는 정수(廷秀)이고 길주(吉州) 길수(吉水 : 강서성 吉水) 사람이다. 평생 동안 2만 수가 넘는 시를 지었으며, 각지의 지방장관을 역임하면서 전임할 때마다 시집 한 권을 엮었음. 《성재집(誠齋集)》이 133권이 있음. 앞의 《지봉유설》의 주 31)을 참조.

112 | 육유(陸游, 1125~1210) : 자가 무관(務觀)이며 호는 방옹(放翁)이고 지금의 절강 소흥 산음(山陰) 사람이다. 출생한 이듬해에 금나라가 송에 침입하여 북쪽에 가서 벼슬하던 부친을 따라 남쪽으로 이주하였음. 처음에는 음직으로 벼슬길에 들어섰으나 30세 때 과거 급제자와 같은 대접[賜進士出身]을 받았고 범성대(范成大)가 촉(蜀)의 장수로 있을 때 참의관(參議官)으로 성도에서 그를 보좌하였다. 말년에는 산음에서 20 여 년을 은거하였으며 남송 때 저명한 애국시인으로 두보 시의 영향을 받았다. 작품은 《방옹사(放翁詞)》에 130 여 수가 전한다.

義)113乎? 然大家則無出坡翁之右. 七絶則半山近唐, 五律亦佳.

송대 이름난 시인 중 왕안석의 시는 정밀하지만 각박하며, 매요신의 시는 묘하지만 말랐으며, 소식의 시는 내용 폭이 넓지만 풍성하며, 황정견의 시는 기이하지만 날쌔며, 진사도의 시는 다듬었지만 고생스러워 보이며, 장뇌의 시는 아름답지만 약하며, 한구의 시는 꼼꼼하지만 어려우며, 양만리의 시는 순리대로 썼으나 질박하며, 육유의 시는 호방하나 익살스러우니, 제일 우수뺨하지만은 진여의가 아니겠는가? 그러나 대가라고 한다면 모두 소식을 능가하지 못한다. 칠언절구라고 한다면 왕안석이 당시에 가깝고, 오언율시도 또한 제일 낫다.

[24] 송시

半山之『江月轉空爲白晝, 嶺雲分暝與黃昏』114 · 東坡之『天外黑風吹海

113 | 진여의(陳與義, 1090~1139) : 송대 시인, 자는 거비(去非)이고 호는 간재(簡齋)이며 낙양(지금의 하남성) 사람이다. 정화(政和) 3년(1113) 진사시에 붙은 뒤 여러 관직을 역임한 뒤 재상인 참지정사(參知政事)까지 올랐다. 그는 비록 소식과 황정견을 추앙하였지만, 오히려 진사도를 더 존경하였음. 그의 전기 작품은 고체시에서 주로 황정견 · 진사도의 풍격에서 두보의 풍격으로 넘어가려는 점을 보여 주고 있다. 두보 율시의 성조 · 음절은 당대 율시 중 가장 장대하고 중후한 것으로 공인되고 있다. 진여의는 오히려 이 점을 주의하였기 때문에 그의 시는 비록 뜻이 깊지는 않지만 사구(詞句)가 분명하고 깨끗하며 음조 또한 맑게 울려 퍼져, 사람들은 강서파의 다른 작가들보다 그를 더 좋아하였다. 《간재집(簡齋集)》 16권이 있다.

114 | 강월전공(江月轉空) 두 구 : 〈보공탑에 오르며(登寶公塔)〉

倦童疲馬放松門,	지친 아이놈, 피로한 말, 송문에 놓아두고
自把長筇倚石根.	홀로 대지팡이 짚고 올라 돌벽에 기댄다.
江月轉空爲白晝,	강 위의 달은 하늘을 빙글 돌아 대낮같이 비추고
嶺雲分暝與黃昏.	재너머 구름은 어둠을 갈라 저녁 빛과 함께 한다.
鼠搖岑寂聲隨起,	생쥐는 정적을 깨고 쉬지 않고 바스락대고
鴉矯荒寒影對翻.	갈가마귀는 추운 달빛 속에 짝지어 날아간다.
當此不知誰客主,	누가 객이고 주인인지 모를 이 때에

立, 浙東飛雨過江來』115 · 都官之『野鳧眠岸有閒意, 老樹看花無醜枝』116

道人忘我我忘言.　　스님은 나를 잊고 나는 말을 잊는다.

(송용준 · 오태석 · 이치수 역)

※보공탑(寶公塔) : 앞의《지봉유설》주 947) 참조.

115 | 천외흑풍(天外黑風) 두 구 : 〈유미당의 폭우(有美堂暴雨)〉. 희녕 6년(1073) 가을 항주의 오산에 있는 유미당에서 폭우가 내리는 광경을 묘사한 것이다.

遊人脚底一聲雷,　　유람객 발밑에서 우르르 쾅쾅

滿座頑雲撥不開.　　자리 메운 먹구름이 흩어질 줄 모른다.

天外黑風吹海立,　　하늘 밖의 폭풍은 바닷물을 세우고

浙東飛雨過江來.　　절동의 빗줄기는 전당강을 건너온다.

十分瀲灩金樽凸,　　강물은 넘실넘실 가득 따른 술잔인 듯

千杖敲鏗羯鼓催.　　빗줄기는 주룩주룩 난타하는 갈고인 듯.

喚起謫仙泉灑面,　　이태백을 깨우느라 샘물을 끼얹는가

倒傾蛟室瀉瓊瑰.　　교인의 집이 넘어져 진주가 쏟아졌는가. (송용준 역)

※유미당(有美堂) : 항주 오산의 최고봉에 있는 당.

※완운(頑雲) : 흩어진 기미를 보이지 않는 짙은 구름.

※절동(浙東) : 옛날에는 절강성이 절동과 절서의 둘로 나누어져 있었다. 전당강(錢塘江)을 중심으로 그 동쪽인 회계군(會稽郡)을 절동, 그 서쪽인 오군(吳郡)을 절서라 했다. 오산의 유미당은 절서지방에 위치했다.

※십분염염(十分瀲灩) : 강물이 불어서 강에 가득 찼음을 말한다.

※천장(千杖) : 천 개의 장대. 수많은 빗줄기를 가리킨다.

※갈고(羯鼓) : 당나라 때 서역에서 들어온 악기. 나무 막대기 같은 것으로 급하게 두들겨서 연주한다.

※환기적선(喚起謫仙) : 당나라 현종이 이백을 불러서 시를 지으라고 했는데 이 때 이백은 술에 취해 잠을 자고 있었으므로 샘물을 끼얹어서 깨워 가지고 시를 짓게 했다는 일화가 있다. 폭우가 쏟아지는 모양을 보면서 소식의 상상력이 여기에 미친 것이다.

※교실(鮫室) : 남해의 바다 속에 산다고 하는 전설적인 사람인 교인(鮫人)의 집. 교인이 눈물을 흘리면 그것이 진주로 변한다고 한다. 폭우가 내리는 모양을 진주가 쏟아지는 모양에 비유한 것이다.

116 | 야부면안(野鳧眠岸) 두 구 : 〈동계(東溪)〉. 이 시는 『동계』의 경치를 노래한 작품이다. 《사고전서 · 송원시회(宋元詩會)》 권14

行到東溪看水時,　　행차가 동계에 다다라 물을 살펴볼 때,

坐臨孤嶼發船遲.　　앉아서 외로운 섬 내려다보니 배 출발이 늦구나.

野鳧眠岸有閒意,　　들오리 강둑에서 자니 한가롭고,

老樹著花無醜枝.　　늙은 나무에 꽃이 피니 보기 싫은 가지 없구나.

· 山谷之『落木千山天遠大, 澄江一道月分明』117 · 后山之『人事自生今日意, 寒花只作去年香』118 · 簡[二] 齋之『客子光陰詩卷裏, 杏花消息雨

短短蒲茸齊似翦, 짧디 짧은 포용은 자른 듯 가지런하고,
平平沙石淨於篩. 평평한 자갈은 체로 친 것보다 깨끗하구나.
情雖不厭住不得, 마음은 싫지 않으되 머물지 못하고,
薄暮歸來車馬疲. 초저녁에 돌아오니 거마도 피곤해하누나. (김원중 역)

※동계(東溪) : 완계(宛溪)라고도 하며, 선성(宣城) 동남쪽 봉산(峯山)에서 발원하여 동북쪽에 이르러 구계(句溪)와 합쳐짐.

※고서(孤嶼) : 동계 안에 있는 삼각주.

※포용(蒲茸) : 산과 물 사이에서 자라는 식물.

117 | 〈낙목천산(落木千山) : 〈쾌각에 올라(登快閣)〉. 이 시는 원풍 5년(1082)에 태화(太和)에서 고을 원으로 있을 때 지은 유명한 칠언율시이다. 황정견은 공무를 끝내고 쾌각에 올라 바라본 경치를 도도한 기세로 읊었다. 이 시가 대표작이라고 칭해지는 이유는 정련된 가운데서도 흐름이 유연하며 함축과 여운을 전해주기 때문이다. 《사고전서 · 산곡집(山谷集)》 외집 권7

癡兒了却公家事, 못난 사람 공무는 대강 미루어두,
快閣東西倚晩晴. 쾌각 동서에서 저녁 햇볕을 받고 섰네.
落木千山天遠大, 온 산에 나뭇잎 떨어지니 하늘은 둥글고 커서
澄江一道月分明. 한 줄기 맑은 달도 분명하네.
朱絃已爲佳人絶, 붉은 거문고 줄 진작 끊어버렸으나,
青眼聊因美酒橫. 좋은 술 있으니 반가운 눈빛 돌리네.
萬里歸船弄長笛, 만리 길 돌아가는 배에선 길게 피리 부는데
此心吾與白鷗盟. 이 마음 나는야 갈매기와 짝하련다.

(송용준 · 오태석 · 이치수 역 참조, 일부 수정)

118 | 인사자생(人事自生) 두 구 : 〈이절추의 『9월 9일에 남산에 오르다』에서 차운하다(次韻李節推九日登南山)〉. 이 시는 진사도가 원우 4년 5월에 항주의 지주(知州)로 전출된 소식을 전송하며 지었다. 《사고전서 · 후산시주》 권2.

平林廣野騎臺荒, 평평한 숲과 드넓은 들녘의 희마대는 황량한데,
山寺鳴鐘報夕陽. 산사의 종소리가 석양을 알리네.
人事自生今日意, 인간사는 오늘 생각할 일 저절로 생겨나지만,
寒花只作去年香. 추운 날에 피는 국화꽃은 작년의 향기 그대로 일세.
巾欹更覺霜侵鬢, 두건이 바람에 떨어지니 귀밑머리 서리를 더욱 느끼시겠지만
語妙何妨石作腸. 그대의 절묘한 시구가 어찌 그대의 견고한 정신을 방해하겠는가?
落木無邊江不盡, 떨어지는 나뭇잎은 끝이 없고 강물은 다하지 않는다고 하시니

聲中』119 · 放翁之『雨聲已斷時聞滴, 雲氣將歸別起峰』120 之句, 可謂淸新警拔, 居然自是宋詩. 如國初楊徽之121『浮花水入瞿塘峽, 帶雨雲歸越

此身此日更須忙. 이 몸도 이날만은(가을 풍경 구경에) 더욱 바쁠 수밖에 없지.

(김원중 역 참조, 일부 수정)

※기대(騎臺) : 서주(徐州)의 팽성현(彭城縣)에 있는 항우(項羽)의 희마대(戲馬臺)인데, 남조(南朝)의 송(宋)나라 무제(武帝)가 송공으로 팽성에 있을 때 9월 9일에 여기 나와서 논 일이 있었음.

119 | 객자광음(客子光陰) 두 구 : 〈천경과 지로를 그리워하여 방문하다(懷天經智老, 因訪之)〉. 이 시는 진여의가 소흥 6년(1136) 2월에 쓴 것이다. 《사고전서 · 간재집(簡齋集)》 권12.

今年二月凍初融, 금년 2월 얼어붙은 대지는 처음 녹았는데,
睡起苕溪綠向東. 잠에서 깨어나 보니 초계의 푸른 물은 동쪽으로 흘러가네.
客子光陰詩卷裏, 나그네는 시권 속에서 시간을 보내는데,
杏花消息雨聲中. 살구는 빗소리 속에서 꽃소식 전하네.
西菴禪伯還多病, 서암의 참선하는 스님은 병이 많고
北柵儒先只固窮. 북책의 유학 선생님은 곤궁할 뿐일세.
忽憶輕舟尋二子, 갑자기 그리워져 날랜 배 타고 그들을 찾아가며,
綸巾鶴氅試春風. 윤건 쓰고 학옷 입고 봄바람을 시험해 보네.

(김원중 역 참조, 일부 수정)

※천경(天經) : 성은 섭(葉)이고 이름은 위선(慰先).

※지로(智老) : 홍지(洪智) 스님.

※초계(苕溪) : 물 이름. 절강성 천목산(天目山)에서 발원하여 여항(余杭), 항주, 호주(湖州) 등지를 거쳐 태호로 들어감.

※서암(西庵) : 지로가 기거하는 곳.

120 | 우성이단(雨聲已斷) : 〈가을 비 막 멈추자 장난삼아 적는다(秋雨初霽戲筆)〉

墨入紅絲點漆濃, 먹을 붉은 벼루에 넣어 검은 색 진하게 하여,
閒將倦筆寫秋容. 한가롭게 게으른 붓으로 가을 모습을 그리네.
雨聲已斷時聞滴, 비 소리는 이미 끊겨도 비 방울 떨어지는 소리는 가끔 들리고,
雲氣將歸別起峰. 구름 기운 사그라지니 산 봉오리 하나씩 나타나네.
斜日半穿臨水竹, 기운 해는 물 옆의 대나무를 반쯤 비추고,
好風遙送隔城鐘. 좋은 바람은 성안 종소리를 멀리서 보내주네.
遠遊更動輕舟興, 먼 유람길 가벼운 배의 흥취를 더욱 움직이나,
太息何人解見從. 한탄스럽구나! 어떤 사람이 이해하고 따르겠는가? (졸역)

※홍사(紅絲) : 산동성 청주시(青州)에서 나는 붉은 바탕에 붉은 무늬가 있는 벼루.

121 | 양휘지(楊徽之, 921~1000) : 송나라 초의 유명한 시인. 자는 중유(仲猷), 포성(浦城, 지금의 복건성) 사람이다. 남당(唐)때 변중(汴中 : 지금의 하남성)에 가서 주(周) 후

嶲州』[122]·石曼卿[123]之『樂意相關禽帶語, 生香不斷樹交花』[124] 之句, 可雜於中唐. 宋之緇流之詩, 勝於唐.

왕안석의 시

江月轉空爲白晝,　　강 위의 달은 하늘을 빙 돌아 대낮같이 비추고
嶺雲分暝與黃昏.　　재 너머 구름은 어둠을 갈라 저녁 빛과 함께 한다.

소식의 시

주(後主) 현덕(顯德) 2년(955)에 진사가 되었음. 송나라 초에 전주지사(全州知事) 같은 등 관직을 맡았으며 태종 태평흥국 초년에는 고부원외랑(庫部員外郎), 송 진종(眞宗) 때는 비서감, 한림시독학사(翰林侍讀學士)를 역임했다. 이방(李昉)이 주편한 《문원영화(文苑英華)》의 시부분 180권을 엮기도 하였음. 《전송시(全宋詩)》에 시 9수와 전문을 알 수 없는 시구 10여 구가 전할 뿐임.

122 | 부화수입(浮花水入) 두 구 : 〈가양천(嘉陽川)〉(《전송시》 권1).
青帝已敎春不老,　　봄 맡고 있는 귀신은 이미 봄을 늙지 않게 하였으니,
素娥何惜月長圓.　　항아는 달이 오랫동안 둥근 것을 어이 아끼랴?
浮花水入瞿塘峽,　　뜬 꽃 물에 들어가니 삼협 가운데 구당협이요,
帶雨雲歸越嶲州,　　비올 기운 띤 구름 돌아가니 사천성의 월휴주로 구나.
(이장우 역)

123 | 석만경(石曼卿, 994~1041) : 석연년(石延年)의 자. 《지봉유설》 주 551) 참조.

124 | 낙의상관(樂意相關) : 〈금향의 장씨댁 별장(金鄕張氏園亭)〉. 《사고전서 · 송시기사(宋詩紀事)》 권10
亭館連城敵謝家,　　별장은 성과 이어져 사씨댁과 필적할 만한데,
四時園色鬪明霞.　　네 계절 아름다운 경치는 밝은 너울과 다툴 만하네.
窗迎西渭封侯竹,　　창은 서위의 봉후죽을 맞아들이고,
地接東陵隱士瓜.　　땅은 동릉의 은사과와 접하였다네.
樂意相關禽對語,　　즐거운 뜻 서로 관계하여 새들은 마주하여 지저귀고,
生香不斷樹交花.　　향기 풍겨 끊이지 않으니 나무는 꽃과 서로 어울렸네.
縱遊會約無留事,　　마음껏 놀자는 약속 머뭇거릴 일 아니니,
醉待參橫月落斜.　　삼성이 기울고 달이 질 때까지 취하여 기다리세. (이장우역)
※금향(金鄕) : 제주(濟州)의 금향현, 석만경이 이 현의 지현(知縣 : 현령)노릇을 한 일이 있음.

天外黑風吹海立,　　하늘 밖의 폭풍은 바닷물을 세우고
浙東飛雨過江來.　　절동의 빗줄기는 전당강을 건너온다.

매요신의 시

野鳧眠岸有閒意,　　들오리 강둑에서 자니 한가롭고
老樹著花無醜枝.　　늙은 나무에 꽃이 피니 보기 싫은 가지 없구나.

황정견의 시

落木千山天遠大,　　온 산에 나뭇잎 떨어지니 하늘은 둥글고 커서
澄江一道月分明.　　한줄기 맑은 강물 달도 분명하네.

진사도의 시

人事自生今日意,　　인간사 오늘 생각할 일 저절로 생겨나지만
寒花只作去年香.　　추운 날에 피는 국화꽃은 작년의 향기 그대로 일세.

진여의의 시

客子光陰詩卷裏,　　나그네는 시권 속에서 시간을 보내는데,
杏花消息雨聲中.　　살구는 빗소리 속에서 꽃소식 전하네.

육유의 시

雨聲已斷時聞滴,　　비 소리 이미 끊겨도 비 방울 떨어지는 소리는 가끔 들리고,
雲氣將歸別起峰.　　구름 기운 사그라지니 산 봉오리 하나씩 나타나네.

등 시구들은 청신하고 기발하다고 말하지만 (이런 시구들은) 의외로 송시부터이다.

양휘지의 시

浮花水入瞿塘峽, 뜬 꽃 물에 들어가니 구당협이요,
帶雨雲歸越巂州, 비 띤 구름 돌아가니 월휴주일세.

석만경의 시

樂意相關禽對語, 즐거운 뜻 서로 관계하여 새들은 마주하여 지저귀고
生香不斷樹交花. 향기 풍겨 끊이지 않으니 나무는 꽃과 서로 어울렸네.

등 시구는 중당中唐의 시에 섞어 놓아도 손색이 없다. 송대 승려들의 시는 당대 승려들의 시보다 낫다.

[25] 명나라 시의 격

明詩格不及於唐, 情不及於宋, 惟以音響自高, 觀者多病焉, 而其中亦有奇傑可取者存焉.

명대 시격은 당시에 못 미치고 뜻은 송시에 못 미치나, 오직 음향으로 스스로 높은 체하니 보는 자들이 대부분 결점으로 여긴다. 그러나 그 중에는 예상 밖으로 걸출하여 취할 만 것도 있다.

[26] 명대 시인

李空同(夢陽)[125]有大闢草萊之功, 後來詩人皆以此爲宗. 而其前高太史(啓)[126] · 楊按察[127] · 林員外(鴻)[128] · 袁海潛(凱)[129] · 汪右丞(廣洋)[130] · 浦長海(源)[131] · 莊定山(昶)[132], 亦多警句矣. 何大復(景明)[133]與空同齊

125 | 이몽양(李夢陽, 1472~1529) : 자는 천사(天賜) 또는 헌길(獻吉), 호는 공동자(空同子), 경양(慶陽 : 지금의 甘肅省) 사람. 진사가 된 후 호부주사(戶部主事)가 되고 낭중으로 승진하였으나 성격이 강직하여 권력가들과의 알력으로 많은 어려움을 겪었다. 뒤에 환관 유근(劉瑾)을 탄핵하다가 옥에 갇혔으나, 유근이 처형된 뒤에 출옥하여 강서제학부사(江西提學副使)가 되었음. 그는 문학에 있어서 『문필진한, 시필성당(文必秦漢, 詩必盛唐)』의 구호를 주장하며 전칠자의 중심인물이 되었다. 복고를 내세우면서도 그 시대를 반영하는 시도 남기고 있음. 그의 문집으로 《공동집(空同集)》이 있다.

126 | 고계(高啓, 1336~1374) : 자는 계적(季迪), 호는 사헌(槎軒), 장주(長洲 : 지금의 강소성 소주) 사람. 원말에는 오송(吳淞)강가의 청구(靑丘)에 숨어살며 청구자라 스스로 호하였음. 홍무(洪武, 1369~1398) 초에 한림원국사편수(翰林院國史編修)가 되었고 호부우시랑(戶部右侍郎)으로 승진하였으나 벼슬을 그만두고 돌아와 청구에 숨어 살았다. 뒤에 소주자사(蘇州刺史) 위관(魏觀)의 죄에 연루되어 39세의 젊은 나이로 처형되었다. 그는 박학하고 시를 잘 지어, 맑고 빼어난 시로 명초의 대시인으로 받들어지고 있음. 문집으로 《고태사대전집(高太史大全集)》이 있다.

127 | 양안찰(楊按察, 1326~1378) : 명나라 초에 산서안찰사(山西按察使)로 역임한 양기(楊基)를 일컬었음. 양기의 자는 맹재(孟載)이고 호는 미암(眉庵)이며 오현(吳縣 : 지금의 강소성) 사람. 고계와 더불어 명초 사걸 중의 하나. 저서로는 《미암집(眉庵集)》이 있다.

128 | 임홍(林鴻, ?~?) : 자는 자우(子羽), 복청(福淸 : 지금의 복건성) 사람. 예부의 정선사원외랑(精膳司員外郎)을 지냄. 민중시파(閩中詩派)의 대표 작가. 저서로는 《명성집(鳴盛集)》이 있다.

129 | 원개(袁凱, 1316?~1385) : 자는 경문(景文), 스스로 해수(海叟)라 호하였고, 송강(松江) 화정(華亭 : 지금의 상해 송강) 사람. 일찍이 시를 잘 지어 이름이 알려졌고 홍무(洪武) 3년(1370)에는 감찰어사(監察御使)가 되었음. 그러나 궁정의 분위기가 험악함을 느끼고 거짓으로 미친 체 하며 병을 핑계로 벼슬을 그만두고 고향으로 돌아와 일생을 보내었다. 진실하고 자연스런 시를 썼으며, 문집으로 《해수집(海叟集)》이 있다.

130 | 왕광양(汪廣洋, ?~?) : 자는 조종(朝宗), 고우(高郵) 사람. 원나라 말기에 진사를 하였으나, 명나라에 들어와서 우승상(右丞相)까지 올랐다. 후에 광동참정으로 좌천되었다가 사형을 당하였음. 저서로는 《봉지음고(鳳池吟稾)》가 있다.

131 | 포원(浦源, ?~?) : 자는 장원(長源), 강소 무석(無錫) 사람이다. 홍무연간에 진왕부인예사인(晋王府引禮舍人)이 되었다. 《포사인집(浦舍人集)》이 있다.

132 | 장창(莊昶, 1436~1498) : 강포(江浦) 사람이다. 성화(成化) 2년에 진사가 되어 한림검토(翰林檢討)을 맡았다. 후에 길흉을 점쳐서 정산(定山)에 20여년을 거주하여 사람들은 그를 정산(定山)선생이라고 불렀다. 《장정산집(莊定山集)》 10권이 전한다.

133 | 하경명(何景明, 1483~1521) : 자는 중묵(仲默), 호는 대복산인(大復山人), 신양(信陽 : 지금의 하남성) 사람. 진사가 된 뒤 중서사인(中書舍人)이 되었으나, 정덕(正德) 초에 권세를 휘두르는 환관 유근(劉瑾)을 탄핵하다가 관직에서 쫓겨났다. 유근이

名, 欲以風調埒之, 而氣力大不及焉. 其後王浚川(廷相)[134] · 邊華泉(貢)[135] · 徐迪功(禎卿)[136] · 王陽明(守仁)[137] · 唐荊州(愼之)[138] · 楊升菴(愼)[139]諸公, 相繼而起, 至李滄溟(攀龍)[140] · 王弇州(世貞)[141]而大振焉.

처형된 뒤 복직되어 벼슬이 섬서제학부사(陝西提學副使)까지 올랐다. 문학계에 있어서는 이몽양과 함께 전칠자중의 한 사람으로 문단을 영도하였다. 작품집으로《대복집(大復集)》이 있다.

134 | 왕정상(王廷相, 1474~1544) : 자는 자형(子衡)이고 호는 준천(俊川)이며 개봉(開封) 란고(蘭考) 사람. 29세에 진사가 되었고 후에 병부상서로 태자태보(太子太保)까지 겸하였음. 시호는 숙민(肅敏). 저명한 사상가이기도 하며, 문인으로는 전칠자 중의 한 사람임. 저작으로는《왕씨가장집(王氏家藏集)》등이 있다.

135 | 변공(邊貢, 1476~1532) : 자는 정실(廷實)이고 호는 화천(華泉)이며 역성(歷城 : 지금의 산동성 제남시) 사람이다. 홍치 9년(1496)에 진사, 남경후부상서(南京戶部尙書)까지 하였다. 전칠자중의 한 사람. 저작으로는《화천집(華泉集)》이 있다.

136 | 서정경(徐禎卿, 1479~1511) : 자는 창곡(昌穀), 또는 창국(昌國), 오현(吳縣 : 지금의 강소성) 사람. 진사가 된 뒤 국자감박사(國子監博士)를 지냈고, 33세의 젊은 나이에 죽었다. 일찍부터 재사로 알려졌고, 전칠자중의 한 사람. 고시에 뛰어나고 소시(小詩)들도 신운(神韻)이 담겨있다고함. 작품집으로《적공집(迪功集)》이 있다.

137 | 왕수인(王守仁, 1472~1528) : 자는 백안(伯安), 호가 양명(陽明)이어서 세상 사람들은 양명선생이라 불렀으며 여요(餘姚 : 지금의 절강성) 사람이다. 진사가 된 뒤 병부주사(兵部主事)가 되었으나 환관 유근(劉瑾)의 뜻에 거슬리어 귀주의 용장역승(龍場驛丞)으로 유배되었다가 유근이 처형된 뒤에야 다시 여릉(廬陵) 지현(知縣)으로 옮겨왔음. 정덕(正德) 11년(1516)에는 첨도어사(僉都御使)가 되어 남감(南贛) 순무(巡撫)로서 그 고장 농민반란을 진압하였으며 1519년에는 영왕(寧王) 신호(宸濠)의 반란을 평정하고 그 공으로 신건백(新建伯)에 봉해졌으며, 벼슬은 남경병부상서(南京兵部尙書)가 되었다. 죽은 뒤 문성(文成)이라 시(諡)하였음.《왕문성공전집》이 있다.

138 | 당신지(唐愼之) : 당순지(唐順之)의 오기임. 자는 응덕(應德), 또는 의수(義修), 무진(武進) 사람. 벼슬은 우첨도어사(右僉都御史), 회양순무를 지냄. 시호는 양문(襄文). 병법등 여러 방면의 저술이 많으며, 문집으로《형천집(荊川集)》이 있음.

139 | 양신(楊愼, 1488~1559) : 자는 용수(用修)이고 호는 승암(升庵)이며 신도(新都 : 지금의 사천 신도현) 사람. 무종(武宗) 정덕(正德)6년(1511)에 진사가 되었으며 저서로는《승암집(升庵集》이 있다.

140 | 이반룡(李攀龍, 1514~1570) : 자는 우린(于鱗), 호는 창명(滄溟), 역성(歷城 : 지금의 산동성 제남) 사람. 진사가 된 뒤 여러 벼슬을 거쳐 섬서제학부사(陝西提學副使)를 지내고 사직한 뒤 고향에 와서 지내다가 10년 뒤 다시 나가 하남안찰사(河南按察使)를 지냄. 후칠자의 영수로 복고(復古)에 힘을 쏟았고, 작품집으로《창명집(滄溟集)》이 있다.

從而遊者, 如吳川樓(國綸)[142] · 宗方城(臣)[143] · 王麟州(世懋)[144] · 徐龍灣(中行)[145] · 梁蘭汀(有譽)[146]等, 亦皆高蹈. 槪論之, 則空同 · 弇州如杜, 大復 · 滄溟如李. 論其集大成, 則不可不歸於王; 而若其才之卓越, 則滄溟爲最. 如『臥病山中生桂樹, 懷人江上落梅花』[147] · 『樽前病起逢寒食,

141 | 왕세정(王世貞, 1526~1590) : 자는 원미(元美), 호는 봉주(鳳洲)또는 엄주산인(弇州山人), 태창(太倉 : 지금의 강소성) 사람. 진사가 된 뒤 형부주사(刑部主事) 안찰사(按察使) 포정사(布政使) 등의 벼슬을 지내다가, 간신 엄숭(嚴嵩)에게 계료총독(薊遼總督)으로 있던 아버지 왕여(王忬)가 모함을 받아 사형을 당하면서 벼슬자리에서 쫓겨났다. 엄숭이 물러난 뒤 다시 기용되어 대명병비도사(大名兵備道使)를 거쳐 벼슬이 형부상서에 이르렀음. 문학에 있어서는 이반룡과 함께 후칠자의 영수였으며, 이반룡이 죽은 뒤에도 20여년이나 문단을 지배하였으며 특히 악부고시에 뛰어났고, 문집으로《엄주산인사부고(弇州山人四部稿)》가 있다.

142 | 오국윤(吳國綸, ?~?) : 자는 명경(明卿)이고 홍국(興國 : 지금의 강서성) 사람. 가정(嘉靖) 29년(1550)에 진사, 하남참정(河南參政)을 지냄. 후칠자 중의 한 사람이며 저서로는《담추동고(甔甀洞稿)》가 있다.

143 | 종신(宗臣, 1525~1560) : 자는 자상(子相)이고 강소 홍화(興化) 사람. 가정(嘉靖) 29년(1550)에 진사, 형부주사, 이부고공사주사(考功司主事) 등 요직을 지냈으나 환관 엄숭(嚴嵩)에게 밉게 보여 복건참의(福建參議)로 좌천되어 왜구 격퇴에 큰 공을 세웠으나 36세로 곧 죽음. 후칠자중의 한 사람이며 저서로는《종자상집(宗子相集)》이 전한다.

144 | 왕세무(王世懋, 1536~1588) : 왕세정의 아우로 자는 경미(敬美)이고 별호는 인주(麟州), 또 손재(損齋) 또는 장동생(墻東生). 가정 38년(1559)에 진사가 되었고 관직은 남경태상소경(南京太常少卿)까지 올랐으며 문집《왕봉상집(王奉常集)》있다.

145 | 서중행(徐中行, 1517~1578) : 자는 자여(子與)이고 장흥(長興 : 지금의 절강성) 사람. 가정 29년(1550)에 진사, 강서좌포정(江西左布政)까지 지냈으며 후칠자 중의 한 사람이며《청라(靑羅)》,《천목(天目)》 2집이 전한다.

146 | 양유예(梁有譽, 1522~1566) : 자는 공실(公實), 순덕(順德 : 지금의 광동성) 사람. 가정 29년(1550)에 진사, 형부주사(刑部主事)를 지냄. 후칠자 중의 한 사람이며《북부집(北部集)》이 전한다.

147 | 와병산중(臥病山中) 두 구 : 〈종신(宗臣)을 생각하면서 (懷子相)〉《사고전서 · 명시종(明詩綜)》 권51

薊門秋杪送仙槎,	북경 성문에서 늦가을에 그대 배타고 멀리 떠남 송별하였더니,
此日開尊感歲華.	오늘 술 바리 열고 마시려 하니 계절 화창함 느껴지누나.
臥病山中生桂樹,	나는 병들어 산 중에 누었는데 계수나무는 돋아나고,
懷人江上落梅花.	먼 강 곁에 있는 그대를 생각하는데 매화꽃이 떨어지네.

客裏花開別故人』[148] 等句，王亦不可及．此弇州所以敬慕滄溟，雖受仲尼・丘明之譬[149]，只目攝而不大忤，有若子美之師太白也．川樓以下，地醜德齊，而吳體最備，宗才最高．

이몽양은 황야를 개척한 공이 있는데 훗날의 시인들은 모두 이 사람을 종宗으로 삼았다. 그러나 그 이전의 고계, 양기, 임홍, 원개, 왕광양, 포원, 장창 등 (시인들)도 또한 경구警句가 많다. 하경명은 이몽양과 이름을 나란히 하여 문장의 풍격을 가지고 서로 견주 원개였으나 기력氣力이 크게 미치지 못했다. 그 후에 왕정상, 변공, 서정경, 왕수인, 당순지, 양신등 (유명한)

春來鴻鴈書千里，	봄에 큰 기러기 날아와서 천리 밖에서 그대 소식 전하는데,
夜色樓臺雪萬家．	편지 부칠 때는 누대에 밤이 깊었고 눈은 온 세상을 덮고 있을 때라지.
南粵東吳還獨往，	남월 땅과 동오 땅을 혼자서 외롭게 갔으니,
應憐薄宦滯天涯．	틀림없이 보잘 것 없는 벼슬하느라 하늘 끝에서 머무르는 것 슬퍼하겠지.

148 | 준전병기(樽前病起) 두 구 : 〈곽자곤이 과거에 떨어져 제남으로 돌아감에 소별하며(送郭子坤下第, 還濟南)〉. 과거에 떨어져 낙향하는 제자를 위로한 내용임. 《사고전서・창명집(滄溟集)》 권7

華省栖遲白髮新，	과거 시험 보느라 궁중에 머물다 백발이 더 났는데,
因憐失意轉憐春．	실의한 모습 아쉽게 여기다 보니 봄이 지나감도 아쉽게 여겨지네.
樽前病起逢寒食，	술 바리 앞에 놓고 병든 몸 일으키니 한식 때를 만났는데,
客裏花開別故人．	객지에서 꽃은 피는데 옛 친구를 작별하게 되었구나.
賦就自堪生顧眄，	작품을 지을 때는 남의 무시하는 스스로 견딜 수 있으나,
才高豈合老風塵．	재주 높은 데 어찌 속인으로 늙는 것 합당하겠는가?
燕臺郭隗君家事，	연나라에서 높은 집 세워놓고 곽외를 청한 것 그대 집 옛날 일이니,
不擬驊騮不致身．	좋은 말로 초청하러 보내는 일 그대와는 상관없다고 생각지 말게나. (이장우 역)

149 | 중니구명지비(仲尼丘明之譬) : 《논어》 〈공야장(公冶長)〉에 나오는 전고. 좌구명이 부끄러워 한 것을 중니[공자 자신]도 부끄러워 하였다는 데서 유래. 좌구명보다는 공자가 더 훌륭한 인물이니 아마 공자가 좌구명을 그렇게 칭찬하였지만 그 칭찬이 그렇게 대단한 칭찬은 아니라는 뜻임.

사람들이 연이어 출현개였으며 이반룡, 왕세정에 이르러서는 크게 발전하였다. 이들을 따라서 놀던전의국윤, 종신, 왕세무, 서중행, 량유예 같은 사람들도 모두 경지가 높았다. 개괄적으로 말하면 이몽양, 왕세정은 두보와 같고 하경명, 이반룡은 이백과 같다. 집대성한 점을 논한다면 그 (공적)은 왕세정에게 돌리지 않을 수 없고 만약 그 재능을 논한다면 이반룡이 제일 탁월하다. 예를 들어

臥病山中生桂樹,	나는 병들어 누웠는데 계수나무는 돋아나고,
懷人江上落梅花.	먼 강 곁에 있는 그대를 생각하는데 매화꽃이 떨어지네.

樽前病起逢寒食,	술 바리 앞에 놓고 병든 몸 일으키니 한식 때를 만나게 되었는데,
客裏花開別故人.	객지에서 꽃은 피는데 옛 친구를 작별하게 되었구나.

와 같은 구절들은 왕세정도 미치지 못한다. 이것이 왕세정이 이반룡을 경모하는 이유로써 비록 공자가 좌구명을 두고 말한 것과 같은 비유를 받아들여 오직 눈으로만 받아들이고 마음속으로는 그다지 순종하지 않는 것이 마치 두보가 이백을 스승이라고 한 것과 같다. 오국윤 이후의 사람들은 환경은 좋지 못하였으나 품덕은 일치하나, 오국윤은 시체가 제일 잘 갖추어지고 종신은 재능이 제일 뛰어났다.

[27] 명시

明詩如郭子章150『家在淮南青桂老, 門臨湖水白蘋深』151 · 高太史〈詠

150 | 곽자장(郭子章, 1542~1618) : 이름은 규(奎), 자가 자장임. 명나라 건국초기에 남창(南昌)도독부의 참군(參軍)을 지냈으며, 문집《망운집(望雲集)》5권이 전한다.

151 | 〈숙우(宿雨)〉 : 〈오래된 비〉《사고전서 · 명시종》 권13

梅〉『雪滿山中高士臥, 月明林下美人來』[152] · 林員外 『堤柳欲眠鶯喚起, 宮花乍落鳥銜來』[153] · 袁海澘 〈白燕〉『月明漢水初無影, 雪滿梁園尙未歸』[154] · 浦長海 『雲邊路遶巴山色, 樹裏河流漢水聲』[155] · 汪右丞 『松下

宿雨瀟瀟悴客心,	오래된 비 쏴아쏴아 내리니 나그네 마음 근심스럽게 하고
高牕連日滯秋陰.	높은 창문은 연일 가을 그늘에 막혀있네.
一枝未遂鷦鷯託,	한 가지에도 굴뚝새 의지할 수 없고
四壁應愁蟋蟀吟.	네 벽은 내 근심에 응답하여 귀뚜라미 신음하네.
家在淮南青桂老,	집은 회남에 있는데 푸른 계수나무 짙어갈 것이고
門臨湖水白蘋深.	문은 호수를 내려다보는데 흰 부평초가 무성하겠지.
鯉魚風熟香秔早,	잉어는 가을바람에 자라고 향기로운 메벼도 벌써 익었을 것이나,
釣艇誰撐近竹林.	낚시 배 누가 저으며 대나무 숲에 다가가랴. (졸역)

152 | 〈매화 구수(梅花九首)〉: 매화 구수 중의 제1 수

瓊姿只合在瑤臺,	아름다운 자태 신선 사는 요대에만 적합한데,
誰向江南處處栽.	누가 강남 땅 곳곳에 심었는가.
雪滿山中高士臥,	눈 가득 내린 산속에 고상한 선비 누워있는 것 같고
月明林下美人來.	달 밝은 숲속에 미인이 찾아온 것 같네.
寒依疏影蕭蕭竹,	대나무 쓸쓸하여 성긴 그림자에 기대니
春掩殘香漠漠苔.	이끼진땅은 넓고 넓어 봄은 남은 향기 가린다.
自去何郎無好詠,	하랑을 보내니 즐겨 읊을 시 없고
東風愁寂幾回開.	동풍에 적적히 꽃을 몇 번이나 피었는가. (졸역)

※하랑(何郞): 즉 후한 말 위(魏)의 시인 하손(何遜, ?~518) 양주(楊州)의 매화를 노래한 것으로 유명함.

153 | 제류욕면(堤柳欲眠) 두 구: 〈봄날에 동원에서 놀며, 임금님의 명령에 응하여 지음(春日遊東苑, 應制)〉. 《사고전서 · 鳴盛集》 권3

長樂鐘鳴玉殿開,	즐거운 종소리 길게 울리니 옥 같은 궁전이 열리고
千官步輦出蓬萊.	많은 관리들은 보련(가마)타고 비서성에서 나오네.
已敎旭日催龍馭,	이미 밝은 해로 하여금 임금님 모시고 나올 것을 재촉하게 하고,
更借春流泛羽杯.	다시 봄의 흐름을 빌려 깃털 장식 잔을 물에 띄우네.
堤柳欲眠鶯喚起,	제방에 버드나무 조는 듯하니 꾀꼬리가 불러일으키고
宮花乍落鳥銜來.	궁에 꽃이 갑자기 떨어지니 새가 물려고 날아오네.
宸游好把簫韶奏,	대궐에서 노니 소소 연주소리 아름답구나,
京國于今有鳳臺.	서울에는 지금에도 봉대가 있네. (졸역)

※소소(簫韶): 순임금 음악으로 이 소리를 듣고 봉황이 날아 들었다함.

鶴眠無客到, 洞中龍出有雲從』[156] · 陳汝言[157]『佳人擣練秋如水, 壯士吹

154 | 〈백연(白燕)〉 : 이 시는 사람들의 입을 거쳐 널리 전해졌으며 이것으로 인해 작가는 '원백연(袁白燕)' 이라고 불리기도 했다. 훗날 사람들은 그의 예전에 살던 집에다 '白燕庵' 을 지어 그를 기념하였다.

故國飄零事已非, 　고국을 떠나 떠돌아다니니 일은 이미 틀렸고,
舊時王謝見應稀. 　옛날 왕도와 사안의 본채 앞에도 보기가 드물었겠구나.
月明漢水初無影, 　밝은 달에 한수를 건너지만 처음부터 그림자도 보이지 않고,
雪滿梁園尙未歸. 　흰 눈이 양원에 가득한데도 아직 남쪽으로 내려가네.
柳絮池塘香入夢, 　버드나무 솜 못가에서 피니 달콤함 꿈속에 들어갈 것이나,
梨花庭院冷侵衣, 　배꽃은 정원에 차가움 옷 속으로 스며들겠네.
趙家姊妹多相妒, 　조가네 자매는 서로 질투가 많으니,
莫向昭陽殿裡飛. 　제발 소양전으로는 날아들지 말아다오. (졸역)

※왕사(王謝) : 동진의 두 귀족 재상 왕도(王導)와 사안(謝安). 이 두 귀족가문사람들은 건강(建康, 지금의 남경시)에 거주하면서 검은 색 옷을 입고 다녔기 때문에 그들이 살던 골목을 오의항(烏衣巷)이라고 불렀다고 함.

※양원(梁園) : 한 나라 때 양효왕(梁孝王)이 지은 건물, 지금의 하남성 개봉(開封)에 있었는데 원래는 규모가 대단히 컸으나, 뒤에 황폐하여 흔히 몰락하여 쓸쓸한 왕자들의 정원을 대표하는 말로 사용함.

※조가자매(趙家姊妹) : 한 성제(漢成帝)의 비인 조비연(趙飛燕)과 그의 동생 조소의(趙昭儀)를 가리킴. 조가자매는 소양궁에서 10여년 총애를 받으며 서로 질투를 했다.

155 | 운변로요(雲邊路遶) 두 구 : 형문으로 가는 사람을 송별하면서(送人之荊門)〉. 《사고전서 · 석창역대시선(石倉歷代詩選)》 권297

長江風颺布帆輕, 　장강 바람에 배 돛은 가볍게 휘날리고
西入荊門感客情. 　서쪽으로 형문에 들어가면 나그네 마음 감동되시겠지.
三國已亡遺舊壘, 　삼국은 이미 멸망하여 옛 성 둑만 남아 있고,
幾家猶在住荒城. 　몇 집은 여전히 황폐해진 성안에 살고 있겠지.
雲邊路繞巴山色, 　구름 옆의 길은 파산을 휘감은 정경이고,
樹裏河流漢水聲. 　나무 숲 강 흐름은 한수 소리겠지.
若過旗亭多買醉, 　만약 술집을 지나게 되거든 많이 사 마시고 취하시게나,
不須弔古漫題名. 　옛날 일 조상하는 내용을 꼭 시의 제목을 정할 필요는 없으시겠지. (졸역)

※형문(荊門) : 오늘의 호북성 형문시.

156 | 송하학면(松下鶴眠) 두 구 : 〈종산의 좋은 경치를 제목삼아, 임금님의 명령에 응하여 지음(題鍾山勝景, 應制)〉《사고전서 · 봉지음고(鳳池吟稿)》 권7

北山佳氣鬱葱葱, 　북산의 좋은 기운 매우 무성하여

月滿城』[158] · 李空同『日臨海嶽雲俱色, 春入樓臺樹自花』[159] · 何大復[160]

高處深藏七佛宮. 　　높은 곳에는 칠불궁이 깊이 숨어 있네.
松下鷴眠無客到, 　　소나무 밑에서 백한이 잠드니 찾아오는 손님도 없고,
洞中龍出有雲從. 　　동굴 안에서 용이 나오니 구름이 좇고 있네.
茶煎紫荀逢支遁, 　　자순 차를 끓이시니 지둔 같은 스님을 만나실 것이요,
藥煉丹砂羡葛洪. 　　묘약을 다리시니 갈홍조차 부러워하네.
更欲躡鳧凌絶巘, 　　다시 오리 등 디디고 서서 가로막힌 산봉을 타고 오르시니,
扶搖大塊鼓雄風. 　　온 천지 붙들고 흔들며 강한 바람 진동하네. (졸역)

※자순(紫荀) : 중국 남쪽 지방에서 생산되는 차 이름. 당나라 전기(錢起)의 시: 『대나무 아래서 말을 잊고 자순차를 대하니, 신선들이 저녁노을에 취하는 것 보다도 훨씬 낫구나(竹下忘言紫茶, 全勝羽客醉流霞).』

※지둔(支遁) : 동진(東晋)의 스님. 자는 도림(道林). 왕휘지 등 여러 명사들과 청담을 즐기며 사귀었고 《심심유현논(尋心幽玄論)》같은 저서가 있음.

※갈홍(葛洪) : 진(晋) 나라의 도사, 호는 포박자(抱朴子).

※섭부(躡鳧) : 한 쌍의 오리 등을 두 발로 디디고 서서 하늘을 나는 신선술을 말함.

157 | 진여언(陳汝言) : 원(元)말 명초의 화가이고 시인. 자는 유윤(惟允)이고 호는 추수(秋水)이며 임강(臨江 : 지금의 강서성 淸江) 사람. 〈형계도(荊溪圖)〉와 《추수헌고(秋水軒稿)》가 전한다.

158 | 가인도련(佳人擣練) 두 구 : 〈가을 밤 2수(秋夜二首)〉 중 제2수 《사고전서 · 御選宋金元明四朝詩 _ 御選明詩》 卷 70.

喔喔荒雞唱五更, 　　꼬꼬댁 꼬꼬댁 하고 3경에 울던 닭이 오경을 알리니,
起瞻北極大星明. 　　몸을 일으켜 쳐다보니 북극에 큰 별이 밝네.
佳人擣練秋如水, 　　아름다운 사람은 흰 명주 다듬이질하는데 가을날은 물결같이 맑고,
壯士吹笳月滿城. 　　용사는 갈잎피리 부는데 성에는 달빛 가득 하네.
江海久慚生計拙, 　　강과 바다를 떠돌아다니나 생계는 궁핍하여 부끄럽고,
干戈深動故園情. 　　전쟁 무섭게 터지니 고향을 그리워하는 마음 생기네.
尺書目斷南來鴈, 　　한 쪽의 편지 기다리나 남쪽에서 날아오는 제비 눈으로 본지 오래되니,
悵望空令涕泗橫. 　　슬퍼 부질없이 코 눈물을 가로 흐르게 하네. (졸역)

※황계(荒鷄) : 3경도 되기 전에 일찍 우는 닭. 그 소리가 좋지 않아서 불길한 징조로 생각됨.

159 | 일림해악(日臨海嶽) 두 구 : 〈감찰 벼슬하시는 모공께서 되돌아가시어 시를 지어지어, 문득 그 시의 각운자에 맞추어 짓는다, 2수(毛歸有作, 輒次其韻二首)〉 중 제2수 《사고전서 · 사공집(空同集)》 권30

吾生五九笑吾涯, 　　내 나이 45세 토록 살았는데 되돌아보니 우습구나,

『孤城落雁衝寒水, 萬樹鳴蟬帶夕陽』161 · 邊華泉〈文山祠〉『花外子規燕市月, 柳邊精衛浙江潮』162 · 李西涯163『酆城夜氣聞龍起, 彭蠡秋風見雁

短圃低墻卽是家. 조그마한 채마밭 나지막한 울타리 뿐인 게 내 집이로구나.
酒熟喜當賓客過, 술 익었는데 손님들 들러 가시니 즐거우나,
詩成慙使世人誇. 시 지으려니 세상 사람들에게 과장하는 것 같아 부끄럽구나.
日臨河岳雲俱色, 해 나오니 모든 산천에 구름이 빛깔을 갖추고,
春入樓臺樹自花. 봄이 오니 정자에는 나무에 저절로 꽃이 피는구나.
轉盼不堪天地異, 호의로 눈길을 돌려 이것저것 살펴보셨으나 아무 것 변화되는 것 없었으니,
得栖無小後啼鴉. 보금자리라 하나 뒤뜰에 가마귀 울게할 좁은 공간조차 없구나. (이장우역)

※어떤 책에는 이 시의 제목에 『정월 초 이튿 날, 대경 이공과 감참 모공과 원공이 왕림하셔서 돌아보시고(正月二日, 臺卿李公, 監察毛公 · 袁公, 枉駕而顧)』라는 말이 더 붙어있음.

160 | 하대복(何大復) : 하경명(何景明), 앞의 《학산초담》 주5) 참조.

161 | 고성낙안(孤城落雁) 두 구 : 〈가을에 느낌이 일어 8수(秋興八首)〉 중 제7수
裊裊西風歇衆芳, 길고 긴 서쪽 바람 여러 풀을 시들게 하고,
天高谿谷逈烟霜. 하늘은 높아지고 계곡에는 안개 서리 멀리 뻗었네.
孤城落鴈衝寒水, 외로운 성에 내려앉은 기러기는 찬 물을 치고,
萬樹鳴蟬帶夕陽. 온갖 나무에 우는 매미는 저녁을 즐기는 구나.
塵滿一區楊子宅, 온 집에 먼지만 쌓였으니[후한 때] 양웅(楊雄) 선생님의 고택이요,
蓬生三徑蔣公堂. 세 오솔길에 쑥대만 욱어졌으니 장후(蔣詡)공의 옛 집이로구나.
相過未有求羊輩, 지나다니면서 양중과 구중 같은 은자들을 구하지 못하였으니,
醉裏狂歌亦自長. 취한 김에 미친 노래 정말 저절로 길어가네.

162 | 화외자규(花外子規) 두 구 : 〈문산사를 알현하다(謁文山祠)〉. 남송 민족영웅 문천상(文天祥)의 사당(祠堂)을 알현 한 후 지은 시이다.
丞相英靈猶未消, 문승상님의 영혼은 오히려 멀리 사라지지 않았으니,
絳帷燈火颯寒飈. 자홍색 장막안의 등불은 차디찬 광풍에도 크게 날리고 있네.
乾坤浩蕩身難寄, 천지는 넓지만 몸 맡기기 어려웠으니
道路間關夢且遙. 인생길은 험난하고 꿈 또한 아득 하였구나.
花外子規燕市月, 꽃을 떠난 두견새는 연경 채시(柴市)의 밝은 달밤에 슬피 울고,
水邊精衛浙江潮. 물가의 정위새는 절강의 거센 조수에도 뜻을 꺾지 않는다네.
祠堂亦有西湖樹, 사당에 또한 서호 나무가 있으나
不遣南枝向北朝. 남쪽의 나무 가지들은 북쪽으로 향하지 않는다.

來』[164]・王陽明『月遶旌旗千嶂曉, 風傳鈴鐸九溪寒』[165]・徐迪功『徘徊

※정위(精衛) : 신화에 나오는 새로, 염제의 딸이 동해에 빠져 죽어 변한 것으로, 늘 서산의 나무와 돌을 물어다가 동해를 메우려 하였으나 뜻을 이루지 못하였음. 뒤에 힘은 약하지만 의지가 굳은 사람을 비유함.

※절강조(浙江潮) : 매월 음력 16일에서 18일 사이에 절강[전당강]의 바다 어귀에서 일어나는 조수로 만조 때 바닷물과 강물이 부딪쳐 큰 소리를 냄.

※이 시에 대한 평가는 앞의《지봉유설》의 [204] 항목을 참조 바람.

163 | 이동양(李東陽, 1447~1516) : 자는 빈지(賓之), 호는 서애(西涯), 다릉(茶陵 : 지금의 호남성) 사람. 진사가 된 후 낮은 벼슬에서 시작하여 이부상서(吏部尙書)를 거쳐 화개전대학사(華盖殿大學士)까지 되었다. 그는 50년 동안 조정에 벼슬을 하면서 당시의 문단을 영도하여 제자들이 많았으며 다릉시파(茶陵詩派)의 영도자로서 명초의 대각체(臺閣體)에서 전후칠자로 옮겨 가는 중간역할을 맡은 셈이다. 그의 시는 단정하고도 아름다우며, 문집으로《회록당집(懷麓堂集)》이 있음.

164 | 풍성야기(酆城夜氣) 두 구 : 〈등왕각(滕王閣)〉.

滕王高閣罷崔嵬, 등왕각 높은 누각은 우뚝 우뚝함을 넘어섰으니,
誰築西江第一臺. 누가 세웠는가? 강서 땅에서도 제일가는 누대를.
雲雨不收歌舞地, 춤추는 곳에서는 구름이 항상 감돌고 있으니,
文章空歎古今才. 문장이 고금에 드문 재주를 발휘하여 감탄한 것조차 부질없구나.
酆城夜氣聞龍起, 풍성의 밤기운에 용 일어남 들려고,
彭蠡秋風送雁來. 팽려의 가을바람은 기러기를 날려 보내어 주는 구나.
幾欲乘槎問牛斗, 자칫하면 뗏목을 타고 견우성과 북두성까지 올라가서 물어볼뻔 하였네,
不知平地有三台. 평지에도 이렇게 삼태성과 같이 높은 누각이 있었음을 모르고 있었으니. (이장우 역)

※풍성(酆城) : 등왕각이 있는 예장(豫章)의 고을 이름. 여기서 유명한 용천검(龍泉劍)과 태아검(太阿劍)이 땅에 묻혀 있을 적에는 늘 밤중에 북두성과 견우성사이에 광채가 감돌았는데, 진(晋)나라의 재상 장화(張華)가 뇌환(雷煥)이라는 사람을 풍성 현령으로 임명하여, 그 칼들을 파내게 하여 지니고 있었으나. 뒤에 이 칼 하나가 용으로 변하였다고 함.

※팽려(彭蠡) : 등왕각 동북쪽에 있는 큰 호수 파양호(鄱陽湖).

※삼태(三台) : 큰 곰 자리에 있는 자미성.

165 | 월요정기(月遶旌旗) 두 구 : 〈복파장군님의 사당을 배알하고 2수(謁伏波廟二首)〉 중 제2수.

樓船金鼓宿烏蠻, 큰 배위에 금 북 두드리어 오만에 묵게 하니,
魚麗羣舟夜上灘. 고기는 뭇 배에 걸리어 밤에야 여울 위로 올라가는구나.

桂樹涼風發, 仰視明河秋夜長』[166] · 李滄溟『海氣控吳還似馬, 陣雲含越總如龍』[167] · 王弇州『關如趙璧常完月, 嶺似并刀欲剪雲』[168] · 『千騎月回

月遶旌旗千嶂靜, 달은 큰 깃발들을 감도는데 천 겹의 산 조용하고,
風傳鈴柝九溪寒. 바람은 순찰병 딱딱이 소리 전하니 온 시내 서늘해지네.
荒夷未必先聲服, 먼 땅의 오랑캐들 먼저 항복한다는 소리 전하는 법 없으니,
神武由來不殺難. 옛날부터 무술에는 죽이지 않으면 어렵다 하네.
想見虞廷新氣象, 우리 명나라의 새로운 기상을 보여주려는 듯,
兩堦干羽五雲端. 양쪽 계단의 방패와 깃에는 다섯 가지 상서로운 구름이 아름답게 서렸네. (이장우 역)

※복파묘(伏波廟) : 후한 때 명장 마원(馬援)의 사당.
※오만(烏蠻) : 서남쪽에 사는 소수민족, 또는 그들이 살고 있는 땅.

166 | 배회계수(徘徊桂樹) 두 구 : 〈이몽양을 작별하면서 지어줌(贈別獻吉)〉.

爾放金鷄別帝鄉, 자네는 금 닭을 놓아두고 황제님의 서울을 떠나니,
何如李白在潯陽. 이태백이 심양 땅에 귀양간 것과 무엇이 다른가?
日暮經過燕趙客, 저녁 때 쯤이면 옛날 연나라 조나라 땅의 나그네들과 만나게 될 터인데,
解裘同醉酒罏傍. 갇옷 벗어놓고 술 목로 곁에서 함께 취하리라.
徘徊桂樹涼飆發, 계수나무 곁을 배회하다가 보니 갑자기 서늘함 생겨날 것이고,
仰視明河秋夜長. 은하수 쳐다보면 가을밤이 길게 느껴지겠구나.
此去梁園逢雨雪, 이번 길에 양원을 지나가다가 눈비 맞게 되거든,
知予遙度赤城梁. 내가 멀리서 적성의 다리 건너갈 생각 있음 알아주게나. (이장우 역)

※금계(金鷄) : 여러 가지 뜻이 있으나, 여기서는 제왕의 교화를 뜻하는 말로 보임.
※연조객(燕趙客) : 북쪽 지방에 있는 사람들인데, 예부터 비분강개함이 많았다고 함.
※양원(梁園) : 폐허의 상징 앞의 주 130) 참조.
※적성(赤城) : 여기서는 신선이 사는 산이라는 뜻으로 사용됨.

167 | 해기공오(海氣抱吳) 두 구 : 〈바다 곁에서 크게 열병식을 하다, 4수(大閱兵海上四首)〉 제 3수.

新開帷幄控朝宗, 새롭게 제독부를 열어 바다를 제압하니,
萬里波臣老折衝. 만리 밖의 물고기들까지 적을 치는데 익숙하네.
海氣抱吳遙似馬, 바다 기운 오 땅을 껴안으니 멀리서 봄에 말과 같고,
陣雲含越總如龍. 늘어서 구름 월 땅을 삼키니 오로지 용과 같구나.
中流鼓應潮聲疊, 중류에서는 북소리 조수 소리에 응하여 첩첩이 울리고,
下瀨戈回日影重. 하류에서는 창빛깔 햇볕 되받아서 겹쳐지네.
自有長纓堪報主, 내 스스로 긴 끈 가지고 있어 적군을 묶어 주상 폐하께 보은할 만하니,

淸嘯響, 一樽天豁大荒愁』169 · 吳川樓『春色漸隨行旅盡, 夕陽偏向逐臣多』170 · 宗方城『樽前明月雙鴻暮, 江上梅花一騎寒』171 等句, 足以跨宋

誰言白雉竟難逢.　　누가 상서로운 흰 꿩 만나기 어렵다고 말하는가? (이장우 역)

※백치(白雉) : 《상서대전(尙書大全)》에 주공이 6년 동안 섭정을 잘하자 월상이라는 먼 나라에서 백치를 헌상하였다함.

168 | 관여조벽(關如趙璧) 두 구 : 〈룡천관(龍泉關)〉.

層巒不盡鎖氤氳,　　층층의 봉우리 끝없이 하늘과 땅의 기운 엉키어 있는데,
劍氣時干北斗文.　　칼의 기운은 때때로 북두성의 무늬까지 치고 올라가네.
浩蕩天爲三晉黨,　　넓고 넓은 하늘은 옛 진나라 땅과 어우러졌고,
淸涼水自五臺分.　　맑고 서늘한 물길은 오대산에서부터 갈라져 나왔네.
關如趙璧常完月,　　관문은 조나라의 구슬인양 언제나 온 달 같이 둥글지만,
嶺似幷刀欲剪雲.　　고개는 칼날을 나란히 세운듯 구름을 쪼개려 하네.
總爲山河能表裏,　　아무쪼록 산과 강이 안과 밖을 이룰 수 있으니,
薊門何限羽林軍.　　수도 북경을 지키는 것이 어찌 우림군 하나에만 달렸겠는가?
(이장우 역)

※용천(龍泉) : 좋은 칼 이름. 이 시의 제목인 용천관은 시의 내용으로 보아 산서성의 오대산어귀에 있는 것 같음.

※우림군(羽林軍) : 수도의 궁성을 지키는 친위대.

169 | 천기월회(千騎月廻) 두 구 : 〈황사보의 대평루에 올라서 지음(登黃寺堡太平樓作)〉.

秋風列戍滿邢州,　　가을바람에 늘어선 수자리 온 형주 땅에 가득한데,
敢爲籌邊獨上樓.　　감히 변방 일 계획하려고 홀로 이 정자에 오를 수 있을가?
千騎月廻淸嘯響,　　천 마리의 말 달 빛 아래 돌아오니 맑은 휘파람 울리고,
一尊天豁大荒愁.　　한 잔 술 들자 하늘이 크게 거친 시름 갈라놓네.
移屯漸老韓長孺,　　주둔지 옮기면서 점점 보람 없이 늙어 감은 한장유였고,
作客誰憐馬少游.　　과객 노릇 하였지만 그 누가 마소유를 가련하다 하겠는가?
出處聖朝應易得,　　좋은 세상에는 세상으로 나가 벼슬하기도 쉽고 물러나 숨기도 쉬우니,
卽論非土竟誰留.　　제가 머물 땅이 아니라고 하지만 끝내 누구를 머물게 할가?
(이장우 역)

※형(邢) : 춘추 전기에 위(衛)나라에게 멸망된 제후국, 지금 하북성의 형대(邢臺)시에 있었음.

※한장유(韓長孺) : 한나라 때 어사대부 겸 호군(護軍)을 지낸 한안국(韓安國)이다. 늙을수록 점점 동쪽 변방으로 밀려나자 마음이 울적하여 피를 토하고 죽었음.

※마소유(馬少游) : 후한의 장군 마원(馬援 : 위의 주 165)의 복파장군)의 사촌 아우. 그에게 너무 큰 공명을 구하지 말 것을 권유하였음.

170 | 춘색점수(春色漸隨) 두 구 : 출전 미상.

涉唐, 而然亦自有明調.

명대 시 예를 들어 곽규郭奎의

家在淮南青桂老, 집은 회남에 있는데 푸른 계수나무 짙어갈 것이고
門臨湖水白蘋深. 문은 호수를 내려다보는데 흰 부평초가 무성하겠지.

고계高啓의 〈영매〉 시

雪滿山中高士臥, 눈 가득 내린 산속에 고상한 선비 누워있는 것 같고,
月明林下美人來. 달 밝은 숲 속에 미인이 찾아온 것 같네.

임홍林鴻의

堤柳欲眠鶯喚起, 제방에 버드나무 조는듯하니 꾀꼬리가 불러일으키고,
宮花乍落鳥銜來. 궁에 꽃이 갑자기 떨어지니 새가 물려고 날아오네.

171 | 준전명월(樽前明月) 두 구 : 〈만공자님께서 풍성으로 돌아가심에 송별하며(送萬公子歸豐城)〉.

青袍綠鬢儼琅玕, 푸른 도포 검은 머리에 옥 장식도 엄연한데,
歲晏趨庭去住難. 해가 저물어 부모님 뵈러 가야하니 붙잡기도 어렵구나.
帝苑佩聲天外盡, 황제님의 동산에서 그대에 관한 좋은 소문 하늘 밖까지 다 알려졌고,
豐城劍氣斗間看. 돌아가는 풍성 땅에는 좋은 칼 기운 북두성까지 벋어나갔지.
尊前明月雙鴻暮, 술 바리 앞에 밝은 달 비추니 두 마리 기러기 늦게 날고 있는데,
江上梅花一騎寒. 남쪽 강변에는 매화 필 때면 말 혼자 타고 쓸쓸하겠지.
共說甘泉能獻賦, 함께 감천궁(甘泉宮)에서 황제님께 부 지어 바침 이야기 하였으니,
春風明日滿長安. 뒷날 봄바람 불적에는 그대의 이름 장안에 가득할 것을 기대하네. (이장우 역)

원개袁凱의

月明漢水初無影, 밝은 달에 한수를 건너지만 처음부터 그림자도 보이지 않고,
雪滿梁園尙未歸. 흰 눈이 양원에 가득한데도 아직 남쪽으로 내려가지 못하였네.

포원浦源의

雲邊路遶巴山色, 구름 옆에 길은 파산을 휘감은 정경이고,
樹裏河流漢水聲. 나무 숲 물 흐름 한수 소리겠지.

왕광양汪廣洋의

松下鶴眠無客到, 소나무 밑에서 백한이 잠드니 찾아오는 손님도 없고,
洞中龍出有雲從. 동굴 안에서 용이 나오니 구름이 좇고 있네.

진여언陳汝言의

佳人擣練秋如水, 아름다운 사람은 흰 명주 다듬이질하는데 가을날은 물결같이 맑고,
士吹笳月滿城. 용사는 갈잎피리 부는데 성에는 달빛 가득 하네.

이몽양李夢陽의

日臨海嶽雲俱色, 해 나오니 모든 산천에 구름이 빛깔을 갖추고,
春入樓臺樹自花. 봄이 오니 정자에는 나무에 저절로 꽃이 피는구나.

하경명何景明의

孤城落雁衝寒水, 외로운 성에 내려앉은 기러기는 찬 물을 치고,
萬樹鳴蟬帶夕陽. 온갖 나무에 우는 매미는 저녁을 즐기는 구나.

변공邊貢의 〈문산사文山祠〉

花外子規燕市月, 꽃을 떠난 두견새는 연경 채시의 밝은 달밤에 슬피 울고,
柳邊精衛浙江潮. 물가의 정위조새는 절강조의 거센 조수에도 뜻을 꺾지 않는다네.

이동양李東陽의 시

酆城夜氣聞龍起, 풍성의 밤기운에 용 일어남 들리고,
彭蠡秋風見雁來. 팽려의 가을바람은 기러기를 날려 보내어 주는구나.

왕수인王守仁의 시

月遶旌旗千嶂曉, 달은 큰 깃발들을 감도는데 천 겹의 산은 조용하고,
風傳鈴鐸九溪寒. 바람은 순찰병 딱딱이 소리 전하니 온 시내 서늘해지네.

서정경徐禎卿의 시

徘徊桂樹涼風發, 계수나무 곁을 배회하다가 보니 갑자기 서늘한 바람 생겨날 것이고,
仰視明河秋夜長. 은하수 쳐다보면 가을밤이 길게 느껴지겠구나.

이반룡李攀龍의 시

海氣控吳還似馬,	바다 기운 오 땅을 껴안으니 멀리서 봄에 말과 같고,
陣雲含越總如龍.	늘어선 구름 월 땅을 삼키니 오로지 용과 같구나.

왕세정王世貞의 시

關如趙璧常完月,	관문은 조나라의 구슬인양 언제나 온 달 같이 둥글지만,
嶺似幷刀欲剪雲.	고개는 칼날을 나란히 세운 듯 구름을 쪼개려 하네.
千騎月回淸嘯響,	천 마리의 말 달 빛 아래 돌아오니 맑은 휘파람 울리고,
一樽天豁大荒愁.	한 잔 술 들자 하늘이 크게 거친 시름 갈라놓네.

오국윤吳國綸의 시

春色漸隨行旅盡,	봄빛은 점점 지나간 여행객 따라서 다 끝나가고,
夕陽偏向逐臣多.	저녁 햇볕은 유독 쫓겨난 신하를 향하여 많이 비추네.

종신宗臣의 시

樽前明月雙鴻暮,	술 바리 앞에 밝은 달 비추니 두 마리 기러기 늦게 날고 있는데,
江上梅花一騎寒.	남쪽 강변에 매화꽃 필 때면 말 혼자 타고 쓸쓸하겠지.

등 시구들은 송시를 뛰어 넘어 당시에 이른다고 하기에 족하지만 명시는 나름대로 명시의 특색이 있다.

【참고문헌】

〈저서〉

高文,《全唐詩簡編》, 上海古籍出版社, 1995.

安末淑,《南龍翼詩文學研究》, 빛남, 1996.

趙鍾業,《韓國詩話叢編三》, 동서문화원, 1989.

송용준 · 오태석 · 이치수,《宋詩史》, 역락, 2004.

金學主(역),《明代詩選》, 명문당, 2005.

柳種睦 · 宋龍準(譯解),《宋詩選》, 서울대학교출판부, 2001.

張世厚(역),《初唐詩》, 중문, 2000.

김학주,《중국문학사》, 신아사, 2008.

김학주(역),《당시선》, 명문당, 2003.

李容完(註譯),《漢詩講》, 미문출판사, 1980.

李炳漢 · 李永朱,《唐詩選》, 서울대학교출판부, 2003.

김홍광,《中國漢詩眞寶》, 이회문화출판사, 2005.

왕유 지음/박삼수역,《왕유詩全集》, 현암사, 2008.

정범진(감수) · 김원중(평석)《宋詩鑑賞大觀》, 까치, 1995.

陳友琴,《元明清詩選注》, 北京出版社, 1988.

이해원,《황하에 흐르는 명시》, 현학사, 2006.

〈논문〉

朴禹勳, 〈壺鵠 南龍翼의 批評史的 功績〉,《시화학》 3 · 4집, 동방시화학회, 2001.

林道鉉, 〈이백 음주시 연구〉, 영남대학교 석사논문, 2009.

(張能實)

30.《시평보유詩評補遺》

저자[洪萬宗]의 생애는《소화시평小華詩評》항목을 보라. 이 책은 2권으로 되어 있다. 조선 숙종肅宗 17년(1691)에 편찬되었으니, 청淸 성조聖祖 강희康熙 30년에 해당한다. 이 책은《소화시평》의 빠진 부분을 보충한 것이다.《한국시화총편韓國詩話叢編》에 수록된《시평보유》에는 인쇄본과 필사본의 두 종류가 있다. 인쇄본에는 주註가 있으나 필사본에는 없다. 그러나 필사본에는 잘못된 글자가 비교적 적고, 또한 조목條目도 인쇄본보다 많다.

[1] 기순의 시와 서거정의 화답시

天使祁順[1]嘗出遊楊花渡[2], 舟中有詩曰 :『倚罷高樓未盡情, 又攜春色泛空明. 人隨竹葉杯中醉, 舟向楊花渡口橫. 東海[3]微茫孤島沒, 南山[4]蒼翠淡雲生. 從前會得江湖樂, 今日襟懷百倍淸.』徐四佳公[5]以儐使[6]和之曰 :『風

1 | 기순(祁順, 1434~1497) :《필원잡기(筆苑雜記)》주 31) 참조.

2 | 양화도(楊花渡) : 서울 마포 서남쪽 잠두봉 아래에 있던 조선 시대의 나루. 삼진(三鎭)의 하나로, 양화진영(楊花津營)이 있었으며 양천에서 강화로 이어지는 중요한 나루터였다. 양화 나루라고도 한다.

3 | 동해(東海) : 아시아 대륙 북동부 한반도 및 러시아 연방령 연해 지방과 일본 열도 · 사할린 섬 등으로 둘러싸인 태평양의 연해.

4 | 남산(南山) : 서울특별시 중구와 용산구 사이에 있는 산. 북악산 · 낙산 · 인왕산과 더불어 서울 분지를 둘러싸고 있는 자연 방벽으로 옛 성벽은 이 능선을 따라 축조되었다. 높이는 262m. 인경산(引慶山)이라고도 한다.

5 | 사가공(四佳公) : 즉 서거정(徐居正, 1420~1488). 본관은 달성(達成), 자는 강중(剛中), 호는 사가정(四佳亭), 시호는 문충(文忠)이다.《경국대전》·《동국통감》·《동국여지승람》편찬에 참여했으며《향약집성방》을 국역(國譯)했다. 문집은《사가집(四佳集)》, 저서는《동인시화(東人詩話)》·《동문선(東文選)》·《역대연표(歷代年表)》·《태평한화골계전(太平閑話滑稽傳)》·《필원잡기(筆苑雜記)》가 있다.

流江海十年情, 坐待潮光撥眼明. 山似高人長偃蹇, 水如建筆更縱橫. 柂樓[7]擧酒日初落, 官渡[8]哦詩潮自生. 更待月明扶醉去, 杏花疏影不禁淸.』兩詩俱佳, 祁詩似優. 四佳每當酬答, 蹙額有難色. 祁公見四佳之作, 甚奬詡.

중국 천자天子의 사신使臣 기순祁順이 양화楊花 나루터에 나들이를 갔다가 배안에서 다음과 같은 시를 지었다.

倚罷高樓未盡情, 높은 누대에 기대어 미진한 기분이라,
又攜春色泛空明. 또 봄 풍경 데리고 맑은 하늘 비친 물에 배를 띄웠다.
人隨竹葉杯中醉, 일엽편주 따라 술잔 속에서 취하나니,
舟向楊花渡口橫. 배는 양화 나루터를 향해 비스듬히 나아간다.
東海微茫孤島沒, 동해는 아득한데 외로운 섬도 잠겨버리고,
南山蒼翠淡雲生. 남산의 녹음 푸른 숲에서 옅은 구름 피어난다.
從前會得江湖樂, 예전부터 강호의 즐거움을 알았지만,
今日襟懷百倍淸. 오늘은 가슴속이 백배나 청량하다.

서거정徐居正이 빈사儐使의 자격으로 다음과 같은 화시和詩를 지었다.

風流江海十年情, 바람처럼 강호를 떠돈 십 년의 마음으로,
坐待潮光撥眼明. 물결 앉아 바라보니 눈을 환하게 해준다.
山似高人長偃蹇, 산은 키 큰 사람 길게 누워 있는 듯하고,
水如建筆更縱橫. 물길은 힘찬 붓처럼 다시 종횡으로 치달린다.

6 | 빈사(儐使) : 사신을 접대하는 고급관리.

7 | 이루(柂樓) : 큰 배를 뜻함. 송나라 섭적(葉適) 〈임공영을 떠나보내며(送林孔英)〉『눈산은 높고 높아 큰 강을 메웠는데, 큰 배는 그 곳 지나가니 맑고도 맑네.(雪山峨峨大江滿, 柂樓過之淸又淸.)』

8 | 관도(官渡) : 관아에서 지은 나루터. 당나라 한유(韓愈) 〈목부용(木芙蓉)〉『강에서 찾아내니 나룻터에 벌써 저녁이 오고, 나뭇가지 꺾었으나 제사 올릴 옛 사당이 없네.(採江官渡晩, 搴木古祠空.)』

梔樓擧酒日初落,	배의 누각에서 술잔 들 때 해는 막 저물고,
官渡哦詩潮自生.	관도에서 놀라운 시 읊자 물결이 절로 인다.
更待月明扶醉去,	다시 달빛 밝아지자 서로 취해 부축하고 가나니,
杏花疏影不禁淸.	살구꽃 성긴 그림자도 청량淸凉함을 막지 않는다.

두 시가 모두 아름답지만 기순의 시가 더 훌륭한 듯하다. 서거정은 수답시酬答詩를 쓸 때마다 이마를 찌푸리며 곤란한 표정을 지었다. 기순은 서거정의 작품을 보고 무척 칭찬했다.

[2] 두보시에 대한 신흠과 이수광의 평

詩固末易作, 詩評亦末易也. 玄翁[9] · 芝峰[10]兩公, 皆深於詩家, 而其所著古人詩評, 間有末妥處. 余表以錄之, 以俟騷壇公議. 玄翁《晴窗軟談》曰 : 『北海[11]之雄, 出子美上.』 又曰 : 『王勃[12]之〈秋夜長〉[13] · 盧照隣[14]之〈長安古意〉[15], 太白則優爲, 子美恐輸一著.』 無乃其予奪太過耶?

昔敖陶孫[16]評論漢魏以下諸詩, 至杜甫則曰如周公[17]制作, 不可擬議.

9 | 현옹(玄翁) : 즉 신흠(申欽, 1566~1628). 《청창연담(晴窓軟談)》 주 2) 참조.

10 | 지봉(芝峰) : 즉 이수광(李睟光, 1563~1628). 《지봉유설(芝峰類說)》 주 2) 참조.

11 | 북해(北海) : 즉 이옹(李邕, 678~747). 당대의 서예가. 자는 태화(泰和), 광릉 강도(廣陵江都)(지금의 江蘇省 楊州市) 사람이다. 부친 이선(李善)은 《문선(文選)》에 주해를 달았던 학자이다. 좌습유(左拾遺) · 후부원외랑(戶部員外郞) · 북해태수(北海太守) 등의 관직을 역임했다. 그는 시와 글짓기에 능했으며, 서예 역시 뛰어났다.

12 | 왕발(王勃, 650~676) : 《지봉유설(芝峰類說)》 주 422) 참조.

13 | 〈추야장(秋夜長)〉 : 앞의 《청창연담》 주 83) 참조.

14 | 노조린(盧照隣, 673?~689?) : 《청창연담(晴窓軟談)》 주 27) 참조.

15 | 〈장안고의(長安古意)〉 : 《초당시》(장세후 역, 중문) p.138~151 참조.

16 | 오도손(敖陶孫, 1154~1227) : 자는 기지(器之), 호는 구암(臞庵). 복건성(福建省) 사람이다. 진사가 된 뒤 천주(泉州)의 첨판(簽判) 등 여러 지방정부의 관료로 재직하였다. 저서는 《구옹집(臞翁集)》(2권)과 《오기지시화(敖器之詩話)》(1권), 《시평》(1권) 등이 있는데, 전하는 시는 많지 않으나 풍격이 박실(朴實)하고 자연스러우며, 시를 평하는 데는 비유를 들어 설명하기를 좋아하였다.

《芝峰類說》[18] 曰 : 『子美 〈岳陽樓〉[19] 詩 「親朋無一字, 老病有孤舟」, 與上句不屬, 且於岳陽樓不相稱』 云. 是大不然, 凡律格有先景物而後實事者, 有先實事而後景物者, 豈芝峰所謂 『不屬』 『不相稱[20]』, 何哉? 唐子西[21]云 : 『余過岳陽樓[22], 觀子美詩, 不過四十字耳, 氣象宏放, 殆與洞庭爭雄.』 豈不信哉?

시는 본래 짓기가 쉽지 않고, 시를 평하는 것 또한 쉽지 않다. 신흠申欽과 이수광李睟光은 모두 시에 조예가 깊지만, 그들이 지은 옛 사람의 시에 대한 평에는 간혹 타당하지 않은 부분이 있다. 내가 그것들을 드러내 기록하나니, 시단詩壇의 공개적인 논의를 기다린다. 신흠은 《청창연담》에서 이렇게 말했다. 『북해北海의 웅건雄健함은 두보杜甫보다 뛰어나다.』 또 말하기를 왕발王勃의 〈추야장秋夜長〉과 노조린盧照隣의 〈장안고의長安古意〉는 이백李白이 라면 그보다 낫겠지만 두보는 아마 조금 뒤질 것이다.』 이러니 잘잘못에 대한 평가가 너무 지나치지 않은가?

옛날 오도손敖陶孫이 한漢 · 위魏 이래의 여러 시들을 평론하면서, 두보에 대해서는 (그의 시가) 주공周公이 예악과 제도를 만든 것과 같아서 (감히)

17 | 주공(周公, ?~?) : 《오산설림(五山說林)》 주 10) 참조.
18 | 《지봉유설(芝峰類說)》 : 여기 인용된 구절은 앞의 《지봉유설》의 〈시평〉조를 보라.
19 | 〈악양루(岳陽樓)〉 : 즉 〈악양루에 올라(登岳陽樓)〉. 《지봉유설(芝峰類說)》 주 102) 참조.
20 | 칭(稱) : 원작에는 『親』으로 되어 있는데, 위의 문장에 근거하여 고침.
21 | 당자서(唐子西) : 즉 당경(唐庚, 1071~1121). 북송 때 미주(眉州)의 단릉(丹棱) 사람으로 자는 자서(子西)이다. 세상 사람들은 노국(魯國) 선생이라 불렀다. 진사가 된 뒤 지방 관직을 역임하다가 신법당의 재상 장상영(張商英)의 추천을 받아 경기(京畿)로 들어가 벼슬하였으나, 뒤에 혜주(惠州)로 귀양가기도 하였다. 그가 지은 시화로는 《당자서문록(唐子西文錄)》 1권이 있는데, 시는 조어(造語)가 『간요자연(簡要自然)』 해야 한다고 하였다. 저서는 《당자서집(唐子西集)》이 있다.
22 | 과악양루(過岳陽樓) : 《문록》에는 여기 인용된 말에 이어 다음과 같은 말이 나온다. 『… 이태백과 한퇴지 같은 사람들은 대체로 길이가 긴 작품에서 자기들의 필력을 마음껏 펼치나, 끝내 두보에 미칠 수는 없다. 두보의 시는 비록 짧지 만 크나, 딴 시들은 비록 길이가 길지만 도리어 작다(太白, 退之之輩, 率爲大篇, 極其筆力, 終不逮也. 杜詩雖小而大, 餘詩雖大而小.)』

가치를 따질 수 없다고 했다.

《지봉유설芝峰類說》에서는 이렇게 기록되어 있다. 『두보의 시 〈등악양루登岳陽樓〉에 「친구들로부터는 한 자의 소식도 없는데, 나는 늙고 병들어 외로운 배에 실려 있네(親朋無一字, 老病有孤舟)」라는 구절은 위 구절과 이어지지 않고 또 악양루와도 어울리지 않는다.』

이것은 아주 잘못된 말이다. 율시의 격률은 먼저 경물景物을 묘사하고 나서 사실을 묘사하는 것도 있고, 먼저 사실을 묘사하고 나서 경물을 묘사하는 것도 있는데, 어찌 반드시 처음부터 끝까지 경물만을 묘사해야 한다고 하겠는가? 이 시는 두보가 전란을 피해 이곳에 이르러서 지은 것이다. 위쪽 1연聯은 모두 경물을 묘사한 것이고, 아래 연은 그 정서情緖를 서술하여 시를 지은 것이다. 그런데 이수광이 「이어지지 않고」 「어울리지 않는다」고 한 것은 무엇 때문인가? 당경唐庚은 이렇게 말했다. 『내가 악양루에 들러 두보의 시를 보니 40자에 불과했으나 기상氣象이 호방하여, 거의 동정호와 웅장함이 다툴 만하다.』 이 어찌 믿을 만한 말이 아니겠는가?

[3] 두보시에 대한 권필의 찬시

權石洲[23]題杜子美詩曰 : 『杜甫文章世所宗, 一回披讀一開胸. 神飆習習生陰壑, 仙樂嘈嘈發古鍾. 雲盡碧空橫快鶻, 月明滄海戲群龍. 依然步入仙山路, 領略千峰又萬峰.』[24]

권필權韠은 두자미의 시를 제목 삼아 쓴 시 에서 이렇게 노래했다.

杜甫文章世所宗,　　두보의 문장은 대대로 으뜸으로 받들어졌는데,

23 | 권석주(權石洲) : 즉 권필(權韠, 1569~1612). 《지봉유설(芝峰類說)》 주 116) 참조.

24 | 두보문장(杜甫文章)~우만봉(又萬峰) : 《석주집》(권4)에는 이 시의 제목이 〈두보시를 읽다가 우연히 제목 삼아 씀(讀杜詩偶題)〉으로 되어 있고, 『우(又)』자가 『갱(更)』자로 되어 있음.

一回披讀一開胸.	펼쳐 볼 때마다 가슴이 후련하게 열린다.
神飆習習生陰壑,	신령한 회오리바람 그늘진 골짝에서 휘휘 일어나는 듯,
仙樂嘈嘈發古鍾.	신선의 음악 오래된 종에서 쟁쟁 울려 퍼지는 듯.
雲盡碧空橫快鶻,	구름 없는 푸른 하늘에 날쌘 송골매 비스듬히 날 듯,
月明滄海戲群龍.	달 밝은 드넓은 바다에서 용들이 무리지어 노니는 듯.
依然步入仙山路,	의연하게 신선의 산길 걸어 들어가서,
領略千峰又萬峰.	천만 개의 봉우리 느긋이 감상하는 듯.

(龐晨光)

31.《서포만필西浦漫筆》[1]

김만중(金萬重, 1637~1692)[2]이 지었다. 만중의 자는 중숙重叔, 호는 서포西浦이며, 본관은 광산光山이다. 이 책은 2권으로 조선 숙종 18년(1692)에 지어졌으며, 청나라 성조聖祖 강희康熙 31년에 해당한다.

[1] 문자를 읽는데 소홀해선 안 된다

常怪前輩看文字, 往往甚疏.《東人詩話》[3] 極詆高[4]詔使閏〈却馬〉詩「漢文旣已輕千里[5], 祖逖無心著一鞭」[6] 之句, 謂人臣何敢擬漢文云. 高詩意正謂上有修文之主, 故下無邀功之臣, 用事明切, 有何難見而如是錯認乎? 如使華人見之, 詎不益輕東方?

항상 선배들이 문자를 읽는데 몹시 소홀한 것을 이상하게 여겼다.《동인

1 |《서포만필(西浦漫筆)》: 조선 숙종 때 김만중이 지은 책. 제자백가 가운데 의문나는 점을 해석하고, 부록으로 신라 이후 조선 시대에 이르는 명시(名詩)에 대한 비평을 달았다. 특히, 정철의 가사(歌辭)를 높이 평가하면서, 우리 문학의 우수성을 주장하였다.

2 | 김만중(金萬重) : 조선 후기의 문신 · 소설가. 공조 판서, 홍문관 대제학을 지냈다. 한글 소설 문학의 선구자로서, 문학에서 자국어로 표현하지 않고 남의 글 즉, 한문을 쓰는 일은 앵무새가 사람의 말을 흉내 내는 것에 불과하다고 주장하였다. 한문이 공용 문자로 쓰였고 국문은 언문이라 하여 천시하던 시대에 김만중의 국문과 국어에 대한 자각은 중요한 역사적 의의를 갖는다. 작품에《구운몽》,《사씨남정기》, 저서에《서포만필(西浦漫筆)》등이 있다.

3 | 동인시화(東人詩話) :《동인시화(東人詩話)》주 1) 참조.

4 | 고윤(高閏) :《동인시화(東人詩話)》주 28) 참조.

5 | 한문기이경천리(漢文旣已輕千里) :《동인시화(東人詩話)》주 30) 참조.

6 | 조적(祖逖) :《동인시화(東人詩話)》주 31) 참조.

시화》에는 고윤高閏 조사詔使의 〈말을 사양한 시(却馬詩)〉에,

漢文旣已輕千里,　　한 문제는 이미 천리마를 가벼이 여겼고,
祖逖無心著一鞭.　　조적은 한 채찍을 먼저 잡는데 관심이 없었네.

고 하였음을 극히 비방하여, 인신人臣이 어찌 감히 한문제에 비교할 수 있겠느냐고 하였다. 고윤의 시의 뜻은 바로 위에 시문詩文을 수양한 임금이 있기 때문에, 아래에 무공武功을 바라는 신하가 없다 함이니, 용사用事가 분명하고 절실하다. 무슨 비난할 것이 보인다고 이처럼 착각했을까? 만약에 중국인이 이를 본다면 어찌 더욱 동방을 깔보지 않겠는가?

[2] 이백과 두보의 비교

李·杜齊名, 而唐以來文人之左右袒[7]者, 杜居七八. 白樂天·元微之[8]·王介甫[9]及江西一派並尊杜. 歐陽永叔·朱晦菴·楊用修[10]右李. 韓退之·蘇子瞻並尊者也. 若明弘嘉諸公[11], 固亦並尊, 而觀其旨意, 率皆偏向少陵耳. 詩道至少陵而大成, 古今推而爲大家無異論. 李固不得與也. 然物到盛便有衰意. 邵子[12]曰 :「看花須看未開時.」[13] 李如花之始開, 杜如

7 | 좌우단(左右袒) : 한나라 장수 주발(周勃)이 북군에 들어가서 군사들에게 여후(呂后)를 위하는 자는 왼쪽 어깨를 드러내고 유방을 위하는 자는 오른쪽 어깨를 드러내라고 하였다. 이로 인해 양자간에 결정하는 일을 가리키는 말로 사용하였다.

8 | 원미지(元微之, 779~831) : 《지봉유설(芝峰類說)》 주 723) 참조.

9 | 왕개보(王介甫, 1021~1086) : 송(宋)때의 문필가이자 정치가인 왕안석(王安石). 《백운소설(白雲小說)》 주 10) 참조.

10 | 양용수(楊用修, 1488~1559) : 명대(明代)의 문학가이자 학자인 양신(陽愼). 자는 용수(用修)이고 호는 승암(升庵)이다. 사천성 신도(新都) 사람이다. 학식이 해박하여 사학·금석학·민간문학·사곡(詞曲) 등에 조예가 깊었다. 저작으로는 〈승암전집(升庵全集)〉과 산곡(散曲)을 모은 〈도정악부(陶情樂府)〉가 있다.

11 | 홍가제공(弘嘉諸公) : 이몽양(李夢陽)·하경명(何景明)등 『전7자』, 이반룡(李攀龍)·왕세정(王世貞) 등 『후7자』들을 말함. 그들은 고체시는 한위를 근체시는 성당을 모방하였음.

盡開, 夔後則不無離披意.

이백과 두보는 이름이 똑같이 났으나, 당나라 이래로 문인들이 판단한 것은 두보에 기운 사람이 70%~80%나 차지한다. 백거이, 원진, 왕안석 및 강서파들은 두보를 존중했고, 구양수, 주희, 양신은 이백을 높였으며 한유와 소동파는 이들을 다같이 존중했다. 명대의 홍치가정(弘治 : 1488~1518, 嘉靖 : 1522~1566) 년간의 여러분들도 둘 다 존경했지만, 그들의 본뜻을 살펴보면 대부분 두보에 편향되어 있다. 시도詩道가 두보에 이르러 크게 완성되어 고금 사람들이 그를 추앙하여 대가大家로 삼는 데는 이론異論이 없으니, 이백은 정녕 함께 논할 수가 없다. 그러나 사물이 극히 성하게 되면, 곧 쇠미한 경향이 나타난다. 소옹은 "꽃을 볼 때는 피지 아니했을 때를 보아야 한다"고 하였다. 이백은 꽃이 처음 핀 것과 같다면, 두보는 완전히 핀 것과 같다. 두보의 기주夔州 이후의 시는 시들려는 경향이 없지 않다.

[3] 시인들은 각기 숭상하는 바가 달리 있다

詩人於古人之詩, 所尙(各)不同, 亦可見其才識. 宋嚴滄浪[14]以崔顥〈黃鶴樓〉[15] 爲唐律第一, 明何大復[16]以沈佺期『盧家少婦』[17] 爲第一. 李滄溟

12 | 소자(邵子) : 송나라 때 학자인 소옹(邵雍, 1011~1077). 자는 요부(堯夫)이고 호는 강절(康節)이다. 북송의 4대 유학자 중의 하나. 원래는 중국 하북(河北) 범양(范陽)에서 태어나 만년에는 낙양(洛陽)에 은거했다. 《주역》의 정교 한 해석으로 이름이 높다.

13 | 간화수간미개시(看花須看未開時) : 〈작은 정원의 매화를 보고 동생 조카에게 줌 2수(與弟姪, 觀小圃梅花二首)〉 중 제1수.

看花須看未開時, 　꽃을 볼 때는 피지 아니했을 때를 보아야 하니,
到七分開看已遲. 　칠할이 피었을 때 보면 이미 늦으리.
前輩詠梅多此意, 　선배들 매화 노래할 때 대부분 이러한 뜻이었는데,
水邊竹外兩三枝, 　물가의 대나무 숲 밖으로 매화 두어 가지가 나왔네.

14 | 엄창랑(嚴滄浪) : 엄우(嚴羽, ?~?). 《체의성삼자주해(體意聲三字注解)》 주 12) 참조.

15 | 황학루(黃鶴樓) : 《지봉유설(芝峰類說)》 주 61) 참조. 엄우의 《창랑시화》에 『당나라 사람들의 7언 율시로는 마땅히 최호의 〈황학루〉를 제1로 삼아야 한다(唐人七言律詩,

[18]以王昌齡[19]『秦時明月』[20] 爲絶句第一, 楊升菴[21]以劉禹錫[22]『春江一曲』[23] 爲第一, 胡元瑞[24]以王翰[25]『蒲桃美酒』[26] 爲第一. 國朝權汝章最喜許渾[27]『勞歌一曲解行舟』之詩[28], 李芝峰於唐人律詩歷詆王・杜・賈・岑之〈大明宮〉[29]・孟浩然[30]之〈岳陽樓〉, 而以初唐『林間覓草纔生蕙, 園裏尋花盡是梅』[31] 之詩爲第一.

當以崔灝黃鶴樓爲第一)』라는 말이 보인다.

16 | 하대복(何大復, 1483~1521) : 명나라 작가인 하경명(何景明).《학산초담》 주 5) 참조.

17 | 노가소부(盧家少婦) :《지봉유설(芝峰類說)》 주 58) 참조.

18 | 이창명(李滄溟, 1514~1570) : 이반룡(李攀龍).《학산초담(鶴山樵談)》 주 9) 참조.

19 | 왕창령(王昌齡, 698~755?) :《지봉유설(芝峰類說)》 주 125) 참조.

20 | 진시명월(秦時明月) : 왕창령이 지은 〈변경의 요새를 나가며(出塞)〉 2수 중 제1수.《지봉유설(芝峰類說)》 주 126) 참조.

21 | 양승암(楊升菴) : 양신(楊愼),《지봉유설(芝峰類說)》 주 34) 참조.

22 | 유우석(劉禹錫, 772~842) :《역옹패설(櫟翁稗說)》 주 50) 참조.

23 | 춘강일곡(春江一曲) : 유우석이 지은 〈버드나무 가지(楊柳枝)〉

春江一曲柳千條,	봄이 온 강에서 부르는 노래는 천 갈래 버드나무 같고,
二十年前舊板橋.	이십 년 전 나무다리는 여전하구나.
曾與美人橋上別,	일찍이 내 님이랑 다리위에서 이별하였는데,
恨無消息到今朝.	한스럽게도 오늘까지도 아무런 소식이 없네.

24 | 호원서(胡元瑞) : 호응린(胡應麟, 1551~1602)을 말한다.《학시준적(學詩準的)》 주 48) 참조.

25 | 왕한(王翰, 687~726) :《청창연담(晴窓軟談)》 주 64) 참조.

26 | 포도미주(蒲桃美酒) : 왕한이 지은 〈양주사(凉州詞) 2수〉 중 제1수.

蒲萄美酒夜光杯,	야광배 술잔에 맛 나는 포도주.
欲飮琵琶馬上催.	마시려니 말위의 비파가 재촉한다.
醉臥沙場君莫笑,	취해 모래밭에 누워도 그대는 비웃지 마시길,
古來征戰幾人回.	예부터 전쟁에 나아가 몇 사람이나 돌아왔던가?

27 | 허혼(許渾) :《지봉유설(芝峰類說)》 주 117) 참조.

28 | 권여장(權汝章) : 권필(權韠)《지봉유설(芝峰類說)》 주 116) 참조.

29 | 〈대명궁(大明宮)〉 : 이 네 시인들이 지은 〈대명궁〉 시에 관한 내용은《지봉유설》[27] 참조.

30 | 맹호연(孟浩然) :《지봉유설(芝峰類說)》 주 498) 참조. 여기서는 맹호연이 아니라 두보인 듯하다. 이에 관한 이수광의 시평은《지봉유설》[26] 단락에 보인다.

31 | 임간멱초재생혜(林間覓草纔生蕙) 두 구 : 이에 관한 내용은《지봉유설》[14] 참조.

시인들이 옛날 사람들의 시에 대한 숭상하는 바가 각각 달랐으니, 또한 그들의 재질과 식견을 가히 알 수 있다. 송나라 엄우는 최호의 〈황학루〉를 당대 율시의 제일로 여겼고, 명나라 하경명은 심전기의 〈노가소부〉를 제일로 여겼다. 이반룡은 당나라 왕창령의 〈진시명월〉을 절구의 제일로 여겼고, 양신은 당나라 유우석의 〈춘강일곡〉을 제일로 여겼다. 또한 호응린은 왕한의 〈포도미주〉를 제일로 여겼다. 조선의 권필은 허혼의 시 〈노가일곡해행주〉를 가장 좋아했으며, 이수광은 당대 율시 중에 역대로 왕유, 두보, 가지 및 잠참의 〈대명궁〉, 맹호연의 〈악양루〉를 비난하고 초당 시인의

林間覓草纔生蕙, 숲속에서 풀을 찾으니 혜초가 비로소 자라나고,
園裏尋花盡是梅. 정원에서 꽃을 찾으니 모두가 매화일세.

를 제일로 여겼다.

[4] 시인들 간의 이견異見

李奎報不喜梅聖兪[33], 蓋以其見深淸省與己之飽滿豪宕正相反. 而亟稱徐凝[34]《瀑布》[35] 詩, 以東坡爲失評者, 亦以凝詩只取新意, 不拘雅俗, 有

32 | 이규보(李奎報, 1168~1241) : 《백운소설》의 작자소개 참조.
33 | 매성유(梅聖兪) : 송나라 시인 매요신(梅堯臣). 《백운소설(白雲小說)》 주 14) 참조.
34 | 서응(徐凝) : 당나라 시인. 《백운소설(白雲小說)》 주 6) 참조.
35 | 폭포(瀑布) : 서응이 지은 〈여산폭포(廬山瀑布)〉

虛空落泉千仞直, 허공에서 샘물처럼 천길 곧추 떨어져,
千古長如白練飛. 천고 이래 끊임없이 흰 명주같이 날리네.
雷奔入江不暫息, 긴 뇌성 울리며 쉴 새 없이 강으로 흘러 들어가,
一條界破靑山色. 한줄기 폭포는 푸른빛 산을 경계 지어 가르네.

소식(蘇軾)이 지은 〈서응이 지은 폭포시를 희롱하며(戱徐凝瀑布詩)〉
帝遣銀河一派垂, 상제가 한 줄기 은하수를 내려 보내니,
古來惟有謫仙詞. 예로부터 오직 이적선의 시가 있을 뿐이네.

相契合故也. 使坡公見文順詩, 其以爲惡詩無疑也. 若柳夢寅[36]之毁謗歐陽文 · 簡齋詩, 抑又甚矣.

이규보는 매성유를 좋아하지 않았는데, 아마 그가 깊고 맑고 내성적임에 비해 자신은 포만하고 호탕하여 성격이 정반대였기 때문일 것이다. 또한 서응의 〈폭포〉 시를 자주 칭찬 하면서 소동파가 잘못 평했다고 여긴 것도, 또한 서응의 시가 다만 새로운 뜻만 취하고, 아속에 구속받지 않고, 자기 입장과 합치되기 때문이다. 소동파로 하여금 이규보의 시를 보게 하면, 의심할 나위 없이 악시라고 여겼을 것이다. 유몽인이 구양수의 글과 진여의의 시를 비방함은 또한 더 심했다.

[5] 두보가 왕유시의 좋은 점을 계승 했다

有人詩尙王右丞, 不喜老杜, 王弇州[37]曰 : 『公若熟讀杜詩, 其中自有右丞.』[38] 弇州此言, 不敢以爲然. 文章如金石絲竹[39], 其聲不能相兼, 而各有所至. 苟欲兼之, 則亦未必成聲也. 千石之鐘, 萬石之簴[40], 聲滿天地, 衆

飛流濺沫知多少, 폭포의 내리쏟은 물 하고 많지만,
不與徐凝洗惡詩. 서응에게 악시를 씻게 하진 않으리.
서응과 소식의 폭포시 논쟁에 관해서는《동인시화》[5]와《백운소설》[2] 참조.

36 | 유몽인(柳夢寅, 1559~1623) :《어우야담(於于野談)》 주 2) 참조. 그가 진여의의 시를 악평한 것은《어우야담》[15] 단락을 보라.

37 | 왕엄주(王弇州) :《학산초담(鶴山樵談)》 주 10) 참조.

38 | 숙독두시(熟讀杜詩) : 출전미상. 다만 같은 사람이 쓴《예원치언(藝苑巵言)》 권4에 『요즘 이름이 있는 한 귀인이 일찍이 나에게 말하기를 「두보의 촌 말로는 왕유를 이길 수 없지. 내가 좋아하는 것은 왕유야!」하였다. 내가 다음과 같이 답하였다. 「아마도 족하께서는 왕유를 좋아하지 않으시는 것 같군요. 왕유를 좋아한다면서 또 어떻게 두보를 놓아버릴 수 있겠습니까? 두보의 시집 가운데는 왕유의 말이 많이 들어 있으니, 눈을 닦고 고요히 앉아서 삼년동안 두보집을 읽어보지 않겠습니까? 하니 그 사람은 화가 나서 가버렸다.」』 같은 말이 보인다.

39 | 금석사죽(金石絲竹) : 각종 타악기, 현악기, 관악기를 말한다.

40 | 거(簴) : 취악기의 일종.

樂皆廢, 老杜之於詩是也. 然泗濱　陽[41]之淸遠幽窅, 亦不可不還他所長. 如右丞之『行到水窮處, 坐看雲起時』[42]『漠漠水田飛白鷺, 陰陰夏木囀黃鸝』[43],《杜集》何嘗有此語?

어떤 사람이 시에 대해 왕유를 숭상하고 두보를 좋아하지 않자, 왕세정은 "그대가 만약 두보의 시를 숙독하면, 그 속에 절로 왕유가 있다"라고 말했다. 왕세정의 이 말은 감히 바르다고 생각지 못하겠다. 문장은 악기와 같아서 그 소리는 서로 겸할 수 없으며 각기 이르는 바가 있다. 만약 이를 겸하려 한다면 필히 소리가 이루어지지지 않을 것이다. 아주 큰 종이나 아주 큰 나팔이 천지에 가득하면 모든 음악은 사라진다. 두보는 시에 있어서 그러하다. 그러나 사빈과 역양의 맑고 멀며 그윽하고 오묘한 소리는 또한 왕

41 | 사빈역양(泗濱嶧陽) : 사빈에는 경석(磬石)이 나고, 역양에는 오동나무가 생산되는데, 모두 좋은 악기의 재료들이다.

42 | 행도수궁처(行到水窮處) 두 구 : 왕유가 지은 〈종남별업(終南別業)〉.

中歲頗好道, 999년이 되면서 자못 도를 좋아하여,
晩家南山陲. 년에 남산 기슭에 집하나 마련했다.
興來每獨往, 이 나면 자주 홀로 오가며,
勝事空自知. 은 일에도 그저 혼자서만 알 뿐이다.
行到水窮處, 번 나서면 수원지 끝까지도 가보기도 하고,
坐看雲起時. 당한 곳에 앉아 구름 피어나는 것을 보기도 한다.
偶然値林叟, 연히 숲 속에서 노인이라도 만나면,
談笑無環期. 로 담소하느라 돌아 갈 줄 모른다.

43 | 막막수전비백로(漠漠水田飛白鷺) 두 구 : 왕유가 지은 〈장마철 망천 별장에서 지음(積雨輞川莊作)〉.

積雨空林煙火遲, 장마 속 텅 빈 숲, 밥 짓기 어려운데,
蒸藜炊黍餉東菑. 비름 반찬, 기장밥을 동쪽 밭으로 보낸다.
漠漠水田飛白鷺, 넓은 논에는 백로 날아다니고,
陰陰夏木囀黃鸝. 그늘진 나무에 꾀꼬리 지저귄다.
山中習靜觀朝槿, 산중에서 고요함 익혀 아침 무궁화를 보고,
松下淸齋折露葵. 소나무 아래서 깨끗이 가다듬고 이슬 맞은 아욱을 꺾는다.
野老與人爭席罷, 시골 늙은이는 남들과 자리다툼 그쳤는데,
海鷗何事更相疑. 갈매기는 어쩌자고 다시 나를 의심하나.

유의 장점으로 돌리지 않을 수 없으니, 왕유의

行到水窮處, 발길이 물 다한 곳에 이르러,
坐看雲起時. 앉아서 구름 피어나는 것을 본다.

또

漠漠水田飛白鷺, 아득한 논에는 백로가 날고,
陰陰夏木囀黃鸝. 울창한 여름 숲에 꾀꼬리가 우네.

고 했는데, 두보의 시집에 일찍이 이런 말이 있었던가?

[6] 명시대의 시의 경지

皇明詩, 濟南吳郡[44]之七言律, 信陽武昌[45]之五言律, 北地[46]之歌行, 蘇門[47]之《選》體, 皆其至者也.

명대의 시에 이반룡의 칠언율시와 하경명의 오언율시, 이몽양의 가행歌行과 고숙사의 문선체文選體는 모두 그 지극한 경지에 이른 경지이다.

44 | 제남오군(濟南吳郡) : 이반룡을 가리킴.

45 | 신양무창(信陽武昌) : 하경명을 가리킴.

46 | 북지(北地) : 명나라 시인 이몽양(李夢陽, 1475~1529)을 가리킨다. 자는 헌길(獻吉)이고 호는 공동(崆峒)이다. 칠재자(七才子)중의 한 사람. 『문필진한(文必秦漢), 시필성당(詩必盛唐)』으로 시문의 복고를 주장하여, 진한(秦漢)의 고문과 이 · 두의 시를 이상으로 하고 시의 격조를 중시하였다. 문집에는《이공동전집》66권이 있다.

47 | 소문(蘇門) : 명나라 문인인 고숙사(高叔嗣, 1501~1537)를 가리킨다. 자는 자업(子業)이고 호는 소문산인(蘇門山人)이며, 하남성 상부(祥符) 사람이다. 1523년 진사(進士)가 되었고, 벼슬은 이부주사(吏部主事)를 거쳐 호광안찰사(湖廣按察使)에 이르렀다. 어려서부터 이몽양을 알게 되어 그의 지도를 받았으며, 그의 형 고중사(高仲嗣)와 더불어 재명(才名)을 떨쳤다. 저서로 시문집《소문집(蘇文集)》(8권)을 남겼다.

[7] 한유와 맹교가 쓴 연구聯句가 잘 되었다

宋人小說[48]：哲宗受艾灸時, 侍臣誦某人惡詩『蛙翻白出闊, 蚓死紫之長』[49] 之句, 哲宗大笑爲之忘痛. 此詩信可笑, 然句法實出韓・孟〈城南聯句〉『菱翻紫角利, 荷折碧圓傾』[50] 之句. 其人未必非深於詩者, 宋人尙韓詩, 多以爲勝於李杜, 故其弊至此. 若韓・孟〈鬥雞聯句〉『一噴一醒然, 再接再礪乃』[51] 之類, 宋人極稱其工[52], 而實未知其佳處何在也.

48 | 송인소설(宋人小說) : 이와 같은 기록은 《설부(說郛)》 권34 下의 〈부장록(拊掌錄)〉에 보인다.

49 | 와번백출활(蛙翻白出濶) : 제목 및 작자 미상.

日暖看三織, 날 따뜻한데 보니 세 마리 거미가 집을 짓고,
風高鬪兩廂. 바람 높은데 양 행랑에는 두 마리 참새가 싸우고 있네.
蛙翻白出濶, 개구리 뒤집어지니 하얗게 출(出)자가 뻗히고,
蚓死紫之長. 지렁이가 죽으니 자줏빛 지(之)자가 길게 늘어졌네.
潑聽琵梧鳳, 물마시고 오동나무 비파의 봉황소리 듣고,
饅抛接建章. 만두 먹고 건안의 문장을 이어서 짓네.
歸來屋裏坐, 돌아와서는 집안에 앉으니,
打殺又何妨. 때려죽이는 것 또 어찌 거리끼겠는가?

50 | 능번자각리(菱翻紫角利) 두 구 : 한유・맹교의 〈성남련구(城南聯句)〉. 상구는 한유가 지었고 하구는 맹교가 지었다. 《전당시》 권791.

……

宿羽有先曉,(맹) 잘 깃이 있으면 나아가며 밝히고,
食鱗時半橫. 어류의 생활은 시간이 반이네.
菱翻紫角利,(한) 마름 뒤집어지자 자줏빛 뿔 날카롭고,
荷折碧圓傾. 연꽃 꺾이자 푸른빛 둥글게 기우네.
楚膩鱣鮪亂,(맹) 우거지게 다랑어가 어지럽게 돌고,
獠羞螺蟹并.(한) 사냥이 두려워 소라와 게가 어울리네.

……

51 | 일분일성연(一噴一醒然) : 한유・맹교의 〈투계련구(鬥雞聯句)〉, 이 두 구는 맹교가 지었다. 《전당시》 권791.

…

知雄欣動顔, 영웅을 알게 되고 받듦에 체면이 서고,
怯負愁看賄. 패하는 게 겁이나 근심에 재물만 본다.
爭觀雲塡道, 다툼을 보면 구름이 길을 메우듯이,
助叫波翻海.(한) 힘을 빌릴 때 외침이 바다가 뒤집히듯 진동한다.

송나라 사람이 쓴 소설에 철종이 쑥뜸질을 받고 있을 때, 시중드는 신하가 어떤 사람의 악시惡詩 중에서

蛙翻白出闊,　　개구리 뒤집어지자 흰 출出자가 뻔히고,
蚯死紫之長.　　지렁이 죽자 자줏빛 지之자가 길구나.

라는 구절을 외자, 철종이 크게 웃으며 이 때문에 아픔을 잊었다고 한다. 이 시는 정말 가소롭지만, 그러나 구법은 실로 한유 · 맹교의 〈성남련구〉에,

菱翻紫角利,　　마름 뒤집어지자 자줏빛 뿔 날카롭고,
荷折碧圓傾.　　연꽃 꺾이자 푸른빛 둥글게 기운다.

라는 시구보다 나온 것이다. 이 시를 지은 사람이 반드시 시에 깊은 경지에 이른 사람이 아니라고는 못하겠지만, 송나라 사람들이 한유의 시를 숭상하여, 대부분 이백이나 두보보다 낫다고 생각하였으므로, 그 폐단이 여기에 이른 것이다. 한유 · 맹교의 〈투계련구〉에

一噴一醒然,　　한번 달려들고 한번 생각하다가는,
再接再礪乃.　　다시 붙었다가 다시 기세 가다듬는다.

事爪深難解,　　일이 깊어져 해결하기 어려울 지경에 이르러,
嗔睛時未怠.　　성난 눈동자는 기회를 보며 물러선다.
一噴一醒然,　　한번 달려들고 한번 생각하다가는,
再接再礪乃.(맹)　　다시 붙었다가 다시 기세 가다듬는다.
……

52 | 송인극칭기공(宋人極稱其工) : 구양수가 지은 〈매요신의 반도시를 읽고(讀聖俞蟠桃詩)〉『한유와 맹교는 문장을 짓는데, 두 영웅의 힘이 서로 엇비슷하였다네. 담소하는 사이에 편장을 엮어 나가나, 우레와 번개가 그윽한 황무지를 치는 듯 하네. 뭇 새들이야 누가 감히 화답할 수 있겠는가! 우는 봉황새가 그 짝을 부르는 듯 하네.(韓孟於文詞, 兩雄力相當, 篇章綴談笑, 雷電擊幽荒, 衆鳥誰 和, 鳴鳳呼其凰.)』

라는 것과 같은 것을 송나라 사람들은 그 공묘함을 칭찬하지만, 사실 그 잘된 곳이 어디 있는지 모르겠다.

[8] 이반룡과 왕세정의 화답시

李滄溟[53]贈王弇州詩曰：『我昔朝天日, 君乘使者軒. 並驅皆上駟, 相遇復中原. 草昧詞人起, 風塵國士恩. 別來春色滿, 無處不銷魂.』[54] 弇州詩曰：『赤日浴滄海, 靑天橫岱宗. 漢家兩司馬, 吾代一攀龍. 病起千年態, 徘徊絶世容. 齊稱君誤矣, 廖廓或雲從.』[55] 其傲睨飛揚之氣, 可想.

이반룡이 왕세정에게 준 시에,

我昔朝天日, 내 옛날 서울 갔을 때,
君乘使者軒. 그대는 사신의 수레 탔었네.
並驅皆上駟, 함께 네 마리 말 끌면서,
相遇復中原. 다시 중원 땅에서 만났네.
草昧詞人起, 풀 우거진 데서 시인이 일어났고,
風塵國士恩. 세상 어려운 데서 나라의 선비 은덕 받았네.
別來春色滿, 이별한 뒤 봄빛 가득하여,
無處不銷魂. 내 넋을 놓아버릴 곳조차 없네.

라 하였다. 왕세정의 시에는

53 | 이창명(李滄溟) : 《학산초담(鶴山樵談)》 주 9) 참조.
54 | 아석조천일(我昔朝天日) 여덟 구 : 이반룡의 〈왕세정에게 띄움(寄元美)〉 4수 중 제1수이며, 본문은 전문이다. 《창명집》 권6.
55 | 적일욕창해(赤日浴滄海) 여덟 구 : 왕세정의 〈이반룡에게 답함 8수(答助甫吏部八首)〉 중 제6수이며, 본문은 전문이다. 《엄주사부고》 권27.

赤日浴滄海, 붉은 태양 창해에서 목욕하고,
青天橫岱宗. 푸른 하늘에 솟아 태산泰山을 가로지르네.
漢家兩司馬, 한나라 때에는 사마천과 사마상여 두 문호가 있었지만,
吾代一攀龍. 우리 시대에는 한 반룡攀龍이 있다네.
病起千年態, 천년 묵은 구태에서 병을 털고 일어나서,
徘徊絶世容. 배회하면서 속된 모습을 끊어버렸다네.
齊稱君誤矣, 모두가 그대가 틀렸다고 말하여도,
寥廓或雲從. 끝없이 넓게 더러는 구름이 용을 따라 오르듯 하리라.

라 하였다. 그가 세상을 오만하게 흘겨보는 날아오르는 듯한 기상을 알 만하다.

[9] 왕세정이 재상이 되지 않은 것이 다행이다

弇州《詠史詩》曰：『戰國一子輿, 其德幾素王. 仁義不獲施, 今古訕齊梁. 侃侃程正叔, 矯矯朱紫陽. 宋室有遺恨, 不登中書堂. 造物護其短, 欲令見所長. 微言在竹帛, 千秋揚耿光.』[56] 詩意頗不遜矣. 雖然使伊川得君當國, 力主封建井田肉刑[57], 與子瞻・器之[58]諸公相攻擊, 則其禍必不止於熙・豐. 然則伊川之不相, 亦豈非幸哉?

56 | 전국일자여(戰國一子輿) : 왕세정의 〈영사시(詠史詩)〉 제11수이며, 본문은 전문이다. 《엄주속고》 권4.

57 | 역주봉건(力主封建) : 주희가 편집한 《이정유서(二程遺書)》(권25)에 다음과 같은 말이 보임. 『꼭 정전법을 사용해야 한다, 반드시 봉건법을 확립해야 한다, 꼭 육형(肉刑)을 실시해야만 한다고 주장하는 것은 성인의 도가 아니다. 잘 통치하는 사람은 정전법을 버리고 정치를 하지만 백성들이 병들지 않고, 봉건제도를 버리고 백성들을 부리지만 그들이 피로하지 않고, 육형을 버리고 법률을 집행하지만 백성들은 원망하지 않는다.(必井田, 必封建, 必肉刑, 非聖人之道也. 善治者, 放井田而行之, 而民不病, 放封建而使之, 而民不勞, 放肉刑而用之而民不怨)』 이 말들을 보면, 정이가 만약 정권을 쥐게 되었더라면 그의 평소 지론과는 달리 정전법, 봉건제도, 육형 같은 것을 오히

왕세정의 〈영사시詠史詩〉에,

戰國一子輿, 전국시대 자여(子輿 : 맹자)는,
其德幾素王. 그 덕이 거의 소왕(素王 : 임금이 될만한 성인)과 같았네.
仁義不獲施, 인의仁義를 베풀게 되지 못하여
今古訕齊梁. 고금에 제나라 양나라 임금들을 비난한다.
侃侃程正叔, 깐깐했던 정이程頤와,
矯矯朱紫陽. 꼿꼿했던 주희朱熹는,
宋室有遺恨, 송나라 황실에 유감이 있었으니,
不登中書堂. 황제님 가까이 모시는 자리에 오르지 못했다네.
造物護其短, 그렇지만 조물주도 그 단점 보호하여,
欲令見所長. 그들의 장점을 보여 주려고 하였네,
微言在竹帛, 깊은 뜻의 말 저서에 남기게 하였으니,
千秋揚耿光. 천추만대에 그 곧은 빛 드러내리.

라 하였는데, 시의 뜻이 자못 불손하다. 비록 그러하지만, 정이로 하여금 임금의 신임을 얻어 나라의 정치를 맡게 하였더라면 도리어, 봉건제封建制 · 정전제井田制 · 육형제肉刑制 같은 것을 극력 주장하여, 소동파나 유안세 같은 사람들을 공격하였을 것인즉, 그 화는 반드시 희녕(熙寧, 1068~1077) · 원풍(元豐, 1078~1085) 년간의 당화黨禍에 그치지 않았을 것이다. 그렇다면 정이가 재상이 되지 않은 것도 어찌 다행이 아니겠는가?

려 주장하게 되어 반대파들과 격렬하게 다투다가 사화를 당하게 되었을 것으로 여기서는 보았음.

58 | 기지(器之) : 유안세(劉安世, 1048~1125). 북송 때 구법당의 영수인 사마광(司馬光)의 제자로 간의대부라는 벼슬을 하였으나, 강직한 성격 때문에 신법당의 미움을 받아 여러 지방으로 좌천되어 전전하였음. 시호는 충정(忠定), 문집《진언집(盡言集)》

[10] 왕세정과 소동파

弇州《十八羅漢贊》, 盡避東坡所用材料, 別出機軸, 爭勝於毫釐間, 其才豈在坡公下哉? 其《和煙江疊嶂圖》詩曰 : 『鄒陽後身薄自曉, 捨我誰結三生緣.』[59] 世傳東坡爲雛陽後身, 故弇州却言東坡之後身, 捨我其誰, 其自負亦不淺矣. 坡云 : 『結髮求道』[60], 晩年所得奇偉法, 應化生於衆香國・兜率天, 少却亦當與石曼卿交印[61], 必不復墜塵寰. 豈多生綺語之習, 消磨未盡? 不免又作一番游戲, 以待曇陽子之點化歟[62]? 坡公之《詠太白》詩曰 : 『天人幾何同一漚, 謫仙非謫乃其游.』[63]

59 | 추양후신박자효(鄒陽後身薄自曉) 두 구 : 추양은 전한의 문인. 난세에 살면서도 바른 말을 잘한 것으로도 유명함. 왕세정이 지은 〈왕진경이 그린 연강첩장(안개 낀 강과 겹겹이 포개진 산)도를 제목삼아, 소동파가 노래한 뒤에, 역시 그 시의 각운자에 차운하여(題王晉卿, 烟江疊嶂圖, 蘇子瞻歌後, 仍用蘇韻)〉.

……

鄒陽後身薄自曉,	소동파는 추양의 후신임을 어렴풋이나마 스스로 알아차렸나니,
捨我誰結三生緣.	나를 버리고 그 누가 그와 영원한 인연을 맺을까?
嗚呼!	아아!
江烟幻滅在俄頃,	강의 안개 사라짐 순식간이나,
萬古不廢王蘇篇.	왕진경과 소동파의 작품 만고에 사라지지 않으리.

※추양후신(鄒陽後身) : 송 하원(何薳)의 《춘저기문(春渚紀聞)》(권5) 『장형(張衡 : 후한의 문인 학자)의 후신은 채옹(蔡邕 : 후한 말기의 학자)이 되었고, 추양의 후신은 동파거사가 되었다고 하는데, 그들의 기질이 서로 비슷하기 때문이니, 모두 헛된 이야기는 아니다.(張衡後身爲蔡伯喈, 鄒陽後身爲東坡居士, 卽其習氣相 似, 皆不誣也)』

60 | 결발구도(結髮求道) : 《동파전집》(권81) 〈하성가에게 보내는 편지(與何聖可)〉 『머리를 묶은 채로 도를 구하고, 독실하게 늙으면서도 쇠하지 않은 이가 세상에 몇이나 되는가.(結髮求道篤老不衰, 世間有幾人.)』

61 | 석만경(石曼卿) : 이름은 연년(延年, 991~1041), 《지봉유설(芝峰類說)》 주 551) 참조.

62 | 담양자(曇陽子) : 명나라 때의 여도사 왕도진(王燾眞). 왕세정이 스승으로 모셨으며 《담양자전》 1권을 지었음. 젊을 때 남편이 죽자 그 무덤에 자기 머리를 끊어 넣어 합장묘를 만들게 한 뒤에, 신선이 되어 떠나갔음.

63 | 천인기하동일구(天人幾何同一漚) 두 구 : 소동파가 지은 〈단원자가 보여준 이태백의 초상화에 적다(書丹元子所示, 李太白眞)〉의 일부.

天人幾何同一漚,	천인(天人)이 어찌 한 물거품과 같겠는가?
謫仙非謫乃其游.	적선(謫仙)이 유배됨이 아니라 놀러온 것이지.

왕세정의 〈18나한찬〉은 소동파가 쓴 재료는 모두 피하고 썼으나, 특별한 체재를 이루고 있으니, 호리毫釐사이에서 승부를 다툰다 하겠다. 그 재주를 어찌 소동파 아래에 있다 하겠는가? 그의 〈연강첩장도煙江疊嶂圖 시에 화답하여〉에는,

鄒陽後身薄自曉,	소동파는 추양鄒陽의 후신임을 어렴풋이나마 이해하였나니,
舍我誰結三生緣.	나를 버리고 그 누가 그와 삼생연三生緣 맺을까?

라 하였다. 세상에 전하기를, 소동파가 추양의 후신이라고 하였으므로, 왕세정은 도리어 소동파의 후신이라고 말한 것으로, 『나를 버리면 그 누구인가』라고 한 말은 그 자부심 역시 컸던 것이다. 소동파가 말하기를 『머리 묶고 도를 찾는다』 하였는데, 왕세정은 만년에 얻은 바가 기위奇偉하니, 그 법으로 틀림없이 중향국衆香國 도솔천兜率天에 태어나게 되었을 것이다. 적어도 그렇지 못하더라도 마땅히 석연년과 더불어 지냄과 똑같을 것이니, 반드시 다시 풍진 세상에 타락하지는 않을 것인데 어찌 이다지 기어(綺語 : 현란한 말)를 많이 사용하는 버릇이 끝내 다 사라지지 못하였는가? 그래서 또한 번 유희游戲의 문장을 지어서 담양자曇陽子의 점화를 기다림을 면치 못하였는가? 소동파가 〈이백을 읊은 시〉에,

天人幾何同一漚,	천인天人이 어찌 한 방울의 물거품과 같을 수 있겠는가?
揮斥八極隘九州,	온 세상 휘지고 다니니 아홉 주가 협소하니,
化爲兩鳥鳴相酬.	두 마리 새의 불사조로 변하여 서로 응대하듯 우네.
一鳴一止三千秋,	한번 울고 한번 그침에 삼천년의 세월이 흐르는데,
開元有道爲少留.	개원시대에 도가 행하여져 잠시 머물렀을 뿐.
縻之不得矧肯求,	붙잡아도 되지 않을 터인데 하물며 그가 구하는 게 있었을까?
……	

謫仙非謫乃其游. 적선謫仙이 이 땅으로 귀양온 것이 아니라 놀러온 것이지.

라고 하였다.

[11] 한유와 두보의 시풍

少陵『紈袴不餓死』[64], 宋人極稱之, 而殊不見其好處. 此與昌黎〈光範書〉[65] 相似. 平日倒海拔山之氣, 不知向何處去, 殆爲飢火所惱也. 昌黎〈送孟生〉詩, 體製頗相近, 而如『淸宵靜相對, 髮白聆苦吟. 採蘭起幽念, 然望東南.』[66] 之語, 覺勝之也. 若孟之『古樹春無色, 子規啼有血』[67], 其

64 | 환고불아사(紈袴不餓死) : 두보가 지은 〈위 좌승님께 삼가 드림 22운(奉贈韋左丞丈, 二十二韻)〉.

紈袴不餓死, 귀족들은 굶어죽지 않으나,
儒冠多誤身. 선비들은 자기 몸 그르치는 일도 많습니다.
丈人試靜聽, 좌승 어른께서는 가만히 들어 보소서,
賤子請具陳. 미천한 제가 모두 말해보겠습니다.
甫昔少年日, 저 두보가 어린 시절에,
早充觀國賓. 일찍이 장안으로 과거 보려갔었지요.
讀書破萬卷, 책을 만권을 읽고 보니,
下筆如有神. 붓을 들면 신들린 듯이 글을 쓸 수 있었습니다.
……

65 | 〈광범서(光範書)〉 : 한유가 관직을 구하기 위해 쓴 〈재상님께 올리는 편지(上宰相書)〉를 말한다. 『광범문(光範門)』이 재상들이 근무하는 궁궐 앞에 있었기 때문에 한유가 이 문앞에 와서 이 편지를 써 올렸으므로 재상에게 올리는 글을 광범서라고 하였음.

66 | 청소정상대(淸宵靜相對) 네 구 : 한유가 쓴 〈맹교를 송별하는 시(孟生詩)〉
……
朝悲辭樹葉, 아침에는 시드는 나뭇잎 보고 슬퍼하고,
夕感歸巢禽. 저녁에는 둥지 찾아드는 새 보고 느낌생기네.
顧我多慷慨, 내 평소에 비분강개함 많다는 것을 고려해서,
窮簷時見臨. 나의 궁색한 집을 때때로 찾아 주셨네.

窮誠不可醫也.

두보의 『비단옷 입은 사람은 굶어죽지 않는다.』는 시구를 송나라 사람들은 극히 칭찬하였지만, 특별히 그 좋은 곳을 볼 수 없다. 이것은 한유가 쓴 〈광범문光範門에서 올린 편지〉와 비슷하다. 평소에 바다를 전도시키고 산을 뽑아내려는 기개가 어디로 갔는지 알 수가 없다. 아마 굶주린 귀신에 시달린 때문이리라. 한유의 〈맹선생을 송별하는 시〉는 내용이 자못 비슷하다. 그러나 예를 들면,

清宵靜相對, 맑은 밤 조용히 그를 상대하니,
髮白聆苦吟. 그 머리 희고 그 괴로운 노래 이해되네.
採蘭起幽念, 난초 캐려는 그윽한 생각나서,
眇然望東南. 아득히 동남쪽 고향 땅을 바라보네.

清宵靜相對, 맑은 밤 조용히 상대하니,
髮白恥苦吟. 머리 흰데 괴로운 노래 이해되네.
採蘭赴幽念, 난초 캐려는 그윽한 생각나서,
眇然望東南. 아득히 동남방 고향 땅 바라보네.
秦吳修且阻, 이곳 장안과 고향 오지방은 멀고도 막혀있는데,
兩地無數金. 두 곳에 모두 아무런 재물도 없다네.
……

67 | 고수춘무색(古樹春無色) 두 구 : 맹교가 쓴 〈한유와 이관의 이별시에 답하여, 그 시를 또한 장서주자사님께 바침(答韓愈李觀別因獻張徐州)〉
富別愁在顏, 부자는 이별할 때 수심이 얼굴에 나타나지만,
貧別愁銷骨. 빈자는 이별할 근심이 뼈를 삭이네.
懶磨青銅鑑, 게을러 청동 거울 자주 들여다보지 않다보니,
畏見新髮白. 새로 머리 센 것이 두렵게 나타나누나.
古樹春無花, 옛 나무에 봄 기색 없고,
子規啼有血. 자규는 울어 피를 토하네.
離絃不堪聽, 이별의 노랫가락 정말 들을 수 없어,
一聽四五絶. 한번 듣다가 네다섯 번씩 끊게 하였네.
……

라는 시어詩語는 좋은 것을 느끼겠다. 맹교의 시구에,

古樹春無色,　　옛 나무에 봄 기색 없고,
子規啼有血.　　자규는 울어 피를 토하네.

라고 하였으니 그 궁기窮氣는 정녕 고칠 수가 없다.

[12] 네 사람의 문장 대가

朱子謂『子美入蜀詩, 分明如畫, 夔州以後, 橫逆不可當.』[68] 又曰 : 『夔州詩鄭重煩絮, 不如初年詩. 魯直固自有所見, 今人見魯直說好, 便却說好, 如矮人看戲耳.』[69] 又謂 : 『退之墓誌有怪者』[70]. 茅鹿門[71]亦不喜昌黎金石文, 蓋各有所見也. 竊謂自古文章大家, 只有四人 : 司馬遷・韓愈之

68 | 자미입촉시(子美入蜀詩) 네 구 : 『두보의 시는 초년에 지은 것은 매우 잘 다듬어 졌는데, 만년에 지은 어그러진 작품들과는 비교도 할 수 없이 좋으며, 오직 마음에 흥이 일 때만 시 한 수씩 지었다. 진주로부터 사천지방으로 들어갈 때 지은 여러 수의 시는 분명하여 그림과 같으니, 바로 젊을 때 지은 것이기 때문이다. (杜詩初年甚精細, 晚年橫逸不可當, 只意到處便押一箇韻, 如自秦州入蜀諸詩, 分明如畫, 乃其少作也.)』《주자어류(朱子語類)》 권140

69 | 기주시정중번서(夔州詩鄭重煩絮) 여섯 구 : 『사람들은 흔히 두보의 기주 작품이 좋다고 하나 이 말을 이해할 수 없다. 기주에서 지은 시들은 도리어 정중하고 번거로워 그가 진주시절에 지었던 시들만 못하다. 그런데 황정견은 한 때 정말 스스로 어떤 견해를 가지고 있었지만, 지금 사람들은 다만 황정견이 좋다고 말하니까 곧 덩달아 좋다고 말하는데, 그것은 마치 난쟁이가 직접 연극을 보지는 못하고, 키 큰 사람들이 보고서 좋다고 하니까 덩달아 좋다고 말하는 것이나 똑같다(人多說杜子美夔州詩好, 此不可曉. 夔州詩却說得鄭重煩絮, 不如他秦中有一節詩好. 魯直一時固自有所見, 今人只見魯直說好便却說好, 如矮人看戲耳).』《주자어류(朱子語類)》 권140

70 | 퇴지묘지유괴자(退之墓誌有怪者) : 《주자어류(朱子語類)》(권139)에 나오는 말.

71 | 모록문(茅鹿門) : 茅坤(1512~1601) 호는 녹문. 명나라의 산문작가로서 《당송8대가문초(唐宋八大家文鈔)》라는 책을 편집하였는데, 그 《논례(論例)》에서 한유의 비지문은 기굴 음휼함이 많아서 《사기》나 《한서》의 서사법을 체득하지 못하였다고 보았음.

文 · 屈平之賦 · 杜甫之詩是也. 是皆具四時之氣焉, 不然不足爲大家. 《史記》之 〈酷史〉 · 〈平準〉, 昌黎之誌銘, 《楚辭》之 〈九章〉 · 〈天問〉, 子美之夔後, 皆秋冬之霜雪, 謂之不佳則固不可, 謂之反勝於 《范蔡》 · 《荊聶》 · 五 〈原〉 · 〈序〉 · 〈書〉 · 〈離騷〉 · 〈九歌〉 · 〈出塞〉 · 〈吏〉 · 〈別〉 入蜀諸詩者, 吾不信也.

주희는 『두보의 입촉시기의 작품은 분명하여 그림과 같지만, 기주夔州 이후의 시는 사리에 엉뚱하고 어그러져서 정당할 수가 없다』 하였고, 또 『기주시는 정중하고 번거롭고 화려하여 초년의 시만 같지 못하다 하였다. 황정견이 정녕 자기 스스로 본 바는 있지만, 지금 사람들이 황정견의 말이 좋다 함을 보고 바로 좋다고 한다면, 이는 마치 키가 작은 사람이 연극을 본 것과 같다고 하였다.』 또 『한유의 묘지墓誌에는 괴특함이 있다』 하였고, 모록문茅鹿門 역시 한유의 금석문金石文은 좋아하지 아니하였으니, 아마 각각 보는 견해가 있는 것이다.

내 생각으로는 옛날부터 문장의 대가로는 다만 네 사람이 있는데, 사마천 및 한유의 문장과 굴원의 부와 두보의 시가 이것이다. 여기에는 사시四時의 기상이 다 갖추어져 있다. 그렇지 않다면 대가라 하기에는 부족하다. 《사기》의 〈혹리전酷吏傳〉과 〈평준서平準書〉, 한유의 묘지명, 〈초사楚辭〉의 〈구장九章〉과 〈천문天問〉, 두보의 기주 이후의 시는 모두 추동秋冬의 상설霜雪이니, 이를 훌륭하지 않다고 한다면 정녕 안 되겠으나, 이를 《사기》의 〈범수전范睢傳〉 · 〈채택전蔡澤傳〉 · 〈형가전荊軻傳〉 · 〈섭정전聶政傳〉, 한유의 오원五原이나 여러 서문과 편지글, 초사의 〈이소離騷〉 · 〈구가九歌〉, 두보의 〈출새出塞〉 · 〈삼리〉 · 〈삼별〉, 입촉入蜀시기의 시 등 여러 시보다도 도리어 뛰어나다고 한다면, 나는 믿지 않겠다.

[13] 시矢자와 실失자의 풀이

韋蘇州[72]詩曰 : 『玉盤的皪矢白魚, 氷簟玲瓏透象牀.』[73] 讀者皆以 『陳』 訓 『矢』. 朴季肯[74]云 : 『矢當作失, 謂盤與魚皆白, 視之若無, 蓋暗用赤瑛盤盛樱桃故事.』此言良是.『陳』訓不但意短, 與下句『透』字字眼不敵. 當是傳寫之誤, 而以《春秋》有『矢魚』[75] 之文, 故因循不覺耳.

위소주韋蘇州의 시에,

玉盤的皪矢白魚,	흰 쟁반 아주 깨끗한데 흰 붕어 놓이고,
氷簟玲瓏透象牀.	얼음 같은 대그릇 투명하니 상아 장식한 침상 꿰뚫지요.

라는 말에서 독자들은 모두가 『놓는다陳』라고 『시矢』자를 풀이했으나, 박세당이 말하기를 『시矢자는 실失자가 되어야 한다. 이는 쟁반과 물고기가 다 희므로 보는 사람이 마치 없는 것과 같다 함이다. 아마 붉은 쟁반에 앵

72 | 위소주(韋蘇州, 737~804) : 위응물(韋應物)을 가리킴. 《지봉유설(芝峰類說)》 주 89) 참조.

73 | 옥반적력시백어(玉盤的皪矢白魚) 두 구 : 위응물이 지은 〈[남경의] 횡강의 제방을 읊음 (橫塘行)〉

妾家住橫塘,	소녀의 집은 횡강 제방 곁에 있고요,
夫壻郗家郎.	신랑은 치씨 댁 젊은이 지요.
玉盤的皪矢白魚,	흰 쟁반 아주 깨끗한데 흰 붕어 놓이고,
氷簟玲瓏透象牀.	얼음 같은 대그릇 투명하니 상아 장식한 침상 꿰뚫지요.
象牀可寢魚可食,	상아 침상에서는 잠잘 수 있고 물고기를 먹을 수도 있는데,
不知郎意何南北.	신랑은 무엇 때문에 남북을 떠도는지 어찌 알 수 없네요.
岸上種蓮豈得生,	둑 위에 연을 심었으나 살 수 있을지요?
池中種槿豈得成.	못에 목근화를 심었지만 어찌 살아 남을지요?
丈夫一去花落樹,	낭군님 한번 떠난 뒤에 꽃들 나무에서 떨어지네.
妾獨夜長心未平.	소녀 저만 홀로 긴 밤 지내자니 마음 편치 못하네요.

74 | 박계긍(朴季肯) : 박세당(朴世堂, 1629~1703) 호는 서계(西溪), 조선 후기의 학자. 저서 《사변록》 등이 있음.

75 | 시어(矢魚) : 《춘추》에서 『노 은공이 당 지역에서 물고기 잡는 것을 구경했다(公矢魚于棠)』고 되어 있으며, 『시어』는 『진어(陳魚)』와 같은 것으로 어망 등을 설치해 물고기를 잡는다는 뜻이다.

두를 담았다는 고사를 암용暗用했을 것이다』고 하였다. 이 말이 정말 옳다. 『놓는다(陳)』로 풀이하면, 의미가 좁을 뿐만 아니라 아랫구의 투透자와도 자안字眼이 맞지 않는다. 마땅히 베껴 쓰는 과정에서 잘못되었을 것이다. 그러나 《춘추春秋》에 시어矢魚라는 문자가 있기 때문에, 그 인습 때문에 깨닫지 못했던 것일 뿐이다.

[14] 〈남산시〉를 일천 번 읽게 함

李白洲[76]少時, 月沙使讀退之〈南山〉[77] 詩千遍. 白洲甚苦之. 强讀至八百遍, 終不能準數而止. 余謂〈南山〉詩固傑作, 李杜詩不無尤勝者, 何獨於此而千讀乎? 想白洲負其才敏, 不屑誦數, 故月沙故以繁重汗漫之文, 折其飛揚輕銳之氣, 此亦黃石老人墮履意也[78]. 今之學詩者, 或以多讀

76 | 이백주(李白洲, 1595~1645) : 이명한(李明漢)을 가리킴. 조선 중기의 문신. 본관은 연안(延安)이며, 자는 천장(天章)이고 호는 백주(白洲)이다. 월사 이정구(李廷龜)의 아들로, 그의 아들 일상(一相)과 더불어 3대가 대제학을 지낸 것으로 유명함. 성리학에 밝았고, 시와 글씨도 뛰어났다. 이괄의 난 때 왕을 공주(公州)로 호종하였으며, 척화파로 심양에 잡혀가 억류되기도 하였음. 이조, 예조판서를 역임하였음. 문집《백주집(白洲集)》이 있다.

77 | 남산(南山) : 한유가 지은 102운[204구]으로 된 장편시. 서안의 종남산(終南山)을 묘사하였는데, 어려운 표현이 많음. 그 처음과 끝은 다음과 같다.

吾聞京城南, 내 들으니 서울 남쪽,
玆惟群山囿. 여기가 바로 여러 산들 모인 곳이라네.
東西兩際海, 그 동쪽과 서쪽 모두가 바다와 닿았고,
巨細難悉究. 그 큰 것과 작은 것 모두 다 구명하기 어렵다네.
……
嘗聞於祠官, 일찍이 사당지기에게 들으니,
芬苾降歆嗅. 향내 맡고 내려와 제사를 받아들인다네.
斐然作歌詩, 빛나게 그 덕을 읊는 시를 지어,
惟用贊報酭. 오직 산신에게 고하는 제사를 도우려네.

78 | 황석노인타리의(黃石老人墮履意) : 황석노인과 장량의 고사. 춘추전국시대 장량이 유랑하다가, 한 노인이 일부러 다리 아래로 자신의 신발을 떨어뜨리며 주워 오라고 하자, 순순히 주어다가 신겼다. 그 노인이 그의 인물됨을 보고 그에게 태공망이 쓴

〈南山〉詩爲秘訣, 然則一進履於老人者, 皆可爲帝王師耶?

이명한이 어렸을 때, 월사 이정구는 그에게 한유의 〈남산〉 시를 천 번 읽도록 했다. 이명한은 몹시 괴로워하며, 억지로 팔백 번을 읽고는 끝내 천 번을 채우지 못하고 그만두었다. 〈남산〉 시가 걸작임에는 분명하나, 이백이나 두보의 더욱 좋은 시도 많은데 어찌하여 유독 이것을 천 번 읽으라 했을까? 생각건대 이명한이 자신의 재주만을 믿고 시문 외우기를 좋아하지 않았기 때문에 이정구가 일부러 번거롭고 산만한 문장을 외우도록 함으로써 그의 가볍고 예리한 기상을 꺾으려고 했을 것으로 여겨진다. 이것이 바로 황석노인이 신발을 떨어뜨리고 집어 오게 한 뜻과 같은 것이다. 지금 시를 배우려는 사람들이 〈남산〉 시를 많이 읽는 것으로서 시 공부 비결로 삼는다면, 노인에게 신발을 한 번 갖다 준 사람이라면 모두 제왕의 책사策士가 될 수 있다는 것인가?

[15] 노동이 넓은 하늘의 별을 심하게 비난한 까닭

玉川子[79] 〈月陰〉[80] 詩, 當與太白古風『蟾蜍薄太淸』[81] 同義, 前人說恐

《소서(素書)》라는 병서를 주었다. 장량은 이 병서를 숙독하여 이후 유방의 군사(軍師)가 되었다.

79 | 옥천자(玉川子, ?~835) : 노동(盧仝). 《어우야담(於于野談)》 주 13) 참조.

80 | 월음(月陰) : 노동(盧仝)의 〈월식시(月蝕詩)〉를 말하며, 《어우야담》[2] 조목 참조.

81 | 섬여박태청(蟾蜍薄太淸) : 이백의 〈고풍 59수〉 중 제2수이다.

蟾蜍薄太淸, 두꺼비 하늘에 침노하여,
蝕此瑤臺月. 이 요대의 달을 갉아먹네.
圓光虧中天, 둥근 빛 중천에서 이지러지니,
金魄遂淪沒. 금빛 찬란함 드디어 사라졌네.
螮蝀入紫微, 무지개 자미성 자리로 들어가니,
大明夷朝暉. 큰 햇빛 아침별이 없어졌네.
浮雲隔兩曜, 뜬 구름 두 가지 빛을 막으니,
萬象昏陰霏. 천지 만물 모두 음침한 비로 컴컴해 지네.

皆非是. 憲宗元妃郭氏乃汾陽之孫, 且有令德, 而帝惑於內嬖, 終不肯正名中壼. 十五年間, 坤儀缺焉. 至宣宗卽位, 終爲侍婢鄭氏所逼死. 想其禍己兆於元和, 而裴李諸公未聞有言之者. 此玉川子所以歷詆周天星辰. 而若其所欲磔之一蟆, 豈謂鄭耶?

노동의 〈월음시月陰詩〉는 마땅히 이백의 고풍시古風詩 『섬여박태청蟾蜍薄太淸』과 같은 뜻이라는 전인의 설은 아마 모두가 옳지 아니한 것이다. 헌종의 원비元妃인 곽씨는 분양왕 곽자의郭子儀의 손녀로 또한 훌륭한 덕을 갖추고 있었는데도, 황제가 궁녀에게 현혹되어 끝내 정명(正名 : 황후라는 호칭)을 내리려 아니했으므로, 중곤(中壼 : 중전)자리에 15년간이나 있었으나, 곤위坤位에 대한 예의가 결여되었다. 선종이 즉위하게 되어 결국 시비侍婢 정씨에게 핍박되어 죽었다. 생각건대 그 화는 이미 원화(元和, 805~820)시대에 조짐이 나타났는데, 그 당시의 재상들은 배도裴度나 이덕유李德裕 같은 사람들이 이를 지적하여 언급한 적이 있었다는 말을 듣지 못했다. 이것이 노동이 넓은 하늘의 별을 심하게 비난한 까닭이니, 그가 한 껍질을 벗기려고 했던 것이 어찌 정씨만이라고 하겠는가?

[16] 소동파의 단점을 지적한 왕세정

明文固不如宋, 而詩則似當別論. 今且以東坡・弇州比並而觀之, 則坡工於意, 弇工於辭, 蓋各有所長也.《傳燈錄》[82] : 『百丈禪師[83]謂衆曰 : 「佛

蕭蕭長門宮, 쓸쓸한 장문궁이여,
昔是今已非. 옛날 좋더니 지금은 아닐세.
桂蠹花不實, 계수 벌레 먹어 꽃은 열매 맺지 않고,
天霜下嚴威. 하늘 서리 내려 엄한 경고를 하네.
沈嘆終永夕, 가라앉아 탄식하며 큰 밤 지세니,
感我涕沾衣. 내 마음 느꺼워 눈물 옷을 적셨네.

82 | 전등록(傳燈錄) : 송나라 도원이 지은 〈경덕(景德)전등록〉의 약칭. 전부 30권, 5가(家) 52세(世)에 이르기까지 전등한 법계(法系)의 차례를 기록하였다. 여기 인용된 고사는

法不是小事, 老僧昔被馬祖[84]一喝, 直得三日耳聾.」黃檗[85]聞之吐舌. 師曰:「子欲承嗣馬祖麼?」黃檗曰:「不然. 今日因師得見馬祖大機之用, 然若承嗣馬祖, 後必喪我兒孫.」師曰:「如是, 如是. 見與師齊, 減師半德; 見過於師, 方堪傳法. 子甚有超師之作用.』以此觀之, 則弇之或過於坡者, 乃所以能代興也. 弇之短坡(如謂坡文見其才矣, 而似無學; 坡詩, 見其學矣, 而似無才之類), 亦禪者所謂呵佛罵祖, 而如汪伯玉[86]輩, 直是蚍蜉撼樹耳.

명나라 문장은 분명히 송나라 문장만 못하지만, 시는 별도로 따져야 할 것 같다. 이제 바야흐로 소동파와 왕세정을 아울러 비교해본다면, 동파는 의意에 공묘하며, 엄주는 사辭에 공묘하여 각각 그 장점이 있다. 《전등록》에 다음과 같은 고사가 있다. 『백장선사가 여러 사람에게 말하기를 「불법은 작은 일이 아니다. 노승이 그전에 마조의 호통을 받고 곧바로 3일간 귀가 먹었다」고 하니, 황벽이 그 말을 듣고 혀를 내둘렀다. 백장선사가 말하기를 「그대가 마조를 계승하려고 하는가?」고 하니 황벽이 말하기를 「그러지 않습니다. 오늘 대사의 말씀으로 인해 마조의 대기大機가 작용함을 알았습니다. 그러나 만약 마조를 계승한다면, 후에 반드시 나의 자손을 잃게 될 것입니다」고 했다. 백장선사는 「그러하지, 그러하지. 견식이 스승과 나란하면 스승의 덕을 반이나 줄이게 되고, 견식이 스승보다 뛰어나다면 바로 스승

〈남악하이세(南嶽下二世)〉의 〈마조일선사법사(馬祖一禪師法嗣)〉 편에 보인다.

83 | 백장선사(百丈禪師) : 회해(懷海), 당나라의 고승. 마조의 법통을 이어받아 사원제도를 개혁함. 저서에는 《백장정규(百丈淸規)》 등이 있음.

84 | 마조(馬祖) : 남악 회양선사에게서 법을 받고 선풍(禪風)을 드날린 도일(道一, 709~788).

85 | 황벽(黃檗, ?~850) : 법명은 희운(希運), 남악하 4세(南嶽下四世). 백장선사의 법을 이었다.

86 | 왕백옥(汪伯玉, 1525~1593) : 왕도곤(汪道昆), 명나라의 무관이자 문장가. 백옥은 자. 병학에 뛰어나 병부시랑에 올랐고, 고문사에서도 이반룡과 왕세정의 지도를 받아 『후오자(後五子)』의 하나가 되었음. 문집에는 《태함집(太函集)》 120권이 있다.

의 법을 전할 만하다. 그대는 스승의 능력을 월등히 뛰어넘으려는 작용을 갖고 있구나!」고 했다.』 이로써 살펴본다면, 왕세정은 소동파의 단점을 지적한 것도(예를 들면, 소동파의 문장이 그 재주는 보이나 학문이 없는 듯하다고 한 것이나, 소동파의 시가 그 학문은 보이나 재주가 없는 것 같다고 한 것), 선자禪者가 이른바 부처를 꾸짖고 조사祖師를 욕하는 것이라 하겠으니, 왕도곤과 같은 사람은 다만 개미가 큰 나무를 뒤흔드는 격일 뿐이다.

【참고문헌】

《사씨남정기/서포만필》, 김만중 저, 박정수 역, 청목사, 2003.
《사씨남정기/서포만필》, 김만중 저, 전규태 역, 범우사, 2001.
《사씨남정기》, 김만중 저, 구인환 엮음, 신원문화사, 2002.
《서포만필》, 김만중 저, 홍인표 역, 일지사, 1987.
《브리태니커백과사전》

【그 외 참고자료】

《文淵閣 四庫全書 電子版》
한국고전번역원(www.itkc.or.kr)
百度(www.baidu.com)

(權洪大)

32. 《현호쇄담玄湖瑣談》[1]

임경任璟[2]이 지었다. 경의 자는 경옥이고, 호는 현호, 풍천사람. 이 책의 1권은 조선 숙종肅宗 20년(1694)에 지어졌는데, 청나라 성조聖祖 강희康熙 33년에 해당한다.

[1] 시의 의취意趣와 격률格律

『驢背春眠穩, 青山夢裏行. 覺來知雨過, 溪水有新聲』. 此一絶未知誰作, 而世稱絶佳. 余以爲不然, 雨過而有水聲, 則雨之暴也；遇暴雨而不覺, 猶作驢背之夢, 語不近理. 唐人詩『春眠不覺曉, 處處聞啼鳥』[3], 趣眞

1 | 《현호쇄담(玄湖瑣談)》: 조선조 숙종 대 임경(任璟, 1667~1718)이 저술한 시화집(詩話集)으로, 오늘날 3편의 문헌에 전재되어 전하고 있다. 홍만종(洪萬宗, 1643~1725)이 엮은 《시화총림(詩話叢林)》, 임염(任廉, 1778~1848)이 엮은 《양파담원(暘葩談苑)》, 편저자 미상인 《청운잡총(青韻襍叢)》에 모두 37편씩의 자료가 실려 있다. 당시(唐詩)·송시(宋詩)·명시(明時)에 관한 언급으로 시작하여 고려시대부터 조선조 중기를 거쳐 저자와 동시대이거나 바로 앞 세대 인물들의 시와 그 주변에 관한 이야기가 대부분을 차지하고 있다.

2 | 임경(任璟, 1667~1718): 처음 이름은 각(玨)이었고, 자를 경옥(景玉), 호를 현호(玄湖)라고 하였다. 숙종 기묘년에 시행된 증광시(增廣試)에서 생원이 되었고, 세자익위사(世子翊衛司)의 정5품 벼슬인 익위(翊衛)와 사재감(司宰監)의 종4품 벼슬인 첨정(僉正)을 역임하였다. 시에 있어서 내용과 형식에 대응하는 의취(意趣)와 격률(格律)의 개념을 도입하고, 다시 의취는 이(理)에 격률은 기(氣)에 속한다는 이론을 제시했다.

3 | 춘면불각효(春眠不覺曉) 두 구: 맹호연(孟浩然)이 지은 〈봄날의 새벽(春曉)〉[《맹호연집》(권4)]

春眠不覺曉,　　봄 잠 자느라고 새벽 온 줄 몰랐는데,
處處聞啼鳥.　　곳곳에 지저귀는 새소리 들리는구나.
夜來風雨聲,　　간밤에 비바람 치는 소리 들렸는데,

而語得, 自成韻格[4], 詩當如此矣. 大抵泥於意趣, 墜失格律[5], 詩家之禁 ; 而專務格律, 失其意趣, 尤不可也. 趣屬乎理, 格屬乎氣. 理爲之主, 氣爲之使. 從容乎禮法之場, 開元[6]之際, 其庶幾乎? 此宋人滯於理, 明人拘於氣, 雖有淸濁虛實之分, 而均之有失也. 評者曰 : 『開元之詩, 雍容君子端委廟堂[7]也 ; 宋人之詩, 委巷腐儒擎蛇曲拳也 ; 明人之詩, 少年俠客馳馬章臺也.』 亦可謂善喩也.

이 절구 한편은 누가 지은 것인지 모르겠으나, 세상에서 매우 좋다고들 한다. 그러나 나는 그렇게 여기지 않는다. 비가 지나간 뒤에 시냇물 소리가 새삼스럽게 들릴 정도라면, 비가 세차게 쏟아졌던 것이다. 폭우를 만나서도 잠이 깨지 않고, 오히려 나귀 등에서 꿈을 꾸었다는 말은 이치에 닿지 않는다.

驢背春眠穩, 나귀 등에서 달콤한 봄잠에 빠져,
青山夢裏行. 청산을 꿈속에서 거닐었네.
覺來知雨過, 깨어나서야 비 지나간 것을 알았으니,
溪水有新聲. 시냇물에 새로운 소리가 들린다.

당나라 사람의 시에 이런 것이 있다.

春眠不覺曉, 봄 잠 자느라고 새벽 온 줄 몰랐는데,
處處聞啼鳥. 곳곳에 지저귀는 새소리 들리는구나.

花落知多少. 꽃은 얼마나 떨어졌을까?
※맹호연(孟浩然) : 《지봉유설(芝峰類說)》 주 501) 참조.

4 | 운격(韻格) : 운율(韻律)과 격조(格調).

5 | 격률(格律) : 격조(格調)와 율격(律格).

6 | 개원(開元) : 당나라 현종(玄宗)의 연호로, 713년~741년 사이이다. 당시(唐詩)가 가장 성하던 시기인 성당기(盛唐期)의 전반기에 해당됨.

7 | 묘당(廟堂) : 신하들이 모여 정사를 보는 조정(朝廷). 의정부(議政府)의 별칭.

의취가 참되고 그에 맞는 시어를 얻어 저절로 운격이 이루어졌으니, 시는 마땅히 이러해야 한다. 대개 의취에만 얽매어 격률格律을 잃는 것은 시 짓는 사람들의 금기 사항이다. 그렇다고 오로지 격률에만 치중하여 의취를 잃는 것은 더욱 안될 일이다. 의취는 이理에 속하고, 격률은 기氣에 속한다. 이에 속하는 의취가 주인이 되고, 기에 속하는 격률이 주인의 부림을 받으면 별 문제없이 예법에 들어맞는다. 당唐나라 개원開元 연간의 시가 거의 이에 가깝다. 송宋나라 사람들의 시는 이에 막혔고, 명明나라 사람들의 시는 기에 얽매였다. 비록 청탁淸濁과 허실虛實의 차이는 있으나, 결함이 있다는 점에서는 같다. 시를 평하는 사람이 이르기를, 『개원 연간의 시는 온화한 군자가 단정하게 묘당廟堂에 앉아 있는 격이오, 송나라 사람들의 시는 동네의 썩은 선비가 꿇어앉아 손을 모으고 있는 격이며, 명나라 사람들의 시는 소년 협객이 번화한 거리에서 말을 달리는 격이다.』라고 하였는데, 멋진 비유라고 할 수 있다.

[2] 슬픈 노래

〈麥秀歌〉[8] 出於欲泣, 爲近婦人, 而古詩所謂『悲歌可以當泣』者, 此也. 李白詩 : 『平生不下淚, 於此泣無窮.』[9] 李義山詩 : 『三年已制思鄉淚, 更

8 | 〈맥수가(麥秀歌)〉 : 기자(箕子)가 은(殷)나라의 옛 터전을 지나다가 궁궐은 무너져 폐허가 되었는데도 보리는 무성하게 자라는 것을 보고 지었다는 노래.

麥秀漸漸兮, 보리 이삭은 무럭무럭 자라나고,
禾黍油油兮. 벼와 기장도 윤기가 흐르는구나.
彼狡童兮, 저 교활한 아이여,
不與我好兮. 나와 사이 좋지 못하였어라.

9 | 평생불하루(平生不下淚) 두 구 : 〈강하에서 송지제와 작별함(江夏, 別宋之悌)〉[《이태백문집》(권12)]

楚水淸若空, 양자강 물 맑아서 마치 물 없이 비어있는 것 같고,
遙將碧海通. 아득히 멀리 푸른 하늘과 통하여 있네.
人分千里外, 사람과 사람은 천리 밖에 멀리 헤어지게 되는데,
興在一盃中. 서로간의 정은 한 술잔에 있네.

入東風恐不禁.』10 黃山谷詩 : 『西風壯夫淚, 多爲程顥11滴.』12 元人牛繼

谷鳥吟晴日, 산골짜기 새는 비갠 햇빛 받아 노래하고,
江猿嘯晩風. 강변 원숭이는 저녁 바람에 울고 있네.
平生不下淚, 아아 평생에 울지 않던 나였는데,
於此泣無窮. 지금은 눈물이 끝없이 흐르네.

※송지제(宋之悌) : 초당 시인 송지문(宋之問)의 막내아우. 그가 머나먼 주연(朱鳶 : 현재의 베트남 하노이 남쪽에 있는 지명, 당시엔 베트남의 북반부는 唐나라의 영토였음) 땅으로 좌천되어 갈 때인 735년(개원 23년), 양자강 중류 강하(江夏)에서 송별하며 지은 시임.

※강하(江夏) : 양자강 중류, 현재의 호북성 무한시(武漢市).

※초수(楚水) : 초강(楚江), 옛 초(楚) 나라 땅을 흐르는 장강, 즉 양자강 중류를 일컫는 말.

※이백(李白, 701~762) : 《효빈잡기(效顰雜記)》 주 3) 참조.

10 | 삼년이제사향루(三年已制思鄕淚) 두 구 : 〈뜻을 적다 (寫意)〉[《이의산시집》(권중)]

燕鴈迢迢隔上林, 제비와 기러기 아득히 상림 너머에 있고,
高秋望斷正長吟. 높은 가을 끝없이 바라보며 진정 길게 읊조리네.
人間路有潼江險, 세상의 길에는 동강의 험난함이 있고,
天外山唯玉壘深. 하늘 밖 산에는 오직 옥루산이 깊네.
日向花間留返照, 해는 꽃밭 향해 석양빛을 남기고,
雲從城上結層陰. 구름은 성 위를 따라 짙은 어둠을 맺었네.
三年已制思鄕淚, 삼년 동안 고향 그리는 눈물을 참았는데,
更入東風恐不禁. 봄바람 다시 부니 참을 수 없을 듯하네.

※이상은(李商隱, 813~858) : 《오산설림》의 주 122) 참조.

※상림(上林) : 상림원(上林苑). 황제의 원림(苑林). 한 무제가 진나라 상림원을 넓혔는데, 주위 300리고, 이궁(離宮)이 70곳이었다. 지금의 섬서성 장안(長安). 주질(盩厔). 호현(鄠縣)의 경계임.

※동강(潼江) : 재주 사홍현(梓州射洪縣)에 있는 재동수(梓潼水).

※옥첩(玉壘) : 옥첩산(玉壘山). 성도(成都)에 있음.

※《정언묘선》에는 제8구의 東風이 新年으로 되어있으며, 『다시 새해되니 참지 못할까 두렵네』로 되어있음.

11 | 정호(程顥, 1032~1085) : 북송(北宋) 때의 유학자. 자는 백순(伯淳), 호는 명도(明道). 시호는 순(純). 하남성 낙양 사람이다. 동생 정이(程頤)와 함께 이정자(二程子)로 알려졌다. 26세 때 진사가 되었으며, 섬서성 호현(鄠縣)의 주부(主簿)로 출발하여 계속 지방관으로 머물다가, 철종(哲宗)이 즉위하고 사마광(司馬光)이 재상이 되자, 조정에 등용될 뻔하였으나 그 전에 병사하였다. 『이기일원론(理氣一元論)』, 『성즉이설(性則理說)』을 주창하였는데, 그의 사상은 동생 정이를 거쳐 주자(朱子)에게 큰 영향을 주어 송나라 새 유학의 기초가 되었다. 저서에 《정성서(定性書)》, 《식인편(識仁篇)》이 있음.

志[13], 卽牧隱[14]榜元也. 牧隱東還也, 牛繼志贈詩曰 :『我有丈夫淚, 泣之不落三十年. 今日離亭畔, 爲君一灑春風前.』率相蹈襲, 而句法漸下. 我朝鄭士龍[15]詩 :『向來制淚吾差熟, 今日當筵自不禁.』[16] 亦祖義山者也.

12 | 서풍장부루(西風壯夫淚) 두 구 : 〈형거실(邢居實)의 추회 10수에 화답하며(和邢惇夫秋懷, 十首)〉[《산곡내집시주》(권4)]

今日呂虢州,　　오늘날 괵주자사 벼슬하는 여씨는,
堂堂古遺直.　　당당하게 옛 성현의 풍채를 갖추었구나.
許國輸九死,　　나라에 몸 바쳐 충성을 다하며,
補天鍊五色.　　하늘을 기우려 오색 돌을 연마 하였다네.
頗修諫員缺,　　자못 간관(諫官) 자리 결원이 생겨 그 우두머리가 되었으나,
人壽無金石.　　사람의 수명 영원함이 없구나.
西風壯夫淚,　　가을바람에 장부가 눈물을 흘리는 것은,
多爲程顥滴.　　정호를 위한 것이 많다네.

※형거실(邢居實 : 1068~1087) : 구법당(舊法黨)의 일원으로 형부시랑을 지낸 형서(邢恕)의 아들로 소식, 황정견과 절친하였으나 20세로 요절함. 《전송시》(권1302)에 여기에 보이는 〈추회시〉는 전하지 않으나, 시 10수가 수록되어 있음.

※여괵주(呂虢州) : 미상, 이 시의 내용으로 보아 중앙정부의 간관이 되었으나, 이전에 정호(程顥)와 같이 그 자리에 취임하지도 못하고 죽었음.

※정견(黃庭堅, 1045~1105) : 《파한집(破閒集)》 주 20) 참조.

※유직(遺直) : 옛 성현의 풍도가 있는 정직한 사람.

※보천(補天) : 《열자(列子)》에 옛날에 천지에 구멍이 생기자 여와씨(여와女媧氏)가 오색석(五色石)을 다져 그것을 막았다는 이야기가 나옴.

13 | 우계지(牛繼志) : 원나라 사람. 자세한 행적은 미상.

14 | 이색(李穡, 1328~1396) : 《청구풍아(靑丘風雅)》 주 2) 참조.

15 | 정사룡(鄭士龍, 1491~1570) : 《송계만록(松溪漫錄)》 주 9) 참조.

16 | 향래제루오차숙(向來制淚吾差熟) 두 구 : 〈장차 강을 건너며 (將渡江)〉[《호음잡고(조천록)》(권2)]

寒草茫茫塞日沈,　　아득히 넓은 쓸쓸한 변새에 해는 저물고,
離歌均惱去留心.　　슬픈 이별노래소리 거취 정하지 못한 이 마음 괴롭구나.
向來制淚吾差熟,　　지금까진 눈물 참는 일이 꽤 익숙해졌었는데,
今日當筵自不禁.　　오늘 이 연회자리에선 금할 길이 없네.
回望龍灣是故鄕,　　뒤돌아보면 용만이 고향인데,
一旬休暇醉淋浪.　　열흘이란 겨를도 고향 다녀오기 벅차네.
賓鴻不阻遼天遠,　　해 저물어 묵어가는 기러기 험한 천리 길 멀다하지 않고,
別後丁寧寄和章.　　이별 후 당부의 말 거듭 답글에 부치네.
......

〈맥수가麥秀歌〉는 울고 싶어도 부녀자처럼 되지 않을까 하는 데서 나온 것이다. 옛 시에 이른바 『슬픈 노래는 우는 것을 대신할 수 있다』는 것이 이것이다. 이백이 지은 시에,

平生不下淚,　　평생 눈물을 흘리지 않았는데,
於此泣無窮.　　여기서는 끝없이 우는구나.

라는 것이 있고, 이상은이 지은 시에,

三年已制思鄕淚,　　삼년 동안 고향 그리는 눈물을 참았는데,
更入東風恐不禁.　　봄바람 다시 부니 참을 수 없을 듯하네.

라는 것이 있으며, 황정견이 지은 시에,

西風壯夫淚,　　가을바람에 장부가 눈물을 흘리는 것은,
多爲程顥滴.　　정호를 위한 것이 많다네.

라는 것이 있다. 원나라 사람 우계지는 목은 이색이 과거에 급제할 때 장원으로 급제한 사람이다. 이색이 고려로 돌아올 때 우계지가 다음과 같은 시를 지었다.

我有丈夫淚,　　내게 장부의 눈물은 있었으나,
泣之不落三十年.　　30년 동안 흘려 본 일은 없다네.
今日離亭畔,　　오늘 정자에서 이별하며,
爲君一灑春風前.　　그대 위해 봄바람 앞에 한번 뿌리려네.

그 이후로 이러한 시를 그대로 따라 지었는데, 짓는 솜씨가 점점 떨어졌다. 우리 조정의 정사룡이 다음과 같은 시를 지었다.

向來制淚吾差熟, 지금까진 눈물 참는 일이 꽤 익숙해졌었는데,
今日當筵自不禁. 오늘 이 자리에선 금할 길이 없네.

이 시 또한 이상은의 시를 본받아 지은 것이다.

[3] 중국 사신 당고와 이행

華使唐皐[17]之來, 容齋爲儐相, 湖陰鄭士龍 · 退休當蘇世讓[18] · 安分當李希輔[19]爲從事. 華使絶不吟詠, 到安州, 始次板上韻兩聯云 : 『佳句偶來樓上見, 旅懷祇向客邊傷. 龍飛有詔頒高麗, 鳳去何人歎楚狂.[20]』 華使以示儐伴諸公, 安分易之, 頗摘疵病. 退休以爲句語深厚, 必是大手, 湖陰亦以爲然. 容齋曰 : 『麗字音尼, 恐失平仄[21].』 退休曰 : 『不然, 高麗之名, 本取山高水麗之義. 中國人雖作尼音, 我國則猶從仄音, 華作必因是也.』 容齋然之. 自此以後, 酬唱不絶, 華作愈出愈好, 容齋乃歎曰 : 『天才也.』 華使亦推容齋爲騷壇老將, 戒副使切勿浪作云.

중국 사신 당고가 왔을 때, 용재 이행은 원접사가 되고 호음 정사룡, 퇴휴당 소세양, 안분당 이희보 등이 종사관이 되었다. 중국 사신은 일체 시를

17 | 당고(唐皐) : 《월정만필(月汀漫筆)》 주 6) 참조.
18 | 소세양(蘇世讓, 1486~1562) : 《송계만록(松溪漫錄)》 주 31) 참조.
19 | 이희보(李希輔, 1473~1548) : 조선조 명종 때의 문신. 자는 백익(伯益), 호는 안분당(安分堂), 본관은 평양(平壤), 아버지는 현감 극문(克文)이다. 저서로는 《안분당시집》 2권이 있다.
20 | 초광(楚狂) : 《논어(論語)》 미자편(微子篇)에 나오는 초광접여(楚狂接輿)를 말함. 초나라 사람으로 거짓 미친 체하며, 세상을 피해 살던 사람으로, 공자가 초나라에 왔을 때 그 수레 앞을 지나가며 『봉황새여, 봉황새여! 어찌 그리도 덕이 쇠했는고?(鳳兮鳳兮, 何德之衰)』라고 노래하였다고 함.
21 | 평측(平仄) : 한시를 지을 때 한자음의 높낮이에 따라 평성(平聲)과 측성(仄聲)으로 구분하는 법.

읊조리지 않다가 정주定州에 이르러서야 비로소 영훈루迎薰樓 현판의 운을 차운하여 다음과 같이 두 연을 지었다.

佳句偶來樓上見,	아름다운 시구를 우연히 다락에 와서 보니,
旅懷祗向客邊傷.	객지에서 나그네의 마음을 아프게 하네.
龍飛有詔頒高麗,	천자께서 고려에 조서를 내리셨으나,
鳳去何人歎楚狂.	봉황은 떠났으니 누가 초광을 탄식할꼬.

당고가 이 시를 우리 원접사 일행에게 보여주었다. 이 희보는 대수롭지 않게 보고, 자못 잘못된 곳을 지적하였다. 소세양은 시구의 말이 심후하므로 틀림없이 대가의 솜씨일 것이라고 여겼고, 정사룡 또한 그렇게 생각하였다. 이행은 『려麗자의 중국어 발음이 「니尼」이므로 평측平仄이 맞지 않소.』하였는데, 소세양은 『그렇지 않습니다. 「고려」라는 이름은 본래 산이 높고 물이 아름답다는 뜻에서 취한 것입니다. 중국인들은 비록 「니」라고 발음하지만 우리나라에서는 측성仄聲을 따르니, 중국 사신이 그렇게 지은 것은 틀림없이 이 때문일 것입니다』하였다. 이행도 그 말이 옳다고 여겼다. 이로부터 시를 지어 주고받음이 끊이지 않았는데, 당고의 시는 지어내면 지어낼수록 더욱 좋아졌다. 이에 이행은 『하늘이 낸 재주로다!』하고 감탄하였다. 당고도 또한 이행을 「시단의 노장」이라고 추켜올리며 부사에게 경계하기를 『절대 시를 함부로 짓지 마시오』라고 하였다.

【참고문헌】

장유 저, 이상현 역, 《국역 계곡집》, 민족문화추진회(현 : 한국고전번역원), 1997.

임경 지음, 김동욱 옮김, 《국역 현호쇄담》, 보고사, 2004.

《한시어사전》, 전관수 지음, 국학자료원, 2002년.

이이 편저, 기태완 역주, 《정언묘선》, 보고사, 1999년.

【그 외 참고자료】

《文淵閣 四庫全書 電子版》

百度(www.baidu.com)

네이버 백과사전(100.naver.com)

오세주 한시감상실(osj1952.com.ne.kr)

(全順南)

33. 《농암잡지農巖雜識》1

김창협(金昌協, 1651~1708)2 지음. 김창협의 자는 중화中和이고 호는 농암이며, 본관은 안동이다.

이 책은 네 권으로, 조선 숙종 33년(1707)에 편찬되었으며, 청나라 성조聖祖 강희康熙 46년에 해당한다.

[1] 당나라 시를 잘못 배운 명나라 사람들

明人稱詩, 動言漢魏盛唐. 漢魏固遠矣, 其所謂唐者, 亦非唐也. 余嘗謂唐詩之難, 不難於奇俊爽朗, 而難於閒雅 ; 不難於高華秀麗, 而難於溫厚淵澹 ; 不難於鏗鏘響亮, 而難於和平悠遠. 明人之學唐也, 只學其奇俊爽朗, 而不得其從容閒雅 ; 只學其高華秀麗, 而不得其溫厚淵澹 ; 只學其鏗鏘響亮, 而不得其和平悠遠 ; 所以便成千里也.

명나라 사람들이 시를 일컬을 때, 걸핏하면 한 · 위 · 성당을 말한다. 한과 위는 진실로 멀고, 그들이 말하는 당이라는 것 역시 진정한 당이 아니다. 나는 일찍이 당나라 시의 어려움을 말하면서, 기이하고 뛰어나며 시원하고 활달한 것은 어렵지 않지만 조용하고 자연스러우며 한갓지고 고아한

1 | 《농암잡지(農巖雜識)》 : 《농암집(農巖集)》 권31~권34이다. 권31~권33은 내편이고, 권34는 외편이다. 내편1에는 사서나 주자학에 대한 주석 등 성리학에 관한 글이고, 내편2는 조식, 이황, 이이 등에 대한 인물평 등이 실려 있으며, 내편3은 《논어》 구절에 대한 글이다. 외편은 시문잡설이다.

2 | 김창협(金昌協, 1651~1708) : 조선 후기 문학가이자 유학자. 9년간의 관직생활을 제외하고는 주로 강호에 은거하며 도학과 창작저술 및 후학양성에 몰두하였다. 저서로는 《농암집》(36권)이 있다.

것은 어렵다고 하였고, 아주 화려하고 멋지게 아름다운 것은 어렵지 않지만 온화하고 두터우며 깊고 담박한 것은 어렵다고 하였고, 쟁쟁거리면서 음이 맑게 울리는 것은 어렵지 않지만 잘 어울려 아득히 멀리 퍼지는 것은 어렵다고 하였다. 명나라 사람들이 당나라를 배우는 것은, 단지 기이하고 뛰어나며 시원하고 활달함만을 배울 따름이지, 조용하고 자연스러우며 한갓지고 고아한 것을 배워 얻은 것은 아니며, 단지 아주 화려하고 멋지게 아름다운 것만 배울 따름이지, 온화하고 두터우며 깊고 담박한 것을 배워 얻는 것은 아니며, 다만 쟁쟁거리면서 음이 맑게 울리는 것만 배울 따름이지, 잘 어울려 아득히 멀리 퍼지는 것을 배워 얻은 것은 아니니, 그런즉 그 차이가 천리나 되는 것이다.

[2] 시에 대한 명나라 사람들의 잘못

詩者, 性情之發而天機之動也. 唐人詩有得於此, 故無論初盛中晩, 大抵皆近自然. 今不知此, 而專欲模象聲色, 黽勉氣格, 以追踵古人 ; 則其聲音面貌雖或彷佛, 而神情興會都不相似 ; 此明人之失也.

시라는 것은 성과 정이 발동하는 것이고 천기天機가 움직이는 것이다. 당나라 사람들의 시에는 이러한 것이 있었으니, 초당 · 성당 · 중당 · 만당을 막론하고 대체로 모두 자연스러움에 가까웠다. 지금은 이러한 것을 알지 못하고 오로지 그 성률과 음색을 모방하려하고, 기질과 격조에만 힘쓰면서 옛 사람을 따라가고자 하였으니, 그 소리와 겉모습이 비록 때로는 비슷할지라도 신령스런 감정이나 홍취는 모두 비슷하지도 않으니, 이것이 명나라 사람들의 잘못이다.

[3] 송나라 시보다 못한 명나라 시

宋人之詩, 以故實議論爲主, 此詩家大病也 ; 明人攻之是矣. 然其自爲也, 未必勝之, 而或反不及焉, 何也? 宋人雖主故實議論, 然其問學之所蓄積, 志意之所蘊結, 感激觸發, 噴薄輸寫, 不爲格調所拘, 不爲塗轍所窘, 故其氣象豪蕩淋漓, 時有近於天機之發, 而讀之猶可見其性情之眞也. 明人太拘繩墨, 動涉模擬, 效顰學步, 無復天眞, 此其所以反出宋人下也歟!

송나라 사람들의 시는 옛날의 사실이나 의론을 위주로 하였으니, 이것이 시인들의 큰 병폐였으며, 명나라 사람들이 이를 공격한 것은 옳은 것이었다. 하지만 자신들이 시를 지을 때는 반드시 송나라 사람들을 능가한 것은 아니었고 때로는 오히려 그들에 미치지도 못하였으니, 어찌된 일인가? 송나라 사람들이 비록 옛날의 사실이나 의론을 위주로 하였지만, 축적된 학문과 가슴에 맺힌 의지가 감격하고 촉발하여 뿜어져 나온 것이 그대로 쓰여 격조에 구속되지 않았으며 관습에 매몰되지도 않았기 때문에, 그 기상이 호방하고 시원시원했으며, 때로는 천기가 드러나는 것에 가깝기도 했으며, 그들의 작품을 읽으면 마치 참된 성정을 보는 것 같다. 명나라 사람들은 자로 잰 듯한 것에 너무 얽매여서 걸핏하면 흉내 내고 베끼면서, 남의 잘못된 점을 골라 배워 천진함을 회복하지 못하였으니, 이것이 오히려 송나라 사람들보다 못한 것이 아니겠는가!

[4] 당나라 시와 억지로 비슷하게 하면 안 된다

詩固當學唐, 亦不必似唐. 唐人之詩主於性情興寄, 而不事故實議論. 此其可法也. 然唐人自唐人, 今人自今人, 相去千百載之間, 而欲其聲音氣調無一不同, 此理勢之所必無也. 强而欲似之, 則亦木偶泥塑之象人而已 ; 其形雖儼然, 其天者固不在也, 又何足貴哉?

시는 진실로 마땅히 당나라 시를 배워야 하지만 반드시 당나라 시와 비슷할 필요는 없다. 당나라 사람의 시는 성정과 흥기를 주로 하였으며 옛 사실이나 의론을 일삼지는 않았다. 이것이 본받을만한 것이다. 그러므로 당나라 사람들은 자연히 당나라 사람들일 뿐이고, 지금 사람들은 자연히 지금 사람일 뿐이니, 서로 천년이나 떨어져 있으면서도 그 소리나 기조를 하나도 다르지 않게 하려는 것은 이러한 이치에 의하면 전혀 있을 수 없는 일이다. 당나라 시에 억지로 비슷하고자 한다면 나무인형이나 진흙인형을 사람과 비슷하게 만드는 것일 따름이니, 그 모양이 비록 그럴듯해 보이더라도 그 천기가 진정 존재하지 않으니, 또 어찌 귀하게 여길 만하겠는가?

[5] 황정견 · 진사도보다 진여의 · 육유를 배워야

宋詩如山谷[3] · 后山[4], 最爲一時所宗尙. 然黃之橫拗生硬, 陳之瘦勁嚴苦, 旣乖溫厚之旨, 又乏逸宕之致 ; 於唐固遠, 而於杜亦不善學, 空同[5]所譏不色香流動者, 誠確論也. 簡齋[6]雖氣稍詘, 而得少陵之音節 ; 放翁[7]雖格稍卑, 而極詩人之風致. 與其學山谷 · 后山, 無寧取簡齋 · 放翁, 以其去詩道猶近爾.

송나라 시에서 황정견이나 진사도의 시는 한때 최고의 으뜸으로 여겼었다. 하지만 황정견의 시는 마음대로 비틀어대어 자연스럽지 못하고, 진사도의 시는 앙상하며 매우 엄혹하니, 이미 온화하고 두터운 뜻을 잃어버렸으며, 또한 초탈하고 구속을 받지 않는 운치도 갖추지 못하였으므로, 진실로 당나라 시로부터도 멀고 두보로부터도 잘 배우지 못했으니, 색과 향기가 흐르지 않는다고 이몽양이 비판한 것은 참으로 정확한 주장이다. 진여의는 비록 기가 조금 막힌 바가 있지만 두보의 음절을 얻었고, 육유는 비록 격조가 조금 낮지만 시인의 풍치를 다하였다. 황정견이나 진사도를 배우는 것보다는 차라리 진여의나 육유를 취하는 것이 나은데, 이들이 그나마 시도詩道에 가깝다.

3 | 산곡(山谷) : 황정견(黃庭堅, 1045~1105). 《파한집(破閑集)》 주 20) 참조.
4 | 후산(后山) : 진사도(陳師道, 1053~1101). 《추강냉화(秋江冷話)》 주 33) 참조.
5 | 공동(空同) : 《학산초담(鶴山樵談)》 주 7) 참조.
6 | 간재(簡齋) : 진여의(陳與義, 1090~1139). 《역옹패설(櫟翁稗說)》 주 33) 참조.
7 | 방옹(放翁) : 육유(陸游, 1125~1210). 《지봉유설(芝峰類說)》 주 842) 참조.

[6] 송나라 시의 변화

蘇・黃[8]以前, 如歐陽・荊公[9]諸人, 雖不純乎唐, 而其律絶諸體, 猶未大變唐調. 但歐公太流暢, 荊公太精切, 又有議論故實之累耳. 自東坡出而始一變, 至山谷・后山出, 則又一大變矣.

소식이나 황정견 이전에 있었던 구양수나 왕안석 같은 사람들은 비록 당나라 시만큼 순수하지는 않았지만 그들의 율시나 절구 등의 시체는 당나라 시의 격조를 크게 변화시키지는 않았다. 하지만 구양수는 너무 유창하였고 왕안석은 너무 정밀하고 적절하였으며, 또한 의론이나 옛 이야기와 같은 누가 있었을 따름이다. 소식이 나오면서 비로소 한차례 변화가 있었으며, 황정견이나 진사도가 나오면서 또 한 차례 큰 변화가 있었다.

[7] 명대의 시

明詩如徐昌穀[10]・高子業[11], 雖與李・何[12]相和應, 而其天才自近唐人,

8 | 소・황(蘇・黃) : 소식(蘇軾, 1036~1101)과 황정견을 가리킨다. 소식에 관해서는 《지봉유설(芝峰類說)》 주 5) 참조.

9 | 구양・형공(歐陽・荊公) : 구양수(歐陽修, 1007~1072)와 왕안석(王安石, 1021~1086)을 가리킨다. 《지봉유설(芝峰類說)》 주 151)과 《백운소설(白雲小說)》 주 10) 참조.

10 | 서창곡(徐昌穀) : 명나라 문인인 서정경(徐禎卿, 1479~1511)이며, 소주 오현(吳縣) 사람이다. 1505년에 진사에 합격하였고, 국자박사(國子博士)를 하였다. 20세경까지는 백거이의 평이한 시를 즐겼고, 동향의 축윤명(祝允明)・당인(唐寅)・문징명(文徵明) 등과 사귀어 『오중사재자(吳中四才子)』라 불렸으며, 전칠자의 한명이다. 저서로는 《적공집(迪功集)》(6권), 《적공외집(迪功外集)》, 《담예록(談藝錄)》 등이 있다.

11 | 고자업(高子業) : 명나라 문인인 고숙사(高叔嗣, 1501~1537)이며, 호는 소문산인(蘇門山人)이고 하남성 상부(祥符) 사람이다. 1523년 진사(進士)가 되었고, 벼슬은 이부주사(吏部主事)를 거쳐 호광안찰사(湖廣按察使)에 이르렀다. 어려서부터 이몽양을 알게 되어 그의 지도를 받았으며, 그의 형 고중사(高仲嗣)와 더불어 재명(才名)을 떨쳤다. 저서로 시문집 《소문집(蘇文集)》(8권)을 남겼다.

12 | 이・하(李・何) : 이몽양과 하경명(何景明, 1483~1521)을 가리킨다. 하경명에 관해서는 《학산초담(鶴山樵談)》 주 5) 참조.

故所就高出一時. 徐以神秀勝, 高以幽澹勝, 而子業於性情尤近. 此外如唐應德[13]·蔡子木[14]諸人皆學唐, 而其詩沖和閒靜, 無叫呼激詭之習.

명나라의 시에서 서정경이나 고숙사의 시는 비록 이몽양이나 하경명과 서로 어울려 응하였으나, 그 타고난 재주가 저절로 당나라 사람에 가까웠으므로 그 이룩한 바가 한 때 높이 빼어났다. 서정경은 신비로움과 빼어남으로 뛰어났고 고숙사는 그윽함과 담박함으로 뛰어났는데, 고숙사가 성정에 더욱 가까웠다. 이 외에도 당순지나 채여남 같은 사람들이 모두 당나라 시를 배워서, 그 시가 부드럽고 온화하며 한가하고 조용하여서, 소리 지르거나 과격하게 특이함을 추구하는 습관은 없었다.

[8] 고숙사의 시

高子業之詩, 隱約幽古, 沖深溫雅, 雖語氣似簡短, 而旨味實雋永. 其光黯然, 其聲漻然, 使讀者反復吟咀而不能已. 使在唐時, 亦當不失爲名家. 嘗見其自序數篇, 亦大類其詩, 甚愛之, 惜不多得耳.

고숙사의 시는 은밀하고 간단하지만 그윽하고 예스러우며, 깊으면서도

13 | 당응덕(唐應德) : 명나라 문인인 당순지(唐順之, 1507~1560)이다. 자는 의수(義修)라고도 하며, 호는 형천(荊川)이고 강소성 무진(武進) 사람이다. 1529년 진사에 급제하여 한림원의 편수(編修)가 되어 역대의 실록교정에 종사하였다. 명나라 초기 의고파(擬古派)의 전성기에 문학의 시대성을 인식하였으며 정감을 표출하고 뜻을 분명히 드러낸 글을 중시하였다. 저서로는 《형천선생문집(荊川先生文集)》(17권), 《사찬좌편(史纂左編)》(124권), 《사찬우편(史纂右編)》(64권), 《양한해의(兩漢解疑)》(2권) 등이 있다.

14 | 채자목(蔡子木) : 명나라 문인인 채여남(蔡汝楠, 1516~1565)이며, 호는 백석(白石)이고, 절강성 덕청(德淸) 사람이다. 어려서부터 시를 좋아하여 이름이 알려졌으며 중년에는 경학에 힘썼다. 가정(嘉靖) 11년(1532)에 진사가 되었으며, 관직은 지형주(知衡州)를 남경공부우시랑(南京工部右侍郎)까지 이르렀다. 저서로는 《자지당집(自知堂集)》과 《설경찰기(說經札記)》 등이 있다.

온화하고 고아하여, 비록 어기가 간단명료한듯하지만 그 뜻과 맛은 실로 의미심장하다. 그 빛이 어두운 듯하고, 그 소리가 변하는듯하지만 읽는 사람이 반복해서 읊조려 곱씹으면 그만둘 수 없다. 만일 당나라 때 있었다면 마땅히 이름난 시인이 되었을 것이다. 일찍이 그의 자서自序 몇 편을 보니, 또한 대체로 그 시들과 비슷하여 매우 좋아하였는데, 많이 구할 수 없음이 안타까웠다.

[9] 왕세정과 이몽양의 차이점

弇州[15]輩雖宗尙空同, 而其論常若有所不滿, 蓋以其淘洗刻削之功未盡也. 然今觀空同之長, 在於莽蒼勁渾倔强疎鹵, 正以其淘洗刻削之功未盡, 而眞氣猶有不喪耳. 至弇州諸人, 揣摩愈工, 鍛鍊愈精, 而眞氣則已喪, 此所以反遜於空同也.

왕세정의 무리들은 비록 이몽양을 으뜸으로 여기고 숭상하였지만, 그들이 논할 때는 약간 불만이 있는 듯하였는데, 대개 닦고 깎는 공이 미진했다는 것이다. 하지만 지금 이몽양의 장점을 보면, 아득하고 굳세며 굽히지 않지만 성기고 우둔한 것에 있으니, 닦고 깎는 공이 미진하더라도 참다운 기운은 오히려 잃지 않았다. 왕세정과 여러 사람들은 세밀하게 따짐이 더욱 뛰어나고 단련함이 더욱 정밀했지만 참다운 기운은 이미 잃어버렸으니, 이것이 바로 이몽양에게 오히려 몸을 낮춰야 하는 것이다.

[10] 하경명의 시

何大復天才溫雅, 故雖以學古自命, 而不至如後來諸人之矯激. 其詩雖少眞至警絶, 然寬平和雅, 猶有詩人之度.

15 | 엄주(弇州) : 명대 문학가이자 사학자인 왕세정(王世貞, 1526~1590). 《학산초담(鶴山樵談)》 주 10) 참조.

하경명은 타고난 재주가 온화하고 고아해서, 비록 옛 것을 배우는 것을 자처하면서도 후세 여러 사람들처럼 기이하고 과격함에 이르지는 않았다. 그의 시는 비록 참으로 놀랄만한 수준에 이른 것은 적지만 관대하고 평온하며 온화하고 고아하여 오히려 시인의 법도가 있었다.

[11] 당나라 시를 배우는 데 있어서 편향된 태도

獻吉勸人不讀唐以後書, 固甚狹陋, 然此猶以師法言, 可也. 至李于鱗[16]輩, 作詩使事, 禁不用唐以後語, 則此大可笑. 夫詩之作, 貴在抒寫性情, 牢籠事物, 隨所感觸, 無乎不可. 事之精粗, 言之雅俗, 猶不當揀擇, 況於古今之別乎? 于鱗輩學古初無神解妙悟, 而徒以言語模擬. 故欲學唐詩, 須用唐人語 ; 欲學漢文, 須用漢人字 ; 若用唐以後事, 則疑其語之不似唐 ; 故相與戒禁如此. 此豈復有眞文章哉! 元美亦初守此戒, 至《續稿》[17] 不盡然, 蓋由晩年識進, 兼亦勢不行耳.

이몽양은 사람들에게 당나라 이후의 책은 읽지 않도록 했는데, 참으로 매우 편협하고 고루한 생각이지만, 이것을 가르침의 법도로 삼아 말한다면 괜찮을 것이다. 이반용의 무리들은 시를 짓거나 일을 시킬 때, 당나라 이후의 말을 사용하는 것을 금했는데, 이는 아주 가소로운 짓이다. 무릇 시를 짓는 것은 성정을 드러내어 표현하고 사물을 한 곳에 모아 넣는 것을 귀하게 여겼으니, 느낌이 촉발됨을 따르기만 하면 되었다. 일의 세밀함과 거침이나 말의 고아함과 속됨을 가려서 택하는 것도 부당한데, 어찌 고금의 구별이 있을 수 있는가? 이반용의 무리가 옛 것을 배우는 데 있어 애초부터 신비로운 이해나 오묘한 터득이 없었으며 말만 흉내 낼 뿐이었다. 그러므로 당나라 시를 배우려고 하면 반드시 당나라 사람의 말을 써야하고, 한나라 문장을 배우려고 하면 반드시 한나라 사람의 문자를 써야한다고 했으며,

16 | 이우린(李于鱗) : 이반룡(李攀龍, 1514~1570). 《학산초담(鶴山樵談)》 주 9) 참조.

만일 당나라 이후의 일을 인용하면 그 말이 당나라와 비슷하지 않다고 의심하였으니, 서로 경계하고 금지하는 것이 이와 같았다. 이렇게 한다고 어찌 진정한 문장을 다시 가질 수 있는가! 왕세정 역시 처음에는 이러한 경계를 고수하였으나 《속고》에 이르러서는 모두 그러하지 않았으며, 대개 만년이 되면서 학식이 나아진데다 그 세력이 예전만 못해졌기 때문일 것이다.

[12] 중국의 언어습관에 대한 잘못된 이해

李賀[18]有〈五粒小松歌〉[19], 五粒卽五鬣, 我東海松是也. 凡松每穗二鬣, 而惟海松五鬣. 此種中原絶罕, 惟華山産焉, 故稱華山松. 五代時, 鄭遨[20]隱居華山, 服五鬣松, 卽此也. 我國則處處有之,《酉陽雜俎》[21] 云 :『皮無鱗甲而結實, 多新羅所種.』[22] 以此知天下惟我國多此松, 其曰海松者, 蓋

17 | 《속고(續稿)》:《청창연담(晴窓軟談)》 주 215) 참조.
18 | 이하(李賀, 790~816) :《학산초담(鶴山樵談)》 주 42) 참조.
19 | 〈오립소송가(五粒小松歌)〉: 이하가 지은 〈어린 오엽송을 노래하다 · 서문과 함께(五粒小松歌 · 幷序)〉를 말한다. 『일전에 수재 두운경에게 감사할 일이 있었는데, 내게 〈오립소송가〉를 지으라고 명하였다. 내가 책을 선별하느라 일이 많아서 성실히 명을 받들지 못한 채 10일이 지났다. 부족하나마 이 8구를 지어 명을 수행한다(前謝秀才杜雲卿, 命予作五粒小松歌. 予以選書多事不治典實, 經十日. 聊道八句, 以當命意)』라는 서문이 있으며, 전문은 아래와 같다.

蛇子蛇孫龍蜿蜿,	소나무 비늘이 아들 뱀 손자 뱀처럼 혹은 용처럼 꿈틀거리니,
新香幾粒洪崖飯.	갓 나온 잎새의 새로운 향기는 신선 홍애의 밥이구나.
綠波浸葉滿濃光,	푸른 파도에 빠진 듯 솔잎은 농익은 빛으로 가득하고,
細束龍髥絞刀剪.	가늘게 묶은 용의 수염처럼 칼과 가위로 꼬아놨네.
主人壁上鋪州圖,	주인집 벽에는 주(州)의 지도를 걸어놓았고,
主人堂前多俗儒.	주인집 마당 앞에는 속유들 많이 모였네.
月明白露秋淚滴,	달 밝은 밤 내린 맑은 이슬은 가을의 눈물방울이고,
石筍溪雲肯寄書.	석순과 계곡의 구름은 분명코 누군가 보낸 편지이리라.

20 | 정오(鄭遨, 866~939) : 자는 운수(云叟)이고, 소요선생(逍遙先生)이라고도 하며, 활주(滑州) 백마(白馬) 사람이다. 여러 차례 과거에 응시했으나 낙방하고 산림에 은거하여 도사가 되었다.
21 | 《유양잡조(酉陽雜俎)》:《지봉유설(芝峰類說)》 주 341) 참조.

以此也. 此與凡松雖形狀稍異, 要爲松之別種, 故中原人通稱松而只以鬣數殊其稱耳. 東俗乃混稱柏子, 不惟俚俗如此, 至於詩文亦承訛稱之, 甚無謂也.

이하가 쓴 〈어린 오엽송을 노래하다(五粒小松歌)〉에서 오립은 오렵으로 우리나라의 해송이 바로 이것이다. 일반적으로 소나무는 잎이 두개씩 나는데, 오직 해송만은 다섯 개씩 난다. 이러한 품종은 중국에는 아주 드물어 오직 화산에서만 나며, 그래서 화산송이라고 부른다. 오대 때, 정오가 화산에 은거하면서 오엽송을 먹었다는데 바로 이것이다. 우리나라에는 곳곳에 이 나무가 있는데, 《유양잡조》에서 『껍질에는 비늘이 없으며 열매를 맺는데, 신라에 많이 심어져있다』고 하였다. 이로써 세상에 우리나라에만 유독 이 소나무가 많다는 것을 알 수 있으며, 해송이라고 한 것도 아마 이 때문일 것이다. 이 소나무는 일반 소나무와 그 모양이 조금 다르지만, 중요한 것은 소나무의 별종이라는 것이며, 따라서 중국인들이 통상 소나무라고 부를 때 다만 잎의 개수로써 그 명칭을 달리할 뿐이다. 우리나라 풍습은 여전히 잣나무와 혼동하여 부르는데, 비단 속된 풍습에서만 이러할 뿐 아니라, 시문에서도 이러한 잘못을 이어받아 그렇게 부르고 있으니, 매우 부당하도다.

[13] 『근심어린 간장을 끊다(割愁腸)』와 『근심을 끊다(割愁)』

陸放翁《老學菴筆記》[23] 云 : 『柳子厚[24]詩云 : 「海上尖山似劍鋩, 秋來

22 | 피무린갑이결실(皮無鱗甲而結實) 두 구 : 『소나무는 오늘날 양립, 오립이라고 부르는데, 『립』은 마땅히 『렵』이라 해야 할 것이다. 단성식의 대나무밭에 있는 사저의 큰 집 앞에 오엽송이 있었는데, 두 그루의 크기가 겨우 주발만 했다. 갑자년에 열매를 맺었는데, 맛은 신라나 남조의 것과 다르지 않았다. 오엽송은 껍질에 비늘이 없다(松, 今言兩粒五粒, 粒當言鬣. 成式脩竹里私第大堂前有五鬣松, 兩根大纔如椀. 甲子年 結實, 味如新羅南詔者不別. 五鬣松, 皮不鱗)』는 말이 《유양잡조》 권17의 〈광물 · 동물 · 식물 · 3편(廣動植之三) · 나무편(木篇)〉에 보인다.

23 | 《노학암필기(老學菴筆記)》 : 송나라 육유의 저서. 당대의 역사와 전장제도를 기록한

處處割愁腸.」[25] 東坡用之云：「割愁還有劍鋩山.」[26] 或謂可言「割愁腸」, 不可但言「割愁」. 亡兄仲高[27]云：「晉張望[28]詩曰：愁來不可割.[29] 此割愁

책으로 모두 10권이다. 《속필기(續筆記)》 2권도 있다.

24 | 유자후(柳子厚) : 유종원(柳宗元, 773~819). 《지봉유설(芝峰類說)》 주 715) 참조.

25 | 해상첨산사검망(海上尖山似劍鋩) 두 구 : 유종원의 〈호초 스님과 함께 산을 바라보며 수도의 옛 친구에게 띄우다(與浩初上人, 同看山, 寄京華親故)〉이며, 전문은 아래와 같다. 《전당시》 351~18.

海畔尖山似劍鋩, 바닷가의 뾰족한 산 마치 칼날 같아서,
秋來處處割愁腸. 가을이 오니 곳곳에서 근심어린 간장을 끊네.
若爲化得身千億, 만약 몸이 천억 개가 된다면,
散上峰頭望故鄕. 흩어져 산봉우리에 올라 고향을 바라볼텐데.

※당(唐) 덕종(德宗) 정원(貞元) 21년(805) 유종원(773~819)은 정치개혁을 단행하고자 했던 한림학사 왕숙문(王叔文) 일파의 영정혁신(永貞革新)에 가담했다가 실패하고 영주사마(永州司馬)로 폄적 되었다. 거의 10년 만에 면책을 받고 서울로 돌아오던 중, 다시 유주자사(柳州, 지금의 광서장족자치구(廣西壯族自治區) 유주시(柳州市)로 보내져 그곳에서 객사하였다. 유주에서 지내는 동안 호초(浩初) 스님이 찾아와 그 회환을 함께 한 시이다.

26 | 할수환유검망산(割愁還有劍鋩山) : 소식이 지은 〈백학봉 새집이 완성되려할 때, 밤이 되자 서쪽 이웃인 수재 적봉형의 집에 들러서 2수 · 제1수(白鶴峯新居欲成, 夜過西翟秀才, 二首 · 其一)〉이다.

林行婆家初閉戶, 임행파의 집은 이미 문이 닫혔고,
翟夫子舍尙留關. 적부자의 집은 아직 문을 열어놓았네.
連娟缺月黃昏後, 가냘프게 이지러진 달은 황혼 뒤에 흐릿하고,
縹緲新居紫翠間. 어렴풋 새 집은 자주빛 비취빛 노을 속에 있네.
繫悶豈無羅帶水, 울적함을 묶으려니 어찌 비단띠 같은 물도 없을 것이며,
割愁還有劍鋩山. 근심을 끊으려니 여전히 칼날 같은 산도 있네.
中原北望無歸日, 중원에서 북쪽을 돌아보니 돌아갈 날 기약 없지만,
鄰火村舂自往還. 이웃집 등잔불과 마을의 절구소리에 저절로 돌아간 듯하구나.

※임행파(林行婆) : 소식의 새집 근처의 이웃. 행파는 집에서 부처를 모시는 사람의 통칭이다.

※적부자(翟夫子) : 송나라 사람 적봉형(翟逢亨)이다. 그는 효성이 지극하고 여러 책을 두루 읽었으며, 백학봉에 은거하였다. 소식이 혜주(惠州)에 폄적당했을 때 그와 교제하였다.

27 | 중고(仲高) : 육유의 형인 육승지(陸升之, 1115~1174)이며, 산음(山陰 : 지금의 절강성 소흥) 사람이다. 1148년에 진사가 되어서 지태종정승(知大宗正丞)까지 벼슬이 올랐다가 뇌주(雷州)로 폄적당했다.

二字出處也.」』余謂『愁來不可割』, 言愁之難制也 ; 『割愁腸』, 言愁極而斷腸也. 二意正相反. 今東坡詩實本於子厚, 則不當用張詩爲證, 豈坡公實取張意而用子厚語爲翻案耶? 不然, 則『割愁』之爲未妥, 誠如或者之疑也.

육유의 《노학암필기》에서 『유종원의 시에서 「바다 가의 뾰족한 산 마치 칼날 같아서, 가을이 오니 곳곳에서 근심어린 간장을 끊네」라고 하였고, 소식이 이를 운용하여 「근심을 끊으려니 여전히 칼날 같은 산이 있네.」라고 하였다. 어떤 이가 「근심어린 간장을 끊네」라고 하는 것은 되지만, 「근심을 끊는다」고 하면 안된다고 하였다. 작고한 형 육승지는 「진나라 장망의 시에 근심이 와도 끊을 수가 없네라고 했는데, 이 근심을 끊다라는 구는 이로부터 나왔다」고 하셨다』고 되어 있다. 내 생각에는 「근심이 와도 끊을 수가 없네」라는 것은 근심을 제어하기 어렵다는 것을 말하는 것이고, 「근심어린 간장을 끊네」라는 것은 근심이 극에 달해 간장을 끊는다는 것을 말하니, 두 가지의 뜻이 정반대이다. 지금 소식의 시는 실제로는 유종원의 시에 근본하였지만, 장망의 시를 이용하여 증거로 삼는 것은 부당하다. 어찌 소식이

28 | 장망(張望) : 진(晉) 나라 정서장군(征西將軍) 환온(桓溫)의 참군(參軍 : 참모)였으며, 저서로는 《장망집(張望集)》(12권)이 있었지만 실전되었다.

29 | 수래불가할(愁來不可割) : 장망의 시 〈가난한 선비(貧士)〉이다. 원문은 다음과 같다(《고시기(古詩紀)》 권64).

荒墟人迹稀, 황량한 폐허에 사람 자취 드물고,
隱僻閭隣濶. 벽지에 숨어사니 마을과 이웃은 머네.
葦籬自朽損, 갈대 울타리 저절로 썩어 망가지고,
毁屋每寥豁. 무너진 집은 매번 구멍 뚫려 휑하네.
炎夏無完絺, 무더운 여름날 제대로 된 베옷하나 없고,
隆冬無暖褐. 사나운 겨울날 따뜻한 갈옷 하나 없네.
四體困寒暑, 이 몸은 추위와 더위에 시달리고,
六時疲飢渴. 하루 종일 배고픔과 목마름에 지쳤네.
營生生愈瘁, 생계를 꾸리자니 더욱 고달파지고,
愁來不可割. 근심이 와도 끊을 수가 없네.

실제로는 장망의 뜻을 취하면서 유종원의 말을 사용하여 번안한 것이겠는가? 그렇지 않다면 『시름을 끊다』는 말은 타당하지 않을 것이니, 어떤 이가 의심하는 것과 같을 것이다.

[14] 소식의 시에 나오는 『허』자의 의미

東坡 〈次韻滕元發 · 許仲途 · 秦少游〉 詩 : 『二公詩格老彌新, 醉後狂吟許野人. 坐看青丘呑澤芥, 自慚潢潦薦溪蘋. 兩邦旌纛光相照, 十畝鋤犂手自親. 何似秦郞妙天下, 明年獻頌請東巡.』[30] 註 : 『兩邦旌纛, 意者

30 | 이공시격노미신(二公詩格老彌新) 여덟 구 : 소식의 시이며, 전문이다.

※등원발(滕元發, 1020~1090) : 원래의 이름은 보(甫)이고, 자는 달도(達道)이며, 절강성 동양(東陽) 사람이다. 진사시험에 급제하여 대리평사(大理評事), 호주통판(湖州通判)이 되었다. 신종(神宗)때 한림학사로 있으면서 신법의 해악을 말했다가 지정주(知定州)로 나간 후 폄적되어 균주(筠州)에서 살았다. 이후 호주(湖州) 태수가 되었고, 철종 때는 소주태수가 되었다. 죽은 후에는 은청광록대부(銀青光祿大夫)를 추증받았고. 휘호는 장민(章敏)이다. 소식이 그를 위해 〈등보묘명(滕甫墓銘)〉을 써주었다. 저서로는《손위민정남록(孫威敏征南錄》이 있으며,《송사(宋史)》 권332에 전기가 있다.

※허중도(許仲途, ?~?) : 본명은 허준(許遵)이며 중도는 자이다. 사주(泗州) 사람으로, 진사에 급제하여 신종(神宗) 때에는 대리시(大理寺 : 형옥을 관할한 관청)에 있으면서 지윤주(知潤州)가 되었다.

※진소유(秦少游, 1049~1100) : 진관(秦觀).《청창연담(晴窓軟談)》 주 137) 참조.

※청구탄택개(青丘呑澤芥) :《해내십주기(海內十洲記)》에 『장주(長洲)를 청구라고도 한다. 청구는 남해의 동남쪽에 있는 땅으로 사방 오천리정도이며 해안에서 2만 5천리 떨어져있다』라고 되어 있다. 도교에서 신선들이 사는 10개의 섬 중의 하나이며, 푸른 나무로 덮여있어서 청구라고 하였다. 사마상여의 〈자허부〉에서 『가을에 청구에서 사냥을 하고, 바다 밖에서 노닐다보면, 만일 운몽택 같은 것을 8~9개를 삼키더라도 그 가슴에는 조금도 걸리는 것이 없다(秌田乎青邱, 傍偟乎海外, 呑若雲夢者八九, 其於胸中曾不蔕芥)』라고 하였다. 여기서 『대개』는 가시를 말하며, 가슴속에 조금도 걸리는 것이 없다는 의미로 사용되고 있다.

※양방(兩邦) : 당시 등원발은 호주(湖州)를 다스리고 있었고, 허중도는 윤주(潤州)를 다스리고 있었다.

※명년헌송청동순(明年獻頌請東巡) : 후한의 마융(馬融)이 안제(安帝)가 태산으로

元發・許仲途皆爲太守乎? 然破題指之爲許野人, 未省.』[31] 按『許』卽『許與』之義, 謂二公能詩而却許野人醉後狂吟也. 二公指滕・許, 而野人則坡自稱耳, 何于仲途? 然則『兩邦』之爲元發・仲途, 信矣. 註乃緣一『許』字, 有此疑難, 可笑. 偶閱《坡集》, 書之. (或疑二公指元發・少游, 而野人指仲途, 則第七句『秦郞』不應另出, 且少游乃東坡後輩, 豈應稱老耶?)

소식의 〈등원발의 시의 운자를 빌려 허중도와 진관이 시를 지은 것에 이어서 그 운자로 짓다〉라는 시에서

二公詩格老彌新,	두 공의 시격은 늙을수록 새로워지니,
醉後狂吟許野人.	취한 후 미친 듯 읊조리며 야인을 허락하네.
坐看靑丘呑澤芥,	청구가 운몽택을 삼켜도 조금도 걸리지 않는 것을 앉아서 바라보면서,
自慚潢潦薦溪蘋.	웅덩이 흙탕물이 시냇가 마름 추천함을 스스로 부끄러워하네.
兩邦旌纛光相照,	두 고을의 깃발은 밝게 서로 비추고,
十畝鋤犁手自親.	열이랑 호미질하고 쟁기질하니 손이 절로 익숙해지네.
何似秦郞妙天下,	어찌 진관의 문장솜씨가 천하에 오묘하다 하는가?
明年獻頌請東巡.	내년에 〈송〉을 바쳐 동순을 청해 황제의 판단을 받아보세.

라고 하였다. 그 주석에서 『두 고을 깃발이라는 것은 등원발과 허중도가 모

순시를 할 때 〈동순송〉을 올렸는데, 황제를 그 글을 기이하게 여겨 그에게 낭중(郞中) 벼슬을 내렸다.

31 | 양방정독(兩邦旌纛)~미성(未省) : 송나라 왕십붕(王十朋)이 소식 시에 대한 여러 사람의 주석을 모아 편찬한《동파시집주》권13에 보인다.
※파제(破題) : 제목의 요지를 남김없이 분석하여 설명하다는 뜻으로, 시에서 수련(首聯)을 말한다.

두 태수였던 것을 의미하지 않을까? 하지만 파제하면서 그를 가리켜 허야인이라고 하였는데, 잘 모르겠다.』고 했다. 살펴보니, 『허』는 『허여하다』의 뜻인데, 두 공이 시에 능하지만 야인이 됨을 허락하여 취한 후에 미친 듯이 읊조렸음을 말한다. 두 공은 등원발과 허중도를 가리키며, 야인은 소식 자신을 가리키는 것이니 허중도와 무슨 관계가 있겠는가? 그런즉 『양방(두 고을)』은 등원발과 허중도에 관한 말이니 맞는 말이다. 주석에서 『허』자 한자 때문에 이렇게 의문을 던지며 어려워하였으니 가소롭다. 우연히 《동파집》을 보다가 이를 적는다(혹자는 두 공이 등원발과 진관을 가리키고 야인은 허중도를 가리키는 것이 아닌가 의심하는데, 제 7구에 『진관』은 응당 따로 나오지 않아야 하며, 또 진관은 소식보다 나이가 적은데, 어찌 늙었다라고 하겠는가?

[15] 황정견의 시에 나오는 『삼공』

山谷〈游百花洲李氏園〉詩：『三公未白髮, 十輩乘朱輪. 只取人看好, 何益百年身. 但願長今日, 淸樽對故人.』[32] 此蓋設言黑頭作相, 家世燀爀, 只敎人好看, 而要無益於吾身云爾. 註者[33]乃以三公爲寇萊公[34]·范文正[35]

32 | 삼공미백발(三公未白髮) 여섯 구 : 황정견의 시 〈병인일에 위응물의 시를 본떠서 14수 · 서문과 함께 · 제5수(丙寅十四首效韋蘇州并序 · 其五)〉의 전문이다. 『2월 병인일에 이원(자는 언심)과 사음공을 데리고 백화주를 조용히 거닐었다. 발길 닿는 대로 거닐다가 문지기로부터 거절당하였다. 그래서 「누가 술은 있으면서 할일은 없으며, 누구 집에 대나무는 많으면서 문은 두드릴 만한가?」라는 구절을 짓고는, 말을 이씨 정원에 매어두고, 광제 스님 집까지 걸어가서, 구준사당을 참배하였다. 이부시랑의 시의 운자를 따서 이 시를 지었다(二月丙寅, 率李原彦深 · 謝愔公靜游百花洲. 適爲游人所擅, 見拒于晨門. 因賦「人有酒身無事, 誰家多竹門可款」之句, 行繫馬李氏園, 步至廣濟僧舍, 謁寇忠愍萊國公祠堂. 用吏部詩韻作)』는 서문이 있다.

33 | 주자(註者) : 사용(史容)이 주석한 《산곡외집시주(山谷外集詩注)》 권3에 "삼공은 구준, 범중엄, 사강을 말한다(三公謂, 寇萊公, 文正公, 謝希深也)"라고 되어있다.

34 | 구래공(寇萊公) : 구준(寇準, 961~1023). 《지봉유설(芝峰類說)》 주 875) 참조.

35 | 범문정(范文正) : 범중엄(范仲淹, 989~1052)이다. 자는 희문(希文)이며, 문정은 그의

· 謝希深36, 此只見百花洲有三公舊蹟而附會如此, 大失作者本意, 可笑!

황정견의 〈백화주의 이씨 정원을 노닐며〉라는 시에서

三公未白髮, 아직 머리가 희지 않은 젊은 나이에 재상을 지내고,
十輩乘朱輪. 한 집안에서 열 명씩이나 붉은 수레를 타는 것.
只取人看好, 다만 다른 사람들 눈에 보기 좋기만 구할 뿐,
何益百年身. 백년도 못사는 이 몸에 무슨 도움이 되리오.
但願長今日, 다만 바라노니 오늘같은 날이 길이 계속되어,
淸樽對故人. 청주 술동이 놓고 친구와 마주 하기만을.

라고 하였다. 이는 대략 검은 머리의 젊은 나이에 재상이 되고 집안이 대대로 빛나는 것은 다만 다른 사람들이 보기에 좋게 할 따름이지 요컨대 자신의 몸에는 무익하다는 것을 설정해서 말하고 있다. 주석을 단 자는 이에 '삼공' 이 구준, 범중엄, 사강이라고 하였는데, 이는 단지 백화주에 세 사람의 옛 유적이 있는 것만 보고 이처럼 견강부회한 것이니, 지은이 본래의 뜻을 완전히 잃은 것이므로, 가소로운 일이다!

시호이다. 강소성 오현(吳縣) 사람이다. 인종(仁宗)때 참군정사(參知政事)로 있으며, 여러가지 개혁정책을 실시하려 했으나, 보수파의 반대로 실현시키지 못하고 섬서사로선무사(陝西四路宣撫使)로 폄적당했다. 후에 영주(潁州)로 부임해 가던 중 죽었다. 저서로는《범문정공문집(范文正公文集)》이 있다.

36 | 사희심(謝希深) : 사강(謝絳, 994~1039). 희심은 그의 자이며, 절강성 부양富陽) 사람이다. 1015년에 진사에 급제하여, 태상시 봉례랑(太常寺奉禮郎), 비각교리(秘閣校理), 태상박사(太常博士), 통판상주(通判常州) 등의 관직을 거쳤다. 후에 국사(國史)를 편찬하였으며, 거란에 사신으로 갔다 돌아온후 지등주(知鄧州)가 되었다. 문집 50권이 있었지만 실전되었고,《송사》권295에 전기가 있다.

[16] 정호에 대한 황정견의 태도

山谷 〈和邢敦夫秋懷〉 詩 : 『西風壯夫淚, 多爲程顥滴.』[37] 蓋惜之也. 山谷, 蘇門人, 而其語如此, 豈當時公論固不可掩耶? 抑明道[38]德性寬大, 與伊川[39]方嚴氣象不同, 故雖蘇黨亦無崖異耶.

황정견의 〈형거실의 〈가을에 품은 생각〉에 화답하여〉라는 시에서

西風壯夫淚, 　서풍을 맞으며 흘리는 장부의 눈물,
多爲程顥滴. 　정호를 위해 하염없이 흘리네.

37 | 서풍장부루(西風壯夫淚) 두 구 : 황정견의 시 〈형거실의 〈가을에 품은 생각〉에 화답하여 10수 · 제8수(和邢惇夫秋懷十首 · 其八)〉이다. 아래는 전문이다.

今日呂虢州, 　오늘날 괵주의 여사또님께서는,
堂堂古遺直. 　당당하게 옛날사람 같은 곧은 마음이시네.
許國輸九死, 　이 한 몸 국가에 바쳐 아홉번 죽더라도,
補天鍊五色. 　여와처럼 오색석을 단련하여 하늘을 기워내야지 하셨네.
頗修諫員缺, 　자못 비뚤어진 것 바로잡을 간할 신하로 충원되셨는데,
人壽無金石. 　사람의 수명은 쇠나 돌만큼 길지 않았다네.
西風壯夫淚, 　서풍을 맞으며 흘리는 장부의 눈물,
多爲程顥滴. 　정호를 위해 하염없이 흘리네.

※형거실(邢居實, 1068~1087) : 자는 돈부(惇夫, 敦夫)이며 정주(鄭州) 양무(陽武: 지금의 하남성 원양原陽) 사람이다. 구법당의 고관 형서(恕)의 아들로 소식 · 황정견 · 장뢰 · 진관 · 황보지 등과 나이를 넘어선 교제를 하였지만 21세의 젊은 나이로 요절하였다. 이 저서로는 《신음집(呻吟集)》이 있었지만 실전되었다. 《송사》 권471에 《형서전(邢恕傳)》이 있으며, 《전송시》에 시 12수가 수록되어 있다.

38 | 명도(明道, 1032~1085) : 정호(程顥)의 호. 《현호쇄담(玄湖瑣談)》 주 11) 참조.

39 | 이천(伊川, 1033~1107) : 정이(程頤)의 호이며, 자는 정숙(正叔)이고 시호는 정공(正公)으로, 하남성 낙양 사람이다. 형 정호(程顥 : 程明道)와 함께 주돈이(周敦頤 : 周濂溪)에게 배웠고, 형과 아울러 『이정자(二程子)』라 불리며 정주학(程朱學)의 창시자로 알려졌다. 그는 『경(敬)』을 중히 여겨 『거경궁리(居敬窮理)』에 힘썼다. 저서에 《역전(易傳)》 4권이 있으며, 그의 학설은 형의 학설과 함께 《이정전서(二程全書)》에 수록되었다. 또 그의 전기는 주자가 지은 《이락연원록(伊落淵源錄)》에 실려 있다. 이 형제들은 낙양 출신들로 이들의 학문을 『낙학(洛學)』이라고 불리던 소동파 부자의 학문과는 경향이 서로 달랐음.

라고 하였다. 아마도 그를 애석해한 것이리라. 황정견은 소식의 문인이었는데도, 그 표현이 이와 같았으니, 어찌 당시 공론을 진실로 가릴 수 있었겠는가? 아니면 정호의 덕성이 관대하여 정이의 곧고 방정하고 엄격한 기상과는 달랐기 때문에, 비록 그가 소식 일당에 속한 문인이었지만 [이와 같이] 정명도를 추모하는 데는 조금도 다름이 없지 않았던 게 아닌가?

[17] 사마광에 대한 황정견의 추도시

山谷〈司馬溫公挽[40]〉:『毁譽蓋棺了, 於今名實尊.』[41] 註言『人死則毁

40 | 만(挽) : 뒤에『詞』자가 빠졌다. — 원주(原註).

41 | 훼예개관료(毁譽蓋棺了) 두 구 : 황정견이 지은 〈사마광을 추도하며 4수 · 제4수(司馬文正公挽詞四首 · 其四)〉이며, 전문은 아래와 같다.

毁譽蓋棺了, 비방과 칭찬은 관을 덮어야 끝나는데,
于今名實尊. 이제 와서 명성 실로 높아지셨네.
哀榮有王命, 벼슬살이에 쇠락함과 영화로움 있었으나,
終始酌民言. 시종일관 백성을 위한 말을 취하셨네.
蟬冕三公府, 매미 장식된 관을 쓴 삼공이 되었으나,
深衣獨樂園. 심의를 입고 독락원을 거닐었었네.
平生兩無累, 평생 동안 관리로서나 선비로서나 모두 어김이 없으셨으니,
憂國愛元元. 나라를 걱정하는 애국심 영원하리라.

※사마광(司馬光, 1019~1086) : 북송시대의 정치가이자 역사가이며 자는 군실(君實)이다. 속수선생(涑水先生)이라고도 하며, 죽은 뒤 온국공(溫國公)에 봉해졌으므로 사마온공(司馬溫公)이라고도 한다. 문정공은 그의 휘호이다. 왕안석의 신법에 반대하여 추밀부사직을 사퇴하고 지방으로 나갔다. 저술로는《자치통감》,《속수기문(涑水紀聞)》,《사마문정공집(司馬文正公集)》등이 있다.

※선면(蟬冕) : 한나라 때, 시종관(侍從官)이 의례식에서 썼던 모자. 모자 위에는 매미모양 장식을 했고 담비꼬리를 꽂았기 때문에 표선관(貂蟬冠)이라고도 하였다. 후에는 높은 관직을 두루 가리켰다.

※심의(深衣) : 고대 상의와 하의를 연결하여 만든 옷으로 고대 제후, 대부 등이 입었던 옷이다. 사마광은《예기》에 근거하여 심의를 만들어서 독락원에 들어가면 이 옷을 입었다고 한다.

※독락원(獨樂園) : 사마광이 낙양에 살 때, 집 안에 정원을 만들고는 독락원이라고 하였다. 독락원안에 독서당(讀書堂)을 짓고는 장서 5천 여 권을 두었다. 그가 지은〈독락원기〉참조.

譽亦隨而泯, 獨公死後其名尤重』[42]. 按此謂人之毁譽至死乃大定, 故公死而名實益尊重也 ; 註說恐未是.

황정견의 〈사마광을 추도하며〉에서

毁譽蓋棺了,　　비방과 칭찬은 관을 덮어야 끝나는데,
於今名實尊.　　이제 와서 명성 실로 높아졌네.

라고 하였다. 주석에서 『사람이 죽으면 비방과 칭찬도 따라서 사라지는데, 유독 공만은 죽은 후에도 그 명성이 더욱 높아졌다』고 말했다. 살펴보니, 이는 사람에 대한 비방과 칭찬은 죽음에 이르러서야 완전히 정해지므로 공이 죽은 뒤에 명성이 더욱 존귀해졌다는 말이니, 주석의 설명은 아마도 옳지 않은 것 같다.

[18] 범준의 뛰어난 시

范集[43](按 : 指宋人范浚文集)有〈讀揚子雲傳〉詩云 : 『蠅聲紫色欺昏

42 | 인사즉(人死則) 두 구 : 임연(任淵)이 주석한 《산곡내집시주(山谷內集詩注)》 권4에 『사람이 죽으면 비방과 칭찬도 따라서 사라지는데, 유독 공만은 죽은 후에도 그 명성이 더욱 높아졌다는 것을 말한다. 두보의 시 〈〈그대는 보지 못했는가〉라는 시를 적어 친구 아들인 소혜에게 보내는 편지(君不見簡蘇徯)〉에서 「장부는 관뚜껑을 덮고 난 뒤에 비로소 평판이 정해진다」하였고, 《맹자 · 고자 하》에서 「명예와 공적을 중시하는 것은 세상과 백성을 구제하고자 함이다」고 하였다(言人死則毁譽亦隨而泯, 獨公死後其名尤重. 老杜詩 : 「丈夫蓋棺事始定」 孟子曰 : 「先名實者爲人也」)』라고 하였다.

43 | 범집(范集) : 송나라 사람인 범준(范浚, 1102~1150)의 문집인 《향계선생문집(香溪先生文集)》(22권)을 가리킨다. 범준의 자는 무명(茂明)이며 절강성 난계(蘭溪) 사람이다. 사람들은 그를 향계선생(香溪先生)이라고 부르기도 하였다. 송나라 고종(高宗) 소흥(紹興) 원년(1131년)에 현량방정과(賢良方正科)에 합격했으나, 관직에 나가지 않고 후학을 가르쳤다. 그가 쓴 〈심잠(心箴)〉을 주희가 《맹자집주》에 전부 수록하면서 이름을 얻기 시작했다. 저서로는 《향계선생문집》이 있다. 《전송시》에 시 3권이 있다.

童, 義士遠引如冥鴻. 胡爲顚眩尙執戟, 美新屈首稱臣雄. 岷山沃野蹲鴟大, 拓落不歸良已過. 近危竟似井眉甁, 虛作反騷嗤楚些. 詭情懷祿遭嘲評, 但用筆墨垂聲名.』[44] 朱子[45]以前譏斥揚雄[46], 未有如此詩之痛切者.

44 | 승성자색기혼동(蠅聲紫色欺昏童) 열 구 : 범준의 시이며 전문은 다음과 같다. -《전송시》(권1924)

老不曉事揚子雲,	늙어서도 철들지 않은 양웅,
綴文譏訶堅逐貧.	문장을 엮어 나무라는 말로 견실히 가난을 내쫓았네.
班生曲筆甚假借,	반고는 곡필해서 거짓이나 베낀 것이 심했고,
謂不戚戚元非眞.	근심스럽지 않는다고 말했지만 원래 진실이 아니었네.
草玄欲作後人計,	《태현》을 지어 후세를 위한 계책을 주려 하였지만,
投閣自迷身不利.	누각에서 몸을 던져 스스로 혼미하니 몸에 이롭지 못했네.
王涯筮中好其書,	왕애가 점을 치면서 그 책을 좋아하였지만,
寧復逆知甘露事.	어찌 다시 운명을 거슬러 감로사변을 알 수 있었으리요.
蠅聲紫色欺昏童,	파리소리와 자줏빛으로 어리석은 아이를 기만하니,
義士遠引如冥鴻.	의로운 선비 아득히 나는 기러기처럼 멀리 끌려들어가네.
胡爲顚眩尙執戟,	어찌하여 정신이 까마득하면서도 여전히 벼슬길을 붙잡고,
美新屈首稱臣雄.	신나라를 미화하며 머리 숙여 신하를 자칭했는가?
岷山沃野蹲鴟大,	민산의 비옥한 들의 토란은 큰데,
拓落不歸良已過.	영락하여 돌아가지 못한 것은 진실로 이미 지나간 일이네.
近危竟似井眉甁,	위태롭기는 우물가에 놓인 병 같은데,
虛作反騷嗤楚些.	〈반이소(反離騷)〉는 괜히 지어 굴원을 조롱하였네.
詭情懷祿遭嘲評,	마음을 속이고 봉록을 탐하여 조롱거리나 되었지만,
但用筆墨垂聲名.	다만 문장에 있어서는 명성을 남겼네.
文章要亦千古事,	문장은 요컨대 천고의 일이려니,
久矣法言今正行.	오래되었구나,《법언》이 지금에서야 비로소 행해지는구나.

※《태현(太玄)》: 양웅이《주역》을 모방하여 쓴 글이다.

※투각자미(投閣自迷) : 견풍(甄豊)부자가 왕망(王莽)에게 죄를 지었을 때, 양웅도 이 일에 연루되었다. 조정에서 양웅을 잡으려 사람을 보냈는데, 이 때 양웅은 천록각(天祿閣)에서 책을 교정보고 있었다. 잡으러 온다는 말을 듣고는 무서워서 누각 아래로 뛰어내렸다가 거의 죽을 뻔했다.

※왕애(王涯) : 당나라 문제(文帝) 때의 재상. 태화(太和) 9년(835)에 환관들의 횡포에 잠재우기 위해 그들을 몰살하려는 계책을 세웠으나 실패하여 몰살당했다. 이를 감로사변(甘露事變)이라고 한다.

※준치(蹲鴟) : 토란 혹은 큰 감자를 뜻한다.《사기 · 화식열전(貨殖列傳)》에 따르면, 문산(汶山)아래에 비옥한 들이 있는데, 그곳에는 토란이 있어 죽도록 굶는 일이 없었다고 한다.

其視王·曹[47]諸人左袒子雲, 護掩臣莽之罪, 所見遠矣.

범준의 문집(생각건대, 송나라 사람 범준의 문집을 가리킴)에 실린 〈양웅의 전기를 읽고〉라는 시에서

蠅聲紫色欺昏童,	파리소리와 자줏빛으로 어리석은 아이를 기만하니,
義士遠引如冥鴻.	의로운 선비 아득히 나는 기러기처럼 멀리 끌려들어가네.
胡爲顚眩尙執戟,	어찌하여 정신이 까마득하면서도 여전히 벼슬길을 붙잡고,
美新屈首稱臣雄.	신나라를 미화하며 머리 숙여 신하를 자칭했는가?
岷山沃野蹲鴟大,	민산의 비옥한 들의 토란은 큰데,
拓落不歸良已過.	영락하여 돌아가지 못한 것은 진실로 이미 지나간 일이네.
近危竟似井眉甁,	위태롭기는 우물가에 놓인 병 같은데,
虛作反騷嗤楚些.	〈반이소反離騷〉는 괜히 지어 굴원을 조롱하였네.
詭情懷祿遭嘲評,	마음을 속이고 봉록을 탐하여 조롱거리나 되었지만,
但用筆墨垂聲名.	다만 문장에 있어서는 명성을 남겼네.

고 하였다. 주희가 이전에 양웅을 비판하기도 했지만 이 시처럼 통절한 경우가 없었다. 왕안석이나 증공 등 여러 사람들이 양웅을 편들어 왕망의 신

45 | 주자(朱子) : 남송의 유학자인 주희(朱熹, 1130~1200). 《지봉유설(芝峰類說)》 주 991) 참조.

46 | 양웅(揚雄, 기원전53~18) : 《청창연담(晴窓軟談)》 주 214) 참조.

47 | 왕·증(王·曾) : 왕안석과 증공(曾鞏, 1019~1083)을 가리킨다. 증공의 자는 자고(子固)이고 강서성 남풍(南豊) 사람이이라서, 남풍선생(南豊先生)이라고도 불린다. 당송팔대가의 한 사람. 오랜 지방관 생활 끝에 60세가 지나서 중앙관직인 사관수찬(史館修撰)·중서사인(中書舍人)에 올랐다. 저서에는 《금석록(金石錄)》(500권)과 시문집 《원풍유고(元豊遺藁)》가 있다.

하노릇을 한 죄를 감싼 것에 비하면 소견이 월등하다.

【참고문헌】
강민정 옮김,《국역 농암집 5》, 민족문화추진회, 2005년
오용원 옮김,《역주 농암잡지》, 동국대학교 출판부, 2005년
우재호 옮김,《맹자》, 을유문화사, 2007년
《先秦漢魏晉南北朝詩》, 中華書局(중국), 1985년
《전송시》, 북경대학출판사(중국), 1998년
오수형 편,《유종원시선》, 민미디어, 2001년
《蘇軾詩集合注》, 상해고적출판사(중국), 2001년
岩垂憲德, 久保天隨, 釋淸潭 共註解,《蘇東坡全詩集》, 일본도서센터(일본), 1978년
黑川洋一 編,《李賀詩選》, 岩波書店, 1993년
《黃山谷詩》, 河落圖書出版社(대만), 1978년
《두시언해》, 경인문화사, 1975년
司馬遷 저, 정범진 외 역,《사기열전 · 하》, 까치, 2002년
《中國歷代人名大辭典》, 상해고적출판사, 1999년

【그 외 참고자료】
《文淵閣 四庫全書 電子版》
한국고전번역원(www.itkc.or.kr)
네이버사전(dic.naver.com)
栢科(baike.com)
네이버 백과사전(100.naver.com)

(林道鉉)

34. 《한거만록閑居漫錄》1

정재륜(鄭載崙, 1648~1723)2이 편찬하였는데, 자는 수원秀遠이고, 호는 죽헌竹軒이며, 동래인東萊人이다.

이 책은 작자가 말년에 한가로이 집에 있을 때 지은 것으로, 조선 숙종 34년(1708)에 완성되었는데, 청淸나라 성조聖祖 강희康熙 47년에 해당한다. 책 중에는 시인의 시 작품과 사적이 많이 기록되어 있는데, 때때로 중국 시인을 언급한 것도 있다.

[1] 앵두시에 대한 오해와 오해의 풀림

白香山〈閏正月〉詩曰：『紅櫻落似霞』3〈送春〉詩曰：『含桃實已落』4

1 | 《한거만록(閑居漫錄)》: 2권 2책. 역대 조신(朝臣)들의 일화를 모아둔 책인데, 시화는 7조항뿐임.

2 | 정재륜(鄭載崙) : 인조 · 효종 · 현종 때 22년 동안 재상을 지냈던 정태화(鄭太和)의 아들로 효종대왕의 사위가 되어 동평위(東平尉)라는 봉작을 받음. 저서로 《공사견문록(公私見聞錄)》이 전함.

3 | 홍영낙사하(紅櫻落似霞) : 주금성(朱金城), 《백거이집전교(白居易集箋校)》 11권에는 〈꽃 아래서 술을 마주하다(花下對酒)〉라는 제목의 시 2수 중 제 2로 되어 있음. 그 첫째 구절이 『따뜻한 강 기운, 봄기운이 도니 남쪽 고을에 윤 정월이라네(藹藹江氣春, 南賓閏正月)』이라는 구절이 있어 착오를 일으킨 것 같음.

引手攀紅櫻,　　손을 뻗어 붉은 앵두를 꼭 잡으니,
紅櫻落似霰.　　붉은 앵두 꽃 떨어짐이 노을 같구나.
仰首看白日,　　머리를 들어 태양을 바라보니,
白日走如箭.　　태양이 활처럼 도망쳐 버리네.
年芳與時景,　　꽃다운 시기는 당시의 풍경과 더불어 지나갔고,
頃刻猶衰變.　　눈 깜짝할 사이에 노쇠하게 변한 것 같네.
況是血肉身,　　하물며 혈육은 나 혼자 뿐이니,

送春是三月晦日事, 而已實已落, 其視我國櫻桃之熟於仲夏者, 早晩懸絶, 心常疑之. 及見谿谷張公〈漫筆〉[5], 則以王摩詰〈櫻桃〉詩『春薦』二字爲疑. 至考〈月令〉非仲春乃仲夏之語, 以漢叔孫通[6]·顔師古[7]兩人之誤. 其所證據, 不啻皎然. 余於是尤持前疑. 康熙乙丑, 余得唐櫻桃, 植之庭中. 越八年壬申, 結實, 而四月初已爛熟; 去三月晦日, 不過五六日矣[8]. 偏邦地寒之處, 猶尙如此, 則南方溫炎之地, 其熟必尤先. 其曰『春薦』, 非誤也. 始覺摩詰·樂天之詩自是實錄, 而恨此樹晩來未及見賞於谿谷也. 櫻桃之義, 固有所取; 而我國所産者, 形圓如芡實, 故不解其以桃名之之意. 今見唐櫻桃, 則其大小與我國之産相近而形微長上曲, 宛如桃尖, 始覺其得名由此也. 且其色純紅, 其味甘滑不酸, 蔕長一寸許, 與山杏同, 而花葉亦似山杏, 今則人家多有之矣.

安能長强健. 어찌 항상 건장할 수 있겠는가?
※이 시는 저자 49세 때 촉(蜀) 땅의 충주(忠州) 자사로 재직 중에 지은 것임.

4 | 함도실이락(含桃實已落) : 《백거이집전교》 권8에는 〈남정에서 술을 마주하고 봄을 보내면서(南亭對酒送春)〉으로 되어있음.

含桃實已落, 앵두 열매 이미 다 떨어졌으나,
紅薇花尙熏. 붉은 장미 꽃 아직도 한창이로 구나.
冉冉三月盡, 세월은 돌고 돌아 3월 달도 다 지나가는데,
晩鶯城上聞. 때 늦은 꾀꼬리 소리 성위에서 들리네.
獨持一杯酒, 홀로 한 잔 술 잡고서,
南亭送殘春. [항주 봉황산의] 남정에서 끝나가는 봄을 보내네.
半酣忽長歌, 반 쯤 취하여 홀연히 긴 노래 부르노니,
歌中何所云. 노래 가운데 무엇이라고 읊었는가?
……
※이 시는 저자 53세 (824) 때 항주자사로 있을 때 지었음.

5 | 만필(漫筆) : 《계곡만필》, 한국고전번역원에서 낸 국역 《계곡집》에 번역되어 있는데, 여기서 인용된 이야기는 〈왕마힐의 앵도시에 나오는 춘천(春薦 : 봄날 새로 난 과실을 먼저 신위에 올리는 것) 두 자의 근거(王摩詰櫻桃詩春薦二字之根據)〉라는 조항이 보이는데, 상세한 주석이 있어 참고할 만함.

6 | 숙손통(叔孫通, ?~?) : 숙손하(叔孫何)라고도 불린다. 《계곡만필(谿谷漫筆)》 주 108) 참조.

7 | 안사고(顔師古, 581~645) : 《계곡만필(谿谷漫筆)》 주 110) 참조.

8 | 의(矣) : 『이(耳)』와 같다고 간주된다.

백거이의 〈윤정월에〉라는 시에서 『붉은 앵두 꽃 떨어짐이 노을 같구나.』라고 하였고 또 〈봄을 보내며〉라는 시에서는 『앵두 열매 이미 다 떨어졌구나.』라고 하였다. 봄을 보내는 것은 삼월 그믐날의 일이지만, 그 열매가 이미 다 떨어졌다고 하니, 우리나라의 앵두가 익는 것은 음력 5월이라 그 시간상의 차이가 너무 심하여, 마음속으로 항상 그것을 의심하였다. 계곡谿谷의 장유공이 쓴 〈만필漫筆〉을 보면 왕유王維의 〈앵두櫻桃〉라는 시에서 『춘천春薦』이 두 글자도 의심스럽다. 《예기》의 〈월령月令〉을 고찰해 보면 음력 2월이 아니라 음력 5월에 앵두를 천신하는 것으로 되어있는 한나라의 숙손통叔孫通·안사고顔師古 두 사람의 오류가 분명하다. 그 증거는 명백하다. 나는 그렇기 때문에 더욱 앞과 같은 의문을 가지고 있었다.

강희 을축년(1685)에 내가 중국의 앵두를 얻어 정원에 심었다. 8년이 지난 임신년(1692)에 결실을 맺었는데 4월 초에 열매가 이미 다 익었으나, 삼월 그믐날에서 부터 불과 오륙일밖에 되지 않았다. 우리나라 같이 외지고 치우쳐있는 나라 추운 곳에서도, 오히려 이와 같으니, 남방의 따뜻하고 더운 곳에서 그 숙성됨이 반드시 먼저일 것이다. 그러니 『춘천』이라고 한 것이 오류가 아니다. 비로소 마힐과 낙천의 시가 당연히 실제의 기록임을 깨달았으나, 이 나무가 늦게 들어 와서 보고 감상함이 계곡에 이르지 못하였음을 한탄하였다. 앵도櫻桃의 의미는 본래 취하는 바가 있는 것이다; 그러나 우리나라에서 생산된 것은 형태가 둥근 것이 마치 가시연밥의 열매와 같기 때문에 복숭아 이름의 의미로써 그 뜻을 알지 못한다. 오늘 중국의 앵두를 보니, 그 크기가 우리나라에서 생산된 것과 비슷하고 형태도 작고 길고 위가 구부러지게 생겨 마치 복숭아 끝처럼 생겼는데, 비로소 그 이름을 얻게 된 이유를 알게 되었다. 또 그 색은 순홍색이고 그 맛은 달고 물기가 많으며 시지 않고, 꼭지의 길이는 일촌쯤 되는데, 산 살구와 같고, 꽃잎 또한 산 살구와 비슷한데 오늘날은 인가에 많이 있게 되었다.

【참고문헌】

朱金城,《백거이집전교(白居易集箋校)》, 상해고적출판사, 1988.

한국고전번역원(www.itkc.or.kr)

《文淵閣 四庫全書 電子版》

(權相敏)

【찾아보기】

찾아보기

ㅊ

요즘 『한국학』에 대한 관심이 높아지고 있다. 세계라는 큰 무대에서 한국이라는 잠재력 가득한 나라의 국격國格을 높이려는 움직임에 발맞춰 그 원동력을 『한국학』에서 찾으려는 시도가 일어나고 있다. 이미 우리 몸에 자연스럽게 배어있던 것임에도 불구하고 국가의 양적인 성장에 주력하다 보니 잠시 등한시하였던 정신문화에 대해 새로운 시각으로 조명하고 있다는 것이다. 게다가 이전에는 인문학이나 사회과학의 연구들이 이제는 자연과학, 예술학 등등의 분야와 융합하여 다양한 결과물을 내놓고 있다. 게다가 한국이라는 지역적 범위 안에서만 국한하지 않고 인접 국가와의 교류에서 발생한 여러 문화사적 의의가 있는 자료에 대한 검토와 연구도 활발하다. 단일 분야, 단일 국가에서만 진행할 때보다 몇 배나 더 의미 있는 작업과 결과물이 봇물처럼 쏟아지고 있는 것이다.

예로부터 중국과 밀접한 관계를 맺고 있는 한국은 중국에서 건너온 새로운 문물과 제도를 받아들이면서, 우리 선인先人들의 편리에 맞게 수정하여 발전시킨 역사를 가지고 있다. 특히 인문학 분야에서 양적이나 질적으로 적지 않은 성과가 있었다. 그 중 시가 비평 문장인 시화詩話는 중국의 여러 시 작품을 소재로 하여 우리나라 시가 문학의 발전에 자양분이 되었다. 시에 대한 비평을 하면서 시 해석에 올바른 방향을 제시해보고, 이를 바탕으로 우리 조상들의 시작詩作에도 긍정적인 영향을 주었다. 홍만종洪萬宗의 《시화총림詩話叢林》 서문에는 다음과 같은 말이 있다. 『의사는 약의 처방을 버리고서는 병을 고치지 못하고, 시는 비평을 내버려두고서는 흠을 없앨 수 없다.(醫不可棄方而療疾, 詩不可捨評而祛疵.)』 시화는 이러한 취지에서 만들어진 저작물로 생각된다. 즉 병을 낫게 하기 위한 처방전처럼, 시화는 다른 이의 시에 대해 잘잘못을 들춰내어 자신의 고명高明함을 높이기 위함이 아니라 시 작품에 대한 입바른 소리를 통해 시를 건강하게 하여 더욱 빛나게 만들고자 하는 염원에 의해 생겨난 것이다.

광건행 교수는 《한국시화중논중국시자료선수》라는 책을 엮으면서 우리 조상들이 주목한 중국의 시가를 살펴보았다. 이를 근거로 본서는 우리 조상들이 관심 있게 본 중국의 시가에는 무엇이 있는가를 알아보고, 어떠한 시각으로 중국 시가를 보았는지에 초점을 맞추는 동시에 필요한 주석을 첨가하여, 의미 파악에 도움을 주고자 하였다. 분량으로만 보더라도 만만치 않은 작업이었다.

대학원 수업에서 학생들이 발표한 원고를 이장우 선생님께서 토씨 하나까지 검토 및 교정하셨고, 교정을 거친 원고를 바탕으로 체재를 다시 손보고 문장부호까지 수정하였다. 또한 주석에 첨부한 시들만 해도 대충 세어보니 8백여 수나 되었는데, 그 시들을 일일이 몇 번의 수정을 거쳐 지금의 시 해석으로 완성해냈다. 《파한집》을 시작으로 34가지 우리나라의 시화 작품 속에 나오는 중국 시에 대해서 글자 한 자만 나오는 경우라도 자료를 찾아 수록하는 것을 원칙으로 삼았다. 그러다보니 기본 문장의 5배 이상에서 10배 가까이 분량이 늘어났다고 볼 수 있다. 이는 이 작업에 참여한 사람들의 동심협력同心協力 때문에 가능한 일이었다. 선생님께서 새벽까지 학교에서 밤잠 설쳐가면서 고심하신 이 자료가 이런 분야의 학문을 연구하는 분들에게는 학문 탐구의 갈증을 풀어 줄 감로수甘露水 같은 자료가 되었으면 한다.

이 성서成書 작업에 참여하면서 느낀 점은 정보가 넘쳐나다 못해 터져서 흩어져버린 이 시대에 사는 우리의 정보 및 지식에 대한 수집력과 습득력은 오히려 선인들에 훨씬 못 미치는 듯하다는 것이다. 무수한 기록 매체와 검색 경로가 산재散在한 이 시대는 인간의 두뇌가 담기에는 너무나도 벅찬 정보와 지식이 빛의 속도로 통행하면서 소비되고 또 재생산되고 있다. 인간의 두뇌가 감당하기에는 힘든 양의 정보와 지식을 검색 경로와 기록 매체가 대신하고 있기에, 현재를 살아가고 있는 사람들은 우리 선인들만큼 두뇌를 바삐 돌아가게 하지는 않는 듯하다. 즉 언제나 주위를 둘러보면 쉽게 찾아 쓸 수 있는 것들이기에 정보와 지식을 요리하여 사고하는 것에 게을러졌다고 할 수 있다. 개인적으로도 주위에 산재해있는 정보와 지식을 일정 부분은 머릿속에 담아두어야 하는 생각은 가지고 있었지만 그 수고로움에 있어서는 조금 인색했었던 것 같다. 이에 반해 우리 조상들의 인문학적인 정보 저장 능력은 참으로 대단하다고 생각한다. 지금처럼 인터넷이나 전문 검색 프로그램이 전무하였던 시대에 어찌 그토록 많은 문장을 기억하면서, 이를 바탕으로 세밀하게 분석하였는가에 대해 감탄을 금할 수 없었다. 이는 평소에 중국 시가를 비롯하여 중국의 문장에 대해 폭넓은 독서와 부단한 익힘이 뒷받침되어야 가능한 일일 것이다. 이를 기본으로 시 구절 각각에 대한 의미 분석을 하고, 글자마다 사용이 옳고 그른지에 대해 언급하며, 시와 관련된 배경까지 이야기한 것을 보면 참으로 꼼꼼하고도 깊이 있는 독법讀法이라 할 수 있다.

또 하나 느낀 점은 고문에 대한 해석 작업이 아직도 많이 필요하다는 것이다. 익히 들어 알고 있는 유명 시화들은 이미 해석본이 있고 또한 중복되어 나타나서 본문 해석 및 주석 작업에 참고한 바가 컸다. 그러나 그렇지 않은 시 작품이나 시화의 해석 작업을 접할 때면 어느 책을 뒤져 보아도 찾을 수가 없어서 마치 막다른 골목에 다다른 느낌이 들 때가 많았다. 물론

원문만 가지고 해석을 한다면야 고문의 구조를 파악하거나 해석하는 능력을 키우는 데에 더할 나위 없이 유익한 도움이 될 것이다. 그러나 고문에 대한 식견이 얕아서 해석한 결과의 정확성 여부에 의심이 들어 다른 이의 해석을 참고할 경우가 많았는데, 이럴 때 해석본이 없는 시화를 풀이하는 것은 등대 없이 밤바다를 항해하는 것처럼 무척이나 어렵게 느껴졌다. 고문에 일가견이 있는 분들을 포함하여 고문 해석에 종사하는 여러 분들이 이런 문장에 관심을 가지고 다양한 해석 작업의 결과물을 만들어냈으면 하는 바람을 가져본다.

끝으로, 여러 사람의 손에서 나온 결과물이라 표기 · 어투 · 체재 등 여러 가지가 각기 달라서 하나하나 손을 대어 최대한 수정을 한다고 하였으나, 아직도 살펴보면 눈길이 미치지 못한 곳이 있을 것 같아 염려스럽다. 이점 미리 양해를 구하는 바이며, 마무리하는 작업을 끝까지 믿고 맡겨주심에 다시 한 번 고개 숙여 감사드린다.

2011년 12월

최계량 · 박한규 씀

이 책 맨 앞에서 밝힌 바와 같이, 이 책은 필자가 정년퇴직 후 몇 년 동안 대학원 학생들에게 강독한 자료를 정리한 것이다. 이러한 작업을 하면서 느낀점 몇 가지를 더 적어 보고자 한다.

첫번째는 요즘은 공부하기가 매우 편하여 졌다는 것이다. 필자가 학생 시절에는 이러한 자료를 교재로 사용하자면 담당교수가 원문 내용을 조교를 시켜서 모두 손으로 베끼게한 것을 등사해서 나누어 주고서는 강독을 진행하였다. 필자도 조교를 한 적이 있지만, 그러한 일이 얼마나 귀찮았는지 모른다. 지금은 모든 원문을 컴퓨터로 검색하여 출력하여 볼 수도 있고, 또 관련된 글의 한글 번역문 같은 것까지도 쉽사리 찾아볼 수 있으니 정말 딴 세상에 와서 사는 것 같기도 하다.

두번째는 학생들 중에는 이러한 자료도 빨리 빨리 찾아내고, 원고 작성도 빈틈없이 하며, 원문 독해 능력도 나날이 늘어가는 사람들이 더러 있었다. 그 중에는 지금 계속하여 공부를 하고 있는 사람들도 있지만 경제적인 이유 때문에 학업을 이미 그만 둔 학생도 있다. 이런 사람을 생각할 때면 매우 가슴이 아프다. 그러한 사람들도 한 때나마 이러한 어려운 책을 함께 읽은 것을 아름다운 추억으로 간직해준다면 고맙겠다.

세번째는 필자 자신에 관련된 이야기인데, 이러한 역주 작업을 할 때면 언제나 이러한 기초 작업을 마무리해서 책을 낼 때면, 그 책 앞쪽이나 뒤쪽에 "학술논문보다가도 더 학술적으로 가치가 있는 해설을 적어 보아야지" 하는 욕심인데, 이번에도 그렇게 하지는 못하고 있다.

다만 원편자가 쓴 상세한 해설을 몇 차례나 다시 읽어보니, 이 광건행 교수는 매우 성격이 꼼꼼하면서도 학문의 깊이가 보통이 아님을 느꼈다. 중국 것은 물론이요, 한국 것에 대하여서도 이 분은 한국 학자들 이상으로 엄밀하게 공부하고 있는것 같다. 그 한 가지 예로《국당배어》라는 책의 저자에 관하여 한국의 조종업 교수는 "김익창" 이라는 사람을 저자로 보았으나, 광교수는 "조종업 교수는 김익창이라고 하나 미상" 이라고 하고 있다. 광교수의 해설과, 이 책《국당배어》의 해설 다음에 필자가 역주를 달아서 밝힌 바대로 이 책의 저자는 정태제鄭泰齊 임을 근간《한학입문》(고려대 서경호 교수 지음)에서 알아낼 수 있었다.

그런데, 이 정태제라는 분의 이력을《한국문화대백과사전》이나《한국고전데이터베이스》 같은 것을 찾아보니, 인조대왕의 세자였다가 실각한 소현세자의 동서였는데, 동래부사를 지내다가 경상도 "영해寧海로 귀양을 갔다"는 기록이 보이며, 또 이 시화의 서두에도 "영해에 사는 진사 이시명李時明의 집에《황화집》이 있다는 이야기를 듣고 빌려 보았다…"는 말이 나온다. 영해는 바로 필자의 고향이며, "진사 이시명" 이라는 분은 작가 이문열씨가 쓴 소설《선택》의 주인공인 장씨부인의 부군이 되는 분이다. 이 분은 필자의 15대 조부인 이시청李時淸이라는 어른의 아우로 형님이 일찍 작고하였기 때문에 당시에 집안을 대표하였을 것이다. 여기서 정태제가 빌려 보았다는《황화집》 시리즈를 필자도 학생시절에 우리 종가의 서고에 있는 것을 본 적이 있다. 그러나 그 뒤에 다른 책과 함께 모조리 도난을 당하여, "만권루萬卷樓" 라고 하던 서고도 없어지고, 낡은 책 몇몇 권은 지금 국학진흥원에 기탁하고 있을 뿐이다.

내가 이 작업을 할 때《황화집》에 관련된 내용은 몇 년 전 대만에서 영인한 책을 대구가톨릭대학 도서관에서 빌려다 보았다. 그 때 마다 늘 잊어버린 그 책 생각이 나곤 하였다.

비단 책 뿐이겠는가? 이러한 시화詩話들에 담긴 옛 어른들의 학문과 운취와 격조를 우리들은 모두 잊어버리고 살아가고 있다. 그래도 붓과 기억력 대신 컴퓨터로 나마 이러한 작업을 하고 있는 필자와 같은 부류의 "신지식인新知識人"을 우리 조상님의 혼령이 내려다보고 계신다면 그래도 기특하다고 신기해 하실는지?

책을 마무리하면서 말미에 몇 자 적어본다.

2011년 12월 초순
영남대도서관에서
이 장 우